« *LA DIANÉTIQUE m'a fait faire un pas de géant. J'ai toujours plus ou moins réussi, mais LA DIANÉTIQUE m'a apporté une telle liberté que désormais, de très grandes choses peuvent se réaliser, en dépit de tout.* »

JOHN TRAVOLTA,
acteur

« *Être Clair, c'est comprendre mes pensées et mes buts. La lutte contre le mental réactif est terminée. Plus de conflit intérieur. Grâce à LA DIANÉTIQUE, je suis en train d'atteindre mes buts.* »

CHICK COREA,
musicien de jazz

« *LA DIANÉTIQUE élimine le genre de pensées incontrôlables qui m'ont affecté toute ma vie. Je peux maintenant faire tout ce que je veux. J'ai recouvré une grande partie de mon potentiel et c'est fantastique !* »

KEITH CODE,
instructeur de compétition motocycliste

« *Selon toutes les indications, cela [LA DIANÉTIQUE] va s'avérer tout aussi révolutionnaire pour l'humanité que la découverte et l'utilisation du feu par l'homme des cavernes.* »

WALTER WINCHELL,
journaliste du New York Daily Mirror

D0293929

LA DIANÉTIQUE

LA PUISSANCE DE LA PENSÉE SUR LE CORPS

LA DIANÉTIQUE

LA PUISSANCE DE LA PENSÉE SUR LE CORPS

L. RON HUBBARD

PUBLICATIONS INC.

UNE PUBLICATION
HUBBARD*

△

Publié par
Bridge Publications, Inc.
4751 Fountain Avenue
Los Angeles, California 90029
USA

ISBN 1-4031-2577-5

FRENCH EDITION

Dépôt légal : février 2003

Imprimé par
Bridge Publications, Inc.
4751 Fountain Avenue
Los Angeles, California 90029
USA

Dédié à
Will Durant

Remarque
IMPORTANTE

En étudiant ce livre, faites très attention de ne jamais aller au-delà d'un mot que vous ne comprenez pas pleinement.

La seule raison pour laquelle une personne abandonne une étude, devient confuse ou incapable d'apprendre, est qu'elle a poursuivi sa lecture au-delà d'un mot qu'elle n'avait pas compris.

La confusion, l'incapacité à saisir ou à apprendre se manifestent APRÈS un mot dont la personne n'avait pas la définition ou qu'elle n'avait pas compris.

Vous est-il déjà arrivé de parvenir en bas de page et de vous rendre compte que vous ne savez pas ce que vous avez lu ? Eh bien, quelque part avant cela, vous avez dépassé un mot pour lequel vous n'aviez pas de définition du tout ou bien pas de définition correcte.

En voici un exemple : « On constata qu'à la brune, les enfants étaient plus calmes, et qu'autrement, ils étaient beaucoup plus vivants. » Vous voyez ce qui arrive ? Vous pensez ne pas saisir toute l'idée. Mais l'incapacité de comprendre vient uniquement du mot que vous ne connaissiez pas, *brune*, qui signifie crépuscule ou tombée du jour.

Il se peut que ce ne soit pas uniquement les mots nouveaux ou inhabituels qu'il vous faille chercher dans le dictionnaire. Certains mots courants s'avèrent souvent être mal définis, et engendrent ainsi de la confusion.

Cette donnée selon laquelle on ne devrait jamais aller au-delà d'un mot qu'on est incapable de définir est la chose la plus importante à savoir dans le domaine tout entier de l'étude. Dans chaque sujet que vous avez commencé à étudier puis que vous avez abandonné, vous trouverez des mots dont vous avez manqué d'obtenir la définition.

Par conséquent, en étudiant ce livre, assurez-vous absolument de ne jamais continuer votre lecture au-delà d'un mot que vous ne comprenez pas complètement. Si le texte vous semble soudain confus ou difficile à saisir, il y aura un mot, juste avant ce passage, que vous n'aurez pas compris. N'allez pas plus loin, retournez AVANT le passage qui vous a paru difficile, trouvez le mot mal compris et obtenez sa définition.

Les notes de bas de page et le glossaire

Afin d'aider le lecteur à comprendre ce livre, nous avons donné la définition de certains mots qui pourraient être mal compris dans des notes en bas de page.

Les mots peuvent avoir plusieurs sens, aussi nous n'avons fourni dans les notes que le sens dans lequel le mot est employé. On pourra trouver les autres sens dans un dictionnaire.

Quant au glossaire figurant à la fin de cet ouvrage, vous y trouverez la définition de tous les mots appartenant à la terminologie de la Dianétique.

LA DIANÉTIQUE :
LA PUISSANCE DE LA PENSÉE SUR LE CORPS

TABLE DES MATIÈRES

—△—

Livre deux
La source unique de toutes les maladies
mentales non organiques et de toutes les
maladies organiques psychosomatiques

Livre trois
La thérapie

APPENDIX

Comment lire ce livre

La Dianétique est une aventure. C'est une exploration dans une *terra incognita*, dans un vaste royaume jusqu'ici inconnu, situé à un centimètre derrière notre front : le mental humain.

Il a fallu de nombreuses années de recherches rigoureuses et d'expériences minutieuses pour parvenir aux découvertes qui ont permis d'énoncer les principes et les techniques de Dianétique. Travail d'exploration, donc, mais également travail de consolidation. En effet, la piste est à présent tracée. Et les itinéraires sont indiqués avec tant de précision que vous pourrez voyager en toute sécurité à l'intérieur de votre mental et y retrouver votre potentiel inné, lequel — nous le savons désormais — est énorme.

Au fil des séances de thérapie de Dianétique, vous saurez *pourquoi* vous avez fait telle chose en telle circonstance, vous découvrirez la *cause* des peurs obscures et mystérieuses qui peuplaient vos cauchemars d'enfant, vous saurez *où* se trouvent les moments de douleur et de plaisir que vous avez vécus. L'être humain ignore bien des faits sur lui-même, sur ses parents, sur ses « motivations ». Quelques-unes des choses que vous découvrirez vous plongeront sans doute dans la stupéfaction, car les faits les plus importants de votre vie ne sont pas toujours ceux dont vous vous souvenez clairement : ils sont souvent enfouis au plus profond de votre mental, dans les engrammes[1] — ces engrammes qui ont la particularité d'être incohérents et invariablement destructifs.

Vous découvrirez également les nombreuses raisons pour lesquelles vous « n'arrivez pas à aller mieux ». Et vous finirez par

----

1. **Engramme :** une image mentale qui est l'enregistrement d'une expérience contenant de la douleur, de l'inconscience ainsi qu'une menace réelle ou imaginaire pour la survie. C'est l'enregistrement, dans le mental réactif, de quelque chose qui est effectivement arrivé à un individu dans le passé et qui contient de la douleur et de l'inconscience, toutes deux étant enregistrées dans l'image mentale appelée un engramme. Il doit, par définition, contenir un choc ou une blessure. Ces engrammes sont des enregistrements complets, jusqu'au moindre détail, de chaque perception présente dans un moment d'inconscience partielle ou totale.

les trouver amusantes — une fois que vous aurez déniché les injonctions contenues dans les engrammes.

La Dianétique est tout sauf une aventure solennelle. Bien qu'elle ait trait à la douleur et à la souffrance, elle se termine toujours par des éclats de rire, tant étaient stupides et incomprises les raisons de nos malheurs.

Votre premier voyage dans votre propre *terra incognita* sera la lecture de ce livre. Vous y trouverez énoncées beaucoup de choses que « vous avez toujours sues ». Vous aurez la satisfaction de constater que bon nombre de vos opinions sur l'existence étaient en réalité des vérités scientifiques. Vous découvrirez aussi quantité de faits connus depuis longtemps. Peut-être les trouverez-vous « trop anciens » et aurez-vous tendance à en sous-estimer la valeur. Eh bien, sachez que c'est justement parce qu'on a sous-estimé la valeur de ces faits, qu'ils ont été considérés comme quantité négligeable. La seule façon de déterminer l'importance d'un fait, c'est de l'étudier sous toutes ses coutures et d'établir avec précision sa relation avec d'autres faits. La Dianétique est un vaste réseau de faits, qui s'étend dans toutes les directions et qui embrasse tous les domaines de l'activité humaine. Par bonheur, vous n'aurez pas besoin de vous familiariser avec ces domaines pour terminer avec succès la thérapie de Dianétique. De plus, ce réseau de faits est si étendu que chacun y trouvera son compte.

Si la Dianétique est un sujet aussi immense, c'est tout simplement parce que l'Homme est lui-même un sujet immense. Il était donc inévitable que la Dianétique, science de la pensée, englobe tous les aspects de l'activité humaine. Cependant, nous sommes parvenus à la présenter sous une forme concentrée et facile à étudier, en compartimentant et en classant soigneusement toutes les données. Cet ouvrage parle essentiellement de vous, de votre famille et de vos amis, sans allusion directe, bien entendu. Vous les rencontrerez et les reconnaîtrez au hasard des pages.

Vous ne trouverez dans ce livre ni phrases clinquantes ou grandiloquentes, ni mots de trente lettres à vous décrocher la mâchoire, ni hermétisme professoral. Lorsqu'on avance des réponses et des solutions simples, pourquoi les envelopper dans un langage compliqué ? La plupart des termes employés ici sont élémentaires et empruntés au langage de tous les jours. Nous avons cherché à éviter les expressions pédantes ; mieux encore, nous leur avons carrément tourné le dos. Ce livre s'adresse à toutes les catégories socioprofessionnelles. Nous avons volontairement évité d'employer le jargon de certaines professions afin que tout le monde puisse comprendre. Aussi, psychiatre, ne nous en veuillez pas si nous omettons de parler de votre « structure », car ladite structure n'a rien à faire dans cet ouvrage. Et soyez indulgent, cher médecin, si nous appelons un rhume un rhume et non pas un coryza[2]. Car la Dianétique relève essentiellement de l'ingénierie et les ingénieurs ont la drôle d'habitude de s'exprimer comme bon leur semble. Et vous, cher « lettré », je pense que vous n'apprécieriez guère qu'on vienne vous embêter avec les équations Lorentz-Fitzgerald-Einstein[3]. Il n'y a donc aucune raison d'infliger au lecteur non puriste une grammaire hégélienne[4] scientifiquement impossible qui insiste sur l'existence des absolus.

On pourrait comparer la façon dont ce livre est conçu à un cône : en haut, nous commencerions par des principes élémentaires, puis, à mesure que nous descendrions, nous aurions une application de plus en plus large de ces principes. Cet ouvrage suit, plus ou moins, les phases d'évolution et de développement de la Dianétique. Tout d'abord, il y eut la découverte du principe dynamique de l'existence[5]. Ensuite, il y eut la découverte de la signification de ce principe. Puis vint la découverte de la source de toute aberration. Et, enfin, vint l'application de ces découvertes sous forme de thérapie et la mise au point des techniques de la thérapie. Vous aurez l'occasion de constater par vous-même que tout cela n'est pas bien sorcier. Par contre, celui qui a eu du fil à retordre, c'est l'inventeur. Si vous aviez vu les premiers postulats et les premières

---

2.   **Coryza** : inflammation de la muqueuse des fosses nasales, plus connue sous le nom de « rhume de cerveau ».

3.   **Equations Lorentz-Fitzgerald-Einstein** : équations mathématiques mises au point par Hendrik Lorentz et George Francis Fitzgerald, en relation étroite avec les travaux d'Einstein. Ces formules, également appelées contraction Lorentz-Fitzgerald, comprennent l'hypothèse qu'un corps en mouvement se contracte dans la direction du mouvement quand sa vélocité est proche de celle de la vitesse de la lumière.

4.   **Hégélien** : relatif à Hegel (Georg Wilhelm Friedrich Hegel [1770-1831], philosophe allemand) ou à sa philosophie. Hegel avança une philosophie basée sur le principe qu'une idée ou un événement (thèse) engendre son opposé (antithèse) et mène à la réconciliation des opposés.

5.   **Principe dynamique de l'existence** : la survie. On peut considérer que le but de la vie est la survie infinie. On peut démontrer que l'Homme, en tant que forme de vie, obéit à l'injonction « survis ! », quels que soient ses objectifs et ses actions. Que l'homme survive n'est pas un fait nouveau. En revanche, on ignorait jusqu'ici que l'Homme avait la survie pour seule et unique motivation.

équations de la Dianétique ! Mais, à mesure que les recherches avançaient et que le domaine s'est élargi, la Dianétique, elle, est devenue de plus en plus simple. Ce qui est une preuve somme toute concluante que nous avons bel et bien affaire à une science. Il n'y a que les choses mal étudiées et mal observées qui deviennent de plus en plus complexes à mesure qu'on cherche à les approfondir.

Je vous suggère de lire ce livre d'un trait, du début jusqu'à la fin. Lorsque vous serez parvenu à l'appendice, vous aurez sans doute une excellente maîtrise du sujet. Le livre a été conçu pour qu'il en soit ainsi. Tous les faits importants concernant la thérapie de Dianétique sont exposés de plusieurs manières et réapparaissent maintes et maintes fois. De cette façon, ils ne pourront échapper à votre attention. Lorsque vous aurez terminé la lecture de cet ouvrage, revenez au début, feuilletez-le et réétudiez ce que vous pensez devoir réétudier.

Dans ce livre ne figurent pas la plupart des principes philosophiques fondamentaux de la Dianétique, ni les ramifications de cette dernière. Il y a deux raisons à cela : d'une part, cet ouvrage ne devait pas dépasser 500 000 mots et, d'autre part, ces principes et ces ramifications ont leur place dans un ouvrage à part où l'on pourra leur rendre pleinement justice. Néanmoins, vous trouverez dans ces pages toute la portée de la science de Dianétique, en plus de la thérapie proprement dite.

Vous êtes sur le point de vous lancer dans une aventure. Traitez-la en aventure. Et puissiez-vous ne jamais plus être le même. ▲

LIVRE UN

LE BUT DE L'HOMME

CHAPITRE UN

L'ÉTENDUE DE LA DIANÉTIQUE

L'HOMME EST À LA RECHERCHE d'une science du mental depuis des millénaires. Faute d'une telle science, des armées, des dynasties, des civilisations entières ont péri, l'Empire romain a fini en poussière, la Chine a connu, vers le milieu de notre siècle, un bain de sang sans précédent, et nous avons actuellement dans nos arsenaux des bombes atomiques qui attendent, prêtes à tout détruire.

Nulle quête n'a été plus acharnée, plus violente. Même les tribus primitives les plus incultes ont reconnu le problème et elles ont toutes essayé de formuler une solution. L'aborigène australien a recours au « cristal guérisseur magique » en guise de science du mental, le chaman[1] de Guyane britannique pallie à l'absence de véritables lois mentales avec son chant monotone et son cigare consacré, et le battement de tambour du sorcier goldi[2] remplace le manque d'une technique adéquate pour atténuer l'agitation des patients.

Durant son âge d'or, son âge des lumières, la Grèce n'avait rien d'autre à sa disposition que des superstitions dans son principal hospice pour les maladies mentales, le temple d'Esculape[3]. Les Romains, quant à eux, ne pouvaient faire mieux qu'invoquer les pénates, les dieux domestiques, ou offrir des sacrifices à Febris, déesse des fièvres, pour apporter la tranquillité d'esprit aux malades. Et l'on aurait pu trouver, bien des siècles plus tard, un roi d'Angleterre aux mains d'exorcistes qui cherchaient à le guérir de ses crises de délire en chassant les démons de son corps.

---

1. **Chaman :** prêtre ou sorcier de certains peuples qui affirme être le seul à pouvoir communiquer avec les dieux.
2. **Goldi :** peuple, vivant traditionnellement de la pêche et de la chasse, résidant dans la vallée du fleuve Amour en Sibérie du sud-est et en Mandchourie du nord-est.
3. **Esculape :** dieu de la médecine dans la mythologie romaine, correspondant à l'Asclépios grec.

Au fil des âges, les tribus les plus ignares comme les civilisations les plus sophistiquées sont restées impressionnées et impuissantes devant les aberrations et les maladies étranges. Et les efforts désespérés de l'Homme pour traiter le malade mental n'ont guère évolué tout au long de son histoire. Jusqu'à la moitié du XX⁰ siècle, le pourcentage de succès en matière de soulagement des dérangements mentaux ne dépassait pas celui des chamans confrontés aux mêmes problèmes. Aux dires d'un auteur contemporain, le seul véritable progrès de la psychothérapie a été de donner aux aliénés des chambres propres. Et quant aux méthodes de traitement des déments, les techniques « civilisées » (la destruction des cellules nerveuses par les électro-chocs et la neurochirurgie) sont bien plus brutales que celles utilisées par les chamans ou à Bedlam[4]. Et si l'on considère les résultats obtenus avec ces « traitements », on voit aussitôt que leur emploi n'est absolument pas justifié. Même les sociétés les plus barbares les auraient rejetés, car ils anéantissent en grande partie la personnalité et les ambitions de la victime et la réduisent à l'état de zombie et d'animal docile. Mon propos n'est pas de condamner les méthodes du « neurochirurgien » ni le pic à glace qu'il fourre dans le cerveau du patient, mais plutôt de montrer à quelles extrémités l'Homme peut se laisser aller lorsqu'il est confronté au problème apparemment insoluble posé par les maladies mentales.

À l'échelle de la société et de la nation, jamais l'absence d'une science du mental ne s'est fait aussi cruellement ressentir. En effet, les sciences physiques en progressant sans tenir compte du grand retard pris par l'Homme dans la compréhension de lui-même, l'ont doté d'armes terribles et radicales qui n'attendent qu'une nouvelle explosion de folie collective, une autre guerre, pour entrer en action.

Ce ne sont pas là de menus problèmes, car ils se dressent sur le chemin de chacun d'entre nous et nous attendent à chaque tournant. Tant que l'Homme a su que sa supériorité sur le règne animal résidait essentiellement dans sa faculté de penser, tant qu'il a compris que la seule véritable arme dont il disposait était son mental, il a cherché, réfléchi et postulé, en quête d'une solution.

4. **Bedlam :** un ancien asile de fou à Londres, tristement célèbre pour les traitements brutaux infligés aux aliénés.

Il a trié et retrié les équations qui devaient mener à une science du mental (et, par-delà, à une science de l'univers), un peu comme on trie les pièces d'un puzzle renversé par une main maladroite. Parfois, il trouvait deux pièces qui allaient ensemble. Parfois même, comme ce fut le cas durant l'âge d'or de la Grèce, il réussissait à assembler toute une section du puzzle. Philosophes, chamans, sorciers, mathématiciens, tous ont examiné les morceaux du puzzle. Certains ont cru qu'ils appartenaient à plusieurs puzzles. D'autres ont pensé qu'ils faisaient partie d'un seul et même puzzle. D'autres encore ont affirmé qu'il y avait en réalité deux, voire six puzzles. Et les guerres ont continué, les sociétés se sont dégradées ou ont volé en éclat, et de savants ouvrages ont été écrits sur les hordes de plus en plus nombreuses d'aliénés mentaux.

Grâce aux méthodes de Bacon[5] et aux mathématiques de Newton[6], les sciences physiques ont pu progresser, consolidant et repoussant sans cesse leurs frontières. Et tel un bataillon de renégats indifférents au sort des troupes qu'ils ont livrées à l'ennemi, les écoles du mental sont restées à la traîne.

Mais, après tout, un puzzle se compose d'un nombre bien déterminé de pièces. Avant et après les travaux de Francis Bacon, d'Herbert Spencer[7] et de quelques autres, beaucoup de petites portions du puzzle avaient été assemblées et quantité de faits authentiques avaient été observés.

Pour s'aventurer dans les milliers de variables qui constituaient ce puzzle, il suffisait de savoir distinguer le bon du mauvais, le vrai du faux, et de prendre l'Homme et la Nature comme terrain d'étude.

Que doit-on trouver dans une science du mental ?

1. Une réponse à la question : quel est le but de la pensée ?

5.   **Bacon, Francis** (1561-1626), écrivain et philosophe anglais qui insista sur le fait que l'investigation devrait commencer par des faits observables plutôt que par des nouvelles théories.

6.   **Newton, Isaac** (1642-1727), savant anglais. Un des plus grands génies que le monde a connu, il a fait trois découvertes scientifiques d'une importance vitale : premièrement, la méthode du changement dans les quantités variables, qui forme la base du calcul infinitésimal moderne ; deuxièmement, la loi de la composition de la lumière ; et troisièmement, la loi de la gravitation.

7.   **Spencer, Herbert** (1820-1903); philosophe anglais. L'un des rares penseurs modernes à avoir tenté d'expliquer systématiquement tous les phénomènes cosmiques, y compris les principes qui gouvernent la société et le mental.

2. La cause unique des démences, des psychoses[8], des névroses[9], des compulsions[10], des refoulements[11] et des aberrations sociales en tout genre.

3. Des preuves scientifiques inébranlables quant à la nature fondamentale et au mode de fonctionnement du mental humain.

4. Des techniques — des procédés appliqués — qui vont invariablement éliminer la cause des dérangements mentaux, à l'exception bien entendu, des maladies mentales dues à des malformations, à des ablations ou à des infirmités pathologiques[12] du cerveau ou du système nerveux et, en particulier, des psychoses iatrogènes (c'est-à-dire celles causées par un docteur ou un chirurgien ayant détruit certaines parties vitales du cerveau).

5. Des méthodes permettant de prévenir les maladies mentales.

6. La cause de toutes les maladies psychosomatiques[13] et le moyen de les guérir. A noter que, selon certains spécialistes, les maladies psychosomatiques représenteraient 70 % des maladies humaines répertoriées.

Une science capable de toutes ces choses irait beaucoup plus loin que tout ce qu'on a pu attendre d'une science du mental jusqu'à présent. Mais, en y réfléchissant bien, une science du mental doit être à même de réaliser les choses exposées ci-dessus.

Une science du mental digne de ce nom se doit d'être aussi précise que la physique ou la chimie. Ses lois ne doivent admettre aucune « exception à la règle ». De plus, une telle science doit exclure tout recours aux « autorités en la matière ». Une bombe atomique explosera, qu'on ait ou non l'autorisation d'Einstein[14]. Ce sont les lois inhérentes à la Nature qui gouvernent l'explosion

----

8. **Psychose :** toute forme grave de trouble mental ; démence.

9. **Névrose :** état émotionnel fait de conflits et d'émotivité qui fait obstacle aux facultés et au bien-être de la personne.

10. **Compulsion :** impulsion irrésistible et répété à agir de façon irrationnelle.

11. **Refoulement :** injonction intérieure qui interdit à l'organisme de faire quelque chose.

12. **Pathologique :** causé par une maladie ; relatif à la maladie. *Voir aussi **pathologie*** dans le glossaire.

13. **Psychosomatique :** *psycho* signifie « esprit » ou « mental » et *somatique* signifie « corps ». Lorsque nous employons le terme « psychosomatique », nous voulons dire que le mental rend le corps malade, ou encore qu'un dérangement mental a créé dans le corps des maladies physiques.

14. **Einstein, Albert** (1879-1955), physicien allemand, puis américain, auteur de la théorie de la conversion de la masse en énergie, qui a rendu possible la mise au point de la bombe atomique.

de cette bombe. Et les techniciens, en appliquant les techniques issues de la découverte de lois naturelles, peuvent aussi bien fabriquer une bombe atomique qu'en fabriquer un million.

Une fois qu'on aurait formulé les axiomes et mis au point les techniques, bref, une fois qu'on disposerait d'une science du mental qui fonctionnerait et dont la précision serait comparable à celle des sciences physiques, on constaterait que certaines vérités qui la composent avaient déjà été avancées par la plupart des écoles de pensée. Ce qui, une fois encore, est une vertu et non pas un défaut.

La Dianétique, bien que simple, est et permet de faire ce qui suit.

1. C'est une science organisée de la pensée qui s'appuie sur des axiomes précis, c'est-à-dire sur des lois naturelles comparables à celles qu'on trouve dans les sciences physiques.

2. Elle comprend une technique thérapeutique qui permet de traiter toutes les maladies mentales dont la cause n'est pas organique et toutes les maladies psychosomatiques organiques.

3. Elle permet à l'Homme d'avoir des aptitudes et un équilibre mental largement au-dessus de la normale et améliore sa vitalité et sa personnalité au lieu de les détruire.

4. La Dianétique donne un aperçu complet des potentialités du mental et révèle qu'elles sont largement supérieures à tout ce qu'on avait pu supposer dans le passé.

5. La Dianétique ne se contente pas de spéculer ou de parier sur la nature fondamentale de l'Homme, elle la révèle. En effet, elle permet à chaque individu d'exprimer pleinement cette nature. Et cette nature fondamentale s'avère être bonne.

6. La Dianétique révèle et démontre cliniquement la source unique des dérangements mentaux.

7. La Dianétique établit une fois pour toutes l'étendue de la mémoire, ainsi que sa capacité de stockage des souvenirs.

8. La Dianétique révèle quelles sont les capacités d'enregistrement du mental et démontre qu'elles sont tout autres que ce qu'on avait cru jusqu'ici.

9. La Dianétique fournit une théorie non-microbienne de la maladie, qui vient s'ajouter à la biochimie[15] et aux travaux de Pasteur[16] sur la théorie microbienne pour englober ce domaine au complet.

10. Grâce à la Dianétique, il n'est plus « nécessaire » désormais de détruire le cerveau au moyen d'électrochocs ou d'opérations chirurgicales visant à rendre les patients « dociles » et « normaux ».

11. La Dianétique offre une explication pratique des effets physiologiques causés par les médicaments et les substances endocriniennes[17] et résout de nombreux problèmes posés par l'endocrinologie.

12. La Dianétique fait progresser de nombreux sujets d'études : l'éducation, la sociologie, la politique, la défense et d'autres sciences humaines.

13. La Dianétique apporte également sa contribution à la cytologie[18], ainsi qu'à d'autres domaines de recherche.

Voilà donc un bref aperçu des éléments qui doivent composer une science du mental et de l'étendue de la Dianétique.▲

---

15. **Biochimie :** l'étude scientifique de la composition et des caractères chimiques des organismes vivants.

16. **Pasteur, Louis** (1822-1895), chimiste et bactériologiste français. Démontra que les bactéries étaient à l'origine de la putréfaction et de la décomposition. Découvrit des sérums et des vaccins, notamment contre la rage et le choléra.

17. **Endocrinien :** qui vient des glandes endocrines, lesquelles sont des glandes qui déversent dans le sang leur produit de sécrétion. Celui-ci est alors acheminé vers d'autres parties du corps dont il règle la fonction.

18. **Cytologie :** étude scientifique des cellules.

CHAPITRE DEUX

L'ÉTAT DE CLAIR

En Dianétique, l'individu optimal est appelé un Clair. Vous rencontrerez souvent ce néologisme dans cet ouvrage, soit comme nom, soit dans une locution verbale. Il nous paraît donc sage de consacrer, dès le début, quelques pages à une description précise de l'état de Clair, cet état de Clair qui est l'objectif de la thérapie de Dianétique.

Lorsqu'on soumet un Clair à des tests et à des examens destinés à établir la présence de psychoses, névroses, compulsions, refoulements (toutes les formes d'aberration) ou de maladies autogènes (engendrées par soi), on constate qu'il est complètement dépourvu de ces maux ou aberrations. De plus, les tests sur son intelligence montrent qu'elle est très supérieure à la normale. Et l'observation de ses activités fait apparaître que c'est un être dynamique qui aime l'existence.

Il est d'ailleurs facile de comparer ces résultats et d'en établir la validité. On peut prendre une personne névrosée souffrant de maladies psychosomatiques et la soumettre à ces mêmes tests, où ses aberrations et ses maladies apparaîtront au grand jour. Puis on peut lui faire suivre une thérapie de Dianétique complète pour la débarrasser de ces mêmes affections. Enfin, on peut l'examiner de nouveau, en obtenant les résultats exposés dans le paragraphe ci-dessus. Soit dit en passant, nous nous sommes livrés à cette expérience de nombreuses fois avec, chaque fois, les mêmes résultats. Il a été prouvé cliniquement que toute personne possédant un système nerveux intact affichera invariablement ces résultats au terme de la « mise au clair[1] » de Dianétique.

Par ailleurs, le Clair possède des attributs, fondamentaux et innés mais pas toujours visibles dans son état « aberré », qui sont restés insoupçonnés de l'Homme et qui ne figurent pas dans les discussions passées sur ses facultés et son comportement.

Prenons tout d'abord les perceptions. Même les gens dits « normaux » ne sont pas toujours capables de percevoir toutes les

----

1. **Mise au clair :** littéralement, action de rendre, d'amener quelqu'un à l'état de Clair.

« … le Clair possède des attributs, fondamentaux et innés mais pas toujours visibles dans son état "aberré", qui sont restés insoupçonnés de l'Homme et qui ne figurent pas dans les discussions passées sur ses facultés et son comportement. »

couleurs ou d'entendre toutes les tonalités, d'employer de façon optimale les sens de l'odorat, du goût et du toucher, ou d'éprouver pleinement certaines sensations organiques.

Les canaux sensoriels sont le principal moyen de communication avec le monde fini, que la plupart des gens reconnaissent comme étant la réalité. Remarquons en passant que les chercheurs et les observateurs d'hier avaient compris que la personne aberrée devait impérativement affronter la réalité pour recouvrer sa santé d'esprit, mais qu'ils ne nous ont laissé aucun « mode d'emploi ». Une chose est sûre : pour affronter la réalité, nous devons être à même de la percevoir par le biais des canaux sensoriels.

N'importe lequel des sens humains peut être altéré par des dérangements d'ordre psychique empêchant la partie analytique du mental humain de recevoir correctement les sensations. Autrement dit, même si les mécanismes de réception des couleurs sont en parfait état, il peut y avoir dans le mental des circuits[2] qui suppriment les couleurs avant qu'elles n'arrivent au niveau conscient. Il existe divers degrés de daltonisme[3]. Par exemple, certaines personnes trouveront les couleurs ternes, d'autres les trouveront trop vives et quelques cas extrêmes ne les percevront pas du tout. Nous connaissons tous des gens qui détestent les couleurs « criardes » ou qui trouvent les couleurs « ternes ». Ces degrés de daltonisme — si tant est qu'on les ait remarqués — n'avaient pas été considérés jusqu'ici comme des phénomènes d'origine psychique, mais comme quelque chose de « vaguement mental ».

Certaines personnes ne supportent pas le bruit. Il y en a, par exemple, pour qui la plainte incessante d'un violon est semblable au bruit d'une perceuse placée à quelques millimètres du tympan. En revanche, d'autres, en entendant cinquante violons jouant très fort, trouveront cela très reposant. D'autres encore considéreront le son du violon ennuyeux et dénué d'intérêt. Et quelques-unes trouveront monotones des partitions de violon extrêmement fouillées. On avait attribué jusqu'ici ces variations dans la perception des sons ou des couleurs, tout comme les troubles de la vue, soit à la nature innée de la personne, soit à des déficiences organiques, soit on ne les avait pas assignées à quoi que ce soit.

2.   **Circuit :** une partie du « bank » (nom familier du mental réactif) qui se comporte comme si c'était quelqu'un ou quelque chose de distinct de la personne et qui parle à sa place ou entre en action d'elle-même, et qui peut même, si cela est assez sérieux, lui dicter ses actions quand elle est activée.
3.   **Daltonisme :** affection dans laquelle la perception des couleurs est altérée ou abolie.

De même, les sens de l'odorat ou du toucher, les perceptions organiques ou certaines sensations comme la douleur et la gravité varieront énormément d'une personne à l'autre. Un petit test auprès de vos amis vous montrera qu'ils percevront très différemment un même stimulus[4]. L'un d'eux trouvera merveilleuse l'odeur qui se dégage du four où est en train de rôtir une dinde. Un autre n'y fera pas attention. Le troisième ne sentira rien du tout. Et le quatrième — prenons un cas extrême — vous dira que cette dinde rôtie sent la gomina.

Pourquoi des différences aussi grandes ? Eh bien, la raison de cela restera obscure tant qu'on n'aura pas obtenu des Clairs. Car ces énormes variations de perception, aussi bien en quantité qu'en qualité, sont dans une très large mesure causées par les aberrations. On constatera quelques différences de perception chez les Clairs. Mais elles sont dues essentiellement à leur sensibilité naturelle et aux expériences agréables qu'ils ont vécues. Il ne faudrait surtout pas en déduire que les Clairs réagissent tous de la même façon, tels des moutons dociles — but médiocre et abject qu'ont cherché à atteindre les doctrines du passé. Le Clair a des réactions optimales conforme à ses désirs sur le sujet. De la cordite en train de brûler lui paraîtra toujours aussi dangereuse, mais cela ne le rendra pas malade. La dinde rôtie sentira bon, et s'il a faim et s'il aime la dinde, elle sentira alors très, très bon. Et s'il aime le violon, il trouvera que sa sonorité est mélodieuse, et non pas monotone et douloureuse, et il en retirera un plaisir entier. S'il n'aime pas le violon, peut-être aime-t-il les timbales ou le saxophone. Ou si telle est son humeur, peut-être n'aime-t-il pas du tout la musique.

Autrement dit, il y a deux types de variables à l'œuvre : d'une part les variables énormes, démesurées, dues aux aberrations, et d'autre part, les variables compréhensibles et parfaitement rationnelles dues à la personnalité.

On peut donc affirmer que les perceptions d'une personne aberrée (pas encore un Clair) diffèrent énormément de celles d'un Clair (individu qui n'a plus d'aberrations).

Revenons aux différences de perception des organes sensoriels et aux erreurs que ces derniers occasionnent. Un tout petit nombre de ces erreurs sont d'origine purement organique : par exemple, des tympans crevés ne sont pas de bons mécanismes d'enregistrement

---

4. **Stimulus :** quelque chose qui déclenche de l'activité ou de l'énergie chez une personne ou une chose. Également quelque chose qui provoque une réaction dans un organe ou un tissu du corps.

du son. Mais la grande majorité des erreurs de perception d'un organe sensoriel sont d'ordre psychosomatique.

Partout on voit des gens — et même des enfants — qui portent des lunettes. Dans la plupart des cas, c'est pour corriger une condition oculaire que le corps va s'efforcer aussitôt de détériorer à nouveau. La vue d'une personne qui porte des lunettes est en fait endommagée par des facteurs d'ordre psychosomatique (et non par les lunettes elles-mêmes). Voilà une observation tout aussi insensée que... l'affirmation selon laquelle des pommes tombant d'un arbre obéissent à la loi de la gravitation ! L'un des effets secondaires qu'on peut généralement observer chez un Clair qui avait une mauvaise vue lorsqu'il était encore aberré est une amélioration très nette de sa vue. Avec un peu d'attention, le Clair finira même par retrouver une vision optimale. (Voilà qui, loin de dresser les opticiens contre la Dianétique, leur fera faire de bonnes affaires, car on a vu des Clairs qui, après avoir terminé la thérapie de Dianétique, ont dû acheter coup sur coup cinq paires de lunettes afin d'adapter leurs verres aux améliorations de leur vue. Et beaucoup d'aberrés devenus Clairs sur le tard recouvrent une excellente vue très proche de l'optimum.)

Ce sont les aberrations de la personne aberrée qui réduisent sa vision. Elles détraquent les organes de la vue, lesquels, bien entendu, ne parviennent plus à fonctionner de façon optimale. Des tests répétés ont montré qu'après élimination des aberrations, le corps s'efforce courageusement de reconstruire ces organes et de les ramener à leur rendement maximum.

Les déficiences organiques relatives à l'ouïe peuvent prendre d'innombrables aspects. Par exemple, des dépôts de calcium peuvent causer un « bourdonnement » incessant des oreilles. Lorsqu'on débarrasse la personne de ses aberrations, on permet à son corps de se « retaper » et de retrouver un fonctionnement optimal ; le dépôt de calcium finit par disparaître et le bourdonnement des oreilles cesse. Mais mis à part ce cas très particulier, il existe de grosses différences dans les perceptions auditives sur le plan organique. Par la faute d'une déficience organique et d'aberrations, certaines personnes peuvent avoir une ouïe « hypersensible » ou quasiment « hors service ». L'une entendra des bruits de pas un pâté de maisons plus loin et l'autre ne percevra pas des martèlements de grosse caisse sur le pas de sa porte.

Donc, les perceptions varient considérablement d'un individu à l'autre, en raison d'aberrations et de facteurs psychosomatiques.

Mais c'est peut-être la moins importante des découvertes exposées dans ce livre. Il existe une découverte bien plus importante : l'aptitude à se souvenir varie de façon encore plus spectaculaire d'une personne à l'autre.

L'observation d'individus Clairs et aberrés a permis de découvrir une faculté mentale innée dont personne n'avait jamais soupçonné l'existence. Peu d'aberrés sont capables d'exploiter cette faculté. En revanche, le Clair s'en sert comme il le veut. Bien évidemment, nous ne voulons pas dire par là que les savants d'autrefois n'ont pas su regarder. Non. Car nous avons affaire ici à un sujet d'observation nouveau, inédit : le Clair. Seule une petite poignée de personnes ont eu occasionnellement dans le passé quelques-unes des aptitudes que le Clair est capable d'accomplir avec aisance.

Mais revenons à cette faculté mentale. En Dianétique, nous donnons à l'aptitude innée (et non pas acquise) du mental à « revenir » dans le passé le nom technique de retour. Le mot est employé dans le sens du dictionnaire, mais avec une définition supplémentaire : le retour est une fonction mnémonique inhérente au mental. Explication : une personne peut « envoyer » une portion de son mental à une époque de son passé, soit sur un plan mental, soit sur un plan mental et physique, et revivre les incidents de son passé tels qu'elle les avait vécus à l'époque, en éprouvant à nouveau les mêmes sensations qu'autrefois.

Il y a très, très longtemps est né un art connu sous le nom d'hypnotisme, où l'on appliquait aux sujets hypnotisés une technique appelée « régression ». L'hypnotiseur renvoyait le sujet dans des incidents de son passé. Il disposait pour ce faire de deux méthodes, dont celle de la « régression ». Il avait recours à des procédés qui mettaient le sujet sous hypnose, à des drogues et à un ensemble considérable de techniques. Il pouvait renvoyer « complètement » le sujet hypnotisé à un moment quelconque du passé, si bien que le sujet agissait comme s'il avait l'âge auquel il était retourné, avec les facultés et les souvenirs qu'il possédait à l'époque. On appelait cette technique « revivification » (revivre). La « régression » était une technique par laquelle une partie du mental de l'individu restait dans le présent tandis que l'autre retournait dans le passé. L'hypnotisme est le seul domaine à avoir postulé qu'il s'agissait là d'une aptitude naturelle du mental et à avoir utilisé cette aptitude. L'hypnotisme est un art très ancien, qui remonte à plusieurs milliers d'années, qui est toujours pratiqué à l'heure actuelle en Asie et qui existe probablement depuis la nuit des temps.

Nous préférons le terme retour à celui de « régression », d'une part parce que ces deux mots n'ont pas du tout la même signification et d'autre part parce que le mot « régression » possède deux ou trois sens négatifs et péjoratifs susceptibles de refroidir le lecteur. De même, nous préférons le terme revivre à celui de « revivification », primo, parce qu'en Dianétique, nous avons fait la lumière sur les principes qui gouvernent l'hypnotisme, et deusio, parce que nous n'employons pas l'hypnotisme dans la thérapie de Dianétique. Nous expliquerons pourquoi plus loin dans cet ouvrage.

Le mental, donc, possède une faculté spéciale. Une portion du mental peut « retourner en arrière » (même lorsque la personne est parfaitement éveillée) et revivre des expériences du passé dans leur intégralité. Si vous désirez vérifier la chose par vous-même, essayez avec plusieurs personnes jusqu'à ce que vous en trouviez une qui y arrive facilement. Vous constaterez qu'elle parvient à « retourner » jusqu'à des moments de son passé tout en étant éveillée. Tant que vous ne lui aurez pas demandé de le faire, elle ne saura sans doute pas qu'elle en est capable. Et si elle s'en savait déjà capable, elle pensait probablement que tout le monde pouvait en faire autant (c'est à cause de ce genre de supposition que la plupart des découvertes exposées ici n'avaient jamais été faites). Elle est capable, par exemple, de retourner à un moment où elle faisait de la nage et de le revivre avec toutes les perceptions présentes à l'époque, ouïe, vue, sens gustatif et tactile, odorat, sensations organiques, etc.

Je me souviens d'un monsieur « savant » qui passa un jour plusieurs heures à démontrer à un auditoire qu'il était parfaitement impossible à quelqu'un de se rappeler une odeur, étant donné que « la neurologie avait prouvé que les nerfs olfactifs n'étaient pas reliés au thalamus[5] ». Deux personnes de l'auditoire constatèrent l'existence de l'aptitude à retourner et en apportèrent la preuve, mais le monsieur savant les ignora et poursuivit sa thèse. Un rapide sondage de l'auditoire (il n'y était pas du tout question de retour) révéla que la moitié des personnes présentes se souvenaient des odeurs en les sentant à nouveau.

---

5. **Thalamus :** région intérieure du cerveau d'où partent les nerfs sensitifs.

Retourner, c'est percevoir dans son intégralité une expérience passée, avec toutes les images. La mémoire est capable de faire percevoir à nouveau aux organes les stimuli qui étaient présents dans telle ou telle expérience du passé. Le retour partiel est courant, pas aussi courant qu'on pourrait le croire, mais suffisamment courant, en tout cas, pour avoir mérité une étude poussée. Car le retour partiel varie énormément d'une personne à l'autre.

Percevoir le présent serait l'une des façons de regarder la réalité en face. Mais si l'on est incapable de faire face à la réalité du passé, c'est donc qu'on n'affronte pas certaines parties de la réalité. Et si l'on admet que « voir la réalité en face » est chose souhaitable, il en découle qu'une personne, pour être « saine d'esprit » selon les normes actuelles, doit être en mesure de faire face à la réalité d'hier. Donc, elle doit être en mesure de se rappeler. Mais combien y a-t-il de façons de se souvenir ?

En premier lieu, il y a la méthode — à ce jour inédite — du retour.

Cette méthode a un avantage : elle permet à la personne d'examiner toutes les images animées et toutes les perceptions sensorielles qu'elle avait enregistrées à telle ou telle époque. Elle lui permet aussi de retrouver ses conclusions et ses pensées passées. Il est extrêmement utile, dans le cadre d'études ou de recherches ou même dans la vie quotidienne, de pouvoir se retrouver à « l'endroit » où des informations intéressantes se sont présentées pour la première fois.

Viennent ensuite les méthodes de rappel courantes. Mais la méthode optimale est celle du retour, avec un ou plusieurs sens en éveil, la personne elle-même restant dans le temps présent[6]. Autrement dit, certaines personnes, lorsqu'elles pensent à une rose, voient une rose, sentent une rose, « touchent » une rose, en perçoivent chaque couleur, comme si la rose était devant elles — avec « l'œil de l'esprit », pour employer une vieille expression. Elles en respirent le parfum, comme si la rose était devant elles. Elles sentent même la piqûre de ses épines. Bref, quand ces personnes pensent à une rose, elles se souviennent de telle ou telle rose.

Ces mêmes personnes, lorsqu'elles penseront à un bateau, visualiseront un bateau bien précis. Et si elles s'imaginent à bord,

---

6. **Temps présent :** le moment qui existe maintenant et qui devient le passé presque aussi vite qu'il est observé. C'est un terme employé assez librement pour désigner l'environnement actuel.

elles en sentiront le roulis, percevront l'odeur du goudron ou d'autres odeurs encore plus désagréables et entendront tous les sons présents. Elles verront chaque couleur présente, chaque mouvement, et elles entendront chaque son avec sa tonalité.

Eh bien, cette faculté varie considérablement d'un aberré à l'autre. Si l'on demande à certaines personnes de penser à une rose, elles seront uniquement capables de la visualiser. D'autres pourront en sentir le parfum mais seront incapables de se la représenter visuellement. D'autres encore en percevront à peine les couleurs, voire pas du tout. Quand on demandera à certains aberrés de penser à un navire, ils ne verront qu'une image sans relief, immobile et incolore, semblable à un tableau ou à une photographie. D'autres verront un navire en mouvement, entendront les différents sons, mais ne percevront pas les couleurs. D'autres encore entendront les sons que fait un navire, mais n'auront aucune image. Et il y en a qui penseront à un navire comme quelque chose de purement conceptuel. Ils savent que les navires existent, mais ils sont incapables de s'en rappeler un et de le percevoir à nouveau par la vue, le toucher, l'ouïe, l'odorat et les autres sens.

Certains observateurs d'hier ont appelé ce phénomène « visualisation », mais comme ce terme ne convient absolument pas pour désigner l'ouïe, le toucher, les sensations organiques et la douleur, nous lui avons donné le nom technique de rappel. La valeur du rappel dans l'existence est passée quasiment inaperçue, à tel point qu'on en trouve mention nulle part. Ce qui explique pourquoi nous nous attardons dessus avec force détails.

Il est très facile de tester le rappel. Demandez à quelques personnes quelles sont leurs possibilités dans ce domaine. Vous constaterez que ces possibilités varient considérablement d'une personne à l'autre. La première a telle forme de rappel, la seconde telle autre, la troisième ne se rappelle rien et a uniquement des concepts de rappel. Si vous vous livrez à ce test, n'oubliez pas que chaque perception est enregistrée dans la mémoire et que le rappel comprend, par conséquent, diverses sensations comme la douleur, la température, le rythme, le goût et le poids, en plus de la vue, de l'ouïe, du toucher et de l'odorat.

Les noms donnés en Dianétique à ces différents types de rappel sont : *le visio* (vue), *le sonique* (ouïe), *le tactile* (toucher), *l'olfactif* (odorat), *le rythmique, le kinesthésique* (poids et mouvement), *la somatique* (douleur), *le thermal* (température) et *l'organique* (sensations internes et — c'est une nouvelle définition — émotions).

Il existe un autre type d'activité mentale qu'on pourrait placer dans les catégories imagination et *imagination créatrice*, deux domaines où l'on pourra également se livrer à de nombreux tests.

L'imagination est un réagencement de choses pas forcément réelles qu'on a perçues, pensées ou intellectuellement créées. L'imagination est la méthode employée par l'esprit pour envisager des buts souhaitables ou prévoir des situations futures. L'imagination joue un rôle essentiel dans la vie quotidienne et c'est un facteur précieux dans la résolution de nos problèmes. Et bien qu'il s'agisse d'un réagencement, l'imagination n'en reste pas moins merveilleusement complexe.

Un clair utilise toute son imagination. Lorsqu'il fait travailler son imagination, il crée une impression pour chaque perception : vue, odorat, goût, ouïe, etc. Ces impressions sont édifiées à partir de modèles stockés dans les banques mnémoniques. Nouvelles structures physiques, demain par rapport à aujourd'hui, l'année prochaine par rapport à l'année dernière, moments de plaisir à vivre, actions à accomplir, accidents à éviter : toutes ces choses sont des fonctions de l'imagination.

Lorsque le clair imagine quelque chose, il y introduit tous les perceptiques : visio avec toutes les couleurs, sonique avec toutes les tonalités, tactile, olfactif, rythmique, kinesthésique, thermal et organique. Si on lui demande, par exemple, de s'imaginer en train de voyager dans un carrosse doré tiré par quatre chevaux, il « voit » le véhicule en mouvement, avec toutes les couleurs, il « entend » tous les bruits qui sont censés être présents, il « respire » les odeurs qui, selon lui, seraient présentes et il « sent » le revêtement du siège, le mouvement du véhicule et sa propre présence dans le carrosse.

Mais il n'y a pas que l'imagination ordinaire. Il y a également ce que nous appelons *l'imagination créatrice*. C'est une faculté incommensurable qui varie considérablement d'un individu à l'autre. Certaines personnes ont une imagination créatrice énorme. Si nous parlons de cette faculté ici, ce n'est pas parce qu'il s'agit d'une activité mentale communément abordée en Dianétique, mais tout simplement parce qu'il s'agit de quelque chose à part. Chez un Clair, *l'imagination créatrice* — même s'il n'arrivait pas à l'exprimer lorsqu'il était encore aberré — est présente et évidente. Elle est innée. Il n'y a qu'une chose qui puisse « aberrer » l'imagination créatrice : interdire à la personne de s'en servir, c'est-à-dire bloquer tous ses processus mentaux. On peut considérer l'imagination créatrice — cet attribut qui est source d'enrichissement pour l'Homme et qui est à la base des œuvres d'art et de l'édification des nations — comme une fonction spéciale et indépendante qui ne provient en aucune façon des aberrations. Pour avoir la preuve de son caractère inné, il suffit d'observer un Clair en train d'en faire usage. Rares sont les personnes qui n'ont pas d'imagination créatrice.

Abordons maintenant la dernière fonction du mental qui est aussi la plus importante. Il faut considérer l'Homme comme un être conscient, intelligent. Son intelligence est fonction de son aptitude à résoudre les problèmes — en percevant, en créant et en comprenant les situations. Cette faculté de raisonner est la fonction principale, incomparable, de cette portion du mental qui fait de l'homme un homme et non pas un animal parmi tant d'autres. Ses aptitudes à se souvenir, à percevoir et à imaginer lui apportent la possibilité fabuleuse de tirer des conclusions et de se servir de ces conclusions pour en tirer d'autres. C'est cela qui caractérise l'homme rationnel.

La raison — dont l'opposé est l'aberration — n'est observable que chez le Clair. Les aberrations dont est affligé l'aberré le font sombrer dans l'irrationalité. On pourrait, si l'on voulait se montrer plus modéré, remplacer le mot « irrationalité » par « excentricité », « erreur humaine » ou « tic ». Il n'empêche que ces choses sont de l'irrationalité. La personnalité n'est en aucun cas déterminée par le degré d'irrationalité qu'une personne peut afficher. Ce n'est pas un trait de personnalité, par exemple, que de conduire en état d'ivresse et d'écraser un enfant sur un passage clouté — ou même de risquer de tuer un enfant en conduisant en état d'ébriété. L'irrationalité, ce n'est rien d'autre qu'être incapable de trouver les réponses correctes à partir des données dont il dispose.

Curieusement, alors que « tout le monde sait » (quel nombre incroyable d'informations erronées sont propagées par cette affirmation passe-partout !) que « l'erreur est humaine », la partie consciente du mental — celle qui trouve les solutions aux problèmes et qui a fait de l'Homme ce qu'il est — est *absolument incapable de se tromper.*

Cette découverte a engendré la stupéfaction. À tort, d'ailleurs. Car elle aurait pu être effectuée bien avant. En effet, tout cela est très facile à comprendre. La faculté d'analyse et de raisonnement de l'homme n'est jamais en défaut, même chez une personne extrêmement aberrée. Lorsqu'on regarde cette personne agir, on risque de conclure un peu hâtivement que ses raisonnements sont faux. Conclusion erronée ! Toute personne, claire ou aberrée, raisonne parfaitement *à partir des données qu'elle a emmagasinées et enregistrées.*

Prenez n'importe quelle calculatrice (et le mental est un instrument merveilleux, exceptionnel, de loin supérieur à toutes les machines qu'il inventera dans les siècles à venir) et donnez-lui un problème à résoudre. Multipliez sept par un. Elle vous donnera la réponse correcte : sept. Maintenant, multipliez six par un, mais continuez à retenir le sept. La réponse correcte est six, mais vous obtiendrez quarante-deux. Continuez à retenir le sept et donnez d'autres problèmes à la calculatrice. L'erreur ne se situe pas au niveau des problèmes, mais au niveau des réponses. À présent, arrangez-vous pour que le sept reste en mémoire quelles que soient les touches que vous pressiez, puis essayez de donner l'appareil à quelqu'un. Personne n'en voudra car, à l'évidence, la machine est folle. Elle dit que dix fois dix font sept cents. Mais est-ce que la partie calculatrice de l'appareil se trompe vraiment ou bien est-ce qu'on lui a fourni des données erronées ?

Eh bien, il en va de même avec le mental humain. Lorsqu'il est appelé à résoudre des problèmes complexes dont le nombre de variables mettrait en échec n'importe quelle calculatrice, il peut lui aussi être victime de données erronées. On introduit des données incorrectes dans la calculatrice ; elle fournit des réponses incorrectes. Des données incorrectes sont introduites dans les banques mnémoniques d'une personne ; celle-ci réagit « anormalement ». Donc, pour résoudre le problème des aberrations, il s'agit en essence de trouver le « sept parasite ». Mais nous parlerons de cela plus loin. Nous avons pour le moment atteint l'objectif immédiat que nous nous étions fixé au début de ce chapitre.

Voilà donc quelles sont les aptitudes et les fonctions du mental humain, dont la tâche est de résoudre et solutionner quantité de problèmes vingt-quatre heures sur vingt-quatre. Le mental perçoit, il se souvient ou « retourne », il imagine, il conçoit, puis il solutionne. Aidé par ses « prolongements » (les perceptiques ou messages des sens, les banques mnémoniques et l'imagination), le mental apporte des réponses invariablement exactes — les solutions n'étant modifiées que par l'observation, l'éducation et le point de vue. De plus — nous l'avons découvert chez le Clair — les buts fondamentaux de ce mental, tout comme la nature fondamentale de l'Homme, sont constructifs et bons, invariablement constructifs et bons, et ils ne sont modifiés que par l'observation, l'éducation et le point de vue.

L'Homme est bon.

Débarrassez-le de ses aberrations fondamentales et vous le débarrassez du même coup de cette propension à faire le mal qui faisait les délices des scolastiques du Moyen Age et des moralistes. La seule chose qu'on puisse détacher de l'Homme, c'est sa partie « mauvaise ». Une fois qu'on l'a détachée, sa personnalité et son dynamisme se manifestent avec une force nouvelle. De plus, il est heureux de voir disparaître cette partie « mauvaise », car elle était synonyme de *douleur physique*.

Un peu plus loin dans ce livre, nous apporterons la preuve de tout cela et nous parlerons des expériences qui ont mené à ces découvertes, lesquelles sont démontrables avec la précision si chère au physicien.

Le Clair n'est donc pas un individu « conditionné » agissant en fonction de refoulements profondément implantés. C'est une personne débarrassée de tout refoulement, qui agit par autodétermination[7]. Et ses aptitudes à percevoir, à se rappeler, à « retourner », à imaginer, à créer et à raisonner sont telles que nous les avons décrites plus haut. L'état de Clair est l'objectif de la thérapie de Dianétique. C'est un but qu'on peut atteindre avec un peu de patience, d'étude et de travail. N'importe qui peut devenir Clair, à moins d'avoir eu la malchance de subir une ablation d'une partie du cerveau ou de naître avec une grave malformation du système nerveux.

Nous venons donc de voir le but de la Dianétique. Voyons à présent quel est celui de l'Homme. ▲

Note de l'éditeur : Vous trouverez en page 521 des cassettes présentant des enregistrements en public de démonstrations de la procédure de Dianétique et de conférences données par Ron Hubbard. Ces cassettes offrent des exemples réels de la pratique de ces techniques et des résultats obtenus.

....

7.   **Autodétermination :** l'état dans lequel un individu peut être contrôlé ou non par son environnement selon son propre choix. Il fait preuve d'assurance dans ses relations interpersonnelles. Il raisonne mais n'a pas besoin de réagir.

CHAPITRE TROIS

LE BUT DE L'HOMME

QUEL EST LE BUT DE L'HOMME ? Quel est le dénominateur commun présent dans toutes ses entreprises ? Quel est le principe dynamique de son existence ? Cette réponse, cela fait très long-temps que l'Homme la cherche. Et il est certain que si on la découvrait, elle conduirait à bon nombre d'autres réponses. Elle permettrait d'expliquer les diverses manifestations du comportement et de résoudre les problèmes fondamentaux de l'Homme. Mais, bien entendu, il faudrait en premier lieu que cette réponse soit pratique, utilisable.

Considérons que le savoir est séparé en deux parties par une ligne de démarcation. Tout ce qui se trouve au-dessus de cette ligne est mal connu et n'est pas nécessaire à la résolution des aber-rations et des défaillances de l'Homme. Dans ce domaine viennent se placer des choses telles que la métaphysique[1] et le mysticisme[2]. Au-dessous de cette ligne de démarcation se trouve ce qu'on appelle l'univers fini. Toutes les choses appartenant à l'univers fini, qu'elles soient connues ou non, peuvent être perçues par les sens ou mesurées. On pourrait placer les choses connues de l'univers fini (celles qu'on a perçues ou mesurées) dans la catégorie *vérités scientifiques*. Les facteurs nécessaires à l'édification d'une science du mental se trouvaient dans l'univers fini. Nous les avons décou-verts, perçus, mesurés et testés et ils sont devenus des vérités scientifiques. L'univers fini est constitué de **temps**, d'**espace**, d'**énergie** et de **vie**. Aucun autre facteur ne s'est avéré nécessaire à la résolution de l'équation.

Le **temps**, l'**espace**, l'**énergie** et la **vie** ont un dénominateur commun. En guise d'analogie, on pourrait dire que le **temps**, l'**espace**, l'**énergie** et la **vie** ont eu un point de départ, un point d'origine, et que l'ordre leur fut donné de continuer vers une desti-nation quasi infinie. Il ne leur fut dit qu'une chose : **quoi** faire.

1. **Métaphysique** : branche de la philosophie qui traite de la nature de l'existence, de la vérité et du savoir.
2. **Mysticisme** : toute doctrine selon laquelle il est possible d'atteindre à la vérité spirituelle par l'intuition, par la méditation ou par la contemplation de la divinité.

C'est à cet ordre, à cette injonction unique que tous quatre obéissent. Et cet ordre est : « **Survis !** »

Le principe dynamique de l'existence est la survie

On peut considérer que le but de la vie est la survie infinie. Et l'on peut démontrer que l'Homme, en tant que forme de vie, quels que soient ses buts et ses actions, obéit à une seule et unique injonction : « **Survis !** »

Ce n'est pas un fait nouveau que l'Homme survit. En revanche, que l'Homme ait la survie comme *unique* motivation est entièrement nouveau.

Mais ce n'est pas parce que son but unique est de survivre que l'Homme est pour autant le mécanisme de survie idéal mis au point par la vie. Le dinosaure cherchait lui aussi à survivre et il a disparu.

Le fait d'obéir à l'injonction « **Survis !** » ne garantit pas qu'on survivra à chaque coup. Les modifications de l'environnement, les mutations et bien d'autres facteurs s'opposent à tout organisme qui met au point des techniques et des formes de survie infaillibles.

Les formes de vie changent et meurent, tandis qu'apparaissent de nouvelles formes. Tel organisme vivant, incapable d'immortalité, va créer d'autres organismes vivants, puis mourir. Si l'on voulait que la vie survive très longtemps, il y aurait une excellente méthode : s'arranger pour que la vie soit capable de revêtir de nombreuses formes et faire de la mort un élément indispensable à la survie de la vie elle-même ; en effet, seules la mort et la décomposition seraient en mesure d'éliminer les formes de vie anciennes lorsque se ferait sentir le besoin de nouvelles formes suite à des modifications de l'environnement. Pour que la vie, en tant que force, puisse continuer d'exister presque indéfiniment, il lui faudrait des organismes et des formes qui apparaissent et disparaissent cycliquement.

Quelles seraient les caractéristiques de survie optimales des différentes formes de vie ? Tout d'abord, il faudrait que chaque espèce ait des caractéristiques fondamentales différentes, de la même façon qu'il n'existe pas deux environnements identiques.

C'est un fait très important car, dans le passé, on a rarement mis en avant que les caractéristiques de survie varient d'espèce en espèce.

On pourrait classer les méthodes de survie dans les catégories suivantes : nourriture, protection (défensive et offensive) et procréation. Il n'existe aucune forme de vie qui n'ait pas résolu ces problèmes. Bien entendu, chaque forme de vie va commettre certaines erreurs comme, par exemple, conserver trop longtemps une caractéristique ou mettre au point des caractéristiques qui risquent de conduire à son extinction. Cependant les réalisations qui permettent aux espèces de survivre sont bien plus spectaculaires que leurs erreurs. Naturalistes et biologistes constatent continuellement que les caractéristiques de telle ou telle forme de vie sont le fruit de la nécessité et non pas un caprice de la nature. Les charnières de la coquille de la palourde ou l'effrayante tête de mort sur les ailes de certains papillons ont une valeur de survie.

Une fois qu'il fut découvert que la survie était la seule et unique dynamique* d'une forme de vie, quelle qu'elle soit, et que c'était cette dynamique qui était à la base de tout ce qu'entreprenait une forme de vie, il devint nécessaire d'étudier le fonctionnement de la survie. Et on découvrit alors que si l'on prenait en considération les facteurs *douleur* et *plaisir*, on avait en main tous les éléments indispensables à une description de ce que la vie accomplit pour survivre.

Sur le graphique de la page qui suit, nous avons représenté le spectre de la vie. Comme vous pouvez le constater, ce spectre va du zéro (mort ou extinction) à l'infini (immortalité potentielle). Ce spectre comprendrait une infinité de lignes horizontales intermédiaires allant en direction de l'immortalité potentielle — tels des barreaux d'échelle. À mesure que l'on monte, l'espace entre

---

Afin de rendre la nomenclature de Dianétique aussi simple que possible, on a parfois transformé en noms des mots normalement employés comme adjectifs ou comme verbes. Cela part du principe selon lequel il n'est pas possible pour une science telle que la Dianétique d'employer dans un sens nouveau des termes existants sans qu'elle soit obligée tout d'abord de fournir le sens habituel de ces termes. Pour éviter d'avoir à fournir le sens courant, pour dire ensuite que ce n'est pas dans ce sens-là que tel mot est employé (ce qui aurait nui à la clarté du propos), et pour éviter de construire des mots clinquants et pompeux formés de racines grecques et latines, certains adjectifs et verbes ont donc été transformés en noms. Dynamique est ici employé comme nom et le sera fréquemment tout au long de cet ouvrage. Des mots comme somatique et perceptique, ainsi que quelques autres, seront indiqués par des notes et définis lorsqu'ils seront employés. LRH

chaque ligne s'accroît légèrement, selon une progression géométrique.

L'impulsion de survie, c'est s'éloigner de la mort et aller en direction de l'immortalité. On pourrait dire que la douleur ultime se situe juste avant la mort et que le plaisir ultime est l'immortalité.

On pourrait dire, également, qu'un organisme ou une espèce considère l'immortalité comme une force d'attraction et la mort comme une force de répulsion. Mais plus la survie se dirige vers l'immortalité, plus les lignes horizontales sont espacées, jusqu'au moment où il devient quasiment impossible de relier les espaces entre eux. L'impulsion consiste à s'éloigner de la mort, qui possède une force de répulsion, et à aller vers l'immortalité, qui possède une force d'attraction. La force d'attraction est le plaisir et la force de répulsion est la douleur.

Appliquons le graphique à un individu. Disons que la flèche se trouve dans la zone 4. Eh bien, le potentiel de cet individu serait élevé. Son potentiel de survie serait excellent et nous aurions là une personne qui savoure l'existence.

De gauche à droite, on pourrait représenter les années.

La dynamique, c'est l'impulsion vers le plaisir. Le plaisir est la récompense. Et la recherche de la récompense — c'est-à-dire s'efforcer d'atteindre des buts pro-survie — est une activité génératrice de plaisir. Et afin que les formes de vie exécutent scrupuleusement l'ordre « **Survis !** », il semble que la douleur ait été prévue comme sanction chaque fois que leur potentiel de survie cessait d'être élevé.

La douleur a pour mission d'éloigner l'individu de la mort. Le plaisir a pour mission de l'attirer vers la vie optimale. *La recherche et l'obtention du plaisir ont une valeur de survie au moins aussi grande que le fait d'éviter la douleur.* À vrai dire, certaines observations démontrent que, au niveau de l'univers, le plaisir a bien plus de valeur que la douleur.

Il serait bon de préciser ce que nous entendons par *plaisir* — mis à part son lien étroit avec l'immortalité. Le dictionnaire nous dit : « Grande satisfaction ; émotion physique ou mentale agréable ; joie passagère. Contraire : douleur. » On trouve le plaisir dans tant de domaines et d'activités qu'il faudrait établir un catalogue complet des choses que l'Homme considère comme sources de plaisir pour avoir une définition complète.

Et qu'entendons-nous par *douleur ?* Dans le dictionnaire, on lit : « Souffrance physique ou mentale ; peine. »

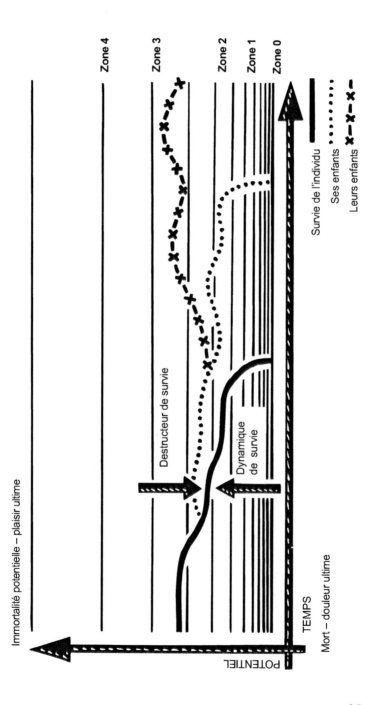

Graphique descriptif de la survie

Soit dit en passant, ces deux définitions montrent qu'il y a dans le langage une forme de pensée intuitive. Une fois que l'on est en possession d'un fait conduisant à la résolution de problèmes qui n'avaient jamais été résolus, on constate que même les dictionnaires « l'ont toujours su ».

Si nous désirions établir ce graphique pour le cycle d'une forme de vie, nous dessinerions exactement le même, sauf que nous remplacerions les années par des millénaires. Car il semble bien qu'il n'y ait aucune différence entre l'évolution d'un individu et celle d'une espèce, si ce n'est du point de vue temps. La preuve en est (en admettant qu'une preuve soit nécessaire) que durant les années où l'être humain évolue de l'état de zygote à celui d'adulte, il passe par chacune des formes que l'espèce tout entière est censée avoir connues.

Ce graphique fournit d'autres informations. L'état mental et physique d'un individu varie d'heure en heure, de jour en jour, d'année en année. Par conséquent, le niveau de survie pourrait être représenté par une courbe journalière (mesurée en heures) ou par une courbe embrassant la durée de la vie (mesurée en années). En fait, cette courbe serait double : il y aurait une courbe physique et une courbe mentale. À la fin de cet ouvrage, nous verrons que la relation entre ces deux courbes est d'une importance capitale et qu'une chute de la courbe physique est d'ordinaire précédée d'une chute de la courbe mentale.

Les zones du graphique se rapportent donc à deux choses : l'être physique et l'être mental. En conséquence, on pourrait appeler ces quatre *zones de l'état d'être*. Si une personne est heureuse mentalement, son niveau de survie se situera dans la zone 4. Si elle est très malade physiquement, on la situera peut-être (tout dépend de sa maladie) dans la zone 1 ou tout près de la mort.

Nous avons donné un nom assez vague mais très explicite à chacune de ces zones. La zone 3 est celle du bonheur et du bien-être général. La zone 2 est celle de l'existence supportable. La zone 1 est celle de la colère. La zone 0 est celle de l'apathie. Ces zones peuvent être représentées sous la forme d'une échelle graduée portant les différents états mentaux. Nous l'appelons *échelle des tons*. Juste au-dessus de la mort, c'est-à-dire juste au-dessus de 0, nous trouvons le niveau d'apathie le plus noir, le niveau de vie physique le plus bas qui soit, à 0,1. Dans la zone 1, où le corps combat la douleur physique ou la maladie et où l'être se bat avec colère, nous avons tout d'abord le ton 1,0 qui équivaut au ressentiment et à l'hostilité puis le ton 1,5 qui correspond à la rage dans toute sa violence, et enfin le ton 1,9 qui équivaut simplement à un penchant pour les querelles. Du ton 2,0 au ton 3,0, nous trouvons un intérêt de plus en plus vif pour l'existence. Et ainsi de suite.

L'état d'être physique ou mental ne reste pas longtemps le même. Il y a des fluctuations. Au cours d'une même journée, l'état d'être mental d'un aberré peut passer de 0,5 à 3,5, puis rechuter. Un accident ou une maladie survenant dans le courant d'une journée provoquera une fluctuation similaire.

Ces chiffres se rapportent donc à quatre domaines : l'état mental aigu et l'état mental chronique ou général, et l'état physique aigu et l'état physique général. En Dianétique, nous ne nous servons pas beaucoup de l'échelle des tons physiques. Par contre, l'échelle des tons mentaux est pour nous d'une importance capitale !

Ces valeurs auxquelles nous avons donné le nom de « bonheur », « existence supportable », « colère » et « apathie » ne sont pas des valeurs arbitraires. Elles proviennent d'études précises des différents types de comportement qui accompagnent les états émotionnels. Le ton quotidien du Clair se situe généralement aux alentours de 4. Le Clair « est » un ton 4 chronique, condition inséparable de l'état de Clair. Le ton moyen de la société se situe probablement autour de 2,8. Mais ce n'est qu'une hypothèse.

Ce graphique descriptif en deux dimensions réunit les éléments indispensables à la résolution du problème posé par la dynamique de la vie. Les lignes horizontales commencent avec la ligne zéro, juste au-dessus de la mort, pour ensuite suivre une progression géométrique. Il y a dix lignes par zone et chaque zone correspond, comme nous venons de le voir, à un état d'être physique ou mental. À mesure que l'on monte, l'espace entre les lignes s'agrandit. Le potentiel de survie du moment est délimité par la pointe de la flèche intitulée « dynamique de survie ». Plus la pointe de cette flèche est éloignée de la mort, meilleures sont les chances de survie de l'individu. La progression géométrique des lignes horizontales va jusqu'à l'infini — l'infini qui est, bien entendu, impossible à atteindre. L'organisme survit à travers le temps de gauche à droite. La survie optimale — l'immortalité — s'étend dans le temps vers la droite. Le potentiel se mesure verticalement.

La *dynamique de survie* réside dans l'organisme, ayant été héritée de l'espèce. L'organisme fait partie de l'espèce, tout comme une traverse fait partie d'une voie ferrée — encore que cette comparaison ne soit pas idéale.

L'organisme renferme une force de répulsion pour combattre les sources de douleur. Une source de douleur — par exemple, une épine plantée dans la main — n'est pas une force motrice : l'organisme repousse la douleur que pourrait provoquer l'épine.

Mais l'organisme renferme aussi une force qui l'attire vers les sources de plaisir. Ce n'est pas le plaisir qui attire l'organisme. Bien au contraire. La force d'attraction réside dans l'organisme. Elle en est partie intégrante.

La force de répulsion destinée à combattre les sources de douleur vient s'ajouter à la force d'attraction dirigée vers les sources de plaisir, et toutes deux forment une force combinée cherchant à s'éloigner de la mort et à atteindre l'immortalité. L'impulsion à s'éloigner de la mort n'est pas plus puissante que l'impulsion à rechercher l'immortalité. Autrement dit, en ce qui concerne la dynamique de survie, le plaisir a autant de valeur que la douleur.

Il ne faudrait pas en conclure que la survie consiste uniquement à garder un œil sur le futur. Par exemple, le fait de considérer le plaisir, le fait de ressentir du plaisir et le fait de penser à des plaisirs passés forment un tout harmonieux, lequel va agir physiquement à l'intérieur de l'organisme et automatiquement accroître le potentiel de survie, sans avoir besoin pour cela de spéculations sur des plaisirs futurs.

Certains plaisirs réagissent sur le corps de façon néfaste, comme dans le cas de la débauche, ce qui montre qu'il y a un rapport étroit entre les effets physiques (qui sont ici négatifs et douloureux) et les effets mentaux causés par la sensation de plaisir. Il s'ensuit un abaissement de la dynamique de survie. Si l'on ajoute à cela l'état d'être de la personne au moment de l'orgie, ainsi que la probabilité d'une grande fatigue suite à toute cette dépense d'énergie, on constate un nouvel abaissement de la dynamique de survie. Cela explique pourquoi certaines formes de débauche n'ont pas été en odeur de sainteté tout au long de l'histoire. On pourrait appeler cela « l'équation des plaisirs immoraux ». Tout plaisir qui réduisait le potentiel de survie ou qui risquait de le réduire a toujours été impitoyablement condamné à un moment ou à un autre de l'histoire humaine. On qualifie d'immorales les actions qui réduisent la dynamique de survie. L'aberration et les préjugés peuvent jouer un rôle important lorsqu'il s'agit de qualifier quelque chose d'immoral, ce qui nous donne droit à ces éternelles querelles sur ce qui est moral et sur ce qui ne l'est pas.

À cause de l'équation mentionnée plus haut et du fait que certains plaisirs étaient en réalité sources de douleur (il vous sera facile de comprendre pourquoi lorsque vous aurez terminé la lecture de ce livre), il peut arriver, dans certaines sociétés aberrées, que le concept de plaisir lui-même soit décrié. Il existe un mode de pensée (dont nous parlerons plus loin) qui ne fait pas la différence entre les choses. Exemple : rencontrer un politicien malhonnête et en conclure que tous les politiciens sont comme lui. Les Romains de l'Antiquité adoraient le plaisir, mais certains de leurs prétendus plaisirs étaient un tant soit peu pénibles pour certaines espèces telles que les chrétiens. Finalement les chrétiens parvinrent à renverser l'empire païen et les Romains se retrouvèrent dans le rôle du méchant. Et tout ce qui était romain devint synonyme de mauvais. Cela alla si loin que l'on qualifia d'immorale la passion qu'avaient les Romains pour le bain et que l'Europe resta sans se laver pendant mille cinq cents ans. Les Romains avaient été une source de douleur si puissante et si générale que tout ce qui était romain était *mauvais* et resta mauvais bien longtemps après la disparition de l'empire païen de Rome. C'est là qu'on voit que l'immoralité peut devenir une affaire quelque peu compliquée. Et dans le cas de l'ex-empire romain, elle devint si complexe que le concept même de plaisir fut rejeté.

Quand la moitié du potentiel de survie est rayé de la liste des choses légales, on assiste à une réduction considérable de la survie. Appliquons le graphique à une race. Si son potentiel de survie se trouve réduit de moitié, elle peut s'attendre au pire. À vrai dire, l'Homme étant ce qu'il est, il n'est de lois – aussi draconiennes soient-elles – qui puissent venir à bout de l'attraction du plaisir. Mais dans le cas des chrétiens, le plaisir fut à tel point étouffé et condamné que ce fut précisément le pire qui se produisit : la société régressa et alors commença ce qu'on a appelé « l'âge des ténèbres ». La société connut un nouvel éclat à l'époque de la Renaissance, lorsque le plaisir perdit une bonne part de son caractère illégal.

Quand une race ou un individu tombe dans la zone 2 et que son ton général se trouve quelque part entre la zone 1 et la zone 3, son état mental se dégrade. La folie s'installe. Folie et irrationalité sont une seule et même chose. De plus, c'est un état où la non-survie est continuellement frôlée, ce qui pousse la race ou l'organisme à se jeter sur toutes sortes de solutions plus démentielles les unes que les autres.

Revenons au graphique et parlons à présent du *réducteur de survie*. Il s'agit d'une force contraire qui s'attaque à la race ou à l'organisme représenté par la *dynamique de survie*. Le réducteur de survie se compose des diverses menaces qui viennent s'opposer à la survie de la race ou de l'organisme. Ces menaces proviennent d'autres espèces, du temps, d'autres formes d'énergie. Ces espèces et ces entités sont elles aussi engagées dans la lutte pour la survie et l'immortalité potentielle. D'où conflit. On pourrait représenter chaque autre forme de vie ou d'énergie sur un autre graphique où elle serait à son tour représentée par la *dynamique de survie*. Si nous représentions, par exemple, la dynamique de survie d'un canard sur notre graphique, nous verrions que ce volatile aspire à un niveau de survie élevé et que l'Homme fait partie du *réducteur de survie* du canard.

À cause de l'équilibre et de la nature des choses, il n'est pas possible d'atteindre cet infini qu'est l'immortalité. D'un équilibre précaire et d'une complexité quasi infinie, la vie et les types d'énergie vont et viennent, surgissant de l'informe pour revêtir des formes, puis se décomposant pour retourner à l'informe*. On pourrait en tirer de nombreuses équations, mais cela nous éloignerait de notre propos.

Pour en revenir aux zones de notre graphique descriptif, la force qu'oppose le réducteur à la dynamique de survie est d'un intérêt relatif. La dynamique est inhérente aux individus, aux groupes et aux races ; elle a évolué à travers les âges pour résister au réducteur. Si nous prenons l'Homme, nous voyons qu'il dispose de techniques offensives et défensives particulières : ses cultures. Sa principale technique de survie est son activité mentale, laquelle régit, au moyen de la raison tout ce qui est action physique. Mais chaque forme de vie possède des techniques de survie qui lui sont propres pour résoudre les problèmes de la nourriture, de la protection et de la procréation. Ce qui détermine le potentiel de survie, l'immortalité relative d'une forme, c'est le degré d'efficacité des techniques de survie qu'elle a mises au point (carapace,

* *Les Veda*[3]. *Ainsi que Lucrèce*[4] *et son poème* De natura rerum. LRH

---

3. **Veda :** les plus anciens écrits sacrés des Hindous.
4. **Lucrèce :** (vers 98-55 av. J.-C.) poète romain, auteur du poème inachevé De natura rerum, une œuvre didactique (éducative) en six livres, qui expose une science complète de l'univers. Son but était de prouver, en enquêtant sur la nature du monde où vit l'homme, que toutes choses, y compris l'homme, suivent des lois qui leur sont propres et qu'ils ne sont influencés en aucune façon par des forces surnaturelles.

intelligence, agilité des membres inférieurs, faculté de camou-flage, etc.). Il y a eu de grands bouleversements dans le passé : l'Homme, lors de son ascension au rang d'animal le plus dange-reux de notre monde (il peut tuer ou soumettre n'importe quelle forme de vie, pas vrai ?), a eu tant de poids dans le *réducteur de survie* de nombreuses formes de vie qu'elles ont fini par se raréfier ou disparaître.

Un changement de climat radical, comme celui qui a transformé les mammouths de Sibérie en statues de glace, peut également surcharger le réducteur d'une forme de vie. Il n'y a pas si long-temps, une longue période de sécheresse dans le sud-ouest américain a quasiment décimé une civilisation indienne.

Et un cataclysme comme l'explosion du noyau terrestre (en admettant que la chose soit possible) ou de bombes thermonucléaires, ou comme la mort brutale du soleil, signifierait la fin de toutes les formes de vie *sur Terre*.

Une forme de vie peut elle-même surcharger son réducteur. Le dinosaure a lui-même causé son extinction en détruisant tous ses moyens de subsistance. Le bacille de la peste bubonique, en atta-quant ses hôtes avec un appétit féroce, met fin à toute la génération des *pasteurella pestis*[5]. En fait, ces formes de vie n'ont nullement l'intention de se suicider. Elles se heurtent à une équation dont l'une des variables est inconnue et ladite variable a malheureusement suffisamment de poids pour surcharger le réducteur. C'est l'équa-tion « je-ne-savais-pas-que-le-fusil-était-chargé ».

Et si le bacille de la peste bubonique surcharge son propre réducteur et cesse ensuite d'attaquer son hôte (l'animal qui lui fournit le gîte et le couvert), celui-ci considère évidemment qu'il y gagne.

Téméraire, intelligent et quasiment indestructible, l'Homme a eu un cheminement où les luttes « bec et ongles » sont loin d'avoir joué un rôle primordial. Il en va de même pour le séquoia ou le requin. L'Homme, comme toutes les autres formes de vie, est une forme de vie symbiotique[6]. La vie est un effort de groupe. Les lichens, les planctons et les algues subsistent peut-être très bien en se nourrissant uniquement de minéraux et d'énergie solaire, mais ce sont les éléments de base. Au-dessus de ce niveau d'exis-

---

5. **Pasteurella pestis** : bactérie provoquant la peste bubonique.
6. **Symbiotique** : qui vit en symbiose, l'association de deux ou plusieurs organismes vivants, similaires ou non, qui leur permet de vivre avec des avantages pour chacun.

tence, à mesure que les formes de vie gagnent en complexité, l'interdépendance devient considérable.

Plus d'un forestier croit que certains arbres détruisent volontairement les autres variétés d'arbres qui se trouvent dans leur voisinage et il en conclut que les arbres « trompent bien leur monde ». Qu'il étudie la question de plus près. Qui façonne le sol ? Qui maintient l'équilibre de l'oxygène dans l'air ? Qui permet à la pluie de tomber ailleurs ? Les arbres. Ces arbres meurtriers et tenaces.

Les écureuils plantent des arbres. Les hommes plantent des arbres. Certains arbres protègent d'autres variétés d'arbres. Les animaux fertilisent les arbres. Les arbres abritent les animaux. Les arbres stabilisent la terre afin que d'autres plantes aux racines plus faibles puissent croître. Où que nous portions le regard, nous voyons la vie prêter main forte à la vie. Ces affinités[7] entre les formes de vie sont innombrables, complexes, mais elles n'ont rien de dramatique. Car c'est grâce à cette interaction incessante, pratique, primordiale, que la vie continue à exister.

Il est possible qu'un séquoia s'intéresse en premier lieu aux autres séquoias et qu'il cherche à exister en tant que séquoia, tâche dont il semble très bien s'acquitter. Mais si l'on y regarde de plus près, on verra qu'il dépend d'autres formes de vie et que d'autres formes de vie dépendent de lui.

On constate donc que la dynamique de n'importe quelle forme de vie est aidée par quantité d'autres dynamiques, auxquelles elle s'associe pour combattre les facteurs de destruction. *Nulle forme de vie ne survit seule.*

Aux dires de certains, la nécessité est une chose merveilleuse. Mais on a employé le terme à tort et à travers, en lui donnant souvent la connotation d'opportunisme. Qu'est-ce que la nécessité ? Mis à part son qualificatif de « mère de l'invention », est-ce ce phénomène soudain, dramatique, qui justifie les guerres et les meurtres ou qui ne vient animer l'Homme que lorsqu'il est au bord de la famine ? Ou bien est-ce quelque chose de plus modéré, de moins dramatique ? Selon le philosophe grec Leucippe[8] : « Tout est poussé par la nécessité. » C'est une note dominante de quantité de théories du passé. *Poussé* : voilà d'où vient l'erreur. Poussées, les choses sont poussées à… La nécessité pousse à… La douleur pousse à… Nécessité et douleur. Douleur et nécessité.

---

7.   **Affinité :** attraction qui existe entre deux êtres humains, ou encore entre un être humain et un autre organisme vivant.

8.   **Leucippe :** philosophe grec du Vᵉ siècle av. J.-C.

Ne se souvenant que de l'aspect dramatique – et négligeant l'important – l'Homme s'est considéré de temps à autre comme une proie traquée par la nécessité et la douleur. Il les voyait comme deux figures anthropomorphes, tout habillées, qui le piquaient de leurs lances. On peut affirmer que cette idée est erronée, pour la bonne et simple raison qu'elle ne mène pas à davantage de réponses.

Toute nécessité est *en* l'Homme. Il n'y a rien qui le pousse à faire ceci ou cela, si ce n'est son impulsion innée à survivre. Il la porte en lui. Son groupe la porte en lui. C'est en lui que réside la force avec laquelle il écarte la douleur. C'est en lui que réside la force avec laquelle il attire le plaisir.

Par chance, il est un fait scientifique que l'Homme est un organisme autodéterminé. En fait, il n'y a pas organisme plus autodéterminé que l'Homme. Il dépend, bien sûr, des autres formes de vie et de son environnement, mais il est autodéterminé. Il n'est pas naturellement un organisme fonctionnant par excitation-réflexe, cette merveilleuse théorie de l'excitation-réflexe exposée de façon si habile dans certains ouvrages mais qui, dans le monde de l'Homme, s'avère totalement inutilisable. Les jolis petits exemples où l'on vous parle de rats n'illustrent rien du tout quand on a affaire à *l'Homme*. Plus un organisme est complexe, moins la théorie de l'excitation-réflexe est fiable. Et lorsqu'on arrive à ce summum de complexité qu'est l'Homme, on trouve une bonne proportion de variables en matière d'excitation-réflexe. Plus un organisme est doué de raison, rationnel, plus il est autodéterminé. L'autodétermination, comme toutes choses, est relative. Mais comparé à un rat, l'Homme est hyper-autodéterminé. C'est un fait scientifique uniquement parce que c'est facile à démontrer.

Plus un homme est doué de raison, moins il est un « mécanisme qu'on actionne en pressant un bouton ». Bien entendu, lorsque quelqu'un est aberré et rabaissé on peut, jusqu'à un certain point, le manipuler comme une marionnette. Mais il est entendu, alors, que plus une personne est aberrée, plus son quotient intellectuel est proche de celui d'un animal.

Il est intéressant d'observer ce qu'un homme fait avec son auto-détermination. Bien qu'il ne parvienne jamais à échapper à l'équation « Je-ne-savais-pas-que-le-fusil-était-chargé » (comme un cataclysme ou la victoire subite d'une autre forme de vie), il agit à un niveau élevé de survie potentielle. Bref, nous avons affaire à quelqu'un d'autodéterminé, de rationnel, dont l'arme principale (son mental) fonctionne à merveille. Mais comment la nécessité se manifeste-t-elle chez lui ?

D'après le dictionnaire, objet doué de raison mais qui change brusquement de sujet, la nécessité est : « le caractère de ce qui est nécessaire ; ce qui est inévitable ; compulsion ». Une autre définition dit : « extrême pauvreté ». Mais ce n'est pas *cela* que nous voulons. C'est de survie que nous parlons.

Quant au mot « compulsion » mentionné ci-dessus, réinterprétons-le en termes de « dynamique de survie », la dynamique de survie inhérente à l'organisme et à la race. Et qu'est-ce qui est « nécessaire » à la survie ?

Il y a deux facteurs à l'œuvre. Premièrement : la nécessité d'éviter la douleur, parce que de petits maux peu importants par eux-mêmes, peuvent devenir des douleurs très dures et mener, au terme d'une progression géométrique rapide, à la mort. La douleur, c'est le chagrin d'être réprimandé pour avoir fait du mauvais travail, car cela peut conduire au licenciement, puis à la famine et à la mort. Résolvez n'importe quelle équation dans laquelle on a introduit le facteur douleur et vous verrez qu'elle se réduit à une éventualité de non-survie. En admettant que la survie se résume à cela et que la nécessité soit un petit gnome malfaisant armé d'une fourche, il n'y aurait, manifestement, guère de raison de vivre, pas vrai ? Heureusement, il y a l'autre facteur : le plaisir. Contrairement à ce qu'affirmaient les stoïciens[9], le plaisir est un facteur plus stable que la douleur, comme l'ont démontré des tests cliniques en Dianétique.

Il y a, par conséquent, une nécessité du plaisir, une nécessité de se diriger (tel que le bonheur peut être défini) vers des buts connus en surmontant des obstacles connaissables. Et cette nécessité est si forte qu'on est prêt à supporter bien des douleurs pour goûter au plaisir. Le plaisir est l'élément positif. Le plaisir, c'est la joie éprouvée dans le travail, c'est la contemplation de l'œuvre achevée, c'est la lecture d'un bon livre, c'est la compagnie d'un ami cher, c'est s'écorcher les genoux en faisant l'ascension du Mont Cervin, c'est entendre le gamin dire « papa » pour la première fois, c'est se bagarrer sur les quais de Shanghaï ; c'est l'amour qui sonne à la porte, c'est l'aventure, l'espoir, l'enthousiasme,

---

9. **stoïciens :** personnes qui maintiennent ou affectent l'attitude mentale préconisée par les stoïciens, les adeptes du stoïcisme, une doctrine fondée par le philosophe grec Zénon vers 308 av. J.-C, qui soutenait que les êtres humains devaient se libérer des passions et accepter avec sérénité tout ce qui leur arrivait, car c'était l'expression de la volonté divine.

---

c'est « un jour j'apprendrai à peindre ». Le plaisir, c'est faire un bon repas, c'est embrasser une jolie fille, c'est tenter un coup de bluff à la Bourse. C'est ce que l'Homme est heureux de faire, c'est ce que l'Homme est heureux d'envisager, c'est ce que l'Homme est heureux de se rappeler. Ce peut même être le simple fait de parler de choses dont il sait qu'il ne les fera jamais.

Un homme endurera beaucoup de souffrances pour connaître un peu de plaisir. Allez faire un tour dans ce vaste laboratoire qu'est le monde et vous constaterez très vite à quel point c'est vrai.

Où la nécessité vient-elle se placer dans le tableau ? Eh bien, il y a une nécessité du plaisir, une nécessité aussi vivante, aussi vibrante et aussi vitale que le cœur humain lui-même. Celui qui a affirmé qu'un homme possédant deux miches de pain devrait en vendre une pour acheter une jacinthe blanche disait vrai. La création, la beauté, l'harmonie, l'aventure et même la lutte pour échapper aux mâchoires de l'oubli, tout cela est plaisir et tout cela est nécessité. Un homme fit un jour mille kilomètres simplement pour voir un oranger et un autre, qui n'était plus que plaies et bosses, demanda avec enthousiasme qu'on le laisse « mater un dernier étalon ».

C'est très joli de résider sur quelque hauteur olympienne pour écrire un code pénal ou de lire ce qu'un écrivain a écrit sur les œuvres d'un autre, mais ce n'est pas très pratique.

La théorie selon laquelle « la douleur pousse à… » ne fonctionne pas. Si certains des principes fondamentaux de la Dianétique n'étaient que de simples poèmes sur l'état idyllique de l'Homme, leur existence pourrait s'en trouver ainsi justifiée. Mais il se trouve que dans le laboratoire du monde, ils fonctionnent.

L'Homme, lorsqu'il est en affinité avec l'Homme, survit. Et cette survie est plaisir. ▲

CHAPITRE QUATRE

LES QUATRE DYNAMIQUES

Les premières équations de la Dianétique, formulées au tout début des recherches, laissaient entendre : a) qu'on ne pouvait envisager la survie qu'au niveau de l'individu, et b) que cela permettrait de tout expliquer. Une théorie n'est bonne que dans la mesure où elle fonctionne. Et l'on peut dire d'une théorie qu'elle fonctionne quand elle permet d'expliquer des faits observés et de prédire de nouvelles données qui, après vérification, s'avèrent exactes.

Le raisonnement était le suivant : en partant de la survie de l'individu, de la survie du *soi*, il était théoriquement possible d'expliquer l'ensemble des activités humaines. Ça semblait assez logique. Mais lorsque cela fut appliqué à l'existence, quelque chose n'allait pas : cela n'apportait aucune solution aux problèmes de l'Homme. En fait, cette théorie fonctionnait si peu que la plupart des mystères du comportement humain restaient inexpliqués. Pourtant, sur le papier, elle marchait, elle paraissait raisonnable.

Puis vint une idée, pratiquement une intuition : plus l'Homme prenait conscience qu'il vivait en relation étroite avec l'univers, plus son intelligence se développait. C'était plutôt prétentieux, mais les résultats ne se firent pas attendre.

L'Homme était-il une « confrérie » d'hommes ? C'est en tant qu'être grégaire, en tant qu'animal chassant en groupes, que l'Homme avait évolué et acquis sa force. Peut-être pouvait-on affirmer que toutes ses entreprises étaient liées à la survie du groupe. La théorie était séduisante et elle fut couchée sur le papier. Le postulat était le suivant : l'Homme survivait uniquement pour le groupe auquel il appartenait. C'était une belle théorie mais, malheureusement, la plupart des phénomènes observés demeuraient inexpliqués.

On essaya alors d'expliquer le comportement humain en partant du principe que l'Homme survivait uniquement pour l'ensemble des hommes, pour l'humanité, de la façon la plus altruiste qui soit. C'était carrément du Jean-Jacques Rousseau[1], c'était la forêt et les paysages bucoliques. L'Homme ne vivait que pour assurer la survie de toute la race humaine. Mais cette théorie, lorsqu'elle fut testée dans le laboratoire (le monde), ne fonctionnait pas plus que les autres.

Finalement, on se souvint que certains avaient tenté d'expliquer le comportement et les activités de l'Homme en avançant qu'il ne vivait que pour le sexe. L'hypothèse n'était pas originale, mais quelques raisonnements neufs y furent ajoutés et en faisant subir quelques entorses à cette équation, on pouvait effectivement conclure que la survie de l'Homme était exclusivement liée au sexe. Mais, cette théorie s'effondra comme les autres lorsqu'elle fut appliquée à la réalité car elle ne permettait pas non plus d'expliquer tous les phénomènes.

Toutes ces théories furent alors réexaminées une par une. Il avait tout d'abord été postulé que l'Homme ne survivait que pour lui-même. Puis il avait été postulé qu'il ne survivait que pour le groupe, la tribu, la société. Ensuite il avait été postulé qu'il ne survivait que pour l'humanité. Et enfin, il avait été postulé qu'il ne vivait que pour le sexe. *Aucune de ces théories, prises séparément, ne fonctionnait.*

La première équation fut reprise, celle de la *dynamique de survie*. Dans quel but exactement l'Homme survivait-il ? Une nouvelle équation fut élaborée dans laquelle furent introduits les quatre facteurs : *le soi, le sexe, le groupe* et *l'humanité.* Et on obtint une théorie qui fonctionnait ! Elle expliquait tous les phénomènes observés et prédisait l'existence de phénomènes nouveaux qui, après vérification, s'avérèrent authentiques. Bref, c'était là une équation scientifique !

Et c'est ainsi qu'à partir de la *dynamique de survie* se développèrent les quatre *dynamiques.* Cette *dynamique de survie*, c'était bien sûr l'injonction fondamentale « **Survis !** » qui motive toute activité. Quant au mot *dynamique*, il qualifiait chacune des quatre subdivisions de la dynamique de survie. Les quatre dynamiques n'étaient pas des forces nouvelles, mais des subdivisions de la force de base.

1. **Jean Jacques Rousseau** (1712-1778), philosophe, auteur, théoricien politique et compositeur français né en Suisse qui avança que la nature est bonne et que la civilisation est mauvaise.

Les Quatre Dynamiques

La **dynamique un** est l'impulsion de l'individu vers la survie maximum pour soi. Elle comprend ses symbiotes* immédiats, la culture dont il peut bénéficier et l'immortalité du nom.

La **dynamique deux** est l'impulsion de l'individu vers la survie maximum par l'intermédiaire du sexe, de la procréation et de l'éducation des enfants. Elle comprend leurs symbiotes, la culture dont ils peuvent bénéficier et leurs conditions matérielles d'existence.

La **dynamique trois** est l'impulsion de l'individu vers la survie maximum pour le groupe. Elle comprend les symbiotes du groupe ainsi que la culture dont il peut bénéficier.

La **dynamique quatre** est l'impulsion de l'individu vers la survie maximum pour l'humanité tout entière. Elle comprend les symbiotes de l'humanité et la culture dont elle jouit.

Dans les symbiotes, nous incluons la vie, l'atome, l'univers et l'énergie.

En Dianétique, ce terme a un sens plus large que dans le dictionnaire et se rapporte à « toutes les formes de vie ou d'énergie qui dépendent les unes des autres pour survivre ». L'atome dépend de l'univers, l'univers dépend de l'atome. LRH

On peut immédiatement constater que ces quatre dynamiques constituent en fait une sorte de spectre sans frontières bien définies. La *dynamique de survie* part de l'individu pour s'étendre à l'espèce humaine tout entière et ses symbiotes.

On ne peut pas dire catégoriquement que l'une quelconque de ces dynamiques soit plus forte qu'une autre. Chacune est forte. Ces dynamiques sont les quatre routes que l'Homme emprunte pour survivre. En fait, ces quatre routes n'en font qu'une. Et cette route unique forme un spectre de milliers de routes à l'intérieur des quatre. Elles existent par rapport au passé, au présent et au futur : le présent peut être la somme du passé et le futur peut être le fruit du passé et du présent.

On peut considérer que ce spectre contient tous les objectifs de l'Homme, ainsi que l'explication de toutes les formes du comportement humain.

On pourrait dire, à juste titre, que l'Homme est égoïste ou asocial, mais à condition de vouloir dire l'Homme *aberré*. Il ne faut surtout pas oublier le facteur *aberration* dans ce type d'affirmations.

Il arrive que ces quatre dynamiques entrent en lutte, chez un individu ou dans la société. Il y a une raison logique à cela. Un « conflit social » est la résultante de l'aberration et d'une mauvaise perception des choses.

Un homme, un groupe ou une race peut être en lutte avec une race, un groupe ou un homme (ou même avec le sexe) à un niveau parfaitement rationnel.

L'équation de la solution optimale est la suivante : *un problème peut être considéré comme bien résolu lorsque sa solution entraîne le maximum de bien pour le maximum de dynamiques*. Autrement dit, une solution doit (dans la limite du temps dont on dispose pour mettre la solution en œuvre) être créative et constructive pour le plus grand nombre possible de dynamiques. La solution optimale à n'importe quel problème serait une solution qui produirait le maximum de bien pour toutes les dynamiques. Par exemple, si un homme travaillant à un projet voulait agir pour le mieux, il faudrait que ce projet profite à chacune des quatre dynamiques. Ce qui implique que le projet devrait également lui profiter personnellement. Par contre, s'il ne profitait qu'aux dynamiques du groupe et de l'humanité et portait préjudice aux dynamiques du soi et du sexe, ce projet serait loin de mériter le qualificatif de « solution optimale ». Le *mode de comportement pro-survie* est fondé sur l'équation de la solution optimale. En d'autres termes, c'est sur cette équation que repose tout comportement rationnel. Et c'est de cette équation que se sert le *Clair* dans tout ce qu'il entreprend. Elle est inhérente à chaque individu.

Bref, la meilleure solution à un problème, quel qu'il soit, est celle qui entraînera le plus grand bien pour le plus grand nombre : soi-même, sa progéniture, sa famille, son groupe racial ou politique et finalement l'humanité tout entière. Il peut arriver que le plus grand bien exige quelque destruction, mais plus il y a de destruction et moins la solution est bonne. Par exemple, le sacrifice de soi ou l'égoïsme « désoptimalisent » l'équation et ont d'ailleurs toujours été considérés avec méfiance — à juste titre.

Un seul critère entre en jeu ici : *est-ce que ça marche ?* On va parfois laisser de côté l'une ou l'autre des quatre dynamiques lorsqu'on cherche à résoudre un problème. En effet, rares sont les problèmes qui font entrer en ligne de compte toutes les dynamiques. Cependant lorsque de tels problèmes se présentent et que l'on dispose de suffisamment de temps pour les résoudre, on a tout intérêt à tenir compte de chaque dynamique si l'on veut éviter de graves erreurs.

Prenons le cas de Napoléon : en voulant « sauver la France » aux dépens du reste de l'Europe, il négligea à tel point l'équation de la solution optimale que tous les acquis de la Révolution française furent perdus. Et César, en cherchant à « sauver Rome », malmena tellement l'équation que Rome n'y survécut pas.

Mais il se présente parfois des cas spéciaux où le facteur temps entre dans l'équation de la solution optimale et où l'on est obligé de laisser certaines dynamiques de côté afin que les autres puissent continuer d'exister. Comme le marin qui donne sa vie pour sauver le navire et l'équipage. La solution est favorable à la dynamique du groupe. Et elle peut être considérée comme valable. Mais elle n'est pas *optimale*, car elle n'a rien fait pour la dynamique numéro un, la dynamique du soi.

Les exemples abondent où l'on doit, raison oblige, donner la priorité à l'une ou l'autre des dynamiques.

Lorsque l'aberration entre en jeu, l'équation reste valide, mais elle est compliquée par des facteurs irrationnels qui n'ont rien à voir avec la situation. De nombreuses solutions sont mauvaises à cause d'une absence de données ou à cause de données inexactes issues de l'éducation. Mais ce sont des solutions. Lorsqu'on met en œuvre des solutions aberrées, on bloque activement les dynamiques. Nous reviendrons là-dessus en détail.▲

CHAPITRE CINQ

SOMMAIRE

Le PRINCIPE DYNAMIQUE DE L'EXISTENCE EST LA SURVIE.
On peut diviser la survie en quatre zones, chacune offrant une meilleure possibilité que la précédente d'atteindre l'immortalité potentielle. La zone 0 part de la mort et comprend l'apathie. La zone 1 part de l'apathie et comprend la violence. La zone 2 part de la violence et s'étend jusqu'à la réussite médiocre mais pas vraiment satisfaisante. La zone 3 va de la réussite médiocre aux excellentes chances de succès. Ces zones mesurent la proportion entre le *réducteur de survie et la dynamique de survie.* Au niveau de l'apathie, dans la zone 0, le réducteur est trop fort pour être repoussé. Dans la zone 1, la zone de la violence, le réducteur domine plus ou moins la dynamique de survie, obligeant cette dernière à fournir des efforts énormes. Lorsque ces efforts ne donnent rien, l'organisme tombe dans la zone 0. Dans la zone de la médiocrité, la zone 2, le réducteur et la dynamique de survie sont de force plus ou moins égale. Dans la zone 3, la dynamique de survie a pris le meilleur sur le réducteur. C'est la zone où les chances de survie sont excellentes et où les problèmes sont les mieux résolus. On pourrait donner à ces zones les noms suivants : la zone du désespoir, la zone de la violence, la zone de l'équilibre et la zone des grands espoirs. Ces zones ont été découvertes à la suite d'expériences rigoureuses. Elles illustrent la progression de l'état d'être physique et de l'état d'être mental depuis la mort jusqu'aux plus hauts niveaux d'existence.
Les quatre *dynamiques* sont des subdivisions de la *dynamique de survie* et constituent l'impulsion de l'humanité vers la survie potentielle par l'intermédiaire des entités qui la composent. Ces dynamiques englobent tous les buts, toutes les activités et toutes les formes de comportement de l'humanité. On pourrait les qualifier de *lignes de conduite pro-survie.* La première de ces dynamiques — qui n'est pas forcément la plus importante des quatre ou celle à qui l'on accordera la priorité en toute circonstance — est la **dynamique** de l'individu, *la dynamique un,* qui comprend la

survie personnelle de l'individu en tant qu'être vivant et la survie de ses symbiotes personnels. La **dynamique deux** est l'impulsion vers l'immortalité potentielle à travers les enfants ; elle comprend l'activité sexuelle et les enfants qu'elle a pour symbiotes. La **dynamique trois** est la survie au niveau du groupe (club, régiment, ville, état, nation, etc.) ; elle comprend les symbiotes du groupe. **La dynamique quatre** est l'impulsion vers l'immortalité potentielle de toute l'espèce humaine et comprend les symbiotes de cette dernière. À l'intérieur de ces dynamiques, on trouve toutes les formes de vie, tout ce qui est matière et, conséquemment, l'univers.

Tout problème rencontré dans les activités ou dans les buts de l'humanité vient se ranger dans ces *dynamiques*.

L'équation de la solution optimale est inhérente à l'organisme. Elle est modifiée par l'éducation ou le point de vue. Elle est également modifiée par le facteur temps. C'est à cette équation qu'un individu, un groupe ou une humanité sans aberrations ferait invariablement appel pour résoudre un problème. L'équation de la solution optimale est présente chez tout le monde, même chez les individus très aberrés. On l'utilise en tenant compte de son éducation, de son point de vue et du temps disponible. L'aberration n'empêche pas les dynamiques de survie de fonctionner. Le comportement aberré est un comportement pro-survie *irrationnel* et a pour seule et unique intention de mener à la survie. Le fait que l'intention ne soit pas l'acte n'efface pas l'intention.

Voici les axiomes de base de la Dianétique :

Le *principe dynamique de l'existence* est : **Survis !**

La *survie*, en tant que seul et unique but, se divise en quatre *dynamiques*.

La **dynamique un** est l'impulsion de l'individu vers la survie pour lui-même et ses symbiotes. (Par « symbiotes », nous entendons toutes les entités et toutes les formes d'énergie qui aident à la survie.)

La **dynamique deux** est l'impulsion de l'individu vers la survie par la procréation ; elle comprend l'acte sexuel, l'éducation des enfants et leur bien-être et celui de leurs symbiotes.

La **dynamique trois** est l'impulsion de l'individu vers la survie pour le groupe, ou l'impulsion vers la survie du groupe pour le groupe, et elle comprend les symbiotes de ce groupe.

La **dynamique quatre** est l'impulsion de l'individu vers la survie pour l'humanité, ou l'impulsion de l'humanité vers la survie pour l'humanité, ou encore l'impulsion du groupe vers la survie pour l'humanité, etc., et elle comprend les symbiotes de l'humanité.

Le *but absolu* de la survie est l'immortalité ou survie infinie. L'individu tend vers ce but en tant que lui-même (c'est-à-dire en tant qu'organisme, esprit ou nom), en tant que progéniture, en tant que groupe dont il fait partie, en tant qu'humanité, et en tant que progéniture et symbiotes d'autrui, sans oublier ses propres symbiotes.

La récompense d'une activité de survie est le *plaisir*.

La sanction absolue d'une activité destructrice est la mort, ou non-survie totale, et la *douleur*.

Les succès élèvent le potentiel de survie en direction de la survie infinie.

Les échecs abaissent le potentiel de survie en direction de la mort.

Le mental humain a pour tâche de percevoir et de conserver des données, d'élaborer ou de former des conclusions, et de poser et de résoudre des problèmes relatifs aux organismes à travers les quatre dynamiques ; et si le mental perçoit, enregistre, tire des conclusions et résout des problèmes, c'est dans le but d'amener l'organisme et les symbiotes de cet organisme et les autres organismes et leurs symbiotes vers la survie à travers les quatre dynamiques.

L'*intelligence* est l'aptitude à percevoir, poser et résoudre des problèmes.

La *dynamique* est l'acharnement à vivre, la vigueur, la persistance à survivre.

La *dynamique* et l'*intelligence* sont *toutes deux* nécessaires à celui qui désire persister et accomplir quelque chose et ni l'une ni l'autre ne sont une quantité constante d'un individu à l'autre, d'un groupe à l'autre.

Les *dynamiques* sont paralysées par les engrammes, lesquels leur barrent le chemin et dispersent la force vitale.

L'*intelligence* est paralysée par les engrammes, lesquels introduisent dans l'analyseur[1] des données fausses ou mal évaluées.

---

1. **Analyseur :** le mental analytique. (Voir définition un peu plus loin dans ce chapitre.)

Le *bonheur* consiste à surmonter des obstacles non inconnus pour atteindre un but connu, et de façon éphémère, à envisager le plaisir ou à s'y adonner.

Le *mental analytique* est la partie du mental qui perçoit et conserve les données de l'expérience pour poser et résoudre des problèmes et diriger l'organisme à travers les quatre dynamiques. *Il pense par différences et par similitudes.*

Le *mental réactif* est la partie du mental qui range et conserve la douleur physique et les émotions douloureuses et qui cherche à diriger l'organisme par excitation-réflexe uniquement. *Il ne pense que par identités.*

Le *mental somatique* est le mental qui, sous les ordres du mental analytique ou réactif, met en œuvre des solutions sur le plan physique.

Un *mode de comportement inculqué* est un mécanisme d'excitation-réflexe conçu par le mental analytique pour prendre en charge les actions routinières ou les urgences. Il est situé dans le mental somatique et peut être modifié à volonté par le mental analytique.

Un *comportement habituel* est une réaction excitation-réflexe dictée par le mental réactif à partir du contenu des engrammes et mise en action par le mental somatique. Une habitude ne peut être modifiée que par les facteurs qui modifient les engrammes.

Les *aberrations*, parmi lesquelles on trouve toutes les formes de comportement perturbé ou irrationnel, sont causées par les engrammes. Elles se manifestent par excitation-réflexe et sont pro ou contre-survie.

Les *maladies psychosomatiques* sont causées par les engrammes.

L'engramme est la seule et unique cause des aberrations et des maladies psychosomatiques.

Les moments d'« inconscience », c'est-à-dire ceux où le mental analytique est plus ou moins affaibli, sont les seuls moments où l'on peut recevoir des engrammes.

L'engramme est un moment d'« inconscience » qui contient de la douleur physique ou une émotion douloureuse, ainsi que toutes les perceptions, et c'est une expérience à laquelle le mental analytique n'a pas accès.

L'émotion est trois choses : une réaction engrammique (dictée par un engramme) à une situation, une régulation des sécrétions endocriniennes du corps pour affronter une situation sur un plan analytique, et une paralysie ou une augmentation de la force vitale.

La *valeur potentielle* d'un individu ou d'un groupe peut être exprimée au moyen de l'équation

$$VP = IDx$$

I étant l'intelligence et D la dynamique.

La *valeur* d'un individu se calcule de la façon suivante : on prend sa valeur potentielle, pour chaque dynamique, et l'on regarde où elle se situe par rapport à la survie optimale, pour la dynamique en question. Une valeur potentielle élevée peut, lorsque son vecteur est inversé, devenir valeur négative, comme cela arrive parfois chez les individus très aberrés. Si un individu a une valeur potentielle élevée à travers les dynamiques, cette valeur ne s'exprimera pleinement que lorsqu'il n'aura plus d'aberrations. ▲

LA SOURCE UNIQUE DE TOUTES LES MALADIES MENTALES NON ORGANIQUES ET DE TOUTES LES MALADIES ORGANIQUES PSYCHOSOMATIQUES

CHAPITRE UN

LE MENTAL
ANALYTIQUE ET LES
BANQUES MNÉMONIQUES
STANDARD

CE CHAPITRE ENTREPREND la recherche de l'erreur humaine et montre là où elle n'est pas.

On peut considérer que le mental humain se compose de trois parties principales : le mental analytique, le mental réactif et le mental somatique.

Considérons le mental analytique comme un ordinateur. Ce n'est, bien entendu, rien de plus qu'une analogie, car même si le mental humain se comporte comme un ordinateur, il est mille fois plus sophistiqué et ses possibilités sont infiniment supérieures à celles de n'importe quel ordinateur. Nous aurions pu l'appeler le « mental du raisonnement » ou le « macheprot ». Mais la dénomination de « mental analytique » fera amplement l'affaire car elle parle d'elle-même. Il se peut que ce mental réside dans les lobes préfrontaux[1] (certains indices le laissent supposer), mais nous abordons là le domaine de la structure, domaine très mal connu. Bref, nous appellerons « mental analytique » la partie du mental qui se livre à des calculs et à des raisonnements, puisque c'est elle qui analyse les données.

Le *moniteur* fait partie du mental analytique. C'est le centre de la conscience d'une personne. Autrement dit, le moniteur *est* la personne, encore que cette définition soit plutôt imprécise. Au cours des âges on lui a donné différents noms qui étaient tous plus ou moins synonymes de « je ». Le moniteur commande au mental analytique. Il n'est pas aux commandes parce qu'on l'y a mis, mais tout bonnement parce c'est comme ça. Le moniteur n'est ni un

---

1. **Lobes préfrontaux :** Partie du cerveau située directement derrière le front.

démon qui a pris résidence dans votre crâne ni un petit lutin vert qui exprime vos pensées. C'est le « je ». Quel que soit le nombre d'aberrations dont est affligé l'individu, le « je » reste toujours le « je ». Quelque « Clair » que devienne une personne, le « je » reste le « je ». Chez un individu aberré, le « je » est de temps à autre étouffé, mais il est toujours présent.

Divers indices semblent prouver que le mental analytique est un organe, mais comme on ne sait pas grand-chose de la structure à l'heure actuelle, laissons de côté cet aspect de la question et parlons de ce que fait le mental analytique. Car, en Dianétique, nous savons *exactement* ce qu'il fait. C'est une première. Nous savons et nous pouvons prouver très facilement que le mental analytique (qu'il soit ou non un organe) se comporte comme n'importe quel ordinateur digne de ce nom.

Qu'attendriez-vous d'un ordinateur ? Eh bien, le mental analytique (ou analyseur) fait tout ce que vous attendriez du meilleur ordinateur. Il remplit toutes les fonctions d'un ordinateur. Mieux encore, il construit des ordinateurs. Et pour ce qui est des réponses qu'il fournit, il n'a rien à envier aux ordinateurs les plus perfectionnés, car elles sont invariablement correctes. Le mental analytique n'est pas un bon ordinateur, mais un ordinateur *parfait*. Il ne se trompe jamais. Si la personne est intacte, il ne fera pas d'erreurs (à moins, bien sûr, qu'on ait enlevé à cette personne une partie de son appareillage mental).

Le mental analytique est incapable d'erreurs. Et il est tellement certain de ne pas pouvoir commettre d'erreurs qu'il effectue ses raisonnements en partant du principe qu'il ne peut pas se tromper. Si une personne dit : « Je ne sais pas faire les additions », c'est soit qu'elle n'a jamais appris à additionner, soit qu'elle a une aberration concernant les additions. Ça ne veut pas dire que le mental analytique est défectueux.

L'être tout entier, lorsqu'il est aberré, peut commettre des erreurs grossières, mais le mental analytique, lui, est incapable d'en commettre. Car un ordinateur ne peut traiter que les données qu'on lui fournit. L'aberration provient, par conséquent, de la nature des données présentées au mental analytique.

Le mental analytique possède des *banques mnémoniques standard*. Peu importe où elles sont situées : c'est, je le répète, un problème qui appartient au domaine de la structure et qui, pour l'instant, ne nous préoccupe guère. Pour fonctionner, le mental analytique a besoin de percepts[2] (données), de souvenirs (données) et d'imagination (données).

C'est une autre banque de données, une autre section du mental humain qui renferme les aberrations et crée les déséquilibres mentaux. Nous y reviendrons en détail dans le chapitre suivant. Il ne faut surtout pas la confondre avec le mental analytique ou les banques mnémoniques standard.

Que les données emmagasinées dans les banques mnémoniques standard soient correctement évaluées ou non, elles n'en sont pas moins là. Les sens reçoivent des informations, lesquelles sont immédiatement classées dans les banques mnémoniques standard. Elles ne passent pas au préalable par l'analyseur. Elles sont directement classées et l'analyseur peut ensuite aller les prendre dans les banques standard.

Il existe plusieurs de ces banques mnémoniques standard et chacune d'elles peut exister en plusieurs exemplaires. Il semble que la nature ait été généreuse dans ce domaine. Il y a une banque, ou une série de banques, pour chaque type de perception. On pourrait se représenter l'une de ces banques comme un fichier de données classées selon un système à références multiples à faire pâlir d'envie un employé des services de renseignements. Chaque *percept* individuel est classé en tant que *concept.* Par exemple, la vision d'une voiture qu'on déplace est classée sur-le-champ dans la banque visio, avec toutes les couleurs et tous les mouvements, avec référence au temps, avec référence au lieu, avec référence à toutes les données relatives aux voitures, avec référence à toutes les pensées concernant des voitures, et ainsi de suite. Sont également classées toutes les conclusions (successions de pensées) du moment ainsi que les successions de pensées du passé avec leurs conclusions. De même, le bruit de cette voiture va être directement classé dans la banque audio et raccordé au système à références multiples, comme pour la perception visuelle. Les autres sensations du moment seront classées de la même façon dans leurs banques respectives.

Il se peut, que cette opération de classement s'effectue dans une seule banque. Ce serait plus simple. Mais nous ne parlons pas ici de structure ; nous parlons de travail mental. Quelqu'un finira bien un jour par découvrir comment s'opère ce classement. Pour l'heure, ce qui nous intéresse, c'est le classement proprement dit.

----

2. **Percepts** : sensations ou impressions reconnaissables reçues par le mental au moyen des sens.

Chaque percept sensoriel — vue, son, odeur, toucher, goût, sensation organique, douleur, rythme, kinesthésie (poids du corps et mouvement des muscles) et émotion — est soigneusement et intégralement classé dans les banques standard. Qu'importe le nombre d'aberrations que possède une personne physiquement intacte et qu'importe si elle se croit capable ou non d'emmagasiner ou de se rappeler les données : elles sont toutes là, rangées et classées.

Le fichier de données commence très tôt — nous en reparlerons plus loin. Il emmagasine chronologiquement pendant toute la durée de l'existence, à l'état de veille comme à l'état de sommeil, sauf dans les moments d'« inconscience* ». Il a apparemment une capacité infinie.

Le nombre des concepts emmagasinés (par *concept*, nous entendons « ce qui est conservé après avoir été perçu ») ferait exploser l'ordinateur d'un astronome. Nous avons découvert ce fait en étudiant de nombreux cas : il y a une profusion de souvenirs chez un individu et certains processus permettent de les trouver et de les examiner.

Toutes les données stockées dans les banques mnémoniques standard sont correctes, en ce sens qu'elles sont enregistrées telles qu'elles sont perçues. Il peut y avoir des déficiences organiques comme la cécité ou la surdité (par déficience organique, nous voulons dire ici une déficience d'origine physique et non pas causée par une aberration), ce qui va laisser des vides dans les banques mnémoniques standard. Il peut aussi y avoir des imperfections organiques, comme une surdité partielle, ce qui va provoquer des vides partiels. Mais ce ne sont pas des déficiences des banques mnémoniques standard. Il s'agit tout simplement d'une absence de données. Tout comme un ordinateur ou une calculatrice, *les banques mnémoniques standard sont parfaites ; elles enregistrent fidèlement et scrupuleusement.*

L'une des sections des banques mnémoniques standard est audio-sémantique, c'est-à-dire qu'elle stocke les enregistrements des mots entendus. Et une autre section est visio-sémantique et emmagasine les mots lus. Ces sections spéciales appartiennent aux

---

* *Tout au long de cet ouvrage, inconscience signifie une réduction plus ou moins grande de la conscience de la part du « je » ; une atténuation du pouvoir du mental analytique.* LRH

fichiers de l'audio et du visio. L'aveugle qui lit avec ses doigts a une section sémantique-tactile. Et il a un fichier audio-sémantique qui contient toutes les conversations qu'il a entendues, sans déformation.

Un autre aspect intéressant des banques mnémoniques standard est qu'elles classent l'original et qu'elles transmettent des duplicata à l'analyseur. Elles fourniront autant de duplicata qu'il leur sera demandé sans jamais toucher à l'original. Et chacun des duplicata contient couleur et mouvement, son et tonalité, etc.

Le contenu des banques mnémoniques standard d'une personne remplirait plusieurs bibliothèques. Leur méthode de stockage des données est invariable d'un individu à l'autre. Et l'aptitude *potentielle* du mental analytique à se les rappeler est parfaite.

La cause première des erreurs dans les raisonnements ou dans les calculs « rationnels » est l'insuffisance de données et l'inexactitude de certaines données. Une personne doit quotidiennement faire face à de nouvelles situations, mais elle n'est pas toujours en possession de toutes les informations dont elle a besoin pour prendre une décision. De plus, une « autorité en la matière » a pu lui donner des informations erronées, mais la personne ne peut trouver dans ses fichiers aucune donnée prouvant qu'elles sont fausses.

Entre les banques mnémoniques standard, qui sont parfaites et dignes de confiance, et le mental analytique (l'ordinateur), qui est parfait et digne de confiance, il n'existe pas de convergences de vues irrationnelles. La réponse est toujours la plus juste possible, basée sur les données disponibles ; on ne peut pas demander mieux à un ordinateur ou à un enregistreur.

Le mental analytique va même plus loin qu'on ne le supposerait dans ses efforts pour fournir des réponses justes. Inlassablement, il vérifie et évalue les nouvelles données en les comparant aux anciennes, il tire de nouvelles conclusions après avoir examiné les anciennes, il modifie d'anciennes conclusions, bref, il se démène comme un beau diable pour fournir des réponses toujours justes.

On pourrait dire que le mental analytique a reçu des cellules la mission sacrée de préserver la colonie, et il fait tout ce qui est en son pouvoir pour la mener à bien. Les données dont il dispose sont aussi correctes que possible. Et il s'en sert pour faire des calculs aussi corrects que possible. Il suffit de considérer le nombre considérable de facteurs qu'il faut résoudre afin de conduire une voiture dix pâtés de maisons plus loin, pour se rendre compte que le mental analytique a vraiment du pain sur la planche à bien des niveaux.

Avant de parler du méchant, du traître, le *mental réactif*, voyons quelle est la relation entre le mental analytique et l'organisme, car il est important de bien comprendre cette relation.

Le mental analytique, qui s'est vu confier toutes les responsabilités, sait imposer son autorité et faire exécuter ses ordres et ses désirs. Par l'intermédiaire des mécanismes du régulateur de fonction (lequel s'occupe de toutes les fonctions vitales de l'organisme), le mental analytique peut agir à volonté sur n'importe quelle fonction du corps.

Lorsque le mental analytique est en pleine possession de ses moyens (c'est-à-dire lorsque l'organisme n'est pas aberré), il peut influer sur les battements du cœur, les sécrétions endocriniennes (adrénaline, calcium ou sucre dans le sang, etc.), la circulation du sang (il peut, par exemple, l'arrêter et la redémarrer à volonté dans les membres), les fonctions urinaires et excrétoires, etc. Le mental analytique *peut* commander à toutes les fonctions régissant les sécrétions glandulaires, le rythme et la circulation des liquides organiques. Ce qui ne veut pas dire qu'il en est toujours ainsi chez un Clair. Ce serait désagréable et gênant. Par contre, cela veut dire que le mental analytique est capable d'effectuer des changements quand bon lui semble. Nous en avons eu la preuve à maintes reprises au cours de nos expériences et c'est d'ailleurs très facile à prouver.

L'Homme a entrevu bien des fois, tout au long de son Histoire, ce que pouvait être « la puissance mentale à son apogée ». Eh bien, la puissance mentale à son apogée, c'est le mental analytique travaillant avec les banques mnémoniques standard, le régulateur des fonctions vitales et un autre élément capital.

Cet élément capital, le plus important en fait, est bien entendu l'organisme. Il est sous la garde du mental analytique. Ce dernier ne contrôle pas uniquement les fonctions vitales de l'organisme. Il peut également commander aux muscles et à toutes les autres parties de l'organisme.

Pour ne pas s'encombrer (et encombrer ses circuits) de tout un tas de bricoles et de fonctions de moindre importance, le mental analytique dispose d'un « régulateur de fonctions acquises »: par l'éducation, il place dans ce régulateur des mécanismes d'excitation-réflexe destinés à remplir les fonctions courantes (parler, marcher, jouer du piano, et ainsi de suite). Ces fonctions acquises par l'éducation ne sont pas immuables. Du fait que le mental analytique les a sélectionnées après mûre réflexion et après bien du travail, il a rarement besoin de les modifier. Mais si des situations nouvelles se présentent, le mental analytique va enseigner aux muscles un nouveau mode de fonctionnement. Il ne s'agit pas de « réflexes conditionnés ». Il s'agit simplement de fonctions que l'organisme a apprises et dont il peut se servir sans que l'analyseur ait à intervenir. D'innombrables fonctions de ce genre peuvent être installées de la sorte dans l'organisme. Et elles ne posent aucun problème vu qu'elles sont classées dans le temps et selon le type de situation auquel elles doivent répondre et qu'il suffira de très peu de réflexion pour les remplacer par de nouvelles fonctions si le besoin s'en fait sentir.

Tous les muscles, volontaires et « involontaires », peuvent être sous les ordres du mental analytique.

Voilà donc en quoi consiste un être doué de raison. Les seules erreurs possibles sont celles dues à une absence de données et à des données fausses mais acceptées (dont l'analyseur ne se servira qu'une fois s'il constate qu'elles l'ont induit en erreur). Nous avons ici le royaume du plaisir, de l'émotion, de la création et de la construction — et même de la destruction, si l'équation de la solution optimale l'exige.

Tout ce qu'entreprend le mental analytique est fondé sur les dynamiques. À la base de la moindre de ses actions, on trouve l'impulsion vers la survie. Mais attention : un être qui fonctionnerait en permanence comme nous l'avons décrit dans ce chapitre (une façon de fonctionner finalement très simple) ne serait pas pour autant quelqu'un de froid et de calculateur ou un adepte de la loi de la jungle. Bien au contraire. Plus une personne ou une société est proche de cet état optimal, plus elle sera chaleureuse et vive d'esprit et plus ses actions et ses dispositions seront honnêtes.

La santé d'esprit est inséparable de la raison. Nous avons ici la raison optimale, donc la santé d'esprit optimale. Et nous avons ici toutes les facultés et toutes les qualités que l'Homme a toujours rêvé de posséder, celles dont il a doté ses dieux favoris. Nous avons ici le *Clair*.

Autrement dit, l'équilibre mental, le bonheur, la survie.

Mais alors où se trouve l'erreur ?▲

CHAPITRE DEUX

LE MENTAL RÉACTIF

LA VIE, SOUS TOUTES SES FORMES, s'est développée à partir de deux éléments de base : le virus et la cellule. Ce postulat fait pratiquement l'unanimité de nos jours. Son seul rapport avec la Dianétique est qu'il marche — et n'est-ce pas ce que nous attendons de la Dianétique ? Inutile ici d'infliger au lecteur un énorme traité sur la biologie et l'évolution. Nous pourrions effectivement ajouter quelques chapitres à ces deux sujets, mais Charles Darwin a bien fait son travail et l'on trouvera dans ses ouvrages et dans quelques autres tous les principes fondamentaux de l'évolution.

La Dianétique fut développée à partir de la théorie de l'évolution. Il y eut tout d'abord un premier postulat : les cellules elles-mêmes étaient dotées de l'impulsion vers la survie et cette impulsion était détenue en commun par toute forme de vie. Il fut suivi d'un autre postulat selon lequel les organismes (les individus) étaient formés de cellules et qu'ils étaient, en fait, des agrégats de colonies cellulaires.

L'organisme imitait l'élément de base : la cellule. Bref, on pouvait considérer que l'Homme, dans le royaume du fini (par opposition à l'infini), n'était rien d'autre qu'un agrégat de colonies cellulaires et que son but était identique à celui de ses éléments de base.

La cellule est une unité de vie qui cherche à survivre et uniquement à survivre.

L'Homme est un ensemble de cellules qui cherchent à survivre et uniquement à survivre.

Le mental de l'Homme est le poste de commandement et il est conçu pour résoudre et poser des problèmes relatifs à la survie et rien d'autre.

L'acte de survivre, à condition qu'il soit optimal, conduit à la survie.

Le mode de comportement pro-survie optimal fut alors formulé, puis étudié pour voir s'il y avait des exceptions et n'en découvrit aucune.

Ce mode de comportement optimal était, de plus, très loin d'être stérile et improductif. Bien au contraire. Il était riche en plaisirs et en créativité.

Aucun de ces postulats n'infirmait les concepts relatifs à l'âme humaine ou à l'imagination divine ou créatrice. Il s'agissait, en effet, d'une exploration effectuée dans l'univers fini et il était parfaitement entendu qu'au-delà de l'univers fini, il pouvait très bien y avoir d'autres sphères de pensée et d'action. Mais il n'était pas nécessaire, en fait, de pénétrer dans ces sphères pour résoudre le problème de l'aberration et du comportement irrationnel.

On découvrit ensuite que le mental humain avait été fort injustement calomnié, car, nous l'avons vu, ses aptitudes dépassaient largement ce qu'on avait pu imaginer et elles n'avaient, de surcroît, jamais été étudiées et testées.

Si la nature fondamentale de l'Homme a subi tant d'attaques, c'est parce que l'Homme a été incapable de faire la différence entre la conduite irrationnelle due à des données erronées et la conduite irrationnelle due à cet autre facteur, bien plus néfaste : le mental réactif.

Si jamais le diable a existé, c'est sans doute lui qui a conçu le mental réactif.

Ce mécanisme avait si bien réussi à se dissimuler, que seul l'emploi de la philosophie de l'induction[1], partir de l'effet pour remonter jusqu'à la cause, permit de le découvrir. Ce fut un véritable travail de détective que de dénicher cet archicriminel qui pourrissait l'âme humaine et il fallut de nombreuses années pour lui mettre la main au collet. Son identité ne fait à présent plus aucun doute et peut être confirmée par n'importe quel expert, dans n'importe quelle clinique ou dans n'importe quel groupe d'hommes pris au hasard. Deux cent soixante-treize individus ont été examinés et traités représentant tous les types de maladies mentales non organiques et maintes maladies psychosomatiques. Chez chacun d'eux le mental réactif était à l'œuvre, fonctionnant selon des principes invariables. Deux cent soixante-treize, cela fait une longue série de cas ; et elle va bientôt s'allonger.

Tout le monde possède un mental réactif. Il s'avère que parmi tous les êtres humains qui ont été examinés, où que ce soit, aucun n'en était dépourvu, ni n'était dépourvu d'un contenu aberrant dans sa banque d'engrammes, le magasin de données qui « approvisionne » le mental réactif.

Que fait le mental réactif ? Il empêche de se rappeler les sons. Il place des circuits vocaux dans la tête. Il rend les gens insensibles à la musicalité des sons. Il fait bégayer. Il est la cause de toute la

---

1. **Induction :** un raisonnement logique qui considère qu'une loi générale peut être établie à partir de cas particuliers qui semblent en être des exemples.

longue liste des maladies mentales : psychoses, névroses, compulsions, refoulements...

De quoi est-il capable ? De provoquer de l'arthrite, des hygromas[2], de l'asthme, des allergies, des sinusites, des troubles coronaires, de la pression artérielle, etc., bref, toutes les maladies psychosomatiques répertoriées, ainsi que quelques maladies qui n'ont jamais vraiment été considérées comme psychosomatiques, tel que le simple rhume.

Le mental réactif est la seule chose chez l'être humain à pouvoir causer ces maux. La seule.

Voilà le mental qui a fait croire à Socrate[3] que c'était un « démon » caché dans sa tête qui lui soufflait les réponses. Voilà le mental qui a conduit Caligula[4] à nommer son cheval à un poste clé de son gouvernement. Voilà le mental qui a poussé César à faire couper la main droite de milliers de Gaulois et incité Napoléon à vouloir réduire la taille des Français de deux centimètres.

Voilà le mental qui perpétue les menaces de guerre, qui rend les politiciens irrationnels, qui fait aboyer les officiers et qui fait pleurer les enfants dans le noir. Voilà le mental qui pousse l'Homme à ravaler ses espoirs, qui le maintient dans un état d'apathie, qui le fait sombrer dans l'indécision alors qu'il devrait agir et qui le tue avant qu'il ait commencé à vivre.

Oui, si jamais le diable a existé, c'est certainement lui qui a inventé le mental réactif.

Videz le mental de son contenu engrammique et l'arthrite disparaît, la myopie s'atténue, les troubles cardiaques guérissent, l'asthme se volatilise comme par enchantement, l'estomac se remet à fonctionner normalement et toute la ribambelle de maladies psychosomatiques s'envole pour de bon.

Débarrassez la banque réactive de tous ses engrammes et le schizophrène[5] est enfin capable d'affronter la réalité, le maniaco-dépressif[6] se met à accomplir des choses, le névrosé cesse de s'accrocher aux livres qui lui disent que ses névroses sont nécessaires

2.   **Hygroma** : inflammation des bourses séreuses, qui sont des membranes en forme de poche qui facilitent le glissement au voisinage des articulations et des tendons.

3.   **Socrate** : (vers 469-399 av. J.-C.) philosophe et maître grec qui croyait qu'un démon le prévenait avec sa voix chaque fois qu'il était sur le point de prendre une mauvaise décision.

4.   **Caligula** : (12-41 ap. J.-C.) empereur romain (37-41 ap. J.-C.). Son règne fut marqué par une cruauté et une tyrannie extrême.

5.   **Schizophrène** : *(psychiatrie)* atteint de *schizophrénie*, une maladie mentale où une personne souffre d'un dédoublement de la personnalité. Cette classification psychiatrique vient du latin *schizo*, signifiant scinder et du grec *phren*, esprit.

6.   **Maniaco-dépressif** : *(psychiatrie)* individu qui souffre de troubles mentaux marqués par l'alternance de périodes d'excitation et de dépression.

et il commence à vivre, la mégère cesse de crier après ses enfants et le dipsomane[7] boit quand il en a envie et sait s'arrêter.

Ce sont des faits scientifiques. Ils se vérifient invariablement.

Le mental réactif est la seule et unique cause des aberrations. Il a été prouvé à maintes reprises qu'il n'y en a pas d'autre. En effet, une fois que la banque d'engrammes a été éliminée, tous les symptômes non désirés disparaissent et l'individu se retrouve en pleine possession de ses moyens.

Celui qui chercherait des démons dans le mental humain (de ceux qu'on peut observer chez certains pensionnaires des asiles de fous) n'aurait aucun mal à les trouver. Sauf qu'il ne s'agit pas de démons. Ce sont des circuits de dérivation en provenance de la banque des engrammes. Que de prières et d'exhortations ont été prononcées pour éliminer ces circuits !

En admettant que les démons n'existent pas, en admettant que l'Homme, tout bien pesé, soit bon (simple postulat, bien sûr), alors comment le mal a-t-il pu pénétrer en lui ? Quelle est la cause de ses crises de folie furieuse ? Pourquoi lui arrive-t-il que sa langue fourche ? Comment se fait-il qu'il ait des peurs irraisonnées ?

Pour quelle raison telle personne n'aime-t-elle pas son patron alors qu'il s'est toujours montré sympathique ? Pourquoi ces corps détruits par des suicides ?

Pourquoi l'homme se conduit-il de façon destructive et irrationnelle, en faisant la guerre, en tuant et en ravageant des sections entières de l'humanité ?

Quelle est la cause des névroses, psychoses et déséquilibres mentaux en tout genre ?

Revenons brièvement sur le mental analytique. Examinons ses banques mnémoniques. Toutes les données relatives aux sens y sont emmagasinées et classées. Du moins en apparence. Examinons-les de plus près et regardons le facteur temps. Car les banques du mental analytique emmagasinent le temps. Le temps est un sens très précis ; c'est comme si l'organisme était doté d'une montre de précision. Mais il y a quelque chose qui cloche avec cet enregistrement du temps : il y a des trous ! Il y a des moments où rien ne semble avoir été stocké dans ces banques mnémoniques. Eh bien, ces trous correspondent aux moments d'« inconscience » — l'« inconscience » qui est un état causé par les anesthésies, les médicaments, les drogues, les blessures ou les chocs.

---

7. **Dipsomane :** une personne qui éprouve le besoin irrésistible et intermittent de boire de fortes doses d'alcool.

« Le mental réactif est la seule et unique cause des aberrations. Il a été prouvé à maintes reprises qu'il n'y en a pas d'autre. En effet, une fois que la banque d'engrammes a été éliminée, tous les symptômes non désirés disparaissent et l'individu se retrouve en pleine possession de ses moyens. »

Voilà les seules données qui manquent dans les banques mnémoniques standard. Si vous demandiez à un sujet sous hypnose de se rappeler une opération, vous constateriez que cet incident ne se trouve pas dans ses banques mnémoniques. Vous pourriez retrouver cette opération si vous le vouliez et si vous ne vous préoccupiez guère de ce qu'il adviendrait du sujet — mais nous reviendrons là-dessus plus tard. Ce qui nous intéresse pour le moment, c'est que certains moments de l'existence manquent et que l'on a cru, jusqu'à présent, qu'ils n'avaient jamais été enregistrés.

Et personne n'a été capable, jusqu'ici, d'expliquer ce qu'était la folie. Ces deux faits se complètent-ils ? Sont-ils liés ? Absolument !

Deux choses semblent être — mais ne sont pas — enregistrées dans les banques mnémoniques : l'émotion douloureuse et la douleur physique.

Comment construiriez-vous une machine hypersensible dont dépendrait la vie (ou la survie) d'un organisme et qui est destinée à être l'outil principal d'un individu ? Laisseriez-vous ses délicats circuits à la merci de la moindre surtension ou y installeriez-vous un système de fusibles ? Un appareil fragile qui fonctionne sur secteur est protégé par des fusibles. N'importe quel ordinateur est protégé de la sorte.

Il existe quelque preuve pour étayer la théorie selon laquelle il circule un courant électrique dans le système nerveux. Durant les moments de douleur, il se crée de grosses surcharges électriques dans les nerfs. Il est possible (et la Dianétique a émis quelques hypothèses à ce sujet) que le cerveau absorbe les surtensions causées par la douleur, le courant lui-même étant engendré par les cellules de la partie blessée. Mais tout cela n'est que théorie. Revenons aux faits scientifiques.

Durant un moment de douleur intense, le mental analytique cesse provisoirement de fonctionner. En fait, il se comporte exactement comme un générateur qui disjoncte lorsqu'il y a surtension.

Exemple : un homme est heurté au côté par une voiture et sombre dans l'« inconscience ». Quand il reprend « conscience », il n'a aucun enregistrement de la période où il était « K.O. ». Voilà qui est anti-survie. Cela signifie qu'un individu qui reçoit une blessure n'a plus aucune volonté, alors que c'est justement dans de tels moments qu'il lui faudrait exercer toute sa volonté. Que le mental cesse toute activité à chaque moment de douleur est, par conséquent, anti-survie. Mais est-ce qu'un organisme ayant derrière lui plus d'un milliard d'années d'ingénierie biologique laisserait vraiment un tel problème sans solution ? Non.

L'organisme a résolu ce problème. Peut-être est-ce un problème difficile du point de vue biologique, ce qui expliquerait pourquoi la solution n'est pas très bonne. Mais il n'en reste pas moins que l'organisme a pris certaines mesures pour les moments d'« inconscience ».

Lorsqu'on résout le problème de la réaction de l'organisme dans les moments d'« inconscience » ou de « quasi-inconscience », on résout du même coup le problème de la démence, des maladies psychosomatiques et de toutes les étranges aberrations mentales auxquelles les gens sont sujets et qui ont donné naissance à la fable selon laquelle « l'erreur est humaine ». La solution à ces deux problèmes est la même !

Les faits scientifiques suivants ont été irrévocablement prouvés au cours de tests cliniques :

1. Le mental enregistre tout, 24 heures sur 24, pendant toute la vie de l'organisme. Il l'enregistre à un certain niveau.

2. Tous les enregistrements effectués au cours de l'existence sont accessibles.

3. L'« inconscience », état dans lequel le mental n'a plus connaissance de son milieu environnant, n'est possible que dans la mort et impossible durant la vie. L'« inconscience », en tant qu'oubli total (amnésie) n'est pas possible tant que l'organisme est en vie.

4. Tous les dérangements mentaux et physiques de nature psychique proviennent des moments d'« inconscience ».

5. Il est possible de dénicher ces moments et de les débarrasser de leur charge[8], ce qui permettra au mental de fonctionner de nouveau de façon optimale.

L'« inconscience » est la cause unique des aberrations. Il n'existe aucun « conditionnement mental », si ce n'est à un niveau d'éducation conscient (où la personne a donné son consentement).

---

8. **Charge :** énergie ou force nuisible accumulée et stockée dans le mental réactif. Cette charge est créée par les expériences désagréables et les conflits qu'une personne a vécus.

Si l'expérience vous tente, prenez une personne, rendez-la « inconsciente », infligez-lui un gros choc et donnez-lui des informations. En employant les techniques de Dianétique, vous pourrez lui faire retrouver ces informations. Si jamais vous décidez de vous livrer à cette expérience, faites très attention car *vous pourriez rendre la personne folle.*

Une pâle approximation (et je mâche mes mots) de la chose est l'hypnotisme, sous sa forme traditionnelle ou avec le concours de drogues. En installant des « suggestions positives » chez un sujet, on peut l'amener à se conduire comme un malade mental. Cette expérience n'est pas nouvelle. On sait depuis longtemps qu'il est possible, par cette méthode, d'introduire des compulsions ou des refoulements dans la psyché. Les Grecs de l'Antiquité s'en servaient pour causer toutes sortes d'hallucinations.

Il y a un autre type de suggestion, la « suggestion posthypnotique ». Jetons un coup d'œil sur ce phénomène. Cela nous permettra de mieux comprendre le mécanisme fondamental de la folie. Bien que la folie ordinaire et la folie causée par une suggestion posthypnotique ne soient pas identiques, elles présentent en essence certaines similitudes.

Un homme est placé sous hypnose, soit au moyen d'une technique traditionnelle, soit au moyen d'une drogue hypnotique. Puis l'hypnotiseur lui dit : « Quand vous vous réveillerez, il y a quelque chose que vous devrez faire. Chaque fois que je toucherai ma cravate, vous enlèverez votre veste. Lorsque je ne la toucherai plus, vous remettrez votre veste. Vous allez maintenant oublier que je vous ai dit de faire ça. »

Puis il réveille le sujet. Celui-ci n'est pas conscient de l'ordre qui a été implanté. Si on lui disait qu'il a reçu un ordre pendant qu'il était « endormi », il dirait que c'est impossible ou hausserait les épaules et cela n'éveillerait en lui aucun souvenir. L'hypnotiseur touche sa cravate. Le sujet dira par exemple qu'il fait chaud, puis il enlèvera sa veste. L'hypnotiseur lâche sa cravate. Le sujet dira peut-être qu'il a froid à présent et remettra sa veste. L'hypnotiseur touche à nouveau sa cravate. Le sujet dira par exemple que sa veste vient de chez le tailleur et qu'il doit la retirer pour vérifier la couture du dos. L'hypnotiseur lâche sa cravate. Le sujet remet sa veste en disant que le tailleur a fait du bon travail. L'hypnotiseur peut continuer ce petit manège pendant un certain temps. Le sujet réagira chaque fois.

Finalement, en voyant les expressions diverses de l'auditoire, le sujet risque de prendre conscience que quelque chose ne va pas. Mais il ne sait pas quoi. Il ne comprend pas que c'est le geste de l'hypnotiseur (la main à la cravate) qui l'amène à retirer sa veste. Il commence alors à se sentir mal à l'aise. Il trouvera peut-être que la tenue de l'hypnotiseur laisse à désirer et se mettra à la critiquer ouvertement. Il ne se rend toujours pas compte que le signal, c'est la cravate. Il continue d'obéir à l'ordre implanté par l'hypnotiseur et d'ignorer l'étrange raison pour laquelle il se sent obligé d'ôter sa veste. Tout ce qu'il sait, c'est qu'il est mal à l'aise *dans* sa veste chaque fois que l'autre touche sa cravate et mal à l'aise *sans* sa veste chaque fois qu'il ne touche plus sa cravate.

Eh bien, voilà qui nous aidera à comprendre le mental réactif. L'hypnotisme est un outil de laboratoire. Nous ne l'employons pas dans la thérapie de Dianétique. Cependant l'hypnotisme a servi de moyen pour étudier le mental et ses réactions. L'hypnotisme est une variable imprévisible. Peu de gens peuvent être hypnotisés et la plupart sont impossibles à hypnotiser. Parfois les suggestions hypnotiques « prennent », parfois elles ne « prennent » pas. Parfois elles ont un effet bénéfique et parfois elles ont un effet catastrophique, car une même suggestion implantée chez un certain nombre de personnes a des effets très différents. Un ingénieur sait comment utiliser une variable imprévisible. Il doit trouver *pourquoi* elle est imprévisible. La découverte de ce qui faisait de l'hypnotisme une variable imprévisible permit de mettre le doigt sur la cause de la folie. De plus, une fois qu'on a compris le mécanisme de la suggestion posthypnotique, on saisit mieux ce qu'est l'aberration.

Aussi absurde que soit la suggestion implantée chez le sujet, celui-ci l'exécutera. On pourrait lui dire d'ôter ses chaussures, de téléphoner à quelqu'un le lendemain à dix heures ou de manger des petits pois au petit déjeuner, il le fera. Ce sont des ordres directs et il s'y soumettra. On pourrait lui dire que ses chapeaux ne lui vont pas et il le croira. Toute suggestion implantée se mettra en branle dans son mental sans qu'il en soit conscient.

On peut implanter des suggestions très complexes chez un sujet comme, par exemple, qu'il est incapable de dire le mot « je ». Il ne l'emploiera jamais dans sa conversation et aura recours à des périphrases, sans être « conscient » d'éviter le mot. Ou bien on pourrait lui dire de ne jamais regarder ses mains et il ne les regardera plus. C'est une *inhibition*. Lorsqu'on implante ce genre de suggestion chez un sujet drogué ou sous hypnose, elle entre en action dès qu'il se réveille. Et elle continuera d'agir tant que l'hypnotiseur ne l'aura pas annulée.

Ou bien on pourrait dire au patient qu'il éternuera chaque fois qu'il entendra le mot « paillasson » et c'est, en effet, ce qu'il fera. Ou encore qu'il doit sauter cinquante centimètres en l'air chaque fois qu'il voit un chat et c'est exactement ce qu'il fera. Il fera ces choses dès qu'il se réveillera. Ce sont des *compulsions*.

On peut lui dire qu'il aura des pensées salaces concernant une certaine jeune fille, mais que chaque fois son nez le démangera. On peut lui dire qu'il aura continuellement envie de s'étendre et de dormir, mais que chaque fois qu'il s'étendra, il n'arrivera pas à dormir. Il exécutera ces ordres à la lettre. Ce sont des *névroses*.

On pourrait lui dire ensuite qu'il est le président de la République et que des agents secrets veulent attenter à ses jours. Ou bien on pourrait lui dire que, dans tous les restaurants où il voudra manger, on cherchera à l'empoisonner. Ce sont des *psychoses*.

On peut aussi lui dire qu'il est en fait quelqu'un d'autre, qu'il se nomme « Sir Reginald » et qu'il est propriétaire d'un yacht. Ou encore qu'il est un voleur avec un casier judiciaire et que la police le recherche. Il s'agirait, respectivement, de *schizophrénie* et de *paranoïa schizophrénique*[9].

L'hypnotiseur pourrait annoncer au sujet qu'il est l'être le plus merveilleux du monde et que tout le monde est d'accord sur ce point. Ou bien que toutes les femmes sont à ses genoux. Il s'agirait ici d'une aberration proche de la *manie*.

On pourrait persuader le sujet que dès qu'il se réveillera, il se sentira si mal en point qu'il n'aura qu'une pensée : mourir. Il s'agirait d'un état *dépressif*.

On peut lui dire qu'il se sent extrêmement malade, que c'est la seule chose qui le préoccupe et qu'il attrape toutes les maladies dont il entend parler. Il se conduira comme un *hypocondriaque*.

Nous pourrions parcourir ainsi tout le catalogue des maladies mentales et, au moyen de suggestions positives, implanter chez un sujet une *imitation* de chaque maladie mentale répertoriée.

9. **Paranoïa schizophrénique** : *(psychiatrie)* une maladie mentale ressemblant à la paranoïa (forme de psychose dans laquelle la personne s'imagine qu'elle est persécutée ou bien qu'elle est très importante) mais également marquée par un comportement autistique (se dit d'un état mental marqué par une pensée détachée de la réalité extérieure, des hallucinations et un désintérêt pour l'entourage) et une dégradation graduelle de la personnalité.

Comprenez bien qu'il s'agit d'imitations, *d'apparences* de maladies mentales, en ce sens que le sujet *agit* comme un déséquilibré mental. Mais il n'est *pas* un déséquilibré mental. Dès qu'on annule les suggestions — en faisant savoir au sujet qu'il s'agissait de suggestions — les aberrations implantées disparaissent (nous appelons « aberrations » toutes les formes de démence).*

En reproduisant dans le mental d'une personne droguée ou sous hypnose tous les types d'aberration, on peut donc démontrer qu'une partie du mental contenant certaines données n'est pas en contact avec la conscience.

C'est la découverte de cette partie du mental qui permit de résoudre le problème de la folie, des maladies psychosomatiques et des aberrations en tout genre. Cette découverte ne fut pas effectuée au moyen de l'hypnotisme. L'hypnotisme n'est qu'une technique parmi tant d'autres qui a parfois présenté quelque utilité en Dianétique, mais que nous n'employons jamais.

Donc un individu qui, d'habitude, se comporte comme un être équilibré va, après avoir reçu une suggestion positive, momentanément agir de façon irrationnelle. Lorsque la suggestion est placée dans la conscience de l'individu, elle cesse d'agir et il recouvre sa santé d'esprit originelle. Mais il s'agit ici d'une imitation d'aberration. Les aberrations véritables, celles qui ne sont pas implantées par un hypnotiseur, n'ont pas besoin d'être amenées dans la conscience pour disparaître. C'est l'une des différences entre l'hypnotisme et la cause réelle des aberrations. L'hypnotisme ne fait que démontrer comment fonctionne le mental.

Revenons à notre premier exemple de suggestion positive, dans lequel le sujet était « inconscient » (c'est-à-dire qu'il n'était pas en pleine possession de sa conscience et de son autodétermination)

---

* *Un conseil : Il s'agit là d'expériences. Elles ont été effectuées sur des personnes hypnotisables et sur des personnes impossibles à hypnotiser qui avaient été droguées. Ces expériences ont livré des informations utiles pour la Dianétique. Si vous désirez vous livrer à ces expériences, vous avez intérêt à connaître la Dianétique, à moins bien entendu que vous désiriez courir le risque de rendre quelqu'un fou. En effet, les suggestions implantées ne peuvent pas toujours être annulées. L'hypnotisme est une variable imprévisible. C'est une technique dangereuse qui a autant sa place dans un cabinet médical ou dans votre salon qu'une bombe atomique.* LRH

et dans lequel on lui disait d'accomplir une action. Cette action était cachée à sa conscience. L'hypnotiseur a donné un signal et, à la vue de ce signal, le sujet a effectué l'action. Puis il a essayé de justifier cette action en fournissant plusieurs raisons dont aucune n'était la bonne. Ensuite il a critiqué la tenue de l'hypnotiseur, sans se rendre compte que la cravate était le signal déclencheur. Finalement, la suggestion a été levée et le sujet a été libéré de sa compulsion.

Cet exemple montre les composantes de l'aberration. Une fois que l'on sait très exactement ce *qu'est* l'aberration et de quoi elle se compose, le problème devient très simple. Il semble incroyable, à première vue, que la cause de l'aberration ait pu rester cachée à la vue des chercheurs pendant tous ces milliers d'années. Mais, quand on y regarde de plus près, il semble plus incroyable encore qu'elle ait été finalement découverte. Car elle était fort astucieusement dissimulée.

L'« inconscience » classique (celle qui n'est pas causée par l'hypnotisme) est un peu plus difficile à produire. Quelques gestes de la main ne suffiront pas à provoquer une « inconscience » génératrice d'aberrations.

Les sources principales d'« inconscience » sont le choc qui accompagne un accident, la douleur causée par une blessure, les anesthésiques utilisés pour les opérations et les délires dont s'assortissent la plupart des maladies.

Le mécanisme est très simple. Reprenons notre comparaison. Lorsqu'une vague destructrice de douleur physique vient déferler brusquement ou qu'un poison comme l'éther vient s'insinuer partout, cela a pour effet de faire sauter les fusibles du mental analytique. Les banques mnémoniques standard cessent aussitôt de fonctionner.

Les périodes d'« inconscience » sont des vides dans les banques mnémoniques standard. Ces périodes manquantes se trouvent dans ce que nous autres dianéticiens appelons *la banque du mental réactif.*

Les moments où le mental analytique est au travail, plus les moments où le mental réactif est en action, forment une ligne ininterrompue d'enregistrements consécutifs qui couvre toute la durée de l'existence.

Pendant les moments où le mental analytique est partiellement ou totalement débranché, c'est le mental réactif qui prend le relais, en partie ou en totalité. Autrement dit, si le mental analytique est déconnecté à 50%, le mental réactif se branche à 50 %. Des pourcentages aussi nets sont, bien entendu, impossibles. Ces chiffres sont approximatifs.

Lorsque l'individu est partiellement ou totalement « inconscient », le mental réactif entre en jeu, en partie ou en totalité. Lorsque l'individu est parfaitement conscient, son mental analytique commande totalement à l'organisme. Quand sa conscience diminue, le mental réactif entre en action, en proportion directe de la diminution de conscience.

Les moments d'« inconscience » d'une personne sont anti-survie. Ainsi est-il vital que quelque chose vienne prendre le relais pour aider la personne à sauver l'organisme. Le boxeur à moitié groggy qui tient toujours debout, l'homme brûlé qui s'extrait d'un incendie, voilà des cas où le mental réactif se révèle fort utile.

Le mental réactif est « un dur ». Il le faut bien, s'il veut « encaisser » les vagues de douleur qui paralysent la conscience. Le mental réactif est un mécanisme grossier mais d'une précision terrifiante. Sa capacité de raisonnement est faible (plus faible que celle d'un crétin), mais qu'attendre d'autre d'un mécanisme qui reste branché lorsque le corps est en train de cuire à petit feu ou d'être réduit en morceaux ?

Le mental réactif n'emmagasine pas à proprement parler des souvenirs. Il emmagasine des *engrammes**. Un engramme est l'enregistrement complet, dans les moindres détails, de toutes les perceptions présentes durant un moment d'« inconscience » partielle ou complète. Ce type d'enregistrement est aussi précis que n'importe quel autre enregistrement de l'organisme, mais il possède une force qui lui est propre. On pourrait le comparer à un disque microsillon ou à un film animé qui, en plus du son et de l'image, contiendrait toutes les autres perceptions : odeurs, goût, sensations organiques, etc.

---

*En Dianétique, nous employons le mot engramme, au sens propre, c'est-à-dire : « Trace nette et permanente laissée par un stimulus sur le protoplasme d'un tissu. » L'engramme est considéré comme un ensemble unitaire de stimuli qui ont frappé l'être cellulaire et uniquement l'être cellulaire. LRH

Il y a cependant une énorme différence entre un engramme et un souvenir : un engramme peut être définitivement installé dans les circuits du corps et il se comporte comme une entité à part.

Toutes nos expériences en labo sur les engrammes ont révélé que leur pouvoir sur le corps est « inépuisable ». Un engramme réactivé chez un individu un nombre x de fois aura chaque fois la même puissance. En fait, il devient capable d'exercer d'autant plus de puissance qu'il est réactivé.

La seule chose qui ait réussi à ébranler ces engrammes, c'est la technique qui est devenue, par la suite, la thérapie de Dianétique. La troisième partie de cet ouvrage y est entièrement consacrée.

Voici un exemple d'engramme : une femme tombe à terre sous l'effet d'un coup. Elle sombre dans l'« inconscience ». On lui donne des coups de pied et on lui dit qu'elle est hypocrite et bonne à rien et qu'elle ne sait pas ce qu'elle veut. Une chaise est renversée dans le feu de l'action. Un robinet coule dans la cuisine. Une voiture passe dans la rue. L'engramme contient un enregistrement ininterrompu de toutes ces perceptions : images, sons, toucher, odeurs, sensations organiques, sensation cinétique, positions des articulations, sensation de soif, etc. L'engramme contient : tout ce qui lui a été dit pendant qu'elle était « inconsciente » (avec le ton et l'émotion de la voix), le son des premiers coups et de tous ceux qui ont suivi, l'impact de ces coups sur son corps, le contact des différentes parties de son corps avec le sol, le bruit et l'impact de la chaise qui se renverse, la sensation organique du coup, peut-être un goût de sang dans la bouche (ou tout autre goût présent), l'odeur de la personne qui l'agresse ainsi que les odeurs présentes dans la pièce, le bruit de la voiture qui passe, le bruit de ses pneus, etc.

Le contenu de cet enregistrement pourrait être assimilé à une « suggestion positive ». Mais il y a deux autres facteurs ici, deux facteurs nouveaux qui ne se trouvent pas dans les banques mnémoniques standard, si ce n'est par contexte : *la douleur et l'émotion douloureuse*.

Ce sont ces deux facteurs qui font la différence entre les banques mnémoniques standard et les banques du mental réactif : la douleur physique et l'émotion douloureuse. Ce sont ces deux éléments qui font la différence entre un engramme (qui est la cause de *toute aberration)* et un *souvenir**.

Nous avons tous entendu dire que les mauvaises expériences étaient bénéfiques et que, sans elles, l'homme n'apprendrait jamais rien. C'est sans doute très vrai. Mais cela ne s'applique pas à l'engramme. L'engramme n'est pas une *expérience*. C'est une *action imposée*.

Il est possible que l'Homme ait trouvé les engrammes de quelque utilité à l'époque où son vocabulaire était encore limité. Ils étaient, dans une certaine mesure, pro-survie ; nous en reparlerons plus loin. Mais dès que l'Homme a disposé d'un langage sophistiqué et riche en homonymes (mots qui se prononcent de la même façon mais qui ont des sens différents), en fait dès qu'il s'est exprimé au moyen d'un langage, quel qu'il soit, les engrammes sont devenus beaucoup plus un handicap qu'une aide. Et aujourd'hui, l'Homme ayant atteint un stade d'évolution élevé, ils ont cessé de le protéger et le rendent fou, incapable et malade.

Une théorie n'est bonne que si elle se vérifie dans la pratique. Lorsqu'on élimine les engrammes contenus dans le mental réactif d'une personne, ses facultés de raisonnement et son efficacité augmentent considérablement ; sa santé s'améliore très nettement ; et ses décisions sont rationnelles et pro-survie, ce qui signifie qu'elle est heureuse de vivre, qu'elle aime la compagnie des gens et qu'elle est constructive et créatrice. Une personne ne devient destructrice que lorsque quelque chose menace *véritablement* la sphère de ses dynamiques.

Bref, au stade actuel de l'évolution humaine, les engrammes ont une valeur purement négative. Peut-être ont-ils été utiles à l'Homme lorsque celui-ci était encore proche du niveau de ses cousins animaux (qui ont tous un mental réactif du même acabit), mais avec l'apparition du langage et avec l'évolution de son mode de vie, ils sont devenus une véritable calamité. Aucun engramme n'a la *moindre* valeur positive.

---

* *En Dianétique, on considère qu'un souvenir est tout concept de perceptions stocké dans les banques mnémoniques standard dont le « je » peut potentiellement se souvenir. Une scène observée par les yeux et perçue par les autres sens devient un enregistrement dans les banques mnémoniques standard et peut être rappelé plus tard à la mémoire par le « je » pour s'y référer. LRH*

Le mental réactif a été conçu pour garantir la survie. Et il continue, en apparence, de remplir cette mission. C'est du moins ce qu'il veut faire croire. Mais ses erreurs monstrueuses ne font désormais qu'éloigner l'individu de la survie.

Il y a en fait trois types d'engrammes, et chacun d'eux est source d'aberrations.

Nous avons tout d'abord *l'engramme anti-survie*. Il contient de la douleur physique, de l'émotion douloureuse, chacune des perceptions et une menace pour l'organisme. Une enfant assommée par un violeur qui ensuite abuse d'elle va avoir ce type d'engramme. L'engramme anti-survie contient une menace apparente ou réelle pour l'organisme.

Ensuite nous avons *l'engramme pro-survie*. Un enfant qu'on a maltraité tombe malade. Pendant qu'il est partiellement ou totalement « inconscient », on lui dit qu'on va prendre soin de lui, qu'on l'aime tendrement, etc. Cet engramme n'est pas considéré comme anti-survie, mais comme pro-survie. Il semble favoriser la survie. De ces deux types d'engramme, le second est le plus « aberrant » (cause d'aberration) car il est renforcé par l'affinité, laquelle est plus puissante que la peur. L'hypnotiseur exploite à fond cette caractéristique du mental réactif : il s'adresse au sujet artificiellement inconscient en usant de sympathie. Si l'hypnotisme est aussi limité, c'est parce qu'il ne comprend pas les facteurs *douleur physique* et *émotion douloureuse* qui maintiennent l'engramme hors de vue et qui sont amarrés au-dessous du niveau de la « conscience ».

Et enfin nous avons *l'engramme d'émotion douloureuse*. Il est causé par le choc d'une perte brutale, comme par exemple la mort d'un être cher.

La banque du mental réactif se compose exclusivement de ces trois types d'engrammes. Et le mental réactif se sert uniquement des engrammes pour « penser ». Et sa façon de « penser » arracherait des jurons de désespoir à Korzybski[10], car le mental réactif pense par *identités, c'est-à-dire qu'il considère que tout est identique.*

Si le mental analytique devait tirer des conclusions concernant les pommes et les vers, cela donnerait quelque chose comme ceci : certaines pommes contiennent des vers ; d'autres n'en contiennent pas ; lorsqu'on croque une pomme, on peut parfois tomber sur un

....

10. **Korzybski, Alfred :** (1879-1950), savant et écrivain américain qui a fondé la sémantique générale, une méthodologie qui cherche à améliorer le comportement humain par un emploi judicieux des mots et des symboles.

ver, sauf si elle a été traitée au moyen d'un produit adéquat ; les vers laissent des trous dans les pommes.

Le mental réactif, lui, raisonnerait de la façon suivante, en s'appuyant sur les données relatives aux pommes et aux vers contenues dans sa banque d'engrammes : pommes = vers = croquer = trous dans les pommes = tous les trous = pommes = vers et rien d'autre = pommes = croquer, etc.

Le mental analytique est capable de faire des opérations d'algèbre hypercompliquées, d'employer la logique symbolique[11] pour effectuer des raisonnements délicats, d'effectuer tous les calculs relatifs à la construction d'un pont ou à la conception d'une robe. Toutes les équations mathématiques existantes sont l'œuvre du mental analytique et celui-ci peut, à tout moment, y avoir recours pour résoudre des problèmes.

Mais pas le mental réactif ! Lui ne connaît qu'une équation : A = A = A = A = A.

Prenez le mental réactif et dites-lui d'effectuer un raisonnement. Un raisonnement qui s'appuiera bien entendu sur les données qu'il a emmagasinées. Vous constaterez qu'il considère toutes les données tirées d'une même expérience comme étant identiques.

La conclusion que tirerait le mental analytique de l'incident de la femme battue serait que les femmes se mettent parfois dans des situations où elles reçoivent des coups et qu'il existe des hommes qui frappent et blessent les femmes.

Le mental réactif, lui, « analyserait » cet engramme comme suit : la douleur causée par le coup de pied égale la douleur engendrée par la gifle *égale* la chaise qui se renverse *égale* la voiture qui passe *égale* le robinet *égale* le fait qu'elle est hypocrite *égale* le fait qu'elle est bonne à rien *égale* le ton de la voix de l'homme *égale* l'émotion *égale* une hypocrite *égale* un robinet qui coule *égale* la douleur causée par le coup de pied *égale* la sensation organique à l'endroit où le coup de pied a été reçu *égale* la chaise qui se renverse *égale* elle ne sait pas ce qu'elle veut *égale*... Inutile de poursuivre. Car chaque perception contenue dans cet engramme est *égale* à toutes les autres. Comment ? Ça relève de la démence ? C'est exact !

Revenons un instant sur notre exemple de suggestion posthypnotique positive, celui de la cravate et de la veste, car il nous montre les facteurs qui entrent dans le fonctionnement du mental réactif.

---

11. **Logique symbolique** : un type moderne de logique formelle utilisant des symboles mathématiques spéciaux pour indiquer les propositions et les relations entre elles.

Pour que cette suggestion posthypnotique devienne un engramme dangereux, il suffit d'y introduire de la charge émotionnelle et de la douleur physique. En fait, cette suggestion *est* un engramme, car elle a été installée par le biais d'un courant de sympathie entre hypnotiseur et sujet, ce qui en fait un engramme pro-survie.

Bon, nous savons qu'il suffisait à l'hypnotiseur de toucher sa cravate pour que le sujet (à l'état de veille) retire sa veste. Le sujet ne savait pas pourquoi il la retirait et a donné toutes sortes d'explications dont aucune n'était la bonne. L'engramme — la suggestion posthypnotique — se trouvait dans la banque du mental réactif, au-dessous du niveau de la conscience. C'était une compulsion jaillissant du « palier » situé au-dessous de la conscience. Et elle commandait aux muscles, obligeant le sujet à ôter sa veste. La suggestion introduisait ses propres données dans les circuits du corps, court-circuitant le poste de commandement du mental analytique, et elle prenait non seulement le commandement du corps, mais aussi celui du mental analytique lui-même.

Si ce sujet enlevait sa veste chaque fois que quelqu'un touchait sa cravate, la société le considérait sans doute comme légèrement « frappé ». Pourtant il agit ainsi, malgré lui. S'il avait tenté de résister à l'hypnotiseur en refusant de retirer sa veste, il se serait senti, d'une façon ou d'une autre, extrêmement mal à l'aise.

Voyons maintenant comment le mental réactif fonctionne chez les formes de vie inférieures. Un petit poisson entre dans des eaux peu profondes et jaunâtres ayant un goût de sel et de fer. Il vient juste d'avaler une crevette quand surgit un gros poisson qui lui fonce droit dessus et lui donne un coup sur la nageoire.

Le petit poisson réussit à s'enfuir, mais il est blessé et a mal. Disposant de facultés analytiques réduites, il prend la plupart de ses décisions en réagissant.

Le petit poisson finit par guérir et se met de nouveau à vaquer à ses occupations. Mais un jour il est attaqué par un gros poisson et il prend un nouveau coup sur la nageoire. Cette fois-ci le petit poisson n'est pas blessé, juste un peu sonné. Mais un nouveau facteur est entré en jeu. Quelque chose en lui considère qu'il n'est pas très prudent. N'a-t-il pas été touché une deuxième fois à la nageoire ? Le mécanisme réactif du petit poisson se livre au raisonnement suivant : eaux peu profondes = goût de sel = goût de fer = eaux jaunâtres = douleur à la nageoire = crevette dans la bouche, etc. Tous ces éléments deviennent égaux entre eux. Le deuxième coup sur la nageoire a causé le key-in[12] de l'engramme. Il a montré à l'organisme que quelque chose d'identique au premier accident (raisonnement par identités) pouvait se produire. Donc méfiance !

Le lendemain, le petit poisson pénètre dans des eaux salées. Cela le rend légèrement « nerveux ». Il poursuit sa route et se retrouve dans des eaux à la fois jaunâtres et salées. Il continue son chemin. Il commence à ressentir une petite douleur à la nageoire. Il décide malgré tout de continuer. Soudain, il est assailli par un goût de fer et sa nageoire se met à le faire souffrir horriblement. Et pffft ! Le voilà qui fait demi-tour et s'enfuit à toute allure ! Aucun poisson ne l'attaquait.

Il y avait des crevettes très appétissantes dans ces eaux. Mais il a quand même préféré filer.

L'endroit était dangereux ! S'il ne s'était pas enfui, il se serait pris, à n'en pas douter, un nouveau coup douloureux sur la nageoire.

Ce mécanisme est, d'une certaine manière, pro-survie. Pour un poisson, il peut s'avérer utile. Mais pour un homme, qui ôte sa veste chaque fois que quelqu'un touche une cravate, ce mécanisme est complètement dépassé. *Pourtant il existe toujours !*

Examinons de nouveau l'exemple du jeune homme à la veste. Le signal qui lui faisait retirer sa veste était très précis. L'hypnotiseur touchait sa cravate. Eh bien, ce signal équivaut à toute la série de perceptions enregistrées par le petit poisson. Au lieu de toucher sa cravate, l'hypnotiseur aurait pu faire des dizaines d'autres choses en guise de signal. Et chacune de ces choses aurait fait enlever sa veste au sujet.

En ce qui concerne la femme assommée et battue, chaque perception emmagasinée dans l'engramme qu'elle a reçu peut causer une restimulation[13]. Un robinet qui coule n'aura probablement pas beaucoup d'effet sur elle. Mais un robinet qui coule plus une voiture qui passe pourraient légèrement réactiver l'engramme et lui faire éprouver une vague sensation de douleur aux endroits où elle a reçu les coups ; cependant, cela ne suffira pas à lui causer une douleur aiguë. Si nous ajoutons au robinet qui coule et à la voiture qui passe le fracas d'une chaise qui tombe, la femme va ressentir une légère impression de choc. Ajoutons maintenant l'odeur et la voix de l'homme, et la douleur commence à se faire plus vive. Le

---

12. **Key-in :** un moment où l'environnement d'un individu éveillé mais épuisé ou tourmenté est semblable à un engramme latent. À ce moment-là l'engramme devient actif.
13. **Restimulation :** réactivation d'un souvenir due à la présence, dans l'environnement, de circonstances similaires à des circonstances passées.

mécanisme lui dit qu'elle se trouve dans un endroit dangereux, qu'elle ferait mieux de s'en aller. Mais elle n'est pas un poisson. Elle est un être doué de raison, elle possède le système mental le plus sophistiqué jamais conçu sur terre : celui de l'espèce humaine. En plus de l'engramme lui-même, le problème comporte beaucoup d'autres facteurs. Donc elle reste. Les douleurs aux endroits où elle a reçu des coups deviennent une prédisposition à la maladie ou sont peut-être déjà une maladie chronique, sans gravité, certes (vu la nature de l'incident), mais maladie quand même. Peut-être son affinité pour l'homme qui l'a battue est-elle si forte que l'analyseur, aidé par un ton chronique élevé, parvient à combattre ces douleurs. Mais si le ton chronique est bas, alors les douleurs peuvent devenir très pénibles.

Le petit poisson qui avait été blessé et qui avait reçu un engramme n'a pas pour autant renoncé à se nourrir de crevettes. Peut-être les crevettes ont-elles, par la suite, éveillé un tout petit peu moins d'enthousiasme en lui, mais le caractère pro-survie d'une alimentation composée de crevettes l'a emporté sur tout le reste : les crevettes équivalaient à beaucoup plus de plaisir que de douleur.

Une existence habituellement agréable et pleine de promesses (et n'allez pas croire que nous insinuons que la femme dans l'exemple reste pour se faire entretenir — plaisanterie lourde et éculée) a un potentiel de survie élevé et permet de surmonter bien des douleurs. À mesure que le potentiel de survie diminue, la douleur (située dans les zones 0 et 1) s'accroît ; et l'engramme de la femme pourrait alors être fortement restimulé.

Il y a cependant plusieurs autres facteurs en plus de la douleur. Si l'on avait installé chez le jeune homme à la veste l'une des suggestions positives névrotiques mentionnées il y a quelques pages, il y aurait obéi dès qu'on lui aurait donné le signal.

Mis à part les restimulateurs[14], courants tels que le robinet, la voiture ou la chaise, l'engramme de la femme contient une suggestion positive névrotique. On lui a dit qu'elle est hypocrite et bonne à rien et qu'elle ne sait pas ce qu'elle veut. Quand l'engramme est restimulé (et il peut être restimulé de bien des façons), elle a le « sentiment » d'être hypocrite et bonne à rien et elle ne saura pas ce qu'elle veut.

---

14. **Restimulateur :** quelque chose que l'organisme perçoit continuellement dans son milieu et qui ressemble à quelque chose contenu dans son mental réactif ou dans une partie de celui-ci.

Plusieurs cas illustrent particulièrement bien cette triste situation. L'un de ces cas, une femme (devenue Clair depuis), avait été violemment battue à maintes reprises et, chaque fois, elle avait été insultée en des termes dégradants. Le contenu de l'incident disait qu'elle était une femme de mœurs faciles et qu'elle couchait avec le premier venu. C'est son père qui nous l'amena un jour (elle avait divorcé entre temps), car il avait découvert qu'elle était de mœurs plus que faciles et qu'elle changeait d'homme chaque semaine. Elle fut d'ailleurs la première à l'admettre, mais elle n'arrivait pas à s'expliquer son comportement. Ce comportement l'inquiétait, mais elle « n'y pouvait rien ». Nous inspectâmes alors les engrammes contenus dans la banque de son mental réactif et nous découvrîmes une longue série de violences accompagnées chaque fois de paroles dont la teneur était la même. Comme il s'agissait de recherche, et non pas de traitement (mais elle reçut ensuite un traitement complet), nous entrâmes en contact avec son ex-mari. Nous examinâmes les engrammes de ce dernier, à l'insu de la jeune femme, et découvrîmes que ses dramatisations[15] de rage contenaient exactement les mêmes mots que les engrammes de son ex-épouse. Il avait battu sa femme parce qu'il avait peur des femmes de mœurs faciles et, à force de la battre, il en avait fait une femme de mœurs faciles.

Nous procédâmes de la même façon avec chacun des cas examinés : en comparant leurs engrammes avec ceux de la personne qui les leur avait implantés. Leur contenu concordait chaque fois. Toutes les précautions furent prises pour empêcher toute communication préalable ou toute connivence entre le patient et l'« implanteur ». *Tout ce qui fut découvert dans les périodes d'« inconscience » de chaque patient, s'avéra, après vérification dans le mental réactif des « implanteurs », parfaitement exact.*

L'analogie entre l'hypnotisme et l'aberration est loin d'être tirée par les cheveux. Au moyen d'une suggestion positive, l'hypnotiseur implante une aberration. En général, il l'implante temporairement. Mais il arrive parfois que la suggestion hypnotique ne s'efface pas comme le voudrait l'hypnotiseur. C'est le danger que l'on court à faire des expériences d'hypnotisme avec des patients qui ne sont

---

15. **Dramatisation** : action de rejouer, dans l'environnement présent, le contenu d'un engramme, en partie ou dans son intégralité. Comportement aberré et dramatisation sont synonymes. Le degré de dramatisation est directement proportionnel au degré de restimulation des engrammes qui la causent. Quand il dramatise, un individu est comme un acteur qui joue le rôle qui lui est dicté et accomplit toute une série d'actions irrationnelles.

pas Clairs et l'on en trouvera la raison dans l'un des mécanismes du mental réactif.

Dans l'exemple d'engramme donné plus haut, la femme était, à l'évidence, « inconsciente » au moment où elle a reçu l'engramme. Dans ses banques mnémoniques standard ne figurait aucun souvenir de l'incident, si ce n'est qu'elle avait été assommée par l'homme. Par conséquent, l'engramme n'était pas une expérience au sens propre du mot. Il pouvait surgir « par en dessous » pour aberrer ses processus de pensée, il pouvait causer des douleurs étranges — que la femme attribuait à autre chose — aux endroits où elle avait reçu les coups. Mais à aucun moment elle n'avait soupçonné la présence de l'engramme.

Pour que l'engramme agisse, il fallait un *key-in*. Mais qu'est-ce qui pouvait déclencher l'engramme ? Eh bien, quelque temps après, à un moment où la femme était fatiguée, l'homme a menacé de la frapper et l'a traitée de tous les noms. Cette expérience, elle l'a vécue consciemment, mais elle l'a trouvée « mentalement douloureuse ». Et si elle l'a trouvée « mentalement douloureuse », c'est tout bonnement parce qu'à la base il y avait, cachée à la vue, une douleur physique réelle, aiguë, qui a été déclenchée par l'expérience vécue consciemment. Cette expérience était un lock[16]. C'était un souvenir, mais il agissait différemment des autres souvenirs dans les banques mnémoniques standard. Il avait trop de puissance et tirait cette puissance d'un coup reçu dans le passé. Le mental réactif n'est pas très précis pour ce qui est du temps. Quand un key-in commence, il est incapable de distinguer l'âge de un an de celui de quatre-vingt-dix. L'engramme a surgi de dessous les banques standard.

La femme croit que ce qui la met mal à l'aise, c'est ce que l'homme a dit dans le lock. En réalité, c'est l'engramme qui la met mal à l'aise. Et voilà comment des souvenirs deviennent « douloureux ». Mais la douleur n'est pas emmagasinée dans les banques standard. Il n'y a aucune place pour la douleur dans ces banques. Aucune. Par contre, il y a de la place pour les concepts de douleur et ces concepts sont suffisamment puissants pour tenir l'organisme doué de raison qu'on appelle l'Homme à l'écart de toute douleur qu'il considère

---

16. **Lock** : moment analytique durant lequel les perceptions contenues dans un engramme se rapprochent des perceptions présentes, ce qui restimule ou déclenche cet engramme. En effet, le mental réactif confond les perceptions présentes avec celles de l'engramme et pense que la situation qui a causé la douleur physique originelle est en train de se reproduire.

vraiment dangereuse. Chez un Clair, il n'y a pas de souvenirs générateurs de douleur, car il ne possède plus aucun enregistrement de douleur physique susceptible de démolir la mécanique.

Le jeune homme à la veste ne savait pas ce qui le tracassait ou ce qui le faisait agir de la sorte. Une personne qui a un engramme ne sait pas ce qui la tracasse. Elle pense que c'est le lock, alors que le lock pourrait n'avoir qu'un rapport très lointain avec l'engramme. Le lock peut avoir un contenu perceptique similaire tout en étant « hors sujet ».

Il n'est pas très difficile de comprendre ce que font ces engrammes. Il s'agit tout simplement de moments de douleur physique qui ont tant de puissance qu'ils provoquent un court-circuit dans toute la mécanique analytique ; soit ils constituent une menace pour la survie de l'organisme (engrammes anti-survie), soit ils font semblant de vouloir la survie de l'organisme sous des dehors de sympathie et de compassion (engrammes pro-survie). Voilà une définition complète. « Inconscience » légère ou forte, douleur physique, enregistrement des perceptions, et données anti- ou pro-survie. Ils sont manœuvrés par le mental réactif, lequel ne pense que par identités (tout est égal à tout). Et ils imposent leurs directives à l'organisme en brandissant le fouet de la douleur physique. Si l'organisme ne leur obéit pas à la lettre (et à en croire les Clairs, c'est impossible !), la douleur physique apparaît. Ils manœuvrent une personne de la même façon qu'un dompteur manœuvre un tigre — et ils peuvent même en faire un… tigre. Et un tigre galeux, de surcroît.

Si l'Homme n'avait pas inventé le langage ou, comme nous le verrons plus loin, si ses langages avaient comporté un peu moins d'homonymes et s'étaient montrés plus précis avec les pronoms personnels, les engrammes seraient encore pro-survie à l'heure actuelle et la mécanique humaine fonctionnerait à la perfection. Mais l'Homme a tant évolué qu'ils ne lui sont plus d'aucune utilité. Il s'est trouvé devant un choix : le langage ou la folie potentielle. Et parce qu'il a opté pour le langage et les énormes avantages qu'il présentait, il a récolté cette calamité appelée démence.

L'engramme est la seule et unique cause des aberrations et des maladies psychosomatiques. Nous avons passé au crible d'énormes quantités de données, sans découvrir la moindre exception. Chaque fois que nous débarrassions une personne « normale », névrosée ou carrément folle d'une partie ou de la totalité de ses engrammes au moyen de la seule thérapie de Dianétique, nous aboutissions à un état très supérieur à la normale. Aussi s'est-il avéré inutile d'utiliser, pour le traitement de toutes les maladies psychiques ou psychosomatiques, des théories ou une thérapie autres que celles exposées dans ce livre.▲

CHAPITRE TROIS

LA CELLULE ET L'ORGANISME

SI L'ENGRAMME, SOURCE UNIQUE de l'aberration et des maladies psychosomatiques, a réussi à passer inaperçu aussi longtemps, c'est à cause des phénomènes extrêmement variés et complexes qu'il peut causer.

Nous pourrions avancer plusieurs théories qui expliqueraient pourquoi le mental a évolué comme il l'a fait, mais ce ne sont que des théories et la Dianétique ne s'intéresse pas à la structure. Cependant on ajoutera à titre de commentaire (et de postulat), histoire de stimuler les futurs chercheurs, qu'il y a sans doute un rapport étroit entre les types d'énergie électrique circulant dans le corps et l'énergie déchargée par des cellules blessées. On pourrait échafauder la théorie suivante : comme les décharges électriques émises par les cellules blessées avaient tendance à blesser les cellules intactes qui se trouvaient à proximité, une cellule spéciale s'est peu à peu développée, qui avait pour mission de drainer ces décharges douloureuses. Puis ces cellules spéciales sont devenues des neurones, lesquels ont mieux réparti les décharges électriques à travers le corps, ce qui réduisait les chances d'infirmité de la zone blessée ou touchée. Les toutes premières colonies de neurones se sont sans doute formées à l'extrémité supérieure du corps, là où les chocs étaient fréquents, puis d'autres colonies se sont installées dans les organes de locomotion. Ce qui expliquerait pourquoi le crâne contient le plus grand agrégat de neurones. L'Homme, en tant que bipède se déplaçant en position verticale, avait un autre point où les chocs étaient fréquents, le front, et c'est peut-être de là que lui viennent ses lobes préfrontaux. Mais il est possible qu'il en ait été tout autrement. Ce n'est qu'une théorie et elle n'est fondée que sur un très petit nombre de faits scientifiques valides. De plus, elle n'a jamais été vérifiée.

Cependant il est nécessaire de faire part au lecteur de la théorie suivante — théorie qui a rapport à la structure. La cellule est l'un des éléments de base du corps. Pour mieux survivre, les cellules se sont apparemment regroupées en colonies qui, elles aussi, ont eu la survie comme but premier. Ces colonies se sont développées et sont devenues des agrégats, lesquels sont devenus des organismes dont le but unique était également de survivre. Puis l'organisme a créé un mental pour coordonner l'activité des muscles et résoudre les problèmes relatifs à la survie. Là encore, ce n'est qu'une théorie et bien qu'elle m'ait conduit à la Dianétique, il n'est pas impossible qu'elle soit complètement erronée. Il n'en reste pas moins que la Dianétique, elle, marche. On peut détacher cette théorie de la Dianétique, cela n'empêchera pas cette dernière de rester une science et de continuer à fonctionner. Quant à la théorie du neurone exposée plus haut, elle n'a pas été indispensable à la Dianétique, mais simplement utile, et on pourrait également la mettre de côté sans que l'efficacité de la Dianétique s'en trouve modifiée. Les théories qui circulent au sein d'une science sont souvent sujettes à changements. La Dianétique s'est engagée dans un domaine de recherche gigantesque. Telle qu'elle est, la Dianétique marche et elle marche à tous les coups — sans exception. Les facteurs qui président à l'efficacité de la Dianétique seront sans doute revus et corrigés de temps à autre, car la Dianétique est perfectible ; s'ils ne le sont pas, cela voudra dire que nous aurons fortement surestimé la génération actuelle et les générations futures de scientifiques.

Si nous parlons des cellules, c'est parce que la chose a son importance, comme nous le verrons plus loin. Pourquoi pouvons-nous affirmer que les hypothèses formulées dans le passé à propos de la structure sont erronées ? Parce qu'elles sont inapplicables à la fonction. Tous les faits que nous avons découverts ont trait à la fonction. Ce sont des faits scientifiques fondés sur des preuves obtenues en laboratoire. La fonction prime sur la structure. Par exemple, la découverte de la structure de l'atome a eu lieu bien après que James Clerk Maxwell[1] eut publié ses formules mathématiques ou que l'Homme eut répandu l'usage de l'électricité. La fonction vient toujours avant la structure. L'absence surprenante de progrès dans le domaine du mental humain au cours des derniers millénaires s'explique en partie par le fait que « l'organe de pensée » a toujours relevé de la médecine qui, si elle est depuis longtemps un art, n'est pas une science. Si cet art désire un tant

---

1. **James Clerk Maxwell** : (1831-79) physicien écossais, auteur de la théorie selon laquelle la nature de l'électricité et de la lumière est fondamentalement la même.

soit peu progresser, il lui faudra au préalable disposer d'une philosophie fondamentale qui révèle ce qu'est la vie.

Par exemple, les capacités de la cellule n'ont été étudiées que très superficiellement et bien que des recherches plus poussées aient été effectuées au cours des dernières années, il manquait une philosophie de base. On s'est contenté d'observer la cellule au lieu de prédire son comportement.

L'étude des cellules humaines a surtout été faite à partir de tissu mort. Il manque aux tissus morts une qualité inconnue, primordiale : la vie.

À notre grande surprise, nous avons découvert en Dianétique, par le biais de l'observation en laboratoire, que les cellules sont, à l'évidence, dotées d'une certaine forme d'intelligence (que nous sommes incapables d'expliquer pour l'instant). Peut-être une âme humaine s'introduit-elle dans le spermatozoïde et l'ovule au moment de la conception (simple postulat de ma part, bien entendu), toujours est-il que les cellules ont une forme d'intelligence. Lorsqu'on pénètre dans un domaine nouveau en brandissant des postulats qui « marchent dans tous les sens » (et notre philosophie fondamentale concernant la survie nous conduit actuellement de plus en plus loin, dans quantité de domaines inexplorés, et elle nous permet d'expliquer et de prédire maints phénomènes), on finit inévitablement par découvrir des faits qui bousculent les théories d'autrefois. Et lorsque ces faits s'avèrent être des faits scientifiques, aussi scientifiques que l'observation selon laquelle une pomme tombe lorsqu'elle est soumise à l'attraction terrestre, on ne peut que les accepter. Le rejet de théories anciennes peut parfois ébranler certaines croyances bien ancrées ou un attachement nostalgique aux vieilles écoles, mais tant pis ! Un fait est un fait.

Les cellules, en tant qu'entités pensantes, ont manifestement une influence sur le corps, considéré comme organisme et entité pensante. Fort heureusement, nous n'avons pas à résoudre ce problème de structure pour démontrer nos postulats relatifs à la fonction. De toute évidence, les cellules gardent des engrammes d'expériences douloureuses. Après tout, ce sont elles qui sont blessées. Et il ne fait pas de doute qu'elles gardent le fouet à portée de main, prêtes à punir chaque fois que l'analyseur leur fait faux bond. L'histoire de l'engramme, c'est un peu l'histoire des troupes que le général envoie au casse-pipe. Plus le général a de pertes, plus les troupes prennent le pouvoir. De toute évidence, les cellules ont fait évoluer le cerveau jusqu'à un niveau d'intelligence supérieur.

Quand la douleur se manifeste, il y a renversement du processus : les cellules semblent regretter d'avoir mis autant de pouvoir entre les mains du commandant en chef.

Le mental réactif pourrait bien être constitué de l'ensemble de l'intelligence cellulaire. Que cela soit vrai ou non n'a aucune importance. Étant donné l'absence de connaissances réelles dans le domaine de la structure, cette théorie fera provisoirement l'affaire. Bref, il n'est pas impossible que les banques du mental réactif se composent de données emmagasinées dans les cellules elles-mêmes. Cette théorie, qu'elle soit ou non plausible, permettra au lecteur de mieux se représenter ce qui se passe pendant les moments d'« inconscience ».

Le fait scientifique suivant, observé et testé à outrance, a pu être établi : lorsque l'organisme se trouve en présence de douleur physique, il provoque un court-circuit dans l'analyseur ; résultat : l'organisme, en tant qu'entité, perd une partie, voire la totalité de sa conscience. Il agit de la sorte soit pour protéger l'analyseur, soit pour lui retirer tout pouvoir, considérant que l'engramme est la meilleure solution dans les cas d'urgence (conception avec laquelle l'analyseur est d'ailleurs en désaccord).

Durant les moments où l'analyseur est « hors service », chaque perception, y compris la douleur physique, est enregistrée. Chaque fois qu'il y a douleur (douleur physique, s'entend), l'analyseur cesse plus ou moins de fonctionner. Si la douleur dure un bref instant, l'analyseur « s'éteindra » durant un bref instant. C'est très facile à prouver. Essayez de vous rappeler la dernière fois où vous avez eu très mal et voyez s'il n'y a pas au moins un moment dont vous n'arrivez plus à vous souvenir. Le fait de s'endormir sous l'effet d'un anesthésique et de se réveiller un peu plus tard est une forme plus complexe de panne de l'analyseur, en ce sens que la douleur physique est effectivement présente mais que la panne a été causée par un poison (techniquement parlant, tous les anes-thésiques sont des poisons). Ensuite, il y a les cas de suffocation (noyade, etc.) : il se produit là aussi une période plus ou moins longue de panne de l'analyseur. Il y a également les cas où le sang quitte la ou les zones (où qu'elles se trouvent) dotées de facultés analytiques, par exemple : lors d'un choc — le sang ayant tendance à se concentrer au milieu du corps ; lors d'une perte de sang due à une opération chirurgicale, à une blessure ou à de l'anémie ; lors d'une obstruction des artères de la gorge. Le sommeil naturel provoque lui aussi une réduction des facultés analytiques, mais elle est légère et sans gravité. Au moyen de la thérapie de Dianétique, on peut facilement retrouver n'importe quelle expérience qui s'est déroulée pendant le sommeil.

Nous constatons donc qu'il y a de nombreuses façons d'« éteindre » l'analyseur et que celui-ci s'« éteint » plus ou moins. Lorsqu'on se brûle avec une cigarette, la réduction des facultés analytiques est minime et brève. En revanche, lorsqu'on se fait opérer, l'analyseur peut s'éteindre complètement, parfois pendant des heures. La *durée* de la réduction du pouvoir analytique et *l'ampleur* de cette réduction sont deux choses distinctes ; elles sont liées, certes, mais tout à fait différentes. Non pas que cela soit d'une importance capitale, mais il était bon de le mentionner.

Le lecteur aura sans doute constaté au fil des pages que le principe du spectre continu est finalement très utile. En effet, on peut établir un parallèle entre le potentiel de survie et l'ampleur de la réduction du pouvoir analytique : cette réduction peut être très faible ou très forte, tout comme le potentiel de survie. Examinons de nouveau le graphique du potentiel de survie. Tout en bas, nous avons la mort, et tout en haut, l'immortalité — la survie « infinie ». Peut-être le pouvoir analytique infini existe-t-il, peut-être pas. Laissons aux mystiques le soin de trancher la question. Par contre, nous avons à notre disposition un fait scientifique incontestable : il y a une relation étroite entre le ton général de l'individu et la quantité de réduction du pouvoir analytique. Je m'explique : quand l'individu est heureux, enthousiaste et en bonne santé, on peut considérer que son pouvoir analytique est élevé (zones 3 et 4). Quand un individu se trouve sous les roues d'un camion, qu'il est « inconscient » et qu'il agonise, son pouvoir analytique est aux alentours de zéro. Le potentiel de survie est proportionnel au pouvoir analytique et vice versa. Quand l'un baisse, l'autre en fait autant. Eh bien, ce fait nous ouvre de larges horizons. Cette relation entre le potentiel de survie et le pouvoir analytique est d'une très grande importance.

Dans un engramme sont emmagasinées tous les percepts, parmi lesquelles la douleur physique et l'émotion douloureuse, ainsi que la sensation organique, c'est-à-dire la condition de l'organisme pendant la durée de l'engramme. Dans quel état était l'organisme pendant qu'il recevait l'engramme ? Il était plus ou moins « inconscient ». Cela signifie qu'il a éprouvé une sensation organique d'affaiblissement de son pouvoir analytique, vu que, de toute évidence, le pouvoir analytique provient d'un ou de plusieurs organes du corps. Si un engramme est réveillé par un ou plusieurs restimulateurs (autrement dit, si un individu ayant reçu un engramme perçoit dans son environnement quelque chose de similaire aux perceptions contenues dans l'engramme), cet engramme va, avec plus ou moins de force, mettre en action tout son contenu perceptique : robinet qui coule, paroles prononcées, etc.

Une restimulation peut être plus ou moins forte. Lorsqu'il n'y a qu'un ou deux restimulateurs dans l'environnement de l'individu, l'engramme va sans doute agir assez faiblement. En revanche, s'il y a de nombreux restimulateurs et que le corps n'est pas en bonne condition, l'engramme peut agir à fond (nous en reparlerons plus loin). Mais que la restimulation soit faible ou forte, l'engramme met en action *tout son contenu.*

Les engrammes n'ont qu'un dénominateur commun ; il n'y a qu'une chose que chaque engramme détient en commun avec tous les autres engrammes : le fait que l'analyseur est plus ou moins hors service. Chaque engramme contient ce fait. Voilà pourquoi, chaque fois qu'un engramme est restimulé, il se produit une réduction du pouvoir analytique, *même si le corps ne s'est vu infliger aucune douleur physique.* Le ou les organes analytiques se retrouvent plus ou moins hors service.

Il est très important de bien comprendre ce phénomène si l'on veut vraiment saisir le mécanisme de l'aberration. Il s'agit d'un fait scientifique, facile à vérifier, qui jamais ne varie. Voici ce qui se produit *invariablement :* a) lorsqu'on reçoit un engramme, la douleur physique et l'émotion mettent l'analyseur hors service ; b) lorsque l'engramme est restimulé, l'analyseur cesse de fonctionner, vu que cette « cessation des fonctions » *fait partie* de l'engramme. En fait, ce phénomène se produit automatiquement. Engramme restimulé, interruption momentanée du pouvoir analytique. Comme lorsqu'on allume et éteint la lumière. On appuie sur l'interrupteur et bing ! plus de lumière. La réduction de l'analyseur n'est pas aussi marquée — il y a des degrés de luminosité — mais elle se produit avec la même automaticité.

Endormez un homme avec de l'éther, puis ouvrez-lui la poitrine. Il vient de recevoir un engramme, car son pouvoir analytique a été coupé, tout d'abord par l'éther, puis par la douleur à la poitrine. Pendant qu'il était allongé sur la table d'opération, son mental réactif a enregistré le cliquetis des instruments, chaque parole prononcée, chaque son, chaque odeur. Et à un moment l'infirmière a dû lui tenir les pieds car il se débattait. Eh bien, voilà un engramme complet.

Un jour ou l'autre, un incident similaire causera le key-in de cet engramme. Par exemple, chaque fois que cet homme entend un cliquetis semblable à celui des instruments, il se sent nerveux. S'il lui vient l'idée de porter son attention sur ce qui se passe dans son corps en cet instant précis, il va peut-être avoir la vague impression qu'on lui tient les pieds. Mais il est probable que ce ne seront pas ses pieds qui attireront son attention, mais plutôt la douleur à la poitrine soudain présente. Quoi qu'il en soit, ses facultés analytiques ont été affaiblies. Lorsqu'il éprouve soudain cette sensation qu'on lui tient les pieds, son analyseur a l'impression d'être mis hors service par de l'éther et de la douleur. Le restimulateur (le cliquetis) a légèrement réveillé l'intégralité de l'engramme et celui-ci contient, bien entendu, une réduction des facultés analytiques.

C'est aussi précis que si l'on pressait un bouton. Si l'on connaissait les principaux restimulateurs d'une personne (mots, tons de voix, musiques, etc., bref, les choses qui sont classées dans la banque des engrammes), on pourrait complètement court-circuiter son analyseur et la rendre inconsciente.

Nous connaissons tous des gens en présence desquels nous nous sentons stupides. Deux choses peuvent causer cela et toutes deux se trouvent dans les engrammes, la première étant que tout engramme restimulé contient une réduction de nos facultés analytiques.

Lorsque l'environnement se compose en permanence d'éléments similaires à ceux d'un engramme, il peut y avoir une restimulation chronique de cet engramme ! Donc, une réduction chronique des facultés analytiques. Si le Clair parvient à atteindre d'aussi fabuleux paliers d'intelligence, c'est dans une certaine mesure parce qu'il est libéré des commandements verbaux contenus dans les engrammes, mais surtout parce qu'il n'est plus victime de cette réduction de ses facultés analytiques.

Il ne s'agit pas là d'une simple théorie, mais d'un fait scientifique éprouvé. L'engramme contient le percept appelé « analyseur hors service ». Lorsque l'engramme est restimulé, il met ce percept en branle, avec plus ou moins de force.

Donc, les engrammes, « expériences » subies dans un état d'« inconscience », provoquent une « inconscience » partielle chaque fois qu'ils sont restimulés. Une personne qui a un engramme (autrement dit, une personne aberrée) n'a pas besoin d'une nouvelle douleur physique pour éprouver un nouveau moment d'« inconscience » partielle. Lorsqu'on se sent « dans le cirage » ou « abruti » ou « endormi », ou bien lorsqu'on est « nerveux » ou « dans une rage folle » ou « effrayé », cela vient dans une certaine mesure d'une réduction du pouvoir analytique.

Si l'hypnotisme est parfois « efficace », c'est parce que l'hypnotiseur dit aux gens de « dormir », ce qui restimule un ou plusieurs engrammes contenant le mot *dormir* et entraîne, par conséquent, une panne de l'analyseur. Voilà l'une des raisons pour lesquelles l'hypnotisme « marche ».

Mais en fait, tout le monde dans la société peut être victime d'une réduction plus ou moins forte de son pouvoir analytique par suite de restimulations d'engrammes.

Ce n'est pas le nombre d'engrammes que l'on possède qui détermine l'ampleur de la réduction des facultés analytiques. En effet, il se peut très bien que les engrammes d'une personne ne soient jamais réveillés. Et en admettant qu'il se produise un key-in de ses engrammes, peut-être l'environnement dans lequel elle se trouve ne contient-il qu'un petit nombre de restimulateurs. Ce qui signifie qu'elle peut se trouver dans les zones supérieures du graphique de la survie tout en ayant beaucoup d'engrammes. De plus, elle a peut-être appris à repousser, dans une certaine mesure, l'assaut que lui livrent ses engrammes.

Par contre, une personne dont les engrammes sont « keyed-in »[2] et qui vit dans un environnement contenant de nombreux restimulateurs a de fortes chances d'être victime de grosses restimulations et de jouir de facultés analytiques très réduites. C'est l'état humain normal. Lorsqu'une personne possède de nombreux engrammes, que ceux-ci sont « keyed-in » et qu'elle est entourée d'un grand nombre de restimulateurs, son état peut passer de la normale à la démence. Au cours d'une même journée (comme dans le cas de l'homme qui a des accès de fureur ou de la femme qui connaît des moments d'apathie), l'état d'une personne peut varier considérablement : moments de rationalité, suivis de moments de démence, suivis de moments de rationalité, etc. Quand nous disons *démence*, nous voulons dire irrationalité extrême. Donc, il existe une démence temporaire et une démence chronique.

---

2. **Keyed-in:** littéralement : qui font l'objet d'un key-in. Le participe passé anglais « keyed-in », fréquemment employé comme adjectif par l'auteur, a été laissé tel quel dans la traduction. Cela évitera au lecteur d'avoir à digérer d'interminables périphrases.

Le tribunal qui passe par la phase sinistre de l'expertise psychiatrique pour décider si un meurtrier est fou ou sain d'esprit est lui-même irrationnel. Bien sûr que l'homme était fou *au moment* du meurtre. Ce que ce tribunal demande, c'est si cet homme est un fou *chronique*. Ça n'a pas vraiment d'importance. Si un homme a eu un accès de folie suffisamment fort pour lui faire commettre un meurtre, il est certain que cela lui arrivera de nouveau. Donc, le mot « chronique » se rapporte soit à un cycle chronique, soit à un état continu. La loi dit que la santé d'esprit est « l'aptitude à distinguer le bien du mal ». Mais lorsqu'on constate que tous les êtres humains sans exception (sauf, bien entendu, les Clairs) sont sujets à un mécanisme qui, d'une minute à l'autre, peut les faire basculer dans un état de restimulation, on voit immédiatement que personne ne peut être considéré apte à distinguer le bien du mal à *tous les coups*. De plus, la loi a une définition très personnelle de ce que sont le *bien* et le *mal*.

Cet exemple illustre bien le tracé de montagnes russes que peut décrire l'état mental d'un aberré. Tous les aberrés ont des engrammes. En moyenne, un individu en possède sans doute plusieurs centaines. Analytiquement, les gens ont un pouvoir de choix très étendu et ils sont même capables de résoudre ce fameux problème du bien et du mal si cher à la philosophie. Malheureusement, leur banque d'engrammes peut être restimulée à tout moment. L'aberré qui, le mardi, était « on ne peut plus sain d'esprit » peut, le mercredi, se transformer en assassin s'il se retrouve dans des circonstances propres à déclencher le « bon » engramme. Un Clair est relativement imprévisible — vu qu'il dispose d'un gigantesque pouvoir de choix. Mais un aberré est imprévisible à l'extrême, pour les raisons suivantes : 1) personne, y compris lui-même, ne sait de quoi sont faits les engrammes emmagasinés dans les banques de son mental réactif ; 2) les circonstances ou les situations susceptibles de contenir des restimulateurs relèvent à la fois de l'inconnu et du hasard ; 3) impossible de déterminer quel sera le pouvoir de choix de l'aberré lorsque les éléments de l'engramme se manifesteront à un niveau réactif.

Ces trois inconnues laissent la place à tant de variantes, à tant de formes de conduite possibles, qu'il n'est pas surprenant que certaines philosophies aient considéré l'Homme comme un cas désespéré.

À supposer que la banque des engrammes soit située dans les cellules, on pourrait imaginer que ces dernières ont pris des mesures draconiennes pour empêcher l'analyseur de se montrer trop audacieux dans ce jeu de vie et de mort qu'est l'existence. Simple théorie, évidemment, mais continuons sur notre lancée. Elles auraient donc fait un duplicata de toutes les données contenues dans chaque moment de douleur physique et d'émotion ayant soit entraîné l'« inconscience », soit fait partie d'une période d'« inconscience ». Puis, chaque fois que des éléments similaires à ceux de l'une de ces périodes se présentaient dans l'environnement, elles se mettaient sur la défensive et si les restimulateurs devenaient trop nombreux, elles mettaient l'analyseur hors service et prenaient la relève, mais d'une façon purement réactive. Un système de sécurité plutôt sommaire !... Les cellules partaient du principe suivant : si l'organisme avait réussi à survivre à telle ou telle période d'« inconscience », il suffisait, lorsque des circonstances similaires se présentaient à nouveau, de mettre en branle tout le contenu de la période d'« inconscience » ; de cette façon, l'organisme y survivrait une fois de plus. Ce qui a marché une fois marchera deux fois. Ce qui a permis à l'organisme de survivre pendant l'accident d'autobus fonctionnera très bien dans n'importe quel bus.

Voilà le type de « raisonnement » auquel se livre le mental réactif. Un raisonnement de demeuré. Le mental réactif ne sait pas penser autrement. Il représente le comble du conservatisme. Il est invariablement « à côté de la plaque » et laisse passer toutes les données importantes. Il surcharge le corps de douleur. C'est un maelström de confusion. S'il n'y avait qu'un engramme par situation, il est probable que le mental réactif « laisserait couler ». Malheureusement il arrive parfois qu'il y ait *dix* engrammes constitués de données similaires (ce que nous appelons une chaîne de locks et d'engrammes), mais que ces données présentent des contradictions telles, que le mental réactif ne sait pas quelle conduite dicter à l'organisme lorsque surgit une nouvelle situation critique contenant les restimulateurs de la chaîne.

De toute évidence, le facteur x, c'est le langage. Il est probable que les cellules, en admettant que les cellules sont la clé du problème (je ne fais que développer la théorie avancée il y a un instant — n'oubliez pas qu'une théorie peut être modifiée sans que les faits scientifiquement établis perdent de leur valeur), bref, il est probable que les cellules ne comprennent pas très bien les langages. Autrement, elles ne concocteraient pas de telles « solutions ».

Prenons deux engrammes liés à des battes de base-ball. Dans le premier de ces engrammes, l'individu reçoit un coup de batte sur la tête et s'évanouit pendant que quelqu'un hurle : « Cours ! Cours ! Cours ! » Dans le second engramme, cet individu est assommé par une batte dans le même environnement et quelqu'un crie : « Reste là ! Tu ne risques rien ! » Que va-t-il faire à présent lorsqu'il entend, sent ou voit une batte ou quand il entend ces paroles ? Courir ou rester là ? Il éprouve une douleur similaire pour chacun des deux incidents. Que va-t-il se passer ? Eh bien, il a mal à la tête. Il a un « conflit interne ». Et ça l'angoisse. Et l'angoisse peut devenir quelque chose de très pénible lorsque vous avez quatre-vingt-dix engrammes qui vous tirent d'un côté et quatre-vingt-neuf qui vous entraînent du côté opposé. Que faire ? Aller à gauche ? Aller à droite ? Ou opter pour la dépression nerveuse ?

Le mental réactif est à peu près aussi intelligent qu'un électrophone. L'aiguille est placée sur le disque et passe l'enregistrement. Le mental réactif ne fait que placer l'aiguille. Lorsqu'il essaie de prendre plusieurs disques et de les passer en même temps, les choses se gâtent.

Par un fait exprès ou par accident, ou par un court-circuit du cycle de l'évolution (le vieil organe inutile existe toujours), les cellules ont réussi à dissimuler cette banque d'engrammes. L'Homme est conscient dans son mental analytique. Quand il est « inconscient », le mental analytique est incapable de gérer les données qui se présentent ; de plus, elles ne vont pas dans ses banques mnémoniques standard. Elles évitent le secteur conscient. Résultat : la conscience ne peut s'en souvenir (à moins d'utiliser les techniques de Dianétique), vu qu'il n'y a aucun relais mnémonique.

L'engramme s'installe quand la conscience est « aux abonnés absents ». Par la suite, il agira *directement* sur l'organisme. Il n'y a qu'au moyen de la thérapie de Dianétique que l'analyseur peut récupérer les données de l'engramme. (Pour éliminer un engramme, il ne suffit pas que l'analyseur le contacte, contrairement à la vieille croyance selon laquelle il faut « prendre conscience » du mal pour le guérir. Essayez un peu de prendre conscience d'un engramme autrement qu'avec la thérapie de Dianétique, vous ne serez pas déçu du voyage !) L'engramme est reçu par les cellules. Le mental réactif est, à l'évidence, le niveau de pouvoir analytique le plus bas qui existe, mais il n'en reste pas moins que l'engramme agit comme s'il était *soudé* au régulateur des fonctions vitales, au coordinateur des fonctions organiques et au mental analytique lui-même. Par « soudé », nous entendons « branché en permanence ». Ce key-in permet à l'engramme de se connecter à la machinerie qui contrôle le fonctionnement du corps. Les processus de pensée analytique, quant à eux, ne sont pas branchés en permanence, mais peuvent être débranchés ou rebranchés à volonté par l'analyseur. Au contraire de l'engramme qui, lui, est *soudé*.

Le mental analytique met au point un comportement type qui fonctionne par excitation-réflexe ; ce comportement type fera son travail avec souplesse et efficacité chaque fois que cela sera parfaitement bénéfique pour l'organisme. L'engramme est lui aussi un comportement type ; il est « livré avec tous les accessoires » et branché « en permanence » aux circuits (seule la thérapie de Dianétique peut le débrancher) ; il entre en action comme n'importe quel autre comportement type, mais sans demander l'avis de l'analyseur.

Influencé par la réduction du pouvoir analytique et par la suggestion positive qui sont toutes deux contenues dans l'engramme, le mental analytique ne parvient pas à trouver de raison valable au comportement de l'organisme. Et il va donc en inventer une, car il a pour mission de veiller à ce que l'organisme ait toujours raison. Rappelez-vous le jeune homme à la veste. Il s'est mis à fournir tout un tas d'explications idiotes pour justifier la manie qu'il avait d'enlever sa veste. Le mental analytique fait exactement la même chose quand il voit le corps se livrer à des actes irrationnels (« actes » verbaux y compris) apparemment inexplicables : il les justifie. L'engramme est capable de beaucoup de choses. Il peut dicter à l'individu comment vivre. Il peut lui dicter des croyances, des opinions, des processus de pensée ou une interdiction de penser, ainsi que tout un éventail d'actions. Il peut causer des états aussi complexes que stupides. Un engramme peut dicter tout son contenu et les engrammes, pris ensemble, peuvent renfermer toutes les combinaisons de mots du langage. Le mental analytique, lorsqu'il est en présence d'un comportement irrationnel ou d'une conviction insensée, se trouve forcé de *justifier* les actions et les états de l'organisme, ainsi que les étranges erreurs que lui-même commet. On appelle cela *pensée justificative*.

L'organisme est donc capable de trois types de pensée : a) la pensée analytique, qui est rationnelle et influencée par l'éducation et le point de vue ; b) la pensée justificative, pensée analytique visant à expliquer tout ce qui est réactif ; c) la pensée réactive, qui dit que tout ce qui se trouve dans un engramme = tout ce qui se trouve dans un engramme = tous les restimulateurs présents dans l'environnement et toutes les choses associées à ces restimulateurs.

Nous avons tous vu quelqu'un commettre une erreur, puis essayer d'expliquer pourquoi il l'avait commise. Voilà un cas typique de pensée justificative. Son erreur est due à un engramme, à moins qu'elle ne vienne de l'éducation qu'il a reçue ou d'un point de vue erroné. Le mental analytique a dû, ensuite, justifier l'erreur pour donner raison au corps et « démontrer » que le raisonnement de l'individu était juste.

Les engrammes peuvent causer deux autres conditions : la *dramatisation* et la *valence*.

Vous avez sans doute déjà vu un enfant piquer une colère et lancer des flots d'injures ; ou un homme entrer dans une rage folle ; ou des gens qui se livrent à toute une série d'actes irrationnels. Ce sont des *dramatisations*. Elles se produisent quand un engramme est restimulé avec tant de force qu'il prend les commandes de l'organisme. La dramatisation peut être légère ou totale. Autrement dit, il y a des degrés de dramatisation. Lorsque la dramatisation est totale, l'engramme est rejoué mot pour mot et l'individu se comporte comme un acteur et interprète, telle une marionnette, le rôle qui lui est dicté. Lorsqu'une personne reçoit de nouveaux engrammes, les anciens engrammes sont relégués au second plan. (Soit dit en passant, le complexe pro-châtiment de notre société vise en premier lieu à prévenir la dramatisation des engrammes.)

La dramatisation est un comportement pro-survie. C'est du moins ce que pense ce crétin de mental réactif, lequel part du principe que l'organisme, ayant survécu à une situation « similaire » à cause de son contenu, doit rejouer ce contenu.

La femme qui a été assommée et battue va peut-être dramatiser son engramme en faisant et en disant exactement les choses qui lui ont été faites et dites. Son enfant ou une autre femme pourrait devenir la cible de cette dramatisation. Ou peut-être même l'homme qui lui a collé l'engramme, si la femme est assez forte pour lui tenir tête. D'un autre côté, ce n'est pas parce qu'elle a cet engramme, qu'elle va forcément le dramatiser. Il est possible qu'elle ait à sa disposition une centaine d'autres engrammes qu'elle peut dramatiser. Mais lorsqu'elle en dramatise un, elle donne l'impression que l'engramme, soudé à elle, la manupule comme une marionnette. La femme va employer le peu de pouvoir analytique qu'il lui reste à essayer de modifier le comportement type dicté par l'engramme. La dramatisation sera donc soit similaire, soit parfaitement identique au contenu engrammique.

La dramatisation, c'est de la survie « bec et ongles », ce qui explique pourquoi les scientifiques ont pensé que cette forme de survie était la plus usitée.

L'engramme s'installe, court-circuitant l'analyseur et les banques mnémoniques standard. Il est à présent logé dans l'organisme, sans que celui-ci en soit conscient. Plus tard, une situation perçue par la conscience provoque un key-in de cet engramme. Il peut maintenant être dramatisé. À chaque dramatisation, l'engramme renforce un peu plus sa prise sur les circuits, et non pas le contraire. Les muscles, les nerfs, chaque partie du corps doit obéir.

Une survie « bec et ongles ». Les cellules ont fait tout ce qu'il fallait pour cela.

Venons-en aux *valences*. Le mot vient du latin *valens*, qui signifie « puissant ». *Valence* est un mot idéal parce qu'on le trouve dans *ambivalence* (littéralement, puissance dans deux directions) et qu'il est défini dans les bons dictionnaires. C'est un mot idéal parce qu'il décrit l'intention de l'organisme qui dramatise un engramme (encore qu'il ne s'agisse pas de la définition qu'on trouve dans le dictionnaire). *Multivalence* signifie « puissance multiple ». Le mot illustre le phénomène de la personnalité multiple et les étranges changements de personnalité qui s'opèrent chez les gens lorsqu'ils sont confrontés à telle ou telle situation. *En Dianétique, « valence » signifie : la personnalité de l'une des personnes présentes dans un engramme.*

Dans l'exemple de la femme assommée et battue, deux valences étaient présentes : la femme elle-même et son mari. Si une autre personne avait été présente, il y aurait eu trois valences dans l'engramme, à condition, toutefois, que cette troisième personne ait joué un rôle. Dans un engramme d'accident d'autocar, par exemple, où dix personnes parlent ou s'agitent, il y aurait onze valences : la personne « inconsciente » et les dix personnes qui parlaient ou s'agitaient.

Dans l'exemple de la femme battue par son mari, l'engramme ne renferme que deux valences. Laquelle des deux a gagné ? Nous avons à l'œuvre ici la loi de la jungle, la survie « bec et ongles », caractéristique de tout engramme. Qui a gagné ? Le mari. C'est donc le mari que la femme dramatisera. Elle a perdu. Elle a eu mal.

Aha ! Lorsque les restimulateurs se présentent, il n'y a qu'une chose à faire : être le vainqueur, le mari, parler comme lui, dire ce qu'il a fait, faire ce qu'il a fait. Le mari a survécu. « Sois comme lui ! » ordonnent les cellules.

Donc, lorsque l'engramme de cette femme est restimulé, disons, par quelque chose que fait son enfant, elle dramatise la valence gagnante. Elle jette l'enfant à terre et lui donne des coups de pied, le traite d'hypocrite et de bon à rien et lui dit qu'il ne sait pas ce qu'il veut.

Que se passerait-il si elle dramatisait sa propre valence ? Il lui faudrait tomber à terre en renversant une chaise, s'évanouir et croire qu'elle est hypocrite et bonne à rien et qu'elle ne sait pas ce qu'elle veut, et il lui faudrait éprouver la douleur causée par chacun des coups !

Lorsque le mental réactif entend l'injonction : « Sois toi-même », il fait la sourde oreille. Voici ce qui se passe : chaque fois que l'organisme est puni par la vie, le mental réactif part du principe que le mental analytique a commis une erreur. Plus tard, il va débrancher le mental analytique proportionnellement au degré de restimulation (de danger) présent dans l'environnement et faire réagir la femme comme si elle était la valence qui s'était montrée la plus forte lors de la situation antérieure et similaire où cette femme avait été blessée.

Maintenant que se passe-t-il si la « société » ou le mari ou une force extérieure dit à cette femme qui est en train de dramatiser cet engramme qu'elle doit affronter la réalité ? C'est impossible. La réalité implique que la femme soit elle-même ; et être elle-même = coups et douleur. Qu'arrive-t-il si une force extérieure *brise la dramatisation ?* Autrement dit, si la société lui interdit de dramatiser et refuse de la laisser donner des coups de pied et hurler ? L'engramme est toujours aussi solidement implanté. Le mental réactif l'oblige à être la valence gagnante. Mais maintenant une force extérieure le lui interdit ! Eh bien, plus la femme va tenter de se glisser dans sa propre valence, plus le mental réactif, pour la punir, va approcher les caractéristiques de l'autre valence contenue dans l'engramme — car, après tout, cette valence a survécu. Et soudain la douleur apparaît et la femme pense qu'elle est hypocrite et bonne à rien et qu'elle ne sait pas ce qu'elle veut. Bref, elle est devenue la valence perdante. *Si l'on brise sans cesse les dramatisations d'une personne,* on la rendra malade, aussi sûr que deux et deux font quatre.

À cause des engrammes, l'individu possède déjà une bonne cinquantaine de valences avant même d'avoir atteint l'âge de dix ans. Quelles étaient les valences gagnantes ? Celles qu'il utilise chaque fois qu'un engramme est restimulé. Dédoublement de la personnalité ? Personnalité multiple ? Hum, c'est loin du compte. Ça tourne plutôt autour des cinquante ou des cent. Pendant les séances de thérapie de Dianétique, les valences apparaissent, disparaissent et changent si vite qu'on a à peine le temps de respirer.

Bref, le comportement humain est une affaire complexe, très complexe. Celui qui chercherait à résoudre le problème de l'aberration en cataloguant tous les phénomènes qu'il a observés, sans connaître au préalable la source fondamentale de l'aberration, finirait par se retrouver avec une liste interminable de déséquilibres mentaux, de névroses, de psychoses, de compulsions, de refoulements, d'obsessions et d'incapacités, liste qui comprendrait autant d'aberrations qu'il existe de combinaisons de mots dans la langue. Mieux vaut éviter de partir à la découverte des principes de base en essayant de tout classifier. Cela n'a jamais été une bonne méthode de recherche. Pour établir le catalogue complet des aberrations humaines il suffit de prendre l'éventail complexe, illimité, des comportements causés par les engrammes. (Soit dit en passant, des expériences extrêmement rigoureuses ont montré que les engrammes *sont* capables de causer toute la série d'aberrations énumérées dans le paragraphe précédent.)

Les engrammes sont à la base de quelques autres phénomènes cruciaux, comme les circuits parasites, les chocs émotionnels et les maladies psychosomatiques. Un chapitre sera consacré à chacun d'eux. Mais les quelques facteurs de base exposés plus haut permettent de résoudre le problème de l'aberration. Ces facteurs sont simples et ce sont eux qui ont causé tous les troubles qu'ont connus, à travers les âges, les individus et les sociétés. Les asiles de fous, les prisons, les quantités effrayantes d'armes amassées par les nations, les vestiges des civilisations d'autrefois, tout cela provient de ce que personne n'avait compris ces quelques facteurs fondamentaux.

Les cellules se sont développées et se sont associées pour former un organisme. Durant leur évolution, elles ont créé une condition mentale qui, autrefois, avait son utilité. Pour la première fois dans son histoire, l'Homme a la possibilité de corriger cette erreur de parcours. Il suffit d'observer un Clair pour se rendre compte que cette condition mentale est plus un handicap qu'autre chose. L'Homme est en mesure, à présent, de franchir par lui-même une étape de son évolution. Le pont a été jeté sur le canyon.▲

CHAPITRE QUATRE

LES « DÉMONS »

DÉLAISSONS POUR L'INSTANT LE domaine très scientifique des cellules et considérons quelques autres aspects du problème que pose la compréhension du mental humain.

Cela fait des milliers et des milliers d'années qu'on cherche à percer les énigmes du comportement humain. Les Hindous[1], les Égyptiens, les Grecs, les Romains, les philosophes et les chercheurs occidentaux des siècles passés, tous ont essayé. Mais ils se sont heurtés à des phénomènes d'une complexité considérable.

Pour parvenir à la Dianétique, il m'a fallu recourir à la philosophie (j'ai dû rassembler et compartimenter les éléments du problème) et découvrir plusieurs dizaines de principes clés, dont « l'introduction d'un arbitraire », « la loi de l'affinité », « la dynamique », « l'équation de la solution optimale », « les lois de la sélection des importances », « la science de l'organisation des sciences », et ainsi de suite. De quoi faire un volumineux ouvrage de philosophie. Mais c'est d'une science que nous parlons ici : la Dianétique. Cependant, nous mentionnerons en passant que l'un de ces principes clés n'est pas une nouveauté ; il a simplement été emprunté et modifié. Il s'agit du « connaissable » et de l'« inconnaissable » d'Herbert Spencer.

La philosophie de l'absolu conduit tout droit à la stagnation. Je ne pense pas que Spencer se voulait si absolu que cela quand il décrivait le « connaissable » et l'« inconnaissable ». Le principe « Survis ! » forme la ligne de démarcation entre le connaissable, c'est-à-dire les choses que les sens peuvent percevoir (nos vieux amis Hume[2] et Locke[3]) et l'inconnaissable, c'est-à-dire les choses

---

1. **Hindou :** adepte de l'hindouisme, un système social et religieux qui s'est développé en Inde vers 1400 av. J.-C., comprenant la croyance en la réincarnation, le culte de plusieurs divinités et le système des castes (des classes sociales rigides et héréditaires) comme fondement de la société.
2. **Hume, David :** (1711-1776), philosophe et historien écossais. Il affirma que toute connaissance était basée soit sur les impressions reçues par les sens, soit sur les relations logiques des idées.
3. **Locke, John :** (1632-1704), philosophe anglais qui prétendit que l'esprit est une table rase avant que l'expérience n'y inscrive quelque chose.

que les sens ne sont pas forcément capables de percevoir. Ces dernières entreront sans doute un jour dans le domaine des connaissances humaines. Par bonheur, on n'avait pas besoin de les connaître pour résoudre le problème du mental humain.

Parmi les choses que l'on n'avait pas besoin de connaître (c'est la version de la Dianétique de l'« inconnaissable ») figuraient le mysticisme et la métaphysique. Durant l'évolution de la Dianétique, il a fallu laisser de côté bon nombre de principes, pour la bonne et simple raison qu'ils n'avaient jamais apporté de solutions à qui que ce soit. Et c'est ainsi que le mysticisme s'est retrouvé aux orties. C'était pourtant un domaine que l'auteur a étudié, non pas en lisant les auteurs ésotériques mal renseignés dont se délectent certains cultes mentaux de l'Occident, mais en me rendant sur place, en Asie, où un mystique doit être capable d'envoyer son « moi astral[4] » faire des courses pour lui s'il ne veut pas passer pour un rigolo. Certains morceaux du puzzle étaient oranges à pois jaunes et d'autres, mauves à rayures rouges. La tâche a donc consisté à sélectionner les pièces qui conduiraient à la solution du problème. Un jour, d'autres pièces (relatives à la structure et à tout le reste) viendront s'ajouter à celles que nous avons déjà assemblées et nous pourrons alors expliquer certains phénomènes comme la télépathie, la prescience (connaissance de l'avenir) et ainsi de suite. Eh oui ! La construction d'un univers philosophique nécessite de nombreux éléments. Mais nous n'avons pas eu besoin des éléments portant l'étiquette « mysticisme » pour créer une science du mental utilisable et capable de venir à bout de l'aberration. Nous ne disposons pas encore de suffisamment de données pour hasarder un avis sur les fantômes ou le truc de la corde[5] pratiqué en Inde. Tout ce que nous pouvons dire, c'est qu'il s'agit de morceaux multicolores et que nous recherchons uniquement les pièces blanches. Nous possédons la plupart des pièces blanches,

---

4. **Moi astral :** également appelé corps astral. Selon certaines formes de pensée philosophique ou religieuse, un second corps que posséderait chaque personne, formé d'une substance au-delà de la perception des sens et qui occuperait tout l'espace. Selon ces croyances, le corps astral accompagne le corps de la personne tout au long de sa vie, peut quitter le corps humain à volonté et survivre après sa mort. Le corps astral n'est rien d'autre qu'une hallucination. C'est en général une création mentale que le mystique s'efforce de croire réel. Dans les pratiques les plus courantes de « déplacement astral », il considère le corps astral comme distinct de lui-même puis cherche à l'habiter.

5. **Truc de la corde :** un tour de magie dans lequel le magicien fait s'élever une corde en l'air et monte à la corde et disparaît ou bien envoie d'autres objets en haut de la corde qui disparaissent.

et là où régnait jadis l'obscurité, existe à présent une très belle lumière blanche.

Imaginez alors la consternation lorsqu'on découvrit les « démons ». Souvenez-vous, Socrate avait un démon familier. Ce démon ne lui dictait pas ses actions, mais il lui disait si les décisions qu'il prenait étaient bonnes ou non. Jusqu'alors, on s'en était tenu strictement à l'univers fini et aux choses pouvant être perçues par les sens — avec une ténacité qui aurait réjoui Hume lui-même. Et vlan ! Voilà qu'apparaissaient des « démons » !

Un certain nombre de patients (quatorze, très exactement) furent alors examinés. Apparemment, chacun d'eux avait un « démon » ! Ces sujets avaient été pris au hasard et représentaient diverses catégories socioprofessionnelles, ce qui rendait ce phénomène des « démons » d'autant plus alarmant. Cependant, contrairement à certains cultes (ils préfèrent se donner le nom d'« école »), on refusa de se laisser tenter par des explications romantiques et des classifications fumeuses. Après tout, on était en train de jeter un pont sur le canyon et comme longerons, les démons ne valaient pas un clou.

J'avais été témoin de nombreuses manifestations de démonologie dans certaines îles du Pacifique (Bornéo, les Philippines). La démonologie est un sujet fascinant. Un démon va entrer dans une personne et la rendre malade. Ou bien il va parler à sa place. Ou bien la personne habitée par un démon va devenir folle et se mettre à courir dans tous les sens et hurler en faisant entendre la voix du démon. Ce n'est qu'un aspect de la démonologie. Chamans, sorciers et consorts usent et abusent de la démonologie (ça rapporte). Je ne suis pas particulièrement sceptique de nature, mais il m'avait toujours semblé que les démons devaient être autre chose que des ectoplasmes ou des êtres immatériels que les sens ne pouvaient percevoir.

Il est extrêmement déconcertant de découvrir que ses compatriotes, vivant dans un pays dit civilisé, sont habités par des « démons ». Mais ils étaient bien là, du moins les phénomènes que chamans et sorciers avaient attribués aux démons l'étaient. On découvrit qu'on pouvait cataloguer ces « démons ». Il y avait les « démons autoritaires », « les démons critiques », les habituels « démons-qui-vous-dictent-ce-qu'il-faut-dire », les « démons hurleurs » ou les « démons » qui court-circuitent la mémoire et mettent les souvenirs hors de portée. La liste est longue. L'ensemble de ces « démons » constitue le domaine appelé « démonologie ».

Quelques expériences avec des sujets drogués montrèrent qu'on pouvait installer ces « démons » à volonté. On pouvait même transformer tout le mental analytique en « démons ». Donc, quelque chose clochait dans la démonologie. Sans le moindre rituel, en prononçant des paroles ordinaires, on pouvait faire apparaître de nouveaux démons chez les gens. *Bref les démons n'existent pas en Dianétique.* (Cette phrase est soulignée pour le cas où certains mystiques se mettraient à déambuler dans les rues en clamant qu'une nouvelle science du mental croit aux démons.)

En Dianétique, un démon est un circuit parasite. Il a une action au sein du mental qui consiste à simuler une entité distincte du « je ». Les démons proviennent exclusivement des mots contenus dans les engrammes.

Il est facile de comprendre comment les démons s'installent, une fois qu'on en a examiné un de près. Pendant que bébé est inconscient, papa crie après maman. Il lui hurle qu'elle a intérêt à l'écouter, lui, et personne d'autre, nom de nom. Bébé reçoit un engramme. À un moment ou à un autre, entre la prime enfance et la mort, il y aura un key-in de cet engramme. Et le circuit-démon entrera en action.

Un ingénieur en électronique peut installer autant de démons qu'il le désire dans un circuit radio. En langage humain, c'est un peu comme s'il tirait une ligne des banques mnémoniques standard à l'analyseur, mais qu'en cours de route, il y installe un speaker et un micro avant de continuer avec sa ligne jusqu'au niveau de la conscience. Entre le speaker et le micro, il y aurait une section de l'analyseur qui, d'ordinaire, fonctionne normalement, mais qui est maintenant coupée du restant de l'analyseur. Le « je », qui se trouve à un niveau de conscience, veut des données. Celles-ci devraient venir en ligne directe des banques mnémoniques standard, être évaluées à un sous-niveau et n'arriver que sous forme de données. Non pas sous forme de données parlées, mais sous forme de données tout court.

Donc, une partie de l'analyseur est isolée, dotée d'un speaker et d'un micro, et lorsque l'engramme contenant les mots « tu as intérêt à m'écouter, nom de nom » est en restimulation chronique, il se produit un autre phénomène. Le « je », à un niveau d'unités d'attention supérieur, a besoin de données. Il parcourt rapidement les banques mnémoniques standard avec un sous-niveau. Et les données qui lui parviennent sont *parlées !* Comme s'il y avait une voix à l'intérieur de sa tête.

Un Clair n'a pas de « voix mentales » ! Il ne pense pas verbalement. Quand il pense, il n'articule pas ses pensées et elles ne sont pas exprimées par des « voix ». Voilà qui risque de surprendre pas mal de gens. En effet, le démon « écoute-moi » est très répandu dans la société. Autrement dit, les engrammes contenant ce type de phrase sont parmi les plus courants. « Reste ici et écoute-moi » est une phrase qui fixe l'engramme dans le temps présent (et qui, dans une certaine mesure, fixe l'individu dans la période où il a reçu l'engramme). Dès le moment où il se produit un key-in de l'engramme, l'individu pense à « voix haute », c'est-à-dire qu'il met ses pensées sous forme de mots. C'est un processus extrêmement lent. Chez un Clair, le mental conçoit des solutions avec une rapidité qui laisse toute forme de pensée « vocale » à des kilomètres derrière.

Nous n'avons eu aucun mal à le démontrer. Nous avons découvert ces démons chez chaque sujet sans exception à qui nous avons administré la thérapie de mise au clair par la Dianétique. Certains sujets en possédaient trois ou quatre, d'autres en avaient dix, d'autres encore n'en avaient qu'un. Nous pouvons donc affirmer sans risque que presque tous les aberrés ont un circuit-démon.

Par exemple, les démons critiques viennent d'engrammes qui contiennent les mots « tu me critiques tout le temps ». On trouve des dizaines de déclarations de ce genre dans les engrammes, et à chacune de ces déclarations correspondra un démon critique. De même, toute combinaison de mots intimant l'ordre d'écouter et d'obéir donnera un démon autoritaire.

Ces démons sont des parasites, en ce sens qu'ils s'emparent d'une section de l'analyseur et l'isolent. Les facultés de raisonnement d'un démon sont exactement les mêmes, ni plus ni moins, que celles du mental où ce démon s'est installé. Elles ne sont même pas supérieures. Bref, il n'y a aucun avantage à avoir un démon. Perte sèche sur toute la ligne.

Il est possible de transformer l'analyseur tout entier en circuit-démon et de remiser le « je » sur quelque minuscule étagère. À première vue, cela semble être une très bonne chose. Cela permet à l'ensemble du mental analytique de tranquillement effectuer ses raisonnements et de transmettre la réponse au « je ». Mais en pratique, c'est très mauvais, car le « je » est la volonté, la force directrice de l'organisme, la conscience. Très vite, le « je » devient si dépendant de ce circuit que ce dernier commence à l'absorber. Pour durer, ce genre de circuit doit contenir de la douleur et être

---

chronique, bref, être un engramme. Autrement dit, il lui faut affaiblir l'intellect et soumettre son propriétaire en le rendant malade
d'une façon ou d'une autre.

De tous les circuits-démons engrammiques que nous avons
découverts et éliminés, les plus dangereux étaient ceux qui renfermaient une entité extérieure apparemment toute-puissante capable
de résoudre tous les problèmes et de répondre à tous les besoins.
Des key-ins répétés et de plus en plus forts de ce genre
d'engrammes, ainsi qu'une restimulation chronique de ces
derniers, finissaient par transformer le « je » en une sorte de
pantin désarticulé. Et comme il y avait d'autres engrammes à
l'œuvre qui contribuaient, eux aussi, à réduire le pouvoir analytique, l'individu finissait par sombrer dans la folie. Si vous voulez
vous faire une idée de la chose, essayez d'imaginer le genre de
phrase qu'il vous faudrait dire à une personne hypnotisée pour lui
faire croire qu'elle est à la botte d'un être puissant. Bien. Maintenant, imaginez que cette même phrase est prononcée pendant
qu'un individu est inconscient...

Il y a une autre catégorie de démons, une catégorie à part : les
démons d'occlusion, les démons qui causent une « interruption
de l'émission ». Ce ne sont pas, à proprement parler, des démons,
car ils ne parlent pas. Un vrai démon, un vrai de vrai, c'est un
démon qui articule les pensées, ou qui fait écho intérieurement,
aux paroles prononcées, ou encore qui donne toutes sortes de
conseils compliqués par le biais d'une voix qui semble venir de
l'extérieur. (Les gens qui entendent des voix ont des démons
vocaux extérieurs — circuits qui ont obstrué leurs circuits de
l'imagination.) Les démons d'occlusion ne disent rien. Ils empêchent de dire ou de faire certaines choses, créant ainsi une
aberration.

Il peut y avoir un démon d'occlusion pour un seul mot. Par
exemple, une petite fille reçoit un engramme en faisant une chute
de vélo et en perdant connaissance. Un agent essaie de l'aider. Elle
est toujours évanouie, mais remue un peu et murmure :
« Impossible de bouger » (un vieil engramme à l'œuvre). L'agent
lui lance joyeusement : « Faut jamais dire impossible ! » Quelque
temps après, elle connaît une mésaventure similaire, mais à un
niveau conscient : une nouvelle chute dont elle se sort sans le
moindre bobo. (Si nous parlons sans cesse de cette deuxième phase
indispensable, le *lock* c'est parce que les mystiques de jadis ont cru
que c'était lui la cause de tous nos maux — en fait, ce n'est rien

d'autre qu'une « angoisse mentale ».) À présent, la petite fille a du mal à dire « impossible ». Ce qui, en certaines circonstances, peut se révéler dangereux. Imaginez un peu ce qui se serait passé si elle avait une phrase engrammique aussi courante que : « Ne dis jamais non ! »

Les démons d'occlusion cachent certaines choses au « je ». Ils peuvent aussi bien dissimuler un mot qu'en dissimuler dix. Une personne qui possède l'un de ces démons va éviter de prononcer ces mots, ou bien elle va les déformer, les prononcer de travers, les orthographier n'importe comment. Ces démons sont des cas à part, et ce n'est pas toujours à cause d'eux que les gens déforment certains mots. Un démon d'occlusion peut même causer des dégâts plus importants lorsqu'il contient des phrases telles que : « Ne parle pas ! », « On ne répond pas à ses aînés ! », « Tu ne peux pas parler ici ! Qui t'a permis de parler ? » N'importe laquelle de ces phrases peut rendre quelqu'un bègue.

Les démons d'occlusion ne s'attaquent pas uniquement au langage. Par exemple, la phrase « Tu ne vois rien ! » va bloquer la mémoire visuelle. « Tu n'entends rien ! » fera obstacle à la mémoire auditive. « Vous ne sentez rien ! » empêchera un individu de se rappeler la douleur, le toucher et les odeurs (ah ! ces homonymes !)

Il peut se produire le même phénomène avec n'importe quelle perception. Chaque fois qu'un individu a un blocage de la mémoire par rapport à une perception donnée, le canal sensoriel correspondant en pâtit. Exemple : La phrase « Vous ne voyez rien ! » peut non seulement couper tout souvenir visuel, mais également causer des troubles de la vue, comme l'astigmatisme ou la myopie.

Étant donné que la langue française tout entière (cela s'applique à toutes les langues du monde, soit dit en passant) peut se trouver enfermée dans les engrammes, vous pouvez imaginer le nombre de facultés mentales susceptibles d'être détruites. L'une des phrases les plus courantes que l'on trouve dans les engrammes est : « Vous êtes incapable de penser ! »

Si nous avons employé les pronoms « tu » et « vous » dans nos exemples, c'est uniquement pour poursuivre le parallèle que nous avions commencé en décrivant ce qui se passait chez des sujets hypnotisés ou drogués. En fait, les phrases qui contiennent le pronom « je » sont bien plus destructives. Par exemple, « Je ne sens rien », « Je n'arrive pas à penser », « Je ne me rappelle pas ».

Si l'une de ces phrases et de leurs milliers de variantes sont prononcées en présence d'un individu « inconscient », il va la prendre
pour argent comptant chaque fois qu'il se produira un key-in de
l'engramme.

Les pronoms « tu » et « vous » peuvent avoir des effets variés.
La phrase « Tu n'es qu'un bon à rien » lancée à un individu conscient qui possède un engramme contenant ces mots peut, par
exemple, le rendre furieux. Il a l'impression, au fond de lui, que
les gens le prennent pour un bon à rien. Peut-être a-t-il un démon
qui lui souffle ces mots. Il va dramatiser l'engramme et dire aux gens
que ce sont eux les bons à rien. La dramatisation permet de
« décharger » l'engramme. Une personne ayant un engramme où on
lui dit qu'elle est stérile va accuser les autres d'être stériles. (« Ne
fais pas ce que je fais. Fais ce que je dis. ») Un individu qui possède un
engramme contenant les mots « Tu n'es qu'un bon à rien. Mange avec
ton couteau » va peut-être manger avec son couteau, mais il va se
mettre dans tous ses états quand il verra des gens manger avec un
couteau et il piquera une crise si jamais quelqu'un lui fait remarquer que *lui* mange avec son couteau.

En résumé, il y a toutes sortes de démons : démons de compulsion, démons de confusion, etc.

L'engramme agit comme un ordre. Le mental réactif a pour
tâche de sélectionner l'engramme « adéquat ». Mais si un
engramme est très fortement restimulé, il jaillira automatiquement
à la surface pour être dramatisé. Et si on empêche la personne de
le dramatiser, il se retournera contre elle, momentanément ou
chroniquement.

Cette manie qu'a le mental réactif, d'interpréter littéralement
les ordres contenus dans les engrammes et de les faire exécuter par
le pauvre mental analytique complètement anéanti est en soi un
phénomène étrange. « Quelque chose d'aussi mal fichu ne devrait
pas exister. » Voilà une phrase qui, interprétée littéralement,
pourrait vouloir dire qu'un bébé était en si mauvaise santé qu'il
aurait mieux fait de ne pas naître. Il y a des milliers et des milliers
de clichés de ce genre dans une langue qui, lorsqu'ils sont pris à la
lettre, peuvent signifier tout à fait autre chose que ce qu'on avait
voulu dire.

Les banques du mental réactif prennent ces clichés et les stoc-
kent au côté de la douleur, de l'émotion et de l'« inconscience »,
puis, au moment « opportun », elles les transmettent bêtement
tels quels au mental analytique après y avoir apposé l'étiquette :

« À exécuter à la lettre. C'est un ordre. » Et chaque fois que le joyeux petit crétin qui gère la banque d'engrammes entrevoit la possibilité d'employer des circuits du mental analytique avec quelques-uns de ces satanés démons, il ne se prive pas de le faire.

Nous constatons donc que le mental analytique est victime d'une autre forme d'usure : ses circuits qui, d'ordinaire, servent à effectuer des calculs et des raisonnements rapides sont de plus en plus obstrués et submergés par des bricolages « démons ». Les démons sont des fragments de mental analytique isolés qui n'interviennent pas dans les processus de raisonnement courants du mental analytique.

Faut-il s'étonner que le Q.I. monte en flèche une fois qu'on a éliminé ces démons, comme cela a été constaté chez le Clair ? Ajoutez les circuits-démons au caractère « inconscient » de la restimulation et vous comprendrez pourquoi il a été dit que les gens n'utilisent que cinq pour cent de leurs facultés mentales. Les recherches et les statistiques ont montré que lorsqu'on élimine les circuits-démons et tout ce qui est « inconscient » (bref, lorsqu'on élimine la banque des engrammes) et que l'on place toutes les données « inconnues » dans les banques mnémoniques standard (où elles auraient toujours dû se trouver), le « je » récupère 98 % de son potentiel mental, potentiel qu'il ne pouvait exploiter lorsqu'il était aberré. ▲

CHAPITRE CINQ

LES MALADIES
PSYCHOSOMATIQUES

LES MALADIES PSYCHOSOMATIQUES sont des maladies organiques d'origine mentale. Bien qu'il n'ait existé aucune preuve de leur existence avant l'apparition de la Dianétique, les anciens Grecs ont émis bon nombre d'hypothèses à leur sujet et, récemment, des chercheurs ont mis au point et vendu plusieurs médicaments qui étaient censés venir à bout de ces maladies. Le succès relatif qu'ils ont obtenu avec ces médicaments les ont encouragés à poursuivre dans cette voie. L'ulcère peptique[1], par exemple, a été vaincu à l'usure par un traitement qui comprenait, entre autres choses, un changement d'environnement. Un médicament appelé ACTH[2] a produit des résultats étonnants mais par trop irréguliers et imprévisibles. Et certaines substances qui font baisser le taux d'histamine[3] ont permis de guérir plusieurs allergies.

La Dianétique explique intégralement le problème des maladies psychosomatiques et la technique de Dianétique a permis d'éliminer complètement ce type de maladie dans tous les cas.

Soixante-dix pour cent des maladies répertoriées par la médecine appartiennent à la catégorie des maladies psychosomatiques. Il est difficile de dire si la liste de ces maladies se sera considérablement allongée lorsque nous aurons quelques années de pratique de la Dianétique derrière nous, mais une chose est sûre : les maladies que l'on pourrait qualifier de « psychosomatiques » sont bien plus nombreuses qu'on ne le pense. Il serait, bien entendu, absurde d'affirmer que *toutes* les maladies sont psychosomatiques, car, après tout, il existe certaines formes de vie appelées microbes dont le but personnel est de survivre.

---

1.   **Ulcère peptique :** plaie béante dans l'estomac.
2.   **ACTH :** hormone qu'on a parfois utilisée pour combattre les rhumatismes articulaires. Elle stimule la production d'autres hormones dans le corps.
3.   **Histamine :** composé chimique présent dans les tissus animaux et végétaux et qui provoque de nombreuses allergies.

Louis Pasteur a découvert que certaines maladies étaient causées par les microbes. La Dianétique a apporté sa pierre à l'édifice en découvrant que beaucoup de maladies n'étaient pas d'origine microbienne. Les travaux de Pasteur et de la Dianétique (auxquels il faut ajouter les travaux de la biochimie) se complètent donc à merveille et embrassent en fait le domaine tout entier de la pathologie[4], du moins pour le moment. À noter qu'il faut, bien sûr, inclure les virus dans la catégorie « microbes ».

La Dianétique apporte un « plus » à la théorie microbienne en ce sens qu'elle lève le voile sur certains aspects de la *prédisposition*. Il y a trois stades en pathologie : la *prédisposition*, c'est-à-dire les facteurs qui préparent le corps à la maladie ; la *précipitation*, c'est-à-dire les facteurs qui déclenchent la maladie ; la *perpétuation*, c'est-à-dire les facteurs qui perpétuent la maladie.

Il y a deux types de maladies : les maladies *autogènes*, c'est-à-dire celles qui naissent à l'intérieur de l'organisme et qui sont créées par soi ; et les maladies *exogènes*, c'est-à-dire celles causées par des facteurs extérieurs. Pour le médecin, cette classification fait l'affaire, mais pour le dianéticien, elle manque un peu de précision. Les maladies mentales proprement dites sont causées par des facteurs extérieurs. Mais, d'un point de vue strictement médical, on considère que les maladies peuvent soit être causées par le corps (autogènes), soit avoir une cause extérieure, comme par exemple une bactérie (exogènes). Les théories de Pasteur relatives aux microbes concerneraient donc les maladies exogènes (causées par des facteurs extérieurs) et les maladies psychosomatiques entreraient dans la catégorie des maladies autogènes (créées par le corps lui-même).

Le traitement de blessures dues à des accidents, le traitement chirurgical de malformations physiques héréditaires et l'orthopédie[5] restent (à juste titre) en dehors du domaine de la Dianétique, encore qu'il convienne de signaler que la plupart des accidents sont causés par des dramatisations d'engrammes et que les Clairs ont rarement des accidents.

Psycho, bien entendu, se rapporte au mental et *somatique*, au corps. Le mot *psychosomatique* signifie donc que le mental a rendu le corps malade ou qu'une maladie physique a été créée par un dérangement mental. Naturellement, lorsqu'on a résolu le

---

4. **Pathologie** : science des causes et des symptômes des maladies.
5. **Orthopédie** : branche de la chirurgie qui traite les affections des organes locomoteurs (os, muscles, articulations, nerfs, tendons).

problème de l'aberration humaine, il devient possible de guérir toutes les maladies psychosomatiques sans exception.

L'arthrite, la dermatite, les allergies, l'asthme, certains types de troubles coronaires, les troubles de la vue, l'hygroma, les ulcères, la sinusite ne sont que quelques-unes des nombreuses affections psychosomatiques. Les maux et les douleurs bizarres qu'on éprouve parfois à certains endroits du corps sont généralement d'ordre psychosomatique. Les migraines aussi.

Eh bien, toutes ces maladies sont guéries par la thérapie de la Dianétique. (Et le verbe *guérir* est employé ici au sens propre.)

Vous voulez savoir combien de déficiences physiques sont psychosomatiques ? Toutes les affections physiques générées par le corps à partir du contenu des engrammes. Autrement dit, des milliers et des milliers.

Par exemple, nous avons découvert que le bon vieux rhume est psychosomatique. Les Clairs n'attrapent pas de rhume. Nous n'avons pas pu établir le rôle exact joué par les virus dans le rhume ordinaire, mais nous savons une chose : lorsque les engrammes relatifs à des rhumes sont éliminés, fini les rhumes ! Nous l'avons constaté chez chacun des 270 cas à qui nous avons administré la thérapie de Dianétique. Le rhume est dû, en général, à deux engrammes : un premier qui « suggère » le rhume et un second qui contient du mucus et qui « confirme » le rhume. Un certain nombre de maladies microbiennes, dont la tuberculose, sont causées et perpétuées par les engrammes.

L'engramme lui-même, nous l'avons vu, suit un cycle d'action. Après que l'engramme a été reçu, le corps est prédisposé à l'état et au comportement qui étaient les siens au moment de l'engramme. Plus tard, une expérience à un niveau conscient produit un key-in de cet engramme et d'autres expériences ou le contenu de l'engramme lui-même risquent alors de le rendre chronique. Voilà donc comment se produit le cycle prédisposition-précipitation-perpétuation, lorsqu'il est d'origine mentale.

Quatre facteurs peuvent être à la base d'un état physique non optimal : les engrammes, les déficiences héréditaires, les accidents et les microbes. Les engrammes sont la cause véritable de bon nombre de maladies dites « héréditaires ». Les engrammes prédisposent les gens aux accidents. Les engrammes peuvent prédisposer quelqu'un à des affections microbiennes et les perpétuer. Et ainsi de suite... La liste des maladies et des déficiences causées par les engrammes et guérissables par la Dianétique est

« *Vous voulez savoir combien de déficiences physiques sont psychosomatiques ? Toutes les affections physiques générées par le corps à partir du contenu des engrammes.* »

trop longue pour que nous la donnions ici. De plus, ce livre n'est pas consacré aux effets, mais aux causes. Le lecteur qui désire connaître les milliers et les milliers de dérangements physiques causés par les engrammes devra faire appel à ses propres connaissances ou consulter un ouvrage médical.

Le programme de recherche actuel de la Dianétique comprend le cancer et le diabète. Il y a de bonnes raisons de supposer que ces deux maladies sont d'origine engrammique, en particulier le cancer. Si l'on mentionne cette hypothèse, c'est uniquement à titre d'information. Aucune expérience n'a été effectuée pour le moment sur des sujets atteints d'un cancer ou d'un diabète. Donc, considérez cela comme une hypothèse, rien de plus, et surtout n'allez pas en conclure que nous guérissons le cancer. Par contre, les maladies énumérées plus haut ont toutes capitulé devant la thérapie de Dianétique, tests à l'appui.

Le mécanisme qui permet au mental de produire une déficience physique ou de prédisposer le corps à une maladie et de la perpétuer est, en essence, très simple. Là où les choses se compliquent, c'est quand on commence à combiner tous les facteurs possibles : on se retrouve avec une liste saisissante de maladies potentielles.

Pour démontrer l'existence de ce mécanisme, on peut soi-même se livrer à une série de tests sur des sujets hypnotisés ou drogués. Toute une série a été effectuée durant la phase de recherche et ils ont tous été concluants.

Prenons d'abord une petite affection qui n'est que très légèrement psychosomatique et qu'on peut difficilement qualifier de maladie. On hypnotise un sujet. On lui implante une suggestion positive selon laquelle son ouïe va devenir beaucoup plus fine. Les spécialistes appellent cela une « ouïe hypersensible ». On s'assure qu'il n'y a aucune possibilité de triche (transmission de pensées entre l'hypnotiseur et le sujet, etc.) et que c'est bien le sujet qui perçoit les sons. Et l'on constate finalement que ses facultés auditives sont effectivement plusieurs fois supérieures à ce qu'elles étaient avant. Les personnes aberrées qui ont une « ouïe hypersensible » sont en fait assez nombreuses. Au moyen d'une simple suggestion, il est possible d'émousser ou d'aiguiser les facultés auditives et de rendre une personne quasiment sourde ou capable d'entendre une mouche voler à l'autre bout de la rue. Lorsqu'on annule la suggestion, le sujet se remet à entendre comme avant.

On peut faire une expérience similaire avec la vue, en modifiant chez le sujet sa perception de la lumière. En utilisant une suggestion telle que « La lumière vous paraîtra très, très vive » ou « La lumière vous paraîtra si faible que vous aurez du mal à voir », on va rendre les yeux du sujet beaucoup plus ou beaucoup moins sensibles à la lumière qu'ils ne le sont d'habitude. Avec la première suggestion, le sujet sera capable de voir presque aussi bien qu'un chat et de désigner, sans se tromper, des objets que l'assistance n'arrive pas à voir. Avec la seconde suggestion, le patient lira le journal dans une lumière quasiment aveuglante sans paraître le moins du monde indisposé.

On peut, de la même manière, affûter ou émousser le sens du toucher. Dans le premier cas, le sujet trouvera le moindre contact douloureux, et dans le deuxième cas, il sera pratiquement insensible.

On pourra faire de même avec chacun des sens. Le processus est simple : le mot parlé entre dans le mental et modifie telle ou telle fonction physique.

À présent, prenons le cœur. Plaçons le sujet sous hypnose ou administrons-lui un narcotique. Mettons-le dans un état d'amnésie où le « je » cesse d'être aux commandes et où l'hypnotiseur prend la place du « je » (l'hypnotisme n'est rien d'autre que cela : le pouvoir analytique est transféré du sujet à l'hypnotiseur, par l'intermédiaire de la loi de l'affinité).

Il convient de faire très attention et de choisir, pour cette expérience, un patient dont le cœur est solide et qui n'a jamais eu de troubles cardiaques, autrement on risque de le rendre très malade. Soit dit en passant, tant que vous n'aurez pas fini de lire ce livre et tant que vous ne saurez pas comment annuler des suggestions positives, surtout ne vous lancez pas dans ces expériences d'hypnotisme. Car l'hypnotisme, tel qu'il est pratiqué à l'heure actuelle, est de la dynamite à l'état pur. Un hypnotiseur qui ne connaît pas la Dianétique n'est pas plus apte à annuler une suggestion qu'il ne l'est à éplucher un atome. Il *croit* savoir. Nous avons trouvé, parmi les nombreux cas auxquels nous avons administré la thérapie de Dianétique, un pourcentage élevé de gens qui avaient été hypnotisés et qui étaient complètement démolis. Je ne dis pas cela pour critiquer l'hypnotisme ou les hypnotiseurs, qui sont souvent des gens très capables, mais pour signaler qu'il y a encore beaucoup de choses à apprendre dans ce domaine.

Au moyen d'une simple suggestion positive, on peut accélérer, ralentir ou stimuler les battements du cœur. Des *mots*, introduits au plus profond du mental, suscitent donc une activité *physique*. On peut également, au moyen d'une simple suggestion, arrêter la circulation du sang dans certaines parties du corps. (Attention, ce genre d'expérience est particulièrement éprouvant pour le cœur.) Par exemple, vous pouvez empêcher l'arrivée du sang dans une main ; si vous tranchez une veine de cette main, vous constaterez qu'elle saigne à peine, voire pas du tout. L'une des choses qui avait le plus épaté l'auteur de cet ouvrage en Inde, c'était ce fameux truc auquel se livraient les yogis : à l'état de veille, ils étaient capables d'arrêter la circulation du sang à n'importe quel endroit de leur corps. Ils prononçaient une phrase et toc ! le sang s'écoulait ou cessait de s'écouler d'une coupure qu'ils s'étaient faite. Effet garanti. Aussitôt la nouvelle circulait qu'un yogi était si proche du nirvana[6] qu'il pouvait commander à la matière. Mais l'admiration de l'auteur pour cet exploit s'arrêta net le jour où il découvrit que, sous hypnose, il était capable d'en faire autant et que cela n'avait rien à voir avec le nirvana. D'ailleurs, le mécanisme ne fonctionne pas longtemps et il faut le « redémarrer » au bout de quelques jours. La raison en est simple : le corps a appris à fonctionner de façon optimale ; et bien qu'on puisse commander « analytiquement » à ce genre de fonction, il n'en reste pas moins que le fait de maintenir la circulation du sang dans une main n'est, pour l'analyseur, qu'une tâche secondaire et pas très sophistiquée. Tout cela pour dire qu'une suggestion verbale peut arrêter la circulation du sang. Les mots ont un effet sur le corps.

Nous pourrions expliquer ce phénomène au moyen d'un schéma, mais, au stade actuel de la Dianétique, nous nous intéressons plutôt à la fonction qu'à la structure. En effet, c'est grâce à ce que nous avons appris sur la fonction que nous pouvons guérir les maladies psychosomatiques et les aberrations avec 100% de succès, prédire l'existence de maladies et d'états jusqu'ici inconnus et, d'une manière générale, opérer des « miracles » — mot qu'employait l'Homme pour qualifier certaines guérisons avant qu'il ne dispose d'une science du mental.

L'une des choses les plus faciles à contrôler au moyen d'une simple suggestion est l'excrétion. Une suggestion positive peut

6. **Nirvana :** dans le bouddhisme, le plus haut état de conscience, où l'âme est libérée de tous les désirs et de toutes les attaches.

provoquer ou guérir une constipation avec une facilité et une rapidité remarquables. On peut, de la même façon, contrôler les fonctions urinaires et *le système endocrinien.*

Les tests avec lesquels nous avons rencontré le plus de difficultés ont été ceux que nous avons effectués sur certaines glandes endocrines encore mal connues. Il faut dire que peu de progrès ont été réalisés jusqu'ici dans la recherche sur les glandes. Quoi qu'il en soit, nous avons découvert le fait suivant : lorsqu'on débarrasse quelqu'un de ses engrammes, son système endocrinien retrouve un équilibre stable, ce qui démontre que le système endocrinien fait partie du mécanisme de contrôle avec lequel le mental manœuvre le corps. Il est facile de commander aux glandes. Parmi les substances organiques liquides et les sécrétions qu'utilise le mental pour contrôler le corps, on trouve la testostérone[7], la folliculine[8], l'adrénaline, la thyroxine[9], la parathormone[10] et la pituitrine[11]. Ce sont en quelque sorte des circuits de relais. Chacune de ces substances a un rôle bien déterminé dans le corps.

La vieille théorie selon laquelle le mental est contrôlé par les glandes est complètement fausse. L'expérience suivante en apporte la preuve éclatante. Deux fois par semaine, nous administrons 25 mg d'huile de testostérone à un aberré. Sa condition physique s'améliore pendant quelque temps : par exemple, sa voix devient plus grave et du poil pousse sur sa poitrine. Maintenant, sans la moindre suggestion positive, nous retirons les engrammes stockés dans son mental réactif de manière à ce qu'ils soient reclassés dans les banques mnémoniques standard en tant qu'expériences conscientes et désormais inoffensives. Avant même que nous en ayons fini avec les engrammes de cet homme, son corps se met à utiliser de plus en plus la testostérone qu'on lui a administrée. Nous réduisons largement la dose et nous constatons que l'homme continue malgré tout d'aller de mieux en mieux. Finalement, nous pouvons arrêter de lui donner de la testostérone. Nous

7.   **Testostérone :** hormone produite par les testicules qui agit sur le développement des glandes génitales et des caractères sexuels mâles.
8.   **Folliculine :** hormone sécrétée par le follicule ovarien (un follicule est un organe en forme de sac) et qui est l'une des deux hormones femelles.
9.   **Thyroxine :** hormone sécrétée par la glande thyroïde et qui règle la croissance et le développement du corps.
10.   **Parathormone :** hormone qui règle le taux du phosphate et du calcium dans le corps.
11.   **Pituitrine :** nom générique qui désigne les substances sécrétées par la glande pituitaire (située à la base du cerveau). Ces substances ont une influence importante sur la croissance et les diverses fonctions du corps.

nous sommes aussi livrés à cette expérience a) avec des personnes sur lesquelles des substances comme la testostérone et la folliculine n'avaient aucun effet et b) avec des personnes que ces hormones avaient rendu malades. Une fois que nous les eûmes débarrassées de leurs engrammes, toutes sans exception se retrouvèrent aptes à assimiler ces hormones, mais il ne fut même pas nécessaire de les leur administrer, mis à part quelques personnes d'un âge avancé. Il est impossible pour le moment de déterminer quel va être l'impact de ces découvertes sur la gérontologie (la science qui traite de l'espérance de vie), mais l'on peut déjà prédire en toute confiance que l'élimination des engrammes contribuera très nettement à prolonger la vie. Nous le saurons d'ici une centaine d'années. Aucun Clair n'a atteint l'âge de cent ans pour le moment.

Mais une chose est sûre pour l'instant : les suggestions positives ont un effet sur le système endocrinien et les hormones artificielles n'ont pas d'effets sur les personnes aberrées.

« Le sexe, c'est horrible, c'est répugnant. Je déteste le sexe. » Voilà le genre d'engramme qui réduit considérablement la production de testostérone.

On a cru que le système nerveux autonome[12] fonctionnait indépendamment du mental. Nous pouvons démontrer qu'il n'en est rien et que le mental lui commande. Il se produit un phénomène de « spirale descendante » (regardez les lignes du graphique de la survie potentielle) : a) l'engramme provoque un début de défaillance du régulateur des fonctions vitales ; b) cela entraîne un mauvais fonctionnement du mental ; c) du coup, la défaillance du régulateur des fonctions vitales s'accroît ; d) il s'ensuit une baisse de régime de l'activité physique ; e) l'état du mental empire (puisque, selon toute apparence, il fait partie de l'organisme et qu'il est lui-même un organe) et son ton général continue à chuter.

Quand le ton général du mental baisse, le ton général du corps en fait autant. Puis, le ton général du corps ayant chuté, le ton général du mental baisse à nouveau. La chute du ton général est à la fois géométrique et progressive. Un homme tombe malade et comme il a des engrammes, sa maladie empire. Les Clairs ne sont pas sujets à cette spirale descendante. À vrai dire, cette calamité

---

12. **Système nerveux autonome** : un système de nerfs dans le corps qui régule les fonctions involontaires du cœur, des poumons, des intestins, des glandes et autres organes internes.

qui a pour nom *maladie psychosomatique* est d'un caractère si super-
ficiel qu'elle est la première chose qui capitule devant la thérapie
de Dianétique et qu'elle perd une grande partie de sa force avant
même que l'individu ait atteint l'état de Clair.

Si les médicaments destinés à guérir les maladies psychosomatiques donnent rarement les résultats escomptés, c'est tout simplement
parce que le mental, sous l'influence de ces satanés engrammes
« pro-survie » (ils sont aussi pro-survie qu'un trou dans la tête),
ordonne au régulateur des fonctions vitales de produire des maladies. Donc, un jour se présente tel ou tel médicament chargé
d'annuler ces maladies (qui, selon ces fichues cellules, sont « pro-
survie ») et le mental est alors contraint de rapidement renverser
le processus et de les remettre en place. Essayez un peu de faire
changer d'avis au mental réactif, que ce soit par la raison ou au
moyen d'une seringue hypodermique. C'est à peu près aussi facile
que de calmer un ivrogne survolté qui veut tuer tout le monde dans
un bar. Sa façon à lui de « survivre ».

Un médicament comme l'ACTH a un effet légèrement différent. C'est un produit si particulier que nous ne l'avons pas inclus
dans notre recherche. Cependant, certains comptes rendus
semblent indiquer qu'il influe sur les engrammes temporellement
parlant. En d'autres termes (nous reparlerons de ce phénomène
dans la partie du livre consacrée à la thérapie), il déplace l'individu
dans le temps à l'intérieur de son mental réactif. Cet ACTH, ainsi
qu'un grand nombre de préparations similaires, trimbale la
personne d'un engramme chronique à l'autre. Ce qui est un
remède aussi fiable qu'un changement de dictateur en Amérique
du Sud. En effet, l'engramme dans lequel est expédiée la personne
peut très bien être un manique[13], lequel, malgré l'« euphorie »
apparente qu'il suscite, est une véritable malédiction.

Les électrochocs, les corrections administrées dans certains
hôpitaux psychiatriques et tous les autres « remèdes » du même
acabit, *sans oublier les traitements chirurgicaux de maladies qui, au
départ, sont psychosomatiques,* ont un effet relativement similaire à
l'ACTH, en ce sens qu'ils causent un choc qui fait glisser
l'engramme vers une autre partie du corps et intervertit les aberrations. (Quand ce genre de remède fonctionne, c'est parce que la
nouvelle aberration est moins violente que la précédente.) Les
électrochocs, les coups, les opérations chirurgicales et peut-être

---

13. **Manique** : engramme de manie « pro-survie » contenant force compliments. La
personne obéit à la lettre à tout compliment contenu dans ce type d'engramme. Adapté de
l'adjectif anglais *manic* (maniaque).

même des substances telles que le venin de cobra modifient l'effet que la banque des engrammes a sur le corps, pas forcément en pire, pas forcément en mieux. Ils le modifient, point final. C'est comme aux dés : des fois on fait trois, des fois on fait un double six.

Voyons maintenant le traitement des maladies psychosomatiques par ablation ou par amputation. Cela consiste à retirer purement et simplement la partie du corps qui dramatise physiquement l'engramme. L'ablation du cerveau ou l'amputation d'un orteil en est un exemple. Ce genre de traitement est très répandu à l'heure actuelle. Lorsqu'on ampute quelqu'un d'un orteil, on cherche à éliminer la somatique contenue dans l'engramme (en Dianétique, nous employons souvent le mot « somatique » à la place du mot « douleur »). Lorsqu'on pratique une ablation du cerveau (leucotomie transorbitale[14] et lobotomie préfrontale[15], par exemple), on croit, à tort, qu'on va supprimer l'aberration psychique. Il y a ici un phénomène de rejet : le chirurgien ou le patient a une aberration par rapport au fait de « se débarrasser de ». Résultat : des morceaux du corps sont découpés ou enlevés. Certains patients renoncent à une partie de leur anatomie soit parce qu'ils le veulent mordicus, de la même façon que nos aïeux insistaient pour qu'on leur fasse des saignées, soit parce qu'on le leur a conseillé. Il y a un parallèle évident entre chercher à guérir un patient en le saignant et chercher à guérir un patient en lui ôtant une partie de son corps. Ces « remèdes » ont tous deux pour base un engramme de rejet (« je dois me débarrasser de ») et ne sont efficaces ni l'un ni l'autre. Ces traitements dignes des barbiers d'autrefois finiront bien, on ose l'espérer, par disparaître un jour — tout comme disparaissaient leurs malheureux patients.

Voici les cinq catégories de maladies psychosomatiques : 1) Les maladies provenant d'un dérangement dans l'écoulement des liquides organiques, dérangement qui est, bien entendu, d'origine mentale. Cette catégorie se subdivise en deux sous-catégories : a) l'écoulement des liquides organiques est freiné ou stoppé ; b) il est excessif. 2) Les maladies provenant de troubles de la croissance d'origine mentale. Cette catégorie se divise en deux sous-catégories : a) la croissance est freinée ou stoppée ; b) elle est excessive. 3) Les

14. **Leucotomie transorbitale :** *(psychiatrie)* une opération durant laquelle le patient reçoit des électrochocs, le chirurgien lui enfonçant dans le même temps un pic à glace dans chaque orbite pour atteindre l'analyseur et le charcuter.

15. **Lobotomie préfrontale :** *(psychiatrie)* opération durant laquelle on sectionne les fibres blanches qui relient les lobes préfrontaux et frontaux à la région intérieure du cerveau.

maladies provenant d'une prédisposition à une maladie, prédisposition elle-même causée par une douleur psychosomatique chronique présente dans une région du corps. 4) Les maladies provenant de la perpétuation d'une maladie, perpétuation elle-même causée par une douleur chronique dans une région du corps. 5) Les maladies causées par le contenu verbal des engrammes.

Dans la catégorie 1-a, on trouve aussi bien des affections ordinaires comme la constipation que des maladies plus inhabituelles comme l'arthrite. L'arthrite est un mécanisme complexe dont la cause est simple et dont on peut venir à bout avec une relative facilité. Souvenez-vous, deux choses sont présentes dans un engramme : la douleur physique et les mots (les ordres verbaux). Eh bien, on retrouve ces deux éléments dans toute arthrite (et dans toute maladie psychosomatique). Les articulations ou les régions du corps rongées par l'arthrite ont été blessées à un moment du passé et, pendant le moment d'« inconscience » qui a accompagné la blessure, des mots ont été prononcés qui ont prédisposé l'individu à une restimulation chronique de l'engramme. (Des phrases telles que « C'est toujours pareil », « Ça continue à faire mal » ou « Je suis coincé ».) Lorsqu'il se produit un key-in de ce genre d'engramme, une douleur chronique s'installe à l'endroit qui avait été blessé. Elle est peut-être légère, mais c'est quand même une douleur. (Il peut même arriver que la douleur, bien que présente, ne soit pas ressentie du tout, si l'engramme contient une phrase « anesthésique » telle que « il ne le sentira jamais ». Ce genre de phrase produira une affection psychosomatique, mais la personne « ne sera pas consciente » de la douleur.) La douleur est une mise en garde. Elle dit aux cellules et au sang : Attention ! Cette zone est dangereuse. Et, donc, le sang l'évite. La phrase engrammique, quant à elle, amène le mental à agir sur, disons, la parathyroïde, laquelle contrôle la teneur du sang en calcium. Il se forme alors un dépôt de calcium dans la zone douloureuse. Ce n'est pas forcément le dépôt qui cause la douleur. Il est cependant un restimulateur organique : à mesure que le dépôt s'accroît, la douleur se fait plus forte. Et le key-in de l'engramme s'intensifie. C'est la spirale descendante. Voilà comment fonctionne l'arthrite. Comprenez bien que le mauvais fonctionnement de la parathyroïde et la défection du sang dans la zone touchée pourraient *en théorie* être à la base de l'affection arthritique. En réalité (et il s'agit là d'un fait scientifique indéniable), dès qu'on localise et qu'on élimine l'engramme relatif à une zone d'arthrite, l'arthrite disparaît et ne revient plus, comme l'ont confirmé les radiographies. *Et cela se produit dans tous les cas.* Sans la moindre suggestion et sans le moindre médicament. Il suffit simplement de localiser l'engramme, de l'éliminer du mental réactif et de le reclasser comme expérience consciente dans le mental analytique. Dès qu'on retire l'engramme, la douleur disparaît et l'arthrite cesse. L'arthrite n'est qu'une des nombreuses maladies de la catégorie 1-a. Les mécanismes liés à chacune d'elles sont très similaires. Toutes ces maladies peuvent être regroupées dans la catégorie des « troubles physiques causés par une réduction ou une interruption de l'écoulement des liquides organiques ».

Dans la catégorie 1-b des maladies psychosomatiques, « écoulement excessif des liquides organiques », on trouve : une pression artérielle élevée, la diarrhée, la sinusite, le priapisme (activité excessive des glandes sexuelles mâles provoquant des érections prolongées et souvent douloureuses mais n'aboutissant pas à l'éjaculation) et tous les autres états pathologiques causés par une surabondance de liquides organiques.

Les maladies de la catégorie 2-a peuvent causer les phénomènes suivants : atrophie d'un bras, nez trop court, organes génitaux peu développés, développement insuffisant des glandes, quelles qu'elles soient (vous remarquerez que cela pourrait aussi bien figurer dans la catégorie 1-a), absence de pilosité (phénomène qui, comme tous ceux mentionnés ci-dessus, peut aussi être d'origine génétique, donc inné), bref, tout développement insuffisant d'une partie du corps, quelle qu'elle soit.

Les maladies de la catégorie 2-b peuvent causer les phénomènes suivants : mains gigantesques, nez trop long, oreilles trop grandes, hypertrophie des organes et autres difformités classiques. (Le cancer, qui est « une guérison qui serait allée trop loin », entre peut-être dans cette catégorie.)

Dans la catégorie 3, on trouve la tuberculose (certains cas de tuberculose), les insuffisances hépatiques, les troubles rénaux, les éruptions, les rhumes, etc. (Soit dit en passant, ces affections pourraient figurer dans l'une ou l'autre de ces cinq catégories. Toutes ces catégories empruntent les unes aux autres.)

La catégorie 4 comprend les maladies qui, bien que n'étant pas psychosomatiques au départ, se fixent par accident sur une zone qui a déjà été blessée et, sous l'effet de la restimulation, provoquent le key-in permanent d'un engramme dans cette zone, ce qui rend l'affection chronique. Figurent dans cette catégorie : la tuberculose, la conjonctivite, les inflammations, les infections et tout ce qui refuse de guérir.

Dans cette quatrième catégorie, on trouve également toutes les douleurs et toutes les maladies bizarres qui ne sont pas vraiment considérées comme des états pathologiques.

La catégorie 5 comprend une énorme variété d'affections, que l'on retrouve d'ailleurs dans l'une ou l'autre des catégories précédentes. Elles sont causées par les engrammes, lesquels imposent, par leur contenu verbal, la présence ou la nécessité d'une maladie. « Tu es toujours enrhumé. » « J'ai les pieds en compote. » Ce genre de phrase prépare le terrain pour une maladie psychosomatique que les mécanismes du corps se chargeront de mettre en place.

N'importe quelle maladie peut être précipitée par un engramme. Une maladie microbienne, par exemple : si l'individu a un engramme contenant une phrase très générale comme « Tu peux tomber malade », il va effectivement tomber malade en s'emparant de la première affection qui lui tombe sous la main. Plus important encore, l'engramme réduit la résistance du corps à la maladie. Dès qu'un engramme est restimulé (à cause d'un accident, d'une scène de ménage, etc.), l'individu est moins apte à résister à la maladie.

Les enfants, comme nous le verrons plus loin, ont beaucoup plus d'engrammes qu'on ne le croit. Les maladies infantiles sont presque toutes précédées d'un dérangement d'ordre psychique et lorsque l'enfant est en proie à un dérangement psychique (autrement dit, lorsqu'un de ses engrammes est constamment restimulé) au moment de la maladie, celle-ci peut se manifester beaucoup plus violemment qu'il ne faudrait. Par exemple, une rougeole peut rester une simple rougeole. Ou bien ce peut être une rougeole accompagnée d'une restimulation engrammique, auquel cas elle risque d'être très grave, voire fatale. Afin de nous assurer que ces maladies infantiles étaient bel et bien « préparées », précipitées et perpétuées par les engrammes, nous avons procédé à une vérification chez de nombreux sujets. Ce qui nous a amenés à nous poser la question suivante : les maladies infantiles proprement dites sont-elles vraiment si terribles ? Nous avons pu observer qu'un enfant Clair ne les contractait pas. Il est donc possible que les maladies infantiles soient en fait bénignes et que les complications qui les accompagnent soient uniquement dues à un dérangement psychique, autrement dit, à une restimulation d'engrammes. Cela mérite d'être étudié.

Cette question pourrait d'ailleurs s'appliquer à toutes les maladies et à toutes les conditions pathologiques : quel est le véritable effet de la maladie en l'absence des facteurs psychiques ? Les bactéries sont-elles si dangereuses que ça ?

Le domaine de la microbiologie ne connaissait pas le principe de la dynamique. C'est maintenant chose faite puisque nous l'avons découvert. La dynamique, survivre, s'applique à toutes les formes de vie et les microbes. font partie des formes de vie. Le but du microbe est de survivre. Ses problèmes sont ceux de la nourriture, de la protection (offensive et défensive) et de la procréation. Pour les résoudre, le microbe survit avec une efficacité totale. Il se livre à des mutations, il s'adapte et se transforme lorsque s'opère une sélection naturelle ; il change, dynamiquement parlant, lorsque la survie l'exige (le chaînon manquant de la théorie de l'évolution), tout cela pour atteindre le plus haut niveau possible de survie. Il commet parfois des erreurs, comme lorsqu'il tue ses hôtes, mais ce n'est pas parce qu'une forme de vie a pour objectif de survivre qu'elle y réussit forcément.

Le microbe, déterminé à survivre coûte que coûte, agit en tant que réducteur de survie et s'oppose à la dynamique de survie de l'espèce humaine en causant des états pathologiques. Nous ne savons pas encore quels seraient les véritables effets de ce réducteur en l'absence d'engrammes. Bon nombre de données semblent indiquer qu'un être humain dont le potentiel se situe dans la zone 4 ne tombe pas facilement malade. Par exemple, il n'est pas sujet aux rhumes (virus ou pas virus) ou aux infections chroniques. Le rôle joué par les anticorps et la nature exacte de ce type de phénomène n'ont pas encore été déterminés, mais c'est une autre histoire. Un fait demeure : le Clair ne tombe pas malade facilement ; chez l'aberré, la maladie vient juste après un affaiblissement du mental (après une baisse de niveau de la dynamique).

Bref, lorsque le corps et le mental sont rendus aberrés par des engrammes, il s'ensuit non seulement des maladies psychosomatiques, mais aussi des états pathologiques, ces derniers ayant toujours été plus ou moins considérés comme indépendants de l'état mental. Cependant, une série de tests cliniques ont démontré la chose suivante : lorsqu'on élimine les engrammes d'un individu, non seulement on le débarrasse de ses maladies psychosomatiques (potentielles, aiguës ou chroniques), mais on l'immunise contre les états pathologiques. Jusqu'à quel point ? Nous ne le saurons qu'à long terme. Pour établir des statistiques fiables, il faudra un projet d'envergure, comprenant plusieurs milliers de cas qui devront être suivis par des médecins pendant de nombreuses années.

Le degré d'aberration que manifeste une personne, autrement dit, la position qu'elle occuperait sur une échelle de santé d'esprit, n'a pas grand-chose à voir avec les maladies psychosomatiques. Il suffit d'un ou deux engrammes particuliers pour déclencher ce genre de maladie, il se peut aussi que ces engrammes ne fassent rien d'autre que prédisposer la personne à la maladie. Mais avoir une maladie psychosomatique n'est pas la même chose qu'être « fou » ou hypocondriaque. L'hypocondriaque *croit* qu'il est atteint de maladies. C'est un cas spécial qui entre dans la catégorie 5.

Il y a deux types distincts de dérangements : Premièrement, les dérangements mentaux, c'est-à-dire toutes les formes de déséquilibres mentaux, que nous appelons *aberrations* en Dianétique afin de ne pas avoir à énumérer constamment les milliers, que dis-je, les millions de façons dont peut se manifester la folie. Et deuxièmement, les dérangements physiques (que nous appelons *somatiques),* c'est-à-dire ceux qui ont trait au corps, aux capacités physiques et à la santé. On trouve ces deux types de dérangements, *l'aberration* et la *somatique,* dans chaque engramme. Mais l'engramme peut se manifester chroniquement soit par une *aberration,* soit par une *somatique,* soit par les deux. (En Dianétique, nous employons souvent le mot « somatique » à la place du mot « douleur », car ce dernier a un sens très restrictif et il est, de plus, assez restimulant. Vous remarquerez que nous avons simplement pris l'adjectif « somatique » et que nous l'avons transformé en nom.)

Par définition, un engramme contient de la douleur physique. Lorsqu'un engramme est restimulé dans la vie de tous les jours, la douleur qu'il contient ne se manifeste pas forcément. Lorsque c'est l'aberration qui se manifeste à la place de la douleur, cela signifie que l'individu est dans une autre valence que la sienne (« il éprouve le besoin d'extérioriser son agressivité »). S'il est suffisamment équilibré pour rester dans sa valence, alors la douleur physique se manifeste. En Dianétique, nous aurions dit : la *somatique* apparaît. Lorsqu'une somatique apparaît, elle est généralement accompagnée d'une partie de l'aberration. En résumé, soit c'est l'aberration qui se manifeste, soit c'est la somatique *plus* une partie de l'aberration. Quand une personne dramatise une valence autre que la sienne, cela signifie que l'aberration est présente. Quand un facteur extérieur tel que la police ou une personne plus forte empêche l'individu de dramatiser l'engramme (de le rejouer mot pour mot en étant dans une autre valence), ou quand l'individu lui-même s'en empêche (on a appelé cela « refoulement », mais nous évitons d'employer ce terme car il a d'autres sens), la somatique apparaîtra à coup sûr.

Donc, l'individu est apparemment « en meilleure condition » (c'est ce que voulaient les cellules) quand il dramatise, quand il joue le rôle du personnage « pro-survie » (de la valence gagnante) d'un engramme, car là au moins il ne tombe pas malade. Pourtant combien de gens ont été tués, combien de banques ont été attaquées et combien de conjoints, maris ou femmes, ont perdu la tête à cause de ces dramatisations ? Étant donné que la société réprime les dramatisations pour protéger les gens qui la composent, on peut en conclure qu'elle considère la santé de l'individu comme secondaire. À vrai dire, la « société » ne connaissait pas le mécanisme de la dramatisation. L'individu qui dramatise la valence « pro-survie » de l'un de ses engrammes peut commettre des violences contre les gens. L'individu qui s'empêche de dramatiser ou que la société empêche de dramatiser a toutes les chances de contracter une maladie psychosomatique. « Pile, je gagne. Face, tu perds. » Il n'y a qu'une solution à ce problème : alléger ou supprimer l'engramme. Car beaucoup d'autres facteurs entrent en jeu : l'homme qui dramatise ses engrammes n'est pas apte à survivre, que la société le punisse ou non ; de plus, il prend pour lui toutes les paroles malveillantes que la ou les autres valences de l'engramme ont adressées à la valence dans laquelle il se trouve.

Nous avons vu plus haut qu'il y a cinq classes de maladies psychosomatiques. Comme ces dernières appartiennent souvent à plusieurs classes à la fois et que, de surcroît, elles peuvent revêtir de nombreux aspects, cela donne des situations extrêmement complexes. Le fait scientifique à retenir est qu'il n'y a pas de maladie psychosomatique sans aberration ; et qu'il n'y a pas d'aberration sans maladie psychosomatique potentielle ou réelle. L'une des maladies que l'on s'attend sans doute le moins à trouver parmi les maladies psychosomatiques est la perversion sexuelle. (En Dianétique, « perversion sexuelle » s'applique à toutes les formes de corruptions dont peut être victime la dynamique deux : homosexualité, lesbianisme, sadomasochisme, etc., et toute la longue liste d'aberrations sexuelles établie par Ellis[16] et Krafft-Ebing[17].)

Le pervers sexuel est en fait quelqu'un de très malade physiquement. La perversion, en tant que maladie, se manifeste de tant de façons qu'on la retrouve dans les cinq catégories. Organes sexuels démesurés ou peu développés, éjaculations infimes ou excessives, voilà quelques-unes des nombreuses caractéristiques que l'on peut trouver chez les pervers. Bref, le pervers est quelqu'un de très malade, qu'il en soit ou non conscient. Il est très loin d'être responsable de l'état où il se trouve, mais il est aussi très loin d'être normal ; de plus, le pervers représente un tel danger pour la société qu'elle s'expose aux pires ennuis aussi bien en tolérant ses agissements qu'en les punissant. Comme la société ne disposait pas jusqu'ici de traitements adéquats pour soigner la perversion, elle a été partagée entre la tolérance et la punition, ce qui bien sûr, n'a pas résolu le problème. On peut ajouter en passant, quitte à s'éloigner un peu du sujet, que la meilleure théorie qu'on ait trouvée à ce jour pour expliquer la perversion était que les filles avaient envie du pénis à papa et que les garçons se mettaient dans tous leurs états à la vue de la vulve que maman, dans un moment de distraction, avait un jour dévoilée (horreur !). Ce n'est certainement pas ce genre de broutilles qui va transformer quelqu'un en pervers déchaîné. Il en faut beaucoup, beaucoup plus que cela. Il faut vraiment qu'on lui en fasse voir des vertes et des pas mûres, du genre : lui passer dessus avec un rouleau compresseur, le couper en deux avec un couteau rouillé, le faire bouillir vivant dans de l'acide nitrique, lui donner des coups de pied dans la tête lorsqu'il est bébé, tout cela pendant qu'une bande de dégénérés lui hurle des obscénités et des abominations sans nom. L'être humain est coriace. Il est si coriace qu'il a réussi à soumettre tout le règne animal et qu'il pourrait bien faire trembler les étoiles. Pour démolir sa deuxième dynamique, il faut lui faire subir des monstruosités dignes de

16. **Ellis, Henry Havelock** : (1859-1939) criminologue et psychologue anglais qui a mené des études sur la psychologie et la sociologie sexuelles.
17. **Krafft-Ebing, Baron Richard von** : (1840-1902) neurologue et auteur allemand d'ouvrages sur la pathologie sexuelle.

Dante[18] et de Sax Rohmer[19] réunis. Bref le pervers, avec ses centaines d'engrammes tous plus épouvantables les uns que les autres, a juste eu le choix entre la mort et la perversion. Par bonheur, il existe maintenant une science du mental efficace capable de résoudre le problème. Une société qui la dédaignerait et qui persisterait à vouloir endurer la perversion sexuelle et ses effets sordides ne mérite pas de survivre.

La perversion peut revêtir d'autres formes. Il a existé autrefois une société où les aberrations sexuelles s'étaient tellement répandues qu'un culte mystique avait surgi et propagé l'idée que toutes les maladies mentales étaient dues au sexe. Ce qui, bien entendu, donna un nouvel élan aux aberrations relatives à la deuxième dynamique (la dynamique du sexe), étant donné qu'un tel culte ne pouvait avoir été conçu que par un individu qui devait avoir d'énormes aberrations par rapport à cette dynamique. Cette philosophie selon laquelle le sexe était la cause de tous les maux attira évidemment des gens affligés d'aberrations similaires. En voulant à tout prix faire passer le sexe pour quelque chose de monstrueux et d'ignoble, ils ne firent qu'ancrer plus solidement encore les facteurs d'aberration existants. Le prophète de cette religion s'appelait Manichée, un Perse qui vécut au IIIe siècle et qui enseignait que tout ce qui touchait au corps, le sexe en particulier, était mauvais. Le culte de Manichée se perpétua jusqu'au Moyen Age, puis disparut brusquement et ne revint plus jamais tourmenter l'Homme.

N'importe laquelle des quatre dynamiques — celle de l'individu, celle du sexe, celle du groupe ou celle de l'humanité — peut être entravée. Chacune d'elles a été, à un moment ou à un autre, la cible de quelque culte voulant sauver l'Homme et le guérir de tous ses maux. La Dianétique ne cherche pas à sauver l'Homme, mais elle peut faire beaucoup pour lui éviter d'être « sauvé ». À l'instar de tout ensemble organisé de vérités scientifiques, la Dianétique ne tire que les conclusions qu'elle a pu elle-même observer en laboratoire.

Il convient de remarquer que l'Église a parfaitement raison de faire tout ce qui est en son pouvoir pour empêcher le blasphème.

---

18. **Dante** : de son vrai nom Durante, Alighieri (1265-1321), poète italien, auteur de la *Divine Comédie*, ouvrage dans lequel il narre un voyage imaginaire à travers l'enfer, le purgatoire et le paradis.

19. **Sax Rohmer** : pseudonyme de Arthur Sarsfield Ward (1883-1959), auteur anglais de romans à suspense, et en particulier d'une série tournant autour du personnage du *docteur Fu Manchu*.

Très souvent, des « blasphèmes » sont prononcés durant l'« inconscience » dans laquelle a sombré une personne qui vient d'être frappée. Résultat : les engrammes contiennent des injures et des noms sacrés et lorsque ceux-ci réagissent par la suite à l'intérieur du mental, ils plongent la personne dans un état anormal de terreur, de compulsion ou de répulsion vis-à-vis de la divinité. Ce n'est pas la religion qui cause cet état, mais les blasphèmes. S'il existe tous ces fanatiques religieux et tous ces athées, sanguinaires dont l'Église ne demande qu'à se passer, c'est tout bonnement à cause des blasphèmes.

Pour en revenir aux maladies psychosomatiques, toute combinaison de mots figurant dans un engramme a un effet aussi néfaste que tous les autres facteurs contenus dans cet engramme. Avec son raisonnement de parfait crétin, le mental réactif considère que chacun des éléments contenus dans un engramme est égal à tous les autres ; s'il voit, dans le monde extérieur, quelque chose qui ressemble de près ou de loin au contenu d'un engramme (autrement dit, des restimulateurs), cela justifie amplement qu'il mette l'engramme en branle. L'aberration et la maladie peuvent alors s'installer.

Cependant, les maladies psychosomatiques chroniques ont une particularité : le mental réactif de la personne aberrée choisit de *ne rendre chroniques que les engrammes pro-survie*. La personne aberrée, par l'intermédiaire de son mental réactif, ne permet pas à la maladie d'être déclenchée par les engrammes si elle n'a pas une valeur de « survie ». C'est un point très important en thérapie. Les maladies psychosomatiques chroniques d'un patient sont celles qui ont un contexte de compassion, bref, un contexte pro-survie.

Il n'est pas possible de « pourrir » un enfant en le couvrant d'amour et d'affection. C'est impossible. Je ne sais pas qui a dit que c'était possible, mais il devait disposer de données erronées et d'un sens de l'observation défectueux. Un enfant a besoin de tout l'amour et de toute la tendresse possibles. Une expérience a été effectuée dernièrement visant à démontrer que les bébés avaient des poussées de fièvre lorsqu'on ne s'occupait pas d'eux. En revanche, dès qu'on s'occupait d'eux, la fièvre tombait. L'auteur de cet ouvrage n'a pas personnellement assisté à cette expérience, mais les comptes rendus qu'il a pu lire indiquent qu'elle a été menée avec tout le sérieux possible. Donc, en admettant que les résultats de ce test soient vrais, on peut en conclure que l'être humain se sert de la maladie, à un niveau génétique, pour récolter amour et affection. Pourquoi pas, d'ailleurs ? L'espèce a disposé de suffisamment d'années (deux milliards) d'« ingénierie génétique » pour installer ce genre de mécanisme. Pour en revenir à ce test, les parents ont donc laissé leur bébé à l'hôpital, puis les bébés ont été répartis en plusieurs groupes. Tous sans exception tombèrent malades dès qu'on cessa de leur témoigner de l'affection. Ce test, à condition que les résultats enregistrés soient exacts, montre très bien comment fonctionne la loi de l'affinité. Le but de cette expérience n'était pas d'assister la Dianétique, mais de démontrer que le fait de laisser un nouveau-né à l'hôpital parce qu'il a contracté une petite maladie va invariablement aggraver l'état du bébé.

Une série d'expériences de Dianétique, rigoureusement contrôlées et qui s'étendaient sur une période beaucoup plus longue, a montré que la loi de l'affinité, telle qu'elle s'applique aux maladies psychosomatiques, était beaucoup plus puissante que la peur ou l'hostilité. Et en disant « beaucoup plus puissante », cela est encore très en dessous de la vérité. Il a été découvert que toutes les maladies psychosomatiques chroniques sans exception étaient basées sur un engramme de compassion. On pourrait appeler la loi de l'affinité « la loi de la cohésion ». *Affinité*, ici, signifie « amour », dans presque tous les sens du terme. Un refus ou une absence d'affection constituerait une violation de la loi de l'affinité. Pour survivre, l'être humain doit éprouver de l'affinité pour son semblable. Celui qui se suicide part du principe que sa mort sera bénéfique pour ses semblables. Ce type de raisonnement réactif est très courant et sort tout droit des engrammes. Quand un capitaine d'industrie violent et intraitable souffre d'une maladie psychosomatique, il la tient d'un engramme de compassion. Eh oui ! Lui comme tout le monde.

L'engramme de compassion fait croire qu'il est pro-survie. Comme l'a dit un préclair[20] un jour, les hommes ne sont pas dupés par leurs ennemis, mais par leurs amis. Un engramme vient toujours d'un moment d'« inconscience » plus ou moins forte. Il n'y a pas d'engramme sans « inconscience ». Ce n'est que lorsque l'analyseur est hors service que le monde extérieur peut devenir intérieur et, sans jamais avoir été analysé, se mettre à agir « du dedans ». Dès que l'analyseur identifie l'un de ces engrammes, celui-ci perd environ 20 % de sa capacité à aberrer et 100 % de sa capacité à créer une maladie psychosomatique. La douleur est une

---

20. **Préclair** : individu qui reçoit la thérapie de Dianétique et qui n'est pas encore Clair.

denrée extrêmement périssable. Le plaisir, lui, est gravé dans l'airain. (Non, je ne m'adonne pas soudain à la poésie. Je me contente d'énoncer des faits scientifiques. La douleur physique disparaît sans beaucoup d'effort. En revanche, une expérience agréable, voire neutre, se fixe si solidement dans le mental qu'aucun traitement, à notre connaissance, ne peut la déraciner. Nous avons essayé, à titre d'expérience, d'extraire quelques souvenirs agréables pour voir s'ils étaient fixés à jamais. ils le sont. Par contre, la douleur physique s'efface très vite. Dommage, Schopenhauer[21], mais tu t'es complètement fourvoyé.)

Lorsqu'un lock (un moment d'« angoisse mentale ») est révélé à l'analyseur après que l'engramme qui donnait de la force à ce lock a été éliminé, il s'envole, *pff*, comme un fétu de paille. L'analyseur se sert de la « doctrine de la donnée vraie » : quand il découvre quelque chose de faux, il ne veut plus en entendre parler. Le fait de révéler un engramme à l'analyseur a une certaine valeur thérapeutique (20 %), ce qui explique pourquoi la croyance s'est répandue qu'il suffisait de connaître ses maladies pour qu'elles disparaissent. Ce serait merveilleux si c'était vrai.

L'engramme le plus dangereux pour la santé d'esprit est donc celui que le mental réactif, avec son imbécillité coutumière, considère comme étant nécessaire à la survie de l'individu. C'est l'engramme de compassion. Il pointe son nez, puis s'installe définitivement sous la forme d'une maladie psychosomatique chronique. Il y a deux raisons à cela : a) l'individu se trouve généralement dans sa valence lorsqu'il reçoit un engramme de compassion ; b) le mental réactif, qui connaît bien la valeur de l'affinité, installe la maladie psychosomatique pour attirer l'affinité. Le « je » de l'individu, son moi analytique, n'y est pour rien. C'est le mental réactif, et lui seul, qui décide de tout.

Voici comment se crée un engramme de compassion. Un petit garçon malmené par ses parents tombe gravement malade. Sa grand-mère le veille et, pendant qu'il délire, elle essaie de le tranquilliser et lui dit qu'elle s'occupera de lui, qu'elle ne le quittera pas tant qu'il ne sera pas guéri. Le fait d'être malade devient alors extrêmement « pro-survie ». Le petit garçon ne se sent pas en

---

21. **Schopenhauer, Arthur :** (1788-1860), philosophe allemand. Il affirma que les désirs et les pulsions des hommes, ainsi que les forces de la nature, sont des manifestations d'une volonté unique, notamment la volonté de vivre, qui est l'essence du monde. Schopenhauer soutint que puisque l'exercice de la volonté signifie une lutte constante sans satisfaction, la vie consiste principalement de souffrances et que c'est seulement en maîtrisant la volonté par l'intellect, en refoulant le désir de reproduction, que l'on peut diminuer la souffrance.

sécurité avec ses parents ; il réclame la présence de sa grand-mère (c'est une valence gagnante parce qu'elle mène les parents à la baguette) ; il a maintenant un engramme. Sans cet engramme, il n'y aurait pas de maladie psychosomatique. La maladie, l'« inconscience » et la douleur physique sont les éléments de base de cet engramme. Mais ce n'est pas un engramme anti-survie. C'est un engramme pro-survie. Le petit garçon peut le dramatiser en étant dans sa valence.

Dans un cas comme celui-ci, la maladie psychosomatique est considérée comme un « bien précieux ». Le « je » ignore tout de ce raisonnement idiot, puisque l'analyseur était hors service au moment où l'engramme s'est installé. L'analyseur est incapable de se rappeler cet engramme (il n'y a que la thérapie de Dianétique qui permette de s'en rappeler). Résultat : l'engramme prend racine.

Eh bien, à cause de cet engramme, ce patient, disons, a une sinusite chronique et il est prédisposé aux bronchites. Plus tard, il va peut-être avoir la malchance d'épouser une femme qui est une copie plus ou moins conforme de sa mère ou de sa grand-mère. Et il suffit que l'épouse ait une façon de parler (mots, voix, ton de la voix) et de se comporter un tant soit peu similaire à celle de maman ou de grand-maman pour que le mental réactif la confonde avec elles. Disons que l'épouse manque de tendresse. L'engramme s'installe aussitôt : c'est une façon de demander de la compassion. Et si l'épouse trouve la sinusite et la bronchite de son mari si répugnantes qu'elle demande le divorce, le mental réactif continue quand même à faire agir l'engramme. Plus l'épouse manifeste de haine, plus le key-in de l'engramme s'accentue. On peut tuer quelqu'un de cette façon.

Voilà donc un exemple typique d'engramme de compassion. Lorsqu'un thérapeute essaie de débarrasser un patient de ce genre d'engramme, le mental réactif se rebiffe. Le « je » et l'analyseur, eux, ne regimbent pas. Ils espèrent que cet engramme va sauter. Mais le mental réactif le maintient solidement fixé. Il n'y a que le « pied-de-biche » du dianéticien qui puisse le déloger. (Soit dit en passant, on peut d'abord faire sauter quelques locks, histoire d'alléger l'engramme. Mais le patient dénichera un autre engramme !)

Si les thérapeutiques du passé ont rencontré autant de résistance de la part des patients, c'est à cause de ces engrammes de compassion. Pourtant ils sont là, à la surface, bien en évidence, sous la forme de maladies psychosomatiques chroniques.

Lorsqu'on soigne une maladie psychosomatique avec des médicaments, on n'obtient qu'un mieux temporaire. Le « je » ne veut pas de cette maladie. Pas plus que l'analyseur. Pourtant le corps l'a contractée et si l'on arrive à la guérir par un moyen quelconque sans avoir extirpé l'engramme, le corps, sous l'influence du mental réactif, trouvera une maladie de remplacement ou fabriquera une « allergie » au médicament employé ou annulera purement et simplement les effets bénéfiques de ce dernier.

Bien sûr, on peut toujours, à coups de scalpel, de pic à glace ou d'électrochocs, découper ou griller de grands morceaux de cervelle. Pas de doute, cela débarrasse quelqu'un de ses maladies psychosomatiques. Mais, malheureusement, cela le débarrasse aussi de sa personnalité, de son intellect et, par trop souvent, de sa vie.

Tous les patients sans exception à qui nous avons administré la thérapie de Dianétique, afin de les débarrasser des engrammes qui étaient à la base de leurs maladies psychosomatiques, se sont rétablis et n'ont jamais rechuté. En résumé, il est possible à présent de guérir les maladies psychosomatiques. Toutes les maladies psychosomatiques.▲

CHAPITRE SIX

L'ÉMOTION ET LES DYNAMIQUES

L'ÉMOTION EST UNE QUANTITÉ θ[1], c'est-à-dire qu'elle est si intimement liée à la force vitale que la Dianétique, à son stade actuel, parvient à la libérer avec un succès qui ne s'est jamais démenti, même si, pour le moment, elle ne peut avancer qu'une théorie descriptive. Il y a encore beaucoup de choses à découvrir sur l'émotion. Mais comme la thérapie a un tel effet positif sur l'émotion, nous pouvons provisoirement nous passer des données manquantes.

L'émotion se divise en deux catégories distinctes : les émotions négatives et les émotions positives. Les émotions négatives sont anti-survie et les émotions positives, pro-survie. Les émotions plaisantes et agréables ne nous intéressent pas tellement ici. Étant donné le propos du présent ouvrage, il n'est pas utile d'expliquer les différents aspects que peut revêtir l'émotion dans les zones situées au-dessus de la zone 1.

Lorsque l'émotion se situe dans les zones 1 et 0, elle devient un facteur très important en thérapie. Comme nous l'avons vu au début de ce livre, la zone 1 est celle de la colère et la zone 0, celle de l'apathie. La zone 0 s'étend de la mort jusqu'à la frontière qui sépare la peur de la colère. La zone 1, la zone de la colère, part de cette frontière et va jusqu'aux tout débuts de l'ennui.

Lorsque la dynamique, amoindrie, est repoussée jusque dans la zone 1, elle manifeste tout d'abord de l'hostilité. À nouveau affaiblie, repoussée encore plus bas, de plus en plus près de la mort, elle manifeste de la colère. Si on continue à la détruire et de la refouler, c'est de la rage qu'elle manifeste. Plus bas encore, vient la peur, puis la terreur et finalement l'apathie, laquelle est située juste au-dessus de la mort.

Plus la dynamique est étouffée et repoussée, plus les cellules réagissent avec force à la menace de destruction (autrement dit,

1. θ (thêta), la huitième lettre de l'alphabet grec. Elle représente la pensée, la vie ou l'esprit.

plus elles lui opposent de résistance). L'analyseur parvient à résister jusqu'à la limite supérieure de la zone 1, mais perd progressivement le contrôle. En dessous de cette limite, ce sont les cellules, c'est-à-dire l'organisme lui-même, qui prennent la relève et qui essaient à leur tour de résister jusqu'au bout. À partir de la limite supérieure de la zone 1, et jusqu'à la mort, c'est le mental réactif qui est aux commandes ; et plus la dynamique est enfoncée, plus il contrôle l'organisme.

Il semble que l'émotion soit inséparable de la force vitale. Pour l'ingénieur, il ne fait aucun doute qu'il existe une force vitale. L'homme et le médecin se contentent en général de regarder la cruche et oublient qu'elle a été conçue pour contenir de l'eau et que c'est l'eau qui est importante. La force vitale est l'hélium qui gonfle l'enveloppe du ballon et lui permet de voler. Si l'hélium s'échappe, le ballon s'écrase. Lorsque cette énergie vitale aura été localisée et identifiée (en admettant qu'il s'agit bien d'énergie), la médecine sera en mesure d'avancer à pas de géant, lesquels feront ressembler les progrès qu'elle a réalisés jusqu'ici à de malheureux sauts de puceron.

Nous ignorons jusqu'où cette force vitale peut monter sur l'échelle de la survie. Au-dessus de la zone 3, nous trouvons surtout des points d'interrogation. Le Clair atteint un niveau où ses attributs sont la persistance, la vigueur mentale et physique, la ténacité, le jugement et la joie de vivre. Peut-être un Clair pourra-t-il un jour devenir cet être exclusivement spirituel et immatériel dont l'auteur a si souvent entendu parler en Inde.

En revanche, nous savons très bien jusqu'où la force vitale peut dégringoler. Un homme meurt. Il cesse de bouger ou de penser. Il meurt en tant qu'organisme. Puis il meurt en tant qu'agrégat de colonies cellulaires. Les périodes de « vie après la mort » varient chez les cellules. Par exemple, les biologistes ont remarqué que les cellules des cheveux et des ongles meurent bien des mois après. Donc, la mort suit plusieurs phases : tout d'abord l'organisme, puis les cellules, colonie par colonie.

Mais il s'agit là de la zone située en dessous de 0. Ce qui nous intéresse, c'est tout ce qui est situé entre la limite supérieure de la zone 1 et la base de la zone 0.

Dans la zone 3, le mental analytique est au maximum de son ressort pour combattre le réducteur de survie et au maximum de son aptitude à prendre en charge l'organisme. Lorsque le réducteur de survie envoie ses coups de boutoir à l'analyseur alors que celui-ci se trouve aux alentours de la frontière qui sépare la zone 3, de la zone 2, l'analyseur lui rend violemment la pareille. *Nécessité fait loi. Le niveau de nécessité peut tellement grimper dans un cas comme celui-là qu'il se produit un key-out* [2] *de tous les engrammes !*

Il faut bien comprendre que l'analyseur tient compte des réducteurs de survie futurs et qu'il est constamment en train de mettre au point des solutions aux problèmes du futur (c'est l'une des fonctions de l'imagination). Il faut aussi comprendre que l'analyseur se livre à une multitude de calculs et de raisonnements concernant le présent. En effet, le mental analytique doit continuellement faire face à un nombre considérable de facteurs, parmi lesquels le réducteur du présent, auquel vient s'ajouter le réducteur du futur. Par exemple, il concocte des alliances avec des amis et des symbiotes et ses plus grandes victoires sont celles où il s'empare d'une partie du réducteur et le fait passer dans son camp.

Sur le graphique de la survie, l'individu se situerait au sommet de la flèche qui représente la dynamique. Le réducteur attaque, cherchant à écraser la dynamique, ou bien il menace d'attaquer dans le futur, et le mental analytique contre-attaque en mettant en œuvre les solutions qu'il a imaginées. Le niveau de survie de l'individu est déterminé par la qualité de ces contre-attaques.

À présent, parlons du Clair. Tout ce qui va suivre, jusqu'à nouvel ordre, s'applique exclusivement au Clair. Le Clair est un individu dépourvu d'aberrations. Il est sain d'esprit, en ce sens qu'il met au point les meilleures solutions possibles en se basant sur les données qu'il possède et selon son point de vue personnel. Il produit le maximum de plaisir pour son organisme, présent et futur, et pour les autres organismes. Le Clair n'a pas d'engrammes qui, une fois restimulés, faussent ses calculs par l'introduction de données cachées et incorrectes. Non, pas la moindre aberration chez le Clair. C'est pour cela que nous le prenons comme exemple.

Disons que la dynamique de survie est élevée et qu'elle fait plus que jeu égal avec le réducteur de survie. Cela place la dynamique dans la zone 3, au ton 3,9. Maintenant, disons que le réducteur se fait plus agressif. La dynamique est repoussée jusqu'au ton 3,2. Aussitôt, le niveau de nécessité grimpe en flèche. La dynamique repousse le réducteur et revient au ton 3,9. On pourrait appeler cela une « remontée enthousiaste ». L'individu s'est « mis en colère ». Autrement dit, il a fait appel à toutes ses facultés de pensée

---

2. **Key-out** : l'engramme cesse d'agir sans avoir été effacé.

et d'action, à toute son énergie mentale. Si le réducteur l'attaque physiquement, l'individu fait appel à son adrénaline. C'est la meilleure façon d'utiliser ses glandes endocrines : s'en servir pour repousser le réducteur et reconquérir le terrain perdu. Toutes les fonctions du corps sont sous le contrôle de l'analyseur, même si celui-ci ne leur donne pas forcément d'instructions.

Supposons maintenant que le réducteur attaque la dynamique et la repousse jusqu'au ton 3,0. Le niveau de nécessité s'élève immédiatement. L'être entre en action. Il fait appel à toute sa force pour contrer le réducteur. À présent, imaginons qu'un facteur nouveau vient s'ajouter au réducteur et le renforce. L'individu va essayer à nouveau de le contrer. Mais le réducteur le repousse de plus en plus. L'individu commence à épuiser ses ressources d'énergie mentale ou physique (selon que le réducteur agit à un niveau mental ou physique). Fatigué, il tombe à 2,5. Le réducteur redouble d'activité. L'individu tente à nouveau de remonter la pente. Il jette ses dernières forces ou ses dernières solutions dans la bataille. Un autre facteur vient encore renforcer le réducteur. L'individu se retrouve à 2,0.

Et c'est à ce moment précis que l'analyseur, ayant échoué, s'éteint. Nous entrons dans la zone 1. L'hostilité s'installe. Le réducteur continue à faire pression, menaçant à présent la survie des cellules. Il poursuit sa progression. L'individu se met en colère et rassemble ses dernières forces en faisant appel aux cellules (sans en être conscient). Le réducteur continue à l'écraser. L'individu devient fou furieux. Le réducteur gagne encore du terrain. L'individu est pris de peur (ton 0,9). Le réducteur recrute de nouveaux facteurs en cours de route et exerce une nouvelle poussée. L'individu se retrouve à 0,6 — la terreur. Nouvel assaut du réducteur. L'individu reste paralysé par l'épouvante (0,2).

Illustrons cela par un exemple à la fois simple et dramatique de façon à ne pas avoir à prendre en considération les milliers de facteurs subtils qui peuvent entrer en jeu.

Un Clair, qui n'a aucune expérience de la chasse, décide de tuer un grizzli. Il a un bon fusil. Le grizzli lui semble une proie facile. Le ton de cet homme se situe aux alentours de 3,9. Il se sent en pleine forme. Il va l'avoir ce grizzli qui n'a pas arrêté d'attaquer son bétail ! Et c'est avec un enthousiasme à toute épreuve qu'il se retrouve devant la tanière de la bête. Il attend. Finalement, il aperçoit le grizzli. Derrière lui se dresse un rocher avec une paroi à pic qu'il serait incapable d'escalader en temps normal. Pour être dans une position de tir idéale, il lui faut gravir le rocher. Il constate que le grizzli va bientôt disparaître. Voyant qu'il est sur le point de perdre sa proie, son ton chute légèrement et il se retrouve à 3,2. La nécessité aidant, il escalade rapidement le rocher. Puis il fait feu. Mais, ce faisant, il est déséquilibré et tombe au bas du rocher. Le grizzli est blessé. Il se dirige sur l'homme, dont le niveau de nécessité s'élève aussitôt. Il récupère son fusil et tire une deuxième balle. Il est à 3,0. Raté. De nouveau il fait feu. Mais le fait d'avoir manqué sa cible le coup d'avant et d'avoir constaté que le grizzli chargeait l'a amené à 2,5. Il tire une nouvelle balle. Cette fois-ci, le grizzli est touché, mais il n'en continue pas moins d'avancer. L'homme fait feu à nouveau mais il se rend compte brusquement que ses balles n'arrêteront pas le grizzli. Son ton chute encore. Il est à 2,0. Il se met à rouspéter et à tirer fébrilement. Ses balles se perdent dans la nature. La rage s'empare de lui. Il en veut au fusil, au grizzli, au monde entier. Il jette l'arme, prêt à affronter à mains nues le grizzli qui n'est plus qu'à quelques pas. Soudain il est pris de peur. Son ton est de 1,2. Ses narines perçoivent l'odeur de la bête, ce qui amène son ton à 0,9. Il sait que l'ours va le tuer. Il fait demi-tour et essaie frénétiquement d'escalader le rocher pour se mettre hors de portée. Il est en proie à une terreur panique (0,6). Le grizzli lui donne un violent coup de patte et l'arrache du rocher. À présent, l'homme gît à terre. Sa respiration et son cœur sont pratiquement arrêtés. L'ours le frappe encore une fois. L'homme ne bouge plus. La bête décide alors que l'homme est mort et s'éloigne. Durement secoué, celui-ci finit par revenir à lui. Son ton remonte graduellement jusqu'à 2,0, point critique où l'analyseur avait « disjoncté ». L'homme s'ébroue et se lève. Son ton est revenu à 2,5. Il éprouve un sentiment analytique de crainte et de méfiance. Il récupère son fusil. Lentement, il quitte les lieux. Il ressent le besoin de guérir la blessure d'amour-propre qu'il a reçue. Son ton est à 3,2. Il poursuit son chemin et se retrouve dans un endroit sûr. Brusquement, il lui vient à l'esprit qu'il pourrait emprunter le Mauser d'un ami. Il commence à mettre au point un plan destiné à achever le grizzli. Son enthousiasme s'accroît. Mais c'est l'expérience qui le guide. L'engramme qu'il a reçu lorsque le grizzli l'a mis K.-O. est un facteur complètement à part. Trois jours plus tard, il tue l'ours. Durant le laps de temps où il se remémore et raconte l'histoire, son ton monte jusqu'à 4,0, après quoi il s'intéresse à autre chose.

La vie est autrement plus compliquée qu'une chasse au grizzli et elle est généralement beaucoup moins dramatique. Par contre, elle est toujours remplie de situations qui font fluctuer le réducteur de survie. La concrétisation d'un but agréable (tuer un ours, embrasser une femme, être au premier rang à l'opéra, se faire un ami, chiper une pomme) fait passer l'individu par différents niveaux de ton. De plus, l'individu se livre généralement à trois ou trois mille calculs en même temps, lesquels comportent trente ou trente mille variables. Il y a trop d'inconnues, trop de « je-ne-savais-pas-que-le-fusil-était-chargé ». Ces inconnues peuvent disperser l'analyseur et le faire tomber en panne. On peut considérer que l'analyseur est hors service lorsqu'il atteint le ton 2,0. Au-dessous de 2,5, les calculs et les raisonnements de l'analyseur ne sont pas très logiques (trop d'inconnues, trop de facteurs imprévus, trop de découvertes d'erreurs).

L'exemple ci-dessus montre comment un Clair se comporte dans la vie. Quand notre chasseur a été frappé par le grizzli, il a reçu un engramme. Il pourrait par la suite éprouver de la peur et de l'apathie en présence de certains facteurs (key-in de l'engramme) : odeur de la terre, branches, souffle d'un ours, etc., bref, toutes les perceptions présentes au moment de l'engramme. Mais il a tué l'ours. Il y a très peu de chances qu'il se produise un jour un key-in de cet engramme. Pas parce qu'il a tué l'ours, mais parce qu'il est, après tout, un homme adulte. Et s'il est Clair, il peut toujours se remémorer et revivre sa mésaventure et l'effacer lui-même.

Dans cet exemple, nous avons vu également un cycle complet d'*émotion*. Sur l'échelle des émotions, l'enthousiasme et la jouissance se trouvent tout en haut et la peur et la paralysie, tout en bas. La mort simulée est très proche de la mort véritable sur cette échelle des tons. Elle a une certaine utilité, mais ce n'est rien d'autre qu'une complète apathie.

Tant que l'analyseur fonctionne, l'individu ne peut pas recevoir d'engramme. Tout est classé dans les banques mnémoniques standard. Mais dès que la barre des 2,0 est dépassée (en direction de la mort), l'« inconscience »* s'installe, et tout ce qui est enregistré,

---

* *L'auteur n'ignore pas que de nombreux médecins, au moyen de la narco-analyse [l'hypnotisme par les drogues] sont tombés accidentellement sur des périodes d'« inconscience ». Mais ils considéraient aussitôt que ces périodes étaient équivoques et affirmaient que ce n'était sans doute pas de*

en compagnie de la douleur ou de l'émotion douloureuse, devient un engramme. Cela ne contredit en rien tout ce qu'on a dit sur les engrammes. Disons qu'un patient est anesthésié pour une opération chirurgicale. L'anesthésique agit. À 2,0, l'analyseur « disjoncte ». L'anesthésique continue d'agir et abaisse encore le niveau de conscience. La douleur entre en jeu et l'abaisse un peu plus. Mais ce n'est pas parce que le niveau de conscience chute que l'émotion en fait autant. Ce qui fait chuter le niveau émotionnel, c'est le degré de danger ou de compassion présent dans l'environnement. Dans la banque du mental réactif, il peut y avoir un engramme contenant un ton 4,0, un autre contenant un ton 1,0, un autre encore contenant un ton 0,1. Bref, l'émotion n'est pas si simple.

Le niveau de conscience peut chuter à cause de facteurs tels que l'émotion douloureuse, un poison, etc. Tout ce qui suit devient alors engramme. Mais les engrammes ont chacun une échelle des tons qui leur est propre et qui s'étend de 4,0 à 0,1.

Il y a donc deux facteurs à l'œuvre. D'une part, l'état physique, qui fait chuter le niveau de conscience (qui « éteint » l'analyseur), et d'autre part, l'état mental, qui fait chuter le niveau émotionnel.

Mais rappelez-vous qu'un autre élément est présent dans les engrammes : la valence. Une fois que l'analyseur a disjoncté, le corps va adopter les idées ou l'état émotionnel des autres analyseurs

l'inconscience. Durant notre recherche, nous nous sommes livrés à une petite expérience : à la demande d'un dianéticien, deux médecins qui manifestaient un certain scepticisme (ils en sont revenus, depuis), plongèrent des patients dans l'« inconscience », puis ils parlèrent, firent du bruit, etc. Le dianéticien, s'étant volontairement absenté, ne pouvait savoir ce que les médecins disaient ou faisaient. Eh bien, tout ce que les médecins avaient fait comme bruit et prononcé comme paroles (y compris les paroles qu'ils avaient murmurées pendant qu'ils prenaient la tension de chaque patient, vérifiaient sa respiration, etc., pour s'assurer qu'il était aussi « inconscient » que possible), bref toutes les données « enregistrées » par le mental de chaque patient furent retrouvées par le dianéticien. Pendant un bref moment, deux des patients souffrirent d'ailleurs d'une grave aberration à cause de commentaires malheureux émis par l'anesthésiste et les deux médecins. Cela est mentionné au cas où certaines personnes désireraient un jour tenter cette expérience. Nous avons affaire ici à la matière dont est faite la folie. Faites donc très attention à ce que vous dites lorsque vous maltraitez des patients. LRH

présents. L'affinité va jouer son rôle à fond. Quand un individu est « inconscient » en présence d'autres personnes, il s'empare de la valence de chacune d'elles. Certaines de ces valences « ne font que passer » et sont sans conséquences. La première valence dont il s'empare est celle qui manifeste le plus de sympathie ou de compassion et qui semble la plus propre à faire un ami précieux dans le futur. Il s'empare également de la valence la plus forte, la valence gagnante, celle qui survit le mieux ; c'est celle qu'il dramatisera plus tard. De cette valence gagnante (elle a plié à ses désirs l'individu ou les autres personnages de l'engramme), l'individu adoptera aussi le ton émotionnel. Si la valence gagnante et la valence compatissante sont une seule et même personne, l'individu a un engramme qu'il pourra dramatiser à pleine puissance.

Prenons un exemple. Un homme, venu se faire extraire deux dents de sagesse, est endormi au protoxyde d'azote (le pire anesthésique qu'on ait jamais inventé, car ce n'est pas un anesthésique, mais un hypnotique). Comme d'habitude, toutes les personnes présentes autour du patient « inconscient » bavardent et jacassent à qui mieux mieux, parlent du patient, du temps qu'il fait, de football ou du dernier film qu'elles ont vu. Le dentiste est du genre agressif, il est autoritaire avec son assistante et il a tendance à se mettre en rogne pour trois fois rien. Mais, en même temps, il éprouve beaucoup de sympathie pour le patient. L'assistante est une blonde aux yeux bleus qui est très aberrée sur le plan sexuel. L'analyseur du patient ne fonctionne plus. Et celui-ci souffre le martyre. Il est en train de recevoir l'engramme des engrammes, un engramme qui peut détruire sa vie (ce protoxyde d'azote est vraiment une substance abominable ; elle vous fabrique des engrammes pas piqués des hannetons, comme n'importe quel dianéticien vous le confirmera). Toutes les paroles qui sont adressées au patient ou qui sont prononcées autour de lui sont prises à la lettre par le mental réactif. Le patient adopte la valence du dentiste, car c'est à la fois la valence gagnante et celle qui manifeste le plus de sympathie. Chaque phrase prononcée peut causer une aberration et se retrouve interprétée à la lettre par cet imbécile heureux de mental réactif, un peu comme dans l'histoire de l'employé un peu simplet à qui son patron dit de prendre la porte ; et l'employé de dégonder la porte et de sortir avec. Quel que soit le sujet de conversation des gens qui entourent le patient, tous les « je », les « il » et les « vous » qu'ils ont prononcés auront un caractère engrammique et lorsque quelqu'un les utilisera par la suite pour désigner d'autres personnes ou pour désigner le patient, celui-ci les prendra à la lettre. Le dentiste dit : « Il ne peut rien se rappeler. » Eh bien, lorsqu'il se produira un key-in de l'engramme, ce patient va effectivement avoir une occlusion de sa mémoire plus ou moins importante. « Il ne voit rien et il ne sent rien. » Ce qui signifie une occlusion des perceptions visuelles, tactiles et, de la douleur. Si ses yeux larmoient sous l'effet de la douleur (bien qu'il soit complètement « endormi »), il risque par la suite de souffrir de troubles de la vue et d'avoir une mauvaise mémoire visuelle. On le remet à présent entre les mains de l'assistante blonde, le temps qu'il se réveille et qu'il récupère un peu. Cette assistante possède de grosses aberrations. Elle sait que les patients font des choses étranges et sont parfois loquaces quand ils sont « dans le cirage », aussi elle lui soutire des renseignements sur son existence. Elle sait (et pas qu'un peu !) que le protoxyde d'azote est un hypnotique et s'amuse, histoire de rigoler un peu, à lui implanter quelques suggestions positives. Elle lui dit qu'il va l'aimer, qu'elle sera gentille avec lui et que, pour l'instant, il a tout intérêt à rester ici.

Et voici donc notre pauvre patient, qui vient de se faire extraire deux dents de sagesse, avec un engramme de colère/compassion qu'il va pouvoir dramatiser à fond. Le ton chronique qu'il adopte est celui du dentiste, qui en faisait voir de toutes les couleurs à l'assistante. Quelques années plus tard, notre homme, dont les souvenirs sont évidemment très embrouillés, rencontre une femme qui ressemble à l'assistante. Celle-ci avait implanté dans son mental un désir compulsif qui devait l'attirer vers elle. Le mental réactif, avec le crétinisme qui le caractérise, voit en cette femme complètement différente suffisamment de similitudes pour en conclure que l'assistante et elle sont la même femme. Le patient divorce d'avec sa femme et épouse l'« assistante ». Maintenant qu'il est marié avec l'« assistante », l'engramme de l'extraction commence à agir pour de bon, il tombe malade : les deux molaires adjacentes aux anciennes dents de sagesse se carient et sont attaquées par un abcès (circulation interrompue, douleur aux alentours des molaires, mais notre homme ne la ressent pas puisque la douleur a été « coupée »). Sa mémoire devient de plus en plus mauvaise. Il commence à être atteint de troubles de la vue et contracte une conjonctivite bizarroïde. De plus, comme le dentiste lui avait de temps en temps enfoncé un coude très pointu dans la poitrine et dans l'estomac pour avoir un meilleur appui, notre homme a mal à la poitrine et à l'estomac. Et ce n'est pas tout : le protoxyde d'azote lui avait brûlé les poumons et cette douleur est à présent en restimulation chronique. Mais le plus horrible est qu'il croit que l'« assistante » va le soigner et s'occuper de lui. Aussi il cesse de se soigner et son énergie commence à se dissiper. Analytiquement, il sait que tout cela n'est pas normal et qu'il n'est pas lui-même. En effet, il est coincé dans la valence du dentiste qui se met en colère contre l'assistante. Il se met à battre « l'assistante » car il a l'impression que tout le mal vient d'elle. Mais la femme qu'il a épousée n'est pas l'assistante et ne l'a jamais été ; elle se comporte très vaguement comme elle et elle est blonde. Elle a ses propres engrammes et réagit. Elle tente de se suicider.

Et puis, un jour, comme notre homme a beaucoup d'autres engrammes, il se retrouve à l'hôpital psychiatrique du coin et les docteurs décident que ce qu'il lui faut, c'est une gentille petite série d'électrochocs pour lui griller le cerveau, et si ça ne le calme pas, on enchaînera avec une bonne lobotomie transorbitale (avec et sans électrochocs) où on lui enfoncera des pics à glace dans les orbites pour réduire le mental analytique en bouillie. Sa femme est d'accord. Notre homme ne peut pas se défendre : il est fou et les fous n'ont aucun droit, c'est bien connu.

Par bonheur, dans le cas dont je viens de vous parler, la cavalerie est arrivée à temps en la personne d'un dianéticien. Le patient et sa femme sont aujourd'hui Clairs et très heureux. Cette histoire, tout comme l'engramme, est parfaitement authentique. Il s'agissait d'un engramme de compassion, considéré à tort comme « pro-survie » par l'indécrottable mental réactif.

Vous avez vu comment les émotions fluctuent au sein d'un même engramme ? Le corps était K.-O. et souffrait mille morts. Le mental dramatisait tout un tas d'émotions, selon le principe de la contagion. Quant au ton de notre homme, il se situait aux alentours de l'apathie profonde, ce qui explique pourquoi il n'arrivait plus à « être lui-même ».

Je mentionnerai en passant un fait très important : pendant une opération ou quand une personne est « inconsciente » par suite d'un accident ou d'une blessure, il est impératif d'observer un silence complet, un silence total, un silence absolu. *Rien de ce qu'on peut dire en présence d'une personne « inconsciente » et rien de ce qu'on peut communiquer à ses sens ne peut lui être bénéfique. Rien !* Il ressort de ces recherches et de ces découvertes scientifiques (et n'importe quel laboratoire ou groupe de gens peut, en très peu de temps, vérifier la validité de ce que nous affirmons ici) que la loi devrait punir quiconque émet un son ou fait du bruit à proximité d'une personne « inconsciente ». En effet, pour celui qui connaît les faits exposés plus haut, parler ou faire du bruit auprès d'une personne « inconsciente » constitue une tentative délibérée de destruction de l'intellect et de l'équilibre mental de cette personne. Par exemple, si l'on complimente le patient pendant qu'il est hypnotisé, opéré ou en état de choc à cause d'une blessure, il aura un *manique* qui, par la suite, le plongera dans un état d'euphorie temporaire, lequel sera suivi d'un état de profonde dépression.

On pourrait modifier la règle d'or et dire : si tu aimes ton prochain, garde le silence pendant qu'il est inconscient.

L'émotion se situe à deux niveaux : au niveau personnel et au niveau des autres valences. Elle se communique selon l'équation A = A = A. Si quelqu'un manifeste de la rage pendant qu'une personne est « inconsciente », l'engramme de cette dernière aura un ton 1 et contiendra de la rage. Si c'est de l'apathie qui est manifestée à proximité d'une personne « inconsciente », elle aura un engramme de ton 0. Si c'est de la joie de vivre qui est présente durant la réception d'un engramme, l'aberration consécutive sera réduite ; mais la personne aura un engramme de ton 4. Et ainsi de suite. En d'autres termes, les émotions des personnes qui se trouvent à proximité d'un individu « inconscient » lui sont transmises par l'intermédiaire de l'engramme. N'importe quelle émotion peut être transmise de la sorte.

Quand un individu aberré dramatise un engramme, il adopte toujours la valence gagnante. Bien entendu, il n'est pas lui-même à ce moment-là. Si, à part l'individu, une seule personne est présente et qu'elle parle de façon apathique, l'émotion de l'engramme sera l'apathie. Quand une personne dramatise un engramme contenant de l'apathie, elle sombre dans l'apathie (à moins de vouloir à tout prix souffrir). Il n'y a pas plus dangereux que cette émotion pour un individu, étant donné qu'elle est la plus proche de la mort. Si c'est de la rage qui est communiquée à une personne « inconsciente », elle dramatisera un engramme de rage. Les dramatisations de rage sont extrêmement néfastes pour la société. Une simple hostilité manifestée auprès d'une personne « inconsciente » lui donnera un engramme de simple hostilité (ou d'hostilité cachée). Quand deux personnes d'humeur différente sont présentes, l'individu « inconscient » se retrouve avec un engramme contenant deux valences (la sienne mise à part). Dans un cas comme celui-là, il dramatisera l'émotion de la valence gagnante. Si on le lui interdit, il dramatisera l'émotion de la deuxième valence. Si on lui interdit toute dramatisation et s'il s'agit d'un engramme chronique, il sombre dans la folie.

N'allez pas en déduire qu'une personne n'utilise ou ne dramatise que des engrammes de compassion. C'est loin d'être le cas. L'engramme de compassion lui donne une maladie psychosomatique chronique. Elle peut dramatiser n'importe quel engramme, du moment qu'il est restimulé.

L'émotion est donc une affaire de communication et de condition personnelle. Les cellules évaluent toute situation en tenant compte des autres analyseurs présents, même s'ils sont complètement hostiles à l'individu. Lorsque l'individu ne dispose d'aucune évaluation cellulaire, il adopte le ton que lui-même manifestait au moment de l'engramme.

Il existe un autre aspect de l'émotion qui intéressera tout particulièrement le thérapeute et qu'il lui sera très utile de connaître, car c'est la première chose à laquelle il aura affaire lorsqu'il commencera à administrer la thérapie à quelqu'un. Loin de moi l'idée de me lancer dans une description de la thérapie. Cela viendra plus tard. Je vais simplement parler d'un aspect très important de l'émotion.

Toute perte grave (et toute autre action brusque et violente du réducteur) « endigue » l'émotion dans un engramme. Une perte peut créer un choc si puissant que l'analyseur se retrouve hors service. Un engramme s'installe alors. S'il s'agit de la perte d'une personne qui a manifesté de la compassion et dont l'individu a été dépendant, celui-ci a soudain l'impression que la mort le guette. Lorsque le réducteur se présente sous la forme d'une perte, c'est comme si un puissant ressort était comprimé à l'intérieur de l'engramme. Lorsqu'il se détend, un torrent d'émotion est libéré (en admettant évidemment qu'il s'agisse bel et bien d'émotion, mais je ne vois pas quel autre nom lui donner).

Il semble qu'une partie de la force vitale soit emprisonnée dans les engrammes de perte qui parsèment l'existence. La force vitale d'un individu est sans doute énorme, mais les engrammes de perte en absorbent une certaine quantité. À chaque engramme de ce genre, l'individu perd un peu plus de sa vitalité. Émotion ? Force vitale ? Peut-être ne s'agit-il pas d'émotion, mais de la force vitale elle-même. Quoi qu'il en soit, les couches inférieures du mental renferment donc de grandes quantités de chagrin et de désespoir comprimées à l'extrême. Plus l'individu a accumulé en lui de charges émotionnelles de ce genre, moins il est capable d'exprimer librement ses émotions. Le réducteur de survie peut amener la personne à un point où elle a du mal à remonter. Rien dans son futur ne semble pouvoir la ramener au niveau qu'elle occupait avant.

La splendeur et les couleurs de l'enfance s'évanouissent peu à peu au fil des ans. Mais le plus étrange, c'est que cette magie, cette beauté, cette faculté de jouir de la vie n'ont pas *disparu*. Elles sont justes emprisonnées. L'une des choses les plus remarquables que le Clair constate chez lui-même à l'issue de la thérapie de la Dianétique, c'est qu'il est de nouveau capable d'apprécier toutes les belles choses que nous offre le monde.

À mesure que les gens s'éloignent de l'enfance, les pertes s'accumulent, et chaque perte leur enlève un peu plus de cette quantité θ (thêta) qui n'est probablement rien d'autre que la force vitale elle-même. Cette force qui est emprisonnée en eux et qu'ils ne peuvent employer réagit contre eux.

C'est à cause de ce phénomène d'emprisonnement des émotions que le mental d'une personne multivalente (à valences multiples) ou incapable de voir ou d'entendre son passé est divisé en compartiments. Le mental analytique, harcelé par le mental réactif, se compartimente et se divise un peu plus à chaque perte, jusqu'au moment où toute la force vitale est emprisonnée. Et l'individu meurt.

Donc, l'émotion, ou du moins ce qu'on a appelé l'émotion, se présente sous deux aspects. Primo, le système endocrinien, sous l'influence du mental analytique dans les zones 2 et 3, et sous l'influence du mental réactif dans les zones 1 et 0, suscite différentes réactions émotionnelles : peur, enthousiasme, apathie, etc. Deusio, les engrammes entament la force vitale et celle-ci est emprisonnée, bout par bout, dans le mental réactif.

Peut-être réussirons-nous un jour à mettre au point une thérapie qui produira des Clairs rien qu'en libérant ces segments de force vitale enfermés dans le mental réactif. Jusqu'ici, la chose s'est avérée impossible. Malheureusement.

L'émotion a une caractéristique étrange : elle est toujours calquée sur le contenu verbal des engrammes. Si l'engramme dit : « J'ai peur », l'aberré a peur. Si l'engramme dit : « Je suis calme », l'aberré se force au « calme », même si le reste de l'engramme le fait trembler de tous ses membres.

Le problème de l'émotion (en tant que force vitale et en tant que réaction émotionnelle suscitée par le système endocrinien) se trouve compliqué par le fait que, très souvent, l'individu confond la douleur contenue dans un engramme avec l'émotion exprimée dans ce même engramme. Par exemple, l'engramme dit à l'individu qu'il est « sexuellement excité » ; la douleur contenue dans cet engramme se présente sous la forme d'une douleur à la jambe et l'émotion (manifestée par la valence qui dit : « Je suis sexuellement excité ») est la colère. L'aberré, lorsqu'il dramatise cet engramme, est extrêmement déconcerté. Quand il est « sexuellement excité » (il voit à peu près ce que ces mots signifient), il est en colère et il a mal à la jambe. C'est souvent un phénomène très amusant à observer et il a donné naissance à une série de plaisanteries de laboratoire qui commencent toutes par : « Vous savez, je me sens comme tout le monde. »

Car l'une des choses que constate le dianéticien, c'est que les gens évaluent les émotions, les croyances, les facultés intellectuelles et les somatiques d'autrui en se basant sur leurs propres réactions engrammiques. Aussi le dianéticien adore découvrir les idées, plus saugrenues les unes que les autres, que les gens se font de l'« émotion ». « On sait ce que les gens ressentent quand ils sont heureux. Ils ont les oreilles qui brûlent. » « Je ressens ce que tout le monde ressent quand je suis heureux. J'ai mal aux yeux et aux pieds. » « Bien sûr que je sais ce que les gens ressentent quand ils sont heureux. Ils ont la chair de poule. » « Je me demande comment les gens font pour tomber amoureux. Ça fait tellement mal au nez. » « Évidemment que je sais ce qu'éprouvent les gens quand ils sont surexcités. Ils ont envie d'aller aux toilettes. »

Il n'y a probablement aucune personne au monde qui n'ait, pour chacun des états émotionnels, une définition extrêmement personnelle sortie tout droit de ses engrammes. Le contenu verbal, les somatiques, les perceptiques forment ce que les gens appellent « l'état émotionnel ».

En fait, il faut envisager le problème de l'émotion par rapport au Clair, car le Clair n'a pas d'engrammes qui lui dictent sa conduite. Envisagé sous cet angle, le problème se ramène à deux éléments : 1) le système endocrinien et 2) la force vitale, qui varie en intensité et qui peut à volonté repousser le réducteur de survie et reconquérir le terrain perdu.

J'ajouterai quelques lignes sur le rire. Le rire n'est pas, à proprement parler, une émotion. C'est une libération d'émotion. Les Italiens de l'ancien temps étaient persuadés que le rire avait une valeur thérapeutique, comme le montrent leurs contes populaires. La mélancolie était la seule maladie mentale admise dans ces contes et il n'y avait qu'un remède possible : le rire. En Dianétique, le rire tient une place importante. Durant les séances de thérapie, les réactions de rire des patients peuvent revêtir les formes les plus variées : cela va du petit rire amusé à l'hilarité la plus totale. Lorsqu'un engramme est vraiment en train de se décharger, on peut s'attendre, au début, à une émotion située quelque part entre les larmes et l'ennui, puis finalement, à des éclats de rire. Plus l'émotion contenue dans l'engramme est proche des larmes au premier contact, plus il est certain que le rire apparaîtra quand l'engramme sera déchargé.

Lors de la thérapie, le préclair traverse souvent une phase où son passé tout entier déclenche en lui une hilarité incontrôlable. Cela ne veut pas dire qu'il est Clair. Cela signifie simplement qu'une grande part de la charge emprisonnée a été libérée. Il est arrivé à un préclair de rire pendant deux jours pratiquement sans s'arrêter. Il ne faut pas confondre ce genre de phénomène avec l'hébéphrénie[3]. En effet, quand un préclair découvre que ses craintes et ses terreurs passées étaient superficielles et qu'elles n'avaient rien de mystérieux, le soulagement qu'il éprouve et le rire qu'il émet sont parfaitement sincères et partent du cœur.

Le rire joue donc un rôle très important dans la thérapie de Dianétique. C'est très réjouissant de voir un préclair se libérer brusquement d'un engramme qui contenait une grosse charge émotionnelle et qui le hantait depuis des années ; les aspects les plus sordides de l'engramme le plongent dans l'hilarité la plus totale. Puis, peu à peu, il se désintéresse de la question et son rire s'éteint. Et il éprouve alors un ton 3 par rapport à cet engramme.

Oui, le rire correspond bel et bien à la libération d'une émotion douloureuse*.▲

Vous trouverez l'échelle des tons complète, son emploi pour prédire le comportement d'autrui ainsi que pour faciliter l'audition dans le livre Science de la survie de L. Ron Hubbard.

3. **Hébéphrénie** : *(psychiatrie)* une forme d'aberration qui se caractérise par un comportement infantile et irresponsable.

CHAPITRE SEPT

LA VIE PRÉNATALE ET LA NAISSANCE

IL Y A UNE CENTAINE D'ANNÉES, les vieilles femmes parlaient, non sans une certaine sagesse, des « influences de la vie prénatale » et affirmaient qu'une femme marquait l'enfant qu'elle portait. Ce genre de pensée intuitive découle en fait de l'observation. On peut constater que l'enfant illégitime est souvent un être malheureux et malchanceux (surtout dans une société qui voit les filles-mères d'un mauvais œil). Ces croyances populaires existent depuis de nombreux millénaires. Elles n'en sont pas vraies pour autant, mais j'ai trouvé que c'était une excellente façon de débuter ce chapitre sur la vie prénatale et la naissance.

Si la Dianétique s'était basée sur des théories aussi vagues que celles des vieilles femmes ou celles des mystiques qui affirmaient que les « illusions de l'enfance » engendraient des aberrations, elle ne serait pas devenue une science du mental. Ce ne sont certes pas de vagues théories qui ont permis de découvrir le rôle exact que jouaient la vie prénatale et la naissance dans les aberrations et les maladies psychosomatiques.

Une fois postulée la philosophie de base de la Dianétique, de nombreuses écoles de guérison mentale, des apôtres d'Esculape aux hypnotiseurs du XXᵉ siècle, furent étudiées. D'innombrables données furent accumulées et il fut procédé à de nombreuses expériences. Après la formulation des principes de base relatifs aux engrammes et la découverte que l'« inconscience » était un moment où l'individu continuait d'enregistrer, la théorie commença à prédire l'existence de phénomènes nouveaux qui n'avaient jamais été observés.

Au cours des dernières années, une nouvelle technique appelée « narco-analyse »[1] a fait son apparition. Il s'agit en fait d'une branche de l'« hypno-analyse ».[2] La narco-analyse n'a, bien

---

1. **Narco-analyse :** pratique qui consiste à endormir le patient au moyen d'un stupéfiant ou d'un hypnotique, puis à lui parler pour essayer d'extirper ses pensées profondément enfouies.
2. **Hypno-analyse :** psychanalyse faite sur un sujet en état d'hypnose.

entendu, jamais produit de Clairs et, dans la plupart des cas, elle n'a même pas été capable de produire la plus petite amélioration. On découvrit un jour qu'elle engendrait des aberrations. Une chose qui provoque des aberrations peut très bien mener à quelque chose qui élimine les aberrations, à condition bien sûr, de l'étudier scientifiquement. On se livra donc à une étude scientifique de la narco-analyse. On examina plusieurs sujets qui avaient été « narco-analysés ». Quelques-uns en avaient retiré un certain soulagement. Quant aux autres, leur état avait considérablement empiré.

En travaillant avec l'hypno-analyse, on découvrit qu'il était possible de la modifier et d'employer des variantes qui libéraient la charge néfaste contenue dans les *locks* (moments d'angoisse mentale qui ne contiennent ni douleur physique ni « inconscience »). On découvrit aussi, en traitant des schizoph-rènes au moyen de la narco-analyse que les locks ne sautaient qu'une fois sur deux, et encore…

« Narco-analyse » est un mot compliqué qui désigne une technique très ancienne bien connue en Grèce et en Inde. C'est de l'hypnose provoquée par un narcotique. En général, ce sont les praticiens qui ne connaissent pas l'hypnotisme qui utilisent la narco-analyse, ou ceux qui ont affaire à des patients sur qui l'hypnotisme ordinaire n'a aucun effet. On administre au sujet une injection intraveineuse de penthotal et on lui demande de compter à rebours. Au bout de quelques instants, il cesse de compter et l'on retire aussitôt la seringue. Le sujet est maintenant dans un « profond sommeil ». En fait, *c'est tout sauf du sommeil*, mais il semble que ce fait ait échappé aux narco-analystes et aux hypno-tiseurs. Tout ce que fait la narco-analyse, c'est affaiblir la conscience, ce qui permet d'atteindre directement les unités d'attention[3] qui se trouvent derrière l'écran du mental réactif. Ces unités d'attention sont en contact direct avec les banques mnémoniques standard. Avec la narco-analyse, les circuits de dérivation (les circuits-démons) situés entre les banques mnémoniques stan-dard et le « je » sont contournés. En d'autres termes, une section non aberrée du mental analytique a été touchée. Elle n'est pas très puissante, ni très intelligente, mais elle a l'avantage d'être en

---

3. **Unité d'attention** : quantité de conscience. Tout organisme est, dans une certaine mesure, conscient. Un organisme sain d'esprit ou relativement sain d'esprit est conscient d'être conscient. Les unités d'attention sont situées dans le mental et leur quantité varie d'une personne à l'autre.

contact avec les banques mnémoniques standard. Nous appelons cette section la *personnalité fondamentale*[4]. Les intentions, les objectifs et la persistance de ces quelques unités d'attention (de cette personnalité fondamentale) sont ceux que le mental analytique tout entier posséderait s'il était Clair. Ce groupe d'unités d'attention est extrêmement coopératif et très utile. En effet, la *personnalité fondamentale* est capable de se rappeler tout : sonique, visio, toucher, odeurs, douleurs, etc. Elle a accès à toutes les données stockées dans les banques mnémoniques standard, c'est-à-dire à tout ce qui a été perçu ou pensé, seconde par seconde, tout au long de l'existence. Les ouvrages consacrés à l'hypnotisme ne donnent aucune description de ces attributs de la personnalité fondamentale et il est même probable que personne ne savait que le sonique fait partie des facultés de rappel que déclenche l'hypnotisme ordinaire ou la narco-analyse.

En étudiant la *personnalité fondamentale* (les unités d'attention qui forment la personnalité fondamentale) d'un sujet multivalent qui avait une mauvaise mémoire et très peu d'imagination, on découvrit qu'elle était beaucoup plus apte à sélectionner les données que la *personnalité aberrée* (le sujet à l'état de veille). On découvrit par ailleurs que la personnalité aberrée *retournait* beaucoup mieux dans le temps que la personnalité fondamentale, mais que lorsqu'elle entrait en contact avec l'incident le plus ancien d'une série d'incidents, elle était incapable de se le rappeler. En revanche, quand, après être retournée en arrière et avoir établi un vague contact avec un vieil incident, la personnalité aberrée était revenue dans le *présent*, la personnalité fondamentale était alors en mesure (après que le sujet eut été endormi au moyen d'un hypnotique ou de l'hypnotisme ordinaire) de *retourner* jusqu'à cet incident et de se le rappeler. L'hypnotisme chimique renvoie rarement le patient très loin en arrière dans son existence. Mais on trouva la solution : tout d'abord on demanda à la personnalité aberrée de retourner en arrière, vu qu'elle en était capable, puis (une fois le patient endormi) on utilisa la personnalité fondamentale pour récolter les souvenirs. Grâce à cette méthode, on put obtenir le contenu d'incidents extrêmement anciens. Ce truc permit de

4.   **Personnalité fondamentale :** l'individu lui-même. L'individu fondamental n'est pas une chose inconnue ou enfouie ni une personne différente. C'est une concentration de tout ce qu'il y a de meilleur et de plus capable chez la personne.

surmonter le côté aléatoire de la narco-analyse et d'obtenir des résultats à tous les coups.

C'est alors que l'on tomba sur un autre facteur. Tous ces patients qui avaient été traités au moyen de la narco-analyse avaient vu leur état empirer chaque fois que les praticiens avaient touché mais aussitôt abandonné un moment d'« inconscience » (car « tout le monde sait » qu'une personne « inconsciente » n'enregistre rien). Chaque fois que le narco-analyste s'était empressé d'ignorer l'une de ces périodes d'« inconscience », l'état du patient avait empiré au lieu de s'améliorer. On décida alors de se montrer plus curieux que le praticien ordinaire et d'explorer plus à fond quelques-uns de ces moments d'« inconscience ». Au prix de bien des efforts, on parvint finalement à ramener à la surface le contenu de ces périodes d'« inconscience » relativement récentes.

L'hypnose par les drogues, qu'on l'appelle « narco-analyse » ou « visite du dieu Esculape », n'est rien d'autre que de l'hypnose. Tout ce qui est dit à un sujet hypnotisé s'imprime comme une suggestion positive. Une suggestion positive est tout simplement un engramme aux effets plus légers et moins durables. Lorsque l'état d'hypnose a été causé par une drogue, le problème se complique, en ce sens que les drogues sont des poisons. La suggestion s'accompagne alors d'une somatique permanente imprimée dans le corps, et il n'y a que la Dianétique qui puisse l'effacer. La narco-analyse et les autres formes d'hypnotisme chimique créent invariablement des engrammes. Tout ce que le praticien dit au patient devient plus ou moins engrammique.

Au cours du travail de recherche, on échafauda une première hypothèse : peut-être les échecs rencontrés par les praticiens étaient-ils dus en partie aux paroles inconsidérées et aberrantes qu'ils prononçaient en présence de leurs patients hypnotisés (on les avait retrouvées dans le mental des patients et ces derniers les avaient répétées mot pour mot). C'était vrai, dans une certaine mesure. Puis on découvrit un autre facteur : lorsqu'un patient (que l'on avait au préalable « endormi » au moyen d'un hypnotique) réussissait à atteindre ces périodes d'« inconscience », celles-ci refusaient de se décharger, même si le patient les narrait des dizaines et des dizaines de fois. On attribua cela à la drogue hypnotique injectée au patient.

On décida alors de se servir de l'hypnotisme classique pour atteindre ces périodes d'« inconscience ». Elles refusèrent à

« Ce qui conduisit à l'axiome scientifique suivant : <u>Plus la période d'« inconscience » est ancienne, plus il y a de chances qu'elle se décharge</u>. C'est l'un des axiomes de base de la thérapie de Dianétique. »

nouveau de se décharger. Donc, cela ne venait pas de la drogue et on pouvait sans risque continuer d'administrer des drogues aux sujets sur qui l'hypnotisme classique ne marchait pas. Et on recourut alors au petit truc mentionné plus haut : l'utilisation alternée de la personnalité aberrée et de la personnalité fondamentale.

On découvrit, par l'intermédiaire de l'hypnotisme chimique (lorsque c'était nécessaire) et de l'hypnotisme classique (chaque fois que c'était possible) qu'il était possible d'envoyer des « schizophrènes » (des patients *multivalents)* à des périodes d'« inconscience » très éloignées. Et on découvrit aussi que, très souvent, les périodes *éloignées* se déchargeaient. Ce qui conduisit à l'axiome scientifique suivant : *Plus la période d'« inconscience » est ancienne, plus il y a de chances qu'elle se décharge.* C'est l'un des axiomes de base de la thérapie de Dianétique.

On travailla ensuite sur des maniaco-dépressifs dont le sonique fonctionnait correctement. On put utiliser l'hypnotisme classique avec la plupart d'entre eux. On obtint le même résultat. L'axiome se vérifiait. Mais les expériences avec les sujets multivalents avaient parfois eu des conséquences extrêmement dramatiques. En effet, lorsqu'un engramme, après avoir été contacté, ne se déchargeait pas, il réagissait durement contre le mental analytique une fois que le sujet était réveillé et il introduisait des variantes dans ses psychoses et déclenchait des maladies psychosomatiques.

Cela permit de comprendre pourquoi l'état des sujets multivalents traités avec la narco-analyse avait empiré chaque fois que le narco-analyste ou le praticien avait touché (mais bien sûr ignoré) une période récente d'« inconscience ». Le problème qui se posait à présent était celui de l'application de l'axiome. On avança le postulat suivant : le tout premier engramme devait, d'une façon ou d'une autre, maintenir en place les engrammes ultérieurs. Compte tenu de ce que l'on savait déjà, ce postulat tenait parfaitement debout. On poursuivit les expériences avec les sujets multivalents et on découvrit ceci : plus on les envoyait loin en arrière dans leur vie, moins on risquait de les restimuler artificiellement. Très souvent, des engrammes reçus à l'âge de 2 ou 3 ans se déchargeaient complètement et les sujets en éprouvaient un soulagement considérable.

Le problème différait complètement de celui des chercheurs qui, ne connaissant pas l'existence du mental réactif et la nature véritable de l'« inconscience », se contentaient de fouiller l'analyseur ou d'explorer les incidents de la vie quotidienne dans l'espoir d'y trouver des facteurs d'aberration.

Lorsqu'un engramme est contacté, il résiste comme un beau diable, surtout s'il est postérieur à l'âge de deux ans. De plus, le mental réactif était enfoui très profondément sous les couches brumeuses de l'« inconscience » et il était, par ailleurs, protégé par un mécanisme installé par le mental analytique et qui interdisait à ce dernier d'entrer en contact avec la douleur et l'émotion douloureuse. Tout au long des travaux de recherches, le mental réactif opposa son système d'autoprotection. Néanmoins l'on savait que le mental réactif était la réponse au problème. Mais comment le décharger de son contenu, à supposer que la chose fût possible ?

On avait mis plusieurs sujets multivalents dans un drôle d'état. Le niveau de nécessité grimpa. Il fallait absolument trouver une solution. Mais on avait bon espoir : il y avait l'axiome cité plus haut. La tâche consistait à bâtir un pont entre la santé d'esprit et la folie. Avec cet axiome, on disposait d'un début de plan. Plus la douleur et l'« inconscience » étaient anciennes, plus l'engramme semblait léger.

Et puis, un jour, l'un des sujets multivalents, à qui on avait administré un hypnotique, retourna à la naissance. Il éprouva les douleurs qu'il avait éprouvées à l'époque (en fait, avec cette technique très grossière, il souffrit le martyre ; la Dianétique n'était pas encore la mécanique bien huilée que l'on connaît à présent). Il pataugea à travers l'« inconscience » de cette période et résista au docteur qui avait essayé de lui mettre des gouttes dans les yeux. Toute l'opération lui déplut au plus haut point. On avait d'abord envoyé la personnalité aberrée, puis, un peu plus tard, après avoir administré un hypnotique au sujet, on avait envoyé la personnalité fondamentale, laquelle avait contacté la naissance.

Il semblait bien que ce dut être un grand jour pour la Dianétique. Après avoir parcouru et raconté sa naissance une vingtaine de fois, le patient constata que les somatiques, l'« inconscience » et le contenu aberrant[5] se dissipaient. Il souffrait de crises d'asthme. Apparemment, elles avaient été causées par le docteur qui, dans un moment d'enthousiasme, l'avait brutalement soulevé de la table au moment où il essayait de prendre sa première inspiration.

---

5. Dans le présent ouvrage, l'adjectif « aberrant » n'est pas employé dans le sens du dictionnaire. Sa définition en Dianétique est la suivante : qui provoque des aberrations ; qui rend quelqu'un « aberré ».

Le sujet avait de la conjonctivite. Elle provenait des gouttes dans les yeux. Il avait une sinusite chronique. Elle provenait des tampons que la jolie infirmière lui avait fourrés dans le nez.

On avait de quoi se réjouir car il avait l'air d'un nouvel homme. L'une de ses principales psychoses, l'impression d'« être bousculé par tout le monde », avait disparu. La réalité subjective de l'incident était très forte. Il importait peu d'établir une réalité objective, mais comme sa mère n'habitait pas loin, on lui demanda de venir et, au moyen de la thérapie, on la fit retourner à la naissance de son fils. La mère et le fils s'étaient entretenus à ce sujet, mais pas en détail. Il ressortit que ce qu'avait enregistré la mère au moment de la naissance correspondait *exactement* à ce qu'avait enregistré le fils : mêmes mots, mêmes détails, mêmes noms. Ce phénomène, impossible en temps normal, même si la mère et le fils avaient essayé d'échanger des renseignements précis au préalable, avait été rendu possible par l'application de la Dianétique. De plus, la mère avait été « inconsciente » au moment de la naissance de son fils et elle avait toujours cru qu'elle s'était déroulée tout autrement. Ce qu'elle découvrit en *retournant* à la naissance fit s'écrouler la version qu'elle avait jusqu'alors tenue pour vraie.

On voulut alors s'assurer qu'il ne s'agissait pas d'un phénomène exceptionnel (car c'est un piètre chercheur que celui qui fonde ses conclusions sur une expérience unique) et on fit retourner deux personnes maniaco-dépressives à leur naissance. *L'engramme de la naissance de l'un des sujets refusa de partir !*

On fit à nouveau appel à l'axiome. Si l'on parvenait à trouver l'engramme le plus ancien, les autres disparaîtraient un à un. Tel était, du moins, l'espoir entretenu.

On demanda alors à la personne dont l'engramme de naissance ne voulait pas disparaître de retourner à un moment antérieur à sa naissance, pour voir si elle n'avait pas un engramme situé avant.

Les théories sur la structure qui avaient été professées avec tant de ferveur à travers les âges s'étaient déjà effondrées. Elles étaient tombées en poussière le jour où l'on avait réussi à percer la douleur et l'« inconscience » et découvert que l'engramme était la source unique des aberrations. Des tests que l'on avait effectués avaient démontré que toutes les données perçues par un individu depuis le moment de la conception — à l'état de veille, pendant le sommeil ou durant un moment d'« inconscience » — étaient enregistrées quelque part dans le mental ou dans le corps. On avait aussi rejeté les boniments relatifs à la gaine de myéline[6], étant donné que les recherches visant à établir qu'on pouvait bel et bien se rappeler la naissance avaient démontré que lesdits boniments ne tenaient pas debout. En effet, la théorie selon laquelle le mental ne peut rien enregistrer tant que la gaine de myéline ne s'est pas formée ne reposait sur aucun fait, n'avait jamais été vérifiée et était uniquement basée sur les dires de quelque « autorité en la matière ». Une science qui se base uniquement sur les affirmations de quelques « experts » dogmatiques est tout sauf une science. Bref, dire que les bébés sont incapables d'enregistrer quoi que ce soit tant que la myélinisation n'est pas terminée est aussi absurde que de dire que les femmes deviennent lesbiennes parce qu'elles sont dépitées de ne pas avoir de pénis. Aucune de ces deux théories ne fonctionne en pratique. Car un bébé est, après tout, constitué de cellules et les recherches ont démontré de façon concluante que ce sont les cellules qui enregistrent l'engramme, et non pas les organes.

Par conséquent, rien ne s'opposait à ce que l'on essaye de trouver, avant la naissance, ce que les dianéticiens appelaient déjà le *basique-basique* (le premier engramme de la première chaîne d'engrammes). On finit par dénicher un engramme antérieur à la naissance.

Depuis on a découvert que la plupart des enregistrements de l'enfant dans le ventre de sa mère ne sont pas engrammiques. Pendant un temps, on avait cru que l'enfant, dans le ventre de sa mère, enregistrait uniquement durant les moments où son ouïe devenait « hypersensible », c'est-à-dire durant les périodes de danger et surtout, durant les moments d'« inconscience ». Mais les premières expériences révélèrent que les engrammes prénatals les plus faciles à contacter étaient ceux qui contenaient beaucoup de douleur. *À l'évidence, ce sont les cellules, et non pas l'individu, qui enregistrent la douleur. Et la banque des engrammes se compose exclusivement d'enregistrements cellulaires.*

Le recours à la nature, plutôt que le recours à « l'autorité en la matière », constitue le fondement même de la science moderne. Parce qu'on a longtemps considéré Galien[7] comme unique expert en matière de sang, seuls quelques « fous » tels que Léonard de

---

6. **Gaine de myéline :** substance lipidique qui entoure les nerfs. Myélinisation : Formation de la gaine de myéline.
7. **Galien :** Médecin et anatomiste grec (130 ?–210 ?).

Vinci, Shakespeare ou William Harvey[8] ont « osé » faire des recherches sur le rôle véritable du sang ! Tant qu'Aristote est resté le « maître à penser incontesté », l'Occident a connu un âge de ténèbres. Les progrès viennent des esprits libres qui interrogent la nature, et non pas des âmes besogneuses qui citent les œuvres et les pensées du passé. Celui qui se croit obligé de paraphraser ses prédécesseurs sous-entend que les savants d'autrefois étaient mieux informés que ceux d'aujourd'hui.

Comme nous autres dianéticiens partions du principe que la cellule était l'élément de base, on ne fut pas vraiment surpris de découvrir que c'étaient les cellules qui enregistraient les engrammes. L'engramme n'est pas un souvenir. *C'est un enregistrement gravé dans les cellules qui agit en profondeur sur la structure même du corps.*

On savait, tests à l'appui, de quoi étaient capables les cellules. On avait découvert non seulement que la monocellule divisait sa substance, mais aussi qu'elle léguait toute son expérience à sa descendance (elle jouait le rôle de matrice). C'est l'une des particularités des monocellules : elles survivent en tant qu'identités. Chaque monocellule est son propre ancêtre. La cellule A se divise pour former une première génération ; cette génération est aussi la cellule A. La seconde génération, c'est-à-dire la seconde division, crée ensuite une entité qui est toujours la cellule A. N'étant pas obligée, pour se reproduire, de passer par les phases laborieuses de la conception, de la naissance et de la croissance, la monocellule se contente de se diviser. Tout ce qu'elle a appris est transmis à la génération suivante. La cellule A meurt, mais sa descendance, génération après génération, reste la cellule A. C'est peut-être à cause de ce phénomène que l'Homme croit qu'il survivra dans sa progéniture.

Mais la Dianétique, en tant qu'étude de la fonction et en tant que science du mental, peut se passer des théories relatives à la structure. Un seul critère prévaut : le fait avancé fonctionne-t-il ou non ? S'il fonctionne et si l'on peut s'en servir dans la pratique, c'est un fait scientifique. L'engramme prénatal est un fait scientifique. On le soumit à différents tests pour voir s'il se vérifiait dans la pratique (réalité objective) et constata que oui. En ce qui concerne la réalité subjective, *il est impossible de devenir Clair si l'on refuse d'admettre que l'engramme prénatal est un fait.*

8. **Harvey, William :** Médecin et anatomiste anglais qui a découvert le principe de la circulation du sang (1578–1657).

Lorsqu'on en eut terminé avec la série de 270 cas (certains avaient atteint l'état de Clair, d'autres l'état de « release[9] »), on prit une nouvelle série de cinq cas afin de trancher définitivement la question. On les empêcha de retourner antérieurement à la naissance. On les traita avec tout ce que la Dianétique, l'hypnotisme et les autres thérapies avaient à offrir. Aucun ne devint Clair. Ce qui démontra que les « suggestions », la « foi » ou la « personnalité du praticien » ne sont absolument pas des facteurs déterminants en Dianétique. Ces cinq cas n'avaient jamais été informés de l'existence des engrammes prénatals. Chacun d'eux en contacta quelques-uns, mais on les empêcha d'y pénétrer et on les maintint dans l'ignorance de ces engrammes. On réussit à réduire quelques maladies psychosomatiques, mais pas à les guérir complètement. Leurs aberrations subsistèrent et ne diminuèrent que très faiblement. Ces cas furent extrêmement déçus car ils avaient entendu dire que la Dianétique « faisait des miracles ». Chacun des 270 cas traités auparavant avait contacté des engrammes prénatals. Et ces cas avaient atteint soit l'état de Clair, soit l'état de release. Avec une centaine d'heures supplémentaires de thérapie, tous ceux qui avaient atteint l'état de release seraient devenus Clairs. Pour résumer, la thérapie de Dianétique donnait des résultats chaque fois que l'on tenait compte de la naissance et des engrammes prénatals, que ce soit chez les cas pris au hasard ou chez les cas soigneusement sélectionnés (on avait au moins deux sujets représentatifs de chaque type de névrose et de psychose). Lorsque l'on n'en tenait pas compte, les résultats obtenus ne valaient pas mieux que les meilleurs résultats des écoles du passé, bref, ils étaient à mille lieues de ce qu'on pouvait attendre d'une science du mental digne de ce nom.

Donc, la Dianétique n'a pu faire autrement qu'accepter l'existence de l'engramme de la naissance et de l'engramme prénatal. Ils faisaient partie de la nature des choses. Ce n'est pas parce que les écoles du passé ont ignoré ces engrammes et qu'elles ont parfois pénétré accidentellement dans la zone prénatale, mais sans pouvoir en tirer profit, qu'on doit en conclure que les engrammes prénatals n'existent pas. Le problème est un peu plus complexe que cela : la difficulté a consisté à trouver le mental réactif, lequel était dissimulé par le voile épais de l'« inconscience » qui, jusqu'à

---

9. **Release :** individu qui a réussi à sortir de son mental réactif. Le mental réactif est toujours là, mais l'individu n'est plus immergé dans les somatiques et les aberrations.

présent, n'avait jamais été percé. La découverte du mental réactif a ensuite conduit à celle des *engrammes prénatals*, qui sont tout à fait différents de la « mémoire prénatale ».

Après avoir examiné quelques cas, afin d'établir l'authenticité objective et subjective des engrammes prénatals, la Dianétique fut contrainte d'admettre, si elle désirait vraiment produire l'état de Clair, que les cellules du fœtus enregistrent bel et bien. On examina d'autres cas, et l'expérience aidant, découvrîmes que les cellules de l'embryon enregistraient elles aussi. Et puis, un jour, on découvrit que les enregistrements commencent dans les cellules du zygote, c'est-à-dire à partir de la conception. Le fait que le corps se souvient de la conception, laquelle est une activité extrêmement pro-survie, n'a pas grand-chose à voir avec les engrammes. Jusqu'à ce jour, la plupart des patients sont stupéfaits lorsqu'ils se retrouvent brusquement en train de remonter un canal ou d'attendre la fusion avec un gamète[10] du sexe opposé. Mais l'enregistrement est là, qu'il soit de nature engrammique ou non. Et ça ne sert pas à grand-chose de discuter avec le préclair pour essayer de le convaincre qu'il ne saurait se souvenir d'avoir été un spermatozoïde. Je mentionne ce point car n'importe quel diané-ticien s'y trouvera confronté un jour ou l'autre.

Ceux qui prétendent qu'il existe un « désir de retourner dans le ventre de la mère » auraient intérêt à étudier d'un peu plus près la vie intra-utérine. Même le savant le plus médiocre essaierait tout au moins de prouver qu'il est possible de se rappeler la vie intra-utérine avant d'avancer une telle conclusion. La vie dans le ventre de la mère n'est pas le paradis dont ont parlé certains poètes et certains scientifiques. Si vous voulez la vérité, trois hommes et un cheval enfermés dans une cabine téléphonique ont plus de liberté de mouvement que le fœtus. De plus, le ventre de la mère est humide, inconfortable et sans protection.

Maman éternue et bébé est projeté dans l'« inconscience ». Maman se cogne joyeusement dans une table et bébé a la tête enfoncée. Maman est constipée et, sous ses efforts répétés, bébé est écrasé. Papa devient passionné et bébé a l'impression de se trouver dans une machine à laver. Maman a une crise d'hystérie, bébé a un engramme. Papa frappe maman, bébé a un engramme. Petit Louis s'amuse à sauter sur les genoux de maman, bébé a un engramme. Et ainsi de suite.

---

10. **Gamète :** cellule reproductrice. Le spermatozoïde et l'ovule sont des gamètes.

Les gens dits normaux ont des tas d'engrammes prénatals. Il n'est pas rare qu'ils en aient plus de deux cents. Et tous, sans exception, engendrent des aberrations. Tous, sans exception, contiennent de la douleur et de l'« inconscience ».

Les engrammes reçus à l'état de zygote sont, potentiellement, les plus aberrants, car ils sont réactifs à 100 %. Ceux reçus à l'état d'embryon sont très aberrants. Ceux reçus à l'état de fœtus peuvent envoyer quelqu'un à l'asile.

Zygote, embryon, fœtus, nourrisson, enfant et adulte sont une seule et même personne. Un dicton dit que le temps guérit les blessures. Voilà un dicton qu'on peut immédiatement classer parmi les choses que « tout le monde sait ». Peut-être est-ce vrai au niveau conscient. Mais au niveau réactif, le temps n'est rien. La force d'un engramme est fonction du degré de restimulation.

L'engramme a une caractéristique intéressante. Il n'est ni « raisonné », ni analysé, et il est dénué de toute signification tant qu'il n'a pas été keyed-in. Un bébé, avant même de savoir parler, peut avoir un engramme en restimulation, mais il faut auparavant que les données analytiques que possède le bébé aient suscité un key-in de cet engramme.

Je m'explique. Le mental réactif dérobe au mental analytique les significations que celui-ci renferme. Un engramme, tant qu'il n'est pas keyed-in, n'est rien d'autre qu'une série d'ondes enregistrées. Ces ondes agissent sur le mental analytique quand elles sont restimulées. L'engramme ne possède en soi aucune signification et envoie ses ondes « dénuées de sens » contre le corps et l'analyseur. Ceux-ci mettent alors en branle un mécanisme qui donne une signification à ces ondes. Autrement dit, l'engramme est un enregistrement « mort », dépourvu du moindre sens. C'est juste une série d'impressions, semblables à celles que laisserait une aiguille dans de la cire. Ces impressions n'ont aucune signification pour le corps tant qu'il ne se produit pas un key-in de l'engramme. Dès qu'il se produit un key-in, aberrations et maladies psychosomatiques peuvent s'installer.

On peut donc en conclure que l'embryon ou le fœtus est incapable de comprendre les mots prononcés. En tant *qu'organisme*, il apprend, c'est vrai, que certaines choses sont synonymes de danger. Mais ça ne va pas plus loin. Ce n'est que lorsque le mental est plus ou moins formé que l'engramme peut vraiment agir sur l'analyseur.

L'enfant qui n'est pas encore né peut, bien entendu, éprouver une émotion comme la terreur. Quand les parents ou l'avorteur professionnel se mettent à le harceler et à le trouer comme une passoire, il connaît la peur et la douleur.

Il a cependant un avantage : il est immergé dans le liquide amniotique[11], tire sa subsistance de sa mère, croît continuellement et n'a aucun mal à se reconstituer physiquement, ce qui lui permet de réparer quantité de dégâts. Le pouvoir de récupération et de guérison du corps humain est vraiment à son apogée durant la période prénatale. Le fœtus ou l'embryon peut, avec une facilité déconcertante, réparer des blessures auxquelles succomberait n'importe quel adulte ou qui estropieraient à vie n'importe quel enfant en bas âge. Non pas que ces blessures ne lui donnent pas d'engrammes (bien au contraire ; paroles, émotions, tout y est…), mais l'on constatera qu'elles ne le tuent pas facilement.

Pourquoi certaines personnes se livrent-elles à des tentatives d'avortement ? À cause de leurs aberrations. Il n'y a pas d'autre explication car l'avortement est quelque chose d'extrêmement ardu. On peut affirmer que la mère qui tente d'avorter a plus de chances de mourir que l'enfant, *quelle que soit la méthode qu'elle emploie.*

Une société qui considère le sexe comme une abomination dont il faut à tout prix se débarrasser et qui est aberrée au point que chacun de ses membres se livre à des tentatives d'avortement se condamne à la folie éternelle. Car il a été démontré scientifiquement que les tentatives d'avortement constituent le principal facteur d'aberration. L'enfant qui est victime de tentatives d'avortement est condamné à vivre avec des meurtriers jusqu'à ce qu'il ait atteint l'âge adulte. Pire encore : impuissant, désespéré, il sait réactivement qu'il vit avec des meurtriers. Il s'attache de façon excessive à ses grands-parents. Les punitions suscitent en lui des réactions de terreur. Il contracte facilement des maladies et celles-ci durent longtemps. Il n'y a pas de méthodes infaillibles d'avortement. Si vous voulez absolument réduire la natalité, utilisez des contraceptifs, et laissez tomber l'aiguille à tricoter ou la poire à lavement. Une fois que l'enfant a été conçu, aussi « honteuses » qu'aient été les circonstances, aussi strictes que soient la *tradition* et la *morale*, aussi difficiles que soient les conditions de vie, l'homme ou la femme qui se livre à une tentative d'avortement se rend coupable

---

11. **Liquide amniotique** : liquide qui entoure l'embryon ou le fœtus.

d'une tentative de meurtre qui de toute façon aboutit rarement et qui, surtout, condamne l'enfant à une vie de maladies et de souffrances. Quiconque se rend coupable d'une tentative d'avortement agit directement contre la société tout entière et contre le futur. Tout juge ou tout médecin qui recommanderait un avortement devrait immédiatement être privé du droit de pratiquer, quelles qu'aient été ses « raisons ».

Ceux qui savent avoir commis ce crime contre un enfant devraient faire tout ce qui est en leur pouvoir pour que cet enfant, après l'âge de huit ans, atteigne l'état de Clair ; et, en attendant, ils doivent absolument traiter l'enfant avec toute la décence et toute la courtoisie dont ils sont capables afin que l'engramme ne soit pas restimulé. Autrement, l'enfant risque un jour de se retrouver à l'asile.

Une large proportion d'enfants prétendument débiles ou retardés sont en réalité des cas d'avortement raté ; leurs engrammes d'avortement les plongent dans un état de peur paralysante ou de paralysie régressive et leur ordonnent de ne pas grandir et de rester à jamais tels qu'ils sont.

Si le gouvernement dépense des milliards chaque année pour les asiles psychiatriques et les prisons, c'est principalement à cause des tentatives d'avortement dont se rendent coupables certaines mères sexuellement aberrées pour qui les enfants sont une malédiction et non une bénédiction du ciel.

Quiconque n'aime pas les enfants a une deuxième dynamique bloquée. Un examen médical révélera que ce genre de personne souffre d'un dérangement génital ou glandulaire. La thérapie de Dianétique, quant à elle, montrerait qu'elle s'est rendue coupable de tentatives d'avortement ou que sa propre vie prénatale a été un enfer et finirait par lui faire atteindre l'état de Clair.

Le cas d'un enfant à naître qui a été victime de tentatives d'avortement n'est pas désespéré. S'il est traité avec égards après sa naissance et s'il n'est pas restimulé par d'incessantes scènes de ménage, il deviendra grand et fort et pourra, à l'âge de huit ans, recevoir la thérapie de Dianétique et devenir Clair. Il sera sans doute extrêmement surpris en apprenant la vérité. Mais la surprise et tout sentiment d'hostilité qu'il éprouvera disparaîtront dès qu'il aura atteint l'état de Clair, et l'amour qu'il portait à ses parents sera plus fort qu'avant.

Je ne le répéterai jamais assez, il s'agit là de faits scientifiques qui ont été vérifiés et revérifiés. Ils permettent de produire l'état de Clair, cet état de Clair dont dépend l'avenir de l'espèce humaine.▲

CHAPITRE HUIT

LA CONTAGION DE L'ABERRATION

Les maladies sont contagieuses. Les microbes se promènent à travers la société, allant d'un individu à l'autre sans le moindre respect de la vie humaine, jusqu'au jour où des médicaments tels que les sulfamides ou la pénicilline mettent un terme à leur périple.

Les aberrations sont contagieuses. À l'instar des microbes, elles ne respectent rien ni personne, se propageant d'individu en individu, se transmettant des parents aux enfants, jusqu'au jour où la Dianétique interrompt leur randonnée.

Hier encore, on croyait que la folie prenait sa source dans les gènes, car très souvent, les enfants de parents aberrés souffraient eux aussi d'aberrations. Il existe effectivement une forme de folie d'origine génétique, celle causée par l'absence (à la naissance) d'un ou plusieurs organes. Ce type de folie n'est pas très répandu et se caractérise, chez les personnes qui en sont atteintes, par de la stupidité ou une mauvaise coordination, et rien d'autre. (Si ces personnes manifestent d'autres aberrations, c'est parce qu'elles ont reçu des engrammes qui sont venus compliquer les choses.)

La contagion de l'aberration est un principe d'une extrême simplicité, aussi nous ne nous y attarderons pas longtemps. Nous savons en Dianétique que seuls les moments d'« inconscience » peuvent contenir des engrammes (que ces moments soient longs ou non ou que l'« inconscience » soit profonde ou non). Lorsqu'une personne est rendue « inconsciente », les gens qui se trouvent autour d'elle réagissent plus ou moins selon ce que leur dictent leurs engrammes. En fait, très souvent, l'« inconscience » est causée par les dramatisations de quelqu'un. Un Clair pourrait donc être rendu « inconscient » par un aberré qui est en train de dramatiser un engramme et il recevrait alors un engramme qui ne serait autre que l'engramme dramatisé par l'aberré.

Le mécanisme est simple. Les gens aberrés, lorsqu'ils sont stressés, dramatisent leurs engrammes. Ces dramatisations consistent

« *Les aberrations sont contagieuses. À l'instar des microbes, elles ne respectent rien ni personne, se propageant d'individu en individu, se transmettant des parents aux enfants, jusqu'au jour où la Dianétique interrompt leur randonnée.* »

parfois à blesser quelqu'un et elles le font alors sombrer plus ou moins dans l'« inconscience ». Et l'engramme qu'il récolte est donc une dramatisation.

L'aberration se transmet de bien d'autres façons. Par exemple, les gens sous anesthésie qui subissent une opération sont victimes des conversations plus ou moins aberrées du personnel présent. Ces conversations, lorsqu'elles pénètrent dans la personne « inconsciente », deviennent des engrammes. De même, sur les lieux d'un accident, les gens se mettent à dramatiser en raison de l'urgence de la situation et toute personne rendue « inconsciente » par l'accident reçoit alors un engramme.

Les parents communiquent leurs engrammes aux enfants, aucun doute là-dessus. Quand le père et la mère dramatisent leurs engrammes à proximité d'un enfant malade ou blessé, il est sûr de les attraper, de la même manière qu'on attrape un microbe. Cela ne veut pas dire que le mental réactif d'un enfant se compose exclusivement des engrammes que lui ont transmis ses parents : d'innombrables facteurs extérieurs au cadre familial peuvent agir sur l'enfant quand il est « inconscient ». Et cela ne veut pas dire non plus que l'enfant réagira à ces engrammes de la même façon que ses parents, car, après tout, l'enfant est un individu doté d'une personnalité, d'un pouvoir de choix et d'une expérience qui lui sont propres. Non, tout ce que cela veut dire, c'est qu'il est absolument inévitable que des parents aberrés « infectent » leurs enfants d'une façon ou d'une autre.

Les gens ne donnent pas systématiquement libre cours à leurs dramatisations lorsqu'ils sont en présence d'une personne « inconsciente ». Il arrive aussi qu'ils répètent les préjugés et les idées fausses qui circulent dans la société. Autrement dit, idées reçues et conceptions erronées peuvent aussi devenir des engrammes. Disons qu'une société croit que le fait de manger du poisson donne la lèpre. Eh bien, inévitablement, cette idée absurde s'infiltrera dans les engrammes des gens et, tôt ou tard, quelqu'un s'arrangera pour contracter une maladie semblable à la lèpre après avoir mangé du poisson.

Les sociétés primitives, ballottées et malmenées par les éléments, sont beaucoup plus sujettes aux blessures que les sociétés civilisées. De plus, elles grouillent d'idées fausses et elles pratiquent la guérison, physique et mentale, d'une façon très aberrée. Vous seriez surpris de voir le nombre d'engrammes d'un Zoulou. Si on le sortait de son milieu restimulant et qu'on lui apprenait l'anglais ou le français, il échapperait dans une large mesure à l'influence de son mental réactif. Chez lui, le Zoulou n'est pas enfermé dans un asile. Mais c'est uniquement parce que sa tribu n'a pas pensé à en construire un.

Nous pouvons donc affirmer en toute tranquillité (nous avons en la matière beaucoup plus d'expérience et d'informations que ceux qui cherchent à définir l'« homme moderne » en étudiant les races primitives) que les peuples primitifs sont beaucoup plus aberrés que les peuples civilisés. Leur sauvagerie, leur refus du progrès, leurs maladies innombrables, tout cela est dû à leurs processus réactifs et non pas à leur personnalité. Ce n'est pas en comparant un groupe d'aberrés à un autre qu'on apprendra grand-chose. Ce que nous avançons est très facile à prouver : il suffit de se rendre sur place et d'observer l'ampleur de la contagion de l'aberration dans les tribus primitives et les superstitions absurdes qui peuplent leurs engrammes.

Si vous voulez un exemple évident de contagion de l'aberration, administrez la thérapie de Dianétique à un aberré dont les parents se querellaient. La mère, par exemple, était peut-être relativement équilibrée et dépourvue d'aberrations au début du mariage. Si son mari, en proie à la dramatisation, se met à la battre, elle va peu à peu s'approprier ses aberrations, lesquelles s'ajouteront à celles qu'elle possède déjà. Ce phénomène est particulièrement manifeste chez une personne qui a été conçue peu avant ou après le mariage de ses parents. Au début, papa se laisse aller à telle ou telle drama-tisation, dont le fait de frapper les femmes. Tout ce qu'il dit au cours de ces dramatisations finit tôt ou tard par agir sur sa femme, laquelle (à moins qu'elle ne soit remarquablement équilibrée) se met alors à dramatiser la même chose de son côté. Finalement, l'enfant vient au monde et elle lui inflige ces dramatisations, le plongeant dans un état de restimulation perpétuelle.

La naissance est l'un des engrammes les plus remarquables en matière de contagion. La mère et l'enfant reçoivent tous deux le même engramme. Il n'y a que deux choses qui diffèrent dans cet engramme : l'endroit où se situe la douleur et la profondeur de l'« inconscience ». Le mental réactif de la mère et celui de l'enfant enregistrent toutes les paroles que les médecins, les infirmières et toute autre personne présente prononcent pendant l'accouchement et juste après la naissance, lorsque l'enfant est emporté. Résultat : la mère et l'enfant ont un engramme identique.

Cet engramme est extrêmement destructif pour plusieurs raisons. La voix de la mère peut restimuler l'engramme de la naissance chez l'enfant. La présence de l'enfant peut restimuler chez la mère l'engramme de l'accouchement. Bref, l'enfant et la mère sont un restimulateur l'un pour l'autre. Et comme ils ont également en commun tous les autres restimulateurs de l'engramme, il n'est pas impossible que les hasards de l'existence leur fassent un jour dramatiser cet engramme simultanément. Si l'engramme de la naissance comporte une porte qui claque, il se peut très bien que le bruit d'une porte brutalement refermée déclenche instantanément chez tous les deux une dramatisation de cet engramme, avec toute l'apathie ou toute l'agressivité qu'il contient.

Si le docteur se met en colère ou manifeste du découragement durant la naissance, le ton émotionnel de l'engramme peut être désastreux. D'ailleurs le moindre mot prononcé par un médecin pendant la naissance sera pris dans son sens le plus littéral par le mental réactif de la mère et de l'enfant.

Il y a eu pas mal de cas où il a été possible d'administrer la thérapie de Dianétique à la mère et à l'enfant, tous deux finissant par atteindre l'état de Clair. Je me souviens très bien de l'un de ces cas. L'enfant, au cours d'une séance de mise au clair de Dianétique, retrouva un moment de la naissance où sa mère gémissait sans cesse : « J'ai tellement honte ! J'ai tellement honte ! » Eh bien, cet enfant souffrait d'une névrose de honte. Quand la mère suivit à son tour la thérapie de Dianétique, elle découvrit que sa mère, pendant l'accouchement, gémissait : « J'ai tellement honte ! J'ai tellement honte ! » Cette mélopée se transmettait sans doute de génération en génération depuis la construction des Pyramides !

Sur le plan social, la contagion de l'aberration est extrêmement dangereuse. C'est l'une des causes premières de la dégénérescence de la société.

La société se comporte comme un organisme, en ce sens qu'elle renferme des aberrations sociales. Tel un organisme qui se composerait, non pas de cellules, mais d'individus, la société se développe et croît, et elle peut disparaître un jour ou l'autre. Si le chef de cette société inflige de la douleur à l'un quelconque de ses membres, il inaugure un courant d'aberration qui ira en s'amplifiant. Ce ne sont pas tant des raisons « humanitaires » que des raisons pratiques qui devraient nous inciter à condamner les châtiments corporels. Une société qui inflige des punitions à ses membres perpétue la contagion de l'aberration. Notre société a un engramme, d'envergure sociale, qui prétend que le châtiment est une nécessité. Sanctions et punitions pleuvent. Prisons et asiles se remplissent. Et puis, un beau jour, une fraction de la société, repoussée jusque dans la zone 1, opprimée par un gouvernement qui a donné libre cours à ses engrammes, se soulève brusquement et envoie ce gouvernement *ad patres*. Une nouvelle série d'aberrations s'installe, issue de la violence qui a accompagné la destruction de l'ancien régime. Les révolutions sanglantes ne réussissent jamais car elles mettent en branle un cycle de contagion de l'aberration.

Une société infestée d'individus aberrés peut se croire obligée de sévir. Il n'a jamais existé d'autres remèdes que la punition et la répression. L'existence d'un remède à la conduite antisociale des membres du groupe est d'un intérêt non négligeable pour un gouvernement pour la survie de ses institutions. Ajoutez aux aberrations de ce gouvernement toutes les aberrations qui se sont perpétuées à travers les âges, et vous comprendrez que le potentiel de survie dudit gouvernement est en continuelle régression et que, tôt ou tard, il sera renversé. Lorsque trop de gouvernements disparaissent de la sorte, les peuples qu'ils dirigent finissent par périr à leur tour et, un beau jour, la race humaine s'éteint.

La contagion de l'aberration n'est jamais tant évidente que dans ce phénomène de démence collective qui a pour nom la guerre. Les guerres n'ont jamais mis un terme au besoin de faire la guerre. Qu'on se batte pour sauver le monde au profit de la démocratie ou qu'on se batte pour le sauver du confucianisme, tout le monde est inévitablement perdant au bout du compte. La guerre, il y a très longtemps, a été assimilée à un concours, à une compétition, et c'est ainsi qu'est née, quelques entorses à la logique aidant, la croyance que les guerres étaient indispensables. Une société qui cherche à résoudre ses problèmes par la guerre réduit automatiquement son potentiel de survie. Il n'y a pas eu une seule guerre qui n'ait coûté au peuple une partie de ses libertés. La guerre, trop souvent, conduit à l'apathie, à l'avènement d'une caste dirigeante de prêtres qui tient les survivants d'une population devenue folle par la superstition et le mystère. Inutile de s'étendre sur ce point. L'Histoire regorge d'exemples. Une démocratie qui se lance dans la guerre y laisse toujours une partie de ses droits démocratiques. Et à force de guerres, elle finit par tomber sous le joug d'un dictateur (sous l'emprise d'un engramme unique). Ce dictateur, en cherchant à imposer sa loi (son engramme), en opprimant les minorités, provoque une escalade de l'aberration. Les révoltes se succèdent. La caste de prêtres prend de l'expansion et s'installe. L'apathie peut désormais régner. Et après l'apathie, vient la mort. C'est ce qui est arrivé à la Grèce et à l'Empire romain. C'est ce qui est en train de se produire en Angleterre, en U.R.S.S. C'est ce qui est en train de se produire aux États-Unis et sur la Terre entière.

Le fait de régner par la force constitue une violation de la loi de l'affinité. Car la force engendre la force. Le règne par la force réduit le libre arbitre de chacun des membres de la société, donc, le libre arbitre de la société elle-même. La contagion de l'aberration est aussi violente, aussi impitoyable qu'un incendie de forêt. Les engrammes engendrent les engrammes. L'espèce se doit d'interrompre cette spirale descendante si elle veut échapper à l'issue fatale : la zone 0. Deux choses peuvent stopper cette spirale : l'avènement de nouveaux territoires et de races métissées soustraites à leurs milieux aberrés et restimulants ; ou, mieux encore, la mise au clair de Dianétique, qui brise la contagion de l'aberration.

Plus les membres d'une race sont autodéterminés (jouissent de leur libre arbitre), plus cette race est noble et forte.

Que ce soit au niveau de la famille ou à l'échelle de la nation, la contagion de l'aberration fait toujours obstacle à la survie optimale.

Pour qu'une calculatrice fournisse des réponses sensées, il faut qu'elle soit autodéterminée. Si l'on implante un sept parasite dans sa mémoire, elle donnera des réponses incorrectes. Si l'on implante des réponses toutes faites et non analysables dans un être humain, il en tirera des conclusions erronées. La survie est impossible sans réponses justes. Les engrammes, en provenance du monde extérieur, viennent se loger dans les recoins du mental, au-dessous du niveau de la pensée rationnelle, et empêchent l'analyseur de fournir des réponses sensées. C'est ce qu'on appelle une « détermination extérieure ». Quand l'autodétermination d'un être en prend un coup, ses raisonnements sont défectueux.

Le Clair est quelqu'un de coopératif. Une société composée de Clairs aurait donc un sens aigu de la coopération. Peut-être n'est-ce qu'un rêve, une utopie. Mais peut-être pas. On constate une grande harmonie et un sens élevé de la coopération chez une famille de Clairs. Un Clair sait reconnaître une solution brillante. On n'a pas besoin de le rouer de coups, de le piétiner et de le faire ramper pour obtenir sa contribution. Une société qui *l'obligerait* à obéir, sans lui demander son avis, briserait son autodétermination et détruirait du même coup ses facultés de raisonnement et son aptitude à agir rationnellement. Il n'y a qu'une façon de soumettre un Clair : lui coller des engrammes ou le mettre entre les mains d'un neurochirurgien pour qu'il fasse joujou avec son cerveau. Cela ne sert à rien de forcer un Clair. Si ce qu'on lui demande est dans l'intérêt du plus grand nombre, il y a de fortes chances pour qu'il écoute la voix de la raison et qu'il s'exécute de bonne grâce en exploitant ses capacités au maximum. Un individu ne fait jamais rien de bon *sous la contrainte*. De même, une société matériellement prospère mais *soumise* ne l'emporte jamais sur une société libre de prospérité équivalente.

Une famille qui vit sous la férule de l'un de ses membres et qui doit lui obéir au doigt et à l'œil est invariablement une famille malheureuse. Peut-être jouit-elle d'une certaine aisance matérielle, mais sa survie, en tant qu'entité, est toute superficielle.

Les groupes qui agissent sous la contrainte sont toujours moins efficaces que les groupes libres qui travaillent pour le bien commun. Mais tout groupe qui renferme en son sein quelques membres aberrés risque fort de devenir aberré sous l'effet de la contagion. Quand on commence à réprimer les membres aberrés d'un groupe, le groupe tout entier en pâtit et, immanquablement, la répression devient de plus en plus dure et s'étend au groupe tout entier.

Prenons le cas d'une famille aberrée et disons que l'un de ses membres atteigne l'état de Clair. Eh bien, cela ne suffira pas à résoudre les problèmes de cette famille. Par exemple, le père est Clair. Mais lorsqu'il était encore aberré, il a aberré et restimulé sa femme et ses enfants, même s'il n'a jamais usé de violence physique contre eux. Les parents transmettent leurs aberrations communes aux enfants. Ces derniers, qui sont des entités capables d'autodétermination, se révoltent en attisant les aberrations de leurs parents. Comme un grand nombre de ces aberrations, sous l'effet de la contagion, sont détenues en commun par tous les membres de la famille, son bonheur s'effrite irrémédiablement.

L'administration de châtiments corporels aux enfants n'est que l'un des aspects du problème de la contrainte dans les groupes. À celui qui prétend qu'il est nécessaire de punir les enfants, je répondrai : examinez donc la cause de la mauvaise conduite des enfants.

Il peut arriver que les engrammes d'un enfant aberré ne soient que faiblement restimulés durant son enfance. Il lui faudra peut-être attendre d'être marié et d'avoir des enfants ou d'avoir une femme enceinte pour posséder suffisamment de restimulateurs et devenir soudain aveugle à la beauté de ce monde et crouler sous le poids du malheur (certaines personnes appellent cela « entrer dans l'âge mûr »). Quoi qu'il en soit, l'enfant est un être aberré et il s'adonne à de nombreuses dramatisations. Il est dans une situation extrêmement malheureuse, en ce sens qu'il côtoie en permanence ses deux restimulateurs les plus puissants : papa et maman. Ceux-ci lui imposent leur volonté en lui infligeant des punitions corporelles. Pour l'enfant, papa et maman sont des géants. Lui n'est qu'un pygmée. Sans compter qu'il dépend d'eux pour ce qui est de l'habillement, du gîte et du couvert. Certains parlent avec arrogance des « illusions de l'enfance » : qu'ils aillent donc jeter un coup d'œil aux engrammes dont sont affligés la plupart des enfants !

L'enfant se trouve dans une situation peu enviable : il est contraint de subir toutes les dramatisations de ses parents. Un enfant Clair est l'une des choses les plus remarquables qu'on puisse observer : il est humain ! Une chose et une seule peut aider l'enfant à traverser sans dommage les aléas de l'existence : l'affinité. L'enfant « gâté » ou « pourri » est un enfant qui a été continuellement privé de son pouvoir de choix et qui a été dépouillé de son indépendance. L'affection ne peut pas pourrir un enfant, pas plus qu'un bidon d'essence peut éteindre un incendie.

La « psychologie de l'enfance » se résume en quelques mots : l'enfant est un être humain et il a droit à la dignité et à l'autodétermination au même titre que n'importe quel être humain. L'enfant qui a des parents aberrés est un problème, primo, à cause du phénomène de la contagion de l'aberration, et deusio, parce qu'il n'a pas le droit de dramatiser ou de se rebiffer. Ce qui est étonnant, ce n'est pas le fait que les enfants soient un problème, mais plutôt le fait qu'ils parviennent à agir de façon sensée. En effet, à cause de la contagion de l'aberration, de la négation de leur autodétermination et des punitions qu'ils subissent, les enfants d'aujourd'hui sont carrément privés de tout ce qui permet de mener une existence équilibrée. Voilà les êtres qui composeront la famille et l'humanité de demain.

Mais quittons les enfants et les problèmes politiques et revenons au sujet de ce chapitre — la contagion de l'aberration. La Dianétique traite de la pensée humaine, laquelle est un vaste domaine. Lorsqu'on considère le mécanisme de la contagion et tout ce qu'elle est capable de produire, on ne peut s'empêcher d'éprouver du respect pour la stabilité naturelle de l'être humain. Aucun « animal sauvage aux tendances asociales innées » n'aurait pu bâtir Ninive ou la tour Eiffel. Ce mécanisme de la contagion, que nous avons porté comme un fardeau, ne nous a pas empêchés d'évoluer et de progresser à pas de géant. Maintenant que nous le connaissons, peut-être pourrons-nous vraiment atteindre les étoiles.▲

CHAPITRE NEUF

LE KEY-IN DE L'ENGRAMME

LA BANQUE DES ENGRAMMES EST LA source unique des maladies mentales non organiques et des maladies organiques psychosomatiques. Lorsqu'il se produit un key-in de ces engrammes et qu'ils sont ensuite restimulés, le mental réactif les fait agir sur le mental analytique et l'organisme.

Quantité d'incidents dont l'individu se souvient lui semblent avoir une influence profonde sur son bonheur et son état mental. C'est à ces incidents connus qu'il attribue tous ses problèmes. Dans un certain sens, il a raison : ce sont des incidents qui sont maintenus en place par des engrammes. Ces engrammes, il ne les voit pas. En fait, à moins qu'il n'ait étudié la Dianétique, il ne sait pas qu'il possède des engrammes. Et même s'il le savait, il ne connaîtrait pas leur contenu tant qu'il n'aurait pas suivi la thérapie de Dianétique.

Les moments de détresse « consciente » qui contenaient beaucoup de stress ou d'émotion ne sont pas responsables des aberrations et des maladies psychosomatiques. C'est très facile à démontrer. Mais ces moments, bien entendu, ont joué un rôle : il s'agissait de *key-in.*

Le key-in d'un engramme est un processus plutôt simple. L'engramme 105 était, disons, un moment d'« inconscience » où l'enfant fœtus est frappé par le père au travers de la mère. Le père, conscient ou non de l'existence de l'enfant, a prononcé les mots : « Va te faire foutre, espèce de sale pute ! Tu ne vaux rien ! » Cet engramme est allé se loger dans le mental réactif et y est resté. Et il peut y rester soixante-dix ans sans jamais être mis en branle ; il contient un mal de tête, une chute du corps de la mère, un grincement de dents et les gargouillements intestinaux de la mère. Chacun de ses sons peut se présenter maintes fois après la naissance sans provoquer de *key-in* de l'engramme.

Mais un jour, le père est exaspéré par l'enfant. L'enfant est fatigué et fiévreux, ce qui signifie que son mental analytique n'a pas son rendement optimal. Le père a pour habitude de dramatiser un certain nombre d'engrammes, dont l'engramme ci-dessus. Il s'avance et gifle l'enfant en hurlant : « Va te faire foutre ! Tu ne vaux rien ! » L'enfant fond en larmes. Cette nuit-là, il a mal à la tête et se sent de plus en plus malade. Et il éprouve un sentiment intense de haine et de peur pour son père. Bref, il s'est produit un *key-in* de l'engramme. À présent, l'enfant se sentira nerveux dès qu'il entendra le bruit d'un corps qui tombe, un grincement de dents ou une trace de colère dans la voix de son père. Sa santé deviendra chancelante. Il commencera à avoir des maux de tête.

Prenons cet enfant bien des années plus tard, lorsqu'il est devenu adulte, et explorons son passé. Nous allons découvrir le key-in ci-dessus, c'est-à-dire le premier lock. Mais ce n'est pas tout : nous allons aussi trouver cinquante, voire cinq cents locks du même type. Une personne qui ne connaîtrait pas la Dianétique dirait sans doute que l'enfant a été mentalement détruit, après la naissance, par les corrections répétées que lui a infligées son père et elle tenterait peut être de soulager le patient en délogeant ces locks.

Il y a littéralement des milliers, des dizaines de milliers de locks dans une existence moyenne. Ce serait un travail herculéen d'ôter tous ces locks. Chaque engramme d'une personne peut avoir des centaines de locks (à condition, bien sûr, qu'il se soit produit un key-in de cet engramme).

S'il existait un mécanisme de conditionnement par la douleur et le stress, l'humanité serait dans un sale état. Par bonheur, un tel mécanisme n'existe pas. Il *semble* y avoir un mécanisme de conditionnement, mais cela est démenti par les faits. On peut être tenté de conclure, en voyant un enfant quotidiennement bousculé et injurié, qu'il va finir par être conditionné et par croire que la vie est ainsi faite et qu'il a intérêt à se révolter contre elle.

Cependant le conditionnement n'existe pas. Pavlov[1], dit-on, aurait été capable de rendre des chiens fous à force d'expériences répétées. Il ne s'agissait que d'une observation erronée de la part de celui qui l'a rapportée. Il se pourrait effectivement qu'on ait pu dresser des chiens à faire telle ou telle chose, mais ce n'était pas du conditionnement. Si les chiens sont devenus fous, c'est parce qu'ils

---

1. **Pavlov, Ivan Petrovitch :** (1849-1936), physiologiste russe ; connu pour ses expériences sur le comportement avec des chiens.

avaient reçu des engrammes. Une série d'expériences et d'observations, menés avec la rigueur qui s'impose, confirme parfaitement cette affirmation.

Prenons le garçon à qui l'on disait tous les jours qu'il ne valait rien et dont l'état se dégradait progressivement. Eh bien, si son état se dégradait, ce n'était pas à cause des injures qu'on lui lançait quotidiennement, mais à cause de l'engramme. Voilà qui est heureux. Localiser l'engramme peut prendre du temps — quelques heures — mais lorsque son intensité est réduite ou qu'il est reclassé, tout ce qui s'y était rattaché se reclasse également.

Ceux qui, sans connaître l'existence des engrammes, ont essayé d'aider les gens à se débarrasser de leurs aberrations, avaient 99 % de chances d'échouer. Surtout parce que les locks peuvent disparaître dans les tréfonds du mental réactif. Résultat, le patient dit : « Hé ! Mon père n'était pas si méchant que ça. En fait, c'était un brave type. » Et, invariablement, nous découvrons (et les patients le découvrent), une fois que l'engramme est déniché, que le père n'arrêtait pas de dramatiser. On peut affirmer que le patient ne sait pratiquement rien de son passé tant qu'il n'a pas fait sauter tous ses engrammes. Un jour, vous tombez sur un patient qui vous dit : « Oh ! J'ai eu une enfance tellement malheureuse ! Tellement malheureuse ! J'ai reçu des raclées terribles. » Et vous découvrez, une fois que les engrammes ont sauté, que les parents de ce patient n'ont jamais levé la main sur lui et qu'ils ne l'ont même jamais houspillé.

Un engramme peut rester au repos pendant des dizaines d'années. Parmi les types de cas les plus remarquables, on trouve l'individu qui, durant sa jeunesse, n'a jamais manifesté la moindre aberration. Puis, soudain, à l'âge de vingt-six ans, pratiquement du jour au lendemain, il devient si aberré qu'on se demande s'il n'a pas été victime de quelque sorcellerie. En fait, notre homme vient de se marier. Il est probable que la plupart de ses engrammes avaient trait au mariage et au fait d'avoir des enfants. Quand, pour la première fois de sa vie, il éprouve une grande lassitude ou tombe malade et prend conscience qu'il a une femme sur les bras, un premier engramme est mis en branle. Premier key-in. Et la spirale descendante commence. Cet engramme « éteint » plus ou moins l'analyseur, ce qui permet à d'autres engrammes d'entrer en action. Et un beau jour, notre bonhomme se retrouve à l'asile.

Ou bien prenons l'adolescente qui, jusqu'à l'âge de treize ans, menait une vie heureuse et insouciante et dont l'état, brusquement, commence à se détériorer. Vous allez me dire : c'est parce qu'elle vient de recevoir un engramme. Eh bien, non. Il s'est simplement produit un key-in de l'un de ses engrammes, lequel a entraîné d'autres key-in. Réaction en chaîne. Ce key-in peut avoir été provoqué par quelque chose de très anodin, comme par exemple la découverte que du sang s'écoulait de son vagin. Comme l'adolescente possède un engramme qui a trait à cela et qui contient une grande émotion, elle commence à s'affoler. Et puis, au fil des jours, d'autres engrammes se mettent en branle et l'assaillent. Et elle finit par tomber malade.

Le premier rapport sexuel peut provoquer le key-in d'un engramme. Cela arrive si souvent, que le sexe a acquis une très mauvaise réputation et qu'il a été considéré comme l'une des causes de l'aberration. Le sexe ne provoque pas d'aberrations et n'en a jamais provoqué. Ce sont la douleur et l'émotion douloureuse présentes dans une expérience sexuelle qui engendrent des aberrations.

Il peut arriver qu'une patiente insiste lourdement sur le fait que son père l'a violée quand elle avait neuf ans et que c'est pour cela qu'elle est dans un si triste état. On retrouve ce genre de discours chez bon nombre de femmes qui ont perdu la raison. Et c'est parfaitement vrai. Son père l'a effectivement violée, mais par l'intermédiaire de sa mère. Ce n'était pas à l'âge de neuf ans, mais neuf jours après la conception. La pression et la violence du coït sont extrêmement pénibles pour l'enfant embryon et provoquent généralement un engramme qui se compose de l'acte sexuel et de tout ce qui a été dit.

Comme je l'ai mentionné dans l'un des chapitres précédents, il est très dangereux d'employer la narco-hypnose lorsqu'on traite des personnes souffrant de psychoses. En fait, les drogues et l'hypnotisme ne sont pas uniquement dangereux dans ce cas précis. L'injection de drogues à un patient ou l'administration d'anesthésiques à quelqu'un qui va subir une opération peuvent déclencher le key-in d'engrammes. En effet, l'analyseur se retrouve hors service et le mental réactif prend la relève et ouvre ses portes en grand, attendant que les commentaires des gens qui se trouvent à proximité du patient drogué mettent en branle un ou plusieurs de ses engrammes. Quant à l'hypnotisme, il peut provoquer le key-in d'engrammes qui n'avaient jamais été restimulés. Le regard fixe et brillant de la personne qui a été trop souvent hypnotisée, son manque de volonté, son assujettissement à l'hypnotiseur, tout cela est dû au key-in d'un ou plusieurs de ses engrammes. *Chaque fois* qu'on rend le corps « inconscient » sans lui infliger de douleur, on risque de causer le key-in d'un engramme ; même si l'« inconscience » est légère et équivaut à un « tout petit passage à vide ». Quand l'« inconscience » se complique d'une *nouvelle* douleur physique, un nouvel engramme se forme, capable de rassembler en un beau petit paquet bien compact tout un tas d'engrammes qui n'avaient jamais été « réveillés ». On appelle ce genre d'engramme fraîchement reçu un *engramme de croisement*, en ce sens qu'il mélange les chaînes d'engrammes les unes aux autres. Et si jamais ce nouvel engramme fait sombrer l'individu dans la folie, on l'appelle alors *engramme de crise.*

Les états d'« inconscience » résultant de l'injection de narcotiques présentent souvent des aspects très déconcertants pour quiconque ne connaît pas la Dianétique. Les femmes dont l'équilibre mental est précaire affirment souvent, lorsqu'elles sortent d'un sommeil artificiel causé par une drogue (ou d'un sommeil hypnotique), qu'elles ont été violées. Et les hommes soutiennent parfois que l'hypnotiseur ou le praticien a essayé d'avoir des rapports homosexuels avec eux pendant qu'ils étaient endormis. Bien qu'il arrive de temps à autre que des patients se fassent effectivement violer pendant qu'ils sont endormis, la plupart de leurs accusations sont en fait dues à un key-in. La grande majorité des enfants ont subi la dure expérience du coït durant leur vie prénatale. Souvent ces coïts étaient accompagnés d'une émotion violente, une émotion qui n'était pas de la passion. Ce genre d'engramme peut rester tranquille pendant des années, jusqu'au jour où une période d'« inconscience » ou quelque chose de similaire en provoque le key-in. Le patient s'endort avec un engramme inactif et se réveille avec un engramme keyed-in. Il essaye alors de justifier les sensations étranges qu'il éprouve (les engrammes sont des choses intemporelles tant qu'on ne les a pas classés chronologiquement sur la piste de temps[2]) et, finalement, trouve l'« explication » : on a dû le violer.

Les viols subis durant l'enfance sont rarement responsables d'aberrations sexuelles. Ce sont généralement des key-in.

Les locks, expériences conscientes, contiennent de la tristesse, de l'angoisse, de la détresse. Certains de ces locks semblent si durs

---

2. **Piste de temps :** tout ce qu'un individu a vécu, depuis la conception jusqu'au présent.

que l'observateur non averti en conclut hâtivement que ce sont eux les responsables de l'aberration. Mais il se trompe. L'Homme est une créature coriace, résistante. Ces locks sont, tout au plus, des bornes de signalisation qui permettent de se rendre sur « le lieu du crime », dont l'individu ignore tout.

L'engramme n'est jamais « raisonné ». Prenons pour illustrer cela, les punitions infligées aux enfants. Si l'on examine une enfance où les punitions corporelles étaient fréquentes, on ne tarde pas à comprendre combien la théorie de la contrainte par la douleur est futile. En fait, et j'insiste lourdement sur ce point, non seulement les punitions ne font absolument aucun bien, mais elles produisent le contraire du résultat escompté : primo, la personne punie va se rebeller réactivement contre son « tortionnaire », et deusio, elle risque d'y laisser sa santé mentale et va mener contre son « tortionnaire » une guerre sans merci. L'Homme réagit contre les sources de douleur ; et il les combat. Lorsqu'il abandonne la lutte, cela signifie qu'il est mentalement brisé et qu'il n'est plus d'aucune utilité à personne, et encore moins à lui-même.

Prenons le cas réel d'un garçon qu'on frappait avec une brosse à cheveux chaque fois qu'il « se conduisait mal ». Nous explorâmes ce cas en long, en large et en travers, mais il n'arrivait pas à se rappeler *pourquoi* on le punissait. Tout ce dont il se souvenait, c'était qu'on le punissait, rien de plus. Voici comment se déroulait plus ou moins chacune de ces punitions : le garçon se livrait à une activité plus ou moins rationnelle ; on menaçait alors de le punir et il avait peur ; puis on le punissait ; après la punition, il éprouvait du chagrin ; puis il reprenait son activité. Nous découvrîmes que l'activité à laquelle il se livrait était pro-survie (quoi qu'en pensent les autres), en ce sens qu'il en retirait du plaisir et de la satisfaction et qu'elle était pour lui une façon d'affirmer qu'il survivait et pouvait survivre. Dès qu'on menaçait de le punir, cela restimulait en lui les anciennes punitions, lesquelles étaient des engrammes de second ordre reposant sur des engrammes cruciaux. À ce moment-là, l'analyseur « disjonctait » en partie et le mental réactif prenait en charge l'enregistrement. L'enfant recevait sa punition, l'analyseur disjonctait complètement et l'enregistrement de la punition était effectué par le mental réactif. Durant la période de chagrin qui s'ensuivait, l'analyseur restait débranché. Puis, peu à peu, il se rebranchait. Finalement, il fonctionnait à nouveau normalement et l'enfant pouvait alors reprendre son activité à un niveau analytique. Toutes les punitions corporelles suivent ce schéma. Et toutes les autres punitions sont au mieux des locks qui suivent eux aussi le même schéma. À une différence près, toutefois : ces locks ne contiennent pas la panne de l'analyseur causée par la douleur. Évidemment.

Si l'analyseur a besoin de cette donnée pour ses calculs, il aura beau chercher, il ne trouvera rien. Elle se trouve dans le mental réactif. Lorsqu'il se présente une situation comme celle que nous venons de décrire, le mental réactif réagit. *Mais il a le choix entre cinq solutions ! il a cinq façons d'aborder le problème auquel il est confronté.* Il n'existe aucune possibilité au monde de savoir laquelle des cinq le mental réactif va choisir. Il faudrait, pour cela, connaître tout le contenu de la banque des engrammes, et si on le connaissait, il suffirait de quelques heures de thérapie pour que la personne devienne Clair, ce qui rendrait toute punition inutile.

Ces cinq façons qu'a le mental réactif d'aborder un problème font que la punition corporelle est quelque chose d'extrêmement aléatoire. Il existe un théorème qui s'applique à chaque être humain : *la méchanceté d'un individu est proportionnelle au caractère destructeur qu'il a dû subir.* Un individu (et quand nous disons « individu », nous voulons aussi parler des enfants, ces enfants dont la société a tendance à oublier qu'ils sont, eux aussi, des individus) réagit *contre* celui qui l'a puni : parents, gouvernement, etc. Toute entité qui s'oppose à l'individu par la punition deviendra plus ou moins (car l'individu tient compte du bien que lui a fait cette entité) la cible de ses réactions.

Le verre de lait que l'enfant renverse « accidentellement », le tintamarre « involontaire » que font les enfants en jouant dans l'entrée, le chapeau de papa ou le tapis de maman qu'on salit « tout à fait par hasard », tous ces « accidents » sont en fait des actes froidement calculés par le mental réactif et dirigés contre l'entité qui a infligé la douleur. Le mental analytique va probablement parvenir à un compromis pour ce qui est de l'amour et de l'affection et du besoin de faire trois bons repas. Mais le mental réactif va simplement débiter les leçons qu'il a apprises et envoyer les repas au diable.

Si on laissait un parfait crétin s'occuper de la comptabilité d'une firme et si l'on fermait les yeux chaque fois qu'il envoie promener l'expert-comptable, les erreurs de calcul pulluleraient. Et s'il était choyé et engraissé et placé à un poste clé, la firme déposerait bientôt son bilan. Le mental réactif est le crétin, le « je » est l'expert-comptable et la firme est l'organisme. Les punitions engraissent le mental réactif.

C'est à cause de ce cycle de punitions répétées qu'il existe ces fameux « criminels endurcis » qui font le désespoir de la police (et c'est à cause de ce cycle que la police est persuadée qu'il y a une « mentalité de criminel »). Soit dit en passant, la police, tout comme le gouvernement, est devenue, allez savoir pourquoi, synonyme de société. Prenez n'importe lequel de ces « criminels » et faites-lui atteindre l'état de Clair, et la société dispose alors d'un être rationnel qui la servira de son mieux. Conservez le cycle des punitions, et les prisons déborderont et se multiplieront.

L'enfant qui se rebelle contre ses parents en disant « non » ou le truand qui descend un garde pendant un hold-up sont tous deux sous l'emprise de ce cycle. Si l'on examine le « niveau conscient » de l'enfant, on constate qu'il ne sait pas pourquoi il se conduit ainsi et qu'il trouve toutes sortes de justifications pour expliquer sa conduite. Et si l'on interroge le truand, qui attend que cette société, ô combien sensée, l'attache à une chaise électrique pour lui administrer une thérapie aux électrochocs qui le mettra définitivement hors d'état de nuire, il fournira tout un tas de justifications pour expliquer sa conduite et la vie qu'il menait. Le mental humain est une merveilleuse calculatrice. Les gens, et plus particulièrement les sociologues, restent pantois devant les raisons qu'il avance pour justifier les actes les plus démentiels. Si l'on ignore la cause de ce mécanisme et comment il fonctionne, on a autant de chances d'aboutir à une solution correcte que de gagner au poker contre quelqu'un qui joue avec des cartes truquées. Et voilà pourquoi l'on continue d'user et d'abuser des punitions, solution incohérente à un problème qui plonge la société dans l'incompréhension la plus totale.

Donc, comme je le disais, l'être humain a cinq façons de réagir lorsqu'il est confronté à un danger. Cinq possibilités s'offrent à lui quand un problème se présente.

Prenons la parabole de la panthère noire* pour illustrer cela. Disons qu'une panthère noire de fort méchante humeur s'est installée dans les escaliers et qu'un homme du nom de Roger se

---

* *Les patients et les dianéticiens ont créé un jargon considérable. Par exemple, ils appellent le fait d'ignorer un problème le « mécanisme de la panthère noire ». Il est à supposer que cela provient du ridicule qu'il y a à mordre une panthère noire.* LRH

trouve dans le salon. Roger décide d'aller se coucher. Mais la panthère noire lui barre le chemin. Comment va-t-il faire pour se rendre au premier ? Il y a cinq choses qu'il peut faire : 1) *attaquer* la panthère noire ; 2) sortir précipitamment de la maison et *fuir* la panthère noire ; 3) emprunter l'escalier de derrière et *éviter* la panthère noire ; 4) *ignorer* la panthère noire ; et 5) *succomber* à la panthère noire.

Voilà les cinq mécanismes qui sont employés : *attaquer, fuir, éviter, ignorer* ou *succomber*.

Toutes les actions observables de l'être humain entrent dans l'une ou l'autre de ces cinq catégories. Lorsque le mental réactif est confronté à une source de punitions, il a le choix entre succomber, ignorer, éviter, fuir ou attaquer. L'action est dictée par un enchevêtrement d'engrammes et elle dépend de la nature de l'engramme restimulé. Toutefois, le chaos que causent ces réactions se résout généralement de lui-même par l'un de ces cinq mécanismes.

Si un enfant obéit après avoir été puni, on peut considérer qu'il a succombé. Un enfant qui succombe à la punition n'a pratiquement plus aucune valeur (les Spartiates[3] d'antan l'auraient noyé immédiatement), car cela signifie qu'il a sombré dans l'apathie. Cependant il se peut aussi qu'il ait obéi parce qu'il a pris conscience (en contournant tous les mécanismes réactifs) qu'il avait fait une bêtise (mais il n'en prendra pas conscience si c'est la personne qui a implanté la punition dans son mental réactif qui essaie de lui en faire prendre conscience). Il peut également fuir la punition, ce qui est tout de même mieux que l'apathie, encore que les gens appelleraient cela de la lâcheté. Ensuite, il peut ignorer la punition. Les anciens l'auraient sûrement qualifié de stoïque, mais ses amis le traiteraient probablement d'imbécile. Il peut aussi éviter la punition, ce qui lui vaudra peut-être le très discutable honneur d'être complimenté pour sa ruse, son hypocrisie ou sa complaisance. Et, enfin, il peut attaquer la personne qui le punit, soit par une riposte directe, par exemple en cassant des objets appartenant à la personne ou en rendant coup pour coup (auquel cas, il passe pour un fou téméraire, vu la taille et la force de ses parents), soit par une riposte moins directe qui se traduirait par des actions sournoises

---

3. **Spartiates** : les citoyens de l'ancienne cité grecque de Sparte, qui ne laissait vivre un enfant que s'il montrait le potentiel qu'il avait de devenir un atout pour l'État.

ou par des refus systématiques de faire ce qu'on lui demande. Tant qu'un être humain réagit à un danger réel en passant à l'attaque, on peut le considérer comme étant relativement équilibré, comme étant « normal » — et on dit souvent d'un enfant qu'il « agit comme un enfant normal ».

Dès que la punition vient troubler les calculs de l'analyseur, celui-ci cesse de fonctionner. Cela n'a rien à voir avec l'« expérience ». La vie réserve déjà tellement d'expériences douloureuses à un être humain qu'il n'a pas besoin que d'autres êtres humains viennent aggraver les choses. Une personne dont les dynamiques sont libres ou que la Dianétique a débloquées peut absorber les coups durs les plus monstrueux. Quand son mental réactif reçoit des engrammes dans le cadre d'une expérience de l'existence, son mental analytique continue de faire face sans être le moins du monde aberré. L'Homme est une créature coriace, résistante, compétente. Mais quand la loi de l'affinité est violée et que cette violation de l'affinité pénètre dans le mental réactif, les *êtres humains* qui en sont responsables et qui se sont opposés à la survie de l'individu deviennent des sources de punition. Si la banque des engrammes ne contient pas, avant l'âge de cinq ans, d'engrammes anti-survie dans lesquels étaient impliqués des êtres humains, tous les engrammes pro-survie reçus par la suite « iront de soi » et ne causeront pas d'aberrations graves. Autrement dit, ce qui bloque le plus les dynamiques, c'est quand l'affinité entre les êtres est détruite par un engramme. L'affinité qui existe entre les êtres humains est bien plus qu'une utopie ou un concept poétique ; c'est un fait scientifique.

Rien de plus facile, donc, que de schématiser le déroulement de la vie d'une personne « normale » ou d'une personne psychotique. La vie commence avec un grand nombre d'engrammes prénatals. De nouveaux engrammes viennent s'y ajouter durant la période de dépendance et de quasi-impuissance qui suit la naissance. Des locks s'installent ensuite, sous la forme de punitions en tout genre, ce qui provoque un key-in des engrammes. De nouveaux engrammes sont reçus qui mettent en branle les engrammes antérieurs. D'autres locks sont ensuite accumulés. Vers la quarantaine ou la cinquantaine, maladies et aberrations prennent solidement racine. Et la mort survient quelque temps après.

Mis à part la solution optimale qui consiste à débarrasser la personne de ses engrammes et à lui faire atteindre l'état de Clair, il y a plusieurs autres façons de venir à bout des maladies psychosomatiques et des aberrations. Bien que ces méthodes soient limitées et peu sûres, elles donnent parfois des résultats étonnants.

Elles se divisent en trois catégories : changement d'environnement, éducation et traitement physique. On peut obtenir des rétablissements étonnamment rapides en retirant certains facteurs de l'environnement de l'aberré ou bien en sortant l'aberré de l'environnement dans lequel il est malheureux ou incapable de fonctionner. C'est une thérapie tout à fait valable car elle sépare l'individu de ses restimulateurs. Mais son pourcentage d'échecs est largement supérieur à son pourcentage de succès et elle ne permet d'éliminer que 10 % des restimulateurs, car l'individu en trimbale la grande majorité avec lui ou se trouve parfois forcé d'entrer en contact avec eux. Cela ramène en mémoire le cas d'une personne qui avait de violentes crises d'asthme. Elles lui venaient de l'engramme reçu à la naissance. Ses parents, affolés, l'avaient emmené dans quantité de stations de montagne spécialisées dans le traitement des maladies respiratoires, et ces séjours leur avaient coûté des dizaines de milliers de dollars. Durant les séances de mise au clair de Dianétique, le patient ramena l'engramme à la surface et découvrit que c'était l'air frais et pur qui restimulait son asthme ! Quand on a affaire à un enfant maladif, voici comment on doit appliquer la thérapie du changement d'environnement si l'on veut être sûr qu'il se rétablira : il faut l'enlever à ses parents, qui le restimulent, et l'emmener dans un endroit où on lui dispensera de l'amour et où il se sentira en sécurité, car sa maladie est fatalement due à la présence de l'un de ses parents ou des deux ; en effet, ces derniers mettent en branle ses engrammes prénatals. L'un des conjoints, mari ou femme, a dû tomber chroniquement dans la zone 1 ou la zone 0 quelque temps après le mariage, c'est-à-dire quelque temps après avoir épousé « maman » ou « papa » ou « l'avorteur ».

Pour ce qui est de l'éducation, l'acquisition de nouvelles connaissances ou l'enthousiasme suscité par un domaine quelconque peut causer un key-out des engrammes, car le mental réactif est alors submergé par les flots d'énergie de l'analyseur. Si on réussit à convaincre un individu qu'il se battait contre des ombres ou si on parvient à lui faire croire que ses peurs sont dues à telle ou telle chose (même si ce n'est pas vrai), on peut améliorer son état. Il arrive parfois que quelqu'un lui « apprenne » à croire dur comme fer en quelque déité ou en quelque culte et il se sent alors si invulnérable qu'il se hisse au-dessus de ses engrammes. Quand on augmente le potentiel de survie d'une personne, son ton général peut à tel point s'élever que le mental réactif se trouve jugulé. Par exemple, si on lui enseigne la musique ou l'ingénierie, qui peuvent lui valoir une grande considération, cela va souvent la protéger contre ses restimulateurs. L'accession à une position qui inspire le respect représente en fait un changement d'environnement, mais fait aussi partie de l'éducation, car l'individu apprend qu'il a de la valeur. Si un homme peut être amené par une éducation autodidacte ou extérieure, qui lui est bénéfique, à se plonger dans une tâche ou un passe-temps, un autre mécanisme intervient : le mental analytique est si absorbé par son travail qu'il accapare d'énormes quantités d'énergie et qu'il s'oriente peu à peu vers un nouvel objectif.

Voyons rapidement le troisième type de thérapie : les traitements physiques. Quand un traitement physique provoque un regain de santé physique, l'individu reprend espoir, ou bien sa position sur la piste de temps change, ce qui modifie ses réactions. Un traitement physique peut causer un key-out des engrammes.

Ces trois types de thérapie sont tout à fait valables. Mais elles peuvent aussi réveiller des aberrations. Il y a des mauvaises façons d'agir, des mauvaises façons de traiter les êtres humains et des choses à ne pas faire, qui, nous le savons à présent, sont purement et simplement criminelles.

Jeter un homme dans un milieu qui le restimule et le contraindre à y demeurer équivaut pratiquement à un assassinat. L'obliger à garder un associé qui le restimule relève de la malveillance. Forcer un homme ou une femme à rester avec un conjoint restimulant relève de l'impossible, même si la morale le requiert, à moins de faire intervenir la thérapie de Dianétique. Contraindre un enfant à rester dans une famille restimulante, c'est le priver de son bonheur et freiner son développement mental et physique. Un enfant devrait avoir son mot à dire pour ce genre de choses, ainsi que d'autres endroits où aller.

Pour en revenir aux traitements physiques, c'est de la barbarie pure et simple que de vouloir guérir des maladies psychosomatiques en recourant à des pratiques aussi brutales que la chirurgie dentaire ou la chirurgie tout court, surtout après ce que nous avons découvert en Dianétique. Les « maux de dents » sont généralement psychosomatiques. Quantités de maladies organiques (il y aurait de quoi remplir un bottin) sont psychosomatiques. Il faut absolument s'abstenir de tenter la moindre opération chirurgicale tant qu'il n'existe aucune certitude que le mal n'est pas psychosomatique et qu'il ne se résorbera pas de lui-même si l'on réduisait le pouvoir du mental réactif. La psychothérapie physique, quant à elle, est trop ridicule maintenant que nous possédons une science qui a découvert la source des aberrations, pour être mentionné sérieusement. Car un médecin ou un psychiatre, lorsqu'il aura pris connaissance des données exposées dans ce livre, ne voudra plus jamais, s'il est sensé, toucher à une machine à électrochocs ou même poser les yeux sur un scalpel ou un pic à glace avec l'intention de taillader des lobes préfrontaux. À moins, bien sûr, que ce médecin ou ce psychiatre ne souffre d'aberrations si monstrueuses que ce n'est pas le désir de guérir les gens qui le motive, mais un sadisme des plus bas et des plus méprisables qui, évidemment, lui vient tout droit de ses engrammes*.▲

* *De nombreuses personnes ont enquêté sur les traitements que les psychiatres et les responsables d'établissements psychiatriques administrent aux malades mentaux. Lorsque ces personnes découvrent l'état dans lequel se trouvent les patients à qui on a donné des électrochocs ou sur qui on a pratiqué une lobotomie préfrontale ou une leucotomie transorbitale, leur première impulsion est de décrier les psychiatres comme des gens à qui on ne peut pas faire confiance et de les accuser de se livrer à des expériences de vivisection sur des êtres humains. S'il est vrai que la grande majorité de ces patients a perdu toute chance de guérison et que la Dianétique ne peut plus rien pour eux, la faute n'en revient pas entièrement aux psychiatres ni aux neurochirurgiens. Ces gens n'ont fait qu'appliquer ce qu'on leur a appris à l'université, et s'ils ont agi de la sorte, c'est parce qu'ils croyaient que le problème du mental humain était insoluble. Loin de nous l'idée de déclencher une chasse aux sorcières contre ces gens. Il serait irrationnel de vouloir à tout prix mettre l'accent sur le fait qu'ils ont irrémédiablement détruit des personnes, ou bien de les qualifier de « bouchers », ou encore de dépeindre leurs actes comme*

autant d'atrocités. Dans l'ensemble, les efforts de ces gens pour aider les malades mentaux étaient parfaitement sincères. À cause de la contagion de l'aberration, leurs propres engrammes ont été continuellement restimulés et les ont soumis à une tension et à un stress considérables dans l'exercice de leur profession. Ces gens peuvent atteindre l'état de Clair et leur expérience est précieuse. Je sais bien qu'un sénateur qui avait étudié la Dianétique voulait récemment proposer une loi destinée à les bannir. Je sais bien que les journaux publient des articles virulents contre eux. Je sais bien que le public ne les porte pas dans son cœur. Et je sais bien que les médecins généralistes, par tradition, ne leur font pas confiance. Mais ce genre d'attitude ne peut qu'alimenter la polémique et engendrer une grande confusion. La Dianétique est une nouvelle science et préfère rester neutre. LRH

CHAPITRE DIX

LA DIANÉTIQUE PRÉVENTIVE

LA DIANÉTIQUE COMPREND DE nombreuses branches. En fait, c'est une famille de sciences reposant sur un même groupe d'axiomes. Il y a, par exemple, la *Dianétique pédagogique*, qui est un corps organisé de connaissances où l'on trouve tout ce dont on a besoin pour apprendre à l'intellect à exploiter au maximum ses facultés et lui faire acquérir un maximum de savoir et de savoir-faire dans les différentes branches de l'activité humaine. Ensuite, il y a la *Dianétique politique*, qui traite des groupes et qui montre comment organiser un groupe, comment créer des conditions de travail optimales, comment diriger un groupe de façon optimale et comment établir des relations optimales entre les groupes. Il y a aussi la *Dianétique médicale* et la *Dianétique sociale*. Il existe beaucoup d'autres subdivisions de ce genre, chacune étant une science avec ses propres axiomes.

Le présent ouvrage traite exclusivement des principes fondamentaux de la Dianétique et de la thérapie de Dianétique telle qu'elle s'applique à l'individu. Ce sont ces deux aspects de la Dianétique qui, dans l'immédiat, ont le plus d'importance et présentent le plus d'intérêt pour l'individu.

Mais un livre qui traite de la thérapie de Dianétique serait incomplet s'il n'était fait mention d'une branche de la Dianétique qui, aux dires de certains, est beaucoup plus importante pour l'espèce humaine que la thérapie. Je veux parler de la *Dianétique préventive*.

Lorsqu'on connaît la cause de quelque chose, on peut généralement l'empêcher d'entrer en action. Parce que Ronald Ross[1] a découvert et démontré que le microbe du paludisme est véhiculé par les moustiques, on peut désormais empêcher cette maladie de faire les ravages qu'elle causait autrefois. De même, lorsqu'on

----

1. **Ronald Ross** (1857-1932), médecin britannique.

connaît la cause des aberrations et des maladies psychosomatiques, on peut faire beaucoup pour les prévenir.

Bien que la Dianétique préventive soit un vaste sujet qui englobe des domaines aussi particuliers que l'agriculture ou l'industrie, elle a un principe de base scientifique bien précis : on peut limiter au maximum le contenu des engrammes ou bien totalement empêcher la formation d'engrammes et, de ce fait, améliorer considérablement la santé mentale, le bien-être physique et la vie sociale.

L'engramme est quelque chose de très simple. C'est un moment où le mental analytique disjoncte — à cause d'une douleur physique, d'une drogue ou d'autre chose — et où le mental réactif ouvre ses portes en grand pour y recevoir un enregistrement. Quand cet enregistrement contient des dialogues, il provoque des aberrations extrêmement graves. Quand il renferme une émotion violente telle que l'agressivité, il est très, très destructif. Et quand son contenu est particulièrement pro-survie, il peut mettre toute une vie sens dessus dessous.

L'engramme, entre autres choses, détermine la destinée. L'engramme dit à une personne qu'elle doit échouer pour survivre. Aussitôt dit, aussitôt fait : elle met au point mille et une façons d'échouer. L'engramme dit à un homme qu'il n'éprouvera du plaisir que s'il est en compagnie d'êtres d'une autre race. Immédiatement, l'homme va les rejoindre et quitte ses frères. L'engramme lui dit qu'il doit tuer pour vivre. Il se met à tuer. Pire encore, l'engramme, avec une grande subtilité, va d'incident en incident, tissant une toile complexe destinée à provoquer la catastrophe qu'il a dictée.

Dernièrement, nous avons eu affaire à un cas qui s'était donné beaucoup de peine pour se casser un bras, car avec un bras cassé, il recevait des témoignages de sympathie sans lesquels, affirmait l'engramme, il lui était impossible de vivre. Le scénario mis au point par ce cas s'étendait sur trois ans et comportait une cinquantaine d'incidents apparemment innocents qui, lorsque nous les eûmes reliés les uns aux autres, nous permirent de reconstituer toute l'histoire.

La personne prédisposée aux accidents reçoit de son mental réactif l'ordre d'avoir des accidents. Ce genre de personne constitue un sérieux danger pour la société, car ses accidents sont réactivement intentionnels et coûtent la vie à des innocents.

Les conducteurs qui ont eu plusieurs accidents sont généralement des individus prédisposés aux accidents. Ils ont des engrammes qui leur ordonnent d'avoir des accidents. Quand vous aurez traité votre premier cas au moyen de la thérapie de Dianétique, vous saurez à quel point Sa Majesté Crétinus Magnus, j'ai nommé le mental réactif, est intraitable et sournois lorsqu'il émet un ordre. Deux facteurs seulement peuvent occasionner un accident de voiture à un conducteur Clair : a) des ennuis mécaniques et, surtout, b) des personnes prédisposées aux accidents. Vous voulez savoir pourquoi un nombre effrayant de personnes meurent chaque année dans des accidents de la circulation ? C'est parce que, dans la plupart des cas, les automobilistes conduisaient réactivement au lieu de conduire avec l'expérience acquise. Pour vous montrer à quel point notre société est apathique : elle ne prend aucune mesure sérieuse pour prévenir *tout* accident de la route. Un pare-brise fendu, c'est déjà un accident de trop. Maintenant qu'il existe une solution, il ne reste plus à la société qu'à agir.

L'aberré complique la vie des gens de milliers et de milliers de façons. Avec la Dianétique préventive, il est possible désormais de repérer l'aberré qui est prédisposé aux accidents et de lui interdire toute activité qui pourrait mettre la vie des autres en danger. Ce n'est qu'un aspect de la Dianétique préventive. Bien sûr, cet aberré peut atteindre l'état de Clair, mais c'est un tout autre problème.

L'autre aspect de la Dianétique préventive, le plus important, c'est la prévention des engrammes et la modification de leur contenu, aussi bien à l'échelle de la société qu'au niveau de l'individu. Pour éliminer ou étouffer dans l'œuf les sources d'aberration de la société, on s'y prend de la même façon que pour les engrammes d'un individu.

La prévention des engrammes est chose facile au niveau individuel. Lorsqu'on connaît la cause des aberrations et des maladies, on peut l'empêcher de pénétrer dans la vie de l'individu. Et si jamais elle a réussi à pénétrer dans sa vie, on peut empêcher la phase suivante, le key-in. Bien entendu, la solution qui viendra définitivement à bout du problème, c'est la mise au Clair, mais elle ne peut pas être employée dans tous les cas.

En effet, on ne peut pas administrer la thérapie à un enfant de moins de cinq ans. En fait, nous avons placé la barre à huit ans. Peut-être ce chiffre baissera-t-il lorsque nous aurons amélioré les techniques. De toute façon, nous ne pourrons jamais aller en dessous de l'âge de la parole, à moins que quelqu'un n'invente un jour un catalyseur capable d'éliminer le mental réactif sans autre forme de traitement (ce n'est pas si insensé que ça). Mais, pour le moment, et sans doute pour pas mal de temps encore, l'enfant reste un problème pour la Dianétique.

La plupart des maladies infantiles sont dues aux engrammes. Et c'est avant que l'enfant ne soit en âge de parler qu'elles sont généralement le plus graves. Il y a encore trop de nourrissons qui meurent durant les douze premiers mois de leur vie (même si les médecins ont plus ou moins réussi à enrayer la mortalité infantile).

La Dianétique préventive aborde ce problème en deux temps : primo, la prévention des engrammes ; deusio, la prévention du key-in.

Prenons d'abord le key-in. Il y a deux choses que l'on peut faire pour prévenir un key-in : 1) fournir à l'enfant une atmosphère calme et harmonieuse dénuée de restimulateurs ; 2) l'emmener dans un environnement où il sera débarrassé de la présence de ses deux principaux restimulateurs, le père et la mère (même s'ils le traitent bien), et où il recevra de l'affection. C'est très facile de savoir si un enfant (avant qu'il ait l'usage de la parole ou après) est restimulé. Est-ce qu'il est prédisposé à la maladie ? Est-ce qu'il mange bien ? Est-ce qu'il est nerveux ? Bien entendu, l'enfant peut souffrir d'un dérangement purement physique, mais il ne faudra pas longtemps au médecin pour le déterminer.

Se quereller à proximité de l'enfant, faire du vacarme, se conduire de façon hystérique, radoter des paroles compatissantes pendant que l'enfant est malade ou blessé, voilà quelques-unes des choses qui font partie du catalogue des key-in. Elles provoquent un key-in de ses engrammes (et qui sait combien il a d'engrammes !) et le rendent physiquement malade et mentalement aberré.

Chose étrange, la toute première façon d'empêcher la formation d'engrammes, c'est de traiter avec respect et considération une personne qui n'est pas l'enfant, j'ai nommé la mère.

Ce n'est pas à cause de l'« amour biologique » que la mère tient une si grande place dans la vie d'un être humain. En fait, c'est dû tout simplement à un phénomène mécanique : les engrammes prénatals ont la mère comme dénominateur commun. L'engramme prénatal est beaucoup plus néfaste que l'engramme post-natal. Tout engramme qu'une personne a reçu avant la naissance contient la mère, ou sa mère et une autre personne ; mais sa mère y figure toujours. La voix de la mère et toutes les choses qu'elle dit ou fait ont, par conséquent, un effet considérable sur l'enfant à naître.

Contrairement à ce que croient les gens lorsqu'ils entendent parler pour la première fois des engrammes prénatals, l'émotion ne se transmet pas à l'enfant par le cordon ombilical. Elle est transmise par une onde d'un certain type (plus électrique que physique). Ce sera aux spécialistes de la structure de déterminer la nature exacte de cette onde. En conséquence, toute émotion manifestée en présence d'une femme enceinte est directement transmise à l'enfant. De même, toute émotion manifestée par la mère pénètre dans le mental réactif de l'enfant.

Que l'enfant, dans le ventre de la mère soit dépourvu de « pouvoir analytique » (à supposer que ce soit vrai) ne le prédispose pas pour autant aux engrammes. Un engramme prénatal est un engramme. L'enfant ne sombre dans l'« inconscience » que s'il reçoit des coups ou s'il est démoli par une pression artérielle trop forte ou un orgasme, etc. Lorsqu'il sombre dans l'« inconscience », il reçoit un engramme qui contient tout ce qu'il a perçu et toutes les paroles prononcées à proximité de la mère. Le pouvoir analytique n'a rien à voir avec les engrammes. Je le répète, si l'enfant n'a aucun pouvoir analytique, cela ne veut pas dire qu'il est prédisposé aux engrammes. En revanche, s'il est « inconscient » ou blessé, il est effectivement prédisposé aux engrammes. La présence ou l'absence d'un « pouvoir analytique » ne joue aucun rôle dans la réception ou la non-réception d'engrammes.

Tout, absolument tout, est communiqué à l'enfant blessé et « inconscient » : les nausées matinales, les crises de toux, les monologues (la mère qui parle toute seule), les bruits de la rue, les bruits de la maison, etc. Et il ne faut pas grand-chose pour blesser l'enfant. Il n'a aucune protection à attendre de ses os, puisqu'ils ne sont pas formés, et il n'a aucune liberté de mouvement. Il est là, coincé. Quand il reçoit un coup ou quand quelqu'un lui appuie dessus, ces cellules et ses organes sont endommagés. Si vous voulez savoir à quel point cette immobilité joue un rôle important, livrez-vous à l'expérience suivante. Allongez-vous sur un lit et posez la tête sur un oreiller. Puis demandez à quelqu'un d'appuyer sa main sur votre front. Étant donné que vous êtes immobile, la pression de la main est beaucoup plus forte qu'elle ne le serait si on l'appuyait sur votre front alors que vous êtes debout. Le tissu et l'eau qui entourent l'enfant amortissent très mal les chocs. Chaque fois que l'enfant subit un choc grave, il est comprimé par le liquide amniotique, car celui-ci est incompressible. Comme blindage, on a vu mieux. Le simple fait, pour la mère, de lacer ses chaussures peut être très pénible pour l'enfant durant les dernières semaines de la grossesse. Et il déguste tout particulièrement lorsqu'elle soulève des objets pesants. Et quand elle se cogne violemment contre un coin de table, il peut avoir la tête enfoncée. Les facultés de réparation de l'embryon ou du fœtus sont, je l'ai dit, incomparables. S'il a la tête enfoncée, le « plan original » est consulté, les matériaux de construction sont créés et la réparation peut être effectuée. Sous prétexte que l'enfant est capable de survivre à presque tout ce qui lui est infligé, on pourrait en conclure qu'il « s'en sort sain et sauf ». C'est loin d'être le cas. La question est plutôt de savoir si les engrammes qu'il a reçus vont oui ou non causer de graves aberrations.

Les tentatives d'avortement sont très courantes. Et très rarement couronnées de succès. De plus, la mère se fait du tort à elle-même chaque fois qu'elle blesse l'enfant de la sorte. D'après ce que nous avons pu découvrir, les nausées matinales sont purement engrammiques. En effet, il n'y a pas eu, jusqu'ici, une seule femme Clair qui en ait souffert durant sa grossesse. Et les vomissements sont dus, eux aussi, à la contagion de l'aberration. La mère ne tombe réellement malade que si elle a blessé l'enfant, soit par des lavements, soit au moyen d'aiguilles à tricoter, etc. Dans un cas comme celui-là, elle tombe effectivement malade et la chose est beaucoup plus pénible physiquement pour elle que pour l'enfant. Si de plus en plus de femmes dans la société souffrent de nausées matinales, c'est à cause des tentatives d'avortement et, bien entendu, des blessures dont elles sont parfois victimes.

Quand une femme est enceinte, les cellules le savent immédiatement. Le mental réactif en est informé avant le mental analytique par le biais de sensations organiques ; en effet, le déclenchement de la grossesse provoque des changements au sein du système endocrinien. Par conséquent, il y a bien d'autres phénomènes que les nausées pour indiquer à une femme qu'elle est enceinte.

Notre travail de recherche a été considérable dans ce domaine. Mais il est loin d'être terminé. Les conclusions que nous présentons ici sont provisoires. Une chose, en tout cas, a été scientifiquement démontrée : l'embryon ou le fœtus reçoit bel et bien des engrammes et c'est leur contenu, plutôt que la douleur elle-même, qui a un impact sur l'enfant. C'est un fait incontestable, aussi incontestable que la loi de la gravitation.

Le premier souci de la Dianétique préventive est la prévention des engrammes. Son second souci est d'empêcher qu'ils aient un contenu. Les femmes qui vivent à la campagne et qui effectuent des travaux pénibles sont sujettes à toutes sortes d'accidents. Mais comme la société a besoin du travail qu'elles fournissent, il est sans doute impossible d'éviter ces accidents. Cependant, maintenant que nous savons que toute blessure reçue par la mère peut créer un engramme chez l'enfant qu'elle porte, il est absolument vital que toutes les personnes présentes à un moment où la mère est victime d'une blessure, y compris la mère, gardent le silence le plus total. Dans un engramme, *toute remarque est source d'aberrations.* Toute phrase adressée à l'embryon ou au fœtus va automatiquement engendrer un engramme, même une phrase telle que : « Tu t'en rappelleras avec la thérapie de Dianétique. » En effet, chaque mot de cette phrase équivaut à la douleur physique qu'il a éprouvée à ce moment-là et, par conséquent, les mots « thérapie de Dianétique » le restimuleront s'ils sont prononcés ultérieurement.

Le médecin qui palpe, appuie et pousse pour voir si la mère est enceinte peut dire, par exemple : « Ma foi, il est trop tôt pour se prononcer. » Bien des années plus tard, au cours d'une séance de thérapie de Dianétique, le patient *retourne* à proximité de cet incident mais il ne le trouve pas et il faudra attendre que le dianéticien devine le contenu de l'engramme (en se basant sur la façon dont le patient lui décrit ses réactions) pour que tout rentre dans l'ordre. Ou bien, disons que le docteur est du genre peu commode et qu'il prononce les paroles suivantes pendant que l'enfant est « inconscient » (un examen, aussi doux soit-il, fait invariablement sombrer l'enfant dans l'« inconscience ») : « Vous avez intérêt à faire attention à votre santé, madame Durand, autrement vous allez être salement malade. » Eh bien, cet enfant souffrira d'une légère hypocondrie dès qu'il se produira un key-in de l'engramme, et il se fera beaucoup de soucis à propos de sa santé.

Si le mari parle pendant le coït, chaque mot prononcé devient engrammique. S'il bat la mère, les coups qu'il donne et les paroles qu'ils prononcent *l'un et l'autre* deviennent engrammiques.

Si la mère ne veut pas de l'enfant, mais que le père en veut, l'enfant considérera (réactivement) le père comme un allié[2] et fera peut-être une dépression nerveuse le jour où il mourra. Si la mère

---

2. **Allié** : En Dianétique, cela signifie fondamentalement quelqu'un qui protège une personne en état de faiblesse et qui en vient à avoir une influence très forte sur cette personne. La personne faible, un enfant par exemple, prend même les caractéristiques de l'allié. Ainsi, on pourrait trouver qu'une personne a, disons, mal à la jambe, parce qu'un protecteur ou un allié dans sa jeunesse avait mal à la jambe. Le mot vient du latin et signifie *lier à.*

veut de l'enfant, mais que le mari n'en veut pas, la computation de l'allié [3] se porte sur la mère. L'aberré utilise tout particulièrement cette computation (ce raisonnement) lorsqu'il y a eu menace (menace engrammique, j'entends) ou tentative d'avortement sur sa personne.

Si la mère se blesse ou se fait mal et que le père manifeste une grande sollicitude, cela s'enregistre dans l'engramme et l'enfant a un engramme de compassion. Pour survivre, il devra donc inspirer de la pitié quand il sera blessé ou même, carrément, s'arranger pour être blessé.

Une société qui se dit préoccupée par les générations futures doit traiter une femme enceinte avec tous les égards possibles. Si elle tombe, il faut l'aider, mais *silencieusement*. On ne doit pas lui faire porter d'objets pesants. Et on ne doit pas la forcer à avoir des rapports sexuels. *Car chaque coït, durant la grossesse, est un engramme pour l'enfant.*

Apparemment, un nombre étonnant de femmes ne s'aperçoivent pas immédiatement qu'elle sont enceintes. La plupart des fausses couches qui surviennent durant les deux ou trois premières semaines suivant la conception sont dues à des coïts violents, à des lavements ou à des pommades (dont la femme se sert parce qu'elle continue d'employer des contraceptifs, ignorant qu'elle est enceinte), à des troubles intestinaux, à des chutes et à des accidents. En effet, le zygote et l'embryon « démarrent » dans l'existence et un rien peut les blesser. Les chances de faire une fausse couche vont en diminuant après la première absence de règles, à moins que l'enfant ne soit une monstruosité génétique ou que la mère ne se rende coupable de tentatives d'avortement. Mais le pourcentage des enfants monstrueux est si minime qu'une femme enceinte n'a pratiquement aucune chance d'en porter un.

Après la première absence de règles, l'amnios (la membrane qui renferme le fœtus et le liquide amniotique) peut être transpercé de nombreuses fois et laisser échapper tout le liquide amniotique, sans que l'enfant meure pour autant. Il n'est pas rare qu'une femme aberrée se livre à vingt ou trente tentatives d'avortement, transperçant le corps ou le cerveau de l'enfant à chaque fois.

3. **Computation de l'allié** : il s'agit d'un raisonnement idiot selon lequel l'aberré doit, pour conserver l'amitié d'une personne qui lui est venue en aide, reproduire approximativement les circonstances qui lui ont causé cette amitié. Mais c'est plus que cela. L'aberré tient le raisonnement suivant : il ne peut être en sécurité que si cet allié se trouve à proximité, et la seule façon de faire venir cet allié, c'est de tomber malade ou de devenir fou ou de sombrer dans la misère, bref, d'être incapable de fonctionner.

L'embryon ou le fœtus ne perçoit pas les choses par les canaux sensoriels usuels. Les engrammes ne sont pas des souvenirs, mais des enregistrements cellulaires. Donc, un fœtus n'a pas besoin de tympans pour enregistrer un engramme. Nous avons eu affaire à plusieurs cas dont le mécanisme auditif avait été temporairement détruit par une tentative d'avortement. Cela ne les avait pas empêchés d'enregistrer l'engramme. Les cellules avaient ensuite reconstruit ce mécanisme auditif dans les banques mnémoniques standard et stocké dans le mental réactif les données qu'elles avaient enregistrées.

Lorsqu'on débarrasse un individu de tous ces engrammes prénatals, il retrouve une intelligence très supérieure à la normale, ainsi qu'un bien-être et une stabilité largement supérieurs à tout ce que l'Homme a pu imaginer. Nous avons confirmé une fois pour toute l'existence de ces engrammes prénatals en administrant la thérapie à un enfant, à sa mère et à son père. Toutes les données engrammiques fournies par chacun d'eux concordaient. Bref, nous avons affaire à un fait qui, aussi surprenant qu'il puisse paraître, est bel et bien un fait scientifique.

Donc, la mère doit faire très attention à elle durant la grossesse et toutes les personnes de son entourage doivent être informées du fait qu'il est capital de garder le silence au moindre petit bobo ou à la moindre blessure. Comme il n'est pas possible de dire quand une femme a commencé sa grossesse et comme les engrammes reçus par le zygote et l'embryon peuvent causer des aberrations désastreuses, la société va devoir, de toute évidence, améliorer son attitude à l'égard des femmes si elle veut garantir la santé future des enfants.

Il semble que dans notre société, la femme soit dans une certaine mesure traitée avec moins d'égards qu'avant — et avec moins d'égards que dans certaines autres sociétés. Elle est censée être la rivale de l'homme. C'est absurde. Une femme a autant d'énergie qu'un homme. Pour ce qui est de l'activité et de la constitution physique, aucune rivalité ne saurait exister entre l'homme et la femme. S'il règne actuellement une telle confusion sociale, c'est en grande partie parce qu'on ne s'est pas rendu compte de l'importance du rôle de la femme en tant que femme et qu'on a mis les hommes et les femmes dans des camps opposés.

Il n'est pas nécessaire d'insister ici sur les changements que nous allons connaître dans les vingt prochaines années. Grâce à la photosynthèse, nous devrions avoir largement de quoi nourrir tous les hommes, et à moindres frais. Le problème de la limitation des naissances pourra donc être relégué dans les tiroirs. Les valeurs morales ont déjà beaucoup changé, bien que les moralistes fassent tout pour s'y opposer. Par conséquent, la femme va être en mesure de se libérer de bon nombre de chaînes pesantes.

L'homme a la charge du monde actuel. C'est à lui de le construire et d'en gérer l'activité. La femme, quant à elle, a la charge de s'occuper de l'être humain et de ses enfants. Seule gardienne, pratiquement, de la génération de demain, elle mérite d'être traitée avec beaucoup, beaucoup plus de respect et ne doit plus être considérée comme « faisant partie des meubles ».

On peut donc prédire (et c'est loin d'être une utopie) que la femme occupera bientôt une position supérieure à sa position actuelle. Il le faut. Il le faut si nous voulons que les enfants de demain atteignent de nouveaux paliers. Il le faut si nous voulons une cellule familiale paisible et harmonieuse. Il le faut si nous vous voulons que la société progresse.

Lorsqu'on applique la Dianétique préventive à la maison, on doit surtout l'appliquer à la mère, afin de protéger l'enfant.

En premier lieu, il faut que la mère devienne Clair. En effet, toute femme qui tente d'avorter souffre d'un blocage de la seconde dynamique, blocage qui met en danger sa santé et son bonheur. Et nous avons découvert qu'une aversion pour les enfants s'accompagne invariablement d'aberrations sexuelles.

La Dianétique préventive, appliquée à l'individu, se présenterait comme suit. Tout d'abord, il faudrait que les parents soient Clairs. Puis il faudrait qu'ils prennent toutes les précautions possibles pour empêcher la formation d'aberrations chez l'enfant. Et enfin, il faudrait qu'ils prennent toutes les précautions possibles pour empêcher le key-in des aberrations que l'enfant a pu recevoir.

Tout cela n'a rien de sorcier. Gardez le silence devant une personne blessée. Occupez-vous de la personne blessée ou malade et occupez-vous-en silencieusement. Gardez le silence pendant l'accouchement afin de préserver la santé mentale de la mère et de l'enfant et la paix du foyer. Et attention : garder le silence ne veut pas dire lancer des « chut ! » à tout va. C'est une très bonne façon de faire des bègues.

À l'échelle de la société, il n'y a qu'une chose qui soit plus importante que le fait de garder le silence devant une personne « inconsciente » ou blessée : la prévention des états d' « inconscience ».

Ne dites rien et ne faites pas un son quand vous êtes à proximité d'une personne « inconsciente » ou blessée. Si vous prononcez la moindre parole, vous mettez en danger son équilibre mental. Ne dites rien quand une personne est opérée. Et ne dites rien lorsqu'il y a eu un accident dans la rue. Bouclez-la !

Ne dites rien devant un enfant malade ou blessé. Souriez, ayez l'air calme, mais ne dites rien. Rappelez-vous, les faits remplacent les discours et la seule chose qu'on puisse se permettre lorsqu'on est à côté d'un malade ou d'un blessé, c'est d'agir — et en silence. À moins, bien sûr, que vous ne vouliez en faire un psychopathe ou un névrosé ou un cas pathologique.

Et par-dessus tout, ne dites rien si vous êtes en présence d'une femme qui est contusionnée ou secouée. Aidez-la. Si elle parle, ne répondez pas. Contentez-vous de l'aider. Vous ne savez pas si elle est enceinte ou non.

Le fait est là : les enfants qui jouissent d'une santé à toute épreuve viennent des mères les plus heureuses. C'est scientifiquement prouvé. Pour une mère Clair, l'accouchement est pratiquement une formalité. Ce qui rend les accouchements difficiles, ce sont les engrammes que la mère a reçus à la naissance. Une mère Clair n'a pas besoin d'être anesthésiée. Ce qui n'est pas un mal, car l'anesthésique abrutit l'enfant et lorsque son engramme réagira par la suite, il dramatisera cet état d'hébétude. Non, une femme heureuse éprouve très peu de difficultés. Et même en admettant que l'enfant reçoive quelques engrammes en dépit de toutes les précautions, le mal ne sera pas bien grand si le ton général de la mère se situe aux alentours de la joie de vivre.

Femmes, vous avez toutes les raisons d'exiger qu'on vous traite avec égards.▲

Livre trois

La thérapie

CHAPITRE UN

LA PROTECTION DU MENTAL

L E MENTAL EST UN MÉCANISME autoprotecteur. À moins d'utiliser des drogues, comme dans la narco-analyse, des traitements de choc, l'hypnose ou la chirurgie, l'auditeur[1] ne peut commettre d'erreurs auxquelles lui ou un autre auditeur ne puisse remédier. Dans ce livre, je vais donc mettre l'accent sur les techniques de thérapie de Dianétique les plus rapides et dont la marge d'erreur est insignifiante ; car les erreurs font perdre un temps fou. Les auditeurs vont, bien entendu, commettre des erreurs. C'est inévitable. S'ils répètent continuellement la même erreur, ils ont intérêt à trouver quelqu'un pour qu'il leur administre la thérapie.

Il y a sans doute des milliers de façons de ruiner la santé mentale d'un individu, mais nous les répartirons en quatre catégories : 1) emploi d'électrochocs ou de neurochirurgie ; 2) emploi de drogues ou de médicaments puissants ; 3) emploi de l'hypnotisme ; 4) mélanger la Dianétique avec d'autres formes de thérapie.

Tant que le mental reste conscient ou en partie conscient de sa propre existence, il ne se laisse pas submerger ; en tout cas pas gravement, il n'est submergé que lorsque sa conscience est à tel point réduite qu'il n'est plus capable d'analyser quoi que ce soit, auquel cas il est victime de toutes sortes de perturbations. La *rêverie*[2] de Dianétique permet au patient de rester parfaitement conscient de tout ce qui se passe et de se rappeler, dans le même temps, tout ce qui est arrivé. Il existe des thérapies qui, bien que

----

1. **Auditeur :** Une personne formée et qualifiée pour appliquer des procédés et des procédures de Dianétique à des individus pour les aider à s'améliorer ; appelée auditeur parce qu'auditeur veut dire « quelqu'un qui écoute ».
2. **Rêverie :** l'état de rêverie n'est qu'un nom, une étiquette pour donner l'impression au patient que son état a été modifié et qu'il a maintenant une très bonne mémoire dans cet état ou qu'il peut faire des choses impossibles d'ordinaire. La réalité est qu'il en est tout le temps capable. Ce n'est pas un état étrange. La personne est tout éveillée, mais en se voyant simplement demander de fermer les yeux, elle est techniquement en rêverie.

n'employant pas la rêverie, ont une certaine valeur, mais celui qui envisage de les utiliser doit bien comprendre qu'elles présentent des lacunes. Donc en Dianétique, nous employons presque exclusivement la rêverie et l'auditeur qui utilise la rêverie ne peut pas commettre d'erreur qu'il ne puisse réparer. Il travaille avec le mental, qui est un mécanisme à toute épreuve, ou presque, tant qu'il lui reste un brin de conscience. S'il fallait établir une comparaison, on pourrait dire que le mental est beaucoup plus difficile à endommager qu'une radio, une pendule ou un moteur électrique qui se trouveraient entre les mains d'un mécanicien. Le mental a été construit pour résister aux chocs les plus rudes. Vous constaterez qu'il est très difficile de fourrer le mental dans une situation qui le perturbe. Et vous verrez aussi qu'il est impossible, par l'intermédiaire de la rêverie, de le mettre dans un état de perturbation susceptible de le conduire à la névrose ou à la démence. Dans le manuel d'infanterie de l'armée américaine, on trouve la phrase suivante : « Tout plan, même le plan le plus mal conçu, s'il est exécuté avec audace, vaut mieux que l'inaction. »

En Dianétique, nous reprenons cette phrase à notre compte et nous disons : *il vaut mieux démarrer un cas[3] que ne pas y toucher, peu importe combien le cas est sérieusement atteint ou combien l'auditeur est inexpérimenté.* Il vaut mieux commencer la thérapie, même si c'est pour l'interrompre deux heures plus tard, que ne pas la commencer du tout. Il vaut mieux contacter un engramme que le laisser tranquille, même si cela provoque une indisposition chez le patient, car l'engramme va perdre de sa puissance et l'indisposition du patient se dissipera peu à peu.

Ce fait a été scientifiquement démontré. La Dianétique se sert d'une faculté mentale inhérente dont l'Homme ignorait l'existence. Il s'agit d'un mécanisme de pensée que tout le monde possède et qui était manifestement destiné à entrer dans le processus général de pensée, mais qui, par quelque négligence étrange, n'a jamais été découvert. Lorsqu'un individu se sait doté de cette « nouvelle » faculté, il pense mieux. Et c'est une faculté qu'il peut acquérir en dix minutes. De plus, lorsqu'on se sert de cette faculté (qui, lorsqu'elle est intensifiée, devient la *rêverie*) pour aborder un engramme, plusieurs sous-branchements de cet engramme sont déconnectés, ce qui diminue son pouvoir d'aberration

---

3.   **Cas :** un terme général pour désigner la personne que l'on traite ou que l'on aide. Le mot cas fait aussi référence à l'état dans lequel elle est, qui est régi par le contenu de son mental réactif. Le cas est la façon dont une personne réagit au monde qui l'entoure en raison de ses aberrations.

au niveau physique ou au niveau mental. En outre, le fait de savoir qu'il existe un remède contre les maladies mentales permet de retrouver une certaine stabilité.

Il ne faut pas confondre rêverie et restimulation. Les restimulations d'engrammes, telles qu'il s'en produit dans la vie, sont déclenchées par des facteurs extérieurs. Contacter un engramme par la rêverie n'a rien à voir avec la restimulation. Tant qu'on n'a pas localisé l'engramme, il peut donner libre cours à son pouvoir et à sa fourberie. Tant qu'il est solidement installé et vivant, il reste restimulable et peut causer quantité de maladies physiques et mentales. Mais quand on l'aborde au moyen de la rêverie, on emprunte un nouveau circuit, un circuit qui le désarme. L'engramme tire une partie de son pouvoir de la peur de l'inconnu ; le fait de savoir a en soi une influence stabilisatrice.

N'allez pas croire que vous ne mettrez pas les patients mal à l'aise. Rien de plus faux. Lorsque l'auditeur commence à chatouiller des engrammes qui refusent de se décharger, il peut arriver que le patient éprouve des maux de tête ou ressente certaines douleurs ou tombe légèrement malade, même si l'auditeur fait son travail avec toute la circonspection voulue. Mais, de toute façon, cela fait des années que la vie se charge de faire subir ce genre de choses au patient, à une bien plus grande échelle. Donc, même si le patient est malmené par les engrammes qu'il contacte, même si quantité d'aberrations lui sautent au visage et le tourmentent pendant un jour ou deux, sachez que ce n'est rien en comparaison de ce que des engrammes qui n'ont jamais été contactés peuvent lui faire lorsqu'ils sont réveillés par l'environnement.

Pour vous dire à quel point la thérapie fonctionne : l'auditeur peut tout faire à l'envers ou de travers et auditer comme un pied, le patient sera quand même dans un meilleur état qu'avant, mais à condition que l'auditeur n'ait pas employé de drogues et de techniques hypnotiques ou mélangé la Dianétique avec une autre thérapie. Il peut utiliser des drogues dans certains cas, mais uniquement s'il maîtrise parfaitement la Dianétique et s'il est un médecin diplômé. Idem pour l'hypnotisme. De toute façon, une fois qu'il aura employé la Dianétique, il n'aura plus envie de recourir à ce genre de pratique mystique pour soigner les aberrations. En résumé, si l'auditeur prend, pour commencer, un cas relativement simple afin de voir comment fonctionne le mental et s'il se contente d'employer la rêverie, il ne rencontrera aucune difficulté. Bien sûr, il y aura ceux qui seront profondément persuadés que leur expérience considérable des gris-gris et des tam-tams les dispense de chercher à savoir si la Dianétique fonctionne bel et bien et qui se mettront à harceler le patient avec des complexes d'Œdipe ou des injonctions à se repentir. Le patient qui subirait ce genre de « thérapie » serait bien avisé d'intervertir les rôles et d'installer l'« auditeur » sur le divan afin de le débarrasser de quelques-unes de ses aberrations.

Quiconque aura lu ce livre et aura essayé d'auditer un patient dont le sonique (faculté à se rappeler les sons) fonctionne correctement aura considérablement augmenté ses connaissances dans le domaine du mental et se révélera bien plus compétent dans le traitement du mental humain que n'importe quel psychothérapeute, aussi réputé soit-il. Ce qui ne veut pas dire que les praticiens qui ont déjà traité des malades mentaux n'auront pas un avantage sur le profane lorsqu'ils connaîtront la Dianétique (lorsqu'ils *connaîtront la Dianétique*). Mais cela ne veut pas non plus dire qu'un ingénieur, un avocat ou un cuisinier ayant plusieurs cas de Dianétique à son actif sera moins doué que les praticiens jouissant de nombreuses années d'expérience. Nous avons affaire ici à un domaine où tout est possible.

Il semblerait, à première vue, qu'un hypnotiseur capable ou qu'un psychologue compétent qui seraient disposés à rejeter et à désapprendre les erreurs du passé soient sans doute mieux préparés à pratiquer la Dianétique. De même, il n'est pas du tout impossible qu'un médecin expérimenté formé en Dianétique réussisse, dans le domaine des maladies psychosomatiques, à faire du bien meilleur travail que les autres auditeurs. Mais cela ne sera pas forcément le cas, car nos recherches ont démontré que, très souvent, des hommes ou des femmes exerçant les professions les plus improbables devenaient du jour au lendemain de bien meilleurs auditeurs que les professionnels de la guérison. Les ingénieurs, en particulier, sont d'excellents éléments et font d'excellents auditeurs. Je le répète, la Dianétique ne s'adresse pas à une profession spécifique, car c'est un sujet trop vaste pour être enfermé dans une profession. La Dianétique n'est pas assez compliquée pour qu'on passe des années à l'étudier dans une université quelconque. Elle appartient à l'Homme et il m'étonnerait fort que quelqu'un parvienne un jour à s'en approprier ne serait-ce qu'un fragment, car la loi n'a aucun droit sur elle, et s'il arrivait qu'on en fasse une profession régie par des lois, alors écouter des histoires, raconter des plaisanteries et vivre des expériences personnelles deviendraient des professions régies par la loi. Si de telles lois venaient à exister, elles enfermeraient dans une cage barbelée tout homme de bonne volonté qui prête une oreille compatissante aux ennuis d'un ami. La Dianétique n'est *pas* la psychiatrie. La Dianétique n'est *pas* la psychanalyse. La Dianétique n'est *pas* la psychologie. La Dianétique n'est *pas* la sociologie. La Dianétique n'est *pas* l'hypnotisme. C'est une science du mental et elle n'a pas plus besoin du droit d'exercer et de lois pour la régir que la science physique. Les choses sur lesquelles on légifère sont celles qui peuvent faire du tort aux individus ou à la société. Par exemple, la psychanalyse est régie par des lois dans trois des États d'Amérique. Et partout dans le monde, il existe des lois qui interdisent certaines pratiques psychiatriques. Si un auditeur désire embrasser la profession de psychiatre et avoir le pouvoir de découper des cerveaux en rondelles, ou s'il veut devenir médecin et pouvoir administrer des drogues et des médicaments, ou encore s'il veut pratiquer l'hypnotisme et implanter des suggestions dans le mental de ses patients, alors il devra se conformer aux lois et aux règles qui régissent ces professions, car il a quitté le domaine de la Dianétique. En Dianétique, nous n'utilisons pas l'hypnotisme, nous n'opérons pas le cerveau et nous n'administrons pas de drogues. La Dianétique ne peut tomber sous le coup d'aucune loi, car aucune loi ne peut empêcher un homme de s'asseoir et de raconter ses ennuis à un autre. Si jamais quelqu'un essayait d'avoir le monopole de la Dianétique, vous pouvez être sûr que ce sera pour une sombre histoire de gros sous et que cela n'aura rien à voir avec les objectifs de la Dianétique. Il y a encore trop de postes de psychiatres vacants dans les hôpitaux psychiatriques. Notre génération aura certainement besoin de psychiatres et de cliniques psychiatriques, à cause du nombre de maladies et de dérangements iatrogènes*. Les psychiatres, par définition, s'occupent des fous. Cela n'a rien à voir avec nous. En ce qui concerne la psychologie, la Dianétique vient s'y placer tout naturellement sans le moins du monde bousculer le travail, les recherches et l'enseignement effectués dans ce domaine. En effet, la psychologie est l'étude de la psyché et maintenant qu'il existe une science de la psyché, la

---

*Iatrogène se dit d'une maladie causée par un médecin. Si, durant une opération, le scalpel du chirurgien glisse et blesse accidentellement le patient, celui-ci peut par la suite souffrir d'une maladie ou d'une blessure iatrogène, c'est-à-dire causée par le chirurgien. LRH

_____

psychologie va pouvoir avancer à pas de géant. Bref, la Dianétique n'est l'ennemi de personne. Et la Dianétique se trouve tout à fait en dehors du domaine de la législation : si vous examinez les textes de loi, vous n'y trouverez aucune disposition relative à une science du mental, ni même une mention quant à l'existence éventuelle d'une telle science.▲

_____

CHAPITRE DEUX

L'ÉTAT DE RELEASE ET L'ÉTAT DE CLAIR

L A DIANÉTIQUE A POUR OBJECTIF d'amener un individu jusqu'à l'état de *release* ou de *Clair*.

Un *release* est un individu dont les principales angoisses et les principaux états de tension ont été éliminés par la thérapie de Dianétique.

Un *Clair* est un individu qui, grâce à la thérapie de Dianétique, n'a plus ni maladies psychosomatiques ni aberrations actives ou potentielles.

La mise au *clair* est l'action de débarrasser la vie d'un individu (ou d'une société, comme dans le cas de la Dianétique politique) de toute douleur physique et de toute émotion douloureuse. La *mise au clair* donne les résultats suivants : persistance dans les quatre dynamiques, capacités analytiques optimales pour l'individu, lesquelles s'accompagnent de l'aptitude à tout se rappeler. Le *Clair* a accès à toutes les expériences qu'il a vécues, il dispose de l'intégralité de ses facultés mentales et imaginatives innées et peut les employer à volonté. Sa vigueur et sa santé physique se sont améliorées de façon remarquable et toutes ses maladies psychosomatiques ont disparu pour toujours. Il résiste mieux à la maladie. Et il est capable d'adapter l'environnement à ses besoins et de le modifier. Il n'est pas « adapté » ou « conditionné » ; il est dynamique. Son niveau d'éthique et de moralité est élevé et sa capacité à chercher et à trouver le plaisir est considérable. Sa personnalité est plus forte et il est créatif et constructif. Nous ne savons pas encore de combien la mise au clair prolonge la vie, mais vu que le système endocrinien d'un Clair se rééquilibre automatiquement, vu que le Clair a beaucoup moins d'accidents et vu que son ton physique général est plus élevé, on peut en conclure, sans crainte de se tromper, que le Clair vit plus longtemps.

Un *release* est un individu qui a été libéré des émotions douloureuses et des maladies mentales ou physiques qui le tourmentaient chroniquement ou passagèrement. Comparé à un Clair, un release semble être une quantité négligeable. Mais on change vite d'avis lorsqu'on constate que son équilibre mental est, en règle générale, largement supérieur à la moyenne.

À titre de comparaison, on pourrait dire que le Clair est à l'homme « normal » actuel ce que l'homme « normal » actuel est à quelqu'un qui est interné dans un asile. La marge est énorme, et ne croyez pas que j'exagère. Par exemple, un Clair est capable de se rappeler tout ce qu'il lui est arrivé ou tout ce qu'il a appris ou étudié. Il est capable, en dix ou quinze secondes, d'effectuer des raisonnements et des calculs (de ceux qu'on effectue aux échecs) qui prendraient une demi-heure à une personne normale. Il ne pense pas « vocalement », mais instantanément. Il n'a aucun circuit-démon dans son mental, à l'exception de ceux qu'il s'amuse à installer — et à défaire — pour essayer diverses approches de l'existence. Il est complètement autodéterminé. Et son imagination créatrice est considérable. Il est capable, dans la limite de ses capacités intellectuelles innées, d'étudier très rapidement n'importe quel sujet, alors qu'à l'époque où il était « normal », cela lui aurait pris un ou deux ans. Sa vigueur mentale et physique, sa persistance et son goût pour la vie sont très supérieurs à tout ce qu'on a cru possible.

Ceux qui objecteraient qu'il serait dangereux pour la société d'avoir un trop grand nombre de Clairs manqueraient singulièrement de jugement. Le Clair est un être rationnel. Ce qui cause du tort à la société, ce sont les actes irrationnels. Qu'une poignée de Clairs soit probablement en mesure de prendre en charge et d'aider un grand nombre d'êtres normaux tombe sous le sens. Mais dire qu'un Clair le ferait à leur détriment relève de la démence. Plus une société a de Clairs, meilleures sont ses chances de prospérer. S'il y a une chose dont ne souffre pas le Clair, c'est de l'absence d'ambition, puisque la courbe de la chute de l'ambition épouse la courbe de la chute de la raison. La preuve nous en a été fournie par de nombreux Clairs : tous ont retrouvé les facultés nécessaires à la réalisation de vieux buts qu'ils avaient toujours désiré atteindre mais qu'ils avaient considérés comme utopiques lorsqu'ils étaient « normaux* ». C'est au niveau des facultés

---

* Normal *est un terme utilisé en psychologie pour parler de l'individu moyen. Le Q.I. et le comportement d'une personne « normale » serait celui de la moyenne de la population actuelle. Il n'y a rien de désirable à être une personne « normale » car elle est gravement aberrée.* LRH

mentales que se situe l'énorme différence entre le Clair et l'être
« normal » : l'être « normal » n'a pas encore commencé à
réfléchir à un problème donné que le Clair a déjà fourni la solution
et livré tout un tas de conclusions. Ce qui ne rend pas pour autant
le Clair « imbuvable » pour l'être « normal », car le Clair n'affiche
pas cette attitude supérieure qu'on rencontre parfois chez les
aberrés et qui leur vient tout droit de leurs engrammes. Voilà donc
un aperçu rapide de l'état de Clair. Mais on ne peut pas vraiment
le décrire. Il faut en faire l'expérience pour l'apprécier.

Le *release* est une quantité quelque peu variable. Toute personne
qui a fait une bonne partie du chemin qui mène à l'état de Clair
est un *release*. Il n'y a aucune comparaison possible entre l'état de
Clair et les différents états que l'Homme a espéré atteindre au
cours de son histoire. Et il n'y a pas non plus de comparaison
possible entre la mise au clair et les thérapies qu'il a pratiquées
jusqu'ici. Il n'y a que pour l'état de release qu'on pourrait à la
rigueur établir un parallèle entre la thérapie de Dianétique et
certaines thérapies telles que la « psychanalyse ». On obtient un
release en quelques semaines. Son état équivaut à l'état
qu'atteignent certaines personnes au bout de deux ans de
« psychanalyse », à cette différence près que les résultats obtenus
par le release sont permanents et que la « psychanalyse » n'a
jamais été en mesure de garantir la permanence des résultats. Un
release ne retombe pas dans les aberrations dont il a été délivré.

Voilà donc les deux buts de l'auditeur de Dianétique : l'état de
Clair et l'état de *release*. Nous ne savons pas encore combien de
temps il faut pour amener un pensionnaire de clinique psychiatrique
à l'état de névrosé. Dans certains cas, il nous a fallu deux heures ;
dans d'autres, cela nous a pris dix heures ; dans d'autres encore, il
nous a carrément fallu deux cents heures*.

L'auditeur doit décider à l'avance s'il va mener la personne à
l'état de *release* ou à l'état de *Clair*. Il peut mener n'importe quelle

---

** L'auditeur de Dianétique qui se consacre exclusivement aux aliénés
devrait se procurer l'ouvrage que nous sommes en train de préparer. Les
techniques pour auditer les fous sont similaires à celles fournies dans ce
livre, mais plus héroïques. La thérapie décrite dans le présent ouvrage
s'adresse à l'individu normal ou au névrosé dont l'état ne justifie pas qu'il
soit interné. Néanmoins on peut, avec de l'intelligence et de l'imagination, administrer cette thérapie à n'importe quel type de patient ou de
malade mental. La Dianétique, appliquée aux aliénés, a pour but de les
mener à l'état de névrosé. LRH*

personne à l'un ou l'autre de ces états, à condition qu'elle ne souffre pas d'une maladie mentale d'origine organique (parties du cerveau manquantes ou endommagées — ce genre de déficience organique est en général d'ordre génétique ou iatrogène et on la rencontre rarement, sauf dans les asiles). *L'auditeur* doit estimer en gros combien de temps il va pouvoir consacrer au patient et décider en conséquence s'il le mènera à l'état de *release* ou de *Clair*, puis il doit en informer le patient. Ces deux buts ne s'abordent pas tout à fait de la même manière. Si *l'auditeur* opte pour l'état de release, il évitera les aspects du cas qui pourraient exiger un travail de longue haleine et se contentera de localiser et libérer la charge émotionnelle. S'il opte pour la *mise au Clair*, son travail consistera à localiser le *basique-basique*, à libérer l'émotion et à vider entièrement la banque des engrammes.

Il existe un troisième but qui viendrait se placer au-dessous de l'état de Release. Il s'agit du *procédé d'assistance* : on administre un *procédé d'assistance* après qu'une personne a été blessée, ou quand quelqu'un est malade suite à une blessure, ou encore quand une maladie vient d'être contractée, afin d'accélérer le rétablissement. Autrement dit, afin *d'aider* le corps à se remettre d'une maladie ou d'une blessure. Le procédé d'assistance est une thérapie spéciale dont l'usage va sans doute se répandre, mais qui intéresse en premier lieu le médecin, car elle lui permet de sauver des vies et d'accélérer la guérison, en ce sens qu'elle élimine l'engramme relatif à la maladie ou à la blessure dont souffre le patient et qu'elle supprime, de ce fait, les différentes « idées » engrammiques restimulées par la prolongation de la maladie ou de la blessure. N'importe quel auditeur de Dianétique peut administrer un procédé d'assistance. On pourrait comparer un *procédé d'assistance* à un acte de guérison par la foi qui marcherait à tous les coups.

Il est très difficile d'estimer le temps qu'il faudra pour mener un cas jusqu'à l'état de *Clair* ou de *release*. L'auditeur peut compter une marge d'erreur de 50 % et il devra bien faire comprendre au patient que la durée de la thérapie est variable. La durée de la thérapie dépend de la compétence de l'auditeur, du nombre d'engrammes cachés qui n'ont jamais été restimulés et de la quantité de restimulation à laquelle le patient est soumis pendant la thérapie. Par conséquent, l'auditeur ne doit pas avancer un chiffre trop optimiste mais faire savoir au patient que la thérapie prendra le temps qu'elle prendra.

Chapitre deux △ L'État de release et l'état de Clair

N'importe qui peut devenir un auditeur de Dianétique. Il suffit pour cela de posséder une bonne intelligence, d'être relativement persistant et d'être disposé à lire le présent ouvrage avec le plus grand sérieux. Lorsque vous aurez mené deux ou trois cas jusqu'à l'état de *Clair* vous en saurez beaucoup plus que ce que vous avez appris dans ce livre, car pour bien connaître une machine, le mieux est encore de la voir à l'œuvre. Vous avez entre les mains le manuel d'instructions. Quant à la machine, ce ne sont pas les échantillons qui manquent. Vous en trouverez partout où il y a des êtres humains. Contrairement aux superstitions qui circulent sur le mental, il est pratiquement impossible de l'endommager définitivement. On peut y arriver avec des électrochocs, un scalpel ou un pic à glace. Mais c'est quasiment impossible avec la thérapie de Dianétique.▲

CHAPITRE TROIS

LE RÔLE DE L'AUDITEUR

LE SEUL ET UNIQUE OBJECTIF de la thérapie de Dianétique est l'élimination du contenu de la banque des engrammes. Un *release* est quelqu'un qui a été débarrassé d'une grande partie de la charge émotionnelle contenue dans cette banque. Un *Clair* est quelqu'un qui a été débarrassé de toute la banque des engrammes*.

L'application d'une science est un art. C'est vrai de toute science. Pour que l'application d'une science apporte les résultats escomptés, il faut que celui qui l'applique fasse preuve de discernement, d'habileté et de compétence. Le chimiste possède une science : la chimie. Mais la profession de chimiste est un art. L'ingénieur a à sa disposition la précision des sciences physiques. Mais le métier d'ingénieur est un art.

Une fois qu'on a compris les principes de base d'une science, on peut coucher sur le papier les techniques qui serviront à la mettre en pratique. À ces techniques s'ajoutent trois facteurs indispensables sans lesquels l'application de cette science est impossible : la compréhension, l'habileté et la compétence.

La Dianétique est d'une simplicité quasi enfantine. Ce qui ne veut pas dire que vous ne pouvez pas tomber sur des cas extrêmement complexes. S'il nous fallait donner dans ce livre un exemple de chaque type de cas, nous serions obligés de parler des milliards de cas de cette planète, et encore ! cela ne concernerait que la population actuelle. Les êtres humains diffèrent considérablement les uns des autres. Aucun n'a la même personnalité. Aucun n'a le même vécu. Et leurs dynamiques sont de force différente. La seule constante, c'est le mécanisme appelé mental réactif, et ce mécanisme ne change jamais. Le contenu du mental réactif varie

---

En fait, le contenu de la banque des engrammes est déplacé plutôt que supprimé, en ce sens qu'il est reclassé en tant que vécu dans les banques mnémoniques standard. Cependant, le patient a l'impression que ce contenu disparaît puisque la thérapie s'adresse à la banque des engrammes et non pas aux banques mnémoniques standard. LRH

d'un être à l'autre, en quantité et en intensité. Mais son fonctionnement est le même d'un être à l'autre, ce qui explique pourquoi les principes de base de la Dianétique s'appliquent à chaque homme et qu'ils continueront de s'appliquer à chaque homme jusqu'à ce qu'il ait évolué vers une autre forme.

La cible, c'est l'engramme. Il est la cible du mental analytique et des dynamiques du patient dans son effort pour vivre sa vie ; et il est la cible du mental analytique et des dynamiques de l'auditeur. Ainsi encerclé et harcelé, l'engramme finit par capituler.

L'auditeur doit bien comprendre ce qui suit : dès qu'il glisse de sa position d'auditeur et oublie la cible, les difficultés surgissent et il perd un temps fou. Si l'auditeur, à un moment ou à un autre, croit que la *personne*, le *mental analytique* ou les *dynamiques* du patient opposent une résistance et essaient d'interrompre la thérapie ou de renoncer, il commet la toute première erreur qu'on puisse commettre dans la pratique de la Dianétique, l'erreur de base. Presque tous les problèmes rencontrés durant la thérapie sont dus à cette erreur. Le mental analytique et les dynamiques du patient ne résistent jamais, jamais, jamais à l'auditeur. Je ne saurais assez insister sur ce point. L'auditeur qui croit qu'il est là pour qu'on lui résiste n'a rien compris. La seule forme de résistance qui l'intéresse, c'est celle que lui opposent les engrammes du patient (et parfois les siens).

L'auditeur ne joue pas pour le patient le rôle de guide ou de conseiller. Il n'est pas là pour se laisser intimider par les engrammes du patient ou pour se cacher derrière sa chaise lorsque ces engrammes se manifestent. Il est là pour auditer, point final. S'il pense qu'il est censé se montrer hautain avec le patient, il vaut mieux qu'il quitte immédiatement sa chaise et qu'il aille s'allonger sur le divan, car il est en train de dramatiser de l'autoritarisme. Si nous employons le mot *auditeur*, et non pas le mot *thérapeute* ou le mot *praticien*, c'est parce qu'il y a coopération entre l'auditeur et le patient et que la loi de l'affinité fonctionne à plein.

Le patient ne voit pas ses aberrations. D'où la présence de l'auditeur. Le patient a besoin d'un soutien pour faire face aux inconnues de sa vie. D'où la présence de l'auditeur. Le patient aurait peur de regarder son monde intérieur et de tourner le dos au monde extérieur, s'il n'avait pas quelqu'un pour veiller sur lui. D'où la présence de l'auditeur.

L'auditeur a pour mission de protéger la personne du patient tout au long de la thérapie, de trouver par déduction les raisons

« L'auditeur ne joue pas pour le patient le rôle de guide ou de conseiller. Il n'est pas là pour se laisser intimider par les engrammes du patient ou pour se cacher derrière sa chaise lorsque ces engrammes se manifestent. Il est là pour auditer, point final. »

pour lesquelles le patient ne parvient pas à atteindre la banque des engrammes, de donner du courage au patient et *d'atteindre ces engrammes.*

En ce moment même, il existe une « affinité à trois voies » en Dianétique. a) J'ai de l'affinité pour l'auditeur : je lui communique toutes les découvertes de Dianétique et toutes les techniques actuellement utilisées, et je veux que son travail soit couronné de succès ; b) l'auditeur a de l'affinité pour le patient : il veut que le patient s'attaque aux engrammes ; c) le patient a de l'affinité pour l'auditeur, car il sait qu'avec un minimum de travail il va aller mieux et que, grâce à la persistance de l'auditeur, à laquelle vient s'ajouter sa propre persistance, il finira par atteindre l'état de *release* ou de *Clair.* Il y a beaucoup d'autres affinités à l'œuvre. En fait, on peut dire qu'il existe un énorme réseau d'affinités. C'est ce qu'on appelle le travail d'équipe.

La cible, c'est la banque des engrammes, pas le patient. Si le patient jure, gémit, pleure ou supplie, ce sont des engrammes qui parlent. Ces engrammes qui le font jurer, gémir, pleurer et supplier finiront par se décharger et par être reclassés dans les banques mnémoniques standard. Quel que soit l'état dans lequel se trouve le patient, il sait très bien qu'il doit passer par là. Si l'auditeur manque de bon sens au point de croire que ces jurons, ces pleurs, ces gémissements et ces supplications s'adressent à lui, c'est qu'il a lui-même besoin de la thérapie et il ferait mieux de permuter avec le patient.

Il n'y a qu'une chose, une seule, qui s'oppose à l'auditeur : l'engramme ! Quand un engramme est restimulé, il agit violemment sur l'analyseur du patient et réduit son pouvoir analytique. Résultat : le patient dramatise. Un auditeur qui a un tant soit peu de jugeote n'a rien à craindre de la part d'un *prérelease* ou d'un *préclair**. Mais s'il essaie d'hypnotiser le patient pour trouver des engrammes de douleur physique récents (des opérations, par exemple), alors qu'il peut avoir accès à des engrammes très anciens, il risque effectivement d'en faire les frais. Car c'est une grave erreur. Si l'auditeur affiche brusquement une

---

* *Les termes « préclair » et « prérelease » désignent tout individu qui suit une thérapie de Dianétique. Le terme le plus communément utilisé est « préclair ». Le terme « patient » est moins explicite, car il sous-entend une maladie, mais ces trois termes sont utilisés de façon plus ou moins interchangeable.* LRH

attitude de moraliste et commence à sermonner le patient, il se peut que celui-ci se rebiffe. Mais c'est parce que, là aussi, l'auditeur a commis une faute grossière. Si l'auditeur hurle après le patient, il risque d'en voir de toutes les couleurs, mais là encore, ce sera parce qu'il aura commis une erreur fondamentale.

La cible, c'est la banque des engrammes. L'auditeur a pour mission d'attaquer la banque des engrammes. Et le préclair a lui aussi pour mission d'attaquer la banque des engrammes. Si l'auditeur attaque le préclair, il aide la banque des engrammes à attaquer le préclair.

Nous savons qu'il y a cinq façons d'aborder un engramme. Quatre d'entre elles sont mauvaises. Succomber à un engramme, c'est de l'apathie. Ignorer un engramme, c'est de l'irresponsabilité. Éviter ou fuir un engramme, c'est de la lâcheté. Il n'y a que *l'attaque*, *l'attaque* et rien d'autre, qui permette de résoudre le problème. L'auditeur doit constamment veiller à ce que le préclair attaque ses engrammes, et non pas l'auditeur ou le monde extérieur. L'auditeur qui attaquerait son préclair serait un bien piètre tacticien et manquerait singulièrement de logique.

La meilleure façon d'attaquer la banque des engrammes, c'est de libérer, en premier lieu, toute la charge émotionnelle que l'on peut contacter. La meilleure façon de l'attaquer ensuite, c'est de chercher à savoir au moyen de la rêverie ce qui, selon le préclair, lui arriverait s'il allait mieux, s'il était en bonne santé, s'il était démasqué, etc. Et surtout — c'est la phase la plus importante de la thérapie — il faut contacter le tout premier moment de douleur ou d'« inconscience » dans la vie du patient, le *basique-basique*. Une fois que l'auditeur aura trouvé le *basique-basique*, le cas se résoudra rapidement. Si le mental réactif du préclair empêche la découverte du *basique-basique*, l'auditeur doit continuer à libérer de l'émotion douloureuse, découvrir quel est le « raisonnement » qui barre l'accès au *basique-basique* et effectuer une nouvelle tentative. Tôt ou tard, il finira par l'atteindre. C'est capital. Le *basique-basique* est l'engramme le plus important du préclair.

Lorsque l'auditeur audite un *prérelease* (un patient qui vise l'état de release), sa tâche consiste à libérer l'émotion douloureuse et à décharger un maximum d'engrammes à la fois anciens et accessibles. Il peut aussi éliminer des locks. Mais s'il audite un *préclair* il ne doit toucher aux locks que s'ils le conduisent au basique-basique.

Il y a trois niveaux de traitement. Le premier consiste à obtenir que le travail soit fait de façon efficace. En dessous, il y a celui qui consiste à mettre le patient à l'aise. Puis, celui qui consiste à témoigner de la compassion. Bref, si vous ne pouvez rien faire pour un individu qui s'est démis la colonne vertébrale, vous veillez à ce qu'il soit confortablement installé. Si cela s'avère impossible, vous pouvez lui prodiguer de la compassion.

En Dianétique, la deuxième et la troisième solution n'ont aucune raison d'être, car l'auditeur peut obtenir les résultats escomptés. C'est une perte de temps que d'essayer de mettre le patient à l'aise. Et si l'auditeur compatit avec le patient, il peut faire de gros dégâts, vu que les engrammes les plus méchants sont les engrammes de compassion et que le moindre témoignage de compassion peut les restimuler. L'auditeur qui a pour habitude de donner de petites tapes consolatrices sur la main de son patient (même si cela semble indiqué) perd son temps et ralentit la thérapie. Une sévérité exagérée n'est pas non plus indiquée. Une attitude amicale, enjouée et optimiste viendra à bout de tout. Un sourire fait parfois le plus grand bien au préclair. Vous savez, le préclair a eu tellement de « tapes consolatrices sur la main » durant son existence que l'analyseur a renoncé à les compter. *N'oubliez pas que les engrammes qui ont déclenché ses maladies psychosomatiques chroniques contiennent de la compassion.*

Il y a autre chose que l'auditeur doit connaître et appliquer à la lettre : *le code de l'auditeur**. Cela peut sembler du genre « Quand La Chevalerie Était Florissante » ou « Les Treize Rituels Pour Atteindre À La Félicité Céleste Et Au Nirvana », mais si l'auditeur n'applique pas ce code quand il audite un patient, il va avoir pas mal de fil à retordre. Le code n'est pas là pour mettre le préclair à l'aise, mais a pour seul et unique but de fournir une protection à l'auditeur.

Le code de l'auditeur ne doit *jamais* être transgressé. L'expérience nous a montré que la moindre transgression de ce code suffisait à stopper un cas.

* *On peut remarquer un fait intéressant : toutes les clauses de ce code, à l'exception de la dernière, représentent le mode de comportement pro-survie. Un Clair applique ce code plus ou moins naturellement. On pourrait dire que la Dianétique « s'aligne sur la pensée », en ce sens qu'elle suit les lois naturelles de la pensée. Ce qui marche en Dianétique marche aussi dans la vie. LRH*

L'auditeur doit faire preuve de *courtoisie* envers tous ses préclairs.

L'auditeur doit être *bienveillant* et ne pas se laisser aller à la cruauté ou à une envie de punir le préclair.

L'auditeur doit *garder le silence* durant la thérapie et ne pas prononcer, au cours d'une séance, des paroles qui dépassent le cadre des fondements essentiels de Dianétique.

L'auditeur doit être *digne de confiance*. Il doit tenir toutes les promesses qu'il a faites, arriver à l'heure aux rendez-vous qu'il a fixés et respecter ses engagements ; il ne doit jamais en prendre sans qu'il soit complètement sûr de pouvoir les respecter.

L'auditeur doit être *courageux*. Il ne doit jamais faire de concessions ni transgresser les principes de base de la thérapie, même si le préclair le lui demande.

L'auditeur doit être *patient*. Il ne doit jamais manifester d'impatience ni se fâcher contre le préclair, quoi que ce dernier dise ou fasse.

L'auditeur doit *faire les choses à fond* et ne jamais dévier de son plan de travail ni éluder une tâche qui lui incombe.

L'auditeur doit être *persistant* et ne jamais abandonner tant qu'il n' a pas obtenu de résultats.

L'auditeur doit se montrer *réservé* ; il ne doit pas fournir au patient d'informations concernant son cas, notamment en procédant à des évaluations de données ou à des estimations approfondies du temps que va durer la thérapie.

Lorsque l'une quelconque des clauses de ce code est transgressée, il s'ensuit différentes conditions peu réjouissantes. Toute transgression freine la thérapie et donne du travail supplémentaire à l'auditeur. Toute transgression se retourne contre l'auditeur.

Prenons la dernière clause, par exemple. L'auditeur n'est pas censé informer le préclair de quoi que ce soit. Lorsqu'il viole cette règle, le préclair s'empresse de faire de l'auditeur son unique source d'information en le branchant sur ses circuits, ce qui lui permet d'éluder les engrammes.

L'auditeur assistera à des manifestations d'émotion violentes et déchirantes. Il aura peut-être envie de se laisser aller à la compassion. S'il le fait, il ralentit la thérapie et cela signifie surtout qu'il a oublié quelque chose d'important : toute émotion qui apparaît appartiendra sous peu au passé. Que le préclair se contorsionne, gesticule ou se débatte, l'auditeur ne doit jamais oublier la chose suivante : chaque gémissement, chaque contorsion du préclair est une étape franchie vers l'état de release ou de Clair. Pourquoi éprouver de la peur ou de la compassion vis-à-vis de quelque chose dont le préclair rira lorsqu'il l'aura narré plusieurs fois ?

Si l'auditeur panique en voyant un préclair trembler comme une feuille et commet l'erreur monumentale (c'est la plus grave erreur que puisse commettre un auditeur) de dire : « Revenez dans le temps présent ! », il peut être sûr que les deux ou trois journées suivantes seront épouvantables pour le préclair et que la prochaine fois qu'il voudra contacter cet engramme, celui-ci sera inaccessible.

Pour obtenir des résultats optimaux, l'auditeur doit adopter un certain état d'esprit : il doit être capable de regarder Rome brûler tout en continuant de siffler et de sourire. Car les choses dont il est témoin, aussi bizarres ou effrayantes qu'elles puissent paraître, représentent en fait une victoire. Ce sont des gains concrets. Le patient calme et pondéré ne réalise pas beaucoup de gains. Ce qui ne veut pas dire que l'auditeur doit uniquement rechercher des incidents violents. Non, cela veut dire tout simplement que lorsqu'il tombe sur quelque chose de violent, il a un excellent motif de se réjouir car un engramme de plus est en train de se décharger.

Le travail de l'auditeur est un peu un travail de berger. Il rassemble les moutons, autrement dit les engrammes, pour les mener à l'abattoir. Le préclair n'est pas sous les ordres de l'auditeur, mais s'il progresse vite et bien, il fait avec ses engrammes tout ce que l'auditeur lui demande, *car le mental analytique et les dynamiques du préclair veulent en finir une fois pour toutes avec le mental réactif. Le mental sait comment le mental fonctionne.* ▲

CHAPITRE QUATRE

LE DIAGNOSTIC

L'UN DES APPORTS ESSENTIELS de la Dianétique est le fait qu'elle a résolu le problème du diagnostic dans le domaine des aberrations. Jusqu'ici il y avait d'innombrables types et catégories d'aberrations. De plus, personne n'avait jamais dit en quoi consistait l'état mental optimal*. Lorsqu'on étudie les ouvrages de psychiatrie, on constate deux choses : primo, la classification des aberrations varie énormément d'un ouvrage à l'autre, et deusio, les auteurs répètent toutes les trois pages que ce genre de classification est extrêmement compliqué et parfaitement inutile. Comme personne ne savait en quoi consistait le comportement idéal ou l'état mental optimal et comme personne ne connaissait la cause des aberrations, les ouvrages spécialisés ne contenaient que des descriptions de chaque type d'aberration observé. Mais ces ouvrages étaient si compliqués et si contradictoires qu'il était pratiquement impossible de savoir dans quelle catégorie placer un individu névrosé ou psychotique, ce qui, évidemment, empêchait de comprendre son cas**. La principale faiblesse de ces systèmes de classification résidait dans le fait qu'ils ne conduisaient pas à la moindre solution : il n'existait aucun traitement type et il était impossible de savoir quand il fallait arrêter un traitement puisque personne ne savait en quoi consistait l'état mental optimal. Et comme ils ne proposaient aucun remède pour venir à bout des aberrations et des maladies psychosomatiques, il était impossible

---

*« La psychologie… ne propose aucun état mental optimal… Ce n'est pas au psychologue d'établir les normes mentales. » The Psychology of Abnormal People (La psychologie des personnes anormales), par John J. B. Morgan. (Publié en 1928 par Longmans, Green et Co., New York.) LRH

**« La psychiatrie s'est surtout consacrée à la description et à la classification des symptômes. Certains étudiants ont violemment critiqué cet état de chose, soutenant que cela ne menait nulle part et incitait la profession à afficher un savoir qu'elle ne possédait pas. Ce n'est pas parce qu'on accole une étiquette à quelque chose qu'on le comprend mieux. » Ibid. Introd. LRH

---

de se lancer dans une direction donnée lorsqu'on traitait un cas, puisqu'on ne savait pas comment il allait réagir au traitement.

Je ne cherche pas à critiquer le travail effectué dans le passé, mais c'est quand même un énorme soulagement de savoir que la classification des aberrations n'a pas besoin d'être aussi compliquée qu'elle l'a été dans le passé et que la classification des maladies psychosomatiques n'est d'aucune utilité pour l'auditeur (même si elle est précieuse pour le médecin). Au cours de l'évolution de la science de la Dianétique, nous avons établi plusieurs types de classification, jusqu'au jour où nous nous sommes rendu compte que l'étiquette attribuée à un état pathologique devait correspondre à ce que l'auditeur avait à surmonter pour guérir le patient. Grâce à ce système (qui a évolué avec la pratique), l'auditeur peut « établir un diagnostic ». Il lui suffit pour cela d'apprendre le contenu de ce chapitre, puis d'acquérir un peu d'expérience dans ce domaine.

Il y a autant d'aberrations qu'il y a de combinaisons de mots dans une langue — et dans les engrammes. Autrement dit, si un individu psychotique se prend pour Dieu, il a un engramme qui lui dit qu'il est Dieu. S'il a peur que son steak soit empoisonné, il a un engramme qui lui dit que son steak pourrait bien être empoisonné. S'il croit qu'il va être « viré » de son travail, bien qu'il soit compétent et apprécié, il a un engramme qui lui dit qu'il va être « viré ». S'il pense qu'il est laid, il a un engramme qui lui dit qu'il est laid. S'il a peur des serpents ou des chats, il a un engramme qui lui dit de redouter les serpents ou les chats. S'il se croit obligé d'acheter tout ce qu'il voit, bien que ses revenus ne le lui permettent pas, il a un engramme qui lui dit d'acheter tout ce qu'il voit. Et comme un individu qui n'est pas Clair ou release possède en moyenne deux ou trois cents engrammes et que chacun de ces engrammes contient un assortiment remarquable de mots et de phrases, et comme, en outre, il a le choix entre cinq solutions pour aborder n'importe lequel de ces engrammes, il s'ensuit que le problème de l'aberration ne présente aucun intérêt *pour l'auditeur*, sauf s'il ralentit la thérapie.

La plupart des aberrés empruntent une bonne part de leur langage à leurs engrammes. Lorsque le langage chronique employé par l'individu (langage colérique, langage apathique, attitude générale devant la vie, etc.) s'écarte de la raison, ne serait-ce que d'un poil, vous pouvez être sûr qu'il sort tout droit d'un engramme. L'homme qui « n'est pas sûr », qui « ne sait pas » et qui est chroniquement sceptique parle le langage de ses engrammes. L'homme qui croit dur comme fer que « ça ne peut pas être vrai », que « c'est impossible » et qu'il « faut faire appel à un expert » répète le contenu de certains de ses engrammes. La femme qui est persuadée qu'elle doit divorcer ou que son mari va l'assassiner répète ce que disent ses engrammes ou ceux de son mari. L'homme qui se plaint d'une douleur atroce à l'estomac, « comme si on lui enfonçait un gros fil de cuivre à travers le corps », a sans doute été blessé avec un gros fil de cuivre au cours d'une tentative d'avortement ou entendu quelqu'un prononcer ces mots à un moment où il était souffrant. L'homme qui déclare qu'« il faut couper ça » ne fait que répéter des paroles entendues pendant une tentative d'avortement ou pendant une opération subie soit par lui soit par sa mère. Et il est probable que l'homme qui doit « s'en débarrasser » emprunte, lui aussi, ces mots à un engramme de tentative d'avortement. De même pour l'homme qui « ne peut pas s'en débarrasser », mais ces mots ont sans doute été prononcés par une autre valence. Bref, les flots de paroles déversés par les gens viennent souvent des engrammes, surtout lorsqu'ils parlent de la Dianétique et des engrammes. La plupart du temps, ils ne se rendent pas compte que les choses qu'ils disent constituent une légère dramatisation de leurs engrammes. Ils sont persuadés qu'ils sont arrivés eux-mêmes aux conclusions qu'ils ont exprimées, ou qu'ils ont trouvé tout seuls les idées qu'ils ont avancées : ce faisant, ils justifient ces petites dramatisations — par l'intermédiaire de l'analyseur, l'analyseur dont la tâche consiste à veiller à ce que l'organisme ait raison en toutes circonstances, même quand ses actes sont parfaitement stupides.

L'auditeur peut être sûr, surtout s'il est en train de parler de la Dianétique, que les gens vont lui répondre en puisant généreusement dans leurs engrammes. Car les désaccords qu'ils expriment à propos du mental réactif leur sont généralement dictés par le mental réactif lui-même.

Rappelez-vous : le mental réactif effectue ses « raisonnements » en se servant de l'équation A = A = A, les trois A pouvant être respectivement un cheval, un juron et le verbe « cracher ». Cracher = des chevaux = Dieu. Le mental réactif est un simple d'esprit très consciencieux qui fait très attention à bien mettre les pieds dans chaque plat. Donc, quand on dit à un homme qu'il a intérêt à se débarrasser de son mental réactif, il peut très bien répondre que sans mental réactif, il n'aurait plus aucune ambition. Eh bien, vous pouvez être sûr (et cela se vérifie à chaque séance de thérapie, à la grande honte de certains préclairs) qu'il a un engramme qui ressemble à peu près à ceci :

(Engramme prénatal — Choc ou coup de poing)

Le père : Bon Dieu, Agnès ! Il faut que tu te débarrasses de ce fichu bébé. Sinon, on va crever de faim. On ne peut pas se permettre d'avoir un gamin avec mon salaire.

La mère : Oh non ! Non, non, non ! Je ne peux pas m'en débarrasser ! C'est impossible ! Je ne peux pas, je ne peux pas ! Je subviendrai à ses besoins, je le jure. Je travaillerai, je travaillerai dur et je le nourrirai. Je t'en prie, ne me demande pas de m'en débarrasser. Si je le perdais, j'en mourrais. Ça me rendrait folle. Je n'aurais plus rien à espérer. La vie n'aurait plus aucun intérêt. Je n'aurais plus aucune ambition. Je t'en prie, laisse-moi garder l'enfant !

Voilà un engramme on ne peut plus commun. Et l'aberré est si sincère, si « rationnel », si sérieux lorsqu'il vous dit qu'« il » vient de parvenir à la conclusion que s'il « s'en débarrassait », il deviendrait fou et perdrait toute ambition ou en mourrait carrément !

Au moment où ces lignes sont écrites, la plupart des engrammes que l'on trouvera chez les adultes actuels datent du premier quart du vingtième siècle. C'était l'époque de : « Haha ! Jack Dalton ! Tu es fait comme un rat ! » C'était l'époque de Rudolf Valentino dans le rôle du *Cheikh Blanc*. C'était l'époque de Theda Bara[1], de la Prohibition et des suffragettes. C'était l'époque de la « folle jeunesse » et de *Les Yankees arrivent*. Vous retrouverez toute la couleur de cette période dans la banque des engrammes. Plusieurs auditeurs ont trouvé dans des engrammes prénatals des passages entiers de *L'ivrogne*, la très belle pièce de théâtre de William H. Smith, mais ses répliques, destinées au départ à faire rire, avaient été citées avec ferveur par la mère pour essayer de convaincre le père de rentrer dans le droit chemin. Vous découvrirez des drames et des mélodrames. Et même des tragédies. Vous retrouverez aussi dans les engrammes des adultes d'aujourd'hui les gueules de bois de la Belle Époque, quand les femmes ont eu le droit de travailler et acquis quelques « libertés » et quand Carry Nation[2] sauvait le monde aux dépens des patrons de bar. Le malheur veut que les clichés et les absurdités d'hier deviennent les commandements engrammiques d'aujourd'hui. Par exemple, nous avons découvert chez un jeune homme très, très morose que son mental réactif lui serinait sans cesse la célèbre phrase d'Hamlet : « Être ou ne pas être, voilà la question ». La mère (qui était ce que les diantéiciens appellent familièrement un « cas de refrain en boucle ») tenait cette phrase du père, acteur raté qui avait sombré dans la boisson et

1. **Theda Bara :** actrice américaine (1890-1955).
2. **Carry Nation :** agitatrice américaine qui fonda une ligue antialcoolique (1846-1911).

qui avait pour habitude de battre la mère. Et voilà pourquoi notre jeune homme restait assis pendant des heures à s'interroger sur la vie dans un état d'apathie morose. L'étiquette « jeune homme apathique » avait été amplement suffisante pour définir sa psychose.

La plupart des engrammes se composent simplement de clichés, de lieux communs et d'altercations entre papa et maman. Mais que l'auditeur se rassure, il connaîtra de bons moments. Et le préclair aura bien des occasions de rire quand il découvrira le contenu de ses engrammes.

Autrement dit, une aberration peut correspondre à n'importe quelle combinaison de mots engrammique. Voilà pourquoi il est à la fois parfaitement impossible et inutile de classifier les aberrations. Lorsque l'auditeur aura audité son premier cas, il sera en mesure d'apprécier le bien-fondé de cette affirmation.

Quant aux maladies psychosomatiques, que nous avons classifiées dans un chapitre précédent, elles sont causées par des combinaisons de mots prononcées soit accidentellement, soit volontairement, et par toute la gamme des blessures et des dérangements de la croissance ou de la circulation des liquides organiques. C'est très bien de donner à quelque douleur obscure le nom de « tendinite », mais il serait plus précis de dire qu'il s'agit d'une chute ou d'une blessure prénatale. L'asthme, tout comme la sinusite ou la conjonctivite, proviennent presque toujours de la naissance ; et quand ces affections sont présentes à la naissance, c'est généralement à cause d'engrammes prénatals. On peut donc affirmer qu'il n'est pas très important pour l'auditeur de savoir où se situe la maladie chronique du patient, si ce n'est pour localiser la chaîne d'engrammes de compassion. Tout ce que l'auditeur a besoin de savoir à propos de cette maladie chronique, c'est que le patient a mal en quelque endroit du corps. Cela lui suffit pour diagnostiquer une maladie psychosomatique.

On ne détermine pas le temps que prendra la thérapie en se basant sur la gravité de l'aberration ou de la maladie psychosomatique. Un patient fou à lier peut très bien atteindre l'état de Clair en une centaine d'heures. Alors qu'il en faudra peut-être cinq cents à un patient « équilibré » qui ne réussit pas trop mal dans la vie. Bref, puisque la gravité des aberrations et des maladies psychosomatiques influe à peine sur ce qui intéresse l'auditeur — la thérapie — ce serait une perte de temps stupide que d'essayer de les classifier.

Oh ! bien sûr, on peut tomber sur un patient qui a le cœur fragile et avec qui il faut travailler en douceur, ou sur un patient qui se fait constamment du souci, en séance comme dans la vie, et qui ralentit considérablement le travail de l'auditeur. Mais ce genre de patient est rare et qu'on le classifie ou non, cela ne change pas grand-chose.

Voici la règle numéro un du diagnostic : toute réaction du patient qui freine la thérapie est d'origine engrammique, et cela se confirmera pendant la thérapie. Les choses qui empêchent l'auditeur de faire son travail sont les choses qui empêchent le patient de penser et de vivre. On pourrait voir la chose sous cet angle : l'auditeur est un mental analytique (le sien) confronté à un mental réactif (celui du préclair). La thérapie est un processus de pensée. Tout ce qui vient troubler le préclair viendra également troubler l'auditeur. Tout ce qui vient troubler l'auditeur a troublé le mental analytique du patient. Le patient n'est pas un mental analytique à 100 %. De temps à autre, l'auditeur tombera sur un patient qui n'arrête pas de l'injurier ; pourtant, à la séance suivante, le patient sera là, à l'heure, impatient de poursuivre la thérapie. Ou bien il tombera sur une patiente qui ne cesse de lui rabâcher que la thérapie ne sert à rien et qu'elle déteste se faire auditer ; pourtant s'il lui disait : « D'accord. On arrête tout », elle s'effondrerait aussitôt. Le mental analytique du patient a exactement le même objectif que l'auditeur : pénétrer le mental réactif. Par conséquent, lorsque l'auditeur se heurte à une résistance, à des théories visant à démolir la Dianétique ou à des critiques contre sa personne, ce n'est pas un mental analytique qui lui parle, mais une banque d'engrammes. Sachant cela, il n'a qu'une chose à faire : poursuivre tranquillement. Car les dynamiques du patient assisteront l'auditeur de leur mieux tant qu'il sera l'allié du préclair et qu'il l'aidera à s'opposer à son mental réactif (d'où l'absurdité de critiquer ou d'attaquer le mental analytique du préclair).

En voici un exemple :

(Préclair en rêverie — zone basique prénatale)

Préclair : (Croyant parler de la Dianétique.) Je ne sais pas. Je ne sais pas. Je n'arrive pas à me rappeler. Ça ne marchera pas. Je sais que ça ne marchera pas.

Auditeur : (Utilisant la technique répétitive, décrite plus loin.) Répétez cette phrase. Dites : « Ça ne marchera pas ».

Préclair : Ça ne marchera pas. Ça ne marchera pas. Ça ne marchera pas… (Répète de nombreuse fois cette phrase.) Ouille ! J'ai mal à l'estomac ! Ça ne marchera pas. Ça ne marchera pas. Ça ne marchera pas… (Éclate de rire, soulagé.) C'est ma mère. Elle est en train de parler toute seule.

Auditeur : Bien. Reprenons tout l'engramme. Reprenez-le depuis le début.

Préclair : (Citant ce que sa mère dit dans l'engramme, ressentant de nouveau toutes les somatiques.) « Je ne sais pas comment m'y prendre. Je ne me rappelle plus ce que Jeannette m'a dit. J'ai un trou de mémoire. Je suis complètement découragée. Ça ne marchera pas si je m'y prends comme ça. Ça ne marchera pas. Si seulement je pouvais me rappeler ce que Jeannette m'a dit. Ah ! Si seulement... » Hé ! Qu'est-ce qu'elle fait, là ? Ah ! La vache ! Ça me brûle ! Elle se fait un lavement. Ça alors ! Faites-moi sortir de là. Ramenez-moi dans le temps présent ! Ça me brûle horriblement !

Auditeur : Revenez au début et examinez à nouveau l'incident. Essayez de trouver d'autres données.

Préclair : Il répète le monologue de l'engramme, y ajoutant de nouvelles phrases qu'il a découvertes. Il décrit aussi plusieurs sons. Puis il narre l'engramme encore quatre fois, « revivant » tout. Il commence à bâiller, manque de s'endormir (c'est l'« inconscience » qui se dissipe), puis revit et raconte l'engramme deux fois encore. L'engramme commence à l'amuser et il en rit. La somatique a disparu. Soudain l'engramme « est parti » (il est reclassé dans les banques mnémoniques standard et ne se trouve plus dans le mental réactif). Le préclair rayonne.

Auditeur : Allez jusqu'au moment de douleur ou de malaise précédent.

Préclair : Hum. Hmmmmm. J'arrive pas à entrer. C'est pas une blague. J'arrive vraiment pas à entrer. Je me demande où...

Auditeur : Répétez la phrase : « J'arrive pas à entrer. »

Préclair : J'arrive pas à entrer. J'arrive... J'ai une sensation bizarre aux jambes. Une douleur aiguë. Bon sang ! Qu'est-ce qu'elle fabrique ? L'ordure ! Si je pouvais lui mettre la main dessus ! Une fois, rien qu'une fois !

Auditeur : Revenez au début de l'engramme et racontez-le de nouveau.

Préclair : (Il raconte l'engramme plusieurs fois, dissipe l'« inconscience » en se mettant à bâiller et rit lorsqu'il découvre que l'engramme a disparu.) Oh ! et puis après tout, elle devait avoir des ennuis comme tout le monde.

Auditeur : (Il se garde bien de convenir que maman devait avoir des ennuis comme tout le monde, car cela ferait de lui un allié de la mère.) Allez jusqu'au moment de douleur ou de malaise précédent.

Préclair : (Mal à l'aise.) Je n'y arrive pas. Je suis coincé sur la piste de temps. Je suis coincé. Bon, j'ai compris… Je suis coincé. Je suis coincé. Non, c'est pas ça. C'est : « Elle est coincée. Cette fois-ci, elle est coincée. » Non, c'est : « Je l'ai coincé. » Ah ! L'ordure ! Voilà pourquoi j'ai des ennuis cardiaques ! C'est à cause de ça ! À cause de cette douleur intolérable qu'elle m'a infligée !

Auditeur : Retournez au début de l'engramme et racontez-le encore une fois. Et ainsi de suite.

Comme le montre cet exemple, chaque fois que le patient, en état de rêverie, était sur le point de contacter analytiquement l'engramme, celui-ci s'emparait du patient, lequel répétait alors le contenu de l'engramme à l'auditeur, croyant que c'était lui et non l'engramme qui s'exprimait. Un préclair en rêverie est très près de la source de ses aberrations. Un aberré à l'état de veille peut émettre des opinions extrêmement complexes dont il se croit l'auteur et qu'il est prêt à défendre jusqu'à la mort, mais en fait, ce n'est pas lui qui parle, mais ses aberrations, lesquelles ont mis son mental analytique hors service. Certains patients ne cessent de répéter que l'auditeur est dangereux, qu'il n'aurait jamais dû leur faire commencer la thérapie, etc., et pourtant ils progressent d'excellente façon. Voilà pourquoi le code de l'auditeur est tellement important : le préclair est on ne peut plus impatient de se débarrasser de ses engrammes, mais les engrammes, eux, sont très loin de partager cette impatience.

L'exemple ci-dessus montre aussi que l'auditeur n'emploie aucune suggestion positive. Si la phrase n'est pas engrammique, le patient le lui fera savoir très rapidement et très clairement ; et quand bien même la phrase serait engrammique, l'auditeur n'use d'aucune influence sur un préclair en rêverie, si ce n'est pour l'aider à attaquer ses engrammes. Si le préclair n'est pas d'accord avec une phrase, cela signifie que l'engramme contenant cette phrase n'est pas encore prêt à être déchargé, auquel cas l'auditeur propose une phrase ayant un contenu similaire.

Donc, le diagnostic se fait de lui-même, aussi bien pour les aberrations que pour les maladies psychosomatiques. Dans l'exemple ci-dessus, l'auditeur avait sans doute deviné (et gardé pour lui) qu'il allait tomber sur une série de tentatives d'avortement, avant même que le préclair ne pénètre dans la zone prénatale. Il avait sans doute deviné que l'indécision chronique du patient lui venait de sa mère. Mais l'auditeur ne fait jamais part de ses hypothèses au préclair. Car cela équivaudrait à une suggestion et le patient s'en emparerait sans attendre. Non, le patient doit trouver tout seul. En effet, dans l'exemple ci-dessus, l'auditeur ne pouvait pas connaître la nature de la blessure qu'avait reçue le préclair, ni l'endroit de la piste de temps où se trouvaient ses « ennuis cardiaques ». Donc, ce serait une perte de temps que d'essayer de trouver une douleur spécifique. Ces choses se résoudront d'elles-mêmes pendant la thérapie. Il n'y a qu'une chose qui compte : est-ce que l'aberration ou la maladie est définitivement partie ? À la fin de la thérapie, toutes ces maladies et aberrations auront disparu. Au début de la thérapie, ce ne sont que des facteurs qui compliquent le travail de l'auditeur.

Bref, le fait de diagnostiquer les aberrations et les maladies psycho-somatiques n'est absolument pas essentiel dans le diagnostic de Dianétique.

Ce qui nous intéresse, c'est comment le mental fonctionne. Et c'est là que le diagnostic entre en jeu. Quels sont les mécanismes dont se sert le mental analytique ?

1. Perception : Vue, ouïe, toucher, douleur, etc.
2. Rappel (aptitude à se rappeler) : Visio-couleur, ton-sonique*, tactile, etc.
3. Imagination : Visio-couleur, ton-sonique, tactile, etc.

Voilà les mécanismes qu'on trouve dans le mental analytique. Quand on établit un diagnostic, on se base sur ces facteurs, car ils permettent de déterminer combien de temps durera la thérapie, les difficultés qu'on rencontrera avec le cas, etc. Et il nous suffit juste de quelques-uns de ces facteurs.

Pour simplifier sous forme de code :
1. Perception (au-dessus ou au-dessous de l'optimal) :
   a. Vue
   b. Ouïe
2. Rappel (au-dessous de l'optimal)
   a. Sonique
   b. Visio
3. Imagination (au-dessus de l'optimal)
   a. Sonique
   b. Visio

* *En Dianétique, le* visio *est le* rappel *visuel, le* sonique *est le* rappel *auditif et le* somatique *est le* rappel *de la douleur. Un patient qui est capable de* voir, *d'*entendre *et de* sentir la douleur *enregistre chacune de ses perceptions. Lorsque le « je » s'en souvient, ces perceptions deviennent des rappels et on leur donne le nom de* visio, sonique *et* somatique. LRH

Autrement dit, avant que le patient devienne préclair (avant qu'il commence la thérapie), nous l'examinons et nous ne nous intéressons qu'à trois choses : perception insuffisante ou excessive, rappel insuffisant, imagination excessive.

En ce qui concerne la perception, nous regardons s'il voit bien ou mal, s'il entend bien ou mal et s'il ressent bien ou mal la douleur.

En ce qui concerne le rappel, nous voulons savoir s'il est capable de se rappeler ce qu'il a vu, ce qu'il a entendu et ce qu'il a ressenti (autrement dit, nous voulons savoir si son visio, son sonique et son somatique fonctionnent bien).

En ce qui concerne l'imagination, nous cherchons à établir si son visio, son sonique et son somatique sont « surdéveloppés ».

Mettons tout de suite les choses au point : tout cela est très simple et n'a rien de sorcier, et l'on n'a pas besoin de se livrer à un examen approfondi du patient. Mais c'est une étape capitale, car elle permet de déterminer combien de temps la thérapie va durer.

Il n'y a rien de mal à avoir une imagination développée tant que l'on sait que c'est de l'imagination, et rien que de l'imagination. Il n'y a qu'un type d'imagination qui nous intéresse : le dub-in[3] inconscient. Une imagination développée consciente est un atout très précieux pour un patient. Mais quand le patient substitue l'imagination au rappel, les séances de thérapie n'en finissent plus.

Des phénomènes comme la cécité ou la surdité « hystériques » ou comme une vision ou une ouïe hypersensibles sont très utiles pour le diagnostic. La cécité « hystérique » signifie que le patient a peur de voir et la surdité « hystérique » signifie que le patient a peur d'entendre. Elles nécessiteront un travail considérable. Une vue ou une ouïe hypersensibles, bien que moins graves que la cécité ou la surdité, montrent *à quel point* le patient est *effrayé* et sont en général le signe d'une vie prénatale très violente.

Si le patient a peur de voir avec ses yeux ou d'entendre avec ses oreilles, vous pouvez être sûr qu'il y a, dans son passé, pas mal de choses qui ont suscité cette peur, car ces deux sens ne « s'éteignent » pas facilement.

Si le patient sursaute au moindre bruit ou à la vue de certaines choses, ou si ça le perturbe d'entendre ou de voir certaines choses, on peut dire qu'il a une vue ou une ouïe hypersensible, ce qui signifie

---

3. **Dub-in** : la manifestation qui consiste à mettre dans l'environnement, à son insu, des perceptions qui en fait n'existent pas. (Vient de l'anglais *dub-in* qui signifie doublage ou post-sonorisation)

qu'il y a dans son mental réactif pas mal de données qui sont synonymes de « mort ».

En ce qui concerne les rappels, nous nous intéressons uniquement à ceux qui s'écartent de l'optimum. Lorsqu'ils sont « *sur*-optimum », ils sont imaginaires. En fait, le rappel sous-optimum et l'imagination excessive (rappel sur-optimum) viennent se placer dans la même catégorie. Mais nous les avons séparés pour plus de clarté et de simplicité.

Si le patient n'« entend » pas les sons ou les voix dans les scènes du passé, il n'a pas de sonique. S'il ne « voit » pas les scènes du passé sous la forme d'images animées en couleur, il n'a pas de visio.

Si le patient entend des voix qui n'ont pas existé ou voit des scènes qui n'ont jamais existé, mais qu'il est persuadé de les avoir vraiment entendues ou vues, on dit de lui qu'il a une imagination surdéveloppée. En Dianétique, le souvenir imaginaire d'un son est appelé *hypersonique* et le souvenir imaginaire d'une scène est appelé *hypervisio*. (hyper = supérieur à la normale.)

Illustrons chacune de ces trois catégories par des exemples, afin de voir pourquoi elles sont essentielles dans la thérapie et pourquoi l'absence ou la présence d'un ou plusieurs de ces facteurs peut faire qu'un cas soit difficile à auditer.

Un patient atteint d'une légère surdité « hystérique » a, par définition, quelques difficultés à entendre. Sa surdité peut être de nature organique, mais dans ce cas, elle ne variera jamais. Le patient qui souffre d'une surdité hystérique a peur d'entendre certaines choses. Il met la radio à fond. Quand il parle avec des gens, il leur fait sans cesse répéter ce qu'ils ont dit et rate une bonne partie de la conversation. Vous n'avez pas besoin de vous rendre dans un asile pour trouver ce type de surdité « hystérique ». Les hommes et les femmes qui souffrent de surdité « hystérique » n'en sont pas conscients. Ils « n'entendent pas très bien, voilà tout ». En Dianétique, nous appelons ce phénomène *hypo-ouïe* (hypo = inférieur à la normale).

Le patient qui n'arrête pas d'égarer des choses qui se trouvent devant son nez et qui ne voit pas les panneaux, les affiches ou les gens qui sont dans son champ de vision souffre dans une certaine mesure de cécité « hystérique ». Il y a quelque chose qu'il a peur de voir. À la place du mot « hystérique », peu explicite et trop dramatique, nous préférons employer le mot « hypo-vue » pour décrire ce phénomène.

Ensuite, il y a le patient aux sens *sur*développés. Ce n'est pas forcément de l'imagination, mais cela peut aller jusqu'au fait de voir ou d'entendre des choses qui ne sont pas là, aberration très courante. Mais nous nous intéressons aux cas moins extrêmes.

Par exemple, une jeune femme qui voit une chose ou pense voir une chose tout en sachant qu'elle ne la voit pas, ou qui a l'habitude de sursauter de frayeur lorsque quelqu'un entre silencieusement dans une pièce, a une vue « hypersensible ». Il y a quelque chose qu'elle a peur de voir. Mais contrairement aux cas d'hypo-vue, elle a une sensibilité visuelle excessive. C'est un cas *d'hyper-vue.*

Une personne qui est perturbée par les bruits, par les sons ou par certaines voix, ou qui se met en colère ou attrape une migraine quand les gens autour d'elle sont « bruyants », quand une porte claque ou quand il y a un bruit de vaisselle, est une personne qui a une ouïe « hypersensible ». Les sons lui paraissent plus forts qu'ils ne sont en réalité. C'est un cas *d'hyper-ouïe.*

Que le patient ait ou non une bonne vue ou une bonne ouïe est secondaire. Ses organes de la vue et de l'ouïe peuvent même être en mauvais état. Non, la seule chose qui nous intéresse, c'est la « nervosité » avec laquelle le patient voit ou entend.

Voilà donc tout ce qu'il faut savoir sur ces deux sens. En parlant avec les gens et en observant comment ils réagissent aux choses qu'ils voient et aux sons, l'auditeur pourra constater que leurs réactions varient considérablement en qualité.

Parlons du rappel, à présent. Le rappel joue un rôle primordial dans la thérapie. Ce n'est pas un symptôme mais un véritable outil de travail. Il existe de nombreuses façons d'utiliser le rappel. Le Clair a un rappel sensoriel très précis et très vif. Ce qui n'est le cas que de très peu d'aberrés. Si l'auditeur ne s'intéresse qu'à la vue et à l'ouïe, c'est parce que les autres sens seront automatiquement abordés au cours de la thérapie. Mais si l'auditeur tombe sur un patient qui n'a pas de sonique, méfiance. Et s'il tombe sur un patient qui n'a ni sonique ni visio, attention ! Car il a devant lui une personnalité multivalente, c'est-à-dire un individu « schizophrène » ou « paranoïaque » (comme disent les psychiatres), mais étant donné que son absence de sonique et de visio est jusqu'ici passée inaperçue, il ne s'est pas vu attribuer ces étiquettes. Ce qui ne veut pas dire, et j'insiste lourdement sur ce point, que les gens dénués de sonique et de visio sont fous. Cela veut dire simplement que ce genre de cas est différent des cas habituels et que la thérapie durera pas mal de temps. Qu'on n'aille pas non plus en conclure que ce type de cas est « incurable », car rien ne serait plus éloigné de la vérité. Par contre, ce genre de cas nécessite parfois cinq cents heures de thérapie. Bref, quand vous l'auditerez, ce sera tout sauf une promenade de santé. Car il y a du drame, beaucoup de drame dans son mental réactif. Son mental réactif contient quelques situations tragiques où on lui dit : « Défense de voir ! Défense d'entendre ! » Certains de ses engrammes lui ordonnent de ne pas se rappeler ou de mal se rappeler. Il se peut aussi que ce patient ait une ouïe et une vue « hypersensibles ». Ce qui ne veut pas dire qu'il perçoit mal les sons ou les ondes lumineuses et qu'il les enregistre mal. En revanche, une fois qu'il les aura enregistrés, il aura du mal à les sortir de ses banques mnémoniques standard, car le mental réactif a installé des circuits (des circuits-démons d'occlusion) qui empêchent d'accéder à son passé. Bien entendu, il y a différents degrés de rappel.

Le test est simple. Dites au patient (parfaitement éveillé) de « retourner » au moment où il entrait dans la pièce. Demandez-lui quelles paroles ont été prononcées. S'il les « entend » alors qu'il est parfaitement éveillé, il a ce qu'on appelle un rappel sonique. L'auditeur qui désire effectuer ce test prendra soin de prononcer certaines phrases à l'arrivée du patient et de noter tous les sons présents. Il saura ainsi s'il a affaire à un cas de « dub-in ».

Le test du visio est tout aussi simple. Montrez au patient une page illustrée d'un livre. Puis demandez-lui quelques instants plus tard de « retourner en arrière » (en restant complètement éveillé) et de regarder la page de ce livre « dans son esprit » pour voir s'il peut la voir. S'il ne la voit pas, c'est un cas d'*hypo-visio*.

Quelques tests de plus basés sur le même principe permettront de déterminer clairement si notre patient a oui ou non un sonique et un visio en bon état ou s'il appartient à la catégorie suivante, l'imagination excessive.

L'imagination excessive, qui invente joyeusement sons et scènes pour le patient sans que celui-ci en soit conscient, est une calamité car elle freine considérablement la thérapie. Un grand nombre de circuits-démons mettent les processus de pensée sens dessus dessous, mais attendez d'avoir vu les circuits-démons qui pratiquent le dub-in ! Ces derniers fabriquent des quantités industrielles de « déchets »* (l'argot des auditeurs ne connaît pas de limites). Il y a

_____

*Au début, nous employions le mot « illusion », mais ce terme est trop dur et trop péjoratif, car qui n'a pas au moins quelques conceptions erronées d'un incident du passé ? LRH

dans le cerveau un mécanisme appelé « manufacture de mensonges »* (un autre de ces termes douteux qui ne cessent d'envahir la Dianétique sans qu'on n'y puisse rien).

Lorsqu'on demande au patient d'« entendre » à nouveau la conversation qui a eu lieu lorsqu'il est entré et de la répéter, il va peut-être, d'un ton assuré, sortir tout un discours qui n'est que paraphrase ou pure fiction. Si on lui demande de « regarder » à nouveau la page qu'on lui a montrée et de la décrire, il va « voir très nettement » beaucoup plus de choses qu'il n'y en avait en réalité ou même des choses qui n'ont aucun rapport. S'il dit qu'il n'est pas sûr, c'est bon signe. Par contre, s'il est sûr de ce qu'il avance, attention ! Un circuit-démon est en train de l'approvisionner en « dub-in » sans qu'il en soit analytiquement conscient, et durant la thérapie, l'auditeur entendra tellement d'incidents qui n'ont jamais existé qu'il aura de quoi écrire un roman et qu'il lui faudra continuellement faire la part du vrai et du faux dans tout ce « déchet » afin d'amener le préclair à lui communiquer des données fiables et utilisables. (Un « déchet » ne se reconnaît pas à son improbabilité — la vérité est toujours plus étrange que la fiction. Ce qui compte, c'est d'éviter de réduire[4] des engrammes qui n'existent pas et d'essayer de ne pas passer à côté d'authentiques engrammes au milieu de tout ce fourbi).

Le préclair optimal, c'est quelqu'un qui voit et qui entend normalement, qui possède un sonique et un visio précis, qui est conscient d'imaginer et qui imagine en « voyant » (en couleurs) et en « entendant » les sons. Comprenez bien que ce préclair optimal peut avoir des aberrations à faire frémir et qu'il s'amuse à escalader toutes les cheminées du quartier, passe ses nuits à vider toutes les bouteilles dans tous les bars de la ville (du moins il essaye), bat sa femme, veut noyer ses enfants et se prend pour un bébé phoque. Psychosomatiquement parlant, il peut avoir de l'arthrite, des ennuis avec sa vésicule, une dermatite, des migraines chroniques et les pieds plats. Ou bien il peut être affligé de cette aberration, peut-être la plus monstrueuse de

---

* *Techniquement, une manufacture de mensonges est une phrase appartenant à un engramme et qui exige le mensonge. Au début, cela s'appelait « fabricateur ».* LRH

---

4. **Réduire :** éliminer la douleur et la charge d'un incident en faisant raconter de nombreuses fois cet incident au préclair du début à la fin alors qu'il est en rêverie. On lui fait relever toutes les somatiques et perceptions présentes comme si l'incident était en train de se dérouler à cet instant. *Réduire* signifie techniquement débarrasser autant que possible de son contenu aberrant pour faire progresser le cas.

toutes : être fier d'être moyen et « conforme ». Eh bien, malgré toutes ces tares, on peut mener cet individu jusqu'à l'état de Clair avec une relative facilité.

Le cas qui n'a ni sonique ni visio mais qui ne souffre pas de « dub-in » possède des engrammes qui ont bloqué quelques-uns des mécanismes essentiels du mental. Quand un patient n'arrive pas à voir ou à entendre le contenu de ses engrammes, l'auditeur doit se débattre pendant des heures et des heures pour essayer de les contacter. Et en admettant qu'il n'y ait que le sonique qui ne fonctionne pas chez le préclair, l'auditeur aura quand même beaucoup plus de travail qu'avec un préclair moyen. Mais comprenez bien que son cas est très, très loin d'être désespéré. Je le précise, car mon intention n'est pas du tout de décourager qui que ce soit d'auditer ce genre de préclair. Mais il faudra beaucoup d'efforts et de persistance pour résoudre son cas. Ce type de patient peut réussir dans la vie et manifester une très grande intelligence. Il arrive aussi qu'il ait peu ou pas de maladies psychosomatiques. Pourtant son mental réactif est truffé d'engrammes qui peuvent être restimulés à tout moment et l'engloutir. De plus, ce type de préclair a généralement de nombreuses angoisses et inquiétudes, ce qui peut occasionner du travail supplémentaire à l'auditeur.

Parlons maintenant du cas de « dub-in ». Ce cas n'est pas conscient d'inventer et possède des circuits qui lui fournissent des rappels fantaisistes, et l'auditeur peut s'attendre à un travail long et délicat. Car il y a une « manufacture de mensonges » quelque part dans la banque d'engrammes du patient. Ce cas n'a peut-être jamais prononcé un mensonge de sa vie. Mais dès qu'il part à l'assaut de ses engrammes, ceux-ci lui communiquent des données imaginaires.

Donc, pour présenter les choses clairement et simplement et pour qu'il n'y ait aucune équivoque possible, le diagnostic de Dianétique se résume à ceci : l'aberration est le contenu d'un engramme. La maladie psychosomatique est la blessure reçue à un moment quelconque du passé. Les sens de la vue et de l'ouïe, le rappel (optimal ou non) et l'imagination (excessive ou non) permettent de déterminer la durée de la thérapie.

L'auditeur qui a envie de fignoler le travail peut noter la position de l'individu sur l'échelle des tons, sur le plan mental et sur le plan physique. La femme morne et apathique se situerait bien entendu dans la zone 0 du graphique de la survie, aux alentours de 0,5. Si l'auditeur a affaire à un homme coléreux ou hostile, il peut le placer dans la zone 1, au ton 1,5. Ces chiffres correspondraient au ton moyen probable de la somme des engrammes contenus dans le mental réactif. Ces estimations du niveau de ton sont intéressantes. En effet, une personne située dans la zone 0 a beaucoup plus de chances de tomber malade qu'une personne occupant la zone 1 et elle sera un petit peu plus difficile à auditer. Et comme l'objectif de la thérapie est d'amener les individus dans la zone 4, la personne qui se trouve dans la zone 1 est plus proche du but.

Il est difficile de déterminer avec précision le temps que prendra la thérapie. Comme je l'ai dit, il y a plusieurs facteurs en jeu : l'habileté de l'auditeur, les restimulateurs dans l'environnement du patient et le nombre d'engrammes.

Je conseille à l'auditeur qui n'a jamais audité de choisir comme premier patient un membre de la famille ou un ami qui possède les caractéristiques du préclair optimal, c'est-à-dire quelqu'un qui voit et entend normalement et dont le visio et le sonique fonctionnent correctement. Durant la thérapie, il acquerra une expérience de première main et apprendra pratiquement tout ce qu'il y a à savoir sur une banque d'engrammes. Et il verra clairement comment se comportent les engrammes. Si deux individus entrant dans la caté-gorie des cas difficiles décident de s'auditer mutuellement, cela ne pose pas un très grand problème : tous deux atteindront l'état de release en cent fois moins de temps que s'ils utilisaient une autre thérapie mentale, et s'ils font preuve d'un tant soit peu de compé-tence, ils pourront atteindre l'état de Clair en cinq cents heures. Mais avant de commencer à s'auditer mutuellement, il serait sans doute plus sage que ces deux personnes auditent d'abord un préclair quasi optimal et qu'elles le mènent jusqu'à l'état de Clair. De la sorte, chacune d'elles pourra aborder avec compétence les cas les plus coriaces.

Voilà donc pour le diagnostic. Les autres sens, les autres rappels sensoriels et les autres types d'imagination présentent un intérêt certain, mais ce ne sont pas des facteurs déterminants lorsqu'on cherche à établir la durée de la thérapie. Le Q.I. n'est pas non plus un facteur déterminant, à moins qu'il ne soit extrêmement bas — au niveau du faible d'esprit. De toute façon, le Q.I. ne cesse d'augmenter tout au long de la thérapie et il prend un nouvel essor quand la personne atteint l'état de Clair.

Il existe des maladies mentales d'origine organique. En Dianétique, nous ne garantissons jamais le moindre résultat à quelqu'un souffrant d'une psychose iatrogène (causée par un docteur), car il se peut que son mental analytique ait été partiellement détruit. Cependant, la Dianétique peut améliorer son état, même s'il n'atteindra jamais un niveau optimal. Donc, quand un auditeur tombe sur ce type de cas, tout ce qu'il peut faire, c'est essayer. Les dérangements mentaux causés par l'absence de certaines parties du système nerveux n'ont pas fait l'objet d'une étude très poussée de notre part, car après tout, notre but n'est pas de ressusciter les morts. Notre but est que les individus normaux ou souffrant de simples névroses puissent jouir de facultés mentales optimales, et c'est sur cela que nous avons mis l'accent jusqu'à présent. La Dianétique peut servir à d'autres buts. À l'heure qu'il est, nous l'appliquons déjà à d'autres domaines et continuerons à le faire. Mais si nous avons mis l'accent sur les aberrations d'origine mentale et les maladies psychosomatiques, c'est parce qu'il y a d'innombrables individus potentiellement très capables et qu'ils pourraient énormément apporter à la société et à eux-mêmes s'ils étaient libérés de leurs aberrations et de leurs maladies psychosomatiques. La Dianétique ne peut garantir aucun résultat aux patients qui ont subi une lobotomie préfrontale (à qui on a enlevé une partie de l'analyseur), ou une topectomie (qui consiste à évider certaines parties du cerveau, un peu comme on évide une pomme), ou une leucotomie transorbitale (où l'on administre des électrochocs au patient tout en lui plongeant un pic à glace dans chacune des orbites afin de déchiqueter l'analyseur), ou une « cure » d'électrochocs (où l'on grille le cerveau du patient à coup de décharges de 110 volts), ou encore un traitement de choc à l'insuline (qui provoque une diminution du taux de sucre dans le sang et met le patient en état de choc). Certaines maladies mentales courantes sont dues à une déficience purement organique, comme par exemple la parésie[5]. En dépit de leur caractère organique, la Dianétique peut, dans la plupart des cas, les atténuer.▲

---

5. **Parésie** : paralysie incomplète qui consiste en une diminution de la force musculaire, mais qui n'affecte pas la sensation. Elle est due à une tumeur au cerveau.

△

CHAPITRE CINQ

LE RETOUR, L'ARCHIVISTE ET LA PISTE DE TEMPS

Il EXISTE UNE MÉTHODE de « pensée » dont l'homme ignore tout. Il ignore même qu'il la possède.

Si vous en voulez une illustration, demandez à une petite fille si elle peut se souvenir d'une fois où elle faisait de la luge. Elle va essayer de se rappeler la dernière fois où elle a fait de la luge. Son front va peut-être se plisser. Maintenant, demandez-lui de *retourner* à la dernière fois où elle a fait de la luge. Si vous l'encouragez, elle va brusquement se remémorer cette expérience du début jusqu'à la fin (à moins d'être gravement aberrée) et elle va pouvoir tout vous raconter : la neige qui lui glissait dans le cou, et ainsi de suite. Elle est à nouveau là-bas, en train de faire de la luge.

Lorsqu'on se penche sur la question, on ne peut s'empêcher de penser que l'Homme a dû confondre cette faculté avec l'imagination. Mais ce n'est pas de l'imagination. N'importe qui, à moins d'être extrêmement aberré, peut être « renvoyé », à l'état de veille, à un moment quelconque du passé. Lorsqu'on teste cette faculté chez quelqu'un, on doit prendre des expériences relativement récentes et des expériences agréables.

Il ne s'agit pas à proprement parler d'un processus de « remémoration ». C'est un processus de *retour*. *Se souvenir* est autrement plus compliqué que retourner. C'est un peu un mystère cette habitude qu'ont les gens à essayer de *se souvenir* de quelque donnée complexe ou spécifique alors qu'il est si simple de *retourner*, surtout si on considère le nombre de choses perdues, de conversations tenues, de textes lus, etc. La *remémoration* (le fait de se souvenir) joue évidemment un rôle bien déterminé. C'est un processus automatique qui fournit au « je » un flot ininterrompu de conclusions et de données. Mais lorsqu'on est à la recherche d'une information bien précise ou d'une expérience agréable qu'on aimerait bien revoir, le *retour* fait bien mieux l'affaire.

Un hypnotiseur, avec ses grands gestes et ses belles formules, a un truc qu'il appelle « régression ». C'est quelque chose de très compliqué qui ne marche que si l'on est hypnotisé. Je reconnais que la régression a une certaine valeur lorsqu'elle est employée dans la recherche, car un patient hypnotisé parvient à contourner certaines occlusions qu'il n'aurait jamais été capable de contourner à l'état de veille. La régression a été très utile à l'auteur lorsqu'il a voulu vérifier si le contenu des banques mnémoniques était conforme aux théories formulées. Mais il ne semble être venu à l'idée de personne, manifestement, que la régression était une version artificielle d'un processus naturel.

Nul doute que certaines personnes se servent du *retour* lorsqu'elles se livrent à certaines tâches mentales. Et elles pensent probablement que « tout le monde fait pareil », alors que rien n'est plus faux. De plus, les gens qui *retournent* naturellement comprennent rarement qu'il s'agit là d'un processus à part qui est très différent de la *remémoration*.

Les gens ont une autre aptitude : ils sont capables de *revivre* quelque chose sans qu'on ait besoin de les droguer ou de les hypnotiser. Cette faculté se rencontre encore plus rarement. Si une personne contemple pendant un certain temps quelque événement glorieux de son passé, elle se mettra petit à petit à le revivre et il ne s'agira plus alors d'un simple retour.

Nous avons souvent eu recours aux « spectres » en Dianétique. Un spectre de gradations est un bien meilleur outil philosophique que le pendule d'Aristote, qui se balançait d'un extrême à l'autre. Nous avons le spectre des dynamiques. Ce sont les quatre dynamiques, par lesquelles s'exprime l'injonction **« Survis ! »**. On trouve un grand nombre de gradations au sein de ces dynamiques : elles partent des cellules du « je » et vont jusqu'à l'humanité tout entière, en passant par le « je » ; la famille et les enfants ; le club, la ville et l'état ; la nation, la race et l'hémisphère. Voilà en quoi consiste un spectre : des gradations d'une même chose qui s'étend de plus en plus.

Le spectre de la mémoire fonctionne selon le même principe que le spectre de la survie. Tout d'abord, il y a la *remémoration* en tant que concept, dans son sens le plus strict. Ensuite il y a la remémoration du passé. Ensuite, il y a davantage de remémoration du passé. Maintenant vient la partie supérieure du spectre, celle

dont on a tout ignoré : une partie du « je » retourne dans le passé ;
une plus grande partie du « je » retourne dans le passé (ce qui
correspond au retour) ; et finalement, tout en haut, le « je » tout
entier est retourné dans le passé. Tout d'abord, il y a le fait de se
remémorer, de se souvenir. C'est la plus mauvaise méthode pour
obtenir des données exactes (sauf si on est Clair). Ensuite, il y a le
fait de retourner, le retour : une partie du « je » se trouve dans le
passé et perçoit à nouveau le contenu des enregistrements. Et
enfin, il y a le fait de *revivre :* l'individu est tellement plongé dans
le passé, disons par exemple dans un moment où il était bébé, qu'il
réagit comme quand il était bébé si quelqu'un lui tape sur l'épaule.

Il existe dans notre société quantité de notions aberrées sur les
maux qu'occasionne le fait de vivre dans le passé. Ces idées fausses
viennent de gens aberrés qui avaient peur d'affronter et de
comprendre le passé.

L'une des causes premières de la « mauvaise mémoire », c'est
maman. Trop souvent, les mères sont si paniquées à l'idée que leur
rejeton puisse découvrir ce qu'elles leur ont fait qu'une aberration
s'est propagée aux quatre coins de la terre : le cas qui a subi des
tentatives d'avortement s'entend constamment dire par la mère,
durant sa prime enfance et son enfance, qu'il est impossible de se
rappeler sa vie de bébé. Elle ne veut pas qu'il se souvienne combien
elle était habile (mais pas assez) avec certains instruments. Si, au
cours des derniers millénaires, les mères ne s'étaient pas transmis
une conscience chargée de génération en génération, il est
probable que l'espèce humaine serait capable de se souvenir tout
naturellement de la vie prénatale, avec toutes les perceptions.
L'auditeur tombera souvent sur des mères qui tenteront de
s'opposer avec véhémence à ce que leur fils ou leur fille commence
la thérapie. Elles ont peur de ce que leur rejeton, maintenant
adulte, pourrait découvrir. Il y a même eu des mères qui ont fait
une dépression nerveuse à la pensée que leur enfant allait se
rappeler sa vie prénatale. Cette attitude de la mère n'est pas
toujours due à une tentative d'avortement. Elle peut avoir eu dans
sa vie d'autres hommes que papa, sans que papa l'ait jamais su ; et
maman préférerait, dans la plupart des cas, condamner son enfant
à la maladie, à la démence ou à une vie malheureuse, plutôt que
de le laisser poursuivre la thérapie, même si elle reconnaît qu'elle
n'a pas le moindre souvenir des malheurs qui ont pu arriver à son
enfant. Quand la mère elle-même reçoit la thérapie, elle ne se fait
généralement pas prier pour dire la vérité. Voilà donc pourquoi

on essaye de dissuader les gens d'avoir une bonne mémoire et voilà donc pourquoi les gens ne se rappellent pas leur vie prénatale et leur prime enfance, et je ne parle même pas de l'aptitude à *retourner* et à *revivre*.

Le système de classement des banques mnémoniques standard est quelque chose de merveilleux. Tout y est, classé par sujet, par date et par conclusions. Toutes les perceptions sont présentes.

Le fichier temporel est appelé la *piste de temps* en Dianétique. Lorsqu'une partie du « je » remonte cette piste de temps, nous avons le phénomène du *retour*. On trouve sur la piste de temps aussi bien les moments de conscience que les moments d'« inconscience ». La *piste de temps* présente un intérêt considérable pour l'auditeur.

Le mental est un ordinateur supérieurement conçu qui a différents services à offrir. L'un de ces services est l'*archiviste**, comme l'ont appelé certains auditeurs que les noms latins ou grandiloquents rebutaient. C'est vrai, ce n'est pas un nom très sérieux et c'est manifestement anthropomorphique. Rassurez-vous, l'archiviste n'est pas un petit homme voûté avec une visière. Mais le travail qu'il fait est très proche de celui qu'accomplirait un archiviste en chair et en os s'il résidait dans le mental.

L'*archiviste* gère les données des banques. Il gère les données de la banque des engrammes et des banques mnémoniques standard. Lorsque l'auditeur ou le « je » lui demande une donnée, il la transmet à l'auditeur par l'intermédiaire du « je ». Quand il s'agit de gérer les données du mental réactif, il fait preuve d'une certaine stupidité (qui lui vient du mental réactif) et il lui arrive de transmettre des jeux de mots ou des rêves absurdes à la place des données sérieuses qu'on lui a demandées.

Si l'auditeur demande au préclair de retourner à la dernière fois où il a vu un film, l'archiviste fournit le film, la date où le préclair l'a vu, l'âge qu'il avait, l'état physique dans lequel il se trouvait, tous les perceptiques, l'intrigue du film, le temps qu'il faisait, bref, tout ce qui était lié à ce film.

Dans la vie de tous les jours, l'archiviste transmet les souvenirs au « je » avec célérité. Si la mémoire du « je » est bonne, les données arrivent en quelques centièmes de seconde. Si l'archiviste

---

* *Techniquement, on pourrait appeler l'archiviste « unité de gestion des banques », mais ce serait un peu lourd.* LRH

doit pousser le souvenir demandé à travers diverses occlusions réactives, ce souvenir peut mettre plusieurs minutes, voire plusieurs jours à arriver.

Un ordinateur performant et dernier cri comprendrait une mémoire et un système pour recevoir et sélectionner les données, afin d'avoir accès aux données dont il a besoin. Le mental est doté d'un mécanisme de ce genre — autrement il ne fonctionnerait pas. Il s'agit de l'archiviste.

Prenez bonne note de ces deux éléments du mental : la *piste de temps* et l'*archiviste*. Et ne perdez pas de vue le mécanisme du *retour*. Car avec la banque réactive et les banques mnémoniques standard, ce sont les cinq éléments que nous employons dans la *rêverie* de Dianétique.

L'archiviste est un personnage très obligeant. Et il est particulièrement obligeant quand il se donne un mal de chien pour parvenir au « je » à travers les circuits et les occlusions réactives. Il coopère avec l'auditeur.

On pourrait dire que le système de gestion des données est formé d'unités d'attention. Disons que l'individu en a mille (je prends ce chiffre à titre d'exemple). Cela voudrait dire que le « je » d'un Clair aurait mille unités d'attention à sa disposition. Le « je » d'un aberré en a probablement une cinquantaine, cinq ou six cents d'entre elles étant absorbées par les engrammes du mental réactif et le reste de ces unités d'attention étant utilisées à diverses tâches, lesquelles viennent s'ajouter à leur tâche principale, qui est de composer le mécanisme appelé « archiviste ».

L'archiviste d'un aberré donne l'impression de préférer travailler avec l'auditeur plutôt qu'avec l'aberré. Ça paraît surprenant, mais c'est un fait on ne peut plus scientifique. L'archiviste ne travaille jamais mieux que lorsqu'il doit sélectionner des données dans les banques du préclair pour les présenter à l'auditeur. C'est la loi de l'affinité dans toute sa splendeur. L'archiviste du « je » et l'auditeur forment une équipe. Et ils travaillent souvent avec une telle entente que l'analyseur du préclair n'a pas un mot à dire et ne s'aperçoit de rien.

La méthode la plus simple pour faire *retourner* un aberré, c'est de s'adresser à l'archiviste, et non pas au préclair lui-même. Le préclair est parfaitement réveillé durant le processus du *retour*. L'auditeur lui demande certaines données et lui dit de retourner à l'endroit où elles se trouvent. Aussitôt, le « je » est en possession du fichier complet. Conclusion : quelque chose à l'intérieur du mental travaille en étroite collaboration avec l'auditeur, et ce quelque chose fait du meilleur travail lorsqu'il travaille pour l'auditeur que lorsqu'il travaille pour la personne « chez laquelle il habite ». Ce quelque chose, c'est l'archiviste.

La tâche de l'auditeur consiste à prendre les fichiers que lui tend l'archiviste et à veiller à ce que l'archiviste ne se noie pas dans les données réactives. Une fois que l'archiviste a transmis les données à l'auditeur, celui-ci doit demander au préclair de les examiner autant de fois qu'il faudra pour les débarrasser de leur charge. Ce mécanisme est d'une extrême simplicité. Afin de faciliter les choses pour le préclair et afin qu'il ne soit pas distrait pendant la thérapie, l'auditeur se livre au début de chaque séance à une petite formalité qui dispose le préclair à laisser travailler l'archiviste.

Le patient est assis dans un fauteuil confortable muni d'accoudoirs, ou bien il est étendu sur un divan, dans une pièce tranquille où rien ne distraira son attention. L'auditeur lui demande de regarder le plafond. Puis il dit : « Quand je commencerai à compter de un jusqu'à sept, vos yeux se fermeront. » Puis l'auditeur se met à compter de un à sept d'une voix douce et agréable et continue jusqu'à ce que le patient ait fermé les yeux. Un léger tressaillement des cils indique que le patient est en état de rêverie optimum.

C'est là l'intégralité de la marche à suivre. Considérez-la plutôt comme un signal de départ que comme un moyen d'amener le patient à se concentrer sur ses problèmes et sur l'auditeur. *Ce n'est pas de l'hypnotisme.* Cela n'a rien à voir avec l'hypnotisme. D'abord, le patient est parfaitement conscient de ce qui se passe autour de lui. Il n'est pas « endormi » et peut sortir de l'état de rêverie quand il veut. Il est libre d'aller où bon lui semble, mais l'auditeur lui interdit généralement de fumer car l'expérience a montré que cela distrait les patients.

Pour être tout à fait sûr que le patient ne sombre pas dans un sommeil hypnotique, l'auditeur lui dit, avant de se mettre à compter :

« Vous serez conscient de tout ce qui se passe. Vous serez capable de vous rappeler tout ce qui est arrivé. Vous pouvez exercer votre libre arbitre. Si vous n'aimez pas ce qui arrive, vous êtes libre d'arrêter sur-le-champ. Bien, allons-y. Un, deux, trois, quatre... »

Et pour être archisûr, car nous ne voulons *pas* d'un patient sous hypnose (même par accident), l'auditeur installe un *annulateur*. C'est une étape extrêmement importante qu'il ne faut jamais omettre, même si vous êtes absolument certain que votre patient n'est en aucune façon influencé par vos paroles. Car au cours de la séance, l'auditeur peut, par inadvertance, employer des mots restimulants qui déclencheront le key-in d'un engramme. Il peut, en particulier s'il est inexpérimenté, employer un *reteneur* ou un *dénieur* en disant au préclair soit de « rester là », alors qu'il est retourné quelque part sur la piste de temps, soit d'« oublier ça » (c'est ce qu'il peut faire de pire), une des phrases types du mécanisme d'oubli, qui provoque des aberrations extrêmement graves car elle empêche l'analyseur d'accéder aux données. Il est donc vital d'installer un annulateur afin de prévenir ce genre d'accident. L'annulateur est un contrat verbal passé entre l'auditeur et le préclair, qui stipule que tout ce que dira l'auditeur ne sera pas interprété littéralement ou utilisé par le préclair. On installe l'annulateur dès que le patient est en rêverie. Voici comment un *annulateur* est plus ou moins formulé : « À l'avenir, quand je prononcerai le mot *annulé*, tout ce que je vous aurai dit durant une séance de thérapie sera annulé et n'aura aucun effet sur vous. Toute suggestion que je vous aurai faite sera nulle et non avenue dès que je prononcerai le mot *annulé*. Est-ce que vous avez compris ? »

Le mot *annulé* est ensuite adressé au patient à la fin de la séance, juste avant de lui permettre d'ouvrir les yeux. On n'ajoute rien. On dit simplement « annulé ».

L'annulateur est vital. Il empêche l'installation accidentelle de suggestions positives. Le patient peut être suggestible, voire dans un léger état d'hypnose chronique (bon nombre de gens vivent en permanence dans un léger état d'hypnose). Un engramme n'est en fait rien d'autre qu'une suggestion hypnotique. On pourrait dire que l'objectif de la thérapie est de réveiller la personne pour chaque période de sa vie où on l'a forcée à sombrer dans l'« inconscience ». La Dianétique réveille les gens. Elle est le contraire de l'hypnotisme, lequel endort les gens. La thérapie de Dianétique les réveille. L'hypnotisme les endort. Existe-t-il deux pôles plus diamétralement opposés ? La Dianétique retire les engrammes. L'hypnotisme installe des engrammes. La Dianétique est une science, un corps organisé de connaissances. L'hypnotisme est un instrument et un art, et c'est une variable si imprévisible que l'Homme, bien que l'ayant fréquemment employé, le soupçonne depuis des siècles de présenter de nombreux dangers*.

L'auditeur tombera inévitablement sur des préclairs qui sombreront dans un sommeil hypnotique malgré ses efforts pour prévenir ce genre de chose. C'est parce qu'ils ont des engrammes qui le leur ordonnent, de même que certains cas ont des engrammes qui leur ordonnent de rester éveillés. L'auditeur doit alors se garder de parler de « sommeil » ou d'« éveil ». Il doit prendre les patients au niveau d'inversion où ils sont tombés et les auditer dans l'état où ils sont. Des patients vous supplieront de les droguer ou de les hypnotiser. *Laissez-les supplier!* La rêverie conduit à l'état de Clair, tandis que les drogues et l'hypnotisme conduisent à une dépendance vis-à-vis de l'auditeur et à pas mal de choses peu réjouissantes. Un cas sous hypnose prend beaucoup plus de temps qu'un cas en état de rêverie. Les gains qu'obtient le patient avec la rêverie sont stables. L'état du patient ne cesse de s'améliorer. Quand on emploie l'hypnotisme au lieu de la rêverie, le cas ne se met à aller bien généralement que vers la fin de la thérapie, après maintes séances très pénibles, même si les données ont surgi avec une apparente facilité tout au long de la thérapie. L'hypnotisme s'accompagne invariablement d'un transfert[1], fait peser sur les épaules de l'hypnotiseur une responsabilité énorme et emploie tout un bric-à-brac dont la Dianétique s'est toujours très bien passée. Nous nous en sommes servis pour nos recherches, puis nous l'avons abandonné.

Donc, installez l'annulateur à chaque séance. N'oubliez jamais de l'installer, il se peut que le patient sombre dans un sommeil hypnotique pendant la séance. C'est regrettable, mais pas toujours évitable ou détectable. Alors, installez l'annulateur au début de la séance, puis une fois que vous aurez ramené le patient dans le présent, utilisez le mot *annulé*.

Voici une illustration du déroulement de la petite action routinière qui démarre une séance :

Auditeur : Regardez le plafond. Quand je me mettrai à compter de un jusqu'à sept, vos yeux se fermeront. Vous resterez conscient

---

* *Une autre différence entre la Dianétique et l'hypnotisme est qu'un patient peut retourner sans que l'auditeur ait besoin de compter.* LRH

1. **transfert :** *(psychanalyse)* phénomène par lequel une personne projette ses sentiments, ses pensées et ses désirs sur une autre personne. Ce phénomène se produit tout particulièrement en psychanalyse, le patient projetant ses fantasmes sur l'analyste.

de tout ce qui arrive. Vous serez capable de vous rappeler tout ce qui s'est produit ici. Vous pouvez vous arracher à toute chose que vous n'aimez pas. Bien. (Lentement, avec douceur.) Un, deux, trois, quatre, cinq, six, sept*. Un, deux, trois, quatre, cinq, six, sept. Un, deux, trois (les yeux du patient se ferment et ses cils tressaillent légèrement), quatre, cinq, six, sept. (L'auditeur marque une pause, puis installe l'annulateur.) Très bien. Retournons au jour où vous fêtiez vos cinq ans... (La séance se poursuit jusqu'à ce que l'auditeur juge que le patient et lui ont suffisamment travaillé.) ... Revenez dans le temps présent. Êtes-vous dans le temps présent ? (Oui.) (L'auditeur dit le mot *annulé*.) Quand j'aurai compté de cinq jusqu'à un et claqué des doigts, vous vous sentirez alerte. Cinq, quatre, trois, deux, un. *(Clac !)*

Comme le montre cet exemple, lorsque le travail du jour est terminé, le préclair, qui est peut-être *retourné* dans son passé pendant deux heures, *doit* être ramené dans le temps présent et « secoué » au moyen d'un claquement de doigts afin de prendre à nouveau conscience de son âge et de sa condition. Parfois il a du mal à revenir dans le temps présent, auquel cas il existe un remède rapide dont nous parlerons plus loin. L'auditeur doit donc s'assurer que le patient se sent vraiment dans le temps présent.

Voici en quoi consiste la rêverie. C'est tout ce qu'on a besoin de savoir de son fonctionnement. L'auditeur apprendra énormément avec l'expérience. Mais voici les étapes fondamentales :

1. Donnez l'assurance au patient qu'il se souviendra de tout ce qui va se passer.
2. Comptez jusqu'à ce qu'il ait fermé les yeux.
3. Installez l'annulateur.
4. Faites-le retourner jusqu'à un moment du passé.
5. Travaillez avec l'archiviste pour obtenir des données.
6. Réduisez tous les engrammes contactés de façon à ce qu'il ne subsiste aucune charge.
7. Ramenez le patient dans le temps présent.
8. Assurez-vous qu'il est bien dans le temps présent.
9. Dites-lui le mot d'annulation.
10. Faites-lui prendre à nouveau conscience de son environnement.

Si le patient n'aime pas l'emploi des chiffres, utilisez l'alphabet. Peut-être qu'on l'a endormi de cette façon au cours d'une opération chirurgicale et que les chiffres le rendent nerveux depuis. LRH

Au niveau le plus bas, c'est-à-dire là où se trouvent les unités d'attention de l'archiviste, la piste de temps du patient est toujours en excellent état. On peut compter sur elle pour fournir n'importe quelle date ou heure de l'existence du patient, avec toutes les données. Aux niveaux supérieurs, c'est-à-dire là où réside la conscience, la piste de temps peut sembler en très mauvais état. Les circuits de la banque des engrammes du mental réactif sont placés entre ces niveaux inférieurs (lesquels touchent les banques mnémoniques standard) et les niveaux supérieurs renfermant le « je ». Les niveaux inférieurs sont très, très loin d'avoir la force du « je ». Dans le cas d'une personnalité multivalente, ils donnent l'impression d'être un autre « je ».

Vous pourriez dessiner cela sur une feuille de papier. En fait, vous devriez le faire, car cela vous aiderait à comprendre. Dessinez un grand rectangle vertical (les banques mnémoniques standard) sur la partie gauche de la feuille. Tout de suite à droite de ce rectangle, tracez une demi-douzaine de cercles qui le touchent ; c'est l'archiviste, c'est-à-dire les unités de gestion des banques (ou les unités d'attention, comme nous les appelons parfois). Maintenant, au milieu de la feuille, dessinez un grand rectangle noir. C'est la zone qui renferme les circuits de la banque des engrammes. Ce *n'est pas* la banque des engrammes. C'est le système de circuits, issu de la banque des engrammes, qui crée les circuits-démons, les pensées « verbales », etc., en parasitant l'analyseur. À présent, tracez un rectangle blanc sur la droite de la feuille. C'est la partie de l'analyseur qui correspond à la « conscience » et au « je ».

La tâche de l'auditeur consiste en tout et pour tout à effacer le rectangle noir, c'est-à-dire les circuits de la banque des engrammes, de façon à ce que *tout* ce qui se trouve entre les banques mnémoniques standard, à gauche, et l'analyseur, à droite, soit *exclusivement* analyseur. C'est impossible à réaliser avec un scalpel, contrairement à ce qu'affirment ceux qui sont sous l'emprise de leurs engrammes. En effet, la zone noire que vous avez dessinée *fait partie intégrante* de l'analyseur, mais elle a été complètement pourrie par les engrammes. Une fois la thérapie terminée, cette zone est assainie et on peut s'en servir pour penser. Le fait de nettoyer cette zone fait monter le Q.I. en flèche.

À présent, supposons que la conception se trouve tout en bas de votre dessin et que le temps présent se trouve tout en haut. La route verticale qui les relie représenterait donc la piste de temps.

Cette route continuerait de monter à mesure que le présent deviendrait passé et s'éloignerait de plus en plus de la conception, un peu comme un gratte-ciel auquel on ne cesserait d'ajouter des étages (c'est évidemment une comparaison). Pour se procurer des données dans les banques mnémoniques standard (à gauche), le « je » (à droite) serait obligé de se frayer un chemin à travers le rectangle noir, c'est-à-dire les circuits du mental réactif. Très souvent, le « je » réussit à contourner cette zone noire et à ramener des données. Mais bien plus souvent encore, ses tentatives se soldent par un échec.

Traçons maintenant une ligne verticale du côté droit de la feuille. C'est la « conscience ». Cette ligne verticale peut se déplacer latéralement vers la gauche. Plus elle va vers la gauche, plus le « sommeil » de l'individu est profond. Lorsqu'il atteint la zone du mental réactif, le « sommeil » de l'individu devient sommeil hypnotique. Lorsqu'il atteint la région de l'archiviste (les cercles que vous avez tracés), le sommeil hypnotique devient état amnésique de l'hypnotisme. Ainsi, la profondeur du « sommeil » est établie par la position de la ligne. Durant la thérapie, nous veillons à ce que le patient se trouve à droite de la zone réactive, le plus près possible des niveaux analytiques. De la sorte, le « je » reste en contact étroit avec son environnement et nous évitons au patient de tomber sur des données qui pourraient le mettre chroniquement mal à l'aise. Si le patient glisse instantanément de la droite vers l'extrême gauche quand vous commencez à décompter de un à sept — ce qui fait que ce sont les unités d'attention de l'archiviste (les cercles de votre dessin) qui sont présentes — vous avez affaire à un sujet qui est en état de sommeil hypnotique. Quand il se réveillera, il ne sera peut être pas conscient de ce qui s'est passé, car le « je » était déconnecté. Auditez-le dans l'état où il est, car son sonique, son visio, etc., fonctionneront parfaitement. Mais faites très, très attention à le faire retourner le plus loin possible dans sa zone prénatale. Si vous contactez un engramme récent, il ne se déchargera pas et il exercera toute sa force sur le « je » quand le patient se réveillera. Sans compter que vous pourriez lui implanter accidentellement une suggestion positive. Durant la thérapie, il est de loin préférable que le patient se trouve dans un « degré de sommeil » aussi éloigné que possible de la zone du mental réactif (aussi proche que possible du « je »).

Les caractéristiques des unités d'attention (de « l'archiviste ») sont similaires à celles de la *personnalité fondamentale* lorsqu'elle est « claire », du moins en ce qui concerne ses désirs. Cela signifie donc que l'on peut trouver la *personnalité fondamentale* chez n'importe quel patient, puisqu'il en existe un échantillon en la personne de l'archiviste. Mais l'auditeur n'a rien à faire de spécial, il lui suffit de savoir qu'elle est là et qu'elle existe : à mesure que la personne se rapprochera de l'état de Clair, il verra de plus en plus cette personnalité fondamentale se manifester. L'individu reste lui-même. Sa personnalité ne change pas. Elle devient simplement ce qu'il avait toujours voulu qu'elle soit, c'est-à-dire telle qu'elle était dans les moments optimaux de son existence.

Les unités d'attention collées contre les banques mnémoniques standard peuvent être considérées comme étant l'archiviste. Mais il n'y a pas que dans les banques mnémoniques standard que l'archiviste peut puiser, il peut également aller chercher des données dans la banque des engrammes.

La piste de temps peut avoir plusieurs aspects pour le préclair. Il n'y a pas vraiment une piste à proprement parler. Il n'y a que du temps, et le temps est invisible. Mais la conscience, le « je », peut y retourner. La piste est toujours là, déroulée comme un film. Mais il y a chez le patient un va-et-vient continuel d'idées aberrées concernant cette piste de temps. Elle peut se présenter à lui comme une sorte de pelote compacte ou bien elle peut lui sembler interminablement longue, il se peut même qu'il n'arrive pas à y accéder (auquel cas vous avez affaire à un schizophrène : il est *à l'extérieur* de sa piste de temps). Mais la piste de temps est bel et bien là. C'est un système de classement *chronologique* et le « je » peut retourner sur cette piste ; il suffit de le lui demander. S'il n'y arrive pas, c'est qu'il est coincé dans le temps présent ou dans un engramme – problème facile à résoudre. Et ainsi de suite.

Considérons maintenant la banque des engrammes. Nous l'avons représentée sous la forme d'un rectangle noir dans notre dessin. Modifions légèrement ce dessin. Recommençons-le en remplaçant les rectangles par des triangles pointant vers le bas, leur sommet se touchant. Mais gardez le même ordre que dans le dessin d'avant : banques mnémoniques standard, archiviste, circuits du mental réactif, « je ». Ce nouveau dessin montre ce que l'auditeur essaie de faire. Il semblerait que la banque des engrammes elle-même se trouve dans le triangle noir. En fait, ce n'est pas le cas. Ce sont ses *circuits* qui s'y trouvent. Mais faisons comme s'il s'agissait de la banque des engrammes. Tout en bas, à la jonction des trois sommets, nous avons un point minuscule. Le « je » et l'archiviste peuvent s'y rencontrer. C'est le tout début de la piste de temps, la base, juste après la conception. Un petit peu plus haut, disons deux mois et demi après la conception, le « je » et l'archiviste ont un peu plus de mal à entrer en contact. Il y a davantage de circuits réactifs entre eux. Sept mois après la conception, le contact est plus difficile encore. Et à l'âge de vingt ans, ce contact est pratiquement impossible sans l'aide de la thérapie de Dianétique.

L'auditeur constatera donc qu'il est beaucoup plus avantageux de travailler à l'intérieur de la zone prénatale, et le plus près possible de la conception. Si l'auditeur parvient à effacer toute la période située entre la conception et la naissance, il a fait les neuf dixièmes du travail. Son objectif est d'effacer de la sorte tout le mental réactif.

La banque des engrammes est un peu comme une pyramide qui serait parfaitement blindée, sauf au sommet, et dont le blindage s'effriterait dès qu'on contacterait le sommet. Le sommet est le seul endroit exposé du mental réactif. La tâche de l'auditeur consiste à pénétrer dans la *zone basique*, à contacter les engrammes les plus anciens, puis à effacer le basique-basique, en demandant au préclair de le raconter autant de fois qu'il le faut, et, enfin, à remonter progressivement vers le présent en effaçant tous les engrammes sur son passage. Ces engrammes semblent disparaître. Une fois qu'ils sont partis, il faut vraiment chercher pour les trouver, ils sont maintenant classés en tant que souvenirs dans les banques mnémoniques standard, mais ces souvenirs sont devenus si insignifiants (ayant acquis le statut de simple vécu) qu'ils ne peuvent plus causer d'aberrations. *Rien dans les banques mnémoniques standard ne peut causer d'aberrations.* Il n'y a que le contenu de la banque des engrammes (les moments d'« inconscience » et leur contenu) et les locks qui puissent engendrer des aberrations. L'auditeur considère qu'un engramme est effacé quand il a disparu, quand le préclair n'arrive plus à en contacter la moindre parcelle, mais uniquement si le préclair a au préalable « revécu » cet engramme à fond, avec toutes les somatiques*.

La pyramide inversée, dans ses niveaux supérieurs, se compose *d'effets*. Dans ses niveaux inférieurs, on trouve la cause première des aberrations. Le matériau qui maintient cette pyramide en un bloc est la douleur physique et l'émotion douloureuse. Cette pyramide se compose de toute la douleur physique et de toutes les émotions douloureuses jamais enregistrées par l'organisme.

Tout d'abord, l'auditeur *décharge* l'émotion douloureuse récente présente dans les « moments de conscience ». Il audite ces périodes comme s'il s'agissait d'engrammes, c'est-à-dire jusqu'à ce que le préclair ne soit plus sous leur emprise. Ensuite, il essaie de contacter le *basique-basique*, le tout premier engramme. Dans sa quête du *basique-basique*, il réduit chaque engramme qui se présente sur son chemin. *Il essaie d'atteindre le basique-basique à chaque séance et continue jusqu'à ce qu'il soit certain de le tenir.*

Le basique-basique est le sommet de la pyramide inversée. Une fois qu'on l'a atteint et effacé, on fait demi-tour et on efface tous les autres engrammes un par un. Le préclair doit « revivre » chacun d'eux, avec toutes les somatiques, avant qu'il s'efface. Lorsque l'auditeur n'avait pas encore atteint le *basique-basique*, il devait peut-être parcourir vingt fois tout engramme rencontré avant qu'il ne se réduise. Plus tard, les engrammes se réduisaient peut-être au bout de cinq parcours. Et puis un jour, il trouve le *basique-basique* et l'efface. À ce moment-là, le préclair aura récupéré son sonique (à moins que son sonique n'ait parfaitement fonctionné depuis le début) et il sera en mesure d'effacer les engrammes en ne les racontant qu'une ou deux fois.

L'archiviste est intelligent. L'auditeur qui ne croit pas en son intelligence va compliquer les choses inutilement et faire traîner

* *Vous pouvez contacter l'archiviste au moyen de l'hypnotisme ou de drogues, mais c'est une solution de facilité. En Dianétique, nous faisons bien mieux que cela : nous essayons de mettre le « je » en contact avec l'archiviste, et non pas de travailler uniquement avec l'archiviste. Si l'hypno-analyse et la narco-analyse ont échoué, c'est parce qu'elles ignoraient l'existence de la banque des engrammes et qu'elles essayaient uniquement de travailler avec l'archiviste (sans savoir qu'elles travaillaient avec l'archiviste). Le patient qui exige qu'on l'endorme ou qu'on le drogue essaye d'épargner le « je » et de rejeter tout le fardeau sur l'archiviste. LRH*

la thérapie en longueur. L'archiviste peut communiquer les données *par phrases, par somatiques* ou *par dates*. En règle générale, tout ce qu'il transmet à l'auditeur se réduira, après que le préclair l'aura narré un certain nombre de fois. *En travaillant avec* l'archiviste, et non pas *en lui donnant des ordres*, l'auditeur permettra au patient de progresser d'une façon stable et celui-ci finira par atteindre l'état de release ou de Clair. Il n'y a qu'un cas où l'auditeur ne fait pas appel à l'archiviste : c'est lorsqu'il emploie la technique répétitive, qui est décrite plus loin.

Nous plaçons le « je » en *rêverie* ; nous lui demandons de *retourner* à une période de sa vie le long de sa *piste de temps* ; l'archiviste fournit un incident et le préclair le « revit » ; l'auditeur demande au préclair de raconter *l'engramme* jusqu'à ce qu'il ait « disparu »* (tous les engrammes finiront par disparaître une fois que le *basique-basique* aura été effacé) ; l'auditeur prend toutes les données nouvelles que lui présente l'archiviste, même celles qui sont transmises pendant que le préclair raconte un incident, puis il demande au préclair de les « revivre ». Voilà donc comment nous procédons en Dianétique. Les seuls éléments accessoires sont la technique répétitive et quelques petits trucs qui permettent d'aller plus vite. Vous savez maintenant comment fonctionne la thérapie. Bien entendu, il manque à l'auditeur tous les détails et c'est à cela que sont consacrées les pages qui vont suivre. Il y trouvera toutes les informations dont il a besoin. Mais ce chapitre vous a fourni un aperçu complet de ce qu'est la thérapie de Dianétique.▲

---

* *Lorsque nous disons d'un engramme qu'il a « disparu » ou qu'il a été « effacé », nous entendons par là qu'il ne se trouve plus dans la banque des engrammes. Il est devenu introuvable, il n'y a que dans les banques mnémoniques standard qu'on puisse le retrouver.* LRH

CHAPITRE SIX

LES LOIS DU RETOUR

L'ENGRAMME DONNE L'IMPRESSION d'être (mais n'est pas) une entité vivante qui assure sa protection par divers moyens. Toutes les phrases que renferme un engramme peuvent être considérées comme des ordres ou des injonctions. Ces ordres réagissent sur le mental analytique d'une façon telle qu'ils le dérèglent.

La thérapie de Dianétique épouse les méthodes de pensée et la pensée elle-même. Vous constaterez que toute chose qui réagit contre la Dianétique et l'auditeur réagit toujours exactement de la même façon contre le mental analytique du patient. Inversement, les problèmes de pensée que rencontre le patient dans sa vie quotidienne sont exactement les mêmes que ceux rencontrés par l'auditeur au cours de la thérapie.

Il est impossible d'utiliser ces injonctions engrammiques dans des calculs ou des raisonnements car elles sont contradictoires ou exigent des actes irrationnels. L'individu, devant l'impossibilité d'analyser ces injonctions ou de les intégrer à ses processus de pensée, se retrouve alors avec des aberrations.

Prenons un engramme causé par les compressions intestinales de la mère alors qu'elle est à la selle. Elle fait des efforts terribles et l'enfant, dans le ventre de sa mère, sombre dans l'« inconscience » sous l'effet de la compression. Comme beaucoup de femmes aberrées, la mère parle toute seule (monologue) et elle dit : « Ah ! Quel enfer ! C'est complètement bloqué à l'intérieur. C'est tellement bouché que je n'arrive plus à penser. Quelle douleur intolérable ! »

Il se peut que cet engramme se situe dans la zone basique. Le « mécanisme des rêves » du mental (qui fonctionne surtout avec des jeux de mots, quoiqu'en disent les défenseurs du symbolisme) peut faire surgir un rêve ayant pour thème les feux de l'enfer pendant que le patient est en train de s'approcher de cet engramme. Le patient va alors être persuadé que les flammes de l'enfer le dévoreront s'il continue à remonter la piste de temps et à s'approcher de cet engramme. De plus, il pense peut-être que sa piste de temps est bloquée. Ce qui signifie qu'il ne peut pas aller plus loin. Voilà pour les phrases « quel enfer » et « c'est complètement bloqué à l'intérieur ». Examinons maintenant ce que provoque la phrase « c'est tellement bouché que je n'arrive plus à penser ». Le patient renifle, car il pense que cette phrase parle d'un rhume et d'un nez bouché. Quant à « quelle douleur intolérable », le préclair est terrorisé à la pensée de contacter cet engramme, car cette phrase (cette injonction) lui dit que la douleur est intolérable.

Peut-être qu'à un autre endroit de la piste de temps (dans quelque autre engramme), la réaction émotionnelle à « l'enfer » se traduit par une crise de larmes. Aussi il ne « veut » pas raconter l'engramme. De plus, il est terrorisé parce que « la douleur est intolérable ». En fait, les paroles que sa mère adressait à son moi ambivalent[1] concernaient simplement la nécessité d'employer des laxatifs. Mais cela n'est jamais venu à l'idée du préclair. *Car le mental réactif ne raisonne pas ; il pense par identités (tout est identique à tout) et cherche à mettre le mental analytique sous ses ordres.*

Les données contenues dans l'engramme sont les données contenues dans l'engramme. Elles ne veulent pas dire plus que ce qu'elles veulent dire. Mais l'individu réagit à ce que lui présente cet imbécile de mental réactif en l'interprétant littéralement.

Prenons un autre exemple. Un engramme dû à un coït. La somatique est une pression plus ou moins forte. Elle n'est pas douloureuse. (Soit dit en passant, lorsqu'un de ces engrammes est contacté durant la thérapie, la douleur que le patient « revit » est très légère, comparée à ce que le patient ressent quand l'engramme est restimulé dans la vie, même si la douleur a été très forte au moment de la réception de l'engramme.) Revenons à notre exemple. Donc, l'enfant, dans le ventre de sa mère, est juste un peu secoué. Mais cet incident *dit* : « Oh ! chéri ! Ça me fait peur que tu me pénètres ! Si tu me pénètres, j'en mourrai ! Je t'en prie, ne me pénètre pas ! »

Que va faire le mental analytique avec ces phrases ? Est-ce qu'il va penser au coït ? Est-ce qu'il va éprouver une certaine inquiétude, du fait que la mère est enceinte ? Non. Rien de tout cela. Pour qu'un engramme le fasse penser au coït, il faudrait qu'il dise : « Pense au coït ! » Et pour que la grossesse de la mère l'inquiète, il faudrait que l'engramme dise : « Ma grossesse m'inquiète. » La

---

1. **Ambivalent :** qui a deux valences (*ambi* en latin signifie « double »). *Voir aussi* **valence** dans le glossaire.

douleur est assez légère dans l'engramme ci-dessus, mais celui-ci dit expressément qu'il ne faut pas pénétrer dans l'engramme. « Ne me pénètre pas ! » Le patient en mourrait, pas vrai ? C'est ce qui est dit dans l'engramme. Résultat : le patient erre sur la piste de temps et l'auditeur doit alors faire appel à la technique répétitive (dont je parlerai tout à l'heure).

Allez, prenons un autre type d'engramme. Disons que notre pauvre patient a la malchance d'avoir le même prénom que son père. Disons qu'il s'appelle Roger, comme son père. (Méfiez-vous de ce genre de cas, ils sont parfois d'une complexité invraisemblable.) Maman a une petite aventure en cachette avec le dénommé Jean. (C'est plutôt courant. Si vous en doutez, consultez le rapport Kinsey[2].) La somatique causée par le coït n'est pas très douloureuse pour le préclair (un peu comme si quelqu'un s'asseyait gentiment sur lui), pourtant il passe un sale quart d'heure. La mère : « Oh ! Mon chéri ! Tu es merveilleux ! J'aimerais tant que Roger soit comme toi, mais malheureusement ce n'est pas le cas. C'est à croire qu'il est incapable d'exciter une femme. » Amant : « Oh ! Roger n'est pas un mauvais bougre. Je l'aime bien. » La mère : « Tu ne sais pas à quel point il est fier. Si jamais Roger apprenait la vérité, ça le tuerait. Il en mourrait, je le sais. » Amant : « T'inquiète pas. Roger n'entendra jamais parler de rien. »

Cette petite merveille d'engramme est très fréquemment reçue par l'enfant durant la phase où il est en train de devenir embryon. L'analyseur est incapable de tirer des conclusions intelligentes avec ces données. Tout cet incident devient donc synonyme d'angoisse. (Une angoisse est due à des injonctions engrammiques contradictoires et incohérentes — pour l'analyseur.) Roger fils constate qu'il est très timide sexuellement. C'est l'une des aberrations dont il est affligé. Lorsque nous abordons l'engramme avec la thérapie, nous découvrons que Roger est sous l'emprise d'une « computation de l'allié » qui a trait à Jean. Car Jean n'a-t-il pas affirmé que Roger n'était pas un mauvais bougre et qu'il l'aimait bien ? Pour le mental réactif, Roger n'est autre que Roger fils — évidemment. Du coup, notre patient refuse de s'approcher de l'engramme car il a peur que cela lui fasse perdre un ami. Continuons avec les aberrations. Roger fils a toujours eu peur de blesser la fierté des gens. Tandis que nous essayons de contacter cet engramme, Roger fils se dérobe violemment. Car s'il apprenait la

2. **Kinsey, Alfred** (1894-1956), sociologue et biologiste américain qui étudia le comportement sexuel de l'être humain.

vérité, « ça le tuerait sur le coup ». Autre chose encore : le sonique de Roger fils ne fonctionne pas. Car l'engramme dit que « Roger n'entendra jamais parler de rien ». C'est pro-survie. C'est du moins ce que croient les cellules. Donc, quand Roger junior se rappelle, il n'a jamais de sonique. Et nous trouvons chez ce patient beaucoup d'autres engrammes où le sonique est défaillant. Maman est infidèle, ce qui signifie généralement que sa deuxième dynamique est bloquée. Et il arrive très souvent que les femmes qui ont une deuxième dynamique bloquée détestent les enfants. Bref, Roger fils est probablement un cas de tentative d'avortement. Quand il était dans le ventre de sa mère, il a été tellement percé de trous qu'il ressemblait à une passoire. Roger fils, devenu adulte, a peut-être une ouïe « hypersensible » parce qu'il a peur de la « vie » en général. Par contre, son sonique est hors service. Il faudra tirer cet engramme au clair en examinant les circuits-démons, lesquels abreuvent le patient en « impressions dans la tête ». En se basant sur les paroles du patient, l'auditeur ne tardera pas à deviner le contenu de l'engramme et il pourra alors le faire sauter au moyen de la technique répétitive.

Prenons maintenant le cas de la mère qui est un modèle de respectabilité (quoique ayant une certaine propension à geindre) et qui découvre qu'elle est enceinte. Elle se rend donc chez le médecin. La mère : « Docteur, je crois que j'attends un enfant. J'ai bien peur d'être enceinte. » Le docteur la presse et la palpe pendant un moment, faisant sombrer dans l'« inconscience » l'enfant qui, trente ans plus tard, sera notre préclair. Le docteur : « Je ne pense pas. » La mère : « Mais si docteur, j'ai bien peur de l'être. Je suis sûre que je suis enceinte. Je sens qu'il est là, prisonnier dans mon ventre. Je le sais ! » Le docteur (il la palpe à nouveau) : « C'est difficile à dire, c'est encore trop tôt. »

Cet engramme dit au patient qu'il attend un enfant. Nous l'examinons brièvement et constatons qu'il a du ventre. Ça c'est de la survie, pas vrai ? Et durant la thérapie, nous découvrons qu'il a peur d'exister : « J'ai bien peur de l'être. » Et puis, brusquement, il ne se déplace plus sur la piste de temps. Pourquoi ? Eh bien, parce qu'il est prisonnier, pardi ! De plus, il se révèle incapable de raconter l'engramme. Pourquoi ? Parce que « c'est difficile à dire, c'est encore trop tôt ». Résultat : il n'en parle pas. Nous employons alors la technique répétitive pour qu'il soit capable de se déplacer sur la piste de temps.

Chapitre six △ Les Lois du retour

Ah ! Cette langue qui se prête si facilement aux contresens ! Quels dégâts elle peut causer lorsqu'un parfait crétin comme le mental réactif s'en empare ! Il prend tout à la lettre ! L'une des aberrations dont souffrait le préclair de notre dernier exemple était qu'il n'avançait une opinion qu'avec une prudence extrême. Après tout, c'était difficile à dire, c'était trop tôt.

À présent, prenons l'engramme d'une jeune femme, une de nos patientes, dont le père était extrêmement aberré. Le père frappe la mère parce qu'il a peur qu'elle soit enceinte. Ses dynamiques une, deux, trois et quatre sont bloquées. Le père : « Va-t'en ! Fous le camp ! Je sais que tu m'as trompé ! T'étais pas vierge quand on s'est mariés. Ça fait longtemps que j'aurais dû te tuer. Et te voilà enceinte maintenant ! Fiche-moi le camp ! »

La jeune femme, cinq semaines après la conception, sombre dans l'« inconscience » à la suite du coup que sa mère reçoit à l'abdomen. L'engramme est grave car il contient une émotion douloureuse qu'elle ne pourra jamais dramatiser de façon satisfaisante. L'une de ses aberrations est une tendance à avoir des crises d'hystérie chaque fois qu'un homme l'accuse de le tromper. Lorsqu'elle se marie, vingt et un ans après cet engramme, elle est vierge, mais elle est persuadée qu'elle ne l'est pas. Elle a aussi souffert d'une « illusion d'enfance » : elle pensait que son père allait peut-être la tuer. Et elle a constamment peur d'être enceinte, car elle est enceinte maintenant, d'après l'engramme, c'est-à-dire toujours, puisque le temps est une succession de « maintenant ». Pendant la thérapie, nous essayons de nous approcher de cet engramme. Nous disons à cette patiente de retourner dans la zone basique mais, brusquement, elle se met à nous parler de quelque chose qui lui est arrivé à l'âge de cinq ans. Nous lui demandons à nouveau de retourner dans la zone du basique-basique. Cette fois-ci elle nous raconte quelque chose qui lui est arrivé à l'âge de dix ans. L'auditeur, en voyant cela, sait qu'il est en présence d'un *éjecteur*[3]. Cet *éjecteur* dit : « Fiche-moi le camp ! », et la patiente d'obéir. L'auditeur comprend ce qui se passe, fait appel à la technique répétitive et efface l'engramme.

Invariablement, le mental analytique réagit à ces engrammes comme s'il était sous leurs ordres. Il se comporte sur la piste de temps comme ils le lui ont ordonné. Et ses raisonnements

---

3. **Éjecteur** : l'éjecteur est un engramme qui contient des phrases telles que : « Tu ne peux pas rester ici ! » « Fiche le camp ! » Ces phrases interdisent au préclair de rester à proximité de l'engramme et le renvoient dans le temps présent.

concernant l'existence ou le patient lui sont dictés par les engrammes. Ça sert d'avoir des engrammes ! Survie garantie ! De la survie surchoix... qui vous conduit tout droit à la tombe.

En ce qui concerne les phrases qui aident à faire avancer la thérapie, l'auditeur peut être rassuré : elles ne manquent pas. Disons que le patient a reçu un engramme où le père frappait la mère en hurlant : « Prends ça ! Prends ça, je te dis ! Tiens, prends ça ! » Eh bien, il se peut que ce patient soit un peu kleptomane. (C'est ce type de phrases engrammiques qui incitent certains individus à devenir des voleurs. Lorsque l'auditeur a effacé tous les engrammes de ce genre chez le patient kleptomane ou voleur, celui-ci cesse de voler.) L'auditeur constatera que le patient ne se fera pas prier pour raconter ce genre d'incident, car le mental analytique peut enfin avoir accès aux données.

Lorsqu'un préclair, à peine la thérapie commencée, plonge violemment dans un engramme, c'est à cause d'engrammes qui disent : « Reviens ici ! Maintenant, reste là ! » (les pères adorent dire ce genre de phrases). Le patient s'y rend directement dès qu'il l'a contacté. Et une fois qu'il l'a narré, cet ordre n'a plus aucun pouvoir sur lui. Mais tant que cet engramme existe et qu'il n'est pas contacté, il a suffisamment de puissance pour envoyer quelqu'un à l'asile dans la position du fœtus. Au moyen de la technique répétitive, il est possible de guérir et de ramener dans le temps présent toute personne enfermée dans un asile et souffrant de ce genre d'aberration, à condition évidemment qu'elle n'ait pas reçu d'électrochocs ou subi une lobotomie préfrontale. Une demi-heure suffit parfois.

Se promener sur la piste de temps et traverser tout ce dédale de « raisonnements » que les engrammes contraignent le mental analytique à effectuer, revient un peu à jouer au jeu de l'oie : on pourrait créer un jeu à partir de la piste de temps et des engrammes, avec tout un tas de cases. Si le joueur tombe sur la case « Fiche le camp ! », il doit revenir dans le temps présent. Si le joueur atterrit sur la case « Reste ici ! », il doit y demeurer jusqu'à ce que l'auditeur et la thérapie le sortent de là (mais avec la thérapie, il n'y resterait pas longtemps). Le joueur continue d'avancer et tombe sur la case « Dors ! ». Il est donc obligé de dormir. Plus loin, il tombe sur la case « personne ne doit être au courant ». *Bing !* La case disparaît. Le joueur poursuit son périple et atterrit sur la case « j'ai peur ». Il se met à trembler de peur. Un peu plus loin encore, il se retrouve dans la case « je dois m'en aller ». Le joueur s'en va.

Il continue et le voilà dans la case « je ne suis pas là ». La case s'évanouit. Et ainsi de suite.

Un certain nombre de catégories d'injonctions engrammiques posent des problèmes à l'auditeur. Par bonheur, il n'y en a pas beaucoup. Le mental se sert du retour pour certains raisonnements, surtout lorsqu'il cherche à se souvenir de quelque chose (même quand l'individu n'est pas en train de *retourner*), mais ces injonctions empêchent trop souvent le mental de faire son travail. Elles sont particulièrement irritantes durant la thérapie et l'auditeur ne cesse de les guetter, avec une vigilance qui jamais ne se relâche.

Le premier type d'injonction est l'*éjecteur de patient*. « Fiche le camp ! », « Ne reviens jamais ! », « Il faut que je reste en dehors », etc., sont des *éjecteurs*. Un éjecteur se compose de toute combinaison de mots qui éjecte *littéralement* le patient.

Le deuxième type d'injonction est le *reteneur de patient*. Exemples : « reste ici », « reste là et penses-y », « reviens et assieds-toi », « je ne peux pas m'en aller », « il faut que je reste », etc.

Le troisième type d'injonction est le *dénieur d'engramme*. Traduit littéralement, il implique que l'engramme n'est pas là : « je ne suis pas là », « ça ne mène nulle part », « je ne dois pas en parler », « je n'arrive pas à me souvenir », etc.

Le quatrième type d'injonction est le *regroupeur d'engrammes*. Pris à la lettre, il signifie que tous les incidents sont regroupés à un endroit de la piste de temps : « ça m'a mis dans tous mes états », « tout arrive en même temps », « tout me tombe dessus en même temps », etc.

Le cinquième type d'injonction est le *dérouteur de patient* qui envoie le préclair dans la mauvaise direction, l'expédie très tôt sur la piste alors qu'on lui demandait de retourner jusqu'à quelque chose de récent, et vice versa, etc. « Tu ne peux plus faire marche arrière », « fais demi-tour », etc.

L'*éjecteur* catapulte le préclair dans le temps présent. Le *reteneur* le coince là où il est. Le *dénieur* lui fait croire qu'il n'y a pas d'engramme. Le *regroupeur* raccourcit sa piste de temps au point qu'il ne possède plus de piste de temps. Le *dérouteur* le fait aller dans la direction opposée à celle qu'il est censé emprunter.

Lorsque le préclair contacte un engramme, il réagit « analytiquement », comme lorsqu'il est restimulé par un engramme. Les injonctions engrammiques agissent sur l'analyseur, mais celui-ci est intimement persuadé que c'est lui qui est l'auteur de la réaction mise en place, alors qu'en fait, il exécute les ordres de l'engramme.

La *technique répétitive* est basée sur ce phénomène.

Lorsque le préclair remonte la piste de temps et contacte des engrammes, il se heurte à des zones d'« inconscience » dont l'accès lui est barré par l'émotion ou l'« inconscience ». Lorsqu'il atteint les tout premiers engrammes, on peut s'attendre à ce qu'il bâille à s'en décrocher la mâchoire. Ce phénomène n'est pas dû à l'injonction « Dors ! » ; c'est tout simplement l'« inconscience » qui est en train de se décharger. Il arrive parfois que le préclair, pendant deux heures d'affilée, tâtonne et patauge, sombre dans l'« inconscience », paraisse drogué, s'endorme, alors qu'aucune injonction telle que « Dors ! » n'est présente.

L'abaissement des facultés analytiques fait partie du contenu de l'engramme. Donc, quand le préclair contacte un engramme, il ressent l'affaiblissement dont a été victime l'analyseur, ce qui signifie qu'il est moins apte à penser lorsqu'il se trouve aux alentours de cet engramme. L'« évaporation » de l'« inconscience » est une étape vitale de la thérapie, car cette « inconscience » peut à tout moment être restimulée dans la vie quotidienne du préclair, et entraîner une diminution plus ou moins grande de ses facultés mentales et un ralentissement de ses processus de pensée.

Bref, chaque fois que le préclair contacte de l'« inconscience », sa conscience s'affaiblit. Il lui vient des rêves, il se met à marmonner des absurdités, il « pédale dans la choucroute ». Son analyseur est en train de percer le voile qui interdisait tout accès à l'engramme. Mais quand il est dans cet état, il n'est pas à l'abri des injonctions engrammiques. Bien au contraire.

Quand l'auditeur demande au préclair de parcourir l'engramme et de le raconter (tout en sachant très bien que l'« inconscience » peut mettre plusieurs minutes à se dissiper avant d'ouvrir au patient les portes de l'engramme), le préclair peut objecter qu'il « n'arrive pas à faire demi-tour ». L'auditeur en prend aussitôt bonne note. Il est en présence d'une injonction engrammique. Mais il n'en informe pas le patient ; en général celui-ci ne sait pas ce qu'il dit. Si le patient continue à éprouver des difficultés, l'auditeur lui demande : « Dites : "je n'arrive pas à faire demi-tour." » Le préclair répète alors cette phrase. L'auditeur lui demande de la redire de nombreuses fois. Brusquement, la somatique apparaît et l'engramme est contacté.

Lorsque l'auditeur interroge un patient, il note soigneusement, sans se faire remarquer, les phrases que le patient choisit et répète pour parler de ses maladies ou de la Dianétique. S'il découvre, après avoir mis le préclair en rêverie, que celui-ci, par exemple, insiste sans cesse sur le fait que « ça ne le mène nulle part », il lui fait répéter cette phrase.

Le fait de répéter cette phrase maintes et maintes fois aspire le patient sur la piste de temps en direction d'un engramme contenant cette phrase. Il finit par le contacter, il se peut que cet engramme refuse de se décharger parce qu'il existe trop d'engrammes antérieurs contenant la même phrase (mais il peut aussi y avoir d'autres raisons). L'auditeur continue alors d'employer la technique répétitive : le patient va contacter des engrammes de plus en plus anciens et si tout marche normalement, il finit, dans la plupart des cas, par émettre un rire de soulagement. La phrase a sauté. L'engramme n'est pas effacé, mais au moins, cette partie-là de l'incident ne viendra plus freiner la thérapie.

En règle générale, le comportement du patient face à ses engrammes tout comme les mots qu'il emploie pour décrire leur contenu sortent tout droit desdits engrammes. La technique répétitive supprime la charge contenue dans les injonctions engrammiques, ce qui permet d'atteindre les engrammes.

De temps en temps (mais c'est rare), cette technique peut évidemment mettre le patient dans une situation où il en voit de toutes les couleurs, mais en Dianétique, ce genre d'ennuis n'est pas très grave. L'engramme qui est restimulé dans la vie de tous les jours *est* violent, lui. Les engrammes sont à la base des meurtres, des viols, des tentatives d'avortement, des incendies volontaires, du retard scolaire, bref de tous les aspects aberrés de la vie. L'approche d'un engramme durant la thérapie de Dianétique se fait par un autre canal, par un canal plus proche de la source de l'engramme. En temps normal, quand un individu sans méfiance tombe sous l'emprise d'un engramme, celui-ci exerce un énorme pouvoir verbal et organique, s'empare d'un grand nombre de circuits mentaux qui auraient dû servir à des raisonnements rationnels et crée d'énormes dégâts : ses connexions sont « soudées » et l'analyseur ne peut pas s'en débarrasser. Avec la thérapie, le patient est envoyé vers l'engramme ; cette seule action permet de débrancher quelques « connexions permanentes ». Il existe des engrammes qui, à moins d'être abordés au moyen de la thérapie, sont capables de mettre quelqu'un dans la position du fœtus et de l'expédier à l'asile le plus proche. Avec la thérapie, le patient redescend la piste de temps, et même le reteneur le plus puissant ne peut pas grand-chose. Disons que le patient tombe dans un reteneur qui, en temps normal, le rendrait fou. Eh bien, la seule réaction qu'il aura, lorsque l'auditeur lui dira : « Revenez dans le temps présent », sera sans doute d'ouvrir les yeux, mais sans revenir dans le présent. Il ne se doutera pas qu'il est prisonnier d'un reteneur tant que l'auditeur, qui a évidemment reconnu le phénomène, n'aura pas employé la technique répétitive.

Auditeur : Êtes-vous dans le temps présent ?

Préclair : Absolument.

Auditeur : Comment vous sentez-vous ?

Préclair : Oh ! J'ai un léger mal de tête.

Auditeur : Fermez les yeux. Maintenant dites : « Reste ici. »

Préclair : D'accord. « Reste ici. Reste ici. Reste ici. » (Il répète la phrase plusieurs fois.)

Auditeur : Est-ce que vous vous déplacez ?

Préclair : Non.

Auditeur : Dites : « Je suis pris. Je suis pris. »

Préclair : « Je suis pris. » (Plusieurs fois.)

Auditeur : Est-ce que vous vous déplacez sur la piste de temps ?

Préclair : Non.

Auditeur : Dites : « Je suis prise au piège. »

Préclair : « Je suis prise au piège. Je… » Ouille ! Ma tête !

Auditeur : Continuez de dire la phrase.

Préclair : « Je suis prise au piège. Je suis prise au piège. Je suis prise au piège. » Aïe ! Ça empire ! (Sa somatique empire à mesure qu'il approche de l'engramme qui le retient de l'autre côté du voile de l'« inconscience ».)

Auditeur : Continuez de dire la phrase.

Préclair : « Je suis prise au piège... Oh ! Mon Dieu ! Je suis prise au piège. Je n'arriverai jamais à sortir d'ici. Je n'y arriverai jamais. Je suis prise au piège ! »

Auditeur : Examinez ça de près. Voyez s'il n'y a pas autre chose. (C'est un truc pour que le préclair ne répète pas tout le temps ce qu'il vient de dire et continue de parcourir l'engramme.)

Préclair : J'ai mal à la tête ! Laissez-moi revenir dans le temps présent !

Auditeur : Parcourez cela à nouveau. (Si le préclair a autant de charge et que vous le ramenez dans le temps présent, il sera très malheureux et vous aurez du mal à pénétrer dans l'incident la fois suivante.)

Préclair : « Oh ! Mon Dieu ! J'ai bien peur d'être prise au piège ! » (De nouveaux mots sont apparus.) « Je resterai dans cet endroit toute ma vie. Je suis prise au piège. Jamais je n'arriverai à sortir d'ici. Je suis prise au piège. » (Le préclair en aparté : elle pleure.) « Oh ! Pourquoi a-t-il fallu que j'épouse un homme comme lui ! »

Auditeur : Comment va votre tête ?

Préclair : J'ai moins mal. Ça alors ! Quelle vacherie ! Elle est en train de se frapper l'estomac. Ah ! L'ordure !

Auditeur : Parcourez à nouveau cet incident. Vérifiez bien s'il n'y a pas autre chose. (Même mécanisme que tout à l'heure, pour que le préclair ne répète pas mot pour mot ce qu'il a dit avant et communique ce qu'il ressent maintenant. S'il répète toujours la même chose au lieu de « revivre » l'incident, l'engramme ne se déchargera pas.)

Préclair : (Il s'exécute et trouve d'autres mots et plusieurs sons, dont les coups que la mère se donne sur l'abdomen et un coup de klaxon dans la rue.) Ne me dites pas que je dois encore parcourir ce truc.

Auditeur : Racontez-le-moi, s'il vous plaît.

Préclair : Eh bien, cette nana essayait de me défoncer la tête et de se débarrasser de moi, alors j'ai surgi de son ventre, je lui ai sauté dessus et je lui ai cassé la gueule.

Auditeur : Veuillez à nouveau parcourir l'engramme.

Préclair : (Il le fait et découvre brusquement que cet engramme, un peu comme une ficelle qui aurait eu une boucle au milieu, vient de s'étirer et renferme d'autres données à l'endroit où se trouvaient les boucles.) « Il faut que je réfléchisse à ce que je vais dire à Henri. Il va me sauter dessus. (Voilà pourquoi le préclair s'était mis à plaisanter tout à l'heure — à cause de la phrase : « Il va me sauter dessus ».)

Auditeur : Parcourez-le encore une fois, s'il vous plaît. il reste peut-être autre chose.

Préclair : (Il s'exécute. Les parties de l'engramme déjà parcourues s'effacent. Il découvre deux nouveaux sons : les pas de la mère et de l'eau qui coule. Puis son visage s'éclaire et il se met à rire de l'incident. Cet engramme est désamorcé, en ce sens qu'il n'a peut-être pas complètement disparu. On dit d'un engramme qu'il est désamorcé s'il est contacté avant le basique-basique.)

Dans cet exemple, nous avons vu non seulement le fonctionnement de la technique répétitive, mais aussi la *récession* d'un engramme, c'est-à-dire que cet engramme peut se manifester à nouveau avec une très petite quantité de charge résiduelle après que le basique-basique a été contacté. Mais il n'a plus le pouvoir d'aberrer ou de déclencher des maux de tête et autres maladies psychosomatiques. Cet engramme, avant d'être contacté au moyen de la thérapie, faisait hurler notre patient de terreur lorsqu'il était enfant chaque fois qu'il n'arrivait pas à sortir d'un espace clos (claustrophobie).

La technique répétitive est la phase de la thérapie de Dianétique qui demande le plus de perspicacité de la part de l'auditeur. Avec de la patience et de la persistance, et un minimum d'intelligence, n'importe quel auditeur peut obtenir d'excellents résultats avec les autres phases de la science de Dianétique. Mais avec la technique répétitive, l'auditeur doit apprendre à penser comme un engramme (mais uniquement dans le cadre de la thérapie, bien entendu). Et il doit observer comment le patient se comporte sur la piste de temps. Il doit aussi observer le type de réaction que manifeste le sujet et identifier par déduction le type d'injonction qui tourmente le sujet lorsque celui-ci refuse de coopérer ou nage en plein mystère.

Je ne veux pas dire par là que la technique répétitive est difficile. Il n'en est rien. Mais un cas prendra plus ou moins longtemps selon que l'auditeur appliquera plus ou moins bien cette technique. L'emploi de cette technique est une aptitude, un art. C'est le jeu de l'oie avec, en plus, le facteur intelligence. Où le préclair est-il resté coincé et à cause de quelle injonction ? Pourquoi le préclair a-t-il brusquement cessé de coopérer ? Où est la charge émotionnelle qui empêche le cas de progresser ? Grâce à la technique répétitive, l'auditeur pourra résoudre toutes ces questions. Et un auditeur perspicace les résoudra bien plus rapidement qu'un auditeur qui manque de discernement.

Comment fait-on pour penser comme un engramme ? Ronald Ross, après avoir découvert que les moustiques véhiculaient des microbes, considérait qu'il fallait penser comme un moustique. En Dianétique, nous combattons une menace similaire : l'engramme.

Pour que la thérapie soit efficace, l'auditeur doit apprendre à penser comme un engramme.

Il est impossible à l'auditeur (et on ne le lui demande pas) de deviner d'après le regard du préclair pourquoi celui-ci ne mange que du chou-fleur le mercredi. C'est une aberration et l'auditeur a autre chose à faire que chercher à identifier les causes des aberrations et des maladies psychosomatiques. Ces causes se présenteront d'elles-mêmes au fil des séances de thérapie et l'auditeur saura. Par contre, l'auditeur doit être capable de débarrasser la piste de temps du préclair de tout ce qui l'encombre et d'amener progressivement le préclair dans la zone du basique-basique, puis d'effacer ce qu'il trouve et faire demi-tour et réduire les engrammes ultérieurs. Il dispose pour ce faire d'une solution, celle que nous employons actuellement : la *technique répétitive*. Comprenez bien que la Dianétique est perfectible et qu'on pourrait mettre au point une meilleure technique ou même toute une série de nouvelles techniques. Si la Dianétique ne connaissait plus jamais d'évolution ou d'améliorations, il y aurait de quoi désespérer de l'espèce humaine. Mais pour le moment, la meilleure technique que nous ayons trouvée (et par « meilleure », j'entends une technique qui marche avec chaque patient), c'est la technique répétitive. Un auditeur qui espère obtenir un tant soit peu de résultats avec la thérapie doit être capable d'utiliser cette technique. Lorsque l'auditeur aura audité plusieurs cas et qu'il connaîtra parfaitement la nature du monstre appelé engramme, il sera sans doute en mesure (et fera bien) de nous proposer des techniques améliorées. Le principal défaut de la technique répétitive est qu'elle exige un auditeur intelligent.

Mais attention : être intelligent ne veut pas dire parler à tort et à travers. Pas en Dianétique. En fait, l'auditeur qui n'arrête pas de « l'ouvrir » fait montre d'une grande sottise. Trop souvent, les auditeurs débutants se délectent tellement du son de leur voix et de leur grande habileté que le pauvre préclair arrive rarement à placer un mot et à communiquer le contenu de son mental réactif. C'est le préclair qui est censé atteindre l'état de Clair ; lui seul peut communiquer des informations précises, lui seul peut les estimer à leur juste valeur.

Non, être intelligent, c'est être capable de découvrir, d'après les paroles et le comportement du préclair, les injonctions engrammiques qui lui interdisent l'accès aux engrammes. La technique répétitive s'adresse à ce qui se passe dans les engrammes, à *l'action*, et non pas aux aberrations.

Le cas ci-dessus, par exemple, était tellement « scellé » qu'il a fallu trente heures d'emploi quasi ininterrompu de la technique répétitive pour démolir le mur qui s'érigeait entre le mental analytique et les engrammes. Il y a une chose importante qu'il faut savoir : *un engramme ne serait pas un engramme si le préclair n'éprouvait aucune difficulté à le contacter.* Tout engramme facile à contacter et dépourvu de charge émotionnelle est à peu près aussi nuisible qu'un verre d'eau minérale.

Une fois, il nous a fallu soixante-quinze heures de travail pour contacter la zone du basique-basique. Le préclair était une jeune femme de vingt-deux ans dont le sonique fonctionnait bien, mais qui avait une ouïe hypersensible et qui souffrait d'un tel déséquilibre glandulaire qu'elle était déjà une vieille femme. Soixante-quinze heures ! Ça paraît incroyable, mais pourtant c'est bel et bien arrivé. Avec un patient dépourvu de sonique et extérieur à sa piste de temps, soixante-quinze heures suffiraient tout juste à mettre la mécanique en marche. Mais cette jeune femme avait un sonique qui fonctionnait parfaitement. Au bout de soixante-quinze heures, elle aurait déjà dû être en train de s'approcher de l'état de Clair, au lieu de patauger autour de la zone du basique-basique.

Nous avons fini par résoudre son cas, en employant la technique répétitive, rien d'autre. Son mental réactif était pratiquement dénué d'éjecteurs et de reteneurs. Le problème était que sa zone prénatale semblait ne pas exister. C'était un blanc.

L'engramme n'est pas un souvenir composé de raisonnements ou d'idées. C'est un ensemble d'ondes qui vient se jeter contre le mental analytique et le mental somatique et qui se met aux commandes des muscles, de la voix et des autres parties du corps. Le mental analytique, affaibli par la dramatisation de l'engramme, va alors émettre des données pour justifier et rationaliser ce qui se passe. Mais un engramme n'en devient pas pour autant une entité pensante. La première fois qu'on s'approche de tel ou tel engramme, on a l'impression qu'il n'est pas là. Il faudra peut-être trois séances pour le « développer ». Cela ne veut pas dire trois séances pour rien, car d'autres engrammes sont abordés et contactés, mais cela veut dire que le « je », lorsqu'il *retourne*, doit repasser plusieurs fois sur un engramme avant que ce dernier se « développe ». Il est important de le savoir. Lorsque vous cherchez à contacter un engramme, c'est un peu comme lorsque vous demandez une donnée au mental, sans l'obtenir (chez une personne aberrée) ; puis, vous la demandez à nouveau la semaine suivante et vous l'obtenez. Eh bien, cela se passe de la même manière avec les engrammes. L'un des principes de base de la thérapie est que *si vous demandez continuellement l'engramme, vous finirez par l'obtenir.* Le fait de retourner sans cesse dans la zone prénatale permet de « développer » les engrammes qui s'y trouvent, et le mental analytique pourra alors les attaquer et les réduire. Mais c'est lent, très lent. La technique répétitive permet d'accélérer considérablement ce processus (même s'il faudra ensuite plusieurs séances pour que l'engramme « se développe »).

Dans le cas de la jeune femme mentionnée plus haut, il nous aurait probablement fallu cinquante ou soixante heures de plus pour contacter les engrammes prénatals si nous n'avions pas utilisé la technique répétitive. L'auditeur avait remarqué qu'elle disait tout le temps : « Je suis sûre que c'est dans mon enfance qu'on trouvera la cause de ce qui ne va pas chez moi. Après tout, mon frère m'a violée quand j'avais cinq ans. Je suis sûre que c'est beaucoup plus tard, dans mon enfance. Ma mère était terriblement jalouse de moi. Je suis sûre que c'est plus tard. » L'auditeur employa alors la technique répétitive. Avec succès.

Cette jeune femme avait étudié à l'université quelque système de guérison mentale qui prétendait que le sexe et les vitamines occasionnaient des dérangements mentaux. Elle disait souvent qu'il fallait être idiot pour penser qu'un fœtus était capable d'entendre, mais qu'elle n'avait rien contre « l'analyse ». Quand elle se retrouvait dans la zone précédant la naissance, elle se sentait parfaitement bien. *Mais elle n'avait jamais contacté la naissance et celle-ci n'était nulle part en vue.* C'est un fait important. Le basique-basique et les engrammes situés dans la zone basique (aux alentours de la période de formation de l'embryon) ne peuvent être effacés qu'au moyen de la thérapie. Ils ne s'effacent pas tout seuls. Donc, lorsque le préclair n'est pas capable de contacter la naissance, ne serait-ce qu'avec une somatique, vous pouvez être sûr qu'il y a quelque chose avant. Si la naissance était le premier engramme, n'importe qui pourrait atteindre l'état de Clair en cinq heures. Quand le préclair contacte la naissance, il lui reste une bonne cinquantaine d'engrammes prénatals graves. Dans le cas de la jeune fille, rien, mais absolument rien ne se présentait. C'était dû à son éducation : elle essayait tout le temps de rester dans le temps présent et de « se souvenir », mais sa mémoire était telle-ment occluse qu'elle aurait été incapable de se rappeler le nom de sa mère. (Elle avait été pendant dix ans aux mains de psys qui lui avaient sans cesse demandé de « se souvenir ».) Comme je l'ai dit, elle se sentait parfaitement bien quand elle contactait la zone prénatale. Elle « flottait » à nouveau dans le liquide amniotique et était persuadée que les bébés dans le ventre de leur mère avaient la belle vie. Il ne lui venait pas à l'esprit qu'elle était en pleine contradiction avec elle-même : puisqu'elle affirmait que la mémoire prénatale n'existait pas, comment se faisait-il qu'elle pût à nouveau éprouver la sensation de flotter dans la douce chaleur du liquide amniotique ? L'auditeur se garda bien d'aborder la question. Il connaissait parfaitement son travail et fit faire à la patiente bon nombre d'allers-retours, essayant chaque fois un mécanisme différent.

Finalement elle demanda s'il était *obligatoire* qu'il y ait des engrammes prénatals. L'auditeur lui répondit que ce qui était là était là, que s'il n'y avait pas de vie prénatale, elle n'en aurait bien sûr aucun souvenir, mais que s'il y en avait une, elle s'en souvien-drait peut-être. C'est la meilleure attitude que puisse avoir un auditeur : une attitude neutre. Comme l'a dit un auditeur un jour : « La Dianétique se contente de montrer la marchandise ; elle ne fait aucun effort pour l'écouler. »

L'auditeur avait employé la technique répétitive avec bon nombre de phrases différentes. La jeune femme se déplaçait en long et en large sur sa piste de temps, ce qui indiquait la présence d'un dénieur. Finalement, l'auditeur se retrouva à court d'idées. Et puis, brusquement, il se rendit compte que sa patiente disait fréquemment : « Beaucoup plus tard. »

Auditeur : Dites : « Beaucoup plus tard » et retournez dans la zone prénatale.

Préclair : « Beaucoup plus tard. Beaucoup plus tard… », etc. (La jeune femme semble s'ennuyer à mourir et n'a pas envie de coopérer.)

Auditeur : Continuez, je vous prie. (Lorsque vous voulez que votre préclair continue de répéter une phrase ou d'explorer un engramme, dites simplement : « Continuez ». Si vous voulez qu'il retourne dans un engramme qu'il a déjà parcouru, dites : « Retournez à cet engramme et parcourez-le encore une fois.)

Préclair : « Beaucoup plus tard. Beaucoup pl… » J'ai une soma-tique au visage. Comme si on poussait dessus. (Pour l'auditeur, c'était une bonne nouvelle, car elle n'arrivait pas à avoir de somatiques dans sa zone prénatale, ce qui empêchait les somatiques ultérieures de se manifester.)

Auditeur : Contactez ça de plus près et continuez de répéter ces mots.

Préclair : « Beaucoup plus tard. Beaucoup plus tard. » Elle devient de plus en plus forte. (Bien entendu, avec la technique répétitive, la somatique devient de plus en plus forte jusqu'à ce que la phrase exacte apparaisse. Chez le patient qui n'a pas de sonique, c'est la somatique qui se manifeste en premier et qui vient frapper le « je ». Chez le patient dont le sonique marche bien, le son se présente tout de suite, sans déformation.)

Auditeur : Continuez.

Préclair : « Beaucoup plus... » J'entends une voix ! Oui, c'est bien une voix. C'est la voix de mon père !

Auditeur : Écoutez les mots et répétez-les, s'il vous plaît.

Préclair : Il parle à ma mère. Cette pression sur mon visage est très désagréable. Elle s'en va et elle revient. Ça fait mal.

Auditeur : Répétez ce qu'il dit, s'il vous plaît.

Préclair : Il dit : « Oh ! chérie, je ne veux pas venir en toi. Je ne veux pas lâcher la sauce. Ce n'est pas le moment. Il vaut mieux que nous en ayons un beaucoup plus tard. » Cette pression me fait mal. Non, elle s'est beaucoup atténuée. C'est drôle, dès que j'ai contacté la voix, elle a diminué.

Auditeur : Que dit votre mère, si vous l'entendez ?

Préclair : Elle lui dit : « Alors je ne veux pas que tu me pénètres du tout ! » Elle est en rogne. Dites, la somatique s'est arrêtée. (Le coït a cessé.)

Auditeur : Veuillez retourner au début de cet incident et me le raconter.

Préclair : (Elle retrouve le début de l'incident et la somatique revient.) Je me demande ce qu'ils fabriquent ? (Une pause.) J'entends comme un giclement. (Nouvelle pause. Gêne évidente de la jeune femme.) Oh !

Auditeur : Racontez l'engramme, s'il vous plaît.

Préclair : Au début, il y a une espèce de rythme lent, et puis ça devient de plus en plus rapide. J'entends un bruit de respiration. La pression devient de plus en plus forte, mais je la sens beaucoup moins qu'au début. Ensuite, ça se calme et mon père dit : « Oh ! chérie, je ne veux pas venir en toi. Je ne veux pas lâcher la sauce. Pas maintenant. Il vaut mieux que nous en ayons un beaucoup plus tard. Je ne suis pas sûr d'aimer les enfants tant que ça. Sans compter que mon boulot... » Alors ma mère doit essayer de le repousser, parce que la somatique est beaucoup plus forte ici. « Alors je ne veux pas que tu me pénètres du tout. Espèce de monstre ! »

Auditeur : Retournez au début et racontez-le encore une fois, je vous prie.

Préclair : (Elle le raconte plusieurs fois. Finalement la somatique disparaît. La jeune femme est très heureuse, au point qu'elle oublie de mentionner qu'elle ne croyait pas à l'existence des engrammes prénatals.)

Voilà comment on se sert de la *technique répétitive*. L'auditeur avait essayé plus de deux cents phrases avec cette jeune femme, sans en trouver une qui convienne. Tout d'abord, l'archiviste n'était désireux de donner que quelques engrammes anciens et l'auditeur avait dû essayer tous les dénieurs possibles et imaginables. L'auditeur avait trouvé un engramme récent renfermant un certain nombre d'injonctions du type dénieur et il les avait utilisées. Mais cet engramme n'avait fait apparaître aucune somatique. Finalement, l'archiviste avait opté pour l'engramme parcouru dans notre exemple car il était très ancien et pouvait être effacé.

Dans un cas sérieusement occlus, il est rare que l'archiviste transmette à l'auditeur un engramme qui ne puisse être réduit. Et quand l'archiviste lui transmet ce genre d'engramme, l'auditeur ne le lâche *jamais* avant de l'avoir complètement réduit avec de nombreuses narrations. Dans l'exemple ci-dessus, l'archiviste aurait laissé tomber l'auditeur s'il lui avait présenté un engramme tel que la naissance : celui-ci ne se serait pas déchargé, aurait coûté des heures de travail inutile et aurait valu à la patiente une migraine pendant plusieurs jours. Et l'auditeur aurait laissé tomber l'archiviste s'il n'avait pas réduit l'engramme ci-dessus en demandant à la jeune femme de le raconter jusqu'à ce que la somatique et les voix disparaissent.

Pourquoi cet engramme était-il resté caché ? Parce que son contenu le disait. En fait, il ne s'agissait que d'un simple coït. Mais l'engramme, lui, semblait dire que tous les incidents étaient situés plus tard dans la vie. De plus, il disait qu'il ne fallait pas le pénétrer.

Avec la technique répétitive, il arrive parfois que le patient soit « aspiré » dans des incidents qui refusent de se décharger, mais ce n'est pas très grave, il peut arriver (mais c'est rare) que l'archiviste, au lieu de présenter un incident très ancien, présente des incidents récents. Mais il ne s'agit pas d'une erreur de sa part. Rappelez-vous, ces engrammes sont classés par sujet, par somatique et par date et l'auditeur peut se servir de n'importe lequel de ces fichiers. Disons que l'archiviste transmet une somatique correspondant à une phrase répétitive que l'auditeur a recueillie dans ce que lui a dit le préclair (ou qu'il a lui-même devinée), mais que la somatique refuse de disparaître ou qu'aucune voix n'accompagne la somatique (chez un cas dont le sonique marche, ou que la somatique refuse de se dissiper chez un cas dépourvu de sonique). Eh bien, cela veut dire que l'archiviste déplace les « dossiers » un par un pour accéder au suivant. Donc, quand l'auditeur constate qu'aucune voix n'apparaît ou que la somatique ne disparaît pas, il demande au préclair de répéter la même phrase et de retourner jusqu'à un incident antérieur. Une autre somatique va peut-être apparaître à un autre endroit du corps : l'archiviste a réussi à en trouver une plus ancienne, maintenant que la première somatique a été légèrement déchargée. L'auditeur procède exactement de la même manière avec cette nouvelle somatique : le préclair répète sans cesse la phrase, la somatique perd un peu de sa force... mais toujours aucune voix. L'auditeur envoie alors le préclair à un incident antérieur. À nouveau, l'archiviste réussit à trouver une somatique plus ancienne, puisque la deuxième somatique a été légèrement déchargée. Cette somatique se trouve probablement dans la zone du basique-basique si l'auditeur a affaire à un cas qui n'était jamais entré dans cette zone, et cette fois-ci le patient entend une voix. L'engramme est réduit. Bref, l'archiviste était disposé à risquer des ennuis afin de dégager plusieurs somatiques et permettre à l'auditeur de trouver un incident basique.

L'auditeur peut utiliser des variantes. Étant donné que les engrammes sont classés par sujet, par somatique et par date, il n'est pas forcément obligé de recourir aux phrases. Il peut par exemple envoyer le préclair jusqu'à « l'intensité la plus forte d'une somatique », mais ce système, s'il donne souvent des résultats, n'est pas aussi infaillible que le système des phrases. Soit dit en passant, le préclair ne voit aucun inconvénient à retourner jusqu'à « l'intensité maximum » d'une somatique, vu que les somatiques sont à peu près mille fois moins puissantes que la douleur originelle, même si elles ont effectivement une certaine puissance. Dans la vie de tous les jours, ces somatiques peuvent être extrêmement pénibles. Voyez les migraines, par exemple. Et puisque nous parlons de migraines, on peut demander à un préclair de retourner au moment où, selon toute vraisemblance, sa migraine a été la plus intense, c'est-à-dire au moment où elle a été reçue la première fois, mais ne trouver en fin de compte qu'une douleur sourde, semblable aux effets d'une gueule de bois. Tout cela relève du principe selon lequel il vaut mieux commencer un cas que ne pas le commencer du tout. Car par l'emploi du retour et de la rêverie, le préclair s'approchera de la cause du mal, et s'il contacte un tant soit peu l'engramme, celui-ci perdra une grosse partie de son pouvoir, même si l'auditeur commet des tas d'erreurs.

Donc, retourner jusqu'à « l'intensité maximum » d'une somatique n'est pas très douloureux. L'intensité maximum réelle est ressentie par le préclair avant qu'il contacte l'incident, quand il est encore dans le temps présent. Mais le fait de dire au préclair de retourner jusqu'à « l'intensité maximum » permet souvent de contacter et de réduire l'incident. Si dans l'engramme contenant l'« intensité maximum », il y a des phrases telles que « C'est insoutenable ! », « Je suis terrifié » ou « C'est en train de me tuer », on peut s'attendre à ce que le préclair réagisse comme le lui ordonnent ces phrases. S'il n'y réagit pas, c'est que ses émotions sont bloquées, problème que nous aborderons dans le chapitre suivant.

L'auditeur peut également se servir du système de classement par date. Le mental renferme une horloge très précise. L'archiviste est parfaitement familiarisé avec cette horloge et transmettra toute donnée temporelle chaque fois qu'il le pourra. L'auditeur qui demande au préclair d'aller « six minutes avant que cette phrase soit prononcée » constatera généralement que *son* préclair se retrouve aussitôt six minutes avant cette phrase, même s'il s'agit d'un incident prénatal. Donc, l'auditeur peut faire avancer le préclair minute par minute, s'il le veut. Il peut lui faire traverser un incident en disant : « Une minute s'est écoulée, deux minutes se sont écoulées, trois minutes se sont écoulées », et ainsi de suite. L'auditeur n'attend pas que ces minutes s'écoulent ; il annonce qu'elles s'écoulent, il peut faire traverser le temps au préclair par tranches de cinq minutes, de soixante minutes, de vingt-quatre heures, et à moins que le préclair ne soit coincé dans un engramme ou sous les ordres d'un engramme, l'auditeur peut déplacer le préclair à volonté sur la piste de temps. Ce serait merveilleux si l'auditeur pouvait envoyer le préclair à la conception et lui dire d'aller une heure plus tard, deux heures plus tard, etc., jusqu'à ce qu'il tombe sur le premier engramme. Malheureusement, ce n'est pas faisable, car il y a d'autres facteurs que le temps qui entrent en ligne de compte. Belle théorie, mais irréalisable. L'auditeur se sert généralement du déplacement dans le temps pour amener le préclair juste avant le commencement d'un incident, ce qui lui permet de s'assurer que le préclair le lui a bien raconté depuis le tout début. En faisant retourner le préclair plus avant par bonds de cinq ou dix minutes, l'auditeur constatera parfois qu'il est en train de s'enfoncer dans un incident extrêmement long et complexe et que, contrairement à ce qu'il croyait, le mal de tête qu'il essaye de soulager chez son préclair a été reçu plusieurs heures avant. Cela signifie qu'il a affaire à deux engrammes étroitement liés et qu'il ne pourra pas décharger le second tant qu'il n'aura pas déchargé le premier.

En fait, le déplacement dans le temps est d'une utilité limitée. L'auditeur qui part à la chasse aux engrammes en reculant peu à peu dans le temps se retrouvera avec un préclair artificiellement restimulé sur les bras, ce qui freinera considérablement la thérapie. La technique qui marche le mieux et que l'archiviste préfère, c'est la technique répétitive. L'auditeur emploie le déplacement dans le temps pour amener le préclair le plus près possible de la zone basique (le tout début de la zone prénatale), et si l'archiviste ne lui fournit pas alors d'engrammes qui peuvent être réduits, l'auditeur fait généralement appel à la technique répétitive. Le déplacement dans le temps et la « chasse aux somatiques » ne sont utiles que dans certains cas. Mais vous constaterez tout cela par vous-même.

Les lois du retour sont donc les suivantes :

1. En théorie, un patient qui est retourné sur la piste de temps réagit davantage aux injonctions engrammiques qui sont antérieures à sa position sur la piste de temps et il réagit moins aux injonctions postérieures.

2. Un préclair réagit aux injonctions engrammiques qui sont : a) chroniquement restimulées ou b) qui sont les plus proches de lui sur la piste de temps. Si l'injonction dit : « J'ai peur », le préclair a peur. Si elle dit : « Plutôt mourir qu'affronter cela », le préclair est bien capable d'obéir. Si l'injonction dont il est proche dit : « J'ai sommeil », il a sommeil. Si elle dit : « Oublie ça », il oublie. Les injonctions chroniquement restimulées donnent une couleur trompeuse à la personnalité. « Je ne suis jamais sûr de rien »,

« je ne sais pas », « je n'entends rien » sont souvent des injonctions chroniquement restimulées. Si l'archiviste ne transmet pas d'engrammes correspondant à ces injonctions, continuez quand même, en utilisant des phrases similaires. Vous finirez par tomber sur la phrase exacte et sur l'engramme.

3. Le comportement du préclair sur la piste de temps et l'état de la piste de temps dépendent exclusivement d'injonctions engrammiques, lesquelles se divisent en cinq catégories : les *éjecteurs*, les *reteneurs*, les *dénieurs*, les *regroupeurs* et les *dérouteurs*. Je mentionnerai de nouveau que la réaction du préclair à ces injonctions est extrêmement variable, aussi variable que le langage. Par exemple, la phrase engrammique « je ne sais plus du tout où j'en suis » rendra l'engramme extrêmement embrouillé. « Je ne peux pas faire marche arrière » ramènera progressivement le préclair dans le présent.

4. L'injonction engrammique se manifeste de deux façons : dans les paroles que le préclair prononce, à l'état de veille, avant une séance de thérapie ; ou sous la forme d'idées prétendument « analytiques » émises par le patient quand il est à proximité de l'engramme qui renferme l'injonction.

5. L'engramme n'est pas un souvenir rationnel et logique, mais un ensemble de perceptions non analysées. Il se laisse contacter si l'on emploie les processus suivants : l'auditeur demande au préclair de retourner jusqu'à l'engramme ; l'auditeur lui demande de retourner jusqu'à l'engramme et de le parcourir ; l'auditeur lui demande de retourner jusqu'à l'engramme et de le parcourir encore et encore ; l'auditeur demande l'engramme jusqu'à ce qu'il l'obtienne.

6. L'archiviste transmettra à l'auditeur tout ce qu'il peut extraire de la banque des engrammes. L'auditeur doit aider l'archiviste en réduisant ou en délestant tout incident que ce dernier lui transmet. Pour ce faire, l'auditeur demande au patient de raconter l'incident. (Autrement l'archiviste se retrouve avec tellement d'incidents en restimulation qu'il n'arrive plus à accéder aux fichiers. Il n'est pas rare de voir un auditeur envoyer l'archiviste sur les roses. Mais on n'a pas encore vu d'archiviste envoyer un auditeur sur les roses. Quand l'archiviste refuse de transmettre un incident, c'est parce qu'il sait qu'il ne peut pas être réduit.)

Voici les techniques dont dispose l'auditeur :

1. Le *retour*, par l'intermédiaire duquel on envoie le préclair aussi loin que possible sur sa piste de temps avant que la thérapie proprement dite commence.

2. La *technique répétitive*, où l'on demande à l'archiviste de fournir des données relatives à certains sujets, et tout particulièrement des données qui influent sur la faculté du préclair à retourner ou qui lui dictent sa façon de se déplacer sur la piste de temps ; ces données aideront le préclair à contacter des engrammes.

3. Le *déplacement dans le temps*, au moyen duquel l'auditeur peut faire parcourir au préclair de grandes ou de petites distances sur la piste de temps, soit en lui annonçant très exactement de combien de temps il doit avancer ou reculer, soit en lui demandant de retourner à un moment spécifique, soit en le faisant progresser par intervalles de temps. (On peut aussi se servir de cette technique pour voir si le préclair se déplace sur la piste de temps ou dans quelle direction il se déplace, ce qui permet de déterminer si un engramme a un effet sur lui et quel type d'effet.)

4. La *localisation de la somatique*, dont l'auditeur se sert pour localiser le moment où la somatique a été reçue, soit lorsqu'il cherche un engramme qui la contient, soit lorsqu'il veut déterminer si la somatique a bien été reçue dans l'engramme contacté.▲

$$\triangle$$

CHAPITRE SEPT

L'ÉMOTION ET LA FORCE VITALE

L'ÉMOTION JOUE UN RÔLE essentiel dans la thérapie. Dans le livre deux, nous avons déjà parlé de l'émotion et nous l'avons divisée en trois classes théoriques : a) les émotions contenues dans les injonctions engrammiques, lesquelles font que *l'on* confond douleur physique et émotion ; b) les émotions suscitées par le système endocrinien, lequel est sous le contrôle du mental analytique chez le Clair, et sous le contrôle du mental analytique et du mental réactif chez l'aberré ; c) les émotions emprisonnées dans les engrammes et qui ne sont autres que des fragments de force vitale.

Nul doute que des recherches et des travaux plus poussés nous permettront de mieux comprendre encore ce qu'est l'émotion. Mais ce que nous avons découvert nous suffit largement pour l'instant. Nous pouvons nous servir de ce que nous savons et obtenir des résultats. Bien entendu, lorsque nous en saurons davantage, nous serons en mesure de produire de bien meilleurs résultats. Nous sommes déjà capables de produire les états de release et de Clair. En mettant en pratique le principe selon lequel l'émotion est de la force vitale comprimée et emprisonnée qu'il faut absolument libérer, nous apportons énormément à chaque préclair. En fait, les résultats les plus spectaculaires viennent de l'application de ce principe.

La Dianétique, en tant que science qui vient se placer au côté de l'ingénierie, se sert du principe de l'interrupteur. Nous savons qu'en appuyant sur tel bouton, nous coupons un moteur, et qu'en le pressant à nouveau, nous le redémarrons. Nous sommes en présence d'une force qui, par certains côtés, est encore très mystérieuse, aussi mystérieuse que l'était l'électricité pour James Clerk Maxwell. Un siècle avant Maxwell, Benjamin Franklin avait découvert l'existence de l'électricité et fait des expériences intéressantes. Mais il ne fut pas capable de s'en servir et de la maîtriser. Le philosophe Bergson avança qu'il devait exister une force vitale, qu'il baptisa *élan vital*. Sa théorie était la suivante : l'Homme est vivant, donc il doit y avoir une force ou un flux quelconque qui le maintient en vie ; lorsqu'il meurt, cette force ou ce flux n'est plus. Cette théorie vaut autant que les théories de Benjamin Franklin sur l'électricité : c'est un premier pas. En Dianétique, nous avons franchi ce stade et nous en sommes à peu près au stade où se trouvait Maxwell avec l'électricité. Nous savons qu'il existe, relativement à la force vitale, certaines équations utilisables. Et nous pouvons avancer la théorie suivante : la « force vitale » et l'« émotion », du moins une certaine forme de ce qu'on appelle l'« émotion », sont soit une seule et même chose, soit très similaires. Cette théorie est peut-être fausse, tout comme peuvent l'être les théories de Maxwell. Mais même si les théories de Maxwell s'avéraient fausses, nous avons de la lumière électrique, pas vrai ? Nous sommes à peu près certains que la plupart des principes fondamentaux de la Dianétique suivent les lois de la nature. Nous ne sommes pas sûrs à 100 % d'avoir parfaitement cerné l'émotion. Nous le saurons le jour où nous pourrons prendre un homme mort et le faire revivre en lui insufflant la force vitale. Cet extrême mis à part, nous sommes sur un terrain solide lorsque nous disons que l'émotion et la force vitale sont une seule et même chose.

Par exemple, nous pouvons prendre une jeune femme et étudier certains aspects de son état, disons, au moyen d'un électro-encéphalographe (appareil qui mesure les impulsions et les réactions nerveuses)*. Avec les informations ainsi obtenues, nous avons le choix entre deux alternatives. La première est inhumaine et elle est, bien sûr, à rejeter en bloc : nous pourrions rendre cette jeune femme malade ou folle. (Les informations obtenues par le biais de

* *L'électroencéphalographe, les hypnoscopes[1], les tests d'intelligence, les tests relatifs à chaque dynamique, etc., ne sont rien d'autre que des auxiliaires matériels en Dianétique. Nous nous en servons dans notre travail de recherche. L'auditeur peut éventuellement s'en servir s'il a la compétence requise, mais en fait, nous ne les utilisons pas dans la thérapie car ils s'avèrent parfaitement inutiles. Un jour, un chimiste inventera, je l'espère, un « gaz somnifère » parfait qui accélérera la mise au Clair des schizophrènes ; et quelque ingénieur mettra sans doute au point un appareil bon marché et utilisable par tous pour mesurer les impulsions nerveuses. Mais pour le moment, nous pouvons nous en passer. LRH*

1. **Hypnoscope** : instrument utilisé pour établir si une personne est sujette à l'hypnose.

la thérapie sortent des engrammes que le préclair a contactés en rêverie et tout engramme contacté en rêverie ne peut plus causer d'aberrations ; par conséquent, cette éventualité est tout à fait impossible avec la thérapie de Dianétique.) La seconde alternative, qui nous intéresse tout particulièrement, c'est que nous pouvons, avec ces mêmes informations, rendre à cette jeune femme sa force, son intérêt pour les choses, sa persistance et un goût immodéré pour la vie, et lui apporter tout le bien-être mental et physique possible. Sans ces deux alternatives, nous n'aurions pas trouvé la solution, ou du moins une solution pratique. (Peut-être certains romanciers seront-ils tentés d'écrire des histoires d'horreur ayant pour sujet la première alternative. Mais ils ne doivent pas oublier que, jusqu'ici, les informations étaient obtenues avec un appareillage et des techniques dont la complexité et le mode d'emploi auraient laissé pantois le docteur Frankenstein, alors que la thérapie de Dianétique, elle, découvre ces informations à la source. Dès que la source est contactée, par le biais de la thérapie, le pouvoir de cette source s'évanouit. Mais, je vous en prie, pas d'histoire du type *Hantise*[2] basée sur la Dianétique. Ce serait techniquement inexact.)

La force vitale n'est pas un phénomène aussi simple que l'électricité, en ce sens qu'on ne peut pas la faire apparaître ou disparaître sur simple pression d'un bouton. En Dianétique, *on* peut uniquement la faire apparaître. Nous avons un « rhéostat »[3] qui refuse de « baisser le courant » et qui non seulement insuffle de plus en plus de force vitale à l'individu, mais le rend également de plus en plus apte à la maîtriser.

L'Homme est fait pour être un organisme autodéterminé. Donc, tant qu'il est capable de raisonner sans faire appel à des compulsions ou à des refoulements (nos fameux sept, qui faussent les opérations de la calculatrice), il peut agir avec une efficacité maximum. Quand, au lieu d'être autodéterminé, il est déterminé par des éléments extérieurs, autrement dit, quand quelque chose le force à agir ou l'empêche d'agir alors qu'il n'a pas donné son consentement, il devient un animal « presse-bouton ». Ce facteur presse-bouton est tellement présent et tellement puissant qu'un auditeur, pendant une séance de thérapie, peut utiliser une phrase clé découverte dans un engramme (qu'il n'a pas effacé) pour

---

2. **Hantise** : un film (d'après une pièce de Patrick Hamilton) où un homme essaie de rendre sa femme folle.
3. **Rhéostat** : appareil électrique qui permet de modifier l'intensité du courant au moyen d'une résistance variable.

déclencher ou arrêter à volonté une crise de rire ou une crise de toux chez le patient. Mais dans ce cas précis, l'auditeur *a dû au préalable contacter l'engramme* pour obtenir cette phrase clé, et comme un engramme contacté perd de sa puissance, cette phrase cessera d'avoir le moindre effet sur le patient après que l'auditeur l'aura prononcé deux ou trois cents fois. Toutes les tentatives pour dominer les gens par la force et la douleur, ainsi que la plupart des connaissances accumulées par les écoles et les philosophies du passé, sont (involontairement) basées sur ce principe : le principe presse-bouton. Tant qu'on n'a pas touché l'engramme, celui-ci peut être utilisé indéfiniment, sans que son pouvoir diminue. Mais dès qu'on le touche, dès qu'on contacte l'enregistrement original, son pouvoir disparaît. La « manipulation des êtres humains » et la « psychologie » (mot ô combien vague) consistent en fait à « presser des boutons », c'est-à-dire à utiliser contre les gens les phrases et les sons qui sont à la base de leurs aberrations. Les enfants ont l'art de les découvrir chez leurs parents et ils les emploient à outrance. L'employé de bureau découvre que son patron ne supporte pas les corbeilles à papier pleines et, donc, ne vide jamais la sienne. Le quartier-maître d'un navire constate que l'un de ses marins grince des dents chaque fois qu'il entend les mots « sur son trente et un » et il les prononce donc pour avoir le marin sous sa coupe. La guerre presse-bouton fait rage entre les aberrés. La femme découvre que si elle prononce certains mots, son mari fait la grimace ou se met en colère ou ne fait pas certaines choses. Elle appuie donc sur ces « boutons ». Ou bien le mari découvre les boutons de sa femme et il les presse pour l'empêcher de s'acheter des vêtements ou d'utiliser la voiture. Les duels défensifs et offensifs entre les aberrés sont en fait des parties de presse-bouton. Des peuples entiers sont manipulés selon ce principe. Les agences de publicité étudient les « boutons » des gens (odeur corporelle, constipation, etc.) et n'hésitent pas à s'en servir. Dans le monde du spectacle et de la chanson, on presse les boutons à la pelle pour susciter toutes sortes de réactions aberrées. La pornographie attire les gens qui ont des boutons pornographiques. Les États providence séduisent les gens qui ont des boutons du genre « occupez-vous de moi ». « Plus la peine de faire appel à la raison, puisque nous avons à notre disposition des nuées de boutons », telle pourrait être la devise de notre société.

Mais il se trouve que ces boutons rendent les gens fous ou malades et causent des dégâts énormes. En effet, les boutons sont des données erronées maintenues en place par la douleur et l'émotion, des données aberrées que les engrammes ont imposées à l'analyseur (et chaque société possède des engrammes qui lui sont propres). Le Clair n'a qu'un bouton : la ligne de conduite pro-survie dans les quatre dynamiques que lui dicte son analyseur après évaluation de ses expériences. Et le Clair reste donc en bonne santé physique et mentale, vu que les gens irresponsables ou malintentionnés n'ont aucune emprise sur lui.

Cependant, il serait complètement faux de dire que le Clair n'a pas d'émotions, qu'il raisonne froidement et qu'il est l'esclave consentant de ses propres raisonnements. Son analyseur fonctionne avec une telle rapidité et effectue tant de calculs en même temps (mais sans faire intervenir le « je », bien que le « je » puisse à tout moment examiner n'importe lequel de ces calculs) que son *inversion*, ou conscience aiguë de soi, est minime. *L'inversion* est l'état dans lequel se trouve une personne aberrée dont le malheureux analyseur se débat avec des impondérables impossibles et des données engrammiques du type : « Je dois le faire. Il faut absolument que je le fasse. Non, il vaut mieux que je change d'avis .»

Il y a un fossé énorme entre les facultés de raisonnement du Clair et celles de l'aberré. Mais il existe un domaine où le fossé qui les sépare est bien plus grand encore : le domaine de la force vitale. À l'évidence, les dynamiques ont une certaine force potentielle. Cette force se manifeste sous diverses formes : ténacité vitale (fait de s'accrocher à la vie), persistance dans l'effort, vigueur mentale et physique, aptitude à éprouver du plaisir. Il se peut que les dynamiques des cellules d'un homme ne soient pas plus fortes que celles des cellules d'un chat. Mais les dynamiques de cet homme pris dans son ensemble sont largement plus fortes que celles de n'importe quel animal. Pour une raison ou une autre, l'Homme est fondamentalement *plus vivant*, en ce sens que ses réactions sont plus variées. Quand je dis *plus vivant*, je veux dire que son impulsion consciente, émotionnelle à s'accrocher à la vie est plus forte que celle des autres formes de vie. S'il en était autrement, il ne règnerait pas en maître sur toutes les autres espèces vivantes. Quoi que soient capables de faire un requin ou un castor menacés d'extinction, ils ne pèsent pas lourd devant les dynamiques de l'Homme : le premier finit comme trophée ou sous forme de comprimés de vitamines et l'on retrouve le second ornant les épaules d'une dame.

Cette différence fondamentale vient de ce que l'Homme possède une caractéristique particulière. Les animaux se contentent de survivre dans leur environnement et cherchent à s'adapter à l'environnement. En revanche, cet animal extrêmement redoutable, ce dieu, l'Homme, a un point de vue légèrement différent. Les philosophies du passé avaient la fâcheuse tendance à répéter au pauvre aberré qu'il *devait* regarder la réalité en face. C'était le comportement optimal : faire face à la réalité. Sauf que ce n'est absolument pas le comportement optimal de l'être humain. Non seulement ces philosophies ont commis l'erreur fondamentale de croire que l'aberré *ne voulait pas affronter* son environnement, alors qu'en réalité il en était *incapable* à cause de ses engrammes, mais elles ont cru que le simple fait de regarder la réalité en face conduisait à la santé d'esprit. C'est possible, mais une chose est sûre : ce n'est pas en regardant la réalité en face que l'Homme a vaincu les éléments et les autres formes de vie. L'Homme a quelque chose de plus. Certains appellent ce quelque chose « imagination créatrice », d'autres l'appellent différemment, mais quel que soit le nom qu'on lui donne, il ressort que l'Homme ne se contente pas de « regarder la réalité en face » comme le font la plupart des autres formes de vie, *il oblige la réalité à lui faire face*. Ceux qui cherchent à répandre l'idée qu'il est « nécessaire d'affronter la réalité » ou ceux qui essayent de propager l'idée absurde que les « illusions de l'enfance » (encore une de ces expressions qui ne veulent rien dire) peuvent faire sombrer un être humain dans la folie, oublient de regarder la réalité en face : alors que le castor, depuis le début de son évolution, en est toujours à construire des barrages faits de boue et de brindilles, l'Homme, en moins d'un siècle, est passé des petits barrages de pierre et de bois, destinés à créer des mares de retenue pour les moulins à eau, à des constructions gigantesques comme le barrage de la Grande Coulée, dans l'État du Washington. L'Homme peut prendre cent kilomètres carrés de nature et en modifier totalement l'aspect. L'Homme change des déserts en terres cultivables et transforme des cours d'eau en électricité. Ce n'est peut-être pas aussi poétique que Rousseau l'aurait souhaité, ce n'est peut-être pas aussi séduisant que le voudraient certains « amoureux de la nature », mais c'est une nouvelle réalité. Il y a deux mille ans, les Chinois construisaient un mur qu'on aurait vu de la lune si elle avait été habitée. Il y a trois mille ans, l'Homme faisait de l'Afrique du Nord une contrée fertile et verdoyante. Il y a dix mille ans, il travaillait à quelque autre projet. Bref, depuis qu'il existe, l'Homme a toujours plus ou moins façonné les choses à sa convenance.

Il existe donc en l'Homme une qualité supplémentaire ou une qualité meilleure, tellement meilleure qu'elle donne l'impression d'être quelque chose à part.

Cette petite digression ne nous éloigne pas tant que cela de la thérapie. Car nous venons de parler de l'un des aspects de la force vitale. Quand l'individu « a de moins en moins de force vitale », c'est qu'il est en train de perdre quelques-unes de ses unités libres. Ce sont les unités libres de cette force vitale qui donnent à une société ou à un individu l'impulsion supplémentaire dont ils ont besoin pour dompter le désert, diviser un atome ou conquérir les étoiles.

Nous nous appuyons ici sur la théorie (et n'oubliez pas, ce n'est qu'une théorie et la Dianétique peut s'en passer) selon laquelle il y a tant d'unités de force par individu. Il est possible que ces unités soient détenues en commun par un groupe et que leur nombre augmente à mesure que l' « enthousiasme » s'accroît. Mais pour notre propos, considérons que l'Homme, en tant qu'individu ou société (tous deux sont des organismes) conserve à portée de la main un certain nombre d'unités dont il peut se servir à toute heure. Peut-être les fabrique-t-il en fonction de ses besoins ou peut-être en a-t-il un stock déterminé, mais là n'est pas la question. Ce qui nous intéresse, c'est qu'il a un « degré de vie » bien déterminé. C'est son potentiel dynamique, son potentiel de survie (voyez le graphique au début du livre).

Qu'advient-il de ce potentiel dynamique chez l'aberré ? Il a quantité d'engrammes dans son mental réactif. Nous savons que ces engrammes *peuvent* rester en sommeil pendant toute son existence sans jamais être réveillés. Et nous savons qu'ils peuvent être réveillés (le phénomène du key-in) et attendre que des restimulateurs dans l'environnement les fassent entrer en action. Nous savons également que l'Homme peut instantanément élever son niveau de nécessité et prendre le dessus sur les engrammes qui ont été réveillés. Et nous savons aussi qu'une activité extrêmement pro-survie peut procurer à l'Homme un plaisir tel, que ses engrammes restent en sommeil. De plus, ces engrammes, s'ils sont restimulés, peuvent cesser d'agir (le phénomène du key-out) et « se rendormir » en présence d'un changement radical d'environnement ou par suite d'un accroissement des chances de survie.

Mais, en règle générale, c'est le phénomène suivant qu'on peut observer : quelques engrammes font l'objet d'un key-in permanent et sont restimulés chroniquement par l'environnement de l'individu ; s'il change d'environnement, ces engrammes « se rendorment », mais de nouveaux engrammes finissent par être réveillés.

La plupart des aberrés sont dans un état de restimulation chronique et se retrouvent, en conséquence, très vite sur la spirale descendante.

Quel rapport avec la force vitale ? Eh bien, lorsqu'un engramme fait l'objet d'un key-in, il capture un certain nombre d'unités de force vitale. Et s'il se produit ensuite une restimulation soudaine et totale de cet engramme, celui-ci en capture beaucoup plus encore. Chaque restimulation dont est victime l'aberré entame un peu plus son capital de force vitale. Quand l'enthousiasme ou l'ardeur porte l'individu vers un but véritablement pro-survie (par opposition aux pseudo-buts contenus dans les engrammes), il récupère quelques-unes de ces unités. Mais le processus de la spirale descendante est irréversible et l'individu n'arrive pas à récupérer autant d'unités qu'il a perdues, sauf circonstances exceptionnelles.

Nous pouvons donc inclure, dans notre théorie de la force vitale, le fait que la banque des engrammes prélève et conserve un nombre toujours croissant d'unités libres de force vitale. Une fois emprisonnées, les unités sont transformées en unités faussement pro-survie et utilisées pour dicter au mental somatique et au mental analytique la conduite à suivre (comme dans le cas de l'individu hyper-euphorique ou sous l'emprise d'un manique). Les unités de force vitale enfermées dans la banque des engrammes ne peuvent plus se manifester librement, que ce soit au niveau des sentiments ou au niveau des actions ; pire, elles sont utilisées de l'intérieur contre l'individu.

Pour se rendre compte de ce phénomène, il suffit de l'observer à l'œuvre : plus un aberré est restimulé, moins il manifeste ses sentiments librement. S'il est coincé dans un manique (un engramme pro-survie contenant force compliments), c'est ce dernier qui canalise ses unités de force vitale, et son comportement, aussi euphorique ou enthousiaste soit-il, est en fait extrêmement aberré. Si une aussi grande quantité de sa force vitale peut être canalisée de la sorte, cela signifie qu'il disposera d'une force vitale plus grande encore, canalisée intelligemment, quand il sera Clair. (Nous l'avons fait.)

Nous avons démontré que les circuits-démons étaient des parasites qui utilisaient des bouts du mental analytique et employaient ses processus de raisonnement pour leur propre compte. Sous certains aspects, les engrammes ont également ce côté parasite. Disons que l'Homme possède, prenons un chiffre arbitraire, 1 000 unités de force vitale. Quand il est Clair, il est capable de les canaliser de façon à mener une existence faite d'accomplissements et d'enthousiasme. Quand il est sous l'emprise d'un manique, qui est un engramme pro-survie, la force vitale est canalisée par une injonction engrammique aberrée et l'individu se retrouve avec, disons, 500 unités d'impulsions soi-disant pro-survie.

Autrement dit, le courant vient de la même source d'alimentation : un engramme de ce genre est, dans le meilleur des cas, moins puissant que ne le serait l'ensemble de l'organisme une fois Clair. (Étant donné que les individus sous l'emprise d'un manique sont mégalomanes, certaines écoles de thérapie mentale, dont le sens de l'observation devait être défectueux, ont avancé l'idée particulièrement aberrée que l'aptitude à survivre était LA cause des maladies mentales. Rien de plus facile à réfuter : il suffit de prendre l'un de ces mégalomanes ou n'importe quel aberré et de l'amener à l'état de Clair).

L'engramme utilise le même courant, mais il l'altère, tout comme il utilise et s'approprie le mental analytique. Non seulement l'engramme n'a aucune vie propre, mais il épuise (c'est l'apanage des parasites) la force vitale de l'hôte. Son efficacité est nulle. Si l'on installait un dispositif tel que l'engramme dans un circuit électronique, il rendrait « fixes » certaines fonctions qui doivent absolument rester variables et vu la place qu'il prendrait, il consommerait une bonne partie du courant nécessaire au fonctionnement de l'appareil.

L'engramme d' « aide et assistance » le plus puissant est le manique. Il ordonne à l'organisme de se consacrer jusqu'à l'obsession à quelque activité hyperviolente, bref, de devenir monomaniaque[4]. Le « super vendeur », l'individu exagérément jovial et expansif et le bigot fanatique et « indestructible » sont sous les ordres d'un manique et peuvent être placés dans la catégorie des maniaques. La « puissance » extraordinaire de ces gens, même quand elle est aussi effrayante que celle d'un Torquemada[5] ou aussi destructrice que celle d'un Gengis khan, suscite l'admiration dans de nombreux cercles. Le manique (nous allons revenir dessus un peu plus loin) est un engramme qui contient une injonction « pro-survie d'aide et assistance » et qui fixe un but bien déterminé à l'individu que celui-ci *doit* atteindre. Mais un engramme ne peut avoir plus de « puissance » que n'en possède l'hôte, de même qu'il ne peut s'approprier plus de circuits analytiques qu'il n'en existe.

---

4. **Monomaniaque :** obsédé et « possédé » par une idée.
5. **Torquemada, Tomás de** (v. 1420 - 1498) : Moine dominicain espagnol qui organisa la Grande Inquisition.

Prenons un manique violent qui fonctionne à plein rendement et qui utilise 500 unités de force vitale. Disons que l'être tout entier dispose de 1 000 unités de force vitale (ces chiffres sont bien entendu arbitraires). Supposons maintenant que nous avons affaire à un personnage comme Alexandre le Grand[6]. En règle générale, les dynamiques du commun des mortels ne sont pas assistées par un manique ; elles se dispersent, un peu comme se disperserait un flux d'électrons devant un obstacle. Pensées et actions qui partent dans tous les sens, problèmes insolubles, buts non poursuivis, voilà ce qu'on peut observer chez l'aberré moyen. Sur les 1 000 unités à sa disposition, 950 sont peut-être emprisonnées dans la banque des engrammes, mais elles s'opposent à lui avec tellement de force qu'il ne lui reste que 50 unités libres utilisables. Pour en revenir à Alexandre, on peut supposer que le contenu de son manique devait à peu près coïncider avec ses buts fondamentaux. Le *but fondamental* est un régulateur extrêmement puissant. Et si le hasard fait que le contenu du manique concorde avec ce but, que va-t-il arriver dans le cas de quelqu'un comme Alexandre ? Eh bien, cet homme aux aptitudes remarquables, capable des plus grandes prouesses et doté de 500 unités qui lui viennent tout droit d'un manique croit qu'il est un dieu et part à la conquête du monde. Pendant toute la durée de son éducation, on lui répéta sans cesse qu'il était un dieu. Son manique aussi lui disait qu'il était un dieu et, de plus, renfermait un reteneur. Alexandre conquit le monde et mourut à trente-trois ans. Tant qu'il obéit à son manique, celui-ci ne l'attaqua pas. Mais dès qu'il s'avéra incapable d'obéir plus longtemps, son manique lui fit changer de valence, cessa d'être un manique pour redevenir un simple engramme et, par la douleur, le poussa à disperser ses efforts.

Il n'est pas difficile de deviner ce que devait contenir l'engramme qu'il avait reçu de sa mère, Olympias. Cet engramme lui disait sans doute qu'il serait un dieu joyeux qui conquerrait le monde, qu'il ne devrait jamais cesser de conquérir et qu'il devrait tout faire pour s'élever le plus possible au-dessus des hommes. Il s'agissait probablement de quelque chant rituel psalmodié par sa mère, qui était grande prêtresse de Lesbos et qui avait sans doute reçu un engramme peu avant le rite. Elle haïssait son mari, Philippe II de Macédoine. La solution, c'était un fils qui soumettrait le monde. Il est fort possible qu'Alexandre ait reçu cinquante, voire cent de

---

6.   **Alexandre le Grand** (356 - 323 av. J.-C.) : roi de Macédoine (ancien royaume dont les territoires correspondaient à la Grèce et à la Macédoine actuelles).

ces engrammes « d'aide et assistance » qui renfermaient les prières véhémentes d'une femme que ses aberrations avaient conduit à faire assassiner son mari. On peut donc supposer qu'Alexandre poursuivit ses conquêtes jusqu'au jour où les unités d'énergie qui le poussaient à conquérir lui firent défaut. L'engramme, n'étant plus obéi, se retourna contre lui et lui infligea la douleur qu'il renfermait. L'engramme lui commandait d'attaquer, afin de *conquérir*, et pour être sûr de se faire obéir, il pouvait employer la douleur. C'est ce qu'il fit : quand Alexandre ne fut plus capable de *conquérir*, la douleur l'attaqua. Et puis, un jour, il vit qu'il allait mourir. Dans la semaine qui suivit, il rendit son dernier soupir ; au faîte de son pouvoir. Voilà donc comment fonctionne, à très grande échelle, un manique.

Supposons maintenant qu'Alexandre ait été Clair, que son hostilité à l'égard de son père lui soit venue uniquement de son éducation et que son désir de conquérir le monde ait été alimenté par de simples prières et non par des engrammes. Eh bien, si on lui avait fourni une raison suffisante et rationnelle, il aurait sans doute été capable de conquérir le monde et il aurait probablement vécu jusqu'à quatre-vingts ans pour jouir du fruit de ses conquêtes. Qu'est-ce qui nous permet de l'affirmer ?

Débarrassé du manique de 500 unités qui le forçait à aller dans une direction donnée, disposant à présent de 1 000 unités libres qu'il peut employer *sciemment* pour atteindre un objectif donné, il est en fait deux fois plus puissant qu'il ne l'était lorsqu'il était sous l'emprise du manique. Et en admettant que son but fondamental soit similaire à celui que lui imposait son manique, il est désormais en mesure de le poursuivre, sans que ce but se retourne contre lui s'il l'atteint ou s'il échoue.

Cette théorie de la force vitale est basée sur plusieurs faits établis. Nous l'avons formulée pour tenter d'expliquer certains phénomènes que nous avons observés. Il se peut qu'elle soit fausse, mais les faits que nous avons observés sont tout ce qu'il y a d'exacts. Cependant, elle doit être assez proche de la vérité car elle nous a permis de découvrir quantité de phénomènes dont nous n'avions pas soupçonné l'existence. Bref, cette théorie a porté ses fruits. Elle est apparue bien après que la Dianétique eut été formulée. Tout a commencé le jour où nous constatâmes un fait étrange, un fait d'une importance capitale pour l'auditeur : *les progrès du préclair pendant la thérapie étaient directement proportionnels à la quantité de charge émotionnelle libérée de son mental réactif.*

Plus l'aberré avait de charge émotionnelle dans son mental réactif moins il était capable d'atteindre son but fondamental et moins il avait de persistance. Plus on libérait son mental réactif de la charge qui s'y était accumulée, plus l'aberré récupérait de son potentiel de survie. Plus on libérait son mental réactif de la charge qui s'y était accumulée, meilleure devenait sa santé.

Les engrammes qui contenaient le plus de charge étaient ceux qui avaient pour thème la perte de facteurs pro-survie, réels ou imaginaires.

Ce sont ces faits qui nous ont conduits à la théorie de la force vitale. Les aberrés qui possédaient un manique, qui en avaient été libérés et qui avaient finalement atteint l'état de Clair semblaient manifester beaucoup plus de puissance et d'énergie que lorsqu'ils étaient sous l'emprise de leur manique. Et les aberrés « normaux », une fois Clairs, se retrouvaient avec un stock d'unités libres de force vitale qui avait augmenté dans des proportions comparables.

Il ne fait aucun doute que des travaux et des observations plus poussés permettront d'améliorer cette théorie. Mais pour le moment, elle fait parfaitement l'affaire. C'est le genre de « théorie scientifique » que l'on « intercale » pour expliquer un processus ou une longue série d'observations. Il se trouve qu'elle coïncide parfaitement avec les principes fondamentaux de la Dianétique, en ce sens qu'elle conduit à de nouveaux faits et qu'elle ne vient pas infirmer les faits déjà découverts par les mathématiques et la philosophie de base de la Dianétique.

Nous parlons ici, non pas de *l'émotion*, concept peu explicite, mais de la force vitale. Selon notre théorie, la force vitale (le nombre arbitraire d'unités qui la composent) augmente quand l'individu réussit à atteindre ses buts et éprouve du plaisir. Autrement dit, le plaisir recharge la batterie ou, en tout cas, permet de la recharger. Et chez le Clair, le plaisir conduit à une recrudescence d'activité, et *non* pas à l'indolence, puisque cette dernière est due à des engrammes.

Le plaisir est un facteur d'une importance capitale. Les activités constructives et créatives, le franchissement d'obstacles envisageables qui empêchaient d'atteindre un but, les buts atteints considérés rétrospectivement, tous ces facteurs contribuent à recharger la force vitale. Par exemple, si un individu connaît une réussite sociale phénoménale, puis sombre dans la misère et tombe malade, ce n'est certainement pas sa raison qui le lui a commandé, mais une injonction engrammique. Il a désobéi à une injonction engrammique, laquelle l'a puni en lui infligeant de la douleur. L' « enfant prodige » qui s'est « éteint » très vite récupère toute sa flamme une fois qu'il est Clair. La plupart des « enfants prodiges » ont été contraints. Il n'est pas difficile d'imaginer les rêves que maman a dû injecter dans les engrammes de l'enfant. La mère se cogne : « Oh ! Je ne me le pardonnerai jamais ! Si j'ai détruit l'enfant, jamais je ne me le pardonnerai ! Mon enfant adoré qui va devenir le plus grand violoniste du monde ! » Ou encore : « Espèce de brute ! Tu m'as frappée ! Tu as blessé notre enfant. Je vais t'apprendre, moi. J'en ferai le plus jeune et le plus grand pianiste de Brooklyn[7] ! Ce sera un enfant merveilleux, un prodige. Et tout ce que tu trouves à faire, c'est de le frapper, espèce de sale brute ! Je ne bougerai pas d'ici tant que tu n'auras pas quitté les lieux ! » (Ces engrammes sont authentiques.) L'individu qui a reçu le deuxième de ces engrammes tient le raisonnement suivant : pour se venger de papa, la seule solution, c'est de devenir le plus grand pianiste de Brooklyn. Il devient un enfant prodige et vole de succès en succès. Il a une oreille musicale parfaite, une technique époustouflante et « il » en veut. Sa mère restimule constamment l'engramme. Et puis un jour, il ne remporte pas un concours. Il se rend compte brusquement qu'il n'est plus un enfant et qu'il a échoué. Son intention de réussir en prend un coup. Il a des maux de tête (les coups de papa) et sombre peu à peu dans la « névrose ». Il est « fini ». Lorsque cet individu atteignit l'état de Clair, il se remit au piano, mais sans être « aiguillonné », et il devint l'un des pianistes les mieux payés de Hollywood. Musique et but fondamental concordaient.

Voici un autre exemple authentique de manique. Le patient recevait la thérapie de Dianétique depuis un certain temps, lorsqu'un jour il se mit à raconter à qui voulait l'entendre (et il était très loin d'être le premier à se comporter de la sorte) que la Dianétique l'avait « complètement transformé ». Il effleurait à peine le sol en marchant, poitrine bombée, tête redressée, etc. Du jour au lendemain, sa vue s'était améliorée au point qu'il pouvait se passer de lunettes. Il était sous l'emprise d'une euphorie puissante et joyeuse. Un de ses engrammes, un manique, avait été artificiellement restimulé. C'était la première fois de sa vie que ce manique avait été réveillé. Le patient se sentait dans une forme phénoménale. L'auditeur savait que le patient allait « redescendre » complètement au bout de deux ou trois jours (c'est le temps qu'il faut habituellement), car l'engramme avait été restimulé artificiellement (contacté) par le biais de la thérapie. Il ressortit de l'engramme que sa grand-mère avait dit à sa mère qu'elle ne devait pas avorter parce que l'enfant deviendrait peut-être « un homme droit et honnête ou une femme magnifique ». Pour être droit, le patient était droit : les muscles de son dos étaient à la limite du

7. **Brooklyn :** District résidentiel de New York.

« Le plaisir est un facteur d'une importance capitale. Les activités constructives et créatives, le franchissement d'obstacles envisageables qui empêchaient d'atteindre un but, les buts atteints considérés rétrospectivement, tous ces facteurs contribuent à recharger la force vitale. »

point de rupture. Ce manique fut reparcouru une fois encore et cessa définitivement d'agir sur le patient.

On peut donc considérer qu'un manique, comme dans le cas de l'enfant prodige, rassemble la force vitale disponible et la concentre sur un objectif similaire au but fondamental de l'individu. Lorsque le pianiste de l'exemple ci-dessus atteignit l'état de Clair, sa force vitale était devenue très largement supérieure à la force du manique. Quant à l'individu de notre deuxième exemple, sa thérapie se poursuit en ce moment même ; il dispose déjà d'une force vitale quasiment égale à celle de son ex-manique et l'augmentera considérablement.

De même, tout enthousiasme pour un projet canalisera la force vitale, la concentrant sur l'objectif à atteindre, et l'individu, sous l'effet de la nécessité, dérobera à ses engrammes l'énergie supplémentaire dont il a besoin pour mener son projet à bien.

Venons-en maintenant au cœur du problème : l'engramme pro-survie. Comme tous les engrammes d' « aide et assistance », il est faussement pro-survie. C'est un mirage. Un mirage fugace qui cède la place au sable brûlant.

Nous avons surtout parlé des engrammes anti-survie. Ces derniers se mettent en travers des dynamiques et du but fondamental de l'individu*.

Quel effet l'engramme anti-survie a-t-il sur les dynamiques ? Eh bien, imaginez un énorme amas de troncs d'arbres barrant une rivière. L'engramme anti-survie bloque plus ou moins les dynamiques. Tout blocage de l'une des quatre dynamiques provoque une dispersion de cette dynamique. La dynamique ne diminue pas

---

*Il se trouve qu'il existe chez tout individu une caractéristique dynamique très spéciale, une sorte de dynamique personnelle inhérente. Des expériences ont montré que l'individu connaît son but fondamental avant d'avoir atteint l'âge de deux ans. Le talent, la personnalité intrinsèque et l'objectif fondamental sont inséparables et forment un tout. Il semblerait qu'ils fassent partie du schéma génétique. Par le biais de la Dianétique, n'importe qui peut retourner à l'âge de deux ans afin de voir quel but il s'était fixé pour la vie. Il ramènera à la surface l'objectif exact qu'il désire poursuivre dans l'existence. (Un examen des activités auxquelles se livrent les enfants de deux ans a confirmé ce fait.) On constatera que tous les succès que l'individu a connus par la suite étaient liés à la poursuite de ce but fondamental. Sur quinze personnes examinées, toutes avaient conçu leur but fondamental avant l'âge de deux ans et toutes commencèrent à le poursuivre dès qu'elles eurent atteint l'état de Clair. LRH

particulièrement, mais elle se disperse à droite et à gauche, comme le ferait la rivière : comme son courant naturel se heurte à un obstacle, elle se scinde en cinq cours d'eau qui empruntent différentes directions ou bien elle inonde un riche pâturage qu'elle aurait dû simplement irriguer.

L'engramme pro-survie prétend aider la dynamique dans sa progression (mais il fait tout sauf l'aider). Il fait croire qu'il *est* la dynamique. Pour reprendre la comparaison avec la rivière, l'engramme pro-survie serait un canal qui aspirerait la rivière et la détournerait dans quelque direction non souhaitée. L'engramme pro-survie n'est pas un manique, mais contient parfois des injonctions « maniques ».

L'engramme anti-survie dit : « Il ne vaut pas un clou. Qu'il aille au diable. Tuons-le. »

L'engramme pro-survie dit : « Je suis en train de le sauver. » S'il ajoute : « C'est un amour et il s'y prend comme un dieu avec les femmes », c'est un engramme pro-survie *mâtiné* d'un manique.

Jetons un coup d'œil au graphique de la dynamique de survie et du réducteur de survie. L'engramme anti-survie ferait partie du réducteur (il serait un élément aberré du réducteur) et l'engramme pro-survie ferait partie de la dynamique (il serait un élément aberré de la dynamique).

Ni l'un ni l'autre ne sont une entité consciente et logique.

L'engramme (par exemple, une crise de délire due à une maladie) qui dit : « Je resterai avec toi tant que tu seras malade, mon chéri » semble faire partie de la dynamique de survie (mais n'est en fait qu'un simulacre de survie). Cependant, le mental réactif n'a aucun sens du temps quand il est restimulé ; et quand l'engramme est réveillé (keyed-in) et constamment restimulé par quelque élément tel qu'une odeur ou une voix (qui n'appartient pas forcément à la personne présente dans l'engramme), il ordonne à l'individu de contracter exactement le même mal que celui dont il souffrait au moment de la réception de l'engramme. Notre brave petit crétin de mental réactif tient le « raisonnement pro-survie » suivant : « Quelqu'un s'occupait de moi quand j'étais malade. J'ai besoin que quelqu'un s'occupe de moi. Il faut que je tombe malade. » Tous les engrammes de compassion sont basés sur ce principe. Et ce sont ces mêmes engrammes de compassion qui sont responsables des maladies psychosomatiques chroniques. Bien entendu, leur contenu varie considérablement, mais tous disent à l'individu qu'il doit tomber malade s'il veut survivre.

L'engramme de type réducteur de survie, toujours anti-survie, est restimulé de la même façon que l'engramme pro-survie. Un engramme est un engramme. Tous les engrammes fonctionnent selon le même mécanisme. Du fait que le mental analytique est incapable de situer l'engramme dans le temps, l'engramme peut sembler omniprésent. Le temps peut « guérir » les maux contenus dans le mental analytique (peut-être), mais pas ceux contenus dans le mental réactif, puisque ce dernier ne comporte pas de temps. Le temps n'est donc pas le médecin de tous les maux. Ce serait plutôt un charlatan. Les données de l'engramme anti-survie sont mensongères. Par exemple, quand l'individu voit un papillon, l'engramme anti-survie lui dit qu'il est dangereux. Résultat : l'individu se met à détester le printemps, car c'est l'époque de l'année où il voit des papillons. Ou bien il a un engramme anti-survie qui lui dit : « Vous êtes tous contre moi. Vous vous opposez à tout ce que je fais. » En fait, il s'agissait de maman qui s'emportait contre son mari et sa belle-mère. Et cet engramme contient un autre concept : le bruit d'une machiné à coudre. Un jour (entre temps, il s'est produit un key-in de cet engramme), l'individu entend une machine à coudre à un moment où il est très las et diminué, se tourne vers la machine et aperçoit sa femme (il ne se souvient jamais du son d'origine : ces engrammes ont un mécanisme d'autoprotection). Sa femme est le *restimulateur par association*. Le mental analytique, brusquement sur ses gardes et ayant flairé un danger, décide que le danger vient d'elle. L'homme regarde alors autour de lui, trouve quelque chose qui le met en colère (quelque chose de quasi « rationnel ») et dit à sa femme qu'elle est contre lui. Si cet engramme a un ton émotionnel très bas (l'apathie, par exemple), l'homme se met à pleurer et gémir qu'elle est contre lui. Ou bien disons qu'à la naissance, pendant le moment d' « inconscience » de l'individu, le docteur a dit qu'il allait devoir lui donner des claques sur les fesses. Chaque fois qu'il reçoit une fessée durant son enfance, il hurle et a mal à la tête. Et lorsqu'il atteint l'âge adulte, il donne des fessées à ses enfants.

Il y a donc une différence entre les engrammes pro-survie (surtout s'il s'agit d'engrammes contenant une forte compassion) et les engrammes anti-survie. Et cette différence présente un intérêt considérable pour l'auditeur, même s'il nous a fallu pas mal de temps pour y venir dans ce chapitre.

Chaque fois que les préclairs se montrent vraiment récalcitrants durant la thérapie, c'est à cause des engrammes de compassion pro-survie. Ces engrammes donnent lieu à des raisonnements extrêmement étranges. Ils disent au patient qu'il ferait mieux de ne pas « s'en débarrasser ». Résultat : celui-ci se bat comme un beau diable pour conserver ses engrammes. Ce genre d'engramme est très courant. On rencontre fréquemment l'incident suivant : maman repousse papa, car celui-ci lui serine qu'il est hors de question d'avoir un enfant, vu son salaire. Pendant la lutte, l'enfant est blessé et sombre dans l' « inconscience ». Il a donc un engramme pro-survie : maman refuse de s'en débarrasser, maman est pour bébé, aussi bébé (devenu adulte) a intérêt à faire ce que maman a dit, c'est-à-dire à « ne pas s'en débarrasser ». Cela concorde parfaitement avec le but premier, le but fondamental : survivre. S'il se débarrasse de ses engrammes, il va mourir, car maman a dit que si elle s'en débarrassait, elle en mourrait. Et peut-être que maman, durant l'enfance du patient, avait la sale habitude de lui dire, quand il tombait malade : « Je m'occuperai de toi, mon bébé. Je te protégerai de ton père. » Voilà qui donne une force nouvelle au « raisonnement » original.

Ce qui nous amène à la *computation de l'allié*. C'est l'ennemi numéro un de l'auditeur, celui qui lui opposera le plus de résistance et qui lui glissera le plus souvent entre les doigts. Car la *computation de l'allié* se situe tout près du noyau de l'être.

La *computation de l'allié* fait tellement de dégâts qu'un auditeur a dit un jour que l'homme était non pas assassiné par ses ennemis, mais par ses amis. Engrammiquement parlant, c'est tout ce qu'il y a de plus vrai.

Les aberrations et les maladies psychosomatiques auxquelles le patient s'accrochera désespérément sont celles qui lui viennent d'un engramme pro-survie renfermant une *computation de l'allié*. C'est un point capital, vital, sur lequel je ne saurais assez insister. C'est la première chose à laquelle l'auditeur se heurtera lorsqu'il commencera à auditer le patient. C'est la première chose qu'il devra décharger s'il veut que la thérapie progresse rapidement. Peut-être devra-t-il au préalable contacter et réduire de nombreux engrammes anti-survie (et ils se présenteront promptement quand on les appellera) avant de savoir en quoi consiste la computation de l'allié du patient. Mais dès qu'il la contactera, il aura tout intérêt à la décharger de toute l'émotion qu'elle contient, autrement le cas stagnera.

La computation de l'allié est un raisonnement imbécile du mental réactif selon lequel la survie de l'individu dépend directement de grand-maman, de tante Hélène ou de quelque servante morte il y a trente ans. Les alliés d'un individu, ce sont les gens qui le veillaient quand il était malade ; ce sont les gens qui suppliaient maman de ne pas avorter ; ce sont les gens qui l'ont nourri ou qui ont empêché qu'on lui fasse du mal.

Le mental réactif fonctionne selon une logique bivalente. Les choses sont soit synonymes de vie, soit synonymes de mort. Elles sont soit bonnes, soit mauvaises. Tout dépend de ce que dit l'engramme. Les protagonistes d'un engramme sont soit des amis, soit des ennemis. Les amis, les alliés sont synonymes de vie ! Les ennemis sont synonymes de mort ! Il n'y a pas de juste milieu. Le restimulateur ou le restimulateur par association d'un engramme pro-survie est synonyme de vie ! Le restimulateur ou le restimulateur par association d'un engramme anti-survie est synonyme de mort !

L'auditeur peut, bien entendu, être un restimulateur puissant (si le patient voit en lui son père, un amant de sa mère avant sa naissance, etc., etc.), mais il est toujours un restimulateur *par association* ; il est la personne qui veut priver le patient de son trésor le plus précieux : les engrammes pro-survie. Les engrammes anti-survie viennent contrebalancer cela ; de plus, le mental analytique du préclair est, bien sûr, toujours *pour* l'auditeur et la thérapie.

Les ennuis commencent quand l'auditeur cherche la computation de l'allié alors que le mental analytique a été mis hors service par la restimulation. Le mental réactif du préclair ne cesse alors de biaiser et de s'esquiver.

Cependant, il n'est pas difficile de mettre la main sur une computation de l'allié. Il *faut* la localiser, car il arrive souvent que l'essentiel de la charge émotionnelle du préclair y soit emmagasiné. Il est impossible de décharger complètement la computation de l'allié avant qu'on n'ait atteint le basique-basique. Mais il faut absolument redonner au préclair un maximum de force vitale, si l'on veut qu'il progresse vite et bien.

Car la computation de l'allié a pour effet principal d'emprisonner la force vitale de l'individu. *L'émotion libre* y est retenue prisonnière, alors que la libre expression des sentiments est le pouls même de la vie. Ce sont les computations de l'allié qui plongent un individu dans l'apathie. Face à un ennemi, un individu quasiment mourant essaiera de rassembler ses dernières forces pour continuer de se battre. Mais ne lui demandez pas de combattre ses amis, il en est incapable. Une version déformée de la loi de l'affinité a pénétré dans le mental réactif. Et bien qu'elle ne soit rien d'autre qu'un amas de déraison, elle continue de fonctionner. Car c'est une bonne loi. Trop bonne même, surtout quand l'auditeur essaie de trouver et de réduire les engrammes qui font souffrir le patient

« Ce qui nous amène à la computation de l'allié. C'est l'ennemi numéro un de l'auditeur, celui qui lui opposera le plus de résistance et qui lui glissera le plus souvent entre les doigts. Car la computation de l'allié se situe tout près du noyau de l'être. »

d'une arthrite chronique ou d'un ulcère de l'estomac. Pourquoi ne parvient-il pas à « se débarrasser » de son arthrite ? Maman a dit, quand elle vivait à la campagne et qu'elle a gracieusement trébuché sur un cochon : « Oh ! je n'arrive pas à me relever ! Oh ! mon pauvre, mon pauvre bébé ! Mon pauvre bébé ! J'espère que je n'ai pas blessé mon pauvre petit bébé. J'espère qu'il est toujours en vie ! Je t'en supplie, mon Dieu, laisse-le vivre. Je t'en supplie, Seigneur, permets-moi de garder mon bébé ! Je t'en supplie ! » Malheureusement, le dieu à qui elle a adressé ses prières était le mental réactif, qui a la particularité de raisonner en se servant de l'équation imbécile A = A = A. Un reteneur, une prière pour que l'enfant reste en vie, la colonne vertébrale du bébé gravement endommagée, la compassion de maman, le cochon qui grogne, une prière adressée à Dieu, toutes ces choses sont égales pour le mental réactif, ce qui vaut au patient de souffrir d'une très belle arthrite, laquelle a empiré depuis qu'il a cherché à « survivre » en épousant une femme dont les intonations de voix sont semblables à celles qu'avait maman lorsqu'il était dans son ventre. Donc, quand vous lui demandez de se débarrasser de son arthrite, le mental réactif dit : « NON ! » Car arthrite = cochon qui grogne = prière adressée à Dieu = compassion de la mère = être pauvre = voix de maman ; toutes ces choses sont précieuses. Notre homme s'est arrangé pour rester pauvre, il a consciencieusement entretenu son arthrite et il a épousé une femme à côté de laquelle une prostituée ressemble à une petite sœur des pauvres. C'est beau la survie quand le mental réactif est aux commandes ! Quant au patient qui souffre d'un ulcère, sa mère l'a troué comme une passoire quand il était bébé. Maman a beaucoup de mal à avorter (elle veut faire croire à une fausse couche) et se sert de tout un assortiment d'instruments ménagers qu'elle introduit dans le col de l'utérus pour essayer de parvenir à ses fins. Quelques-uns de ces instruments transpercent l'abdomen et l'estomac du bébé. Il y survit car il est entouré de protéine et a largement de quoi subsister et aussi parce que l'amnios est un peu comme une chambre à air increvable qui obturerait au fur et à mesure les trous qui y sont percés. (La nature s'est montrée très astucieuse pour ce qui est de prévenir les tentatives d'avortement.) Maman ne parle pas toute seule lorsqu'elle se livre à ces tentatives d'avortement. Mais celles-ci sont bien entendu des dramatisations. Dans l'un de ces engrammes, une conversation est enregistrée. Le hasard veut que grand-mère habite à côté. Un jour, elle débarque sans prévenir. Maman vient juste de se livrer à une nouvelle tentative pour faire passer bébé de vie à trépas. Dans sa jeunesse, grand-mère s'est sans doute rendu coupable, elle aussi, de tentatives d'avortement, mais elle est vieille à présent et elle ne badine plus avec la morale, sans compter qu'elle ne peut plus souffrir de nausées matinales pour cause de grossesse. Bref, elle peut se permettre de dire ses quatre vérités à sa fille quand elle aperçoit la branche d'oranger ensanglantée dans la salle de bain. Bébé est toujours « inconscient ». Grand-mère morigène maman : « Qu'une de mes filles puisse faire quelque chose d'aussi épouvantable !... (C'est la fameuse rengaine « ne fais pas comme moi, fais ce que je te dis », car à votre avis de qui maman tient-elle cette dramatisation ?) Monstre ! Tu mérites le châtiment de Dieu. Tu mérites d'être traînée dans la rue et montrée du doigt. Ton bébé a parfaitement le droit de vivre. Si tu te sens incapable de prendre soin de lui, *moi*, j'en prendrai soin. Tu vas gentiment aller jusqu'au bout de ta grossesse, Éloïse, et si tu ne veux pas du bébé quand il naîtra, tu me l'apportes ! Mais qu'est-ce qui t'a pris de faire du mal à cette pauvre petite chose ! » Quand notre patient naît quelques mois après, grand-mère est là. Il est en sécurité. Grand-mère est l'allié. (Et elle peut devenir un allié de mille et une autres façons ; il suffit simplement qu'elle témoigne de la compassion pour le bébé pendant qu'il est dans le cirage et qu'elle le protège contre maman quand il est « inconscient ».) Pendant son enfance, notre patient s'attache de plus en plus à grand-mère, au grand étonnement des parents (car ils ne lui ont jamais rien fait, au petit Roger ; pas *eux*). Et le jour où grand-mère meurt, Roger contracte un ulcère pour la faire revenir.

« Tout ami doit être retenu par un lien indestructible. » Ainsi parle cet immense génie, le mental réactif, même si cela doit tuer l'organisme.

La computation de l'allié n'est pas uniquement un calcul idiot selon lequel tout ami restera un ami si l'on reproduit approximativement les circonstances qui ont été à l'origine de l'amitié. C'est un peu plus compliqué que cela. C'est un calcul basé sur le principe suivant : la seule façon d'être en sécurité, c'est de se trouver à proximité de certaines personnes, et la seule façon d'avoir ces personnes à proximité, c'est de tomber malade, de devenir fou ou de sombrer dans la misère, bref c'est d'être incapable de fonctionner.

Montrez à un auditeur un enfant que les punitions plongent dans la terreur, qui ne se sent pas à l'aise à la maison, qui a des alliés qu'il considère plus importants que ses parents (grands-parents, tantes, internes, docteurs, infirmières, etc.) et qui est maladif, et l'auditeur dénichera généralement une tentative d'avortement dans son passé. Montrez à un auditeur un enfant qui éprouve beaucoup d'affection pour un parent et une grande aversion pour l'autre, et l'auditeur trouvera dans son passé un incident où l'un des parents voulait se débarrasser de l'enfant ou lui faire du mal, tandis que l'autre s'y opposait.

La computation de l'allié est donc un phénomène extrêmement important, et très bien caché. L'auditeur doit souvent livrer un combat acharné pour mettre la main sur les véritables alliés d'un préclair. Il arrive que le patient ait eu neuf ou dix alliés et qu'il ait essayé désespérément de les garder. Constatant qu'il n'y parviendrait pas, il a alors cherché dans son entourage des amis qui leur ressemblaient. Par exemple, l'épouse en présence de laquelle monsieur X est continuellement malade, mais qu'il ne veut quitter sous aucun prétexte, est généralement un pseudo-allié. Autrement dit, elle possède certaines caractéristiques de l'allié original, elle a une voix similaire ou le même prénom. Quant à monsieur Y, s'il refuse de quitter un travail qui pourtant ne lui permet pas d'exploiter toutes ses aptitudes, c'est parce que son patron est un pseudo-allié. De plus, il possédait un allié qui exerçait un emploi similaire et il s'est mis à incarner son personnage.

L'auditeur éprouvera naturellement certaines difficultés avec un phénomène aussi puissant, capable de gâcher la vie d'une personne. Lorsqu'il demandera à cette dernière de se débarrasser de sa computation de l'allié, elle refusera de coopérer et de livrer le moindre indice. C'est pratiquement comme si on lui demandait de cracher à la figure d'un allié.

Voici comment on pourrait définir les engrammes pro-survie contenant une computation de l'allié : il s'agit d'engrammes renfermant des personnages qui ont défendu la vie du patient à un moment où il considérait son existence comme menacée. Il se peut aussi qu'elle n'ait pas vraiment été défendue mais que le contenu de l'engramme semble l'indiquer. Mais nous pouvons affirmer en toute tranquillité que les computations de l'allié les plus nuisibles sont celles où un allié a défendu l'existence du patient contre des ennemis. La plupart des computations de l'allié ont leur racine dans la zone prénatale.

La première chose qu'on doit chercher (et trouver) chez un cas, c'est une computation de l'allié, et il faudra chercher les autres tout au long de la thérapie.

Les engrammes pro-survie de compassion (renfermant une computation de l'allié) ne diffèrent des simples engrammes pro-survie que par leur intensité. Le simple engramme pro-survie est bien entendu néfaste, mais un peu moins puissant. Il est néfaste en ce sens que quelqu'un a témoigné de l'amitié pour le patient ou une autre personne pendant que le patient était « inconscient ». Ce genre d'engramme est difficile à dénicher et à décharger, même quand il renferme un malentendu, c'est-à-dire quand les paroles et les actions pro-survie contenues dans l'engramme s'adressaient non pas au patient, mais à une autre personne. Si le patient est « inconscient » et que quelqu'un, parlant d'une personne qui n'a rien à voir avec le patient, dit : « C'est un brave type », le mental réactif, avec l'égocentrisme qui le caractérise, va immédiatement prendre cette phrase pour lui. Dans les engrammes pro-survie de compassion (qui sont les seuls engrammes à renfermer des computations de l'allié), il y a eu protection du patient contre un danger, grâce à l'intervention d'un allié. Il peut s'agir d'un incident extrêmement dramatique où quelqu'un était sur le point de tuer le patient et où l'allié, tel un héros de film, est arrivé à la dernière seconde pour lui sauver la vie. Ou bien il peut s'agir d'un incident où le patient allait se noyer ou être renversé par une voiture et où il a été sauvé (ou croit qu'on l'a sauvé). L'engramme pro-survie de compassion ne vaut que par son contenu verbal ; les actions qu'il renferme ne sont pas analysées. Autrement dit, tout ce qui compte pour l'individu, ce sont les mots prononcés. Nous avons découvert des engrammes où le patient était sur le point d'être assassiné. Pourtant il était persuadé qu'on essayait de lui sauver la vie, ayant uniquement tenu compte du contenu verbal. Parmi ce type d'incidents, on trouve ce que les auditeurs appellent « la tentative d'avortement concertée », où le père et la mère se livrent ensemble à une tentative d'avortement. La mère est tout ce qu'il y a de consentante et elle est prête à subir « l'opération ». Et puis, brusquement, prise de panique, elle se met à hurler qu' « il ne faut pas toucher à son précieux bébé », mais c'est juste pour éviter d'être blessée. Les patients qui ont ce genre d'engramme pro-survie de compassion se posent pas mal de questions à propos de leur mère.

Les engrammes pro-survie de compassion sont insidieux sous bien des aspects : 1) ils vont dans le sens de la dynamique de survie (au sens propre du mot survie) ; par conséquent, ils concordent avec le but fondamental de l'individu ; 2) ce sont pour ainsi dire des kystes, leur enveloppe externe étant formée par les engrammes anti-survie ; 3) ils affectent très gravement la santé de l'individu et sont à la base de chaque maladie psychosomatique dont il souffre ; 4) ils poussent le mental réactif (mais pas le mental analytique) à combattre la thérapie ; 5) ce sont eux qui drainent le plus d'unités de force vitale.

En ce qui concerne le point 3), l'engramme pro-survie de compassion fait plus que perpétuer la blessure qui va devenir la maladie psychosomatique. Un engramme, quel qu'il soit, est un ensemble de données qui se compose non seulement de ce que les sens ont enregistré et des paroles qui ont été prononcées, mais aussi des émotions et de l'état physique de l'individu. Son état physique était sans doute très loin d'être brillant. Mais il y a plus : l'engramme pro-survie de compassion dit que *l'organisme* était à tel ou tel stade au moment où l'engramme a été reçu. Prenons l'engramme pro-survie de compassion qui a été reçu quand l'individu était à l'état d'embryon. Eh bien, lorsque le mental réactif fait entrer l'engramme en action, il peut forcer le corps à revenir au stade où il était au moment de la réception de l'engramme. Croissance freinée, dos courbé comme celui d'un embryon, peau semblable à celle d'un embryon, voilà quelques-uns des phénomènes qui résultent parfois de la restimulation de ce genre d'engramme. Les glandes peuvent, elles aussi, être touchées : gonades ou thyroïde insuffisamment développées, membres atrophiés, tout cela est dû très souvent à des engrammes pro-survie de compassion. C'est durant la thérapie que la chose est vraiment flagrante : en effet, quand le préclair a effacé quelques-uns de ces engrammes, et bien avant qu'il ait atteint l'état de Clair, le processus de croissance se remet en marche, en reprenant là où il s'était arrêté, et suit à nouveau le plan génétique original. Les changements physiques qui s'opèrent chez le patient sont parfois si marqués et si remarquables qu'ils surprennent beaucoup plus que la disparition de maladies psychosomatiques comme l'ulcère, les ennuis cardiaques, l'arthrite, les allergies et ainsi de suite.

On pourrait croire qu'aucune thérapie ne serait en mesure de venir à bout de quelque chose qui est capable d'altérer le schéma génétique et de stopper la croissance du corps ou de lui faire poursuivre sa croissance outre raison. Ce n'est vrai que dans un sens très limité. Une fois que l'on sait quel est l'ennemi qui détruit le patient, on peut trouver le moyen de le vaincre. Et l'engramme pro-survie, contrairement à l'engramme anti-survie, a un talon d'Achille.

La Dianétique dispose à présent d'une solution efficace. Elle est basée sur le principe de la force vitale. Il s'agit tout simplement d'une technique qui remet en circulation les unités de force vitale emprisonnées. Selon notre théorie, déjà mentionnée plus haut, l'engramme pro-survie emprisonne un certain nombre d'unités de force vitale ; dès qu'on libère ces unités, l'engramme n'est plus.

Lorsque l'auditeur commence la thérapie d'un patient souffrant d'une maladie psychosomatique chronique (et quel patient n'en a pas au moins une, ne serait-ce qu'une crise occasionnelle de hoquet ou d'éternuements), il part à la recherche de la cause de cette maladie en employant une technique, toujours la même (décrite plus loin), qui lui permettra de voir si le patient est capable de lui fournir des données très anciennes concernant cette maladie, si son sonique fonctionne bien, s'il arrive à contacter son enfance, et ainsi de suite. Une fois qu'il a terminé ce travail d'enquête, il se livre à une étude du cas. Pendant son enfance, le patient était-il heureux avec le père et la mère ? S'il ne l'était pas, où était-il le plus heureux ? (C'est là que se trouvent les alliés.) La mère ou le père exerçaient-ils une puissante influence sur l'enfant, au point de modeler ses pensées ? Voilà encore un allié possible, même s'il ne vaut pas grand-chose. Le patient avait-il des grands-parents ou d'autres proches ? Quels sentiments éprouvait-il pour eux ? Toutes ces données seront plus ou moins occultées, ou déformées par les circuits-démons, et l'auditeur ne pourra pas y ajouter foi. Pas plus qu'il ne pourra ajouter foi aux données que le patient va inévitablement essayer de recueillir auprès de parents ou de proches « évasifs » qui non seulement ignorent ce qui lui est arrivé, mais qui, en plus, ne tiennent absolument pas à ce qu'il découvre certaines choses.

Qu'est-il *réellement* arrivé ? Si possible, empêchez le préclair d'interroger ses parents ou ses proches. Car ce sont des restimulateurs hyperpuissants et ils ne fournissent jamais le moindre renseignement utile. Le patient essaie simplement de les utiliser comme circuits de dérivation pour éviter les désagréments du rappel. Lorsqu'il aura terminé la thérapie, il n'éprouvera plus le besoin d'aller les harceler. Si vous voulez vérifier tout cela par vous-même, demandez à l'un des proches s'il a envie d'auditer le patient.

L'auditeur a maintenant une vague idée de l'identité des alliés. Et c'est ici qu'entre en jeu le talon d'Achille de la computation de l'allié.

Toute computation de l'allié peut comporter *la perte de l'allié*. Et *la perte de l'allié* peut être le détonateur qui va déclencher la réaction en chaîne. Car ce que nous essayons de faire, c'est d'affaiblir le mental réactif en lui soustrayant le plus possible d'unités de force vitale. Chaque fois que nous libérons des unités de force vitale de la banque des engrammes, nous renforçons l'aptitude du patient à vivre et nous aidons le mental analytique à pénétrer dans le mental réactif. La libération de ces unités emprisonnées constitue, par conséquent, une part essentielle de la thérapie ; et l'amélioration de l'état du patient sera proportionnelle au nombre d'unités déchargées.

Considérez ces unités de force vitale comme de l'énergie libre. Un engramme, après les avoir capturées, peut revêtir les caractéristiques de la force vitale. Il devient alors une entité (il n'y a que dans ce cas qu'il devient une entité). Les circuits-démons, les murs de valences (qui compartimentent l'analyseur, pour ainsi dire, et qui sont responsables des états multivalents) et l'engramme lui-même tirent leur force et leur puissance des unités de vie qu'ils se sont appropriées.

La tâche de l'auditeur consiste en premier lieu à libérer ces unités de force vitale et en second lieu à décharger la douleur contenue dans les engrammes. Mettre le préclair à l'aise ne fait pas partie de sa tâche, ce qui ne veut pas dire que le préclair doit être mal à l'aise. En fait, ces deux aspects de la thérapie se rejoignent : dans les deux cas, il s'agit de décharger des engrammes. Ces engrammes se présentent sous deux formes : il y a ceux qui renferment de l'émotion douloureuse (qui est de la force vitale emprisonnée) et ceux qui contiennent de la douleur physique (maladie, blessure, etc.).

L'objectif principal, dès que le patient a commencé la thérapie, c'est de le faire retourner en arrière le plus loin possible et de contacter le plus vite possible le basique-basique. Si le patient ne parvient pas à retourner immédiatement jusqu'au basique-basique (l'auditeur doit toujours tenter le coup), on décharge d'abord son mental réactif des computations de l'allié afin de libérer les unités de force vitale retenues prisonnières par l'émotion douloureuse.

En résumé, la thérapie a un seul et unique objectif : trouver le tout premier engramme et l'effacer, puis effacer tous les autres engrammes afin de les rendre introuvables. (Ils sont reclassés dans les banques mnémoniques standard, mais il faut être un génie pour les dénicher. Cela prend des heures et des heures. Voilà pourquoi l'auditeur les considère comme « effacés » : ce ne sont plus des engrammes, mais de simples expériences vécues.) Et l'auditeur n'a qu'une mission, une seule : trouver les engrammes les plus anciens possibles et les effacer. Je ne saurais assez insister sur ce point.

Pour y parvenir, il emploie les arts et les techniques de Dianétique. Toute technique, *quelle qu'elle soit*, permettant d'effacer les
engrammes et de les reclasser comme du simple vécu peut être
considérée comme utile et légitime. Disons qu'un ingénieur veut
abattre une montagne qui s'oppose au passage d'une rivière. Pour
enlever cette montagne, il va devoir employer les techniques et les
arts de sa profession (pelleteuses, marteaux piqueurs, dynamite,
etc.).

Il existe trois paliers de connaissances dans la tâche que nous
nous sommes assignés : 1) nous connaissons le but de la Dianétique et nous savons quels sont les résultats obtenus quand ce but
est atteint ; 2) nous connaissons la *nature des obstacles* qui se dressent
entre le but et nous, mais nous n'en apprendrons jamais assez sur
la *nature exacte de ces obstacles* ; 3) les arts et les techniques employés
pour supprimer les obstacles qui se dressent entre nous et le but
ne sont valables et légitimes que s'ils permettent de supprimer ces
obstacles.

Les méthodes utilisées pour aborder le problème peuvent être
constamment perfectionnées. Pour cela, il nous faut sans cesse en
apprendre davantage sur la nature des différents éléments du
problème, il nous faut apprendre de nouvelles techniques appli-
cables au problème et il nous faut étudier afin d'apprendre à
maîtriser les arts et les techniques existants. Ce n'est pas parce que
les techniques existantes produisent de bons résultats qu'il faut les
considérer comme optimales. De nouvelles techniques ou de
meilleures méthodes d'application des techniques existantes
pourraient rendre la tâche plus aisée et plus rapide.

Si j'ai ouvert cette parenthèse, c'est pour signaler que la
Dianétique, contrairement à la logique aristotélicienne ou à
l'histoire naturelle, est une science qui ne cesse d'évoluer et de
progresser. Et c'est aussi pour signaler aux auditeurs qu'ils ne
doivent pas se contenter d'appliquer la thérapie telle qu'elle est,
mais qu'ils devraient essayer de l'améliorer.

Bien. Voici donc la suite d'étapes dont se compose la thérapie.
Nous appelons cette suite d'étapes *routine*. Elle *marche*, mais elle
pourrait être bien meilleure et beaucoup plus rapide.

1. Placez le patient en rêverie et envoyez-le dans la zone
   prénatale pour voir s'il peut y contacter des engrammes et
   immédiatement les réduire. Si c'est le cas, déchargez-les
   et, si possible, effacez-les. N'essayez pas d'effacer des
   engrammes trop éloignés du basique-basique, comme par
   exemple la naissance, à moins que l'archiviste n'insiste

pour présenter la naissance. Bref, envoyez le sujet dans la zone prénatale et trouvez les engrammes les plus anciens possibles. Ne demandez pas d'engrammes spécifiques et surtout pas la naissance. Parcourez les engrammes que présente l'archiviste. Si le préclair n'arrive pas à retourner dans la zone prénatale, passez à l'étape 2.

2. Le patient est toujours en rêverie. Passez sa vie en revue (vous devrez le faire tôt ou tard, dès que le patient commencera à patauger, mais uniquement s'il patauge vraiment, c'est-à-dire si les engrammes prénatals refusent de se décharger ou ne présentent aucune émotion). Vous passez sa vie en revue afin d'établir l'identité des gens sur lesquels le patient a compté. Soupçonnez toujours le patient de ne pas vous communiquer les alliés vraiment importants, mais ne lui faites jamais part de vos soupçons.

3. Trouvez un moment où le patient a perdu un allié (soit parce qu'il est mort, soit parce qu'il est parti). Contactez ce moment et, d'une façon ou d'une autre, c'est-à-dire en obtenant l'incident et des moments antérieurs ou bien en obtenant juste cet incident, déchargez le chagrin causé par cette perte. Traitez chaque incident de perte ou de départ de l'allié comme s'il s'agissait d'un engramme et effacez-le, ou faites-le parcourir au préclair jusqu'à ce que la « charge » de chagrin se soit entièrement dissipée. Si la « charge » refuse de partir, c'est qu'il y a sans doute un moment de chagrin antérieur concernant cet allié. Trouvez-le et traitez-le comme s'il s'agissait d'un engramme.

4. La tâche de l'auditeur consiste toujours, toujours, toujours à essayer de trouver tout d'abord le basique-basique, puis le moment de douleur ou de chagrin qui vient après, et ainsi de suite, et à effacer chaque incident présenté par l'archiviste ou découvert au moyen de la technique répétitive.

5. Si un incident refuse de se réduire alors que le patient l'a raconté un certain nombre de fois, c'est qu'il y a un incident similaire avant. Il faut alors diriger le patient sur cet incident.

6. Dès que les engrammes commencent à ne plus laisser transpirer d'émotion, même s'ils se réduisent, soupçonnez la présence d'une autre computation de l'allié, trouvez-la

(elle sera située avant ou après ces engrammes) et réduisez-
la, ou tout au moins déchargez-la de son émotion. Mais
n'allez pas restimuler le patient en abandonnant un incident non réduit pour un incident qui semble plus
« juteux » ; réduisez tout ce que vous contactez avant de
partir à la recherche d'une nouvelle charge de chagrin.

7. Quand tous vos efforts pour trouver une computation de
l'allié ont échoué, il vaut mieux réduire un vieil incident
dépourvu d'émotion, plutôt que de continuer à harceler le
patient pour qu'il vous donne une computation de l'allié.
En effaçant de vieux engrammes dépourvus d'émotion et
en recherchant de temps à autre une nouvelle computation
de l'allié, vous finirez par en dénicher une.

8. Lorsque le patient n'avance plus ou qu'il refuse de
coopérer, c'est dû à une computation de l'allié.

9. Considérez les circuits-démons comme étant maintenus
en place par des unités de force vitale emprisonnées dans
la banque des engrammes et attaquez-vous au problème
des circuits-démons en libérant les charges de chagrin.

10. Considérez que la perte d'un allié (soit parce qu'il est parti,
soit parce qu'il est mort) équivaut pour le patient à la mort
d'une partie de lui-même. Donc, lorsque vous déchargez
un incident contenant la mort ou le départ d'un allié, la
partie du patient qui est morte revit. Et rappelez-vous que
les grandes charges de chagrin ne correspondent pas
toujours à une mort ou à un départ, mais qu'elles peuvent
être dues à un brusque revirement de l'allié.

Ne perdez pas de vue que le personnage auquel le patient s'identifie le plus (la mère, le père, le grand-père, la grand-mère, un
proche ou un ami) fait partie du patient lui-même, selon le mental
réactif, et que l'on peut donc considérer que tout ce qui est arrivé
à ce personnage est également arrivé au patient. Par exemple,
quand un allié est mort d'un cancer, il arrive parfois que le patient
ait un hématome ou une plaque à l'endroit où, d'après lui, se trouvait le cancer de l'allié.

Le mental réactif raisonne en partant du principe que tout est
identique. Dans l'engramme pro-survie de compassion, le patient
est identifié à une autre personne. Donc, lorsque l'autre personne
meurt, s'en va ou rejette le patient, le mental réactif est persuadé
qu'une partie du patient meurt.

N'importe quel engramme peut contenir de la charge émotionnelle. Les émotions manifestées par les gens à proximité d'une personne « inconsciente » sont enregistrées telles quelles dans le mental réactif. Si c'est de la colère qui est manifestée, c'est de la colère qui s'enregistre dans l'engramme. Si c'est de l'apathie, l'engramme contiendra de l'apathie. Si c'est de la honte, l'engramme renfermera de la honte. Quand le contenu verbal indique nettement que le ton émotionnel de l'engramme est la colère ou l'apathie, mais que le patient ne ressent pas cette émotion pendant qu'il raconte l'incident, cela signifie qu'il existe quelque part un *mur de valence* entre le patient et le ton émotionnel. En général, on abattra ce *mur de valence* en découvrant un engramme renfermant une charge de chagrin un peu plu tôt ou plus tard dans la vie du patient.

Il n'y a qu'un cas où l'auditeur est en droit d'entrer dans la zone post-natale de la vie du patient avant d'avoir déchargé une bonne partie de la zone prénatale : c'est lorsqu'il est à la recherche de charges de chagrin occasionnées par la mort, la perte ou le revirement d'un allié. Par « revirement », nous voulons dire que l'allié est devenu un ennemi actif (réel ou imaginaire) du patient. Un pseudo-allié est un allié que le mental réactif a confondu avec le véritable allié. La mort, la perte ou le revirement d'un pseudo-allié peut avoir occasionné une charge de chagrin.

Selon notre théorie, il n'y a qu'une chose qui puisse emprisonner les unités de force vitale : cette émotion de perte. S'il était possible de ne décharger rien d'autre que les unités de force vitale, nous n'aurions pas à nous occuper de la douleur physique.

Pour faire atteindre à un patient l'état de release, on libère autant d'unités que possible emprisonnées dans des incidents de perte, en touchant à un minimum d'engrammes.

La douleur ou l'« inconscience » d'un incident renfermant la perte d'un allié ou d'un pseudo-allié peut tout simplement avoir été causée par la perte elle-même. Cela suffit à faire de cet incident un engramme.

Si le patient a brusquement un « trou » concernant une personne qui a joué un rôle dans sa vie, il y a de fortes chances pour que cette personne soit un allié ou un pseudo-allié. Si le patient n'arrive pas à retrouver (soit au moyen du *retour*, soit au moyen de la simple *remémoration*) des périodes entières où il était avec une autre personne, il a ce qu'on appelle une « occlusion » concernant cette personne. Si l'occlusion a trait à la mort, au départ ou à un revirement de cette personne, c'est qu'il s'agit sans doute d'un allié. Il peut aussi y avoir des occlusions relatives à des personnes qui ont puni le patient, autrement dit, des occlusions relatives à des superennemis. Ici le patient se souviendra de la mort, de la maladie ou du départ de ces personnes, même s'il ne se souvient pas des moments où elles l'ont puni. Par contre, si le patient ne se rappelle pas les funérailles d'une personne, c'est qu'il s'agit d'un allié ou d'un pseudo-allié. S'il se souvient des funérailles de quelqu'un, mais qu'il ne se souvient pas des moments agréables qu'ils ont passé ensemble, c'est qu'il s'agit d'un ennemi. Tout cela est plus ou moins théorique. Mais une chose est sûre : toute occlusion concernant une personne signifie que cette dernière jouait dans la vie du patient un rôle important et significatif qui doit absolument être tiré au clair.

Remarquons ici que le rétablissement du patient dépend dans une large mesure du nombre d'unités de force vitale qu'on libérera de son mental réactif. Cette libération des unités vitales se traduit par une décharge de chagrin qui peut être extrêmement violente. Dans la vie, on se contente d' « oublier ». « Le plus vite j'aurai oublié, le plus vite je m'en remettrai. » Malheureusement, ça ne marche pas. Ce serait merveilleux si ça marchait, mais ça ne marche pas. Tout incident oublié qui contenait du désespoir est en fait une plaie purulente. L'auditeur constatera la chose suivante : chaque fois qu'il parviendra à localiser un super-dénieur tel que « Oublie ça », il mettra la main sur l'engramme contenant cette injonction. Quand il n'arrive pas à localiser l'engramme alors qu'il a trouvé la somatique, cela signifie qu'un dénieur lui en barre l'accès (« Oublie ça », « N'y pense pas », « Je ne me souviens pas », « Je n'arrive pas à m'en souvenir », etc.). Pour vous dire à quel point le mécanisme de l'oubli est malsain : les choses « sorties de l'esprit » sont directement placées dans le mental réactif, où elles peuvent absorber des unités de force vitale. Ce raisonnement tortueux selon lequel l'oubli rend les choses supportables est d'autant plus incroyable quand on sait que l'hypnotiseur, par exemple, implante des suggestions en utilisant un *dénieur*, afin que le sujet ne se souvienne pas que la suggestion a été implantée. L'hypnotisme est une discipline que l'Homme connaît depuis des milliers d'années. C'est l'une des premières choses que l'auteur de cet ouvrage a apprise lorsqu'il a étudié les philosophies orientales. Cela est apparu en Inde, il y a fort longtemps, puis s'est propagé jusqu'à la Grèce antique et jusqu' à Rome, avant d'être introduit en Occident par Anton Mesmer[8] il y a deux cents ans. Plusieurs

---

8. **Mesmer, Franz Anton :** (1734 - 1815), médecin autrichien qui inventa une forme d'hypnotisme appelée le mesmérisme.

pratiques mystiques ont choisi l'hypnotisme comme principe de base. Même les sorciers sioux en connaissaient le mécanisme. Les gens, mal informés et ne disposant d'aucune solution, ont toujours cru qu'il fallait « oublier » les chagrins. Hippocrate[9] lui-même remarque qu'une opération n'est pas terminée tant que le patient n'a pas raconté l'incident à chacun de ses amis, et même si cette thérapie présente pas mal de lacunes, elle fait partie de la croyance populaire, tout comme la confession, depuis des siècles. Eh bien, malgré cela, les gens persistent à refouler leur chagrin.

Très souvent, le patient suppliera l'auditeur de « ne pas parler de la mort d'untel ». Si l'auditeur commet la bêtise de céder à cette supplication alors que le patient est en rêverie, il empêche la libération d'une charge de chagrin. *C'est la première chose qu'il devrait décharger !*

Peut-être serait-il néfaste d'aborder ce genre de chose dans la vie de tous les jours. Mais avec la thérapie de Dianétique, il est non seulement facile de pénétrer au cœur de l'incident, mais aussi de le raconter jusqu'à ce que les larmes et les gémissements ne soient plus qu'un souvenir. Si l'auditeur traite cet incident comme un engramme et si le patient le raconte jusqu'à ce que l'émotion douloureuse ait disparu, celui-ci récupérera la dose de vitalité qu'il avait perdue au moment de l'incident. Si l'incident ne se décharge pas alors que le patient l'a déjà raconté une bonne dizaine de fois, trouvez un incident de chagrin antérieur, tout comme vous le feriez avec un engramme. Le patient qui commence par décharger un chagrin éprouvé à l'âge de cinquante ans peut fort bien se retrouver dans la zone basique-basique deux heures plus tard, en train de raconter son tout premier moment de chagrin, quand l'allié qu'il a perdu était devenu son allié. Si l'auditeur parvient à obtenir toute la chaîne de chagrin relative à un allié et à décharger les incidents un par un, du dernier jusqu'au premier, il aura, en l'espace de quelques heures, libéré suffisamment de charge émotionnelle pour pouvoir s'attaquer à un effacement en règle.

Remarquez bien la différence ici : le talon d'Achille de la computation de l'allié est situé *tard* sur la chaîne d'incidents concernant l'allié. Autrement dit, vous entrez dans la chaîne par une embouchure qui vous fait pénétrer dans un incident plus ou moins récent et qui vous mène jusqu'aux premiers incidents. Le talon d'Achille de la chaîne d'engrammes anti-survie, c'est le tout

9. **Hippocrate** : (v. 460 - v. 370 av. J.-C.), médecin grec, considéré comme le père de la médecine.

premier incident de cette chaîne. Bref, tout le contraire de l'engramme d'émotion douloureuse.

Afin que le patient ait suffisamment d'émotion libre pour atteindre l'état de release ou de Clair, vous devez libérer les unités de force vitale emprisonnées dans la banque des engrammes. Pour libérer ces unités, commencez par des pertes d'alliés ou de pseudo-alliés plus ou moins récentes, puis descendez la chaîne à rebours.

Pour décharger la douleur physique contenue dans la banque des engrammes d'un individu, commencez avec l'incident le plus ancien possible (le plus proche possible de la conception), puis remontez en direction du temps présent.

La douleur physique contenue dans la chaîne d'incidents anti-survie peut étouffer l'émotion douloureuse contenue dans la chaîne d'incidents pro-survie.

L'émotion douloureuse contenue dans la chaîne d'incidents pro-survie peut étouffer la douleur physique contenue dans la chaîne d'incidents anti-survie.

Représentons-nous la zone prénatale de la banque des engrammes à l'aide d'un dessin. Traçons une longue ligne horizontale. À l'extrême gauche, nous avons la conception. À l'extrême droite, nous avons la naissance. Sur la ligne, dessinons des points noirs. Ce sont les engrammes. Au-dessus de cette ligne, sur toute sa longueur, dessinons une zone noire qui touche presque cette ligne. Au-dessus de cette zone d'ombre, traçons une autre ligne horizontale. C'est la piste de temps *apparente* sur laquelle le patient retourne. La ligne que nous avons tracée en premier est la piste de temps véritable. La zone noire représente l'émotion douloureuse. La ligne supérieure est ce que le patient prend à tort pour sa piste de temps.

Il arrive bien entendu que l'auditeur contacte de l'émotion douloureuse dans la zone prénatale elle-même et il ne doit jamais laisser passer une occasion de la décharger. En effet, une fois qu'il aura déchargé une bonne part de l'émotion douloureuse post-natale, il sera en mesure de trouver beaucoup d'émotion doulou-reuse dans la région prénatale. Cependant, la plus grosse part de cette émotion douloureuse, celle que l'auditeur contacte générale-ment en premier, est située dans des périodes plus ou moins récentes de la vie du patient ; mais la *source* de cette charge d'émotion se trouve dans la zone prénatale.

Les moments où le patient a perdu des alliés (autrement dit les moments où ses alliés sont morts, sont partis ou se sont retournés contre lui) emprisonnent ces charges émotionnelles et les intercalent entre le patient et la réalité. Ces moments de perte post-natals (prime enfance, enfance, adolescence, âge adulte) ont donc un effet rétroactif, si l'on peut dire, en ce sens qu'ils cachent à la vue les engrammes prénatals.

L'émotion douloureuse plus ou moins récente est créée comme suit : la perte de l'allié provoque le key-in d'un vieil incident. Autrement dit, quand l'individu perd un allié important, il dégringole l'échelle des tons, ce qui l'amène au niveau de ton d'engrammes anciens, lesquels sont alors réveillés (key-in) et emprisonnent les unités de charge émotionnelle.

Les unités de force vitale ainsi capturées et enfermées permettent à l'engramme de vivre. Il se produit un phénomène identique à celui que l'on peut observer avec l'électricité, où une charge positive repousse une autre charge positive : les charges similaires se repoussent. Étant donné que l'analyseur fonctionne avec une charge similaire à celle contenue dans l'engramme, il se détourne de l'engramme, lequel n'est donc jamais découvert et demeure parfaitement intact.

Donc, quand l'individu va dans la zone des engrammes prénatals (maintenus en état de key-in à cause de la charge émotionnelle capturée durant un moment de perte ultérieur), il peut tranquillement passer à côté d'engrammes au contenu très nuisible sans même soupçonner leur présence. Mais une fois que l'auditeur a déchargé les moments d'émotion douloureuse plus ou moins récents, il est alors en mesure de se rendre immédiatement dans la zone prénatale et d'y trouver des engrammes de douleur physique qui jusque-là étaient restés introuvables.

En fait, l'incident prénatal et l'incident de perte plus ou moins récent sont tous deux des engrammes, car la perte d'un allié fait disjoncter l'analyseur et tout ce qui est alors enregistré est engrammique et entre directement dans la banque des engrammes.

Grâce au sens de la vue et à la relation qui existe entre les souvenirs et le présent, l'individu est capable de s'orienter, ce qui lui permet souvent de se rappeler les moments de perte. Mais il est incapable de se rappeler les incidents prénatals, car durant la période prénatale, son analyseur n'avait rien pour s'orienter. Il ne fait pas de doute que l'enfant, dans le ventre de sa mère, possède un analyseur en état de fonctionner, surtout vers la fin de la grossesse. Mais il n'est pas encore capable de coordonner mémoire et expérience vécue ; résultat : l'analyseur ignore l'existence des engrammes. Il en va autrement plus tard : l'individu devient peu à peu capable de se rappeler les choses, surtout après avoir acquis l'usage de la parole. En fait, cette aptitude à se rappeler les circonstances entourant une perte sans ressentir outre mesure la douleur permet d'éviter l'incident lui-même : l'individu croit tout savoir sur l'incident de perte, mais en fait, il n'est absolument pas en contact avec la partie engrammique de cette perte, laquelle contient de l' « inconscience » — une « inconscience » moins profonde que celle provoquée, par exemple, par un anesthésique. *Cependant les pertes d'alliés subies durant l'enfance peuvent être tellement occultées que l'individu ne se rappelle même pas les alliés eux-mêmes.*

L'auditeur constatera que les engrammes récents sont très faciles à contacter. Et il constatera autre chose : il arrive que le patient ne se trouve pas dans son corps tandis qu'il retourne dans l'un de ces incidents de perte. Cela fait des milliers d'années que l'on connaît ce « phénomène », mais chaque fois qu'il en a été fait mention quelque part, on l'a juste qualifié d' « intéressant » sans essayer de découvrir *pourquoi* une personne envoyée dans son passé au moyen de la technique hypnotique de régression se trouvait tantôt dans son corps (c'est-à-dire qu'elle voyait les choses en étant elle-même), tantôt à l'extérieur de son corps (c'est-à-dire qu'elle voyait son corps dans la scène qu'elle était en train de regarder, comme si elle s'en était détachée). Bon, nous avons effectivement découvert que le « je » avait l'aptitude naturelle à retourner, à l'état de veille, jusqu'à des incidents du passé. Mais il nous arrive aussi de tomber sur des « phénomènes mystérieux » qui avaient déjà été constatés chez des sujets drogués ou hypnotisés. La Dianétique n'utilise absolument pas l'hypnotisme. Mais l'hypnotisme et la Dianétique ont un point commun, en ce sens que tous deux utilisent certaines facultés mentales similaires. Ce qui ne veut pas dire que ces facultés appartiennent au domaine de l'hypnotisme. L'un des phénomènes rencontrés avec le *retour*, est que le patient tombe parfois sur des périodes où il est « à l'extérieur » de son corps (il y a même des patients à qui cela arrive continuellement). Deux choses peuvent causer ce phénomène : soit le patient est dans une autre *valence*, c'est-à-dire qu'il a pris l'identité d'une autre personne et qu'il voit la scène avec les yeux de cette personne, soit il a *extériorisé*, ce qui signifie qu'il y a tellement d'émotion douloureuse dans l'incident que le patient n'arrive pas à occuper son corps. Cette émotion douloureuse peut provenir d'incidents antérieurs ou postérieurs à l'incident auquel il est retourné par l'intermédiaire de la thérapie de Dianétique. En racontant l'incident plusieurs fois, le patient se rapprochera peu à peu de son corps et, finalement, il le réintégrera et verra la scène à partir de son corps. Il faut parfois attendre que le patient ait raconté la scène plusieurs fois et qu'il ait réintégré son corps pour que l'émotion se décharge (larmes, etc.). C'est un peu comme s'il était parti en reconnaissance pour explorer le terrain et voir s'il pouvait occuper son corps en toute sécurité. Si l'émotion ne se décharge pas (pas de larmes, etc.) alors que le patient a raconté l'incident plusieurs fois, c'est qu'elle se trouve ailleurs, avant ou après. En général, on la trouvera à quelque moment situé beaucoup plus tard. Du point de vue de l'auditeur, l'extériorisation due à l'émotion douloureuse ne diffère pas de l'extériorisation due à la douleur physique. Lorsqu'il tombe sur un patient qui extériorise continuellement, où qu'il se trouve sur la piste de temps, il doit faire tout ce qui est en son pouvoir pour libérer les moments d'émotion douloureuse.

Les patients croient tous que le temps guérit tout et que les incidents qui ont eu lieu il y a dix ou vingt ans n'ont plus aucun effet sur eux. Comme je l'ai dit, le temps n'est absolument pas le médecin de tous les maux. C'est un charlatan de première. Le temps, par l'intermédiaire des processus de croissance et de vieillissement, provoque des changements ; et l'environnement fait apparaître de nouveaux visages et de nouvelles activités, modifiant les restimulateurs. Un moment d'émotion douloureuse du passé possède, comme tout engramme, des restimulateurs propres. De plus, il maintient en état de key-in tous les engrammes anciens ; résultat : les restimulateurs de ces engrammes viennent s'ajouter aux restimulateurs de l'incident d'émotion douloureuse et agissent eux aussi. Chaque restimulateur a un ensemble de restimulateurs qui lui sont associés par le mental analytique, qui ne peut pas voir le restimulateur réel. Il y a donc un réseau très complexe de restimulateurs, mais il n'est complexe que pour ceux qui ne connaissent pas la source de l'aberration. Si l'auditeur traite comme un engramme tout moment d'émotion douloureuse auquel il renvoie le patient, il trouvera la charge originelle et il pourra la libérer.

L'auditeur constatera généralement que le patient essaie de se défiler quand on lui demande de pénétrer au cœur de l'incident. Le préclair essaiera de donner force détails sans importance : les pensées qu'il avait à l'époque, les raisons pour lesquelles l'incident a cessé d'être douloureux, etc. Les pensées et les faits et gestes qui ont précédé ou suivi l'incident n'ont strictement aucune valeur, car ils ne permettent pas de décharger l'engramme. L'auditeur qui accepte d'entendre ces « raisons pour lesquelles » et ces « je me souviens » au lieu de parcourir l'incident n'améliorera pas l'état du patient et perdra un temps précieux. Ce genre d'auditeur ferait mieux de rejoindre les adeptes « de la petite tape compatissante sur la main ». Il n'a pas sa place dans les rangs des auditeurs. C'est une perte de temps, une perte de temps précieux, que de laisser le patient parler de ce qu'il a pensé, dit, fait ou cru alors qu'il devrait être en train de parcourir l'engramme. Je ne nie pas qu'il soit nécessaire de faire parler le patient pour savoir où se trouve l'engramme, mais une fois qu'on l'a localisé, on le parcourt. Tout le reste n'est que bavardage de salon.

Prenons par exemple un moment où l'enfant apprend la mort de ses parents. L'auditeur découvre, en interrogeant le patient, que celui-ci avait deux ans quand ses parents sont morts. Il en déduit alors, sans avoir à poser d'autres questions au patient, que quelqu'un a dû annoncer la nouvelle à l'enfant, qu'il y a un moment précis à l'âge de deux ans, où on lui a appris la mort de ses parents. Le patient, tout en racontant cet événement tragique dans le temps présent (l'auditeur n'utilise pas le retour pour recueillir ce genre de données), se sert des années qui se sont écoulées depuis l'incident pour étouffer l'émotion douloureuse. L'auditeur, sans aucune forme de préambule, met alors le patient en rêverie, puis lui demande de retourner jusqu'au moment où il a appris la mort de ses parents. Le patient va peut-être patauger un peu avant de réussir à s'orienter dans son passé, mais il ne tardera pas à contacter l'instant où il a appris la nouvelle. S'il a un tant soit peu aimé ses parents, vous pouvez être sûr qu'il y a un engramme. L'engramme commence à l'instant précis où on lui a appris la mort de ses parents, c'est-à-dire à l'instant précis où, selon toute vraisemblance, l'analyseur a disjoncté. Et l'engramme se termine à l'instant précis où l'analyseur s'est remis à fonctionner (ce peut être une heure plus tard, un jour plus tard, voire une semaine plus tard). L'engramme est situé entre le premier moment d'affaiblissement de l'analyseur et le moment où celui-ci « reprend le travail ». Les premières minutes de l'engramme sont les plus dures. Si vous demandez au patient de parcourir la première heure de l'incident, cela devrait être amplement suffisant. La plupart des auditeurs demandent au patient de parcourir plusieurs fois les premières minutes de l'engramme pour voir s'il y aura une libération d'émotion. Lorsque vous auditez un moment de perte qui est censé contenir de l'émotion douloureuse, procédez comme si vous aviez affaire à un moment de douleur physique et d' « inconscience ». Car un moment d'émotion douloureuse est un moment d' « inconscience » aussi fort que si le patient avait été assommé avec un bâton. Si le patient parvient à contacter l'émotion après avoir raconté l'incident quatre ou cinq fois (vous devez chaque fois lui faire reprendre l'incident depuis le début et vous assurer qu'il y est bel et bien retourné et qu'il est en contact avec *tous* les perceptiques, et vous devez auditer cet incident comme un engramme), il doit alors le raconter jusqu'à ce que l'émotion ait *disparu*, jusqu'à ce que l'incident l'indiffère ou même le fasse rire. Si le patient est toujours extériorisé et n'a toujours pas contacté l'émotion au bout de quatre ou cinq parcours, c'est que l'émotion se trouve ailleurs, soit avant, soit après. Il faut alors essayer de décharger une autre perte, même si elle se situe à des années de l'incident qui a refusé de céder. Une fois que vous aurez déchargé cette autre perte, la perte que vous avez essayé d'effacer en premier se déchargera peut-être. De toute façon, elle se déchargera tôt ou tard. Une chose est sûre en tout cas : le cas ne progressera pas et n'arrivera pas à contacter d'engrammes de douleur physique tant que vous n'aurez pas *bien déchargé* un incident grave d'émotion douloureuse.

On contacte souvent des incidents de chagrin déchargeables aux endroits les plus inattendus. Dès qu'ils affleurent, le patient retourné peut, rien qu'en les contactant, libérer les unités captives. Il s'ensuivra un key-out des engrammes, lesquels cesseront d'être cachés à la vue de l'analyseur et se replaceront où il faut sur la piste de temps.

L'émotion douloureuse déforme considérablement le contenu de la banque des engrammes. Et la douleur physique déforme considérablement les moments d'émotion douloureuse. Le système de classement du mental réactif est minable. L'archiviste n'est capable de retrouver et de fournir à l'auditeur que tant et tant d'engrammes d'émotion douloureuse à la fois ou tant et tant d'engrammes de douleur physique à la fois. Ils peuvent être classés sur la piste de temps selon un ordre très fantaisiste. Autrement dit, un auditeur peut contacter un engramme prénatal de douleur physique (la partie la plus importante de son travail), puis un engramme prénatal légèrement postérieur, puis un engramme post-natal, puis plus rien ! Plus le moindre engramme de douleur physique contenant un état d' « inconscience » (accident, maladie, opération chirurgicale ou blessure) ! Cela ne veut absolument pas dire que le cas est dans une impasse ou qu'il est Clair. Non. Cela veut dire tout simplement que l'auditeur va sans doute pouvoir contacter des engrammes d'émotion douloureuse (renfermant la mort, le départ ou le revirement de quelques alliés). L'auditeur part alors à la recherche d'engrammes de perte (qui se situent généralement plus ou moins tard dans la vie du patient) et quand il les a trouvés, il les décharge. Comme des unités de force vitale ont été remises en circulation, d'autres engrammes prénatals de douleur physique remontent à la surface et l'auditeur les réduit. Dès qu'il n'arrive plus à trouver d'engrammes de douleur physique, il repart à la chasse aux engrammes d'émotion douloureuse, et ainsi de suite. Étant donné que le mental est un mécanisme qui assure sa propre protection, il barre l'accès aux engrammes de douleur physique dès qu'il s'aperçoit que des engrammes d'émotion douloureuse sont prêts à être déchargés. Et il barre l'accès aux engrammes d'émotion douloureuse dès qu'il voit des engrammes de douleur physique prêts à être réduits.

Pour décharger l'émotion douloureuse, commencez par ce qui est plus récent sur la piste de temps et allez en direction de ce qui est plus éloigné. Pour décharger les engrammes de douleur physique, commencez par ce qui est le plus éloigné et allez en direction de ce qui est récent. Et chaque fois que vous contactez un engramme, parcourez-le jusqu'à ce que son effet sur le patient soit devenu nul ou jusqu'à ce qu'il ait disparu (jusqu'à ce qu'il ait été reclassé en tant que vécu dans les banques mnémoniques standard). Si un incident ne semble pas vouloir se décharger alors que le patient l'a raconté de nombreuses fois (la somatique ou l'émotion ne s'atténue pas, ou bien aucune émotion n'apparaît), l'auditeur doit partir à la recherche d'un autre incident. S'il s'agit d'un incident d'émotion douloureuse, la charge émotionnelle se situe généralement plus tard. Si c'est un incident de douleur physique qui refuse de se décharger, cela est dû à la présence d'un engramme antérieur ayant le même contenu verbal. Pour le contacter, l'auditeur doit utiliser les phrases qui lui ont permis de trouver la somatique, et cela jusqu'à ce qu'il découvre l'engramme. Dès qu'il l'a déniché, il le décharge.

Je pense qu'il est inutile de revenir sur le fait que les longs discours justificatifs du patient concernant ses faits et gestes avant ou après un incident ne font pas avancer la thérapie et qu'ils ne sont d'aucune utilité, si ce n'est pour localiser les engrammes. Je pense m'être exprimé clairement lorsque j'ai dit que l'auditeur n'effacera pas le moindre engramme s'il compatit avec le patient ou s'il se lance dans des explications ou des évaluations fumeuses. Il faut également comprendre la chose suivante : ce n'est pas ce que la personne a pensé au moment de l'incident qui l'a aberrée.

Autre chose encore : les incidents d'émotion douloureuse installent des cloisons et des circuits-démons dans le mental ; les engrammes de douleur physique fixent les aberrations et la douleur physique dans le corps.

La thérapie n'est rien d'autre qu'une mécanique. Elle n'est pas là pour recueillir les pensées justificatives, les sentiments de honte ou les motivations. Elle est là pour décharger la banque des engrammes, point final. Lorsque la majeure partie de l'émotion douloureuse a été libérée, l'individu est un *release*. Et lorsque la banque des engrammes a été vidée de son contenu, l'individu est un *Clair*.

Le mental est une très, très belle machine. En tant que mécanisme et en tant que lui-même, il est indestructible, à moins bien entendu qu'on lui enlève certaine de ses parties. Les engrammes ne prélèvent aucune partie du mental ; ils l'encombrent de tout un bric-à-brac inutile. Imaginez une machine superbe, dernier cri de la technologie, et fonctionnant à la perfection. Eh bien, voilà ce que serait le mental s'il ne contenait ni douleur ni émotion douloureuse. Maintenant, imaginez que l'on confie cette superbe machine à une équipe de mécanos complètement demeurés. Ils se mettent à la bricoler. Ils ne se rendent pas compte que leurs tripatouillages sont en train de la dérégler. Brusquement, ils prennent conscience que la machine « débloque », mais ils ne comprennent pas pourquoi. Ils ne se sont pas aperçus qu'ils y ont laissé traîner tout un tas d'objets : clés à molette, mégots de cigare, boutons de manchette, ordures ménagères, etc. La première idée qui leur vient à l'esprit, c'est que la machine est « incomplète » et qu'il faut y ajouter quelques gadgets pour la remettre en état de marche. Aussitôt dit, aussitôt fait. Certains de ces gadgets paraissent bénéfiques pour la machine (les engrammes de compassion) : grâce à eux, la machine arrive à retrouver une certaine stabilité, malgré le bric-à-brac qui l'encombre. Ensuite, nos imbéciles heureux de mécanos coupent l'arrivée d'essence (les engrammes d'émotion douloureuse) et essayent de faire marcher la machine en lui donnant des coups de barre de fer (douleur qu'inflige l'engramme quand on lui désobéit), comme l'automobiliste qui donne des coups de pied à sa voiture quand elle tombe en panne. Finalement, la machine n'est plus qu'un tas de ferraille quasi inutilisable et elle a disparu sous les innombrables gadgets dont on l'a dotée. Nos joyeux mécanos la contemplent en se grattant la tête et disent : « Ajoutons-y quelque chose d'autre, sinon elle va s'arrêter pour

de bon. » Ce qu'ils font. Brusquement la machine cesse, semble-
t-il, de fonctionner (elle devient folle).

La mise au clair de Dianétique consiste à débarrasser la machine
des débris qui l'encombrent et qui l'empêchent de fonctionner.
Elle ne consiste pas à ajouter des débris. Cela laisse ces pauvres
idiots de mécanos (le mental réactif) pantois. Mais la machine, elle,
prend brusquement conscience qu'on est en train de faire quelque
chose pour la remettre en état et se montre alors extrêmement
coopérative. Plus on déblaie de débris, mieux elle fonctionne et
plus les mécanos deviennent impuissants. Le déblayage est censé
être rapide et il l'est. Nous pouvons arrêter quand la machine
fonctionne à nouveau « normalement » (état de release) ou bien
continuer jusqu'à ce qu'il ne subsiste plus le moindre débris (état
de Clair). Finalement, l'état de Clair est atteint. Et nous contem-
plons quelque chose qui n'avait encore jamais existé : une machine
sans le moindre débris. Une machine parfaite, puissante, perfec-
tionnée, étincelante et capable de fonctionner toute seule sans la
moindre assistance thérapeutique.▲

CHAPITRE HUIT

QUELQUES TYPES D'ENGRAMMES

Nous donnons deux exemples de chaque type d'engramme afin que l'auditeur saisisse bien ce qui différencie ces engrammes.

L'ENGRAMME ANTI-SURVIE

Il s'agit de tout engramme qui s'oppose aux dynamiques et qui ne concorde pas avec le but fondamental. Exemple : le père et la mère se battent peu de temps après la conception. Le père lui donne un coup dans l'estomac. Elle hurle (les toutes premières choses perçues sont la douleur, la pression, le bruit du coup et le hurlement). Le père dit : « Va au diable ! Tu me dégoûtes ! Espèce de bonne à rien ! Je vais te tuer ! » La mère dit : « Je t'en prie, ne me frappe plus ! Je t'en prie ! J'ai mal. J'ai si mal. Je n'en peux plus tellement j'ai mal ! » Le père dit : « Tu peux rester là et pourrir sur place. Ça m'est complètement égal. Au revoir ! »

Cet engramme va causer de graves aberrations : premièrement, parce qu'il s'agit de l'un des tout premiers incidents. Deuxièmement, parce que l'engramme dit à l'individu qui l'a reçu qu'il a mal et qu'il n'en peut plus. Troisièmement, parce qu'il contient un reteneur, ce qui risque de le rendre chronique (« tu peux rester là »). Quatrièmement, parce qu'il peut causer une maladie (« pourrir »). Cinquièmement, parce qu'il a une connotation religieuse (« va au diable »). Sixièmement, parce qu'il donne l'impression à l'individu que les autres sont des bons à rien (« tu » s'applique à quelqu'un d'autre, d'ordinaire). Septièmement, parce que le ton émotionnel de l'engramme est l'hostilité (« tu me dégoûtes »). Et huitièmement, parce que l'individu devra après sa naissance vivre avec ces deux restimulateurs puissants, le père et la mère. Cet engramme a quelques autres effets : comme tous les engrammes, il donne à l'individu deux valences parfaitement inutiles. L'une de ces valences, la mère, est lâche et l'autre, le père, est brutale. L'individu peut dramatiser cet engramme de plusieurs façons : si l'engramme est restimulé mais que l'individu ne le dramatise pas, il ressent la douleur (car il est alors dans sa propre valence) ; s'il dramatise la mère, il ressentira la douleur qu'elle a reçue, c'est-à-dire le coup à l'estomac (alors que l'individu, lui, avait ressenti une douleur à la tête et au cœur) ; s'il dramatise la valence du père, il aura des démêlés avec la société, sans parler des conflits qui l'opposeront à sa femme et à ses enfants. Aucun engramme n'est bénéfique, mais tant qu'une personne a des engrammes, certains d'entre eux, les engrammes de compassion en particulier, servent à tenir à distance les engrammes d'antagonisme.

Deuxième exemple : la mère a des nausées matinales et vomit si violemment que l'enfant est durement comprimé et sombre dans l'« inconscience ». La mère vomit, s'étouffe à moitié et se parle à elle-même entre deux spasmes : « Oh ! Pourquoi suis-je venue au monde ! Je savais bien que je n'aurais pas dû le laisser entrer en moi ! Je le savais. Je le savais. C'était une erreur, mais il l'a faite quand même. Pouah ! C'est répugnant ! Le sexe, c'est dégoûtant. C'est abominable. Je déteste le sexe. Je déteste les hommes. Je les déteste. Beurk ! Ça ne remonte pas. Ça ne veut pas remonter. J'ai envie de vomir et ça ne veut pas sortir. »

Voilà un engramme que seule une femme enceinte pourrait dramatiser. Un homme, lui, ne le pourrait pas. Il pourrait uniquement dramatiser une simple nausée. La nausée matinale est une aberration provenant d'engrammes : jadis une mère a sans doute été rendue malade par une intoxication alimentaire et a inauguré cette aberration — peut-être à l'époque où l'Homme vivait encore dans les arbres. Vous remarquerez que la mère vomit vraiment, qu'elle régurgite vraiment le contenu de son estomac, mais que l'engramme, lui, dit que ça ne veut pas remonter. Lorsque l'individu dramatisera cet engramme dans sa propre valence, il ressentira une pression, ainsi que de l'« inconscience ». Donc, il ne le dramatisera pas dans sa valence. Trop pénible. Il est obligé de le dramatiser dans la valence de sa mère, mais c'est surtout le contenu verbal qu'il va dramatiser, et non pas *l'action*. Résultat : lorsqu'il a la nausée, il n'arrive pas à vomir. L'*injonction* engrammique revêt plus d'importance que l'action engrammique. Le mental réactif ne connaît pas la raison et la logique. Si l'incident avait été vécu consciemment, il n'aurait évidemment pas causé d'aberrations.

L'individu aurait fait comme dans l'incident : il aurait vomi. Au niveau conscient, l'action revêt plus d'importance que les mots.

Si nous tombions sur cet engramme durant la thérapie, nous aurions sans doute du mal à y entrer, car il dit : « Je n'aurais pas dû le laisser entrer en moi », ce qui est un dénieur. Il contient également un reteneur : « Ça ne veut pas sortir ». Cet engramme se déchargera sans doute dès que ces phrases et la somatique se seront dissipées, puisque rien ne pourra plus alors empêcher le patient d'explorer l'engramme. Si l'engramme ne se décharge pas, c'est qu'il existe un engramme antérieur possédant à peu près le même contenu (l'aberré a une dramatisation type qu'il ne cesse de rejouer, infligeant à son entourage de nombreux incidents plus ou moins identiques qui ne diffèrent que par leur position dans le temps). La restimulation pourrait devenir tellement forte dans la vie de tous les jours (mais pas durant la thérapie) que l'individu finirait par sombrer dans la folie, car le « ça » pourrait aussi désigner l'enfant, et si l'individu s'identifiait au « ça », il serait incapable d'être dans le temps présent. Avec la thérapie, la puissance de l'engramme diminuerait dès qu'il serait contacté par le mental analytique (au moyen du retour). De plus, l'auditeur découvrirait sans doute que le patient ne se déplace pas sur la piste de temps et finirait par dénicher le reteneur, car tôt ou tard, le patient dirait : « Ça ne veut pas sortir », en admettant que l'auditeur n'ait pas deviné la phrase entre temps.

Cet engramme provoquera de graves aberrations dans la seconde dynamique. L'individu possédant cet engramme sera sans doute frigide, prude et sévère avec les enfants. De plus, « il » aura peur de commettre des erreurs, mais « il » les commettra quand même. Sur un plan psychosomatique, il risque d'avoir des maux de tête ou des nausées durant le coït. Chacune des phrases de l'engramme, tout comme n'importe quelle phrase engrammique, déclenchera chez l'individu les somatiques et les aberrations contenues dans l'engramme, à condition, bien entendu, qu'il se trouve dans un état où il n'a pas toutes ses facultés analytiques (lassitude, maladie légère, etc.). Bref, cet engramme attend le jour où quelqu'un prononcera, durant une période d'« inconscience » de l'individu, et de préférence d'une voix semblable à la voix qu'avait maman quand il l'entendait à travers les parois de l'abdomen et de l'utérus, la phrase suivante : « Beurk ! C'est dégoûtant ! », ou quelque phrase similaire susceptible de produire un key-in. Le mot : « Beurre » ne causerait pas de key-in, bien que les mots « beurk » et « beurre » aient un son commun. Par contre, le bruit de quelqu'un en train de vomir provoquerait probablement un key-in.

L'engramme pro-survie

Cela pourrait être n'importe quel engramme qui, par son seul contenu, semble assister la survie de l'individu qui le possède mais sans lui apporter d'aide véritable. Comme premier exemple, prenons un engramme de coït. La mère et le père sont en train de faire l'amour. La pression est très pénible pour l'enfant et le fait sombrer dans l'« inconscience » (engramme classique, tout comme les engrammes de nausées matinales). La mère dit : « Oh ! Je ne pourrais pas vivre sans. C'est merveilleux. C'est trop merveilleux. C'est bon ! Recommence, recommence ! » Et le père dit : « Allez, viens ! Viens ! Oh ! tu es géniale ! Tu es merveilleuse ! *Aaaah !* » L'orgasme de la mère achève de plonger bébé dans l'« inconscience ». La mère dit : « C'est fantastique. » Le père, qui a eu son orgasme, dit : « Lève-toi », ce qui signifie que la mère doit aller se laver (tous deux ignorent qu'elle est enceinte), puis il s'endort et se met à ronfler.

À l'évidence, voilà un incident très précieux pour l'individu, car il dit : « Je ne pourrais pas vivre sans ». De plus, « c'est merveilleux » et « c'est fantastique ». Mais c'est aussi un incident extrêmement douloureux. On ne peut pas le suivre, car au début il y a l'injonction « Viens ! », et ensuite, plus tard, dit à l'individu de quitter l'incident « lève-toi ». Dans la vie, le patient aura peut-être un orgasme quand il verra quelque chose de « merveilleux », à condition qu'on ait prononcé le mot au préalable.

L'individu a le choix entre dramatiser la valence de la mère ou dramatiser la valence du père. Il ne peut pas dramatiser sa valence, car il ressentirait aussitôt la douleur. Donc, bien des années plus tard, on le trouvera en train d'agir comme le père (et selon ce que lui dictent les autres engrammes de coït qu'il a reçus) : après l'amour, il sera dégoûté et dira « lève-toi » à sa femme. L'émotion transparaît dans *la façon* dont les mots « lève-toi » ont été prononcés. Elle est « télégraphiée » par le ton de la voix et non pas par les mots eux-mêmes. Un engramme contient toujours les mots et l'émotion.

Durant la thérapie, nous constaterons que le mental réactif répugne à laisser remonter cet engramme à la surface car, après tout, il « ne pourrait vivre sans ». Il y a dans les engrammes des classes entières de phrases comme celles-là ; nous les appelons *commentaires favorables*. Chaque fois que l'auditeur tombera sur l'une de ces phrases, le mental réactif du préclair refusera de révéler le contenu de l'engramme. « Je ne veux pas te perdre », « accroche-toi à ça », « Je ne peux pas le lâcher, sinon je risque de tomber », etc. Mais « agréable » ou non, un engramme est un engramme et provoque des aberrations.

Les impulsions sadiques ou masochistes ou sadomasochistes viennent souvent d'engrammes de coït ayant ce genre de contenu. L'auditeur ne doit pas pour autant en conclure, sous prétexte que le coït est douloureux pour l'enfant, que tous les individus ayant reçu des engrammes de coït sont sadiques ou masochistes. Le sadisme et le masochisme sont dus à des engrammes contenant des viols, de la souffrance « jouissive », etc., ou encore à des engrammes dont le contenu verbal semble indiquer que douleur et plaisir sont une seule et même chose, comme par exemple dans un coït comme celui-ci (beaucoup plus fréquent qu'on ne le croit) : « Oh ! Qu'est-ce que c'est bon d'avoir mal comme ça ! Fais-moi mal, Roger. Encore ! Encore ! Fais-moi mal ! Vas-y, enfonce-la jusqu'au bout ! Fais-moi mal ! Je sens que je vais jouir ! » Si cet engramme est dramatisé par un garçon, celui-ci risque fort de pratiquer la sodomie par la suite, car comme je l'ai déjà dit, le mental réactif ne tient pas compte des actes, mais du contenu verbal (qu'il prend à la lettre).

Donc, notre premier exemple d'engramme pro-survie (l'engramme de coït) ne provoquerait sans doute pas de grosses aberrations. Mais il suffirait qu'il contienne certains mots ou certaines phrases pour faire de sacrés dégâts.

Notre second exemple engramme pro-survie a trait à un autre type d'engramme prénatal. (Un auditeur fit la remarque suivante un jour où lui-même recevait la thérapie : « Avant la Dianétique, je m'étais représenté mon existence sous la forme d'un graphique gradué où la période s'étendant de la conception à la naissance équivalait à un cinquantième de la période s'étendant de la conception au présent. Mais en ce moment, j'ai plutôt l'impression que la période prénatale équivaut aux deux tiers de la distance qui sépare la conception du présent. » Lorsque sa période prénatale fut entièrement déchargée, elle équivalait de nouveau à un cinquantième de son existence.)

Bien. Venons-en à notre deuxième exemple. La mère avait tendance à faire de l'hypertension, ce qui causait des douleurs très pénibles au bébé, surtout quand elle était dans un état de grande agitation. (Voilà l'une des causes principales des migraines.) Nous ne sûmes jamais ce qui avait été à l'origine de l'hypertension qui avait causé l'engramme. (Une bonne partie de la vie prénatale n'est jamais mise à jour, en ce sens que l'enregistrement d'un engramme commence juste après la douleur, au moment où l' « inconscience » s'installe. Donc, la cause de l'engramme reste souvent un mystère, ne faisant pas partie de l'engramme lui-même.) Au début de l'incident, c'est-à-dire au moment où la pression artérielle commençait à s'accroître et à comprimer le bébé, la mère pleurait. Elle était seule. « Oh ! Comment vais-je pouvoir m'en sortir ? Tout me paraît tellement gris, tellement dépourvu de couleur ! Oh, pourquoi me suis-je lancée là-dedans ? Je ne pourrai pas aller jusqu'au bout. C'est impossible. Mais il le faut, il le faut. Ça me rendrait malade si je n'allais pas jusqu'au bout. Seigneur ! Tout me tombe dessus en même temps. Je suis complètement coincée. Enfin bon, j'irai jusqu'au bout. Je me sentirai mieux si je vais jusqu'au bout. Je serai courageuse. Je dois me montrer courageuse. Je suis courageuse. Je suis la personne la plus courageuse du monde. Il faut que je sois courageuse et je le suis. » À la fin de cette tirade, la pression commença à diminuer.

Ni l'auditeur, ni le patient ne surent jamais de quoi la mère voulait parler. Cela arrive souvent avec les engrammes. De toute façon, ils donnent lieu à des malentendus et ne sont pas destinés à être compris mais à être éliminés de la banque des engrammes.

L'engramme ci-dessus est particulièrement dangereux, car il contient un manique : « Je suis la personne la plus courageuse du monde. » Plus tard, lorsque l'enfant aura acquis l'usage de la parole, autrement dit, lorsque le contenu verbal de l'engramme pourra agir sur l'analyseur, le pronom personnel « je » s'appliquera à l'individu lui-même. Tant que l'individu ne saura pas parler, les mots enregistrés n'auront aucun sens ; mais le reste du contenu de l'engramme va également causer de graves aberrations. L'engramme est encore plus dangereux qu'il ne paraît de prime abord, car il dit « je suis coincée » et « tout me tombe dessus en même temps ». « Coincée » est notre vieil ennemi, le *reteneur*. Mais « Tout me tombe dessus en même temps » est un *regroupeur*. De plus, le reste de l'engramme est complètement illogique et incohérent pour l'analyseur, car il dit qu'« il faut aller jusqu'au bout » mais qu'« il est impossible d'aller jusqu'au bout », que « ça me rendrait malade si je n'allais pas jusqu'au bout ». « Tout est identique », raisonne notre idiot de mental réactif ; résultat : cet engramme attire et repousse à la fois la thérapie, en ce sens qu'il crée chez l'analyseur un état d'indécision particulièrement insupportable.

L'individu qui dramatise cet engramme va, par exemple, se retrouver sous l'emprise du manique dans un premier temps et être la personne la plus courageuse du monde. Puis, il va sans doute « redescendre » en raison d'un changement de restimulateurs et avoir de méchantes migraines. Après quoi il va sombrer dans un état d'indécision chronique, pour finalement contracter l'émotion présente dans l'incident (le désespoir et les larmes) et se retrouver dans un état de profonde dépression. Mais tout cela est pro-survie car, apparemment, cela lui permet de se sortir d'une situation. Laquelle ? Mystère. Mais il y a pire. À cause de la phrase « tout est gris et dépourvu de couleur », notre homme ne distingue pas les couleurs, du moins lorsqu'il se rappelle quelque chose : il voit toutes les images du passé en noir et blanc. Si la dramatisation s'intensifie, il se peut même qu'il finisse par ne plus distinguer les couleurs dans la vie. Si la restimulation de cet engramme se complique d'autres restimulations d'engrammes, cet individu a de grandes chances de se retrouver à l'asile avec une migraine chronique et avec toutes les douleurs physiques qu'il a éprouvées durant son existence. En effet, son engramme contient un regroupeur. Ce regroupeur rassemble tous les engrammes du mental réactif en un endroit unique de la piste de temps et place le patient au beau milieu.

Cet incident (authentique) fut contacté au moyen de la thérapie. La patiente avait été déclarée « folle ». Lorsqu'elle eut contacté et déchargé l'engramme, elle redevint « normale » et atteignit l'état de release. Cette patiente avait été internée, se trouvait dans la position du fœtus et avait régressé physiquement. Elle ne cessait de pleurer et de hurler les paroles de l'engramme. Son dossier médical disait que tout cela était « une manifestation d'une illusion d'enfance ». Dès le départ, l'auditeur utilisa la technique répétitive. Il fixa l'attention de la patiente sur lui au moyen d'un son fort et monotone, puis employa les mots qu'elle ne cessait de hurler. Il lui fallut contacter quelques incidents antérieurs renfermant ces mots avant de pouvoir décharger quelque peu l'incident qu'elle dramatisait. Avec les gens « normaux », on contacte et on décharge ce genre d'engramme sans le moindre problème. Mais l'engramme de cette patiente avait été durement restimulé et elle possédait plusieurs engrammes de « perte » grave qui avaient causé un key-in de plus en plus fort de l'incident.

Soit dit en passant, les individus qui sont « coincés » ou pour qui « il est impossible de s'en sortir » (autrement dit les cas qui ont plusieurs reteneurs, ainsi qu'une quantité substantielle d'émotion douloureuse) dramatisent fréquemment certaines particularités du fœtus (même les cas dits « normaux ») : peau luisante, colonne vertébrale courbée, gonades insuffisamment développées, etc.

L'engramme de compassion

Prenons comme premier exemple une maladie dont avait souffert un patient durant sa prime enfance. À l'âge de deux ans et demi, il contracta une pneumonie. Sa vie prénatale était truffée de tentatives d'avortement, auxquelles venait s'ajouter l'habituel stock d'engrammes que l'on trouve chez toute personne ayant des parents aberrés. Les querelles et les bagarres domestiques le plongeaient dans un état de grande angoisse. Bon nombre de ses engrammes avaient été ainsi réveillés (key-in) et sa pneumonie lui venait de l'un d'eux. Sa grand-mère vint le chercher et l'emmena chez elle, car chaque fois qu'il tombait malade, sa mère le laissait tout seul. Le patient eut énormément de mal à se rappeler cet incident, car il était occulté. L'auditeur ne put le contacter qu'après avoir déchargé plusieurs engrammes récents d'émotion douloureuse et une bonne centaine d'engrammes prénatals de douleur physique. Lorsque l'enfant avait des crises de larmes, la grand-mère prenait cela pour des « accès de conscience » et elle essayait de le raisonner. Elle disait : « Ces gens ne te veulent pas vraiment du mal, mon chéri. Je sais qu'ils ont bon cœur, en fait. Tu dois faire ce qu'ils disent et croire ce qu'ils disent, et tout ira bien. Promets-moi que tu le feras, mon chéri. » L'enfant, tout juste capable de réagir, acquiesçait faiblement et promettait à sa grand-mère qu'il ferait et croirait tout ce qu'ils lui diraient. « Je t'aime beaucoup, poursuivait sa grand-mère, et je vais bien m'occuper de toi. Allez, ne t'inquiète pas, mon trésor. Oublie tout ça et repose-toi. »

Étant donné que les phrases de cet engramme équivalaient en fait à des suggestions hypnotiques (vu l'état de l'enfant) et qu'elles pouvaient être maintenues en place par la fièvre et la maladie, elles eurent un effet très marqué sur l'enfant. Il fallait qu'il croie tout ce qu'on disait, qu'il le croie *à la lettre*. Cela le priva, entre autres choses, d'une bonne partie de son sens de l'humour. Comme il voulait « que tout aille bien », il lui fallait croire ce que disaient ses parents, y compris ce qu'ils avaient dit durant sa vie prénatale. Mais les choses qu'ils avaient dites pendant la période prénatale étaient un ramassis d'idées aberrées (« c'est moi qui commande dans cette maison », « quel plaisir de frapper une femme », etc.). Toutes ces idées devinrent « vraies » pour l'enfant, car c'est ce que disait l'engramme de compassion : « Tu dois *croire*. » Il n'y a pas malédiction plus terrible que les engrammes de compassion renfermant des phrases telles que : « Crois ce qu'on te dit », « crois tout ce que tu lis », « il faut croire les gens », etc. En effet, ces phrases impliquent que le pauvre analyseur ne soit plus en mesure désormais d'évaluer les données des banques mnémoniques standard, à moins que l'individu ne décide de se rebeller et de se dresser contre le monde entier (cela arrive). Bien des années plus tard, notre malheureux héros épousa une femme qui présentait quelque ressemblance avec sa grand-mère. Bientôt : a) il devint chroniquement la proie de la douleur et de la maladie contenues dans les engrammes de compassion qu'il avait reçus de sa grand-mère (de cette façon, il pouvait espérer s'attirer sa compassion) et b) il se retrouva sous l'emprise de ses engrammes prénatals puisque sa « grand-mère » (sa femme) le plongeait dans sa propre valence. Résultat : il se querellait avec sa femme, laquelle ne se laissait pas faire, et un jour, boum, cette femme cessa brusquement d'être « sa grand-mère » et devint « sa mère ». Et notre homme perdit le peu de santé d'esprit qu'il lui restait.

Nous finîmes par dénicher cet engramme de compassion après bien des efforts. Il était resté très profondément enfoui pour deux raisons : a) son contenu concordait avec le but fondamental et b) il renfermait un *mécanisme* d'oubli.

Du fait que son contenu concordait avec le but fondamental, il fallut tout d'abord décharger bon nombre d'incidents avant que le mental (n'oubliez pas que le mental s'autoprotège) accepte de se passer de cet engramme.

Quant au mécanisme d'oubli, on le rencontre fréquemment dans les engrammes. Chaque fois que vous essayez de décharger un engramme qui contient une somatique capable de faire hurler de douleur un patient, mais qui, chose étrange, ne contient pas le moindre mot, vous pouvez immédiatement soupçonner la présence d'un mécanisme d'oubli. De toute évidence, il y a en ce bas monde des gens qui pensent que le meilleur remède, quand « on n'est pas bien dans sa tête », c'est d'oublier. « Il faut que je me sorte ça de l'esprit », « si je m'en souvenais, je deviendrais fou », « mon bébé, tu dois oublier tout ce que je te dis », « personne n'est capable de se souvenir », « je n'arrive pas à m'en souvenir ». Ou tout simplement : « Je ne sais pas ». Sans oublier la phrase reine entre toutes : « Oublie ça ! ». Eh bien, toutes ces phrases empêchent l'analyseur d'accéder aux données. Lorsque vous commencez la thérapie d'un patient, il arrive parfois qu'il réponde à tout ce que vous lui demandez en employant l'un de ces dénieurs (et rappelez-vous qu'il y a beaucoup d'autres types de dénieurs). Au moyen de la technique répétitive, vous parviendrez finalement à libérer cette phrase (ce dénieur) de divers engrammes, ce qui fera apparaître des incidents. Pour l'enfant, c'est une malédiction pire que celle de Macbeth d'avoir une grand-mère qui dit tout le temps « oublie ça » chaque fois qu'il est malade. Une phrase d'oubli, utilisée par un allié, à elle seule et avec pratiquement aucune douleur ou émotion présente, va enfouir des données qui, en rappel, ne seraient pas aberrantes mais qui, par la phrase d'oubli, rendent les choses dites juste avant aberrantes et littérales.

L'engramme ci-dessus, donc, ne put être déterré que vers la fin de la thérapie. Lorsqu'il fut enfin contacté, la banque des engrammes, déjà vidée de la majeure partie de son contenu, s'effondra complètement et le patient atteignit l'état de Clair.

Venons-en à notre deuxième exemple. Cet engramme de compassion avait été reçu durant l'enfance. Le patient, au début de la thérapie, était dans un état de confusion mentale extrême. Soit dit en passant, on rencontre assez souvent ce type d'engramme de compassion. Cet incident se produisit alors que l'enfant venait d'être gravement blessé dans un accident. Il avait une fracture du crâne et était en état de choc. Il resta plusieurs jours dans le coma. Le patient ne savait pas qu'il avait été victime de cet accident, bien qu'un examen de son crâne eût révélé des traces de la fracture. Il savait qu'il avait une cicatrice sur le crâne mais ne s'était jamais demandé d'où elle venait. À l'époque de l'incident, ses parents étaient sur le point de divorcer. Ils ne cessèrent de se quereller à proximité de l'enfant durant les quelques jours où il resta dans une « semi-inconscience ». Ils avaient été bouleversés par l'accident et se rejetaient mutuellement la faute. Les premiers incidents de ce très long engramme ne présentent pas grand intérêt dans cet exemple, si ce n'est qu'ils montrent que la mère prenait constamment la défense de l'enfant alors que le père ne l'attaquait pas. Mais ce sont les mots de l'engramme que retient le mental réactif, aussi les paroles prononcées par la mère eurent un effet sur le patient. Finalement, le père quitta le domicile conjugal. La mère s'assit à côté du lit de l'enfant et, tout en pleurant, lui dit qu'elle l'empêcherait de mourir, qu'elle « travaillerait comme une esclave et s'userait les mains jusqu'aux os » pour qu'il reste en vie. Elle ajouta : « C'est grâce à moi que tu es en vie. Je t'ai protégé contre ce monstre, cette bête malfaisante. Sans moi, tu serais mort depuis longtemps. Je vais prendre soin de toi et te protéger. Ne fais pas attention à ce que les gens te diront. Je suis une bonne mère. J'ai toujours été une bonne mère. Ne les écoute pas, mon bébé. Je t'en supplie, reste ici et guéris, mon bébé. Je t'en supplie ! »

Ce ramassis d'absurdités sortait évidemment tout droit de son mental réactif. La façon dont elle s'occupait du nourrisson ne lui donnait absolument pas mauvaise conscience. Pourtant, depuis la conception, elle traversait cycliquement des périodes où elle maltraitait l'enfant. (Soit dit en passant, la mauvaise conscience chronique ou le complexe de culpabilité sont dus à des engrammes contenant des phrases telles que « Je suis coupable », etc.)

La mère était ce qu'on appelle une personne *ambivalente*. *Ambivalent* signifie : mû par deux forces. En fait, le mot *multivalence* conviendrait mieux que le mot ambivalence. En effet, il a été démontré que les gens « normaux » ont de nombreuses valences et il n'est pas rare qu'ils en aient une vingtaine ou une trentaine. Cette femme, malgré ses supplications délirantes et son sentimentalisme dégoulinant, changeait de valence comme de chemise. Elle était capable d'une très grande cruauté et torturait l'enfant en lui infligeant des punitions bizarres et imprévisibles. Malheureusement pour le patient, il fallait qu'il tombe malade pour qu'elle daigne changer de valence : un revirement complet s'opérait alors en elle et elle se mettait à le protéger avec passion, lui assurant qu'elle l'aimait, qu'elle ne le laisserait jamais mourir de faim, etc. Le résultat de ce comportement aberré fut qu'à l'âge de dix ans, l'enfant avait déjà reçu près de mille engrammes, dont de nombreuses versions de l'engramme décrit plus haut.

À cause de cet engramme, le patient avait la « conviction » que si sa mère n'était pas auprès de lui et s'il n'était pas en bons termes avec elle, il mourrait de faim ou souffrirait. De plus, cet engramme (reçu pendant qu'il avait une fracture du crâne) impliquait qu'il devait avoir mal à la tête pour rester en vie. Toute cette série d'incidents avait créé chez le patient un ensemble complexe de maladies psychosomatiques : sinusites, éruptions chroniques, allergies, etc. Pourtant le patient prenait toutes les précautions possibles pour rester en bonne santé et il n'était absolument pas hypocondriaque.

L'auditeur dut décharger toute la série de querelles qui avaient eu lieu avant l'incident, ainsi que bon nombre d'engrammes prénatals et la plupart des engrammes récents d'émotion douloureuse, avant de mettre la main sur cet engramme de compassion.

J'ouvrirai une petite parenthèse à propos des engrammes de compassion. Vous ne les trouverez pas exclusivement pendant l'enfance. Ils peuvent être prénatals ou postnatals. Et parfois très récents. On trouvera dans les chaînes d'engrammes de compassion des personnes qui ont empêché la mère de se livrer à de nouvelles tentatives d'avortement et qui sont bien entendu des alliés que l'individu ne tient pas du tout à perdre. On peut parfois trouver des engrammes de compassion reçus à l'âge de cinquante ans. Nous avons eu un patient qui avait reçu un engramme de compassion à trente ans : durant un moment où le patient était encore sous l'effet d'un anesthésique et où il souffrait horriblement, l'infirmière, une nymphomane, lui avait adressé tout un tas d'obscénités et joué avec ses parties sexuelles, tout en s'arrangeant pour lui implanter des paroles compatissantes. Cet engramme de compassion altéra considérablement l'état psychique du patient. (La légende selon laquelle bon nombre de patients endormis ou drogués sont victimes de perversions sexuelles est un mensonge pur et simple. La chose se produit très rarement, même si certains individus très aberrés affirment le contraire, après une opération ou un moment où ils étaient sous anesthésie.)

Pour qu'un engramme devienne un engramme de compassion, il lui suffit de contenir un semblant de compassion ; le mental réactif n'analyse jamais le sens véritable du contenu d'un engramme.

L'engramme d'émotion douloureuse

Nous en donnerons trois exemples, car il y a trois types d'engrammes d'émotion douloureuse. Ces engrammes peuvent être reçus à n'importe quelle période de l'existence, même durant la vie prénatale. Les incidents les plus faciles à contacter sont les incidents récents. Ils conduiront à des incidents très anciens de douleur physique, à des engrammes de compassion, etc. Notre premier exemple a trait à la mort d'un allié. Une jeune fille, à l'âge de dix-huit ans, apprend de la bouche de ses parents que sa tante vient de mourir. La tante était un allié qui comptait énormément pour elle. Lorsque nous auditâmes la jeune femme, treize ans s'étaient écoulés. Elle avait trente et un ans. Elle se rappelait la mort de sa tante mais attribuait le chagrin qu'elle avait ressenti à son propre « instinct de mort » (qui lui venait en fait d'un engramme dans lequel sa mère répétait sans cesse qu'elle voulait en finir et mourir). La tante avait réussi à convaincre sa mère de ne pas « se débarrasser » du bébé et lui avait fait promettre qu'elle le garderait. Après la naissance de l'enfant, la tante s'était occupée d'elle chaque fois qu'elle tombait malade. En fait, la tante était le seul refuge pour l'enfant, face à une mère autoritaire et à un père bigot. En effet, ni le père ni la mère n'avaient voulu d'elle et ils avaient tout fait pour que la grossesse n'arrive pas à terme.

Le père appris la nouvelle à la jeune fille en parlant d'une voix sonore et en arborant une expression de circonstance. « Je veux que tu témoignes d'un grand respect durant les funérailles, Agatha. » (« Quelles funérailles ? ») « Ta tante vient de passer dans l'au-delà. » (« Elle est morte ? ») « Oui, la mort est notre lot à tous et nous devons nous préparer à affronter ce qui nous attend à l'autre bout du chemin. Car la vie est un long chemin qui nous mène jusqu'à Dieu ou jusqu'aux flammes de l'enfer, et chacun de nous est appelé à mourir un jour. Surtout fais montre d'un grand respect aux funérailles. » Dès qu'elle avait entendu le mot « funérailles », elle avait pâli. Mais lorsqu'elle entendit le mot « mort », elle sombra aussitôt dans un état qui n'était rien d'autre que de l' « inconscience ». Elle resta « inconsciente » pendant deux jours, bien qu'étant capable de marcher, de vaquer à ses occupations quotidiennes, etc.

Notre patiente progressait très lentement. Mais cela changea du tout au tout le jour où cet engramme fut découvert et parcouru. Elle déchargea un chagrin énorme qu'elle avait toujours réussi à refouler. Elle raconta l'engramme huit fois et celui-ci cessa d'avoir sur elle le moindre effet. Nous pûmes alors contacter le plus naturellement du monde le tout premier moment où sa tante était intervenue pour mettre un terme aux tentatives d'avortement de la mère et cet incident fut déchargé. La patiente put alors décharger maints incidents prénatals puisque l'incident qui lui interdisait de « s'en débarrasser » avait été supprimé ; et comme nous avions, de la sorte, libéré des unités de force vitale, elle n'eut plus aucun mal à décharger des incidents prénatals. Nous trouvâmes cinq autres alliés. Étant donné la méchanceté des parents, la jeune femme s'attachait à toute personne qui s'intéressait à elle ou la prenait sous sa protection. Des incidents douloureux très anciens furent contactés, ce qui permit de trouver d'autres alliés et d'autres incidents d'émotion douloureuse, lesquels, une fois déchargés, nous conduisirent à d'autres engrammes de douleur physique, et ainsi de suite.

L'exemple suivant est celui d'un engramme qu'avait reçu un patient dont les parents, gens « fortunés », n'avaient cessé de s'occuper durant toute son existence. Sa vie prénatale était truffée d'incidents graves qui refusaient de remonter à la surface. Finalement l'auditeur découvrit que les seules personnes qui lui avaient témoigné de l'affection et de l'amour avaient été des gouvernantes, que sa mère adorait semer la pagaille dans la maison et qu'elle avait pris l'habitude de renvoyer les gouvernantes dès que l'enfant commençait à s'y attacher. De plus, elle répétait à qui voulait l'entendre que l'enfant était « une peste ». Venons-en à l'engramme. L'enfant est dans le jardin et voit la gouvernante sortir de la maison, une valise à la main. Il s'arrête de jouer et se précipite vers elle pour « lui faire peur ». La gouvernante est furieuse (c'est une Irlandaise) à cause des mots qu'elle vient d'avoir avec la mère. Mais à la vue de l'enfant, elle change d'expression et s'agenouille devant lui. « Je m'en vais, mon gars. Je peux plus rester. Non, je peux plus être ta gouvernante. Allons, allons, tu en auras une autre. Ne pleure pas. Les petits garçons, ça ne doit pas pleurer. Allez au revoir, mon p'tit gars. Je t'adore. » Et elle s'en va.

Dès que la gouvernante lui avait appris qu'elle partait, l'enfant avait été comme assommé. L'interdiction de pleurer lui venait d'un allié. Tout ce que dit un allié est vrai et il faut croire tout ce que dit l'allié car c'est synonyme de survie, et le but fondamental, c'est de survivre. Le patient n'avait jamais pleuré après cet incident, sauf en quelques rares occasions où il avait éprouvé un chagrin énorme. L'auditeur avait au préalable contacté huit de ces départs en vain. Mais ils se déchargèrent un à un une fois qu'il eut contacté et fait sauter l'incident ci-dessus.

Tout départ d'un allié renferme une charge émotionnelle. Si vous n'arrivez pas à la libérer, c'est que le patient la refoule à cause d'un autre incident.

Notre troisième exemple d'engramme d'émotion douloureuse a trait à un revirement de la part d'un allié. Une femme aimait tendrement son mari. Ils s'étaient toujours très bien entendus, jusqu'au jour où les parents du mari s'installèrent dans le quartier et se mirent à dire du mal de la femme. Cela rendit le mari furieux et il se querella avec eux. Sa femme était un pseudo-allié, et le malheur avait voulu que l'allié véritable ait dit au mari, lorsqu'il était enfant, de toujours croire ses parents. (C'est assez classique. Si seulement les alliés disaient des choses intelligentes à l'enfant lorsqu'il est malade ou émotionnellement instable, les choses iraient beaucoup mieux. Il est de loin préférable de dire quelque chose comme : « Quand tu seras plus grand, tu seras capable de te débrouiller tout seul », plutôt que d'émettre tout un flot de platitudes et de clichés.) Un revirement tragique s'opéra alors chez le mari. Le mental réactif, restimulé par l'épouse (le mari était devenu extrêmement émotif car ses parents le restimulaient au plus haut point), souffla au mari qu'il fallait toujours croire ses parents. Ceux-ci ne cessaient de lui faire des réflexions aberrées sur sa femme, comme quoi c'était une bonne à rien, etc. Le mari prit alors la valence de son père pour échapper à cette situation impossible. Mais cette valence avait pour habitude de frapper les femmes. Il se mit à infliger à son épouse correction sur correction, dramatisant l'un des engrammes de son père : « Je te hais. Tu n'es qu'une bonne à rien. J'aurais dû les écouter. Tu n'es qu'une moins que rien. »

Plus tard, l'épouse suivit une thérapie de Dianétique. Elle refoulait toute cette charge émotionnelle, non pas parce qu'elle avait honte de ce que son mari lui avait fait, mais tout simplement parce que la zone prénatale n'avait pas été délestée d'un certain nombre d'engrammes. Il fallait d'abord décharger ces engrammes avant de pouvoir libérer l'émotion douloureuse de cet incident (l'archiviste a beaucoup de jugeote). Au bout d'un temps, la thérapie n'avança plus d'un poil, au point que l'on aurait pu la croire terminée, bien que la patiente eût encore des somatiques (qu'elle attribuait à des causes naturelles) et des aberrations (qui, selon elle, étaient des réactions saines). L'auditeur employa alors la technique répétitive et opta à tout hasard pour la phrase « Je te hais », car il savait qu'elle disait cela à son mari de temps à autre. Brusquement, l'incident remonta à la surface. Elle le raconta trois fois et déchargea l'émotion douloureuse extrêmement violente qu'il contenait (elle pleura tellement qu'elle faillit s'étouffer). Aussitôt, elle fut en mesure de contacter et d'effacer douze engrammes prénatals renfermant des bagarres entre sa mère et son père (qui était un allié ; le mari était le pseudo-allié) durant lesquelles la mère se donnait des coups de poing sur l'abdomen et maudissait l'enfant. Notre patiente put alors progresser très rapidement vers l'état de Clair.

N'importe quelle perte peut créer un engramme d'émotion douloureuse : perte d'un chien, d'une poupée, d'une somme d'argent, d'une position sociale ; perte d'une personne aimée (mort, départ, revirement). Même une menace de perte peut donner naissance à un engramme d'émotion douloureuse. Toute perte d'un organisme ou d'un objet intimement lié au patient et à sa survie peut emprisonner des unités de force vitale. Cette émotion douloureuse tire sa force des engrammes de douleur physique prénatals. L'engramme de douleur physique reste bien entendu le grand coupable, mais il a un complice : l'engramme d'émotion douloureuse.▲

CHAPITRE NEUF

MÉCANISMES ET ASPECTS DE LA THÉRAPIE PREMIÈRE PARTIE

COMMENT DÉMARRER LA THÉRAPIE AVEC UN NOUVEAU PATIENT

CHAQUE NOUVEAU CAS EST ABORDÉ différemment, il n'y a pas au monde deux êtres humains identiques. Aussi il n'y a pas en Dianétique deux façons identiques d'aborder un cas. Par bonheur, cela ne pose aucun problème, car les mécanismes de la thérapie de Dianétique, eux, ne changent pas.

Il y a trois types de cas : ceux dont le sonique fonctionne, ceux qui n'ont pas de sonique et ceux dont les souvenirs sont imaginaires (et que les auditeurs surnomment « cas de dub-in »).

C'est très facile de commencer la thérapie lorsqu'on a affaire à un patient dont le sonique fonctionne. Mais de toute façon, on démarre toujours un nouveau cas de la même manière. Mettez le patient en rêverie (et ne vous inquiétez pas s'il n'est pas dans un état de rêverie très profond, car la rêverie sert uniquement à fixer l'attention du patient sur lui-même et sur l'auditeur, et vous y parviendrez toujours un tant soit peu). Installez un annulateur. Demandez-lui de retourner jusqu'à son enfance et d'y trouver un incident agréable. Puis demandez-lui d'y trouver un incident contenant une douleur relativement bénigne, une gifle, par exemple. Demandez-lui de parcourir et de raconter l'incident plusieurs fois, pour qu'il voie comment fonctionne le retour. S'il n'y arrive pas vraiment bien, dites-lui de retourner à la journée d'hier et de parcourir et raconter son trajet pour se rendre au travail et demandez-lui les choses qu'il a vues et les sons qu'il a entendus, puis envoyez-le de nouveau à son enfance.

Si vous demandez au patient de trouver un petit incident tel que la gifle, c'est pour voir si la douleur est bloquée. Ce n'est pas un très grand problème si le patient ne rééprouve pas la douleur. Il suffit de retourner au moment qui précède l'injonction engrammique qui a provoqué l'insensibilité. Mais c'est bon à savoir, car vous devrez trouver des somatiques dès le début de la thérapie. Voyez ensuite si les émotions du patient sont bloquées. Si c'est le cas, ce n'est pas non plus très grave. Mais c'est une information précieuse car vous allez bientôt devoir trouver des émotions.

Vérifiez maintenant si le patient est à l'intérieur de son corps ou a l'extérieur de son corps en train de se regarder. S'il est extériorisé, c'est que vous avez affaire à un cas chez lequel il y a énormément d'émotion à décharger.

Maintenant essayez d'atteindre le basique-basique. Vous aurez peut-être la surprise de le contacter du premier coup. Ou bien il vous faudra peut-être, pour le trouver, cinquante heures de travail durant lesquelles vous déchargerez tout ce qui se présentera. Prenez tout incident prénatal que vous transmet l'archiviste et réduisez-le.

Que vous ayez ou non contacté le basique-basique, prenez tout incident prénatal qui se présente sans trop se faire prier et réduisez-le.

Si vous ne trouvez pas d'engrammes prénatals, ramenez le préclair dans le temps présent, mais dites-lui de garder les yeux fermés. À présent, posez-lui quelques questions sur sa famille, ses grands-parents, son mari ou sa femme. Si le préclair est divorcé, posez-lui quelques questions sur son ex-mari ou son ex-femme. Ensuite posez-lui des questions sur ses enfants. Demandez-lui tout particulièrement de vous parler des proches qui sont décédés. Vous êtes à la recherche d'un engramme d'émotion douloureuse, d'un moment de perte qui puisse être déchargé.

Trouvez un incident de perte, n'importe lequel, même la mort d'un chien. Dites au préclair de retourner jusqu'à cet incident et d'en parcourir les premières minutes, mais à partir du tout début (c'est-à-dire à partir du moment où il apprend la mauvaise nouvelle). Demandez-lui de vous le raconter encore une fois. Réduisez cet incident comme s'il s'agissait d'un engramme. Vous êtes à la recherche d'une libération d'émotion. Si au bout de quelques parcours, l'émotion ne se décharge pas, trouvez un autre moment de perte, un échec, bref, quelque chose qui puisse être déchargé. Procédez en douceur, comme si vous compatissiez. Si vous faites chou blanc, passez à la technique répétitive, sans jamais manifester autre chose que du calme et de la sollicitude (même si quelques-uns de ses mouvements vous inquiètent). Essayez des phrases comme : « Pauvre petit(e) », accompagnées du prénom ou du surnom par lequel on le désignait durant son enfance. (Pour aider le préclair à être « aspiré » par un incident contenant cette phrase, l'auditeur dit aussi que la bande somatique retournera jusqu'à l'incident, mais nous y reviendrons plus loin.)

Quand le préclair aura répété plusieurs fois cette phrase, il se retrouvera peut-être dans un incident « à haute tension » qui se déchargera. Si vous ne trouvez pas le moindre incident déchargeable, gardez votre calme (tout ce travail finira par payer, peut-être lors de la séance suivante, peut-être lors des séances ultérieures), continuez de chercher, continuez d'observer. Il y a, quelque part, de l'émotion prête à être libérée. Essayez d'autres combinaisons de mots (par exemple, des phrases qu'on adresserait à un enfant malade ou angoissé) et demandez au préclair de les répéter.

Si vous n'avez toujours pas obtenu le moindre résultat, livrez-vous à un petit test, sans dire au préclair qu'il s'agit d'un test : vérifiez s'il quitte vraiment le temps présent. Ne lui demandez pas d'« essayer de se rappeler », car il doit retourner, ce qui est un processus très différent mais tout aussi naturel que la simple remémoration. S'il s'avère que le patient est coincé dans le temps présent, utilisez de nouveau la technique répétitive, en essayant divers éjecteurs : « Fiche le camp et ne reviens jamais ! », « Tu ne pourras jamais revenir ! », etc. C'est peut-être un éjecteur qui maintient le préclair dans le temps présent. S'il n'arrive toujours pas à retourner après l'emploi de quelques éjecteurs, essayez des reteneurs : « Je suis coincé ! », « Ne bouge pas ! », etc.

Gardez votre calme, ne laissez jamais transparaître la moindre inquiétude. Si, au cours de la première séance, vous n'obtenez ni libération de charge, ni engramme avec la technique répétitive, et si le patient ne se déplace pas sur la piste de temps, relisez ce livre, puis faites une nouvelle tentative avec ce patient, trois jours après au plus tard. Quelques-unes des choses que vous avez demandées au patient se présenteront peut-être à ce moment-là.

Cependant, en règle générale, vous obtiendrez soit un engramme prénatal, soit une libération de charge. Si vous obtenez une libération de charge, dites à la bande somatique de retourner jusqu'à l'engramme prénatal qui maintenait cette charge en place. Réduisez tout ce que vous trouvez. Si c'est la naissance qui se présente et que le patient semble se la rappeler parfaitement, essayez de la réduire, tout en sachant que vous ne la réduirez sans

---

doute que très légèrement et qu'il vous faudra la parcourir maintes et maintes fois pour lui ôter le plus de puissance possible.

Parfois le préclair se retrouvera dans un état de rêverie beaucoup plus profond que vous ne l'auriez souhaité. N'essayez pas de le ramener à un palier de conscience supérieur. Travaillez avec lui dans l'état de rêverie où il se trouve. S'il a l'air d'être dans un état proche du sommeil hypnotique, faites très attention aux mots que vous employez. Ne lui dites jamais, par exemple, de retourner quelque part et d'y rester jusqu'à ce qu'il ait trouvé quelque chose. C'est un reteneur. N'utilisez jamais de reteneurs, d'éjecteurs, de regroupeurs, etc., avec quelque patient que ce soit. « Pourriez-vous retourner dans la zone prénatale, s'il vous plaît. » « Voyons voir si la bande somatique peut localiser un moment très ancien de douleur ou d'inconfort. » « Veuillez reprendre la somatique depuis le début et parcourir l'engramme. » « Qu'entendez-vous ? » « Continuez » (si vous voulez qu'il continue de parcourir l'engramme jusqu'à la fin à partir de l'endroit où il se trouve). « Racontez-le encore une fois, s'il vous plaît. »

Il n'y a aucune raison d'être nerveux. Si vous manifestez de la nervosité, le patient s'inquiétera.

Parfois vous tomberez sur une insensibilité à la douleur. Dans un cas comme celui-là, la douleur a tendance à aller dans les muscles et à les faire trembler. Le patient ressentira sans doute ce tremblement, mais pas la douleur elle-même. Parfois la douleur est tellement occultée que le patient se mettra à rebondir sur le divan, sans s'en rendre compte, et qu'il manquera de tomber par terre. Ne vous alarmez pas : c'est de la douleur qui est emprisonnée quelque part. Retournez le plus loin possible en arrière et localisez une somatique qu'il pourra ressentir, ou bien trouvez un incident aussi récent que possible et localisez la charge émotionnelle.

Ne vous laissez pas mener en bateau s'il vous dit que la psychanalyse ou quelque autre pratique a réglé tous ses problèmes émotionnels. Il se peut qu'il ait enfoui très profondément la mort de sa femme, de sa petite amie ou de son enfant. Mais l'engramme, lui, est toujours là, regorgeant d'unités de force vitales captives et prêt à être réduit comme n'importe quel autre engramme.

Si vous tombez sur une charge émotionnelle très puissante, laissez le patient pleurer tout son soûl, puis demandez-lui d'une voix douce et compatissante de continuer à parcourir et à raconter l'engramme jusqu'à ce qu'il ne subsiste plus la moindre charge. Ensuite rendez-vous dans la zone prénatale ou au tout début de son enfance afin de trouver l'engramme de douleur physique qui maintenait cette charge émotionnelle en place.

La violence que peut parfois revêtir une libération d'émotion ne doit en aucun cas vous alarmer. Si vous sortez brutalement le patient d'un incident d'émotion douloureuse et que vous le ramenez dans le temps présent, il sera très malheureux. Après avoir parcouru et raconté l'incident un certain nombre de fois, le patient libérera une charge de chagrin, ce chagrin que la société s'est jusqu'ici révélée incapable de combattre ou de libérer et qu'elle a, en désespoir de cause, toujours refoulé. Trouvez le tout premier moment où il a découvert la chose qui l'a mis dans tous ses états ou bien où il a appris la mauvaise nouvelle. Assurez-vous qu'il vous raconte bien l'incident depuis le tout début, c'est-à-dire depuis le moment où il a reçu le choc. Demandez-lui de raconter les premières minutes de l'incident (en général, cela suffit amplement). Puis dites-lui de le raconter une fois encore. Peut-être se trouve-t-il à l'extérieur de son corps la première fois qu'il le raconte. Il vous faudra sans doute lui faire parcourir l'incident plusieurs fois pour obtenir une libération de l'émotion emprisonnée. Souvenez-vous, le patient doit retourner à l'incident, et non pas se le remémorer. La remémoration ne lui fera pas le moindre bien.

Ne le laissez pas répéter mot pour mot ce qu'il vient de dire. Certains préclairs ont la fâcheuse habitude de répéter, à chaque nouveau parcours, ce qu'ils viennent de dire au lieu de progresser à travers l'engramme et d'y pêcher des informations nouvelles. Dites au préclair de voir s'il y a autre chose, demandez-lui quelle est la couleur du lit, etc., bref, maintenez son attention sur la scène, et toujours en douceur. Mais ne lui permettez jamais de répéter tout le temps la même chose lorsqu'il raconte un engramme : cela n'a aucune valeur thérapeutique de se rappeler ce qu'on vient de dire. Ce que le préclair doit faire, c'est glaner de nouvelles informations à chaque parcours de l'engramme afin que celui-ci puisse se décharger.

Libérez de l'émotion. Réduisez des incidents prénatals de douleur physique aussi anciens que possible. Si vous n'arrivez pas immédiatement à atteindre la région prénatale, c'est qu'elle contient un grand nombre d'éjecteurs. Utilisez alors la technique répétitive. Elle vous permettra d'y pénétrer.

Si le préclair dit sans cesse : « Je n'arrive pas à m'en souvenir », soyez patient. Suivez le code de l'auditeur. Recourez à la technique répétitive et demandez au préclair de répéter cette phrase. S'il contacte une somatique, mais rien d'autre, envoyez-le plus avant. S'il trouve une autre somatique, mais qu'il ne contacte toujours rien d'autre avec la phrase « Je n'arrive pas à m'en souvenir », dites-lui de retourner plus avant encore. Sa banque d'engrammes doit être truffée d'expressions de ce genre. Le pauvre. Quelqu'un tenait absolument à ce qu'il ne se souvienne pas de ce qui lui était arrivé. Finalement, vous tomberez sur un engramme renfermant cette phrase. Lorsque le patient aura parcouru plusieurs fois tout ce qu'il y avait autour de cette phrase, il sourira ou émettra un petit rire ou poussera un soupir de soulagement. À présent, vous pouvez soit parcourir l'engramme le plus ancien renfermant cette phrase (c'est ce que vous avez de mieux à faire), soit faire demi-tour et décharger chaque moment ultérieur contenant cette phrase. Ou bien vous pouvez essayer de trouver un autre incident, mais cela risque de freiner complètement la thérapie.

Le but, le seul et unique but, c'est de permettre à l'analyseur de l'individu d'accéder aux banques mnémoniques standard, a) en effaçant tout d'abord les engrammes prénatals de douleur physique, puis les engrammes postnatals, b) en effaçant tous les circuits-démons (qui sont renfermés dans les engrammes et qui remontent à la surface plus ou moins automatiquement) et c) en effaçant tous les engrammes d'émotion douloureuse.

Voici comment vous devez procéder : retournez le plus loin possible en arrière, de préférence dans la zone prénatale, et même au tout début de la zone prénatale, et essayez de trouver et de réduire un engramme, avec toutes ses somatiques (douleurs) et tous ses perceptiques (mots et tout ce qui a été perçu par les sens). Si vous n'y arrivez pas, commencez plus haut, quelque part entre la naissance et le présent, et trouvez un moment de perte ou un moment où il y avait une menace de perte, un moment qui puisse être déchargé de son émotion. Libérez cette émotion. Puis retournez dans la zone prénatale, le plus loin possible, et trouvez l'engramme qui maintenait cette émotion douloureuse en place. (Essayez constamment d'atteindre le basique-basique, le tout premier engramme. Persistez jusqu'à ce que vous l'obteniez.) Ensuite réduisez tous les engrammes prénatals que vous pouvez trouver, en vous aidant de l'archiviste et de la technique répétitive, et lorsque vous n'arrivez plus à en trouver, remontez en direction du présent et essayez de localiser un nouvel incident récent contenant de la charge émotionnelle.

Les engrammes de douleur physique anciens masquent les charges d'émotion postérieures. Et les charges d'émotion masquent les engrammes de douleur physique. Donc, vous alternez : engrammes de douleur physique anciens, incidents d'émotion douloureuse récents, engrammes de douleur physique anciens, incidents d'émotion douloureuse récents, et ainsi de suite. Trouvez des incidents aussi anciens que possible. Quand vous n'arrivez plus à les réduire ou que l'émotion refuse de se libérer, trouvez des incidents plus récents.

Voilà donc comment vous travaillez avec un patient. Avec chaque patient. Que la faculté du patient à retourner et à se rappeler soit bonne ou non, qu'il soit normal, névrosé ou psychotique, vous procédez toujours comme il vient d'être décrit.

Voici les outils dont vous disposez.

1. La rêverie. Ou l'attention fixée si vous n'arrivez pas à mettre le patient en rêverie.

2. Le retour.

3. La technique répétitive.

4. Une connaissance des éjecteurs, des reteneurs, des regroupeurs, des dérouteurs et des dénieurs.

5. Une connaissance de l'engramme d'émotion douloureuse.

6. La réduction ou l'effacement.

7. La réponse éclair (qui est la première chose qui vient à l'esprit du patient lorsque vous lui posez une question ; nous y reviendrons plus loin).

8. Le changement de valence (qui consiste à faire glisser le préclair d'une valence à l'autre ; nous y reviendrons plus loin).

Voici maintenant en quoi consiste votre travail :

1. Veillez à ce que le patient se déplace sur la piste de temps.

2. Réduisez ou effacez tout ce que vous trouvez.

3. D'après les remarques du préclair, en dehors de la thérapie ou pendant la thérapie, déduisez quels sont ses éjecteurs, ses reteneurs, ses regroupeurs, ses dérouteurs et ses dénieurs.

4. Gardez toujours à l'esprit que la cible numéro un, c'est le basique-basique, c'est-à-dire le tout premier moment de douleur et d'« inconscience ».

5. Gardez toujours à l'esprit que le patient peut avoir des « computations de l'allié » qui lui disent que ses maladies et ses aberrations sont des biens « précieux ». Découvrez

d'où lui viennent ces « computations » en employant la technique de la réponse éclair.

6. Veillez à ce que le patient fasse continuellement des progrès, à ce qu'il ait continuellement des « gains », comme disent les dianéticiens. Travaillez dans ce sens. Ne visez pas des résultats soudains et spectaculaires. Ne commencez à vous « inquiéter » que si le préclair stagne, et résolvez le problème en trouvant l'engramme qui le fait stagner. Son contenu correspondra en gros à l'état dans lequel le patient dit se trouver et contiendra des paroles ou des phrases similaires à celles qu'il prononce.

7. Lorsque vous avez terminé la séance, ramenez le patient dans le temps présent et dites-lui : « Annulé. » Voyez s'il est vraiment de retour dans le temps présent en lui demandant une réponse éclair à la question : « Quel âge avez-vous ? » S'il vous donne un âge inférieur à son âge actuel, c'est qu'il est coincé dans un reteneur reçu à cet âge. Trouvez ce reteneur.

8. Gardez votre calme quoi que dise le patient.

9. N'essayez jamais de lui expliquer ce que signifient les données qu'il vous communique. Il n'y a que lui, et personne d'autre, qui sache ce qu'elles veulent dire.

10. Ne vous énervez pas et faites de la Dianétique. Comme disait l'amiral Farragut : « Au diable les torpilles ! Sus à l'ennemi ! »

11. Quand vous auditez, n'oubliez pas que *vous êtes l'auditeur*, même si vous auditez votre conjoint, votre fils ou votre fille ou un proche. Un préclair, quel qu'il soit, est incapable de trouver ses engrammes au moyen de ses facultés de raisonnement ; s'il en était capable, ce ne serait pas des engrammes. Par contre, vous, en tant qu'auditeur, vous pouvez trouver ses engrammes, au moyen de la déduction et du raisonnement. Faites ce qu'un bon auditeur ferait. Ne faites jamais ce que le patient vous demande, sauf s'il se trouve que ce qu'il demande concorde avec ce qu'un bon auditeur ferait. Soyez un auditeur, et non pas une marionnette influençable. C'est vous et l'archiviste du préclair qui dirigez les opérations : ce que pensent ses engrammes ou son mental analytique ne doit en aucun cas influer sur votre raisonnement et vos déductions. Vous et l'archiviste savez. Le préclair, en tant que « je », ne sait pas.

12. Ne vous étonnez de rien. Auditez.

Voici les choses à ne jamais faire :

1. Mélanger la Dianétique avec quelque pratique ou thérapie d'hier. Tout ce que vous réussirez à faire, c'est à ralentir ou à égarer le patient. Si vous vous mettez à « analyser » les données communiquées par le patient au lieu de vous en servir pour trouver de nouveaux engrammes, vous freinez la thérapie et vous le plongez dans la perplexité. C'est tentant d'utiliser les données à d'autres fins que celle de trouver de nouveaux engrammes, surtout si on est un professionnel dans un domaine que l'on croit apparenté à la Dianétique. Celui qui succombe à cette tentation avant même de savoir comment la Dianétique fonctionne fait preuve d'une grande étroitesse d'esprit et n'est pas fair-play avec la Dianétique, sans compter qu'il va complètement démolir le patient. Mais la tentation est grande, car avec la thérapie de Dianétique, on obtient du patient une moisson de données.

2. Ne bousculez pas le patient. Si le patient n'avance pas, c'est la faute de l'auditeur. Ne vous laissez pas aller à cette vieille pratique qui consiste à se mettre en colère contre le patient lorsqu'il ne va pas mieux. Peut-être que *vous* êtes persuadé que l'engramme que vous venez de réduire était *la* raison pour laquelle le patient ne se lavait jamais. Mais s'il refuse toujours de se laver, c'est qu'il y a un engramme antérieur.

3. N'allez pas conclure d'un air entendu que vous avez affaire à un cas « différent » sous prétexte qu'il ne progresse pas vite. Tous les cas sont « différents ».

4. Si jamais vous perdez courage, n'allez surtout pas demander de l'aide auprès de quelqu'un qui ne connaît pas la Diané-tique. Si le cas ne progresse pas ou semble patauger, n'allez pas chercher midi à quatorze heures : c'est justement parce que vous avez perdu courage. Il n'y a que la Dianétique qui puisse résoudre les problèmes causés par la Dianétique.

5. Prenez les récriminations du patient pour ce qu'elles sont, c'est-à-dire des données qui vous permettront de trouver des engrammes.

6. Si vous n'arrivez pas à contacter le moindre engramme prénatal, n'allez pas en conclure que le patient n'en a pas. Chaque patient en a des dizaines et des dizaines. N'oubliez pas qu'un engramme n'est pas un souvenir. Il faut le

« développer » (le faire apparaître progressivement) pour que le patient puisse le contacter et y pénétrer. Il n'existe pas un seul être humain au monde qui ne possède une multitude d'engrammes prénatals.

7. Ne permettez pas que le patient fasse appel à sa mère ou se serve de ce qu'on lui a dit pour éviter d'avoir à pénétrer dans les engrammes prénatals. *Quand un patient se sert du passé composé ou de l'imparfait, et non pas du présent, cela signifie qu'il n'est pas retourné jusqu'à l'incident.* L'engramme ne s'effacera pas, tant qu'il n'y sera pas retourné.

8. Ce n'est pas parce que le patient ne semble plus être affecté par quelque chagrin passé que ce chagrin n'est pas enfermé quelque part sur sa piste de temps. Le temps ne guérit pas, il emprisonne l'émotion.

9. N'allez pas inclure dans votre raisonnement et dans vos déductions les « complexes de culpabilité » ou les « sentiments de honte », à moins qu'il ne s'agisse du contenu d'un engramme. Ne dites jamais à un patient qu'il a mal agi dans tel ou tel incident qu'il vous raconte.

10. Chaque fois que le patient cesse de se comporter de façon optimale ou rationnelle, c'est dû à un engramme. N'allez pas expliquer son comportement en disant que « cela fait partie de la nature humaine ». C'est comme si un informaticien disait, face à un ordinateur qui fournit des réponses incorrectes : « C'est normal. C'est dans sa nature. » Contrairement à ce qu'on a cru jusqu'ici, les aberrations sexuelles, les refoulements, etc., ne sont pas des phénomènes « naturels ».

11. Ne vous laissez pas alarmer par les aberrations du patient. Contentez-vous de faire votre travail : contactez les engrammes et réduisez-les ou effacez-les. Vous trouverez chez chaque patient suffisamment d'aberrations pour remplir un dictionnaire.

12. Ne vous inquiétez pas si votre patient n'a pas atteint l'état de Clair à la fin de la séance ou au bout d'un mois de thérapie. Contentez-vous de poursuivre votre travail. Il parviendra à un niveau au-dessus de la normale si rapidement que vous ne vous en apercevrez même pas. Une fois que vous aurez dépassé ce niveau, dites-vous bien que vous êtes en train de viser un but jamais atteint.

« COINCÉ DANS LE TEMPS PRÉSENT »

Lorsqu'on commence à auditer des patients, on constate qu'ils occupent des positions différentes sur la piste de temps. Parfois ils sont complètement à l'extérieur de la piste de temps et parfois leur piste de temps ressemble à une grosse pelote. De temps à autre, on tombe sur un patient dont la piste de temps est en bon état et qui a accès à ses engrammes, mais c'est rare.

Il n'y a pas de cas plus difficiles que d'autres, si ce n'est les cas dont le rappel est défectueux, qui font du « dub-in » ou qui ont des « occlusions ». Mais le cas qui est « coincé dans le temps présent » et avec qui la technique répétitive ne marche pas laisse très souvent l'auditeur perplexe. Le préclair n'arrive pas à retourner jusqu'au moindre engramme. En général, il ne ressent ni la douleur ni l'émotion et il a beaucoup de mal à libérer l'émotion douloureuse. Parfois il ressent une somatique, mais il ne contacte aucun incident. Parfois il ne ressent pas la somatique dans l'engramme de douleur physique qu'il vient de contacter, même s'il perçoit le reste du contenu. Bref, les situations sont aussi nombreuses que variées.

L'auditeur a plusieurs solutions à sa disposition. La première, c'est d'utiliser son jugement. La seconde, c'est d'apprendre au patient à retourner, ce qui est très facile. L'auditeur envoie le patient quelques heures en arrière et lui demande ce qu'il voit. Peut-être que le visio et le sonique du patient ne fonctionnent pas, mais il parviendra sans doute à percevoir plus ou moins ce qui s'est passé. Puis l'auditeur l'envoie quelques jours en arrière, puis quelques mois en arrière et, enfin, quelques années en arrière. Il demande chaque fois au patient de décrire du mieux qu'il peut son « milieu environnant ». Le patient comprend à présent en quoi consiste le retour. Et il est au moins capable de voyager dans les endroits de sa piste de temps qui ne sont pas voilés par les engrammes.

À présent, vous envoyez le patient à une période très ancienne de sa vie. Employez la technique répétitive. Essayez de trouver la cause de son insensibilité à la douleur (en lui faisant répéter des mots comme « sentir » ou « ressentir ») ou bien la cause de son incapacité à retourner (en lui faisant répéter des mots comme « oublier »). Il est possible que cela vous permette de contacter un engramme et de le réduire.

Si la technique répétitive ne donne toujours rien et que vous n'avez toujours pas obtenu la moindre information, essayez de déduire, d'après son comportement et les paroles qu'il a prononcées durant la thérapie, ce qui le gêne ou ce qui l'empêche de retourner. Puis employez de nouveau la technique répétitive en utilisant ce que vous avez trouvé. Par exemple, peut-être n'a-t-il pas le moindre souvenir de quelque membre de sa famille. Demandez-lui de répéter le nom de cette personne. Ou bien demandez-lui de répéter son propre surnom d'enfant jusqu'à ce qu'il contacte un incident.

Si vous n'arrivez toujours à rien, trouvez quelques locks légers, des incidents contenant une douleur légère, et réduisez-les. Par exemple : une chute de tricycle, une interdiction de venir manger, une réprimande, une fessée, une retenue à l'école, etc. Une fois que vous aurez réduit quelques locks, essayez de nouveau de trouver un engramme.

L'état du patient ne s'améliorera pas beaucoup si vous ne parcourez que des locks. De plus, un cas a des milliers et des milliers de locks. La plupart disparaîtront d'eux-mêmes une fois que vous aurez localisé les engrammes les plus graves. Mais vous pouvez vous servir des locks pour apprendre au patient à retourner et pour lui montrer comment fonctionne la thérapie. Lorsqu'on lui démontre ainsi qu'il peut affronter son passé, il arrive parfois que son état s'améliore.

Il y a deux choses qui passent en premier quand on commence la thérapie d'un patient : a) essayer de localiser et d'effacer le basique-basique et b) décharger l'émotion douloureuse. Plus vite vous parviendrez à libérer l'émotion, mieux ce sera. Il y a de l'émotion chez *chaque* cas et il y a une nuée d'incidents prénatals chez *chaque* cas.

Mais si un cas est coincé dans le temps présent, que ce soit au tout début de la thérapie ou en plein milieu, cela signifie qu'il est surchargé d'émotion refoulée et qu'il obéit à un engramme qui lui dit de remonter jusqu'au temps présent et d'y rester. Vous trouverez généralement le contenu verbal de l'engramme dans les paroles qu'emploie le patient pour dire ce qui le perturbe. Utilisez la technique répétitive et intégrez-y des mots ou des phrases tirées des paroles prononcées par le patient. Si cela ne donne rien, éduquez votre patient en lui faisant contacter quelque chose qu'il est capable de contacter (voir plus haut). Une fois que son éducation est terminée, utilisez de nouveau la technique répétitive.

Nous avons une devise que nous mettons en pratique à chaque séance de thérapie : « Si on demande sans cesse quelque chose, on finit par l'obtenir. » Tout engramme finit par capituler si vous y envoyez sans cesse le patient, heure après heure, séance après séance. La banque des engrammes peut se montrer récalcitrante et coriace, mais à force de demander, de demander et de demander, vous finirez tôt ou tard par obtenir les données. Demandez, demandez, demandez, et poursuivez la thérapie quoi qu'il arrive. Même le patient « coincé dans le temps présent » finira par être capable de retourner au moyen de la technique répétitive.

L'auditeur commet peut-être certaines erreurs. Peut-être essaye-t-il d'auditer le patient en se servant d'informations qu'il a recueillies auprès de parents ou d'amis. Cette façon de procéder ne donne généralement rien, étant donné que cela détruit la foi du préclair dans les informations qu'il vous livre. (De toute façon ses données concorderont avec celles des parents ; attendez d'avoir fini sa thérapie si vous tenez absolument à vérifier ses dires.) Ou peut-être l'auditeur audite-t-il le patient en présence d'autres gens. Ou peut-être transgresse-t-il le code de l'auditeur. Vous trouverez un peu plus loin dans cet ouvrage tout ce qui peut freiner les progrès d'un patient.

LE BASIQUE-BASIQUE

Le tout premier but que poursuit l'auditeur, c'est le basique-basique. Ensuite il doit trouver le moment le plus ancien possible de douleur ou d'inconfort, il arrive parfois que l'auditeur doive contacter des charges émotionnelles récentes et que celles-ci soient douloureuses physiquement. L'émotion peut barrer l'accès au basique-basique. Mais ce qui compte avant tout, c'est de trouver le basique-basique, c'est-à-dire, la toute première fois où l'analyseur a disjoncté. Car une fois qu'on l'a découvert, il devient beaucoup plus facile de réduire les engrammes qui viennent après.

Le basique-basique est la cible essentielle pour deux raisons : 1) il contient une panne de l'analyseur qui est restimulée chaque fois qu'un nouvel engramme est reçu. Le dénominateur commun à tous les engrammes, c'est la panne de l'analyseur. Donc si vous effacez la toute première panne de l'analyseur, l'état du patient va très nettement s'améliorer, car toutes les pannes d'analyseur qui ont eu lieu après seront beaucoup moins fortes ; 2) un « effacement » du basique-basique élargit considérablement la piste de temps et fait apparaître un grand nombre d'engrammes (et par « effacement », nous entendons que l'engramme est retiré de la banque des engrammes et qu'il est reclassé comme simple souvenir dans les banques mnémoniques standard).

On trouve parfois le basique-basique à un moment situé plusieurs semaines avant la première fois où la mère n'a pas eu ses règles, ce qui veut dire qu'il peut être situé bien avant la première fois où la mère se rend chez le médecin pour vérifier si elle est enceinte, ou bien avant la première tentative d'avortement. Il arrive parfois que des préclairs dont le sonique ne fonctionne pas contactent des sons dans le basique-basique, mais c'est assez rare.

Il faut parfois « effacer » énormément d'engrammes pour que le basique-basique se présente.

Il arrive aussi que l'auditeur et le préclair « effacent » le basique-basique sans s'en rendre compte vu que c'est un engramme dans la zone basique parmi tant d'autres. Il faut parfois libérer énormément d'émotion douloureuse plus ou moins récente avant de pouvoir atteindre le basique-basique.

Cependant, la cible numéro un, c'est le basique-basique. Toujours. Et l'auditeur essaie de le contacter une fois par séance jusqu'à ce qu'il soit sûr de l'avoir obtenu. Ensuite il doit essayer, à *chaque* séance, d'obtenir l'incident le plus ancien possible de douleur ou d'inconfort. S'il n'arrive pas à obtenir d'incidents très anciens, il essaie de décharger un engramme récent d'émotion douloureuse. Lorsque celui-ci a été complètement déchargé, « réduit » ou « effacé », l'auditeur redescend dans la zone prénatale pour trouver un incident aussi ancien que possible et décharge ce que l'archiviste lui présente.

Quel que soit l'incident contacté, l'auditeur doit essayer de le vider de toute sa charge (que cette charge soit de la douleur ou de l'émotion) avant de passer à un nouvel incident. Pour ce faire, l'auditeur demande simplement au patient de retourner de nombreuses fois jusqu'à l'incident et de le raconter jusqu'à ce que la douleur physique ou l'émotion n'ait plus le moindre effet sur lui ou jusqu'à ce qu'il semble s'être évanoui.

La réduction et l'effacement

Ces deux termes font partie du jargon des auditeurs. Nous avons tout essayé pour les bannir du vocabulaire de la Dianétique et pour les remplacer par quelque mot clinquant emprunté au latin, mais jusqu'ici nos efforts se sont soldés par un échec. Les auditeurs ont développé tout un jargon. Par exemple, ils emploient le substantif *aberré* pour désigner toute personne qui n'est pas Clair ou release. Ou bien le mot *zombie* pour toute personne ayant reçu des électrochocs ou ayant subi une opération neurochirurgicale. Je soupçonne les auditeurs de manquer de respect à l'égard de certains ouvrages sacro-saints et vis-à-vis des « autorités en la matière » qui ont passé leur temps à apposer des étiquettes. Quoi qu'il en soit, les mots *réduction* et *effacement* sont maintenant passés dans le vocabulaire de Dianétique et il n'y a donc aucune raison de les remplacer par quelque autre terme.

Réduire signifie : enlever toute la charge ou toute la douleur contenue dans un incident, c'est-à-dire demander au préclair (qui est en état de rêverie et qui y est retourné) de raconter l'incident du début à la fin maintes et maintes fois, en percevant de nouveau toutes les somatiques et tous les perceptiques présents comme si l'incident était en train de se produire. Techniquement, *réduire* signifie : libérer le plus possible de données ayant causé des aberrations afin que l'état du patient s'améliore.

Effacer un engramme signifie : le faire raconter jusqu'à ce qu'il ait entièrement disparu. Il y a une différence très nette entre la réduction et l'effacement. Il y aura réduction ou effacement selon ce que va faire l'engramme et pas toujours selon ce que l'auditeur veut qu'il fasse. Si l'engramme est très ancien, s'il n'est pas maintenu en place par un engramme antérieur, il s'« effacera ». Lorsque le patient voudra le recontacter pour le raconter une deuxième ou une sixième fois, il constatera brusquement qu'il ne se souvient absolument plus de son contenu. Il demandera peut-être à l'auditeur de lui rafraîchir la mémoire, mais celui-ci, bien entendu, restera muet. (L'auditeur qui rafraîchit la mémoire du patient ralentit la thérapie, car il *devient* la mémoire du patient.) Le patient va alors essayer de retraverser ou de retrouver l'incident et, voyant qu'il n'y arrive pas, il va soit trouver la chose amusante, soit manifester une certaine perplexité, car une somatique douloureuse ou une aberration grave semble s'être évanouie. C'est ce qu'on appelle un *effacement*. Techniquement l'engramme n'est pas effacé. Si l'auditeur est prêt à y consacrer du temps, uniquement à des fins de recherches, il découvrtira que l'engramme se trouve désormais dans les banques mnémoniques standard avec une petite étiquette portant la mention : « Incident plutôt amusant qui a causé des aberrations dans le passé. Peut s'avérer utile pour l'analyseur. » Aller chercher des incidents reclassés dans les banques standard ne fait pas partie de la thérapie. Si l'incident avait une somatique, qu'il a été raconté un certain nombre de fois et qu'il s'est évanoui lorsque le préclair en a trouvé le dernier fragment manquant, il est *effacé*, c'est-à-dire qu'il a disparu de la banque des engrammes. Il n'est plus « soudé » aux circuits moteurs, il ne sera plus jamais dramatisé, il ne se mettra plus jamais en travers de la dynamique et il a cessé d'être un engramme et a acquis le statut de simple souvenir.

La réduction présente certains aspects intéressants. Prenons un incident qui a eu lieu durant l'enfance (disons à l'âge de quatre ans) et où l'individu s'est brûlé. Nous contactons cet incident bien qu'il y ait encore un très grand nombre d'incidents dans la zone basique. Autrement dit, il y a des tas d'incidents antérieurs qui le maintiennent en place et qui empêcheront son effacement. Néanmoins, cet incident renferme de la charge émotionnelle qui ralentit la thérapie. L'archiviste présente donc cet incident de brûlure. Il *ne s'effacera pas*, mais il se réduira. C'est un travail qui prend plus de temps que l'effacement. Et ce travail a plusieurs aspects.

Le patient contacte la somatique. L'auditeur essaie de l'envoyer le plus près possible du début de l'incident, puis il lui demande de le parcourir et de le raconter. Disons que le ton émotionnel de cet incident de brûlure est l'apathie (0,5). Le préclair le parcourt péniblement dans un état de profonde apathie, complètement à l'extérieur de son corps, et regarde son corps en train d'être brûlé. Puis, brusquement, une libération d'émotion va peut-être se produire (mais pas forcément). Le préclair retourne au début de l'incident et le raconte (le « revit ») de nouveau, il le raconte de nombreuses fois. Bientôt la colère le prend. Il s'emporte contre les gens présents dans l'incident et les traite d'irresponsables et de sans cœur. Son ton émotionnel a monté (1,5). Le patient est sur le point de dire à l'auditeur que ses parents étaient des monstres et qu'il faudrait voter des lois pour punir les gens qui infligent des brûlures aux enfants, mais l'auditeur ne lui en laisse pas le temps et lui demande patiemment de reparcourir l'incident. La colère du préclair meurt et elle est remplacée par un sentiment d'ennui profond. L'incident l'ennuie et le préclair se trouve maintenant au ton 2,5 de l'échelle des tons. Il va peut-être dire à l'auditeur que tout cela est une perte de temps. L'auditeur lui demande de nouveau de parcourir et de raconter l'incident. De nouvelles données apparaissent. Peut-être la somatique est-elle encore présente (ou peut-être pas), mais le ton émotionnel est encore bas. L'auditeur dit au patient de parcourir l'incident une fois encore et cette fois-ci le préclair va peut-être se montrer sarcastique ou facétieux. L'incident est raconté une nouvelle fois. Soudain, l'incident amuse le préclair (mais pas toujours). Le ton du préclair (par rapport à l'incident) est manifestement élevé et l'auditeur peut alors abandonner l'incident. Il est probable que son ton (par rapport à l'incident) dégringolera au bout de quelques jours, mais cela n'a pas une grande importance, car l'incident sera complètement effacé « sur le chemin du retour », quand l'auditeur y fera une escale après avoir effacé le basique-basique.

De temps à autre, alors qu'on cherche à réduire un engramme, il arrive qu'il disparaisse complètement, mais ce n'est qu'une apparence. Un véritable effacement se reconnaît tout de suite. Ce qui s'est passé, c'est que l'incident, après avoir été parcouru un certain nombre de fois, mais sans que le ton émotionnel ait beaucoup monté, s'est simplement éloigné. On appelle cela réduire jusqu'à *récession*. Dans quelques jours, l'incident sera de retour et exercera à nouveau toute sa puissance, ou presque. Il est, pour le moment, difficile à contacter à cause de la charge émotionnelle située plus tard et à cause d'engrammes antérieurs qui le maintiennent en place.

Donc, plusieurs choses peuvent arriver à un engramme durant la thérapie. Il peut être réduit, c'est-à-dire déchargé de son contenu somatique et émotionnel ; sa capacité de créer des aberrations sera alors quasi nulle. Il peut subir une récession après la réduction, c'est-à-dire qu'il n'est simplement plus visible après avoir été raconté plusieurs fois. Il peut être effacé, c'est-à-dire qu'il disparaît complètement de la banque des engrammes.

Lorsque l'auditeur aura acquis un peu d'expérience, il saura à quoi s'attendre des engrammes qu'il contacte. En général, il n'obtiendra un effacement que s'il a déjà effacé le basique-basique ou bien s'il est en train de travailler dans la zone basique. Une réduction s'obtient après une libération d'émotion. Une récession se produit lorsque la banque des engrammes renferme encore trop d'incidents barrant l'accès à l'incident qu'on a essayé de réduire.

De temps à autre, l'auditeur (et cela arrive même aux meilleurs auditeurs) va contacter un engramme et décider de s'acharner dessus, « maintenant qu'il le tient ». C'est de la petite besogne. Peut-être vaut-il mieux s'acharner dessus plutôt que de le restimuler sans le parcourir. Peut-être pas. Mais une chose est sûre : il aurait mieux valu s'abstenir dès le départ de contacter un engramme qui ne pouvait pas être réduit au-delà de la récession.

Les nouveaux auditeurs partent invariablement à l'assaut de la naissance, vu qu'il s'agit d'un engramme qu'ils sont sûrs de trouver. C'est vrai, tout être humain a une naissance. Et elle est facile à contacter chez la plupart des patients. Mais c'est un incident extrêmement douloureux. Tant que vous n'aurez pas déchargé une bonne partie de la zone basique ainsi qu'une bonne partie de l'émotion douloureuse récente, et tant que l'archiviste ne vous aura pas présenté la naissance, il est préférable de ne pas y toucher. Tout ce qu'on réussira à faire, c'est une récession, et elle ne cessera alors de venir embêter l'auditeur tout au long de la thérapie : le patient aura des maux de tête étranges ou le nez qui coule et se sentira très mal à l'aise. Non, contactez la naissance sur le chemin du retour, une fois que vous aurez effacé le basique-basique. Bien entendu, l'auditeur perd un temps précieux s'il essaie d'éliminer les maux de têtes et les reniflements du préclair, car la naissance ne peut être ni réduite, ni effacée tant que la zone prénatale n'a pas été déchargée. Elle peut uniquement connaître une récession. Lorsqu'on contacte la naissance prématurément, le patient attrape généralement un mal de tête et un rhume. Cela ne l'incommode pas trop et ce n'est pas très grave, mais tout le travail auquel se livrera l'auditeur pour réduire un incident jusqu'à la récession uniquement sera une perte de temps. C'est vrai, il arrive de temps à autre que l'archiviste présente la naissance : cela signifie que, la naissance renferme une charge émotionnelle qui est prête à être libérée et l'incident pourra être réduit correctement. Dans un cas comme celui-ci, l'auditeur doit évidemment prendre la naissance et la réduire. C'est vrai, il arrive parfois qu'un cas stagne lamentablement et que l'auditeur décide de contacter la naissance pour voir s'il ne peut pas accélérer les choses. Mais simplement retourner à la naissance parce qu'on sait qu'elle est là et parce qu'on veut mettre la main sur un engramme, ce n'est rien d'autre qu'une perte de temps, et je ne parle pas de l'état dans lequel vous allez mettre le patient. Retournez le plus loin possible dans la zone prénatale et voyez ce que l'archiviste vous propose. S'il ne vous propose rien, essayez la technique répétitive, dans la zone basique. Peut-être y trouverez-vous des incidents à effacer. Si cela ne donne rien, trouvez un incident récent d'émotion douloureuse, la mort d'un ami, la perte d'un allié, une affaire qui a fait faillite, bref, une perte ou un échec. Libérez l'émotion de cet incident et réduisez-le, comme s'il s'agissait d'un engramme de douleur physique. Ensuite retournez dans la zone prénatale, le plus loin possible, et voyez si quelque chose est remonté à la surface. Si l'archiviste pense qu'il est temps de s'attaquer à la naissance, il vous la présentera. Mais surtout n'allez pas contacter la naissance simplement pour avoir quelque chose à parcourir car, comme je l'ai dit, vous allez perdre votre temps et mettre votre préclair dans une situation très inconfortable. L'archiviste connaît son travail et présentera la naissance en temps voulu.

Ne partez pas non plus à l'assaut de moments récents d'« inconscience » et de grande douleur physique, comme par exemple une opération chirurgicale sous anesthésie, autrement vous allez restimuler votre patient inutilement. Étant donné que vous utilisez la rêverie, la restimulation sera évidemment beaucoup moins forte que celle occasionnée par la narco-analyse ou l'hypnotisme (la restimulation causée par ces deux pratiques peut faire d'énormes dégâts).

COMMENT UTILISER LA BANDE SOMATIQUE

Il y a deux petits bonshommes de chaque côté du cerveau, deux par lobe, suspendus par les pieds. Du côté extérieur de chaque lobe, vous avez la « bande motrice », et du côté intérieur, vous avez la « bande sensorielle ».* Si vous voulez en savoir davantage sur la structure de chacun de ces duos, il vous faudra attendre que la Dianétique ait terminé ses recherches. Nous aurons la réponse dans quelques années. Pour le moment, il existe une description que vous pouvez trouver dans n'importe quelle bibliothèque. Mais tout ingénieur qui connaît la Dianétique trouvera cette description inacceptable. Cette « bande motrice » et cette « bande sensorielle » sont des espèces de tableaux de commandes. Si vous placez un galvanomètre[1] très sensible à proximité, près des tempes, un galvanomètre beaucoup plus sensible que ceux qu'on trouve dans le commerce, vous enregistrerez une émanation d'énergie.

*On pourrait considérer la bande sensorielle comme le côté « mental » du tableau de commandes et la bande motrice comme le côté physique ou organique. LRH

----

1. **Galvanomètre :** appareil servant à détecter et à mesurer les courants électriques de faible intensité.

Lorsque nous aurons déterminé en quoi consiste cette énergie, nous serons probablement capables de mieux la mesurer. Quand nous connaîtrons la localisation exacte du centre de la pensée dans le corps, nous serons plus au courant de la nature de ces bandes. Tout ce que nous avons découvert pour l'instant, à part une multitude d'étiquettes, c'est qu'on ne sait absolument rien de ces structures, si ce n'est qu'elles semblent jouer un rôle dans la coordination des diverses parties du corps. Mais nous nous en servons durant la thérapie et nous leur avons donné les deux noms ci-dessus, faute d'une appellation adéquate. Maintenant que nous savons quelque chose de la fonction, des recherches plus poussées ne manqueront pas d'apporter des précisions sur la structure.

L'auditeur peut faire apparaître et disparaître les somatiques chez un patient un peu comme un ingénieur qui déclencherait ou arrêterait un mécanisme sur simple pression d'une commande ou, plus exactement, comme un conducteur de tramway qui déplace son véhicule sur les rails. Nous retrouvons ici le jeu de l'oie, le parcours de la piste de temps, dont nous avons parlé dans un chapitre précédent.

Lorsqu'on a affaire à un patient qui progresse bien, on peut envoyer la « bande somatique » à n'importe quel endroit de la piste de temps. Dans la vie quotidienne, la bande somatique se promène 24 heures sur 24 d'un bout à l'autre de la piste de temps, s'arrêtant aux engrammes qui sont restimulés. Lorsque l'auditeur, travaille avec un patient, il arrive que sa propre bande somatique lui obéisse et que des somatiques se manifestent quelque temps dans son corps, pour finalement disparaître, ce qui lui vaut tout au plus de se sentir légèrement mal à l'aise. Nous ne connaissons pas la nature exacte de cette bande ou de ce « ruban » somatique (peut-être est-ce tout le corps, les cellules qui se déplacent). Mais nous pouvons le commander. Il est quasiment certain qu'elle passe par le tableau de commandes des petits bonshommes suspendus par les pieds.

L'auditeur dit : « La bande somatique va maintenant aller jusqu'à la naissance. »

Le patient en rêverie ne tarde pas à ressentir la pression des contractions et la poussée vers l'extérieur.

L'auditeur dit : « La bande somatique va maintenant aller jusqu'à la dernière fois où vous vous êtes blessé. »

Le patient ressent alors, disons, un coup reçu au genou, mais en beaucoup moins fort. Si son visio et son sonique fonctionnent, il verra où il se trouve et prendra brusquement conscience que c'était au bureau qu'il s'était cogné le genou. Il entendra les autres employés, les machines à écrire, les voitures qui passent dans la rue, etc.

L'auditeur dit : « La bande somatique va maintenant aller dans la zone prénatale. »

Le patient se retrouvera sans doute en train de flotter plus ou moins confortablement dans le liquide amniotique.

L'auditeur dit : « La bande somatique va maintenant aller jusqu'au premier moment de douleur ou d'inconfort contactable. »

Le patient patauge un peu et ressent brusquement une douleur à la poitrine. Il se met à tousser et sent que son corps est comprimé. Maman est en train de tousser (c'est très souvent la cause des bronchites chroniques). L'auditeur dit : « Parcourez cette toux depuis le début. » Le patient se retrouve au début de l'engramme et le parcourt. Il se remet à tousser. Puis il bâille. Il dit, citant sa mère : « Ça fait mal et ça ne veut pas s'arrêter. » L'auditeur dit : « Revenez au début de l'incident et parcourez-le encore une fois. » Le patient se remet à tousser, mais moins fort qu'avant. Ses bâillements se font plus profonds. Si le sonique du patient fonctionne, celui-ci va de nouveau répéter ce que dit la mère : « Aah ! Ça fait mal ! Ça fait mal ! Et ça ne semble pas vouloir s'arrêter. » S'il n'a pas de sonique, il percevra les paroles de la mère comme des impressions. Le patient vient de retrouver des mots qui avaient été masqués par l'« inconscience ». Le fait que le patient bâille montre que cette « inconscience » est en train de se dissiper. L'auditeur dit : « Parcourez-le encore une fois. » Les seules paroles que le préclair trouve, cette fois-ci sont : « Je ne peux pas m'arrêter. » La somatique est partie. Il se remet à bâiller. L'engramme est effacé.

L'auditeur dit : « La bande somatique va maintenant aller jusqu'au moment suivant de douleur ou d'inconfort. »

Aucune somatique ne se manifeste. Le patient, sombre dans un sommeil étrange. Il marmonne un rêve. Brusquement la somatique apparaît. Le patient se met à trembler.

— Que se passe-t-il ? demande l'auditeur.

— J'entends de l'eau qui coule, répond le préclair.

— La bande somatique va aller jusqu'au début de l'incident. Parcourez-le.

— Je continue d'entendre de l'eau qui coule. (Il est sans doute coincé, car la somatique ne s'est pas déplacée. Il doit y avoir un reteneur.)

— La bande somatique va aller jusqu'au reteneur.

— « Je vais le maintenir dedans pendant un moment pour voir si ça va mieux », dit le préclair citant la mère.

— Trouvez le début de l'incident et parcourez-le.

— J'ai l'impression qu'on m'appuie dessus. Aïe ! J'ai reçu un coup.

— Allez au début de l'incident et parcourez-le.

— « Je suis sûre que je suis enceinte. (Le préclair répète ce que dit sa mère.) Je vais le maintenir dedans pendant un moment pour voir si ça va mieux. »

— Est-ce qu'il y a quelque chose avant ? demande l'auditeur.

La bande somatique du préclair retourne plus avant et contacte le moment où le bébé ressent une pression tandis que la mère s'enfonce quelque chose dans le col de l'utérus. Puis le patient parcourt l'engramme et celui-ci s'efface.

Voilà comment on emploie la bande somatique. On peut l'envoyer à n'importe quel endroit de la piste de temps. En général, elle contactera tout d'abord la somatique, puis le reste du contenu. En utilisant la technique répétitive, la bande somatique est « aspirée » vers l'incident et la somatique apparaît. À ce moment-là, on parcourt l'incident. S'il ne s'efface pas ou ne se réduit pas, on trouve un incident antérieur en demandant à la bande somatique d'aller jusqu'à l'incident antérieur.

Si la bande somatique ne se déplace pas, autrement dit si les somatiques (sensations physiques) n'apparaissent pas, c'est que le patient est coincé quelque part sur la piste de temps. Il peut aussi être coincé dans le temps présent, ce qui signifie qu'un éjecteur lui a fait remonter la piste de temps en direction du présent. Employez la technique répétitive ou bien envoyez la bande somatique. Si ça ne marche pas, employez des éjecteurs tels que « Impossible de faire marche arrière », « Va te faire voir », etc., puis envoyez la bande somatique jusqu'à l'incident contenant l'éjecteur et parcourez-le.

Il arrive que la bande somatique se déplace à travers l'incident et que le préclair en éprouve toutes les sensations, mais que lors des parcours ultérieurs de l'incident, elle ne présente plus aucune nouvelle information ; autrement dit, les somatiques restent les mêmes, parcours après parcours. Cela signifie qu'il y a un dénieur, une phrase telle que « C'est un secret », « Ne lui dis pas », « Oublie ça », etc. Dans un cas comme celui-là, l'auditeur doit envoyer la bande somatique jusqu'au dénieur : « Allez jusqu'au moment où est prononcée la phrase qui empêche la révélation du contenu de l'engramme. » Au bout d'un moment, le préclair dit, citant ce qu'il entend ou perçoit : « S'il l'apprenait, ça le tuerait. » Puis l'auditeur envoie la bande somatique jusqu'au début de l'incident et cette fois-ci, elle le traverse en étant accompagnée de tout le contenu perceptif. En général, les somatiques fluctuent (vont et viennent) et, après un certain nombre de parcours, diminuent puis disparaissent (sauf s'il s'agit d'un incident prénatal proche de la naissance et que la plupart des engrammes antérieurs n'ont pas été effacés ou réduits).

Il arrive que la bande somatique se rende à un endroit situé plus tard, alors que l'auditeur lui a dit d'aller à un endroit situé plus tôt. Cela veut dire qu'il est en présence d'un *dérouteur* : « Je ne sais pas où je vais », « Prends ça à l'envers », « Fais le contraire », etc. L'auditeur comprend immédiatement à quoi il a affaire, ou bien il le devine d'après les paroles prononcées par le préclair, et emploie alors la technique répétitive ou envoie directement la bande somatique jusqu'à la phrase et l'engramme, réduit ou efface ce dernier, puis poursuit.

Si la bande somatique n'obéit pas à l'auditeur, c'est qu'un éjecteur, un reteneur, un dérouteur ou un regroupeur a été restimulé. Il faut le décharger. L'auditeur envoie alors la bande somatique jusqu'à la phrase qui lui interdit d'obéir.

Il existe de bons et de mauvais conducteurs de tramway. Et il existe de bons et de mauvais conducteurs de bande somatique. Le bon conducteur travaille en étroite collaboration avec l'archiviste et émet des ordres d'un caractère général, comme par exemple : « La bande somatique va aller jusqu'au moment le plus ancien possible de douleur ou d'inconfort », « La bande somatique va aller jusqu'à la somatique la plus intense que vous ayez pour le moment » (quand une somatique gêne un patient). Le mauvais conducteur choisit des incidents spécifiques qui, selon lui, sont susceptibles de causer (ou d'avoir causé) des aberrations, y envoie la bande somatique de force et s'acharne sur eux comme un beau diable. Il arrive évidemment que l'auditeur doive se montrer persuasif avec la bande somatique ou qu'il soit obligé de choisir un incident spécifique de douleur physique. Quoi qu'il en soit, l'auditeur reste le meilleur juge en la matière. Tant que la bande somatique fait bien son travail, qu'elle trouve de nouveaux incidents et qu'elle les parcourt, l'auditeur n'a rien à faire de spécial, si ce n'est de réduire tout ce qu'elle contacte.

La meilleure façon de démolir un patient, c'est d'envoyer la bande somatique jusqu'à un incident, de le quitter précipitamment pour aller « dans quelque chose de plus juteux », de réduire à moitié ce quelque chose, puis de passer à autre chose, et ainsi de suite. Lorsque l'auditeur aura contacté de la sorte trois ou quatre incidents sans les réduire, la bande somatique ne fonctionnera plus, la piste de temps commencera à ressembler à une grosse pelote, et le patient sera tellement restimulé qu'il faudra à l'auditeur des heures, voire une semaine ou deux (le temps que le préclair reprenne du poil de la bête) pour remettre la bande somatique en état.

Le patient demandera parfois qu'on le débarrasse d'une somatique qui l'incommode. Cela signifie que la bande somatique est coincée dans quelque incident qui a été restimulé par l'environnement du patient ou par la thérapie. En général, ça ne vaut pas le coup d'essayer de localiser cet incident. Les choses rentreront dans l'ordre d'elles-mêmes après un ou deux jours. De plus, il se peut qu'on ne puisse pas réduire l'incident à cause des engrammes antérieurs.

Pour envoyer la bande somatique jusqu'à un incident récent ou jusqu'à une charge de désespoir ou de chagrin, on procède exactement comme si on l'envoyait jusqu'à un incident ancien.

Si vous désirez vous assurer que la bande somatique se déplace ou que le patient soit capable de retourner, envoyez-la quelques heures en arrière et voyez ce que vous obtenez. Dans la plupart des cas, il est plus facile de contacter la zone prénatale que la journée d'hier, mais cela vous permettra de vous faire une bonne idée de votre préclair et de la rapidité avec laquelle il progressera.

Le temps présent

Le tout premier instant, c'est la conception. Les patients ont parfois l'impression d'être un spermatozoïde ou un ovule au début de leur piste de temps. Les dianéticiens appellent cela *rêve spermatique*. Ce phénomène ne présente pas une grande valeur dans l'état actuel de nos connaissances, mais il est très intéressant. Le rêve spermatique n'a pas besoin d'être suggéré au patient. Il suffit de l'envoyer au tout début de la piste de temps et d'ouvrir grand ses oreilles pour écouter ce qu'il a à dire. Il arrive parfois qu'un de ses engrammes prénatals se confonde avec la conception.

À l'autre extrémité de la piste de temps, nous avons, bien entendu, l'instant présent. De temps à autre, des patients ne reviennent pas dans le temps présent parce qu'ils ont rencontré un reteneur en route. En utilisant des phrases du type reteneur répétitivement (technique répétitive), vous réussirez généralement à libérer la bande somatique et le patient et ils pourront revenir dans le temps présent.

Un patient est parfois dans le cirage au terme d'une séance de thérapie mouvementée. Et sa capacité à résister aux engrammes peut s'être émoussée, ce qui le fait quelquefois tomber dans un reteneur pendant qu'il revient dans le présent. L'auditeur doit s'assurer que le patient est bien revenu dans le temps présent. Il arrive aussi que le patient soit complètement coincé quelque part sur la piste à une heure très avancée de la soirée et qu'il s'avère impossible de le ramener dans le temps présent sans y passer la moitié de la nuit. Une bonne nuit de sommeil réglera généralement le problème.

Pour vérifier si le préclair est revenu dans le temps présent, l'auditeur se livre à un petit test, il lui demande à brûle-pourpoint : « Quel âge avez-vous ? » Le préclair lui donne une « réponse éclair ». Si elle correspond à son âge actuel, il est dans le temps présent. Si c'est un âge inférieur, il est prisonnier de quelque reteneur et il n'est pas dans le temps présent. Il existe d'autres méthodes permettant de déterminer s'il est revenu dans le temps présent, mais qu'il y soit ou non revenu n'a finalement pas trop d'importance.

Lorsque vous demandez de but en blanc à des gens quel âge ils ont, vous obtenez parfois des réponses surprenantes. Les gens « normaux » sont très souvent coincés quelque part sur la piste de temps. Aussi ne vous inquiétez pas si votre patient ne réussit pas à rallier le présent pendant quelques jours ou quelques semaines.

Les personnes qui ont une maladie psychosomatique chronique sont à coup sûr coincées quelque part sur la piste de temps. Quand vous leur demandez brusquement l'âge qu'elles ont, elles vous répondent souvent « trois ans », « dix ans », etc. (même les personnes qui se croient en bonne santé). La rêverie permet aux gens de découvrir à quel endroit de la piste de temps ils sont coincés. Pendant la première séance, il arrive que le patient, à l'instant où il ferme les yeux et où il entre en rêverie, se retrouve dans un fauteuil de dentiste à l'âge de trois ans. Ça fait trente ans qu'il est coincé dans cet incident : pendant qu'il était anesthésié et qu'il souffrait le martyre, sa mère et le dentiste lui ont dit de « rester là » ; c'est ce qu'il a fait. Et voilà d'où lui vient le mal de dent chronique qu'il a trimbalé toute sa vie.

Ce genre de chose n'arrive pas très souvent, mais je suis sûr que vous pourriez trouver dans votre entourage quelqu'un qui vous répondrait « dix ans » si vous lui demandiez son âge sans crier gare. Si vous le mettiez en rêverie, il se retrouverait bientôt (dès qu'il aurait contacté l'engramme) allongé sur le dos dans un parc, ou quelque chose comme ça, avec une personne à ses côtés qui lui répète tout le temps de ne pas bouger en attendant que l'ambulance arrive. Voilà d'où lui vient son arthrite !

Livrez-vous à cette expérience avec quelqu'un.

La réponse éclair

Nous utilisons très souvent la *réponse éclair* durant la thérapie. Nous avons deux méthodes pour susciter une réponse éclair. La première méthode est la moins usitée. L'auditeur dit : « Lorsque j'aurai compté jusqu'à cinq, une phrase vous viendra instantanément à l'esprit qui dira où vous vous trouvez sur la piste de temps. Un, deux, trois, quatre, cinq ! » Le préclair répond « Fin de la zone prénatale » ou « Hier », etc.

La réponse éclair est la première chose qui vient à l'esprit d'une personne lorsqu'on lui pose une question. D'habitude, cette réponse sortira tout droit de la banque des engrammes et elle sera donc fort utile à l'auditeur. C'est parfois un « démon » qui répond, mais en règle générale, la réponse est juste. L'auditeur dit : « Je veux une réponse éclair à la question suivante », puis il pose sa question. Il peut demander au préclair ce qui le retient, ce qui lui barre l'accès à un incident, etc. Exemple :

— Je veux une réponse éclair à la question suivante. Que se passerait-il si vous deveniez sain d'esprit ?

— J'en mourrai.

— Que se passerait-il si vous mouriez ?

— Je guérirai.

Avec les informations ainsi recueillies, l'auditeur va pouvoir se faire une idée de la computation de l'allié dans laquelle le préclair est actuellement bloqué. Dans cet exemple, l'allié avait dit au préclair : « Si tu ne guéris pas, j'en mourrai. Si tu continues à être malade comme ça, je deviendrai folle. » Et un engramme antérieur ordonnait au préclair d'être malade. Un engramme pro-survie est un engramme. Donc, on fait appel à la technique répétitive en utilisant la phrase *j'en mourrai* et le préclair découvre alors un allié dont il avait toujours ignoré l'existence et libère la charge contenue dans l'incident.

Lorsqu'on se sert intelligemment de la réponse éclair, on peut mettre la main sur beaucoup d'informations très utiles. Si le préclair ne donne aucune réponse, cela signifie que la réponse est cachée, ce qui est une information en soi.

LES RÊVES

Bon nombre de thérapeutiques mentales se servent des rêves à outrance. Le caractère « symbolique » des rêves n'est qu'une fable mystique avancée par ceux qui cherchent à expliquer quelque chose qu'ils ne comprennent pas. Les rêves, c'est la banque des engrammes vue dans un miroir déformant.

Les rêves sont des jeux de mots et des situations sortis tout droit de la banque des engrammes.

Étant donné que les rêves sont des jeux de mots, ils ne sont pas d'une très grande utilité.

Nous nous servons rarement des rêves en Dianétique.

Certains patients vous raconteront des rêves. C'est très dur d'arrêter un patient qui a commencé de raconter un rêve. Si vous avez envie de perdre votre temps, écoutez-le jusqu'au bout.

LE CHANGEMENT DE VALENCE

L'un des mécanismes que nous utilisons en Dianétique est le changement de valence.

Nous savons qu'un patient se trouve dans telle ou telle valence lorsqu'il dramatise l'un de ses engrammes dans la vie, il devient la valence gagnante et fait et dit à peu près ce que faisait la valence gagnante dans l'engramme.

Voici la théorie du changement de valence : lorsque le préclair refuse de pénétrer dans un incident qu'il a contacté parce qu'il le trouve trop dur, on peut le mettre dans l'une des valences de l'incident qui n'a pas ressenti la douleur. Une façon idiote de le convaincre de pénétrer dans l'incident serait de lui dire qu'il n'est pas obligé de ressentir la douleur ou l'émotion, puis de le lui faire parcourir. Ce serait tout sauf de la Dianétique, car il s'agirait là d'une suggestion positive, il faut à tout prix éviter de donner des suggestions au patient, car il peut être extrêmement suggestible, même s'il prétend le contraire. Heureusement, nous avons le changement de valence pour remédier à ce genre de problème. Le changement de valence permet au patient d'échapper à la douleur tout en restant dans l'engramme. Le changement de valence est utilisé jusqu'à ce que le patient soit en mesure de raconter l'incident.

Exemple : Le père bat la mère. Le bébé, dans le ventre de sa mère, sombre dans l'« inconscience ». Le préclair peut obtenir le contenu de l'engramme sans ressentir la moindre douleur en prenant la valence de son père. En prenant la valence de la mère, il ressentira la douleur qu'a éprouvée la mère. En prenant la valence du bébé (la sienne), il ressentira la douleur que lui-même a éprouvée.

Si le patient refuse catégoriquement d'entrer dans l'incident bien qu'il en ressente les somatiques, on lui fait changer de valence. L'auditeur dit : « Entrez dans la valence de votre père et soyez votre père pour le moment. » Après un peu de persuasion, le préclair s'exécute. Puis l'auditeur dit : « Engueulez votre mère. Passez-lui un savon. » Le patient est maintenant « branché » sur un circuit qui ne contient pas d'« inconscience » et il va reproduire à peu près l'émotion du père et répéter plus ou moins les paroles que ce dernier adressait à la mère. L'auditeur lui fait faire cela deux ou trois fois, jusqu'à ce qu'une partie de la charge de l'engramme se soit dissipée. Puis il met le patient dans la valence de la mère : « Soyez votre mère maintenant et répondez à votre père. » Le patient change de valence, devient sa mère et répète les phrases qu'elle prononçait. Puis l'auditeur dit : « Soyez vous-même maintenant et racontez la totalité de l'incident, avec toutes les somatiques et toute l'émotion, je vous prie. » Le préclair est à présent capable de « revivre » l'incident en étant lui-même.

Cette technique est particulièrement efficace quand on cherche un allié. L'auditeur dit au patient : « Changez de valence et suppliez votre mère de ne pas tuer le bébé. » Ou bien (si le patient a peur d'entrer dans quelque incident qu'il a contacté) : « Soyez une gouvernante maintenant et suppliez le petit garçon d'aller mieux. » En général, le patient corrigera le scénario imaginé par l'auditeur, puis parcourra l'incident.

Souvent, le patient refusera d'entrer dans telle ou telle valence parce qu'il l'a en horreur. Cela signifie que la charge relative à cette personne doit être considérable.

Nous utilisons très rarement cette technique, mais elle s'avère fort utile quand un cas n'avance plus. Le père n'obéissait pas aux reteneurs ou aux injonctions, il les prononçait. La gouvernante n'obéissait pas aux injonctions qu'elle prononçait. Et ainsi de suite. On peut, de la sorte, faire apparaître bien des reteneurs et des déniers. Cette technique est très utile au début de la thérapie.*

LES TYPES DE CHAÎNES

Il existe ce qu'on appelle des *chaînes d'engrammes*, surtout dans la zone prénatale. Une chaîne d'engrammes est une série d'incidents de nature similaire. La classification donnée plus bas est très utile car elle conduit à des solutions. Ce sont les chaînes les moins chargées qui sont les plus faciles à contacter chez un préclair. Les chaînes les plus chargées (celles qui ont causé de graves aberrations) seront généralement les plus difficiles à contacter car leur contenu agit sur le patient. Souvenez-vous de la règle : ce que l'auditeur a du mal à contacter, c'est ce que l'analyseur du patient a du mal à contacter. Voici une liste des différentes chaînes (mais il existe beaucoup d'autres types de chaînes) que nous avons trouvées chez un patient qui avait été considéré comme « normal » durant les trente-six années de son existence.

* *On n'utilise presque jamais le changement de valence, sauf si l'on soupçonne la présence d'un engramme dans lequel le préclair refusera d'entrer. Il acceptera souvent d'y entrer dans une autre valence que la sienne. Le changement de valence est déconseillé si l'auditeur a affaire à un patient suggestible. En effet, s'il l'employait, il transgresserait la règle en Dianétique selon laquelle il est interdit d'utiliser la moindre suggestion positive hormis celles qui demandent au préclair de retourner à un incident, de raconter un incident ou de découvrir le contenu d'un incident. Donc, nous employons rarement le changement de valence et nous l'employons plus rarement encore avec une personne suggestible. Considérez le changement de valence comme la solution de la dernière chance. Recourez-y uniquement si le préclair est totalement incapable d'affronter et d'attaquer un engramme qui, selon vous, existe bel et bien. Ce genre de circonstances est extrêmement rare.* LRH

Chaîne de coïts, père. Premier incident, zygote. Cinquante-six incidents ultérieurs. Deux sortes : père ivre et père à jeun.

Chaîne de coïts, amant. Premier incident, embryon. Dix-huit incidents ultérieurs. Chaque incident était douloureux, à cause de l'enthousiasme de l'amant.

Chaîne de constipation. Premier incident, zygote. Cinquante et un incidents ultérieurs. À chaque incident, l'enfant était durement comprimé.

Chaîne de lavements. Premier incident, embryon. Vingt et un incidents ultérieurs. Un par jour, jusqu'à la première fois où la mère n'a pas eu ses règles. Chaque fois dans le col de l'utérus.

Chaîne de nausées. Premier incident, embryon. Cinq incidents ultérieurs. Trois rhumes. Une grippe. Une gueule de bois accompagnée de vomissements.

Chaîne de nausées matinales. Premier incident, embryon. Trente-deux incidents ultérieurs.

Chaîne de contraception. Premier incident, zygote. Un incident. Substance gélatineuse dans le col de l'utérus.

Chaîne de bagarres. Premier incident, embryon. Trente-huit incidents ultérieurs. Trois chutes. Voix fortes. Pas de coups.

Chaîne de tentatives d'avortement chirurgicales. Premier incident, embryon. Vingt et un incidents ultérieurs.

Tentatives d'avortement par lavement. Premier incident, fœtus. Deux incidents. Le premier avec une substance gélatineuse, le second avec un désinfectant extrêmement fort.

Tentatives d'avortement par pression. Premier incident, fœtus. Trois incidents. Premier incident : le père s'asseyant sur la mère. Les deux autres incidents : la mère sautant à plusieurs reprises d'une caisse.

Chaîne de hoquet. Premier incident, fœtus. Cinq incidents.

Chaîne d'accidents. Premier incident, embryon. Dix-huit incidents ultérieurs. Chutes ou collisions.

Chaîne de masturbation. Premier incident, embryon. Quatre-vingts incidents ultérieurs. La mère se masturbait avec les doigts, secouant l'enfant ; ses orgasmes blessaient l'enfant.

Chaîne de visites chez le docteur. Premier incident : première fois où elle n'a pas ses règles. Dix-huit visites. Examens du docteur douloureux pour l'enfant. Mais le docteur était un allié : en découvrant que la mère se livrait à des tentatives d'avortement, il lui passa un savon.

Chaîne de douleurs et de contractions. Les trois jours précédant la naissance.

Naissance. Césarienne. L'accouchement dura vingt-neuf heures.

Comme la mère avait l'habitude de parler toute seule, cela donna énormément de choses à effacer, car en plus de tous ces incidents prénatals, il y avait tous les incidents postnataux. Ce cas prit cinq cents heures. Il n'avait pas de sonique et il faisait du « dub-in », et il fallut donc dénicher et effacer les manufactures de mensonges avant de pouvoir accéder aux chaînes ci-dessus.

Il y a d'autres types de chaînes. Si nous avons choisi ce cas, c'est parce qu'il avait les chaînes que l'on retrouve habituellement chez tous les patients. Le fait que la mère ait eu un amant est malheureusement assez fréquent. Un amant rend le patient secret, et si vous avez affaire à un préclair très, très secret, il est probable que sa mère a eu un ou deux amants. Surtout n'allez pas le lui suggérer, autrement vous lui donnez une bonne excuse de se défiler.

Les choses à ne jamais faire en Dianétique

Ne donnez pas de suggestions positives au patient, soit à titre thérapeutique, soit pour faire avancer la thérapie.

N'oubliez pas d'installer un annulateur au début de chaque séance et de prononcer le mot « annulé » à la fin de chaque séance.

Ne dites *jamais* à un patient qu'il pourra « s'en souvenir dans le temps présent », car la somatique viendra dans le temps présent, ce qui est très désagréable.

Ne dites jamais, jamais, jamais, jamais à un patient qu'il pourra se rappeler dans le temps présent tout ce qui s'est passé, car cela va regrouper tous les engrammes dans le temps présent si le patient a sombré dans un léger sommeil hypnotique. Vous serez alors obligé de démêler sa piste de temps. Cela vous dit-il de perdre deux cents heures ?

Si le patient en rêverie se met en colère contre vous, ne lui rendez surtout pas la pareille. *Suivez le code de l'auditeur.* Si vous vous emportez contre lui, vous risquez de le plonger dans un état de profonde apathie. Il vous faudra alors des heures pour l'en sortir.

Ne vous livrez pas à une « analyse » des informations qu'il vous communique et ne lui dites jamais ce qui ne va pas chez lui.

Ne prenez pas un air triomphant. Si le préclair est votre conjoint ou votre enfant, ne remuez pas le couteau dans la plaie en lui faisant remarquer que la phrase qu'il employait tout le temps pour vous contredire sortait d'un engramme. Bien sûr qu'elle sortait d'un engramme !

Ne mettez pas en doute la véracité des données que vous communique le patient. Si vous avez des doutes, gardez-les pour vous. Servez-vous de ses données pour vous guider. Si le patient ne sait pas ce que vous pensez, ses engrammes n'ont aucune chance de vous échapper.

Si un patient vous conjure de le ramener dans le temps présent, ne vous laissez pas amadouer. S'il est au milieu d'un engramme, la seule façon pour lui d'en sortir, c'est de le parcourir. La puissance de l'engramme est minime lorsque le patient y est retourné. En revanche, il agit à pleine puissance si le patient est brusquement ramené dans le temps présent. Le patient aura un choc nerveux si vous l'aspirez soudain dans le présent.

Ne cédez jamais à la frayeur, même si votre patient s'agite dans tous les sens ou semble pris de spasmes. Ce n'est rien, tout dramatique que cela puisse paraître.

Ne promettez jamais l'état de Clair à un patient. Promettez-lui uniquement l'état de release. Car il se peut que vous deviez partir en déplacement ou vous consacrer à un travail plus urgent. Un préclair prendra très mal une promesse non tenue.

Ne vous mêlez pas de la vie privée du préclair et ne lui donnez pas de conseils. Dites-lui que c'est à lui de décider de ce qu'il doit faire.

N'enfreignez pas le code de l'auditeur, il est là pour vous protéger, et pas seulement pour protéger le préclair. Il ne risque rien avec la thérapie, même si vous faites votre travail à moitié et même si vous commettez des erreurs. Mais si vous transgressez le code de l'auditeur, vous allez être dans une situation très inconfortable, d'une part parce que le préclair se retournera contre vous, et d'autre part, parce que vous perdrez des heures et des heures à « recoller les morceaux ».

Quand l'archiviste vous présente un engramme, ne le réduisez pas à moitié ; réduisez-le entièrement.

Ne commencez pas à inventer de nouveaux trucs ou de nouvelles techniques tant que vous n'aurez pas amené jusqu'à l'état de Clair un patient dont le sonique fonctionne, un patient dont le sonique ne fonctionne pas et un patient qui fait du dub-in. Lorsqu'ils seront Clairs, vous pourrez prétendre, à juste titre, connaître la Dianétique. Et votre expérience des engrammes vous permettra sans doute d'apporter à la Dianétique quelques idées extrêmement précieuses. S'il ne vous vient pas la moindre idée nouvelle alors que vous avez fait atteindre l'état de Clair à plusieurs patients et alors que vous avez vous-même atteint cet état, c'est que quelque chose cloche. La Dianétique est une science qui ne cesse d'évoluer. Mais ne cherchez pas à la faire évoluer avant de connaître le chemin qu'elle emprunte.

Ne mettez pas d'alcool dans votre essence. Autrement dit, n'altérez pas la Dianétique en y introduisant une autre thérapie, à moins qu'il ne s'agisse d'une thérapie purement médicale dispensée par un docteur en *médecine* diplômé.

Lorsqu'un patient stagne, ne l'envoyez surtout pas chez un psychiatre. Il n'y a que la Dianétique qui puisse résoudre un problème causé par la Dianétique. Les techniques d'hier ne pourront rien pour votre patient ; faites-lui plutôt parcourir une fois encore l'incident dont vous l'avez brutalement extirpé. Prenez votre courage à deux mains et renvoyez-le dans l'incident. Les dépressions nerveuses de maintenant sont les éclats de rire de demain.

N'abandonnez jamais, ne vous défilez jamais. Séance après séance, continuez sans relâche de parcourir les engrammes, et un jour, vous aurez en face de vous un release. Et quelque temps après, vous aurez en face de vous un Clair.

LES TYPES DE SOMATIQUES

Il y a deux types de somatiques : celles qui appartiennent au patient et celles qui appartiennent à sa mère ou à quelque autre personne. Ces somatiques ont été ressenties. Mais le patient ne devrait pas ressentir les somatiques de sa mère. S'il les ressent, s'il se plaint d'une migraine chaque fois que sa mère a une migraine, c'est qu'il y a un engramme antérieur très ancien qui lui ordonne d'éprouver tout ce que sa mère éprouve. « Le bébé fait partie de moi », « Je veux qu'il souffre autant que moi », etc. Ou bien il peut s'agir de quelque phrase prise à la lettre et comprise de travers. Cependant, comme tout cela remontera à la surface à un moment ou à un autre de la thérapie, l'auditeur n'a aucun souci à se faire.

L'« INCONSCIENCE »

Nous avons déjà parlé de l'« inconscience » à plusieurs reprises. Au cours de la thérapie, elle se manifeste de deux façons : sous la forme de bâillements et sous la forme d'un état d'« assoupissement ».

L'engramme de douleur physique renferme une « inconscience » profonde. Lorsque l'« inconscience » se dissipe, le préclair bâille, surtout s'il s'agit d'un incident situé dans la zone basique. Après l'avoir raconté une ou deux fois, il se met à bâiller. Ces bâillements sont le signe que l'analyseur est en train de « reprendre le travail ».

Il est arrivé une fois à un patient de rester cinq heures dans un état de complet « assoupissement » à cause d'un engramme prénatal très, très grave (un électrochoc reçu par la mère). L'électrochoc avait duré moins d'une minute, mais il avait failli tuer le patient. Aussi, quand il contacta l'incident, il flotta et pataugea pendant cinq heures, marmonnant et bredouillant des rêves bizarres. Cinq heures d'« assoupissement », c'est le record à ce jour. L'« assoupissement » dépasse rarement quarante-cinq minutes. En général, il ne dure pas plus de cinq ou dix minutes.

L'auditeur envoie le patient dans le passé. Aucune somatique ne se manifeste. Mais le patient sombre doucement dans une espèce de sommeil étrange. De temps en temps, il refait surface en marmonnant quelque phrase sans queue ni tête, replonge, fait de nouveau surface en bredouillant un rêve, et ainsi de suite. Bref, il a l'air de stagner lamentablement. Eh bien, pas du tout. Il progresse. Un moment de sa vie où il a frôlé la mort est en train de remonter à la surface. Il va bientôt ressentir une somatique et on pourra alors lui demander de parcourir l'engramme. Après quelques parcours, il se mettra à bâiller un peu, puis finalement son visage s'illuminera. Du fait que cette « inconscience » est située tout près du basique et qu'elle a donc fait partie de tous les engrammes ultérieurs, elle est extrêmement puissante, si puissante que l'analyseur du patient a été à 90 % hors service durant toute son existence. Lorsqu'un engramme contenant une « inconscience » aussi profonde est déchargé, l'état du patient s'améliore considérablement, presque autant parfois que lorsque vous déchargez un engramme d'émotion douloureuse.

Quelle que soit la durée de cet « assoupissement », l'auditeur *ne quitte pas son siège* et attend que le préclair soit prêt à parcourir l'engramme. Si l'auditeur n'est pas Clair, il se peut que l'état du préclair lui donne envie de dormir, mais il doit tenir le coup coûte que coûte. Il est très rare qu'un état d'« assoupissement » dure une heure ou plus. En revanche, tout patient traverse de temps à autre des périodes d'« assoupissement » variant entre dix minutes et une demi-heure.

L'auditeur doit de temps en temps « réveiller » le patient et lui demander de parcourir l'incident. Il existe une façon spéciale de le réveiller. *Surtout ne touchez pas son corps*, car cela peut le restimuler au plus haut point et le mettre dans tous ses états. Touchez la plante de ses pieds avec votre main ou votre pied. Touchez-la très légèrement, juste pour attirer son attention l'espace d'un instant. De la sorte, vous l'empêchez de sombrer dans le sommeil et vous lui permettez de continuer à traverser son état d'« assoupissement ».

L'auditeur inexpérimenté confond parfois l'état d'« assoupissement » et le sommeil ordinaire causé par une injonction engrammique telle que « Dors ». Cependant, il lui suffira de bien observer son patient. L'« assoupissement » donne l'impression que le patient est drogué, alors qu'une phrase ordonnant au patient de dormir le plonge tout doucement dans le sommeil. L'« assoupissement » se traduit par une légère agitation : le patient patauge, murmure des phrases et marmonne des rêves. Le sommeil, lui, est quelque chose de paisible.

Si un préclair commence à s'endormir sous l'effet d'une phrase engrammique lui ordonnant de dormir, vous brisez l'injonction en envoyant la bande somatique jusqu'au moment où elle a été prononcée. Dès que le préclair l'aura contactée et parcourue, il se réveillera sur sa piste de temps et poursuivra la thérapie.

L'« assoupissement » se traduit par des bâillements, des marmonnements ou des grognements. Le sommeil est calme et paisible.

Je ne sais pas pourquoi les auditeurs utilisent le mot « assoupissement ». Au début, nous disions « état comateux », mais personne n'a jamais voulu employer cette expression. Elle était « trop recherchée ».

Si vous adorez qu'on vous raconte des rêves, les états d'« assoupissement » vous raviront, car ils s'accompagnent de quantité de rêves. Au travers du voile de l'« inconscience», les injonctions engrammiques apparaissent à l'analyseur comme des formes indécises.

Les locks

C'est une bénédiction de la nature que les locks ne demandent qu'une attention minime. Le lock est un incident auquel l'analyseur a accès, qui renferme ou non de la charge et qui *semble* être la cause des aberrations dont souffre l'aberré. Peut-être le lock est-il l'un des mécanismes d'autoprotection mis au point par le mental réactif. Un lock est un moment de détresse mentale dépourvu de douleur physique et renfermant une perte minime : réprimande, disgrâce sociale, etc. Un patient a des milliers et des milliers de locks. L'auditeur qui a du temps à perdre pourra en trouver une pléthore. Le lock a été la cible principale de cet art ancien appelé « hypno-analyse ». On peut réduire la plupart des locks.

Le key-in de l'engramme est, nous l'avons vu, postérieur à la réception de l'engramme. Le key-in a lieu à un moment où l'analyseur est affaibli (en raison d'une grande fatigue ou d'une légère maladie) et où il est confronté à une situation similaire au contenu d'un engramme. C'est le *premier lock*. Quand on le fait sauter, à supposer qu'on parvienne à mettre la main dessus, on provoque le key-out de l'engramme. C'est néanmoins une perte de temps, même si cela a quelque valeur thérapeutique. Certaines écoles de guérison mentale sont parfois parvenues à ce résultat sans le faire exprès.

Si un auditeur veut savoir comment son patient réagit face à la vie, il lui suffit de dénicher quelques-uns de ces milliers de locks et de les examiner. Mais il est probable que son intérêt pour les locks s'arrêtera là. En effet, les locks se déchargent automatiquement dès que l'on a effacé l'engramme qui les maintenait en place. La vie de l'individu se rééquilibre d'elle-même une fois que les engrammes sont partis, et l'on n'a donc pas besoin de s'occuper des locks. Pas plus qu'on a besoin d'apprendre à raisonner à un Clair. Son aptitude à raisonner, tout comme la disparition des locks, est un processus automatique.

Quelquefois, ces locks sont enfouis parmi les engrammes. Par exemple, un préclair retourné dans la zone prénatale va soudain penser à un moment où il avait vingt ans ou encore (c'est très fréquent durant la thérapie) à un engramme raconté par quelqu'un d'autre. C'est un excellent indice. Ignorez le lock et trouvez l'engramme auquel il est rattaché, car il y a un engramme tout près.

Dans les rêves, les locks, sous une forme dénaturée, émergent de la banque, rendant le rêve plus compliqué encore.

LE PRÉCLAIR QUI A LE MÊME PRÉNOM
QUE SON PÈRE OU SA MÈRE

Évitez si possible de prendre comme premier préclair une personne qui a le même prénom que son père ou sa mère. Si votre patient s'appelle Georges et que son père s'appelle Georges, attendez-vous à des problèmes. Car pour le mental réactif, Georges père et Georges fils ne font qu'une seule et même personne. Georges = Georges.

La mère dit : « Je hais Georges ! » Elle parlait du père. Mais le mental réactif pense qu'il s'agit de Georges fils. « Georges n'a pas toute sa tête », « Georges ne doit pas savoir », « Oh ! Georges, si seulement tu avais du sex-appeal, mais tu n'as rien ». Et ainsi de suite. Non, les « fils » ne sont jamais des préclairs faciles.

En général, l'auditeur ne peut s'empêcher de frissonner quand il sait qu'il va auditer ce genre de patient. Et si, de surcroît, ce patient n'a pas de sonique et qu'il est à l'extérieur de sa piste de temps, l'auditeur peut s'attendre à suer sang et eau. Bien entendu, on peut mener ces patients jusqu'à l'état de Clair, mais si les parents savaient ce qu'ils font à leurs enfants lorsqu'ils leur donnent un prénom qui risque de faire partie de maints engrammes (prénom du père ou de la mère, du grand-père ou de la grand-mère, d'un parent ou d'un ami, etc.), il est certain que cette coutume cesserait immédiatement.

LA RESTIMULATION DE L'ENGRAMME

« Demandez, demandez, demandez ; votre persistance finira par être récompensée. » Voilà une devise qui s'applique tout particulièrement lorsqu'on est à la recherche d'engrammes. Si vous faites retourner sans cesse votre préclair dans quelque période de sa vie, les engrammes finiront par se présenter. S'ils ne se présentent pas aujourd'hui, ils se présenteront demain. Et s'ils ne se présentent pas le lendemain, ils se présenteront le jour d'après, etc. La meilleure façon de localiser des charges d'émotion, c'est de demander sans cesse au préclair de retourner jusqu'à la partie de la piste de temps où elles sont censées se trouver.

Si la technique répétitive échoue, demandez au patient de retourner, à chaque séance, jusqu'à la période de sa vie où se trouve l'engramme. Tôt ou tard, vous mettrez la main dessus.

Occlusion de périodes et de personnes

Des périodes entières de la vie du patient ou certaines personnes qu'il a connues sont parfois introuvables sur sa piste de temps. Cela est dû à des injonctions engrammiques, à des computations de l'allié et à de l'émotion douloureuse. Ces périodes ou ces personnes finiront par apparaître lorsque vous aurez déchargé quelques engrammes dans la zone basique, ou encore si vous ne cessez de demander au patient de les contacter.

Animosité envers les parents

Lors de la thérapie, l'état du préclair, adulte ou enfant, s'améliore peu à peu et son ton émotionnel grimpe, le faisant évidemment passer par la zone 1, la zone de la colère. Il arrive qu'un préclair s'emporte violemment contre ses parents ou quelque autre « bourreau » d'un engramme. Ne soyez pas surpris. C'est l'un des effets secondaires naturels et inévitables de la thérapie.

Mais, bien entendu, comme l'état du préclair ne cesse de s'améliorer, son ton émotionnel ne tarde pas à monter. Très vite, l'ennui remplace la colère. Finalement, le patient atteint le ton 4, le ton du Clair, il est alors extrêmement gai et enjoué et tout à fait disposé à se lier d'amitié avec les gens qui lui ont fait du tort. Il sait bien sûr à quoi s'attendre de leur part, mais il ne nourrit aucune animosité à leur égard.

Si le père ou la mère croient que leur enfant se retournera contre eux lorsqu'il saura tout, ils sont dans l'erreur. Quand il était aberré, il se retournait déjà contre eux, et avec beaucoup de force. S'il est maintenu dans l'ignorance de ce qu'ils ont fait, son attitude envers eux risque de devenir de plus en plus imprévisible et hostile.

Le fait suivant s'est invariablement vérifié : le release ou le Clair ne manifeste absolument aucune animosité à l'égard de ses parents ou des personnes qui ont été responsables de ses aberrations. Mieux : il ne se lance plus dans des querelles et des conflits irrationnels. Cela ne veut pas dire que le Clair a perdu toute agressivité : s'il y a une bonne cause à défendre, il se battra. Cela veut dire qu'il ne se bat plus réactivement, à la façon d'un animal. Il comprend beaucoup mieux les gens et il est capable d'une affection beaucoup plus profonde. Parents, si vous voulez un enfant affectueux et coopératif, ne l'empêchez pas de suivre la thérapie,

quoi que vous ayez pu lui faire. Permettez-lui de devenir autodéterminé. Vous aurez alors un enfant affectueux et coopératif qui
ne nourrira plus au fond de lui ni rage ni apathie. Après tout, le
Clair est bien placé pour savoir d'où viennent les aberrations de
ses parents. Il est parfaitement conscient qu'ils ont eu une banque
d'engrammes avant lui.

LA PROPITIATION

Durant la thérapie, votre patient passera par un ton émotionnel
situé juste au-dessus de l'apathie : la propitiation. La propitiation
est un désir de conciliation : le patient essaye d'apaiser une force
destructrice par des sacrifices ou des offrandes. En proie à une
profonde terreur, il offre des vêtements coûteux, prononce des
paroles mielleuses, tend l'autre joue et devient une véritable
carpette. Bref, il se couvre de ridicule.

De nombreux mariages sont bâtis, non pas sur l'amour, mais sur
la propitiation, ersatz on ne peut plus minable. Les gens épousent
très souvent quelqu'un possédant un mental réactif similaire au
leur. C'est extrêmement fâcheux, car ces mariages sont désastreux
pour le mari comme pour la femme. Madame a telle brochette
d'aberrations, Monsieur a quasiment les mêmes. Monsieur pense
que Madame est sa mère. Madame pense que Monsieur est son
père. Madame a été obligée d'épouser Monsieur parce que son
père a essayé de la tuer avant sa naissance. Monsieur a été obligé
d'épouser Madame perce que sa mère lui filait des raclées quand
il était petit. Aussi incroyable que cela puisse paraître, ce genre de
mariage est extrêmement courant. L'un ou l'autre des conjoints
(ou les deux) finit invariablement par souffrir de troubles mentaux.
Le mari est malheureux, son enthousiasme est mort ; la femme se
sent extrêmement misérable. S'ils épousaient quelqu'un d'autre,
ils pourraient sans doute être heureux. Mais ils ont peur. Peur de
se séparer. Ils n'ont plus qu'une solution : la propitiation.

Lorsque l'auditeur constate que la vie conjugale du préclair qu'il
va auditer est un désastre, il a tout intérêt à auditer aussi son
conjoint. Ou à dire aux époux de s'auditer mutuellement, et le plus
tôt possible. L'aide mutuelle engendre presque toujours indulgence
et compréhension.

Si j'ai parlé de la propitiation, c'est parce qu'elle aidera l'auditeur dans son diagnostic. Un patient qui offre des cadeaux coûteux
à l'auditeur fait acte de propitiation : il essaye de l'acheter pour

l'empêcher de découvrir quelque chose. Cela signifie probablement que ce patient a un engramme qui lui dit qu'il mourra ou deviendra fou si on le prive de ses aberrations. Aussi somptueux que soient ces cadeaux, l'auditeur ferait bien de partir à la recherche de l'engramme de compassion qui se cache derrière tout cela.

L'amour

L'amour est sans doute le domaine sur lequel l'Homme a le plus porté son attention.

Il est dit que les domaines où les controverses font rage sont les domaines où la compréhension fait défaut. C'est assez vrai. Quand les théories ou les faits manquent par trop de précision, on assiste à des discussions passionnées, voire violentes. Il en va ainsi de l'amour.

Sans contredit, l'amour a détruit plus de vies que la guerre et engendré plus de félicité que tous les rêves d'accession à l'Eden.

Dénaturé par l'abondante littérature bon marché déversée sans relâche dans les kiosques et les librairies, défiguré par les milliers de chansons insipides matraquées sur les ondes, l'amour mérite une définition convenable. Nous avons découvert qu'il existe trois formes d'amour entre un homme et une femme. La première forme d'amour, c'est l'affinité, c'est-à-dire l'affection que l'être humain éprouve pour son semblable. La deuxième forme d'amour, c'est la sélection sexuelle, le vrai magnétisme entre deux êtres. La troisième forme d'amour, c'est l'« amour » compulsif engendré par les aberrations.

Peut-être que parmi les héros et les héroïnes de légende, il a existé des couples qui entraient dans la catégorie deux, et il ne fait pas de doute qu'on peut trouver dans notre société un certain nombre d'associations heureuses basées sur une admiration mutuelle tout à fait naturelle et sur une solide affection. Mais la forme d'« amour » la plus courante, c'est la troisième. C'est celle qu'on trouve dans les journaux à scandales et dans les romans-photos. C'est celle qui dégénère en demandes urgentes de divorce, en procès interminables ou en actes criminels et qui fait faire des heures supplémentaires aux tribunaux. C'est celle qui envoie l'enfant en pleurs dans sa chambre afin que papa et maman puisse se quereller tout leur soûl. Et c'est celle qui détruit les familles et qui lance dans l'existence des jeunes hommes et des jeunes filles déjà aigris et brisés.

La Dianétique appelle cette troisième forme d'amour « association de mentals réactifs ». Deux esprits se rencontrent, mais ce sont des esprits dont les facultés de raisonnement sont au plus bas. Quelque compulsion dictée par le mental réactif jette un homme et une femme dans les bras l'un de l'autre, les condamnant au chagrin et détruisant tous les espoirs personnels qu'ils caressaient.

À droite nous avons le mari, c'est-à-dire le « frère » qui la rouait de coups régulièrement ou le « père » qui la terrorisait. Ou peut-être même est-il la « mère » qui hurlait sans cesse après elle, mais qu'elle parvenait à apaiser en faisant quelque concession. Ou peut-être est-il le « docteur» qui lui avait infligé cette douleur atroce. Et à gauche nous avons la femme, c'est-à-dire la « mère », ou encore la « grand-mère » qu'il a été obligé d'aimer bien qu'elle l'ait toujours empêché d'exercer son libre arbitre. Ou peut-être est-elle l'« infirmière » qui était présente lors de cette opération très ancienne, ou encore l'« institutrice » qui le gardait après la classe pour assouvir sur lui ses instincts sadiques.

Avant le mariage, tout ce qu'ils savent, c'est qu'une compulsion les pousse à être ensemble et qu'ils doivent se montrer très gentils l'un envers l'autre. Puis ils se marient et la restimulation de la douleur ancienne se fait de plus en plus forte, jusqu'au jour où tous deux tombent malades et où leur existence, rendue plus compliquée encore par la présence d'enfants misérables et malheureux, n'est plus qu'un désastre sans nom.

Le mécanisme de la propitiation s'accompagne d'une hostilité cachée. Cette propitiation se traduit par des cadeaux hors de prix offerts sans raison, par une abnégation apparemment pleine de noblesse. La propitiation est une tentative apathique de maintenir à distance une « source » dangereuse de douleur. La faute en revient évidemment au mental réactif qui n'arrête pas de faire erreur sur la personne. En effet, ces actes de propitiation visent à acheter ou à « mettre hors d'état de nuire » des personnes qui, souvent, sont mortes depuis longtemps, mais qui, pour le mental réactif revivent sous les traits du conjoint. C'est une façon désespérée de lutter, mais l'être humain qui a abandonné toute lutte peut être considéré comme mort. Il est possible que l'individu « ne sache pas » qu'il manifeste cette hostilité enfouie au plus profond de lui. Mais une chose est sûre : il considère toujours que cette façon d'agir est justifiée et qu'elle est la conséquence naturelle de quelque offense manifeste.

Prenez la femme qui commet des gaffes involontaires devant les invités ou qui leur révèle accidentellement la vérité sur l'exploit dont le mari ne cesse de se vanter. Prenez la femme qui oublie de faire les petites choses que son mari lui a demandées ou qui porte une estocade « logique » aux espoirs qu'il caresse. Eh bien, voilà une femme qui doit faire acte de propitiation vis-à-vis de l'homme avec lequel elle vit. Elle manifeste par des voies détournées l'hostilité qui la ronge de l'intérieur. Pourquoi ? À cause du mal que lui a fait quelque homme qu'elle a connu bien des années avant le mariage. Voilà une femme qui va briser les espoirs de son conjoint et rester insensible à ses difficultés et à ses chagrins.

Prenez le mari qui couche avec une autre femme et qui laisse « accidentellement » du rouge à lèvres sur sa joue. Prenez le mari qui trouve mauvais les plats qu'elle lui mijote alors qu'elle est excellente cuisinière ou qui la traite constamment de feignante. Prenez le mari qui oublie de poster les lettres qu'elle lui a données ou qui trouve stupide la moindre des remarques qu'elle émet. Eh bien, voilà un mari qui doit faire acte de propitiation.

Les mariages entre mentals réactifs ont de nombreux effets désastreux : alternance de périodes de guerre et de paix dans la cellule familiale, absence de compréhension, destruction mutuelle de la liberté et de l'autodétermination du conjoint, existence misérable, divorces, enfants malheureux, etc. Poussés à se marier par quelque menace inconnue, forcés à ne plus se faire confiance de peur que quelque douleur ancienne se réveille, ces mentals réactifs « unis pour le meilleur et pour le pire » voient leur mariage se désagréger peu à peu. C'est cette « union de mentals réactifs » qui est responsable de tous les mariages catastrophiques dont est actuellement témoin notre société.

La loi ne définit pas avec précision en quoi doit consister le mariage. Elle se contente d'ajouter aux difficultés que rencontrent les mariages réactifs. Les mariages réactifs mènent à la spirale descendante, laquelle est faite de malheur, de restimulations chroniques et d'échecs et finit inévitablement par la mort. Un jour peut-être existera-t-il une loi intelligente selon laquelle seules les personnes dépourvues d'aberrations pourront se marier et avoir des enfants. Pour le moment, la loi se contente de rendre le divorce aussi difficile que possible. Ce qui équivaut à condamner le mari, la femme et les enfants (bref, toute la société) à la prison à vie.

La seule façon de sauver un mariage, c'est de débarrasser chacun des conjoints de ses aberrations. Une solution optimale (c'est-à-dire une solution qui ferait un maximum de bien aux quatre

« ... alternance de périodes de guerre et de paix dans la cellule familiale, absence de compréhension, destruction mutuelle de la liberté et de l'autodétermination du conjoint, existence misérable, divorces, enfants malheureux, etc. Poussés à se marier par quelque menace inconnue, forcés à ne plus se faire confiance de peur que quelque douleur ancienne se réveille, ces mentals réactifs « unis pour le meilleur et pour le pire » voient leur mariage se désagréger peu à peu. C'est cette « union de mentals réactifs » qui est responsable de tous les mariages catastrophiques dont est actuellement témoin notre société. »

dynamiques) comprendrait inévitablement la mise au clair des couples. Car une femme ou un mari, même s'ils divorcent, auront beaucoup de mal à atteindre au bonheur tant qu'ils auront des aberrations. Et s'ils ont des enfants, il est d'autant plus important qu'ils deviennent Clairs, autrement ils commettent une grande injustice.

En règle générale, lorsqu'un mari et une femme qui « se sont mariés réactivement » deviennent Clairs, leur vie devient beaucoup plus facile. Car les êtres humains éprouvent très souvent les uns pour les autres une affection réelle et innée, même si ce n'est pas la sélection sexuelle qui les a réunis. La mise au clair d'un couple n'engendrera peut-être pas le Grand Amour chanté par les poètes, mais il donnera naissance à un sentiment élevé de respect mutuel et à une impulsion concertée à faire de l'existence quelque chose qui vaut le coup d'être vécu. De plus, de nombreux couples devenus Clairs ont découvert qu'ils éprouvaient par-delà le voile hideux de l'aberration, un amour sincère.

Lorsque les parents deviennent Clairs, les grands gagnants, ce sont les enfants. La plupart des conflits conjugaux viennent d'aberrations relatives à la deuxième dynamique, la dynamique du sexe. Et parmi ces aberrations, on trouve une tendance à se conduire nerveusement avec les enfants.

Si le couple a des enfants, le divorce n'est certainement pas une bonne solution. Il n'existe qu'une solution : la mise au clair. Car la mise au clair permet de tourner une page nouvelle, une page vierge sur laquelle viendront s'inscrire d'innombrables moments de bonheur.

Lorsque deux conjoints « unis par leur mental réactif » décident de s'auditer mutuellement, la thérapie devient souvent une affaire très compliquée à cause de l'hostilité refoulée qui accompagne le mécanisme de la propitiation. Le mieux pour ce couple est de trouver un ami qui acceptera de les auditer à tour de rôle. Mais si le mari et la femme s'auditent mutuellement, il est absolument vital qu'ils fassent preuve d'une grande patience, qu'ils ne se laissent pas aller à la colère et qu'ils suivent le code de l'auditeur à la lettre. Ils doivent montrer le visage imperturbable d'un saint ou d'une sainte lorsque leur conjoint est en train de dramatiser le ton 1 d'une querelle passée et de parsemer son récit de tout un tas de récriminations. S'ils tiennent absolument à s'auditer mutuellement, c'est évidemment faisable, mais si leur mariage n'a été jusque là qu'une suite de conflits et de souffrances, il est préférable qu'ils se fassent auditer par une tierce personne extérieure à la cellule familiale.

De plus, une espèce de « complicité » s'établit entre le préclair et l'auditeur. Après la séance, leur affinité naturelle s'en trouve considérablement renforcée, à tel point que la moindre parole ou la moindre action peut être interprétée de travers et prise pour une violente attaque, ce qui a pour effet de déclencher une querelle et de freiner la thérapie.

En règle générale, il vaut mieux que les hommes se fassent auditer par des hommes et que les femmes se fassent auditer par des femmes. Mais ce n'est pas une règle stricte, il peut arriver, par exemple, qu'une femme souffre de graves aberrations concernant les femmes et qu'elle ait peur chaque fois qu'elle est en présence d'une femme, ou encore qu'un homme soit effrayé par les hommes.

Les dynamiques d'un homme et d'une femme sont quelque peu différentes. Aussi il peut arriver que la femme, surtout si elle a eu avec son mari des querelles violentes, manque un peu de persistance quand elle audite son mari. Le mari n'aura généralement pas trop de mal à auditer sa femme, mais lorsqu'il permutera et deviendra préclair, il se peut que naisse en lui le désir irrésistible de prendre la thérapie en main et qu'il essaie alors de s'auditer tout seul, ce qui est impossible.

L'EFFACEMENT

Si vous vous montrez persistant, vous finissez toujours par trouver le basique-basique, le tout premier moment de douleur et d'« inconscience ». C'est facile de savoir si vous l'avez obtenu : les engrammes contactés s'effacent au lieu de se réduire. Si le sonique du patient ne fonctionne toujours pas, cela ne l'empêchera pas d'effacer les engrammes. De toute façon son sonique se remettra à fonctionner à un moment ou à un autre ; il faut attendre quelquefois la fin de la thérapie. Quoi qu'il en soit, on finit toujours par atteindre le basique-basique.

Le travail d'effacement qui suit la découverte et l'effacement du basique-basique ressemble de très près au travail effectué au début de la thérapie. Vous *effacez* tous les engrammes anciens de douleur physique, en commençant toujours par le plus ancien que vous puissiez trouver, puis vous déchargez les engrammes d'émotion douloureuse situés soit dans la zone prénatale, soit dans la vie postnatale. Vous *effacez* tout ce que vous réussissez à trouver dans la zone prénatale, puis vous libérez toute l'émotion ultérieure plus ou moins récente que vous pouvez trouver (chaque fois que vous contactez un engramme, effacez-en tout le contenu). Ensuite, vous retournez le plus loin possible en arrière et vous essayez de trouver d'autres engrammes très anciens. Et ainsi de suite.

Le mental réactif est une vaste pagaïe. L'archiviste a énormément de mal à s'y retrouver. Car le key-in des engrammes peut se produire à n'importe quel moment, aussi bien durant la vie prénatale que très tard dans l'existence. Donc il arrive que l'archiviste ne trouve rien d'autre que des engrammes ayant un sujet commun ou une somatique commune (un mal de dents, par exemple). Mais il arrive aussi qu'il trouve une série d'incidents dans l'ordre exact où ils se sont déroulés ; c'est la meilleure chose qu'il puisse faire pour l'auditeur.

Le patient sera Clair lorsque vous aurez effacé *tous* les engrammes de douleur physique et déchargé *tous* les incidents d'émotion douloureuse. Parfois vous vous sentirez tout près du but : vous explorez une nouvelle fois la zone prénatale pour vous assurer qu'il ne reste rien et boum ! une nouvelle série d'engrammes prénatals se présente pour être effacée. L'explication est simple : l'émotion douloureuse que vous venez de décharger a fait remonter ces engrammes à la surface.

Et puis un jour, votre patient n'a plus la moindre occlusion sur sa piste de temps, les engrammes ne l'intéressent plus (les patients qui commencent la thérapie et dont le ton chronique est l'apathie ne s'intéressent pas non plus aux engrammes, tout comme les Clairs ; mais ces derniers se trouvent en haut de l'échelle des tons et leur état n'a rien à voir avec l'apathie ; la thérapie suit un cycle qui commence et qui se termine par une absence d'intérêt pour les engrammes), il se rappelle tout, ses raisonnements sont corrects, il ne commet plus d'erreurs (dans la limite des données qu'il possède), bref, sa banque d'engrammes est vide. Mais surtout ne soyez pas trop optimiste. Continuez à chercher jusqu'à ce que vous soyez absolument sûr qu'il ne reste plus rien. Observez le patient afin de vous assurer qu'il ne manifeste plus la moindre aberration. Voyez si ses dynamiques ont atteint un niveau élevé et si le patient savoure vraiment l'existence. S'il se sent capable de résoudre tous les problèmes de l'existence, de surmonter tous les obstacles du monde avec une main attachée dans le dos et de se lier d'amitié avec l'humanité entière, vous avez devant vous un Clair.

La seule erreur que vous puissiez commettre, c'est de partir du principe que l'être humain est un ramassis d'erreurs, de malveillance et de péchés et qu'il a atteint l'état de Clair lorsqu'il est un peu moins malheureux et qu'il se situe au-dessus de la moyenne. Ce n'est pas un Clair. C'est un *release*.

Chez les chercheurs d'or, le novice commet invariablement l'erreur de confondre la pyrite (l'or des pieds tendres, comme on l'appelle) avec l'or véritable. Il aperçoit dans sa cuvette un petit quelque chose aux reflets dorés et pousse un cri de triomphe. Mais ça n'a aucune valeur. C'est tout juste si ça vaut quelques dollars la tonne. Et puis, un jour, il aperçoit de l'or véritable ! Il sait désormais à quoi ressemble l'or. Ses caractéristiques sont facilement reconnaissables.

La psychométrie[2] montrerait que le Clair est un être d'une intelligence phénoménale, qui exprime toutes ses aptitudes et dont l'éclectisme ne semble pas avoir de limites. Mais le Clair a une autre qualité : c'est un être libre. Si vous faisiez passer un test de psychométrie à un release, vous constateriez que c'est un être au-dessus de la normale. Mais un Clair est un Clair et quand vous en verrez un, vous constaterez qu'il n'y a pas de méprise possible.

Ce n'est pas parce que le Clair ne s'intéresse plus à ses anciens engrammes qu'il reste insensible aux ennuis des autres. Et ce n'est pas parce qu'un individu ne s'intéresse pas à ses engrammes qu'il est Clair. Il se peut tout simplement qu'il s'agisse d'un individu apathique que rien n'intéresse. C'est très courant qu'une personne aberrée ne manifeste aucun intérêt pour ses engrammes : son mental réactif le lui dicte. Mais ne pas avoir d'engrammes et s'en moquer comme de sa première chemise, c'est tout à fait autre chose. Si vous avez affaire à un patient apathique qui essaye d'échapper à ses engrammes en les ignorant et qui répète sans cesse qu'il va très bien, *lui*, alors qu'il est en train de se désagréger complètement, vous constaterez le phénomène suivant : dès que vous aurez effacé le basique-basique, il s'intéressera brusquement à ses engrammes et reprendra goût à la vie. C'est très facile de distinguer l'individu apathique du Clair : le premier se trouve tout en bas du graphique de la survie et le second, tout en haut. Le Clair est un être qui a pris son essor et qui est en route vers les victoires et les triomphes. L'individu apathique sait que les victoires et les triomphes ne sont pas pour lui et vous explique longuement pourquoi il est vain de chercher à réussir.

Il n'est pas possible pour l'instant de prédire l'espérance de vie d'un Clair. Vous aurez la réponse d'ici une centaine d'années.

À quoi reconnaît-on un Clair ? La réponse est simple. L'individu en face de vous est-il proche du niveau de survie optimale ?

---

2. **Psychométrie :** mesure des variables psychiques (intelligence, facultés mentales, émotion, etc.).

S'adapte-t-il sans heurt à son environnement ? Et surtout, est-il capable d'adapter son environnement à sa propre personne ?

L'auditeur doit reprendre son patient deux mois, puis six mois après que celui-ci a atteint l'état de Clair, afin de s'assurer qu'il ne reste plus rien dans la banque des engrammes. Il doit lui poser des questions précises sur la façon dont son existence s'est déroulée dans l'intervalle. De la sorte, il saura si le patient a eu des angoisses ou des maladies et il pourra essayer de trouver les engrammes qui en sont responsables. S'il ne trouve rien, c'est que le patient est bel et bien Clair. Et il le restera.

Si un cas stagne et qu'il manifeste encore des aberrations, mais que vous n'arrivez plus à dénicher le moindre engramme, cela vient sans doute de grosses charges de chagrin profondément enfouies ; autrement dit, d'engrammes d'émotion douloureuse. Ces charges ne sont pas forcément postnatales ou récentes. Elles peuvent se situer dans la zone prénatale et être liées à des circonstances très secrètes — secrètes parce que les engrammes le disent. De plus, il est arrivé que des patients cessent de progresser et deviennent « impénétrables » à cause de quelque événement actuel ou récent qu'ils n'avaient pas cru bon de révéler.

Un préclair peut stagner pour deux raisons :

a. Il a tellement honte de son passé (une honte exagérée, donc aberrée) et il est tellement persuadé qu'il va devoir payer les pots cassés si son passé est mis à nu, qu'il passe son temps à éviter les engrammes.

b. Il a peur, à cause de quelque menace ou de quelque facteur dans sa vie présente.

Ce que le patient fait ou a fait n'intéresse pas l'auditeur. La thérapie de Dianétique n'a trait qu'à une chose : ce qui a été fait *au* patient. Ce qui a été fait *par* le patient ne présente strictement aucun intérêt. L'auditeur qui s'intéresse à ce que le patient fait ou a fait ne pratique pas la Dianétique. Mais il arrive qu'un patient, sous l'emprise de ses engrammes, n'ait qu'une obsession : essayer de cacher à l'auditeur quelque fragment de son existence. Il y a deux raisons à cela, celles exposées dans le paragraphe précédent.

Parmi les raisons de la catégorie 1, on trouve : un séjour en prison, un meurtre non révélé (bien que beaucoup de gens croient avoir commis un meurtre alors qu'ils n'ont même pas prononcé une seule fois une menace de mort), des pratiques sexuelles anormales, etc. L'auditeur doit promettre au début de la thérapie qu'il ne divulguera jamais le moindre propos confidentiel et expliquer au patient le principe du « fait *à*, pas fait *par* ». De plus, aucun auditeur digne de ce nom ne critiquera ou n'insultera un préclair pour avoir été sous l'emprise d'engrammes. En ce qui concerne la catégorie 2, il est possible qu'une personne, peut-être même le mari ou la femme, ait contraint le préclair à rester muet, le menaçant des pires représailles. Il y a le cas d'une patiente qui ne faisait pas le moindre progrès : bon nombre de ses engrammes avaient été contactés, mais tous refusaient de se réduire ou de s'effacer. On découvrit qu'elle avait été battue sauvagement durant une bonne partie de son existence, et le plus souvent par son mari, et que celui-ci avait menacé de la tuer si jamais elle parlait à l'auditeur de ces moments de grande brutalité. Mais c'était justement ces moments de brutalité qui renfermaient toute la charge de désespoir qui l'accablait. Il fallait absolument les décharger. L'auditeur parvint finalement à gagner la confiance de sa patiente et à localiser les charges de désespoir. De toute façon, même s'il n'avait pas réussi à gagner sa confiance, il aurait tôt ou tard fini par localiser ces charges d'émotion : il lui aurait suffi de les restimuler maintes et maintes fois jusqu'à ce que sa patiente les contacte et fonde en larmes. Un autre cas était celui de ce petit garçon qui faisait du « dub-in » et dont les manufactures de mensonges étaient si productives que l'auditeur finit par se rendre compte qu'il devait non seulement percer le secret qui entourait l'engramme qu'il essayait de réduire, mais surtout qu'il devait briser le véritable mur de silence qui avait été imposé au garçon par quelqu'un de son entourage. Il ressortit finalement que la mère, croyant qu'elle allait être arrêtée et jetée en prison, avait menacé l'enfant des pires sévices si jamais il révélait à l'auditeur comment on le traitait à la maison. En fait, il y avait autre chose : elle s'était rendue coupable de quatre-vingt-une tentatives d'avortement !

L'auditeur s'intéresse à tout ce qui est engramme. Si la société a mis le patient en prison, ou s'il est malheureux à la maison, eh bien, il s'agit de choses qui ont été faites au patient. Ce que la personne a fait pour les « mériter » nous est complètement égal.

LES « CAS DE LANGUE ÉTRANGÈRE »

De temps à autre, l'auditeur va tomber sur un obstacle étrange durant la thérapie. Tout ce qu'il contacte dans la zone prénatale (et parfois même dans l'enfance) refuse de s'effacer ou s'avère totalement incohérent. Il s'agit peut-être d'un « cas de langue étrangère ». Il arrive quelquefois que l'enfant ne sache pas qu'il est né d'autres parents (parlant une langue étrangère) et non pas de ses parents actuels. Voilà une situation particulièrement complexe, mais très facile à démêler : il suffit de parcourir les engrammes. Il est toujours possible que le patient ait oublié que ses parents parlaient une autre langue à la maison. Si ses engrammes prénatals contiennent une langue étrangère ou une langue qui n'est pas la langue du pays où il réside, c'est un atout : en effet, sa vie prénatale a peu de chances d'être restimulée, encore qu'elle puisse agir sur son mental. Par contre, ce n'est absolument pas un atout pour l'auditeur, car il a devant lui un patient qui ne connaît pas la langue de ses engrammes prénatals, qui n'a peut-être pas de sonique dans ces engrammes, et dont la banque d'engrammes est truffée d'informations qui jadis voulaient dire quelque chose et qui sont émises dans la vraie langue maternelle du patient.

La meilleure solution, c'est de trouver un auditeur bilingue, c'est-à-dire un auditeur qui parle la langue présente dans les engrammes prénatals du patient *et* la langue que parle ce dernier. Une autre solution consiste à se procurer un dictionnaire et à essayer de déterminer (en se faisant aider du patient) quels pourraient être les éjecteurs, les dénieurs, etc. Une autre solution encore consiste à envoyer d'innombrables fois le patient dans sa prime enfance afin qu'il réapprenne peu à peu la langue (vous faites apparaître le fichier renfermant cette langue). Ensuite vous lui demandez comment on dit telle ou telle phrase dans cette langue. Peu à peu, il va réapprendre la langue, ce qui lui permettra de décharger sa banque d'engrammes. Il n'y a qu'un cas où ce genre de patient est extrêmement difficile à auditer : quand il n'a pas parlé la langue durant son enfance. Si le patient s'exprimait dans la langue étrangère pendant son enfance, l'auditeur lui demande simplement de retourner maintes et maintes fois jusqu'aux périodes où il l'employait, puis il l'envoie dans la zone prénatale. Il doit demander au patient de traduire au fur et à mesure. Les clichés qu'on trouve à la fois dans la langue de l'auditeur et dans l'ancienne langue maternelle du préclair donnent lieu, très souvent, à des interprétations littérales fort différentes. C'est à cause de cette différence que les pays ont des aberrations qui leur sont propres. L'Anglais et l'Américain disent « Je suis chaud », alors que le Français dit « J'ai chaud ». Pour le mental réactif, ces phrases n'ont absolument pas le même sens, même si elles signifient la même chose pour l'analyseur.▲

CHAPITRE NEUF

MÉCANISMES ET ASPECTS DE LA THÉRAPIE DEUXIÈME PARTIE

LES PERCEPTIONS EXTRA-SENSORIELLES

CHAQUE FOIS QU'UN AUDITEUR A AFFAIRE à un patient qui fait du « dub-in » ou qui a une charge émotionnelle considérable, il se produit parfois le phénomène suivant : le patient, retourné dans la zone prénatale, se met à décrire des scènes avec force détails. Certains auditeurs en restent comme deux ronds de flan. Le patient est là, dans le ventre de sa mère, et pourtant il « voit » tout ce qui se passe à l'extérieur. Il vous raconte ce que font papa et maman, où ils sont assis, la couleur du papier peint et tout le reste. Dans le ventre de sa mère ! On pourrait avancer quelques jolies théories pour expliquer ce phénomène. L'une d'elles pourrait être que le fœtus, lorsqu'il est torturé, emploie des perceptions extra-sensorielles pour voir quelle est la prochaine catastrophe qui va lui tomber dessus. Les perceptions extra-sensorielles sont théoriquement possibles et l'on peut probablement démontrer leur existence, *mais elles ne sont pas présentes chez le fœtus.*

Souvenez-vous, le fœtus n'est pas un organisme véritablement capable de raison, même s'il a des cellules extrêmement évoluées et intelligentes. Ce n'est pas parce que le fœtus a des engrammes qu'il est capable de penser. L'engramme commence vraiment à causer des aberrations graves quand l'enfant atteint l'âge de la parole. L'engramme n'est pas un souvenir, mais un enregistrement de douleur et de perceptions.

Lorsque vous envoyez un adulte ou un adolescent dans la zone prénatale, vous y envoyez un mental qui a acquis de l'expérience et qui, en contactant un engramme, est capable de tirer des conclusions. À en croire certains préclairs, ils auraient passé leur vie prénatale à lire Hugo et Baudelaire et à se gaver de pains au chocolat.

Lorsque vous demandez à un être doué de *raison* et doté de facultés analytiques de retourner jusqu'à une période où ces qualités lui faisaient défaut, cela peut bien évidemment faire naître en lui tout un tas d'idées. Mais en fait, tout ce qu'il est censé faire, c'est parcourir et raconter le contenu de ses engrammes. Cependant, il arrive que le mécanisme des rêves, ainsi que quelque raisonnement tortueux, le poussent à ajouter à son récit une touche supplémentaire et qu'il essaie alors de vous décrire toute la scène en technicolor et en cinémascope.

Les perceptions extra-sensorielles prénatales n'existent pas. Une longue série d'expériences nous a permis de démontrer que, lorsque le préclair croit voir la scène, c'est tout simplement parce qu'elle est mentionnée dans l'engramme ; il se l'est imaginée en se basant sur ce qu'il a entendu dans l'engramme. Donc, pas de perceptions extra-sensorielles prénatales. Les descriptions et les actions contenues dans l'engramme lui ont suggéré la scène. Il fait alors travailler son imagination. Résultat : il a un « visio ».

Il existe des patients chez qui c'est chronique. Ce sont des patients qui sont sous l'emprise de manufactures de mensonges très puissantes. Lorsque l'auditeur est confronté à ce phénomène, il est en mesure d'établir un diagnostic. Il sait que le patient risque, en plus, d'avoir un sonique imaginaire et il sait qu'il n'a qu'une chose à faire : trouver et décharger un maximum d'émotion douloureuse. En effet, c'est à cause de l'émotion douloureuse que le patient passe son temps à inventer et à éviter les engrammes. L'auditeur sera alors en mesure de trouver la manufacture de mensonges elle-même, non pas la manufacture de mensonges de la manufacture de mensonges qui produit les manufactures de mensonges, mais l'engramme proprement dit qui est à la base de toutes ces hallucinations.

Cependant, n'allez pas dire brutalement au préclair ce que vous pensez de ses contes de fées. Ne lui dites pas qu'il est en train d'inventer, autrement sa manufacture de mensonges va redoubler d'activité. Car vous êtes en présence de computations de compassion, de pertes qui ont engendré beaucoup de désespoir, de douleurs prénatales très fortes et d'un être humain qui n'a pas reçu beaucoup d'affection durant son enfance. Il ne faudrait pas grand-chose pour ébranler le peu d'assurance dont il a réussi à se parer. Par conséquent, travaillez en douceur, cherchez les charges de désespoir, les alliés, les engrammes de compassion et mettez la main sur la manufacture de mensonges. Peu à peu, son état s'améliorera, il deviendra plus stable et plus rien ne l'empêchera alors d'atteindre l'état de Clair.

LES ÉLECTROCHOCS

Il est très important, lorsqu'on commence la thérapie, de localiser et de décharger tous les engrammes causés par des électrochocs ou des chocs électriques. Les électrochocs et les chocs électriques regroupent les engrammes en un endroit de la piste de temps, qu'ils aient été reçus accidentellement ou durant la vie prénatale (c'est arrivé), ou qu'ils aient été administrés par des psychiatres. L'engramme dû à un électrochoc est beaucoup plus puissant que l'engramme ordinaire. Il met les banques mnémoniques sens dessus dessous : tout ce qui s'est passé peu avant et peu après la réception de l'électrochoc est complètement mélangé. De plus, l'électrochoc s'accompagne d'un état de profonde « inconscience », provoquant un affaiblissement permanent de l'analyseur.

LE « CONSENTEMENT TACITE »

Lorsque deux personnes s'auditent à tour de rôle, il se produit parfois une situation où chacun empêche l'autre de contacter certains engrammes.

Exemple : Disons que le préclair A a une computation de l'allié concernant un chien. Il essaye inconsciemment de garder cet engramme « pro-survie » pour lui, ce qui va évidemment freiner sa thérapie. Lorsqu'il audite le préclair B, il a tendance à projeter sur lui ses propres problèmes. Autrement dit, il pense que le préclair B est plus ou moins comme lui. Confusion d'identité. Disons maintenant que le préclair B possède lui aussi une computation de l'allié concernant un chien. Le préclair A, lorsqu'il audite, va alors faire tout ce qu'il peut pour éviter que le préclair B contacte cet engramme. Le préclair A croit à tort qu'en permettant au préclair B de garder l'engramme concernant le chien, il va pouvoir conserver le sien. C'est ce que nous appelons le « consentement tacite ». C'est une sorte de marché : « Si tu me permets de ne pas aller mieux, j'en ferai autant pour toi. » Il faut absolument éviter de tomber dans ce piège. En règle générale, ceux qui connaissent l'existence de ce phénomène, et qui prennent conscience qu'ils s'empêchent mutuellement d'atteindre l'état de Clair mettent immédiatement un terme à ce « consentement tacite ».

Prenons un autre exemple. Un mari et une femme traversent une période de détresse commune et de querelles. Un jour, ils décident de s'auditer à tour de rôle. Leurs engrammes leur ordonnent, à leur insu, d'éviter cette période difficile qu'ils ont partagée. Résultat : des engrammes d'émotion douloureuse restent en place.

Les individus qui s'adonnent au « consentement tacite » ne s'en rendent pas toujours compte. Par conséquent, les préclairs qui s'auditent mutuellement doivent faire très attention à ne pas tomber dans ce piège, car la thérapie s'en trouvera inévitablement freinée.

« Coupure » de l'émotion et de la douleur*

Si vous avez affaire à un patient qui ne manifeste aucune émotion ou qui ne ressent pas la douleur, alors que l'incident contacté contient de l'émotion et de la douleur, c'est qu'il souffre d'une « coupure » des des sentiments et des sensations. Vous en trouverez généralement la cause dans la zone prénatale. Les verbes « sentir » et « ressentir » se rapportent à la fois aux sens et aux émotions. Donc, la phrase engrammique « Je ne sens rien » va « anesthésier » les deux.

Si votre patient voit son corps dans la scène (autrement dit, s'il n'est pas dans son corps) ou s'il a des « perceptions extra-sensorielles » prénatales, son incapacité à contacter l'émotion de l'incident vient probablement d'engrammes plus ou moins récents (ou du moins post-natals) d'émotion douloureuse. Si le patient occupe son corps dans l'incident mais qu'il ne ressent pas la douleur ou l'émotion pendant qu'il parcourt l'engramme, vous devez soupçonner la

---

* *Quand on envoie la bande somatique dans un incident dont les sensations ou les sentiments sont « anesthésiés », elle obéit, même si le patient ne ressent pas la somatique. Quand on l'envoie dans un incident masqué par l'« inconscience », elle obéit aussi, mais la somatique ne se manifeste que lorsque le patient sort de l'état d'« assoupissement » causé par l'« inconscience ».* LRH

présence d'une « coupure » très ancienne de la douleur ou de l'émotion. Localisez-la au moyen de la technique répétitive. Employez les mots « pas d'émotion » et de nombreuses variantes jusqu'à ce que vous obteniez la phrase exacte, ou employez la phrase « Je ne sens rien » et de nombreuses variantes. Si les engrammes sont prêts à être contactés et s'ils ne sont pas masqués par d'autres engrammes, ils finiront par remonter à la surface.

Il arrive parfois qu'un patient « marche » bien (c'est-à-dire qu'il parcourt et réduit les engrammes qui se présentent), mais qu'il ne ressente pas l'émotion qui y est contenue et qu'il n'éprouve que très faiblement les somatiques : la douleur se traduit tout au plus par une légère pression. Si la technique répétitive ne vient pas immédiatement à bout des « coupures » d'émotion et de douleur, il faudra se résigner à parcourir de nombreux engrammes prénatals sans que le patient en ressente la douleur et l'émotion ; il en percevra le contenu verbal et la douleur se manifestera sous la forme d'une simple pression. Mais il finira un jour ou l'autre par contacter l'incident qui est responsable de ces « coupures ». Après quoi, il retirera beaucoup plus de « gains » de la thérapie.

LE PATIENT EXTÉRIORISÉ

Lorsqu'un patient, retourné jusqu'à un incident, est à l'extérieur de son corps et voit son corps, cela signifie qu'il n'est pas sur la piste de temps. Ne le lui dites pas. Mais dépêchez-vous de trouver et de libérer les charges de désespoir, c'est-à-dire les engrammes d'émotion douloureuse qui sont responsables de ce phénomène d'« extériorisation ». L'« extériorisation » et les « perceptions extra-sensorielles », mentionnées plus haut, ont une seule et même cause : l'émotion douloureuse.

LA TÉLÉPATHIE

De temps à autre, un patient essaiera de vous faire avaler que c'est la télépathie qui est responsable de certaines de ses aberrations. L'imagination de certains patients ne connaît pas de limites. Il est probable que la télépathie est un authentique phénomène, mais nos recherches ont démontré que le fœtus ne reçoit pas le moindre « message télépathique ». Et même s'il en recevait, cela ne pourrait en aucun cas engendrer d'aberrations.

Nous nous sommes livrés à des tests nombreux et rigoureux sur les cas de « télépathie » et de « perceptions extra-sensorielles ». Il en est ressorti chaque fois des faits qui n'avaient rien à voir avec la « transmission de pensées » ou la « vision radar ».

Lorsqu'un patient dit à l'auditeur qu'il est en train de réciter les pensées que sa mère lui a transmises durant sa vie prénatale, vous pouvez être sûr qu'il y a, tout près, un engramme dans lequel elle a proféré ces mêmes paroles à voix haute. Les mères très aberrées, et surtout les mères aberrées au point de se livrer à des tentatives d'avortement, dramatisent de nombreux engrammes. Cette dramatisation se manifeste souvent par des monologues. Certaines mères ont beaucoup de choses à se raconter quand elles sont seules. Leurs tirades sont bien entendu enregistrées par l'enfant lorsque celui-ci est blessé. Et il arrive que l'enfant soit blessé sans que sa mère soit blessée, comme dans le cas d'une tentative d'avortement. Lorsqu'il reçoit ce genre de blessure, il souffre et reste « inconscient » très longtemps. Aussi ces monologues s'enregistrent dans les engrammes (et très souvent, la mère parle fort). L'enfant n'entend pas ce qu'elle dit : il s'agit d'un enregistrement cellulaire. Bien évidemment, tous ces monologues provoquent des aberrations. En fait, ils créent des névroses et des déséquilibres mentaux étonnants.

Mais pour en revenir à la télépathie, rien ne cause des aberrations de ce côté. Aussi l'auditeur n'acceptera-t-il pas plus la télépathie que les perceptions extra-sensorielles.

Les conditions de vie prénatales

C'est très bruyant dans le ventre de la mère. Un patient croit parfois que son sonique est en bon état, pourtant il n'entend rien dans le ventre de sa mère. Cela signifie qu'il fait du « dub-in ». Gargouillements et grincements intestinaux, écoulement des liquides organiques, borborygmes, éructations, voilà les bruits qu'entend l'enfant à longueur de journée.

De plus, vers la fin de la vie prénatale, l'enfant est comprimé.

Si la mère fait de l'hypertension, la vie intra-utérine est un véritable enfer.

Quand la mère prend de la quinine[1], les organes auditifs du fœtus (et ceux de la mère) se mettent à bourdonner. Il trimbalera ce bourdonnement durant toute son existence.

----

1. **Quinine :** médicament amer principalement utilisé pour combattre le paludisme.

La mère a des nausées matinales, des crises de hoquet, des rhumes, elle tousse, elle éternue.

C'est ça, la vie prénatale.

Les gens qui « veulent » « retourner dans le ventre de la mère » ont des engrammes où quelqu'un a frappé la mère et crié : « Reviens ici », ce qu'ils font.

LE SYSTÈME DE CLASSEMENT DES ENGRAMMES

Les engrammes sont classés n'importe comment. On est loin de l'ordre et de la méthode des banques mnémoniques standard d'un Clair. En fait, les engrammes sont classés d'une façon qui aurait donné le frisson à Alexandre. Aussi il est difficile pour l'auditeur de savoir à quel moment se présentera tel engramme faisant normalement suite à l'engramme qu'il vient de réduire.

Les engrammes sont classés par date, par sujet, par valeur, par somatique et par émotion.

Lorsque l'auditeur a effacé le basique-basique et qu'il fait demi-tour en direction du présent, effaçant les engrammes sur son passage, il pourrait croire qu'il va tout effacer dans l'ordre chronologique. Mais ce n'est pas comme cela que ça se passe. Brusquement il tombe sur une charge de chagrin récente et il doit la décharger. Il retourne alors dans la zone prénatale et voit qu'une nouvelle série d'incidents est remontée à la surface, il les efface, remonte progressivement vers le temps présent, effaçant tout sur son passage, tombe sur une nouvelle charge d'émotion et la libère, ce qui fait apparaître une nouvelle série d'engrammes prénatals. Il les efface, remonte petit à petit vers le présent, tombe sur une autre charge de désespoir et la libère. Une autre série d'incidents prénatals se présente. Il les efface, remonte, et ainsi de suite.

Lorsque l'auditeur demande des informations engrammiques, il reçoit soit la date, soit la somatique, soit le sujet, soit la valeur, soit l'émotion. En général l'archiviste lui transmet les engrammes par date et par sujet. L'émotion emmagasinée dans le mental réactif empêche l'analyseur d'accéder à certaines séries d'incidents. Une fois que tel ou tel incident d'émotion est déchargé, l'archiviste est en mesure de trouver et de transmettre telle ou telle série d'engrammes. Puis une autre charge émotionnelle l'empêche à nouveau de faire son travail. L'auditeur doit déployer son intelligence non pas pour trouver les engrammes prénatals, mais pour trouver et décharger les engrammes d'émotion douloureuse plus ou moins récents.

Oui, le système de classement des engrammes est minable comparé à la façon dont sont rangées les données des banques standard. Et maintenant que nous le comprenons, il est extrêmement vulnérable.

Nous pouvons effacer les données engrammiques du mental réactif. Par contre, il est totalement impossible d'effacer les données contenues dans les banques mnémoniques standard. La douleur est une denrée périssable. Le plaisir est éternel.

L'« ALLÉGEMENT »

Les psychanalystes et consorts rencontrent parfois un problème qu'ils peuvent résoudre en employant un tout petit fragment de la thérapie de Dianétique.

Lorsqu'un patient a été fortement bouleversé par quelque chose pendant la journée, il arrive qu'il soit incapable de mettre son attention sur la thérapie. On peut y remédier en quelques minutes : il suffit d'« alléger » le moment où il a été bouleversé.

Si l'attitude et l'aspect du patient changent brusquement, si sa sérénité disparaît brutalement, cela vient généralement d'un incident qui a fait naître en lui une angoisse mentale. Ce changement a bien entendu été causé par une restimulation de quelque engramme. C'est donc un lock. Mais on peut contacter ce lock et l'« alléger ».

L'analyste met le patient en rêverie ou lui dit simplement de fermer les yeux. Puis il lui demande de retourner jusqu'à l'instant où il a été bouleversé et de le parcourir. Cet incident a probablement eu lieu durant la journée ou durant la semaine. Il découvrira un moment d'affaiblissement de l'analyseur où une personne ou une circonstance ont restimulé quelque engramme du patient et porté un coup à son équilibre mental. C'est un lock. On peut généralement le parcourir comme un engramme. Le patient le raconte plusieurs fois, etc. Ce tout dernier moment de tension mentale ne tarde pas à se réduire et le patient est alors capable de porter son attention sur la thérapie. Quant à l'engramme qui maintient ce lock en place, on peut uniquement le contacter en employant *tous* les outils de la thérapie de Dianétique.

Lorsque l'auditeur constate que quelque chose perturbe son patient, il peut souvent gagner un temps précieux en « allégeant » le lock qui a mis le patient dans cet état.

Nous le savons, ça ne sert à rien de passer son temps à localiser des locks étant donné qu'il y en a des milliers et des milliers. En revanche, il peut être très utile de localiser le dernier lock en date s'il perturbe le patient et freine la thérapie.

L'ÉCHELLE DES TONS ET LA RÉDUCTION DES ENGRAMMES

La réduction des engrammes récents d'émotion douloureuse est une phase extrêmement importante de la thérapie. Aussi nous allons nous attarder dessus quelque peu.

La réduction d'engrammes récents s'avère très utile dans bien des cas. Exemple : L'auditeur a enfreint le code de l'auditeur et s'est accroché avec son préclair. Il peut contacter et réduire cette transgression du code comme s'il s'agissait d'un engramme d'émotion douloureuse et, de la sorte, annuler les effets que son erreur a eus sur le préclair. Il demande simplement au préclair de retourner jusqu'au moment où la transgression a eu lieu et de le parcourir. Exemple : Le mari s'est querellé avec sa femme, ou bien celle-ci a découvert qu'il faisait quelque chose de pas catholique. Le mari peut alors décharger cette querelle ou cette découverte comme s'il s'agissait d'un incident d'émotion douloureuse en demandant à sa femme de la parcourir. L'incident, une fois déchargé, cesse de préoccuper la femme. Exemple : Le chien du petit garçon vient de se faire écraser. Auditez et déchargez l'incident comme vous le feriez pour n'importe quel engramme d'émotion douloureuse. Exemple : La femme du préclair vient de le quitter. Parcourez et déchargez cet incident comme vous le feriez pour n'importe quel incident d'émotion douloureuse. Bref, on peut réduire n'importe quel choc émotionnel en employant la technique classique de réduction.

On peut réduire n'importe quel engramme d'émotion douloureuse, qu'il ait été reçu il y a deux heures ou il y a dix ans. On procède comme on procéderait pour n'importe quel engramme. On demande au préclair de retourner jusqu'au tout début de l'incident, c'est-à-dire jusqu'au moment précis où le choc a été reçu, et on lui fait parcourir l'incident sur toute la durée du choc.

La réduction de ce genre d'engramme comprend plusieurs phases, lesquelles ne varient jamais, ou presque. Si la mauvaise nouvelle a plongé l'individu dans un état d'apathie, il lui faudra généralement parcourir et raconter l'incident une ou deux fois avant de vraiment en contacter le contenu (à moins qu'il n'y ait quelque part sur sa piste de temps un engramme qui l'empêche de ressentir les émotions). Viendront ensuite les larmes et le désespoir de l'apathie. Après deux ou trois parcours, le chagrin cédera la place à la colère. Le préclair raconte à nouveau l'incident plusieurs fois (toujours du tout début jusqu'à la fin, et en le « revivant »). À présent, il éprouve de l'ennui. Il le raconte encore un certain nombre de fois et finit par atteindre le ton 3 ou le ton 4. Il est maintenant soulagé ou, mieux encore, il éclate de rire.

C'est cette succession d'émotions qui nous a conduits à l'échelle des tons avec sa graduation de 0 à 4. Le rire correspond au ton 4.

Parfois le patient traverse une phase correspondant au ton 2 : il se montre désinvolte et sarcastique. Ce n'est pas le ton 4. Cela signifie que l'incident contient autre chose. Il va peut-être se rebiffer un peu et dire que l'incident est déchargé. Mais l'auditeur doit alors insister pour qu'il le raconte à nouveau, car des informations n'ont pas été révélées et il subsiste de la charge. En général, le sarcasme dont fait preuve le préclair est juste un moyen d'échapper à l'engramme et parfois ce sont les mots mêmes qu'il prononce qui forment la partie manquante de l'engramme. L'auditeur lui dit simplement de raconter à nouveau l'incident (sans lui demander de trouver tel ou tel mot), et le préclair devra le raconter jusqu'à ce qu'il ait atteint le ton 4.

Nous venons de voir, à une échelle réduite, comment se comporte l'ensemble de la banque des engrammes durant la thérapie. La banque part de son ton initial (qui se situe aux alentours de l'apathie) pour finalement atteindre le ton 4. Plus on efface ou on réduit d'engrammes, plus le ton de la banque monte. Cependant son ton ne monte pas suivant une courbe abrupte et régulière, car de nouveaux engrammes sont contactés à chaque séance : des engrammes contenant de l'apathie et parfois même des maniques.

En revanche, le ton d'un engramme d'émotion douloureuse monte suivant une courbe plutôt abrupte et régulière. Si l'incident est déchargeable, il montera jusqu'au ton 3 ou 4. S'il ne monte pas jusqu'au ton 3 ou 4 (autrement dit, s'il ne suit pas le cycle apathie-colère, colère-ennui, ennui-gaieté ou du moins ennui-indifférence), cela signifie qu'un incident similaire le maintient en place et masque son contenu.

Un engramme peut commencer au ton 1 (la colère). Si un engramme commence au ton 2 (l'ennui), ce n'est pas vraiment un engramme.

Mais il peut s'agir d'un faux ton 2. Cela signifie que l'engramme est masqué par d'autres engrammes, raison pour laquelle le préclair semble s'en désintéresser. Si vous lui demandez de le raconter un certain nombre de fois, il va peut-être se décharger. Le ton de l'engramme dégringolera alors jusqu'à zéro, puis remontera. S'il ne se décharge pas, c'est qu'il y a un autre engramme.

Pendant la thérapie, le *corps* du patient passe par les différents niveaux de ton, son *mental* passe par les différents niveaux de ton, les *engrammes d'émotion douloureuse* passent par les différents niveaux de ton.

Un engramme contacté dans la zone basique ou un engramme contacté sur le chemin du retour (après effacement du basique-basique) s'effacera au bout de deux ou trois parcours, à moins qu'il ne s'agisse du tout premier engramme d'une nouvelle chaîne d'incidents similaires. Tout engramme qui semble dépourvu d'émotion ou de douleur est masqué en partie ou en totalité par des engrammes récents d'émotion douloureuse ou des engrammes très anciens de douleur physique, lesquels empêchent (par les injonctions qu'ils contiennent) le préclair de ressentir l'émotion ou la douleur.

Tout au long de la thérapie, l'auditeur doit veiller à ce que le patient soit « vivant ». Ses émotions doivent fluctuer. Il est parfois nécessaire, dans la zone basique, de laisser le patient raconter un incident de façon monotone (le ton de l'engramme ne variant pas) afin que celui-ci se réduise un tant soit peu. Mais chaque fois qu'un patient devient sage et « bien élevé » et raconte ses engrammes avec le plus parfait détachement, vous devez trouver l'émotion douloureuse récente ou la « coupure » d'émotion prénatale. Inversement, si le patient se montre émotif à tout propos, s'il passe des pleurs aux éclats de rire hystériques, cela signifie que la thérapie progresse, mais cela signifie aussi qu'il existe sans doute dans la zone prénatale des engrammes qui lui ordonnent d'être « excessivement émotif ».

L'échelle des tons est un outil très utile et c'est un excellent guide. Elle se manifestera surtout lorsque vous réduirez des engrammes reçus après l'âge de la parole. Mais elle se manifestera aussi lorsque vous réduirez des engrammes plus anciens.

On peut mener n'importe quel engramme d'émotion douloureuse jusqu'au ton 4. S'il se réduit normalement et s'il n'est pas masqué par d'autres engrammes, il atteindra le ton 4 après être passé par les autres tons.

Que faire si la technique répétitive ne marche pas bien avec le patient ?

Le patient répète la phrase que l'auditeur lui a demandé de répéter mais il ne contacte pas le moindre incident. Cela peut venir de trois choses : 1) le patient n'arrive pas à se déplacer sur la piste de temps ; 2) l'archiviste conserve volontairement l'incident renfermant la phrase car il n'est pas encore prêt à être déchargé ; 3) la phrase n'est contenue dans aucun engramme.

Il se peut aussi que le patient ait des engrammes puissants qui lui disent « contrôle-toi ». Ils peuvent se manifester de plusieurs façons : le patient essaie de se substituer à l'auditeur et de diriger la séance ; il se montre hyper-autoritaire ; il refuse de coopérer. Si vous employez, la technique répétitive avec des phrases comme « Contrôle-toi », « C'est moi qui commande », etc., vous finirez par contacter quelque chose.

En règle générale, c'est à cause d'un reteneur que la technique répétitive ne fonctionne pas. Si le patient ne se déplace pas sur sa piste de temps lorsque vous employez la technique répétitive, demandez-lui de répéter des phrases du type reteneur.

Souvenez-vous qu'une « coupure » des sentiments ou des sensations peut empêcher le patient de ressentir les somatiques. Si le patient semble insensible aux ennuis qu'il a eus sur sa piste de temps, vous pouvez être sûr qu'il y a quelque part une « coupure » de ses sentiments et de ses sensations.

Il se peut aussi que la technique répétitive ne donne rien à cause d'une trop grosse charge émotionnelle.

Comme la bande somatique a du mal à pénétrer dans les charges d'émotion (les engrammes d'émotion douloureuse), la technique répétitive est donc tout indiquée.

Si la technique répétitive ne marche pas du tout avec le patient, demandez-lui d'imaginer « la pire chose qui puisse arriver à un bébé », etc. (Il est très rare qu'on soit obligé de s'y prendre ainsi).

Vous pourrez alors glaner dans ses réponses de nouvelles phrases qui, utilisées répétitivement, conduiront le patient dans un engramme.

LA TECHNIQUE DU MOT ISOLÉ

Comme nous l'avons vu précédemment, il existe des chaînes d'engrammes. Il existe aussi des chaînes de mots. Il existe un premier enregistrement de chaque mot que la personne a entendu dans sa vie. La banque des engrammes peut contenir l'ensemble du langage courant. Les combinaisons de mots du vocabulaire courant sont quasiment infinies. Il y a d'innombrables façons de formuler des dénieurs, des éjecteurs, etc.

Deux faits « heureux » viennent cependant faciliter la tâche de l'auditeur. Le premier, c'est que les protagonistes des engrammes du patient sont aberrés. Chaque aberré a des dramatisations types qu'il manifeste systématiquement lorsqu'il est restimulé. Par exemple, le père réagit toujours de la même façon face à la mère : s'il a prononcé telle série de phrases au cours d'une situation où l'enfant a reçu un engramme, il répétera cette série de phrases chaque fois qu'il y aura une situation similaire. Ou bien, si la mère a pour habitude de prendre une attitude accusatrice devant le père et d'utiliser certains mots, ces mots apparaîtront dans maints engrammes. Le second fait, c'est que si l'un des conjoints emploie un langage grossier, l'autre conjoint, sous l'effet de la contagion de l'aberration, se mettra peu à peu à employer ce langage. Lorsqu'on audite un aîné dont les parents ne cessaient de se battre, on constate le phénomène suivant : l'un des conjoints se met peu à peu à employer les expressions de l'autre, soit pour riposter, soit pour se plaindre. Cela donne des chaînes d'engrammes, chaque engramme étant similaire au suivant. Lorsqu'on efface le tout premier engramme d'une chaîne, tous les engrammes de cette chaîne peuvent immédiatement être réduits ou effacés, en raison de leur similitude même. En effet, le *premier* incident d'une chaîne maintient plus ou moins les incidents ultérieurs en place et hors de vue. Par conséquent, l'auditeur vise l'engramme de base, le tout premier engramme de chaque chaîne.

Il existe un premier enregistrement pour chaque mot contenu dans la banque des engrammes. On peut également réduire des chaînes de mots. Cela présente un avantage : chaque fois qu'on contacte un mot dans une chaîne de mots, on localise automatiquement un nouvel engramme et on peut alors l'effacer ou le réduire dès qu'on l'a contacté, ou dès qu'on a contacté l'engramme de base qui le maintient en place.

La technique du mot isolé est extrêmement utile. C'est une version spéciale de la technique répétitive. La plupart des patients à qui l'on demande de répéter un mot trouvent automatiquement la phrase engrammique dans laquelle il était employé. Par exemple, on demande au patient de répéter le mot *oublier* tout en retournant sur sa piste de temps. Il se met à répéter le mot *oublier* et découvre très vite une phrase contenant ce mot, par exemple : « Tu ne pourras jamais m'oublier. » Cette phrase fait partie d'un engramme. Le reste de l'engramme peut alors être contacté et parcouru.

Si l'on a été obligé de contacter un engramme récent parce que le patient stagnait, mais que cet engramme refuse de se décharger, on peut recourir à la technique répétitive et employer chaque mot ou chaque phrase contenus dans cet engramme. De la sorte, on pourra contacter et réduire l'engramme antérieur qui maintient cet engramme en place et, finalement, réduire l'engramme récent lui-même. Soit dit en passant, les auditeurs font très souvent appel à cette technique car elle est extrêmement efficace.

Nous avons une règle concernant l'emploi répétitif de mots ou de phrases : *Quand une phrase ou un mot d'un engramme refusent de se réduire, c'est que cette phrase ou ce mot sont contenus dans un engramme antérieur.* Il arrive parfois qu'on doive décharger un incident récent d'émotion douloureuse avant de pouvoir contacter la phrase antérieure, mais l'emploi répétitif du mot ou de la phrase permettra généralement de l'atteindre.

Les mots permettant de contacter les engrammes ne sont pas très nombreux, il y en a environ deux cents. On les emploie dans le cadre de la technique du mot isolé. Parmi ces mots, on a trouvé :

oublier, se rappeler, souvenir, aveugle, sourd, muet, voir, sentir, entendre, émotion, douleur, peur, terreur, supporter, debout, couché, avoir, venir, temps, différence, imagination, raison, bien, sombre, noir, profond, haut, lever, bas, mots, cadavre, mort, pourri, mourir, livre, lire, âme, enfer, diable, dieu, effrayé, misérable, malheureux, horrible, passé, regarder, chaque, tout, tout le monde, toujours, jamais, partout, tous, croire, écouter, égal, chercher, original, présent, revenir, tôt, début, secret, dire, crever, trouver, compassion, sympathie, fou, folle, dingue, jeter, se battre, poing, poitrine, dents, mâchoire, estomac, mal, malade, tête, sexe, tous les blasphèmes et tous les mots orduriers de la langue française, peau, bébé, il, elle, rideau, barrière, coquille, mur, penser, pensée, glisser, glissant, mélanger, embrouiller, malin, pauvre, vie, père, mère, surnom ou nom des parents et des autres membres de la famille présents durant la vie prénatale et l'enfance, argent, manger, larmes, pleurer, non, monde, excuse, arrêter, rire, détester, jaloux, honte, lâche, etc.

Les éjecteurs, les dénieurs, les reteneurs, les regroupeurs et les dérouteurs renferment des mots qui leur sont propres. Ces mots sont peu nombreux. Dans un éjecteur, on trouve des mots comme : *dehors, sortir, va, retourner, tard, ultérieur,* etc.

Dans un reteneur, on trouve des mots comme : *attraper, prendre, pris, piège, piégé, arrête, couché, rester, assis, ne peux pas, coincé, fixé, retenir, tenir, laisse, fermé, enfermé, revenir, viens,* etc.

Dans un regroupeur, on trouve des mots comme : *temps, ensemble, différence, fois,* etc.

C'est avec les patients qui ont le même prénom que leur père ou leur mère ou leur grand-père, etc., que la technique du mot isolé s'avère extrêmement précieuse. Lorsqu'on décharge tous les moments prénatals où le prénom du patient a été prononcé (le prénom désignait quelqu'un d'autre que le patient, mais son mental réactif a cru qu'on voulait parler de lui), le patient réintègre sa propre valence. Mais quel que soit le type de patient que vous auditiez, employez toujours le prénom et le nom de famille séparément lorsque vous vous servez de la technique du mot isolé.

Si une phrase semble ne pas figurer dans la banque des engrammes, c'est probablement parce que vous avez employé un mot peu courant dans cette phrase. N'importe quel *petit* dictionnaire vous fournira tous les mots dont vous pouvez avoir besoin pour la technique du mot isolé. Utilisez aussi une liste de prénoms et de diminutifs courants, masculins et féminins. Cela vous permettra de découvrir des alliés ou des amants qui, en temps normal, seraient restés introuvables.

Lorsque l'auditeur envoie la bande somatique jusqu'à un engramme d'émotion douloureuse, il arrive qu'elle ne le contacte pas. Le patient a quelquefois du mal à s'approcher d'un incident extrêmement chargé. L'auditeur peut alors recourir à la technique du mot isolé et demander au patient de répéter le nom d'un allié (si l'auditeur le connaît), un mot de compassion ou de sympathie, un mot affectueux, un mot qui se rapporte à la mort, un mot de rejet, un mot d'adieu et, surtout, le surnom ou le diminutif du patient quand il était enfant. En général, l'auditeur obtiendra très rapidement des résultats.

Soit dit en passant, quand vous faites appel à la technique répétitive, soit en employant des phrases, soit en employant des mots isolés, *ne restimulez pas le patient outre mesure*. Réduisez ce qui se présente. Lorsque le patient a une somatique dès qu'il est en rêverie, essayez de la trouver et de la réduire. Persistez un peu, même si vous n'arrivez pas à la trouver. Si vous restimulez un incident pendant que vous êtes en train de redescendre une chaîne et que vous n'arrivez pas à le réduire, prenez note qu'il vous faudra le réduire une fois que vous aurez trouvé l'incident de base de la chaîne.

Quand on emploie la technique du mot isolé, on découvre souvent des phrases qui, en temps normal, seraient restées cachées. Elles remontent à la surface lorsque le mot clé qu'elles renferment est contacté. En demandant à un patient de répéter le mot « non », l'auditeur peut découvrir une phrase et un incident qui avait considérablement freiné les progrès du patient. En lui demandant de répéter ce mot, l'auditeur n'avait pas eu particulièrement l'intention de contacter un engramme prénatal. En fait, il n'avait jamais soupçonné l'existence de la chaîne de « violentes querelles » qui remonta à la surface étant donné que le patient ne l'avait jamais dramatisée. À cause de cette chaîne prénatale de querelles, le patient ne se souvenait même pas que ses parents avaient eu l'habitude de se quereller violemment durant son enfance et si on le lui avait suggéré, il aurait été outré et il l'aurait nié catégoriquement. La somatique de l'incident avait été d'une violence inouïe : le père enfonçait un genou dans l'abdomen de la mère et l'étouffait à moitié.

Le patient répéta plusieurs fois le mot « non » après que l'auditeur lui ait demandé de retourner jusqu'à un incident contenant ce mot. Le patient continua de répéter le mot et sombra brusquement dans un état d'« assoupissement » lorsqu'il atteignit la région prénatale. Cet état d'« assoupissement » dura trente minutes. De temps à autre, l'auditeur attirait doucement son attention et lui demandait de répéter le mot « non ». Le patient commença à ressentir une somatique. Le mot « non », répété par le patient, se transforma en : « Nom de Dieu ! Reste ici ! » La somatique s'accentua. Le patient répéta « Nom de Dieu ! Reste ici ! » jusqu'à ce qu'il soit capable de se déplacer sur la piste de temps, à l'intérieur de l'engramme. Il contacta la voix de son père et refusa de parcourir l'engramme en raison de la violence de son émotion. L'auditeur dut faire preuve de beaucoup de persuasion et d'habileté pour que le patient accepte de raconter l'engramme.

Le père : « Nom de Dieu ! Reste ici ! Reste couchée, espèce de salope ! Ce coup-ci, je vais te tuer. J'ai dit que je le ferai et je vais le faire. Tiens, prends ça ! (La somatique s'accentue tandis que le père enfonce son genou plus profondément dans l'abdomen de la mère.) Tu ferais bien de gueuler. Allez, vas-y, gueule. Supplie-moi d'arrêter. Allez, supplie. Pourquoi tu supplies pas, hein ? T'en fais pas, ça viendra ! Tu te traîneras bientôt à genoux en chialant et en demandant grâce. Et plus tu chialeras, plus je te défoncerai. Je veux t'entendre chialer. Comme ça, je suis un salaud, hein ? C'est toi la salope ! Je pourrais t'achever tout de suite, mais je vais attendre un peu. (L'auditeur a du mal à faire poursuivre le récit au patient, car celui-ci a pris cette dernière phrase à la lettre. Finalement, il réussit à lui faire reprendre son récit.) Tiens ! C'est juste un échantillon. C'est rien à côté de ce qui t'attend. J'espère que t'as mal ! J'espère que ça te fait chialer ! Si tu en souffles mot à qui que ce soit, je te tue pour de bon. (Le préclair est tellement emporté par l'émotion qu'il n'obéit plus aux injonctions de l'engramme. Il ignore l'injonction qui lui ordonne de ne pas "en souffler mot".) Je vais te démolir la gueule. Tu ne sais pas encore ce que c'est de souffrir vraiment ! (La somatique s'atténue : le père a enlevé son genou.) Je sais ce que je vais te faire maintenant ! Je vais te punir et Dieu va te punir ! Je vais te violer ! Je vais la mettre bien au fond et je vais te déchirer ! Quand je te dis de faire quelque chose, tu le fais ! Monte sur le lit ! Allonge-toi ! Ne bouge pas ! (Craquement d'os : le père lui a donné un coup de poing dans la figure. La pression artérielle de la mère augmente, ce qui fait souffrir le bébé.) Bouge pas ! Tu ne bougeras plus d'ici ! Je vais finir le boulot ! T'es sale ! T'es une truie ! T'as des maladies ! Dieu t'a punie et c'est moi qui vais te punir maintenant ! (Coït très violent provoquant une somatique et blessant davantage l'enfant.) Il y a quelque chose de répugnant dans ton passé. Tu te crois obligée de me faire des vacheries ! Tu essayes de me faire sentir que je suis un moins que rien ! C'est toi qui es une moins que rien ! Tiens, prends ça ! Prends ça ! » (Chapelet de grossièretés et de banalités sexuelles hurlées pendant cinq minutes.)

Le patient raconta l'incident trois fois et celui-ci s'effaça. C'était le basique-basique ! Reçu environ trois jours après la conception.

C'est du moins ce que nous conclûmes en nous basant sur le nombre de jours qui s'écoulèrent entre cet incident et la première fois où la mère n'eut pas ses règles. L'effacement du basique-basique fit remonter à la surface presque tous les autres engrammes importants du patient, qui se sont alors réduits, puis effacés*.

Le patient aurait pu tomber sur un autre « non » avec la technique du mot isolé. Il aurait alors fallu trouver la toute première fois où le mot avait été prononcé dans l'engramme, autrement il aurait sans doute été impossible de réduire ou d'effacer le reste de l'engramme.

Ou bien le mot « non » aurait pu faire atterrir le préclair dans un incident récent de la piste de temps. Il aurait alors fallu redescendre progressivement jusqu'à l'engramme le plus ancien, en réduisant chaque engramme contacté en chemin. L'engramme le plus ancien de la chaîne, une fois contacté, aurait alors été effacé et tous les engrammes de la chaîne auraient ensuite été effacés sans le moindre problème.

Lorsque l'auditeur demande au patient de répéter un mot, une expression ou une phrase, le patient doit les répéter lentement et non pas rapidement ou à la façon d'un automate ; et pendant que le préclair répète le mot, l'auditeur doit demander à la bande somatique de retourner jusqu'au mot et il doit dire au patient de contacter quoi que ce soit d'autre qui pourrait être associé au mot.

---

*L'incident ci-dessus était le premier incident de la « chaîne de querelles » et de la « chaîne de coïts ». Résultat : il mélangeait et masquait les deux chaînes. Les engrammes dramatisés par le père et qui composaient l'engramme du patient sont, bien entendu, vieux comme le monde. Le père se conduisait toujours de la sorte à la maison et avait rendu la mère et le fils quasiment psychotiques. Le père, lui, n'était pas « psychotique ». C'était un homme « fort », « énergique » et « direct », directeur de banque connu pour son pragmatisme. Le fils était un alcoolique et un athée militant, et il s'opposait à tout ce que son père représentait : argent, etc. Entre deux séances de thérapie, le fils commit l'imprudence de parler de cet engramme à son père. Celui-ci s'emporta violemment contre la Dianétique pendant deux jours, puis souffrit brusquement d'un « rhumatisme articulaire aigu ». Il fit alors venir l'auditeur de son fils, pour être débarrassé de ses engrammes, ce qui fut fait. Au début de la thérapie, le père comme le fils n'avaient pas de sonique et ne ressentaient pas la douleur et l'émotion. LRH

Avertissement : Si le patient ne se déplace pas sur sa piste de temps, ne lui demandez pas de répéter des mots ou des phrases que vous avez pris au hasard, car ces mots et ces phrases vont regrouper les engrammes à l'endroit où le patient est coincé. Trouvez la phrase (ou le mot) qui immobilise le patient sur sa piste de temps et réduisez-la.

Avertissement : Le basique-basique n'a pas toujours un contenu verbal, il arrive souvent qu'il ne contienne que de la douleur ainsi que les bruits divers qui se manifestent dans la région de l'utérus. Il n'en reste pas moins que son contenu perceptique maintient tous les autres engrammes en place.

Les types d'injonctions

Il existe plusieurs types d'injonctions. Nous les avons séparés, afin de vous faciliter la tâche si jamais vous vouliez consulter à nouveau cette section, et nous les avons illustrés par des exemples.

Les *injonctions qui provoquent des aberrations* peuvent être formées de n'importe quelle combinaison de mots. L'auditeur n'est pas particulièrement intéressé par leur signification. Rappelez-vous le jeune homme à la veste, dans le livre deux. Les suggestions hypnotiques qu'il avait reçues étaient en fait des injonctions engrammiques. « Je suis un bébé phoque », « Je ne sais pas siffler *Au Clair de la Lune* », « Le monde entier est contre moi », « Je hais les policiers », « Je suis la personne la plus laide du monde », « Tu n'as pas de pieds », « Le Seigneur va me châtier », « Je ne peux pas empêcher de jouer avec mon bidule ». Ces phrases, que le préclair trouvera peut-être très intéressantes et qui amuseront peut-être l'auditeur, peuvent très bien avoir causé de sérieux dégâts dans la vie du préclair. Ces phrases se présenteront tôt ou tard durant la thérapie. Il est parfois intéressant ou utile de partir à la recherche d'une aberration ou d'une somatique particulière, mais, en règle générale, ça n'a pas grande importance. Certaines injonctions engrammiques font parfois entrer le patient dans la valence d'un bigot « illuminé », d'un paranoïaque ou d'un poisson-chat, mais l'auditeur s'en contrefiche. Ces injonctions apparaîtront en temps voulu. Partir à leur recherche ou s'acharner dessus, c'est de la petite besogne.

Non, la tâche principale de l'auditeur, c'est de s'assurer que le préclair se déplace sur sa piste de temps, c'est de veiller à ce que sa bande somatique aille et vienne librement et *c'est de réduire les engrammes.* Dès que le patient cesse de se déplacer sur sa piste de temps ou dès que l'archiviste cesse de transmettre des informations, c'est qu'il y a de l'eau dans le gaz : une ou plusieurs injonctions font obstacle à la thérapie. Ces injonctions engrammiques, il y en a des milliers. Les combinaisons de mots qui les composent sont innombrables. Ces injonctions se répartissent en cinq classes :

Les dénieurs

« Laisse-moi tranquille. » Interprétée littéralement, cette phrase signifie qu'il faut laisser l'incident tranquille.

« Je ne peux pas te dire. » Cette phrase signifie que le patient ne peut pas vous raconter l'engramme.

« C'est difficile à dire. » Voilà une phrase qui implique que c'est *difficile* à dire.

« Je ne veux pas savoir » est une phrase qui signifie que le patient n'a aucune envie de connaître le contenu de l'engramme.

« Oublie ça » est un classique. C'est un « mécanisme d'oubli ». Le « mécanisme d'oubli » forme une sous-classe dans la catégorie des dénieurs. Si l'engramme refuse de se présenter mais que le patient ressent une somatique ou un tremblement dans les muscles, envoyez la bande somatique jusqu'au dénieur. L'engramme contient très souvent une injonction telle que « oublie ça » ou « je n'arrive pas à me rappeler ». La mère dit au père : « je ne sais pas ce qui se passe ». Cette phrase, adressée au père, agit sur l'analyseur du patient. Résultat : il ne sait pas ce qui se passe.

« Accroche-toi à ça, il y va de ta vie ! » est une injonction qui rend l'engramme « vital ».

« Impossible de l'atteindre », « Je n'arrive pas à entrer », « Personne ne doit savoir », « C'est un secret », « Si quelqu'un l'apprenait, j'en mourrai », « Ne parle pas », etc. Il y a des milliers de dénieurs.

Les reteneurs

Le *reteneur* est l'injonction engrammique que l'auditeur rencontre et emploie le plus souvent : chaque fois que le préclair n'arrive plus à se déplacer sur sa piste de temps ou à revenir dans le temps présent, il est prisonnier d'un reteneur. Si le reteneur se complète d'un dénieur, le préclair n'arrivera pas à s'en arracher, car le reteneur sera introuvable. Dans un cas comme celui-là, trouvez d'abord le dénieur, puis partez à la recherche du reteneur.

« Je suis coincé. » Un classique.

« Ça me bloque. » Un autre classique.

« Ne bouge pas », « Reste assis jusqu'à ce que je te dise de bouger », « Arrête-toi et réfléchis ». (À propos de cette dernière injonction, lorsque le préclair la prononce durant son premier récit de l'incident, il se peut qu'il s'arrête pour réfléchir et que l'auditeur doive lui demander de poursuivre son récit. Vous constaterez par vous-même ce phénomène étrange d'obéissance aux injonctions les plus insensées.)

Il y a des milliers de reteneurs. Tout mot ou groupe de mots pris à la lettre peut immobiliser un patient sur sa piste de temps.

LES ÉJECTEURS

La meilleure façon de décrire un *éjecteur* serait de le représenter par une courbe. Le préclair va dans la zone prénatale et se retrouve brusquement à l'âge de dix ans ou dans le temps présent. Il vient de se heurter à un éjecteur. Le préclair remonte la piste de temps, l'éjecteur lui dit de revenir vers le présent.

Quand le préclair ne semble pas pouvoir remonter plus loin, il y a un éjecteur qui l'expulse d'un engramme. Demandez-lui ce qui se passe. Utilisez l'une des phrases qu'il a prononcées ou une injonction du type « éjecteur » et faites-lui la répéter jusqu'à ce qu'il soit dans l'engramme. S'il n'a aucune difficulté à contacter l'engramme, il n'en sera plus éjecté.

L'éjecteur qu'on rencontre presque tout le temps est : « Va-t'en. » Le patient repart généralement en direction du temps présent.

« Impossible de faire marche arrière ! » Voilà une phrase qui peut vouloir dire que maman a décidé de garder l'enfant et d'aller jusqu'au bout de sa grossesse, ou bien qu'elle doit en finir une fois pour toutes avec l'avortement et le réussir. Mais pour le préclair cette phrase signifie qu'il ne peut pas retourner en arrière sur la piste de temps ou qu'il ne trouvera plus rien avant cet incident.

« Va voir ailleurs si j'y suis. »

« Va te faire voir. »

« Je dois partir loin, très loin. » C'est exactement ce que fait le préclair. « Je monte », « dégage ».

Il y en a des milliers d'autres.

LES REGROUPEURS

De tous les types d'injonctions engrammiques, le *regroupeur* est sans doute le plus vicieux. Il peut être exprimé de maintes façons. Il est capable de regrouper tous les engrammes en un endroit de la piste de temps, transformant cette dernière en une espèce de pelote. On sait tout de suite quand un préclair s'est heurté à un regroupeur. Il ne sera pas facile de le localiser, mais il aura de moins en moins d'effet à mesure que le patient progressera ; on peut auditer un préclair dont un regroupeur est en pleine restimulation.

« Je n'ai pas le temps » et « tout est pareil » sont des regroupeurs classiques.

« Tout me tombe dessus en même temps. » Voilà une injonction qui veut bien dire ce qu'elle veut dire.

« Ils sont là tous ensemble », « tout est emmêlé », « tout est mélangé », « tout est là ».

« Vous vous souviendrez de tout dans le temps présent. » (Si l'auditeur dit cette phrase à un patient suggestible, il commet une énorme gaffe, car il n'y a pas mieux pour déglinguer un préclair.)

« Tu mélanges tout. »

« Mets tout là-dedans », « je n'ai pas trouvé le temps », et quelques milliers d'autres.

LES DÉROUTEURS

Le *dérouteur* se caractérise par sa sournoiserie. Il envoie le patient dans la mauvaise direction, dans les mauvais engrammes, etc.

« Tu fais tout à l'envers. »

« Tout là-haut » est à la fois un dérouteur et un regroupeur.

« Tu m'envoies toujours promener. » Cette injonction éloigne le préclair de l'engramme et le fait atterrir n'importe où. Il essaie alors de contacter des engrammes depuis l'endroit où il a atterri.

« Tu ne peux pas descendre » est mi-éjecteur, mi-dérouteur.

« On n'arrive pas à aller jusqu'au bout » empêche le patient d'atteindre le basique-basique.

« Tu peux recommencer depuis le début » empêche le patient de terminer son récit. Dès qu'il contacte la phrase, il retourne au début de l'engramme au lieu de le parcourir jusqu'au bout.

« Je ne pourrai pas le refaire » lui interdit de raconter à nouveau l'engramme.

« Je suis incapable de vous dire comment ça a commencé. » Le patient parcourt ses engrammes en commençant au milieu. Résultat : ils ne se réduisent pas. Il existe beaucoup de phrases de ce genre.

« Revenons-y » et tous les « revenir » lui font remonter la piste de temps en direction du présent.

« J'ai attrapé un rhume. » Cette phrase projette le patient dans un engramme de rhume. Chaque rhume attrapé par la suite sera pire que le précédent.

« Reviens ici » est en réalité un *rappeleur*, mais en fait, elle éloigne le patient de l'endroit où il devrait se trouver. Le patient qui a eu du mal à revenir dans le temps présent et qui retourne sur sa piste de temps possède un engramme qui lui ordonne de « revenir ».

« Descends et sors. » Cette injonction l'envoie au tout début de sa piste de temps, puis l'en fait sortir. C'est à la fois un dérouteur et un « dérailleur ».

« Tu ne peux pas me dépasser » est un dérouteur qui fait revenir le préclair sur ses pas. « Je ne sais pas où j'en suis » ou « tu ne sais plus où tu en es » sont des dérouteurs classiques.

« Je suis tout retourné. »

Le « dérailleur » est une version spéciale du dérouteur. Il fait quitter la piste de temps au préclair. Le « dérailleur » est une injonction désastreuse, car il peut rendre quelqu'un schizophrène. Tout schizophrène possède des « dérailleurs ». Ces derniers ont pour effet soit de précipiter la personne dans d'autres valences, soit de supprimer toute notion de temps, soit de jeter physiquement la personne hors du temps.

« Je n'ai pas le temps » est à la fois un « dérailleur » et un regroupeur.

« Je ne suis plus moi-même » signifie que le patient n'est plus dans sa valence.

« Je vais devoir me faire passer pour quelqu'un d'autre » est l'une des phrases responsables des confusions d'identité.

« Tu es d'une autre époque. » Et ainsi de suite. Il y a beaucoup d'autres « dérailleurs ».

Il existe un autre type encore de dérouteur. L'auditeur dit au patient de se rendre dans le « temps présent » et l'archiviste présente brusquement une phrase contenant le mot « présent ». La phrase peut n'avoir aucun rapport avec le *temps présent*. Il peut s'agir d'un cadeau de Noël, d'un *présent*. Mais si cette phrase vient d'un engramme prénatal, le préclair s'y rendra immédiatement, sans tenir compte du sens dans lequel l'auditeur avait employé le mot « présent ».

« C'est tout, à présent. » Voilà une phrase vicieuse, qui met tout dans le temps présent.

« Quel présent de roi ! »

Etc.

Il arrive parfois que le mot « maintenant » soit confondu avec le temps présent, mais c'est rare. L'auditeur ne doit jamais dire : « Revenez dans le présent, maintenant. » Car le préclair risque de rencontrer tellement de « maintenant » en chemin que l'auditeur ne saura plus où donner de la tête. Qu'il se contente de : « Revenez dans le temps présent. » Il n'y a pas beaucoup d'engrammes qui renferment le mot « présent ». Par contre, le mot « maintenant » est contenu dans quantité d'engrammes.

Nous avons eu affaire à plusieurs patients qui, au début de la thérapie, étaient extrêmement aberrés et qui ne se souvenaient presque pas de leur passé : ils étaient complètement en dehors de leur piste de temps, ils étaient coincés dans la zone prénatale et ils avaient régressé jusqu'à adopter certaines caractéristiques de l'embryon ou du fœtus. Pour ce qui était de leurs facultés mentales, ces patients ne possédaient comme expérience réelle que les quelques mois qui s'étaient écoulés entre la conception et la période où ils étaient coincés. Mais ils avaient malgré tout réussi à se comporter plus ou moins comme des gens normaux.

Ce sont d'ordinaire les charges d'émotion qui maintiennent les gens à l'extérieur de leur piste de temps. En fait, nos recherches ont montré que toutes ces injonctions engrammiques tirent leur puissance des charges d'émotions et de rien d'autre.

Les différences

Voici deux axiomes concernant le mental que l'auditeur doit connaître et comprendre.

I. Le mental perçoit, pose et résout des problèmes relatifs à la survie.

II. Le mental analytique raisonne en différenciant. Le mental réactif raisonne en identifiant.

Le premier axiome présente un intérêt tout particulier pour l'auditeur. En effet, au moyen de cet axiome, il pourra déterminer si une réaction est rationnelle ou non. La petite fille de sept ans qui frissonne quand un homme l'embrasse ne raisonne pas ; elle réagit à un engramme, car à sept ans, un baiser ne devrait pas la troubler, même un baiser passionné ; il y a sans doute dans son passé, peut-être même dans son passé prénatal, un incident qui lui fait considérer les hommes ou les baisers comme quelque chose de néfaste. Toute déviation de la raison optimale est utile à l'auditeur : cela lui permet de localiser les engrammes. Les peurs irraisonnées et autres aberrations sont autant d'indices précieux pour l'auditeur. En plus de ce premier axiome, l'auditeur devrait étudier l'équation de la solution optimale. Toute action ou réaction non optimale est suspecte. L'auditeur se moque pas mal des aberrations que manifeste son patient, mais il arrive parfois que celui-ci stagne ou qu'il semble ne plus avoir d'engrammes. Il suffit alors à l'auditeur d'observer la conduite de son patient et ses réactions face à l'existence. Il glanera de précieuses informations.

Le deuxième axiome est une contribution de la Dianétique au domaine de la *logique*. Nous entrons ici dans le royaume de la philosophie pure. Cet axiome est expliqué en détail dans l'ouvrage philosophique qui est actuellement en préparation. Nous avons laissé tomber Aristote, son pendule et sa logique bivalente. Non pas parce que nous avons quelque chose contre Aristote, mais tout simplement parce que nous avions besoin d'instruments de mesure moins limités. L'un de ces instruments de mesure est le « spectre » où l'échelle qui s'étend de zéro à l'infini et de l'infini à l'infini était utilisée ; les absolus étant considérés comme impossibles à atteindre pour des raisons scientifiques.

Examinons ce second axiome. Le mental, lorsqu'il est proche de la raison optimale, est capable de reconnaître les différences avec beaucoup de précision. Mais à mesure qu'il s'éloigne de la raison optimale, il perçoit de moins en moins les différences. Et puis, un beau jour, il est quasiment incapable d'établir les différences dans les domaines du temps, de l'espace et de la pensée. On peut alors le considérer comme fou. Lorsque l'individu raisonne en s'appuyant sur une idée fixe et affirme catégoriquement que « tous les chats sont pareils », par exemple, c'est soit parce qu'il est fou, soit parce qu'il ne fait pas attention à ce qu'il dit. En effet, aucun chat n'est identique à un autre. Même deux chats qui se ressemblent et qui agissent et miaulent de la même façon ne sont pas identiques. On pourrait dire : « Les chats sont plus ou moins pareils. » Mais ce serait quand même une affirmation relativement irrationnelle. Ou bien l'on pourrait dire qu'il existe une espèce appelée *Felix domesticus*, qu'elle se compose de chats et que ces chats diffèrent les uns des autres, racialement et individuellement. Voilà une réflexion rationnelle, non pas parce qu'elle renferme une expression latine, mais parce qu'elle différencie les chats. La peur des chats est due à un engramme qui, en général, ne comporte qu'un chat, et de surcroît un chat très particulier appartenant à une race bien déterminée et doté d'une certaine personnalité (ou d'une personnalité incertaine). Le préclair qui a peur de tous les chats a peur d'un chat ; de plus, ce chat est probablement mort depuis des années. Donc, sur le chemin qui va de la raison à la démence, l'aptitude à différencier diminue progressivement. Et tout en bas, au niveau de la folie, l'individu, quasiment incapable de différencier, raisonne en identifiant (tout est similaire ou pareil).

Le syllogisme[2] d'Aristote selon lequel deux choses égales à une troisième sont égales entre elles ne fonctionne pas dans le domaine de la logique. La logique n'est pas l'arithmétique. L'arithmétique est un sujet artificiel, une matière inventée par l'homme et elle fonctionne très bien, d'ailleurs. Lorsque le mental est appelé à résoudre un problème de logique, il doit examiner des quantités énormes de données et tenir compte de dizaines, voire de centaines de variables. Il ne part pas du principe (et ne l'a jamais fait) que deux choses égales à une troisième sont égales entre elles, sauf lorsqu'il se sert des mathématiques, qui sont ce qu'il a inventé de mieux pour résoudre les problèmes abstraits. Deux plus deux égalent quatre. C'est ce qu'on appelle une vérité abstraite. Deux quoi plus deux quoi égalent quatre ? Aucune échelle, aucun instrument de mesure, aucun pied à coulisse ni aucun microscope ne peuvent démontrer, par exemple, que deux pommes plus deux pommes sont *égales* à quatre pommes. Deux pommes plus deux pommes font un total de quatre pommes. Mais elles ne sont pas égales entre elles. Il n'existe aucun procédé de croissance ou de fabrication capable de produire des pommes parfaitement identiques. L'Homme se contente d'à-peu-près et les qualifie, avec quelque désinvolture, de faits exacts. Les absolus n'existent pas, sauf dans le domaine de l'abstrait. Le mental se sert d'abstractions pour résoudre des problèmes qui dépassent son entendement et trouver des solutions approximatives. On trouvera peut-être cette affirmation un peu excessive, mais elle ne l'est aucunement. Le mathématicien

---

2. **Syllogisme :** raisonnement qui contient trois propositions. Exemple : « Tous les hommes sont mortels. Je suis un homme. Donc je suis mortel. »

sait très bien qu'il se sert de chiffres et d'approximations qui n'existaient pas forcément avant l'apparition de l'Homme et qui cesseront peut-être d'exister lorsque l'Homme ne sera plus. Lorsqu'on cherche à résoudre un problème de logique, même un problème aussi simple que : « Est-il sage d'aller faire ses courses à dix heures ? », on se trouve confronté à des quantités de variables, de facteurs indéfinis et d'approximations. On peut inventer des milliards de mathématiques. Il n'y a pas d'absolus. Il n'y a que des approximations d'absolus. Seuls nos grammairiens (ils ont quelques métros de retard) insistent encore quelquefois, probablement en souvenir des métaphysiciens, sur l'existence de la réalité et de la vérité absolues.

Si je me suis étendu un peu sur le sujet de la logique, c'est d'une part parce que le lecteur y trouvera peut-être matière à réflexion, mais surtout parce que l'auditeur doit bien comprendre qu'il dispose d'un étalon avec lequel il va pouvoir mesurer avec précision la santé d'esprit. *La santé d'esprit, c'est l'aptitude à différencier.* Plus un être est capable de déterminer les différences entre les choses (même des différences extrêmement minimes) et de mesurer l'importance de ces différences, plus il est sain d'esprit. *Moins il est capable de déterminer les différences entre les choses et plus il les identifie (A = A), moins il est sain d'esprit.*

Un homme dit : « Je n'aime pas les chiens ! » Ne laissez pas passer cette phrase, auditeur. Cet homme a un engramme concernant un chien. Une jeune femme dit : « les hommes sont tous pareils ! » Notez bien cette phrase, auditeur. Vous avez affaire à une personne *vraiment* aberrée. « La montagne, c'est épouvantable ! », « Les bijoutiers ne réussissent jamais ! », « Je hais les femmes ! » Prenez note de ces phrases quand vous les entendez. Voilà des engrammes évidents, aussi évidents que le nez au milieu du visage.

Les engrammes les plus graves sont ceux qui empêchent l'analyseur de différencier, car ils détruisent les processus de pensée.

« Tu ne verras pas la différence » est un engramme très courant. « Ça ne fait aucune différence », « désormais tout sera pareil », « les gens sont méchants », « tout le monde me déteste ». Voilà des phrases qui peuvent conduire quelqu'un tout droit à la camisole, comme disent les auditeurs.

Il existe un autre type de pensée par identification, celle qui détruit l'aptitude à déterminer les différences de temps. Une phrase classique est : « tu ne sais pas quand ça s'est produit ! » Les phrases comme : « je ne sais pas quelle heure il est » ont un effet singulier sur le mental. En effet, le mental renferme une horloge extrêmement précise, mais les engrammes peuvent en fausser la lecture. Au niveau conscient, l'analyseur perçoit assez bien le temps. Mais les engrammes n'arrêtent pas de se promener dans le temps ; tout dépend du moment du key-in ou de la restimulation. Un engramme peut pousser quelqu'un à commettre aujourd'hui une action qui remonte à quarante ans sur la piste de temps et qui aurait dû rester à cet endroit en tant qu'expérience vécue. Ce ne sont pas tellement les phrases engrammiques relatives au temps qui provoquent les aberrations, mais plutôt le caractère intemporel des engrammes. On l'a dit déjà à deux reprises, le temps est un fieffé charlatan. Il ne guérit rien du tout. Il modifie l'environnement de l'individu et change l'aspect physique de ses proches. L'engramme reçu il y a dix ans et regorgeant d'émotion douloureuse se trouve peut-être au repos et a peut-être été « oublié », mais il est bel et bien là, prêt à entrer en action sur-le-champ s'il est restimulé aujourd'hui.

Le mental réactif se sert d'une tocante de supermarché. Le mental analytique se sert d'une série de chronomètres de précision qui se vérifient et se corrigent mutuellement. Les cellules pensent que la tocante de supermarché est un chouette petit engin — et c'est vrai, elle l'a été, elle l'a été, il y a très, très longtemps, quand les aïeux de l'Homme étaient rejetés sur la plage et qu'ils réussissaient tant bien que mal à adhérer au sable.

Donc, quel est le facteur qui permet de reconnaître l'individu aberré ? Il raisonne en partant du principe que tout est similaire ou identique. Et qu'est-ce qui permet de reconnaître l'individu sain d'esprit ? Il est capable de différencier les choses et de déterminer l'importance de la différence.

« Les hommes sont tous pareils », dit la jeune fille. Et c'est vrai ! Mais pour elle, seulement. Pauvre âme. Ils sont comme le type qui l'a violée quand elle était gosse. Et comme son père tant détesté qui se plaisait à répéter cette phrase.

Les importances relatives
« Tu dois le croire » — « Je ne le crois pas »

L'auditeur rencontrera sur son chemin deux ennemis terribles : « Tu dois le croire » et « Je ne le crois pas ».

Le mental est doté d'un équilibre et de facultés qui lui sont propres, et les engrammes ne lui sont d'aucune aide, pas plus qu'un sept* intégré dans les circuits de calcul n'aidera une calculatrice. L'une des fonctions premières du mental est de déterminer l'importance relative des données.

Durant la phase de recherche qui nous permit d'aboutir à la Dianétique, nous constatâmes que des milliards de données concernant le mental avaient été accumulées au cours des derniers millénaires. Mais à présent que nous disposons de rétroviseurs de deux mètres de haut sur deux mètres de large, nous pouvons tranquillement regarder en arrière et voir que, çà et là, des gens avaient émis des opinions ou avancé des faits non évalués qui font à présent partie de quelques-uns des axiomes de la Dianétique ou de ses découvertes. Certains des faits découverts dans le passé ont été intégrés à la Dianétique, mais avec cette énorme différence que nous les avons évalués. Nous avons d'abord procédé à une *évaluation* des données, étape vitale, afin de déterminer leur importance et leur valeur. Le docteur Arrogantus pourrait avoir écrit, en 1200, que, selon lui, il n'existe pas de démons dans le mental. Madame Sophie, la maîtresse de maison, a peut-être affirmé, en 1782, que la vie prénatale influait sur la vie tout entière de l'individu. Et le docteur Zamba a pu écrire, en 1846, qu'il suffisait de suggérer à un patient hypnotisé qu'il était fou pour qu'il se comporte comme tel. Mais le docteur Arrogantus aurait *aussi* pu écrire que ce n'était pas les démons qui étaient responsables des maladies mentales, mais les anges, lesquels voulaient punir le patient de ses péchés. Et Madame Sophie aurait très bien pu dire qu'un cataplasme de boue et de moutarde guérissait les « délires ». Et le docteur Zamba aurait pu ajouter qu'un patient hypnotisé n'avait besoin que de quelques suggestions supplémentaires pour recouvrer force et santé. Autrement dit, pour chaque donnée proche de la vérité, il y en avait des milliards qui étaient fausses. Et il manquait quelque chose à ces données proches de la vérité : elles n'avaient pas été évaluées, on n'avait pas déterminé si elles étaient importantes et si elles conduisaient à une solution. Extraire quelques gouttes d'eau spéciales d'un océan composé de gouttes d'eau qui ne présentent

---

* Ou un cinq. La chose s'est produite il y a quelque temps à l'université de Harvard. Un cinq était resté dans la mémoire d'un ordinateur à cause d'un grain de soudure, ce qui avait semé la consternation parmi les professeurs et les élèves qui avaient l'habitude de se servir de l'appareil. LRH

aucune caractéristique particulière est une tâche impossible. Bref, pour découvrir des données vraies et des faits exacts concernant le mental humain, il ne nous restait qu'une solution : laisser de côté tous les « faits », toutes les opinions, toutes les évaluations du passé et recommencer de zéro, c'est-à-dire, ériger une science du mental en partant du dénominateur commun fondamental, le dénominateur commun de toute vie. Et c'est vrai : la Dianétique n'a emprunté à personne. Elle a été découverte, puis mise sous une forme cohérente. Ensuite sont apparues les techniques. C'est *après* que nous avons comparé la Dianétique aux connaissances du passé.

Tout cela pour dire que le fait d'attribuer une importance identique à toute une série de faits ne peut qu'engendrer une grande confusion. Voici comment on procède quand on évalue des données : on part du principe que les opinions ne sont rien, que les textes des « autorités en la matière » sont inutiles, que les données sont secondaires et qu'il n'y a qu'une chose qui compte : déterminer l'importance relative. Il n'est de problème que vous ne puissiez résoudre, car vous disposez d'un laboratoire de tout premier ordre, j'ai nommé le monde et les étoiles, et vous avez un mental pour déterminer l'importance relative de ce que vous percevez. Mais quand vous êtes confronté à tout un tas de faits dont l'importance relative n'a pas été déterminée, vous ne pouvez rien en faire, même s'ils paraissent très beaux sur le papier.

Le jeune officier de marine qui monte pour la première fois à bord d'un navire est abasourdi quand il voit dans leur réalité toutes les choses qu'il a eu tant de mal à étudier dans les livres. Voilà qui est révélateur des énormes défauts du système d'enseignement employé actuellement. Ce système cherche à développer une faculté qui, par nature, est parfaite : la mémoire. Et dans ce système, la plupart des données enseignées ne sont pas rattachées à un but ou à l'usage qu'on peut en faire, et il n'est nulle part fait mention de la nécessité d'évaluer personnellement chaque donnée, alors que c'est une étape capitale dans toute étude. Pourquoi le jeune officier est-il abasourdi ? Il vient de se rendre compte qu'il a assimilé des milliers de données relatives aux navires, mais qu'il ne sait pas s'il est plus important de lire le chronomètre lorsqu'il manie le sextant ou d'utiliser de l'encre bleue pour écrire dans le livre de bord. Il n'a pas reçu l'éducation qui convient. Oh ! Bien sûr, on lui a enseigné des milliers de données sur les bateaux, mais on ne lui a pas enseigné l'importance relative de chaque donnée et on ne lui a pas demandé de vérifier par lui-même si telle ou telle donnée était importante ou non. Cet officier a plus de connaissances que les gens moins instruits qui sont sous ses ordres mais, en pratique, il en sait moins qu'eux, en ce sens qu'il n'a pas appris à faire le tri entre les faits importants et les faits insignifiants.

Revenons au domaine de la thérapie. Il existe deux types spéciaux d'injonctions engrammiques : les injonctions du type « je ne le crois pas » et celles du type « je dois le croire ». Ces injonctions sont responsables de l'inaptitude à évaluer les données. Le patient dont la banque d'engrammes se compose en majeure partie d'injonctions du type « je ne le crois pas » et le patient dont la banque d'engrammes est truffée d'injonctions du type « je dois le croire » ont plus ou moins la même aberration (l'inaptitude à déterminer l'importance relative des données), mais ils la manifestent de façon diamétralement opposée.

De temps à autre l'auditeur a la malchance de tomber sur un patient qui est sous l'emprise d'injonctions du type « je ne le crois pas ». C'est épuisant d'auditer ce genre de patient. « J'en doute », « je ne suis pas sûr », « je ne sais pas » sont quelques-unes des injonctions qu'on trouve chez ce genre de patient.

L'auditeur n'aura aucun mal à détecter ce type de préclair, car dès son premier contact avec la thérapie, il se met à douter de tout : de la Dianétique, de l'auditeur, de lui-même, de la couleur des meubles, de la virginité de sa mère. Le sceptique chronique est difficile à auditer parce qu'il doute de ses propres données. L'analyseur est doté d'un « juge » incorporé qui prend les données, les soupèse et les déclare vraies, fausses ou plausibles. Le sceptique chronique a des engrammes qui lui ordonnent de douter de tout, ce qui n'a rien à voir avec le fait d'évaluer des données. Il est mis au défi de douter. Il doit douter. Douter, c'est divin. Il doute sans jamais vérifier si ses doutes sont fondés. Et quand on lui présente des preuves, il continue de douter.

Ce patient va parcourir un engramme contenant une somatique qui lui fait presque éclater la tête et qui est confirmée par les cicatrices qu'il porte et les aberrations qu'il manifeste. Eh bien, il doutera quand même de l'existence de l'incident.

Voici ce que vous devez faire avec ce genre de patient. Prenez les phrases toutes faites qu'il n'arrête pas de vous assèner et employez la technique répétitive (qu'il soit ou non en rêverie). Demandez-lui de répéter ces phrases maintes et maintes fois ; envoyez sa bande somatique jusqu'à ces phrases. Une à une, elles se déchargeront. Faites cela avec toutes les phrases qu'il utilise pour exprimer ses doutes. Puis poursuivez la thérapie. Le but de l'opération n'est pas de faire du patient quelqu'un de crédule, mais de le rendre apte à évaluer ses propres données. Ne vous laissez pas entraîner dans de grandes discussions concernant la Dianétique. Ça n'a aucun sens de discuter avec des engrammes, puisque les engrammes eux-mêmes n'ont aucun sens.

Au bout de dix ou vingt heures de thérapie, ce patient sera capable de regarder la réalité en face et il cessera peu à peu de douter de l'existence du soleil, de l'auditeur ou de son propre passé. C'est à cause de toutes ces heures de travail supplémentaires que les auditeurs trouvent ce type de préclairs difficiles à auditer. De plus, ils sont généralement très aberrés.

Ce genre de patient a du mal à évaluer des données, en ce sens qu'il ne croit en rien. Il est, par conséquent, incapable de déterminer l'importance relative des données auxquelles il est confronté. Résultat : son mariage, qu'il va célébrer dans quelques jours, le préoccupe autant que la couleur de la cravate de son patron. Il en va de même pour le patient qui « doit croire ». Lui aussi est incapable de distinguer les données importantes des données insignifiantes. Pour lui, le fait que le papier est à base de cellulose est tout aussi important que l'imminence de son licenciement. Le patient qui « ne croit en rien » et le patient qui « doit croire » sont tous deux des « inquiets », car ils sont incapables de raisonner correctement.

Le raisonnement rationnel est le fait de déterminer *personnellement* l'importance relative des données auxquelles on est confronté. Le « raisonnement » réactif est basé sur l'équation selon laquelle des objets ou des événements totalement différents sont considérés comme similaires ou identiques. Dans le premier cas, nous avons la santé d'esprit, dans le deuxième cas, nous avons l'aliénation mentale.

La banque d'engrammes du patient qui « doit croire » est sens dessus dessous : les différences les plus énormes y sont considérées comme des similitudes. L'injonction du type « Je dois le croire » dit à l'individu qu'il doit croire sur parole telle personne ou telle catégorie de personnes, voire tout le monde. Lorsque l'auditeur enverra ce type de patient sur sa piste de temps, il découvrira que des aberrations très graves sont parfois maintenues en place par un simple lock ne contenant rien d'autre qu'une conversation.

Disons qu'au cours d'un engramme, le père a dit quelque chose comme « Tu dois le croire » et qu'en plus il était l'un des alliés du patient. Eh bien, tout ce que le père a dit par la suite a été *pris à la lettre* par l'enfant sans jamais être remis en question. Peut-être le père n'a-t-il pas été conscient d'avoir inoculé ce « Tu dois croire ». Peut-être même est-ce un homme très enjoué qui plaisante souvent. Mais l'enfant prendra chaque plaisanterie à la lettre, à moins que son père ne précise au préalable qu'il s'agit d'une plaisanterie, c'est-à-dire quelque chose qu'il ne faut pas prendre littéralement. Il existe le dossier de cas d'une patiente à qui le père avait inoculé l'un de ces « Tu dois croire ». Un jour, le père emmena sa fille, alors âgée de trois ans, au bord de la mer et lui désigna un phare au travers des nappes de brouillard. Le phare avait un aspect sinistre dans la brume du soir. Le père dit : « C'est chez Monsieur Billingsly », voulant dire que M. Billingsly, le gardien du phare, habitait là. L'enfant acquiesça docilement, mais elle était un peu effrayée car « M. Billingsly » avait une crinière sombre (il s'agissait de simples ombres) et promenait un œil étincelant sur la mer, et il mesurait trente mètres de haut et laissait échapper de temps à autre un gémissement féroce. Vingt ans après, durant la thérapie, l'auditeur découvrit que sa patiente était effrayée par les plaintes profondes. À force de patience, il finit par découvrir la cause de cette phobie, à la grande joie de sa patiente : c'était l'incident de M. Billingsly. L'auditeur découvrit ensuite que certaines remarques anodines émises par le père avaient été responsables de quantités d'aberrations, de notions étranges et d'idées bizarres. L'auditeur, qui connaissait son métier, ne chercha pas à localiser et à effacer tout ce que le père avait dit, tâche qui aurait demandé plusieurs années. Il contacta et effaça l'engramme prénatal « tu dois me croire », ainsi que tous les locks engrammiques qui y étaient rattachés. Bien entendu, tous les locks non engrammiques disparurent et furent automatiquement réévalués et reclassés en tant qu'expériences vécues. Un préclair a évidemment d'autres aberrations que le fait de « devoir croire », mais un changement étonnant s'opéra chez notre patiente : elle modifia instantanément son point de vue et se mit à évaluer en toute liberté les données qui lui venaient de son père, alors qu'elle en avait toujours été incapable.

Le système d'enseignement actuel est basé sur l'altitude* et sur l'« autorité en la matière ». Résultat : une aberration du type « vous devez croire ce qu'on vous dit » s'est propagée dans la société. Il est impossible de réduire toute la charge relative à l'éducation scolaire et universitaire reçue par le patient, même si cela semble parfois souhaitable. Mais en demandant au patient de contacter les moments de sa vie scolaire et universitaire (partez de la maternelle) où on l'a forcé à *croire* quelque chose ou à supporter l'école, vous pouvez le débarrasser de la confusion qui règne dans son mental et lui faire recouvrer sa vivacité d'esprit, car il sera alors en mesure de réévaluer automatiquement tout ce qu'il a appris et de déterminer l'importance relative des données que « l'éducation formaliste » lui a fait bêtement mémoriser.

Les patients qui « doutent de tout » sont tellement épuisants, tellement déprimants, que l'auditeur, après en avoir audités quelques-uns, commencera peut-être à les éviter adroitement. Les préclairs qui « ne savent pas » et qui « ne sont pas sûrs » ne sont pas aussi pénibles. La médaille revient au préclair qui a le même prénom que sa mère ou son père, qui n'a ni visio ni sonique, qui ne ressent ni les douleurs ni les émotions, qui fait du « dub-in » en allant puiser dans une manufacture de mensonges hyper-productive, qui refuse de coopérer et qui « doute de tout ».

Le cas qui « doute de tout » (qui est sous l'emprise d'injonctions telles que « je ne le crois pas ») est incapable d'accepter le moindre fait à cause de sa façon d'évaluer les données : toutes les données sont d'importance égale. Tous les préclairs ont quelques « je ne le crois pas » dans leur banque d'engrammes. Mais certains patients en ont tellement qu'ils doutent non seulement de la réalité, mais aussi de leur propre existence.

Par « altitude », nous entendons degré de prestige. L'altitude est une position, un rang. Un individu d'une altitude élevée peut, par la simple vertu de son altitude, faire accepter ses convictions à un individu d'une altitude moins élevée, il arrive que l'auditeur n'ait pas suffisamment d'altitude aux yeux de certains patients, ce qui rend la thérapie difficile, il arrive également que l'auditeur ait trop d'altitude aux yeux de certains patients, au point qu'ils croient tout ce qu'il dit. L'auditeur qui a trop peu d'altitude n'inspire pas confiance ; l'auditeur qui en a trop peut pratiquement raconter n'importe quoi, on le croira. LRH

Le mental est doté d'un « douteur incorporé » qui n'est pas sous l'influence des engrammes et qui sélectionne rapidement les données importantes afin de résoudre des problèmes ou de tirer des conclusions. Le mental rationnel examine les données qui lui sont présentées, les compare à l'expérience, établit leur véracité et détermine leur importance relative. Chez le *Clair*, ces opérations sont si rapides qu'elles prennent parfois quelques fractions de seconde. Chez l'être *normal*, la durée de ces opérations varie énormément et les conclusions, au lieu d'être basées sur l'expérience, s'appuient souvent sur l'opinion d'autrui ou de quelque « autorité en la matière ». C'est le résultat des méthodes pédagogiques qui ont cours actuellement. Non pas qu'on doive blâmer le système d'enseignement contemporain : bien des efforts ont été faits pour qu'il soit moins sclérosé. Mais faute de techniques d'éducation adéquates, les écoles et les universités ont été obligées d'employer des méthodes scolastiques[3]. Sous l'effet de la contagion de l'aberration, ces méthodes scolastiques se sont solidement implantées, malgré les efforts de certains pédagogues. On enseigne à l'individu *normal* : a) de *croire* sous peine d'échouer et b) de *douter* car « la science l'exige ». Il est impossible *d'apprendre* à quelqu'un à croire et à douter. Croire et douter ne peuvent être que le produit d'un raisonnement personnel. Comparons le mental à un général et son état-major. Le bureau de renseignements serait chargé de rassembler des faits, d'établir leur importance et de fournir une estimation de la situation, voire une conclusion. Si le chef de ce service de renseignements recevait l'ordre écrit de douter de tout, il ne pourrait plus faire son travail correctement. Il en va de même pour un mental : s'il reçoit l'ordre réactif de douter de tout (de ne rien croire), il sera incapable de faire son travail. Inversement, si une organisation militaire recevait l'ordre de tout croire, elle serait sûre d'être vaincue par l'ennemi le plus insignifiant. De même, si le mental réactif ordonne à un individu de croire tout ce qu'il entend, cet individu ira d'échec en échec.

L'engramme qui ordonne de *croire* et celui qui ordonne de *douter* (de ne *pas croire*) ne se manifestent pas de la même manière. On ne peut pas vraiment dire que l'un soit plus néfaste que l'autre, mais une chose est sûre : l'homme qui est sous l'emprise d'un engramme qui lui ordonne de ne rien croire est moins sociable.

---

3. **Scolastique** : dogmatique et sclérosé.

Le doute (l'incrédulité) se manifeste évidemment de bien des façons. Il existe, par exemple, un engramme social d'incrédulité qui est à la base de toute une littérature hypocrite et dépourvue d'esprit. L'hypocrisie, la honte de montrer ses émotions, la peur de prononcer des louanges sont dues, dans la plupart des cas, à un engramme qui ordonne de ne rien croire.

L'auditeur, lorsqu'il commencera à auditer un patient qui est sous l'emprise d'un engramme du type « je ne le crois pas », constatera que ce patient ne croit pas en son passé, ne croit pas l'auditeur, ne croit pas qu'il obtiendra des résultats avec la thérapie. De plus, il proférera les opinions et les insultes les plus ridicules et les plus déraisonnables. Assailli par mille et une somatiques, tordu de douleur sur le divan, il continuera de ne pas croire.

L'aberré emploie constamment des clichés et des phrases toutes faites qui lui viennent de son mental réactif. C'est plutôt triste, mais c'est comme ça. Il les répète en toutes occasions et en toutes circonstances. La mère et le père du patient ont chacun un mental réactif et l'auditeur constatera, après avoir réduit un certain nombre d'engrammes, qu'ils disaient toujours plus ou moins la même chose. Ce sont des dramatisations. Peut-être que l'un d'eux faisait tout le temps précéder ses phrases d'un « je ne sais pas », ce qui fait que la banque du patient renferme tout un tas de « je ne sais pas » qui ont détruit ses facultés intellectuelles. Ou peut-être était-ce des « crois-moi » ou des « c'est pas croyable ». Lorsque le patient aura raconté quelques engrammes renfermant plus ou moins les mêmes expressions, l'auditeur saura qu'il rencontrera quantité d'engrammes similaires. Lorsque l'auditeur aura entendu plusieurs fois les propos tenus par les protagonistes du mental réactif de son préclair, il connaîtra à peu près le contenu d'une grande partie de ses engrammes. Donc, n'importe quelle phrase peut réapparaître fréquemment dans un mental réactif, accompagnée de diverses somatiques et des autres perceptiques. Si la mère souffre d'hypertension et que cette tension augmente encore à cause d'une querelle avec le père (au grand dam de l'enfant, ce genre d'engramme est souvent à la base des migraines), elle va dire : « je n'arrive pas à croire que tu oses me traiter comme ça. » Soit dit en passant, elle doit être très dure à convaincre (mais allez convaincre quelqu'un qui « raisonne » avec ses engrammes), vu que son mari la traite « comme ça » au moins deux fois par semaine. Mais ça ne rate pas ; chaque fois qu'il la maltraite, elle dit : « je ne te crois pas » ou « je n'arrive pas à croire que tu puisses me faire une chose pareille » ou « je ne crois pas un mot de ce que tu dis », etc.

Le patient qui « ne croit pas » risque fort d'être quelqu'un de plutôt hostile étant donné que les conversations entremêlées de « je ne crois pas » sont souvent hostiles. Un engramme renfermant la phrase « il faut me croire » sera sans doute pleurnichard ou suppliant. Par contre, « tu dois croire ce que je te dis, nom de Dieu ! » est une injonction engrammique tout ce qu'il y a d'hostile.

Si l'auditeur tombe sur un patient d'un scepticisme aussi exagéré qu'irraisonné, il peut s'attendre à trouver une tripotée de « je ne le crois pas » et de « je n'arrive pas à le croire » dans la banque d'engrammes de ce patient. S'il tombe sur un patient qui n'a pas d'opinion propre, qui girouette chaque fois que quelqu'un ouvre la bouche ou qui cite quelque « autorité » (le mental réactif identifie souvent les « autorités » au père), il peut s'attendre à trouver des injonctions engrammiques du type « tu dois le croire ». L'engramme « je ne le crois pas » et l'engramme « tu dois le croire » se manifestent de bien des façons, mais durant la thérapie, ils se manifestent d'une façon à la fois spéciale et chronique : le patient qui est sous l'emprise d'un « je ne le crois pas » doute tellement de ses engrammes qu'il modifie continuellement leur contenu quand il les raconte, empêchant leur réduction ; quant au patient qui « doit croire », il raconte les engrammes des autres, ce qui, évidemment, ne lui fait pas le moindre bien.

N'allez pas en conclure que les patients entrent dans des catégories fixes. Le langage se compose d'une multitude de mots et de combinaisons de mots. Il n'est pas rare de rencontrer un aberré chez qui la langue de tous les jours et les expressions idiomatiques sont intimement liées à quelque somatique. La plupart des patients ont dans leur mental réactif un certain nombre de « je ne le crois pas » et de « tu dois le croire ». Ce n'est que lorsque ces phrases engrammiques sont hyper-chargées que l'individu réagit d'une façon fixe et immuable. Si le préclair est chroniquement sous l'emprise d'un « je n'arrive pas à le croire » ou d'un « je dois le croire », l'auditeur sait qu'il a devant lui une personne dont la vie a été, au mieux, un désastre. Mais ces patients, comme les autres, finissent par atteindre l'état de Clair. Même les préclairs qui se coltinent le prénom du père ou de la mère finissent par atteindre l'état de Clair.

Les injonctions qui empêchent un individu de ressentir la douleur physique et l'émotion douloureuse

Outre le visio et le sonique, il existe un troisième élément de rappel qui est d'une importance capitale pour la bonne marche de la thérapie. Il s'agit de la somatique, c'est-à-dire la douleur physique de l'incident. Ça ne sert à rien de parcourir un engramme de douleur physique si le préclair ne la ressent pas.

Avant que la douleur d'un incident se manifeste, il faudra peut-être attendre que le patient soit sorti de l'état d'« assoupissement » et qu'il ait déchargé une bonne partie de l'« inconscience ». Si l'incident contient de la douleur mais que la somatique ne se manifeste pas, le patient remuera les orteils, respirera avec difficulté ou sera pris de spasmes. C'est très facile de savoir si le préclair ressent ou non la somatique : il suffit d'observer si ses doigts de pied remuent ou non. Quand le patient respire bruyamment ou quand il est pris de spasmes ou de tics, mais qu'il ne ressent pas la moindre douleur, cela peut vouloir dire deux choses : 1) l'incident contient un dénieur qui empêche le préclair d'y pénétrer ; 2) le préclair a pénétré dans l'incident et il le raconte, mais quelque chose dans l'engramme (probablement une injonction située plus avant dans l'incident) ou quelque autre engramme (probablement un engramme récent d'émotion douloureuse) l'empêche de ressentir la somatique. Le patient qui se contorsionne en tous sens ou qui ne remue pas d'un poil souffre soit d'une « coupure » de la douleur ou de l'émotion, soit d'un engramme récent d'émotion doulou-reuse, ou peut-être même des deux.

Il existe toute une catégorie d'injonctions qui provoquent une « coupure » simultanée de la douleur et de l'émotion. Pourquoi simultanée ? Parce que les verbes « sentir » et « ressentir » ont plusieurs sens. L'injonction « je ne sens rien » ou « je ne ressens rien » est celle que l'on rencontre le plus souvent, mais elle a de nombreuses variantes. L'auditeur pourra établir une liste de ces injonctions à partir des propos tenus par ses patients lorsqu'ils lui décrivent ce qu'ils ressentent ou, plutôt, ce qu'ils ne ressentent pas. Il y a par exemple les phrases du type « ça ne fait pas mal ». Elles empêchent le patient de ressentir la douleur physique (« je ne ressens aucune douleur », etc.). Il y a aussi les phrases qui empê-chent le patient de ressentir l'émotion. Elles contiennent le mot *émotion* ou une combinaison de mots qui, pris à la lettre, « coupent » les sentiments.

L'auditeur devrait noter dans un cahier tous les dénieurs, éjecteurs, reteneurs, dérouteurs et regroupeurs qu'il découvre chez ses patients. Une rubrique pour chaque type d'injonctions. De la sorte, il ne manquera pas de « matériaux » quand il devra utiliser la technique répétitive pour corriger la façon dont le préclair se déplace sur la piste de temps. Il existe quatre autres catégories d'injonctions qu'il devra également noter dans son cahier à mesure qu'il les rencontrera : les *disjoncteurs* (injonctions qui « coupent » les sensations et les sentiments), les *exagérateurs*, les *dérailleurs* et les *manufactures de mensonges*.

Il découvrira dans les engrammes un nombre incalculable d'injonctions en tout genre. Et il devra tout particulièrement s'intéresser aux disjoncteurs et aux exagérateurs. Les exagérateurs se manifestent par une douleur ou une émotion excessive. Il est inutile de donner au lecteur une longue série d'exemples de ces deux types d'injonctions. La langue en renferme des quantités industrielles.

Les combinaisons sont innombrables. Par exemple, un patient pleure à chaudes larmes à cause d'un incident parfaitement banal postérieur à l'usage de la parole ; pourtant il ne ressent aucune somatique, ou presque. Cela peut être dû à plusieurs choses. Soit son père ou sa mère n'ont pas arrêté de pleurer durant les neuf mois de la grossesse, soit il est sous l'emprise d'un exagérateur qui lui ordonne d'être émotif en toutes circonstances *et* d'un disjoncteur qui lui ordonne de ne pas ressentir la douleur, de ne pas avoir mal ou de ne rien éprouver du tout.

Le patient qui a mal mais qui n'arrive pas à pleurer est sous l'emprise d'une série d'injonctions diamétralement opposées : très tôt sur sa piste de temps, il a une injonction ou toute une chaîne d'injonctions qui lui ordonnent de ne pas éprouver d'émotion ; à cela viennent s'ajouter des injonctions qui lui ordonnent de ressentir exagérément la douleur : « cette douleur est intolérable », « j'ai trop mal », « j'ai tout le temps l'impression de souffrir le martyre », etc.

Le patient sous l'emprise d'exagérateurs éprouvera une douleur et/ou une émotion excessives. Le corps ne crée pas de douleurs « nouvelles ». Toute douleur ressentie est authentique, même si elle est exagérée. La douleur imaginaire n'existe pas. L'individu « imagine » uniquement les douleurs qu'il a réellement éprouvées. Il ne peut pas imaginer des douleurs qu'il n'a jamais ressenties. En revanche, il peut « imaginer » une douleur quelque temps ou quelques années après l'avoir éprouvée pour la première fois. Autrement dit, si un patient ressent une douleur, même un patient complètement psychotique, vous la trouverez quelque part sur sa piste de temps. Nous nous sommes livrés à des tests scientifiques rigoureux pour établir ce fait. Cette découverte a une valeur considérable. Vous pouvez vérifier la chose par vous-même : demandez à des patients de ressentir différentes douleurs éprouvées dans le passé en les « imaginant » dans le temps présent. Ils ressentiront toutes les douleurs passées que vous leur demanderez de ressentir. Quelquefois, ils seront incapables de ressentir telle ou telle douleur qu'ils essaient d'« imaginer ». Qu'ils en soient conscients ou non, chaque douleur qu'ils « imaginent » a réellement existé. Quand ils l'« imaginent », sur votre demande, ils y retournent plus ou moins par l'intermédiaire de leur bande somatique.

Cet aspect de la douleur est très intéressant, en ce sens que plus d'un patient a essayé, à un moment de sa vie, de faire croire à sa famille ou au monde qu'il ressentait une douleur. Et lorsqu'il se plaignait de cette « prétendue » douleur, il était persuadé de mentir. Durant la thérapie, l'auditeur peut se servir de ces douleurs « imaginaires », car elles conduisent tout droit à des engrammes de compassion et à des blessures parfaitement authentiques. De plus, ces douleurs « imaginaires » sont en général exhibées devant l'allié qui était présent dans l'engramme ou devant un pseudo-allié. Donc, si un petit garçon faisait toujours croire à sa grand-mère qu'il avait mal à la hanche, tout en étant persuadé qu'il n'était qu'un simulateur, l'auditeur découvrira tôt ou tard qu'il y a eu un moment au début de sa vie où il a été blessé à la hanche et où il a reçu de la compassion. Mais, bien entendu, l'analyseur n'a pas accès à cet incident. Ces simulations donnent souvent mauvaise conscience aux patients. Certains soldats qui s'étaient fait passer pour blessés durant la dernière guerre, afin d'être rapatriés, ont peur que l'auditeur découvre leur supercherie et les dénonce. Ils n'ont peut-être pas été blessés, mais l'auditeur trouvera invariablement dans leur vie un engramme où ils ont vraiment reçu la blessure qu'ils ont simulée et où on leur a témoigné de la compassion. Le patient recherche un peu de compassion en racontant une histoire rocambolesque, tout en « sachant » qu'il ment. En général, l'auditeur peut alors, sans informer le préclair du mécanisme décrit ci-dessus, mettre la main sur un engramme de compassion qui, en temps normal, lui aurait maintes fois glissé entre les doigts.

« Pleure, mon bébé » est une injonction à laquelle le préclair résistera dans un engramme. Il refoulera ses larmes. Il arrive fréquemment que le patient, lorsqu'il est retourné dans sa zone prénatale, se prenne pour ses frères et sœurs aînés : leurs railleries, les ordres de la mère, tout est enregistré. Si le préclair fait état d'enfants plus âgés que lui, l'auditeur doit essayer de les dénicher dans la vie prénatale, car les enfants sont très turbulents : ils sautent sur les genoux de leur mère, se cognent contre elle, etc. Donc, les expressions de moquerie enfantines ne sont pas toujours post-natales.

Pendant nos travaux de recherche, un dianéticien avait déclaré que si on libérait toute l'émotion douloureuse d'une vie, on aurait effectué 90 % de la mise au clair. Cependant, l'émotion doulou-reuse n'est qu'une manifestation superficielle des engrammes de douleur physique et elle ne serait pas douloureuse si elle ne coha-bitait pas avec la douleur physique ou si cette dernière ne la maintenait pas en place.

Lorsqu'un patient ne ressent pas l'émotion et la douleur, on remarque généralement le phénomène suivant : ses muscles sont tendus ou agités de spasmes. Lorsqu'un patient ressent l'émotion et la douleur d'une façon exagérée (en raison d'un exagérateur), l'auditeur a devant lui quelqu'un dont les dramatisations sont excessives.

L'ALLIÉ ET L'ENNEMI

L'auditeur doit absolument savoir comment le mental réactif évalue les importances. Idiot ou pas, le mental réactif fait une distinction radicale entre un ami et un ennemi. C'est à peu près la seule différenciation dont il soit capable.

Sur quel critère le mental réactif se base-t-il pour choisir ses alliés ? Souvenez-vous que l'allié fait partie d'engrammes de compassion, lesquels peuvent causer des maladies psychosomati-ques, des régressions et des déséquilibres mentaux à grande échelle. Tant que le mental réactif peut se rebeller et se battre, il parvient plus ou moins à repousser l'ennemi. Bien entendu, les circonstances peuvent le jeter dans la valence de l'ennemi. Et s'il s'agit d'une valence gagnante, il va exploser et abréagir[4]. Mais en général, il ne se servira pas de ce que dit ou fait l'ennemi d'un engramme anti-survie, sauf pour s'opposer à lui. Évidemment, lorsque le ton chronique de l'individu est proche de la zone 1, le mental réactif se met à obéir aux injonctions de l'ennemi. Donc, disons que le père est l'ennemi. Eh bien, en règle générale, le mental réactif de l'aberré n'obéira pas aux ordres du père ; il s'y opposera ou s'arrangera pour ne pas les exécuter.

Avec l'allié, c'est tout le contraire. Étant donné que l'allié est quelqu'un qui a témoigné de la compassion à un moment où l'individu était malade ou blessé, celui-ci lui obéit et l'écoute. En effet, le « but » de l'allié est apparemment le même que le but fondamental de l'individu, c'est-à-dire survivre. Et puisque cet allié a été une fois pro-survie, tout ce qu'il dira et fera par la suite sera pro-survie. C'est du moins le « raisonnement » que tient notre brave petit crétin de mental réactif. Seront tout particulièrement pro-survie les paroles prononcées par l'allié dans l'engramme.

La maladie psychosomatique chronique provient généralement d'un engramme de compassion. Et l'engramme de compassion sera extrêmement difficile à contacter (ce sera peut-être le dernier qu'on contactera) vu qu'il va dans le sens de la survie de l'individu.

Si l'allié a prononcé une phrase du type « Tu dois croire », l'individu sera *obligé* de croire. Si cette phrase est prononcée par un ennemi, l'individu *refusera* de croire.

L'allié et l'ennemi, c'est l'éternelle histoire du héros et du méchant, de l'héroïne et de la sorcière, d'Ormuzd et d'Ahriman[5], du chevalier blanc et du chevalier noir. On trouve dans le mental réactif une guerre entre « le bien et le mal » : d'un côté, il y a l'allié, de l'autre, il y a l'ennemi.

Le mental réactif se sert d'une logique bivalente. C'est la seule logique qu'il connaisse. Les choses sont soit blanches, soit noires. Le mental réactif résout tous les problèmes par des absolus qui sont un défi à la logique : bien absolu, mal absolu, identification absolue. N'importe quel raisonnement rationnel démontrerait sans conteste que les absolus sont, dans la pratique, impossibles. Mais le mental réactif n'entre pas dans ce genre de détails, il réagit. Il sait à quoi ressemble un héros et il sait à quoi ressemble un traître (du moins, il croit savoir). L'allié, le héros, c'est tout individu qui

---

4. **Abréagir :** *(psychanalyse)* libérer (des émotions refoulées) en jouant (par exemple avec des mots, des actions ou par l'imagination) la situation à la base du conflit.

5. **Ormuzd et Ahriman :** dans la religion de Zarathoustra, Ormuzd est le principe du Bien auquel s'oppose Ahriman, esprit du Mal. Ormuzd est le créateur, la sagesse et la loi du monde, qui impose au Mal sa souveraineté.

présente les caractéristiques de l'allié. L'ennemi, le traître, c'est tout individu qui présente les caractéristiques de l'ennemi. De plus, tout ce qui a un rapport avec l'allié est pro-survie et tout ce qui touche de près ou de loin à l'ennemi est anti-survie. Si l'allié est une tante, toutes les tantes sont pro-survie. Si l'ennemi est un peintre d'enseignes, tous les peintres d'enseignes sont anti-survie. Les napperons que la tante a faits au crochet sont pro-survie. Tous les napperons sont pro-survie. Tout objet recouvert par un napperon est pro-survie. Tout ouvrage fait au crochet est pro-survie. Et ainsi de suite. Les enseignes sur lesquelles le peintre a travaillé sont anti-survie. Les endroits où elles se trouvent sont anti-survie. La peinture est anti-survie. Les odeurs de peinture sont anti-survie. Les pinceaux sont anti-survie. Tout ce qui ressemble à un pinceau est anti-survie, comme par exemple les brosses à cheveux. Et ainsi de suite.

Voici un axiome qu'il convient de ne pas prendre à la légère, surtout lorsqu'on audite un patient :

Toute maladie psychosomatique chronique vient d'un engramme de compassion.

En voici un autre :

Le mental réactif empêchera l'individu de souffrir d'aberrations ou de maladies psychosomatiques, sauf si elles lui parais-sent pro-survie.

Ceci ne veut pas dire que l'individu a un pouvoir de choix analy-tique. Ça veut dire que le mental réactif, qui travaille en douceur et, jusqu'ici, de manière si bien dissimulée, choisit, par une compu-tation d'identités, des conditions physiques et mentales pour les faire correspondre à des situations même vaguement similaires à un concept de la banque d'engrammes.

Il existe un mécanisme appelé niveau de nécessité. Lorsque le niveau de nécessité s'élève, il se produit un key-out des engrammes. Il arrive même que le mental réactif tout entier disjoncte. Le niveau de nécessité s'élève souvent. L'individu peut le faire remonter analytiquement, que la situation l'exige ou non. Par exemple, une personne a un engramme qui lui dit d'assassiner les gens, mais son analyseur a une donnée selon laquelle les assassins passent à la chaise électrique. Le niveau de nécessité de la personne va alors s'élever et, analytiquement, elle va rejeter toute envie de tuer. Lorsque le niveau de nécessité d'une personne ne parvient pas à remonter, cela signifie que son niveau de survie est bas. Un peintre qui porte un jugement aberré sur son œuvre grâce aux articles bienveillants de critiques cyniques peut, par un effort de volonté, élever son niveau de nécessité et peindre de nouveaux tableaux, en envoyant au diable la tante dont il avait fait le portrait et qui l'avait déchiré sous prétexte qu'elle avait été affublée d'un triple menton et en envoyant paître les critiques qui lui reprochaient d'être « en avance » et « expéditif ». Il est tout à fait possible de faire grimper son niveau de nécessité et de repousser le mental réactif « avec ses tripes ».

L'individu cerné par les restimulateurs et usé par l'existence risque fort de se retrouver sur la spirale descendante et de parvenir à un point où il n'est plus capable de rester en bonne santé. S'il dégringole une première fois et que cette chute est dure, une maladie psychosomatique fera son apparition qui sera plus ou moins chronique. Cette maladie (retenez bien ce fait car il est important) vient directement d'un engramme de compassion.

Toutes les maladies psychosomatiques s'accompagnent d'aberrations, même si ces dernières ressortent moins. Autrement dit, toute personne souffrant d'une maladie psychosomatique souffre, qu'elle le veuille ou non, des aberrations présentes dans l'engramme qui est à la base de sa maladie.

Si l'auditeur désire trouver les *vrais* reteneurs, la cause *véritable* des efforts que semble faire le patient pour ne pas aller mieux, la source *véritable* de ses aberrations et de ses maladies, il partira à la recherche de l'allié (ou des alliés, car tout patient peut avoir une tripotée d'alliés). Il libérera la charge émotionnelle des incidents de perte ou de reniement, puis il foncera en direction de la zone prénatale pour trouver les engrammes qui maintenaient cette émotion en place.

Rappelez-vous également que le mental réactif n'est pas assez intelligent pour comprendre qu'une personne se présentant sous deux aspects reste malgré tout une seule et même personne. Pour le mental réactif, la mère peut être deux personnes : maman-l'ange-blanc et maman-la-sorcière. À maman-l'ange-blanc, il fait une confiance absolue. À maman-la-sorcière, il s'oppose sans relâche. Le père peut être papa-le-bienfaiteur et papa-le-tueur-de-bébés. Il en va de même avec les alliés. Mais le modèle, le phénix, l'idole auréolée de lumière qui a l'oreille des dieux, c'est l'allié absolu, l'allié au cœur pur, l'allié qui n'a jamais retourné sa veste, l'allié qui, d'un geste ferme et résolu, a arrêté la main glacée et implacable de la mort et placé tendrement entre les doigts tremblants de l'enfant fiévreux et agonisant la torche étincelante de la vie, ou tout au moins murmuré : « mon pauvre bébé, tu es si malade. Je t'en prie, ne pleure pas. » (C'était grand-papa. Un ivrogne qui trichait aux cartes. Mais le mental réactif ne voit pas les choses de cette manière, car grand-papa a « extirpé » bébé de sa pneumonie et il a remué ciel et terre pour que bébé se rétablisse, action qui eût été fort louable s'il ne s'était pas montré aussi mélodramatique et s'il n'avait pas parlé autant pendant que le pauvre gosse était « inconscient ».)

Questionnez adroitement le patient sur son père et sa mère. Si leur mort ne l'affecte pas (en admettant qu'ils soient morts), ou s'il ne manifeste pour eux qu'indifférence, ou s'il grince des dents dès que vous les mentionnez, ce sont des ennemis. Les alliés se trouvent autre part. Si le patient parle de ses parents avec froideur, avec colère ou avec peur, vous pouvez être sûr qu'il en a vu de toutes les couleurs entre la conception et la naissance et entre la naissance et l'âge adulte, et vous pouvez être sûr qu'il a eu des tas d'alliés, car durant son enfance il se sera mis en quête d'alliés au moindre bobo ou à la moindre égratignure. Mais en général, de simples questions ne vous permettront pas de découvrir qui sont ses alliés. Pour le mental réactif, ils sont plus précieux que les joyaux de la Couronne, même si les engrammes dont ils font partie contiennent des somatiques capables de transformer la vie du patient en un enfer sans nom, il les dissimule dans quelque recoin secret. L'auditeur ne pourra les dénicher qu'en libérant l'émotion douloureuse. La mort, le départ ou le reniement d'un allié sont des incidents particuliers d'émotion douloureuse. À force de contacter des incidents récents d'émotion douloureuse ou des engrammes très anciens de douleur physique, l'auditeur finira par mettre la main sur l'allié et l'engramme où il apparaît. Celui-ci pourra alors être effacé et reclassé dans les banques mnémoniques standard, ce qui fera disparaître la maladie psychosomatique chronique.

Si vous voulez guérir les maladies psychosomatiques chroniques du patient, il vous faudra surtout regarder du côté de ses engrammes de compassion. Mais vous ne parviendrez pas à les effacer tout de suite, car ils forment le bastion intérieur derrière lequel le mental réactif se tapit pour observer les assauts que livrent les ennemis contre la forteresse extérieure. Il arrive que l'émotion douloureuse d'un incident de perte dissimule non seulement les alliés, mais aussi les ennemis. Il n'y a pas que l'engramme de compassion qui provoque les maladies psychosomatiques, il s'en faut de beaucoup. Par contre, il est la seule et unique source des maladies psychosomatiques *chroniques*.

Soit dit en passant, qu'on n'aille pas conclure de cette dissertation sur les alliés qu'il ne faut pas se montrer affectueux avec les enfants. Certains philosophes ou savants ont prétendu que les marques d'affection provoquaient des déséquilibres mentaux chez les enfants. C'est *l'absence* d'affection qui peut tuer un enfant. Il n'y a qu'un cas où l'on peut occasionner des aberrations chez l'enfant : *quand on lui parle et qu'on lui témoigne de la compassion alors qu'il est très malade ou qu'il a sombré dans l'« inconscience » par suite d'une blessure.* L'allié qui agit de la sorte cimente sa personnalité à celle de l'enfant, met en place des aberrations et une maladie psychosomatique potentielles et risque de détruire la vie de l'enfant (à moins, bien sûr, que celui-ci ne suive une thérapie de Dianétique). Quand l'enfant est en bonne santé, aimez-le du mieux que vous le pouvez et faites tout votre possible pour qu'il soit heureux. Quand il est en bonne santé, vous pouvez faire ce que vous voulez avec lui et dire tout ce qu'il vous plaît. Quand il est malade ou blessé, vous n'avez qu'une chose à faire : « Remettez-le sur pied et bon sang, fermez-la ! » comme disait l'adjudant.

Les porte-bonheur

Le mental réactif a ses « trésors bien-aimés » : amulettes magiques, talismans, charmes, ainsi que tout le catalogue des fétiches, des objets et des tics que l'on conserve précieusement pour conjurer le mauvais sort.

Il n'y a rien de mal à avoir des lamas dans l'antichambre, ou à porter des bretelles vertes à pois mauves, ou à caresser des pattes de lapin pour favoriser la chance. Pas plus qu'il n'est répréhensible de contempler en soupirant la pantoufle dérobée à une jeune fille ou de fumer des cigarillos de Pittsburgh. Toute *Déclaration des Droits de l'Homme* devrait garantir la liberté de s'adonner à de telles excentricités. Mais l'auditeur peut se servir de ces manies pour mettre la main sur des informations vitales.

En Dianétique, le mot *porte-bonheur* se rapporte aux objets et aux habitudes qu'un individu ou une société conserve précieusement sans savoir qu'ils servent à représenter ou remplacer un allié.

Il y a, par une pensée d'identification, des *restimulateurs par association* pour chaque restimulateur authentique présent dans l'environnement ; il s'agit d'objets ou de personnes liés à ce restimulateur. Le mental analytique n'a pas accès aux données engrammiques. Aussi lorsqu'une réaction physique l'informe qu'un restimulateur quelconque est à proximité, il s'empare non pas du véritable restimulateur, mais d'un restimulateur par association. (Dans le Livre Deux, le jeune homme enlevait sa veste dès que l'hypnotiseur touchait sa cravate. Mais le jeune homme n'attribuait pas son comportement étrange à la cravate. Il l'attribuait à diverses choses qui étaient proches : la personne de l'hypnotiseur, sa façon de s'habiller, etc. L'hypnotiseur et sa tenue vestimentaire étaient des *restimulateurs par association*.)

Disons que le restimulateur d'un engramme anti-survie est une ampoule électrique. L'aberré va attribuer le malaise qu'il ressent à diverses choses : les zones d'ombre de la pièce, le cordon-interrupteur de la lampe, la pièce tout entière, la personne qui se trouve dans la lumière, etc. Non seulement l'aberré ne sait pas qu'il est en présence d'un restimulateur, mais il croit que tous les restimulateurs par association ont quelque chose de maléfique.

L'expression « restimulateur par association » veut bien dire ce qu'elle veut dire. Si la douleur est l'élément central, toutes les choses associées à la douleur sont égales à la douleur, sont égales à d'autres choses, et ainsi de suite. C'est à cause de cette équation réactive que le monde intérieur de l'aberré est peuplé de peurs irraisonnées et d'angoisses. Si vous laissez un enfant seul dans une chambre où il a été malheureux, il peut tomber malade, car il est en présence d'un restimulateur (inconnu) ; la meilleure explication qu'il trouvera pour justifier son angoisse (l'adulte fait exactement pareil) est que tel ou tel objet est la cause de tous ses maux. Voilà comment se manifeste la restimulation d'un engramme.

C'est extrêmement pénible pour un aberré de ne pas pouvoir expliquer (il essaye, il essaye, mais il n'y arrive pas) pourquoi il n'aime pas telle personne, tel objet et tel endroit et de ne pas pouvoir les relier au restimulateur véritable. Il lui faudrait connaître l'engramme qui se cache derrière tout cela. On ne peut pas localiser un engramme en se basant sur les restimulateurs avancés par le patient. Allez savoir quels sont les véritables restimulateurs et quels sont les restimulateurs par association. Soit dit en passant, si l'on utilise en présence de l'aberré des mots contenus dans ses engrammes ou un restimulateur spécifique, on « presse un bouton », et l'aberré va alors agir d'une certaine façon, sombrer dans l'apathie, etc. Mais il faut que le mot utilisé soit le mot *exact*. Si le mot contenu dans l'engramme est « peindre », l'emploi du mot « *peinture* » ne provoquera aucune réaction chez l'aberré. Par contre, la « peinture » peut être un restimulateur par association, vu que le mot a la même racine, et il se peut que l'aberré affirme ne pas aimer la peinture. Mais le mot « peinture » n'est pas pour autant un « bouton ». On ne pourra pas, avec ce mot, le faire tousser, soupirer, enrager ou tomber malade, bref, on ne pourra pas lui faire dramatiser le contenu de l'engramme.)

Le *porte-bonheur* est un restimulateur à part. Si les restimulateurs par association liés à des engrammes anti-survie ne sont pas d'une grande utilité pour l'auditeur, il en va tout autrement des porte-bonheur. En effet, l'auditeur peut se servir des porte-bonheur pour localiser des alliés.

Un *porte-bonheur*, c'est tout objet, tout tic, toute façon d'agir employés par des alliés. Pour le mental réactif, allié = survie. Par conséquent, tout ce que l'allié a dit, fait ou utilisé est pro-survie. La valence qu'adopte le plus fréquemment l'aberré est celle de l'allié. Alors que le Clair peut stabiliser à volonté sa propre valence et adopter et quitter à volonté les valences qu'il imagine ou qu'il contemple, l'aberré, lui, va de valence en valence contre son gré ou sans s'en rendre compte et se trouve généralement dans une valence qui n'est pas la sienne. L'individu qui semble être une autre personne chaque fois qu'on le rencontre, ou qui change de personnalité à chaque personne qu'il voit, et qui exhibe telle valence en telle circonstance, est quelqu'un qui se glisse sans cesse dans des valences gagnantes. Quand on l'empêche d'être une valence gagnante, il s'empare d'une valence secondaire. Si on le force à prendre sa propre valence, il tombe malade. Bien entendu, quand l'individu est dans une autre valence, il manifeste malgré tout quelques fragments de sa propre valence.

L'une des activités essentielles de l'aberré est de se glisser dans les valences de ses alliés. Il se sent plus à l'aise lorsque sa propre valence se mêle à celle d'un allié. Quand les alliés ou les pseudo-alliés ne sont pas là, l'aberré a recours à des porte-bonheur pour garder leur valence dans sa mémoire. Les porte-bonheur, c'est tout ce que l'allié a possédé, dit ou fait.

L'aberré va souvent contracter une association très, très solide avec quelque pseudo-allié, comme dans le cas du mariage, pour finalement se rendre compte avec consternation que son partenaire est très loin de se conduire comme l'allié original. (La mère était un allié. Elle faisait du pain. L'épouse est la « mère », mais ni l'épouse ni l'aberré n'en sont conscients. L'épouse ne fait pas de pain. La mère n'aimait pas le rouge à lèvres. L'épouse met du rouge à lèvres. La mère le laissait faire tout ce qu'il voulait. L'épouse est autoritaire. En fait, l'épouse n'est la « mère » que parce qu'elle a à peu près la même voix.) L'aberré va réactivement et inconsciemment essayer de faire adopter à son conjoint la valence de l'allié, car il croit que l'engramme de compassion est en train de se dérouler maintenant, dans le temps présent (c'est parce que cet engramme a été restimulé par le ton de voix du conjoint ou quelque chose comme ça). Aussi pour que le pseudo-allié devienne l'allié, le mari va manifester des symptômes de la maladie ou de la blessure de l'engramme et contracter ainsi une maladie psychosomatique. Le « raisonnement » du mental réactif est simple ou, plutôt, simpliste : s'il exhibe la somatique qui lui avait valu la compassion de l'allié, l'allié sera obligé de se manifester à nouveau. C'est aussi une façon de transformer en allié un conjoint qui, selon le mental réactif, est ambivalent, mi-ami, mi-ennemi. L'épouse est cruelle. La mère était cruelle, elle aussi, mais elle devenait gentille chaque fois qu'il tombait malade. Conclusion : tombons malade et fabriquons-nous une belle maladie psychosomatique chronique, comme ça l'épouse sera gentille. Mais l'épouse ne devient pas gentille. Bon, alors aggravons la maladie psychosomatique et laissons-nous glisser sur la spirale descendante. La maladie psychosomatique a une autre caractéristique : elle est une preuve qu'on n'a rien à craindre de l'aberré, qu'il est parfaitement inoffensif et impuissant. C'est une forme atténuée de peur paralysante. « Je ne suis pas dangereux. Je suis malade ! »

Pour obtenir de la compassion et montrer qu'il est désarmé, l'aberré entre dans la valence qui était la sienne au moment de l'engramme. Sa valence actuelle se trouve évidemment compliquée par le fait que, au moment de l'engramme, il était mal en point et possédait un organisme d'enfant.

La maladie psychosomatique est un porte-bonheur. Elle lui rappelle un moment où on lui a prodigué de l'amour et des soins. Bien entendu, cette maladie psychosomatique lui est aussi utile qu'une bombe à retardement placée sous son lit. Mais le mental réactif la considère comme de la bonne, de l'excellente « survie » et il va tout faire pour que l'aberré survive, même s'il doit en mourir.

Il s'agit là d'un processus automatique. La restimulation d'un engramme n'est rien d'autre qu'un processus mécanique. Mais pour la clarté de notre propos, appelons ce processus « raisonnement défectueux ».

Lorsque l'allié n'est pas là, ou même lorsqu'il est présent, l'aberré a recours au mimétisme[6] réactif. Le mimétisme conscient est une excellente façon d'apprendre. Mais le mimétisme réactif a pour effet de souder une autre valence à la personnalité. L'aberré imite réactivement l'allié d'autrefois. Il arrive même qu'il n'ait aucun souvenir conscient de cet allié ou de ses habitudes.

Souvenez-vous, l'allié est quelqu'un qui est entré dans le monde intérieur de l'aberré, à un moment où l'analyseur était diminué en raison d'une maladie, d'une blessure ou d'une opération, et qui lui a apporté compassion et protection. L'allié fait partie de l'engramme de compassion. Si l'enfant a eu la chance de ne pas tomber malade en présence de grands-parents qu'il aimait ou de ne pas être cajolé par eux quand il était malade ou blessé, son amour pour eux ne changera pas. L'allié, en Dianétique, est quelqu'un qui a apporté compassion et protection *dans un engramme*. Nous n'avons pas besoin d'engrammes pour aimer ou être aimés. Bien au contraire. L'amour se reçoit ou se prodigue bien mieux sans engrammes.

En Dianétique, le porte-bonheur s'applique uniquement à l'allié. Les porte-bonheur, ce sont des objets, des façons d'agir ou des tics similaires à ceux qu'employait l'allié.

L'allié fumait des cigarillos de Pittsburgh. L'aberré fume des cigarillos de Pittsburgh, bien qu'ils lui arrachent la gorge et que sa femme ne supporte pas leur puanteur. L'allié portait des bottes de cheval. L'aberrée raffole des tenues équestres, mais n'a jamais approché un cheval de sa vie. L'allié tricotait. L'aberrée porte des tricots. Ou elle essaie de tricoter mais comme elle n'est pas douée, elle se demande de temps à autre ce qui lui a pris de se mettre au tricot. L'allié jurait comme un charretier. L'aberré jure comme un charretier. L'allié s'essuyait le nez du revers de sa manche et se curait délicatement le nez d'un doigt agile. L'aberré s'essuie le nez avec son smoking et se met les doigts dans le nez.

Le porte-bonheur peut être le souvenir d'un allié authentique ou de l'aspect pro-survie d'une personnalité ambivalente mi-amie

6. **Mimétisme :** reproduction machinale d'attitudes ou de gestes.

446

mi-ennemie. Il peut aussi être le souvenir d'une valence gagnante ambivalente. Le porte-bonheur n'est jamais un restimulateur par association visant à se remémorer un ennemi, car tout ce qui rappelle un ennemi est détesté.

Le porte-bonheur chronique, l'habitude ou le tic que le préclair manifeste en permanence est un indice de tout premier ordre qui peut vous mener directement à un allié authentique. De tous les alliés, l'allié authentique (c'est-à-dire l'allié à 100 %) est celui que le mental réactif défendra avec le plus d'acharnement. Or, c'est celui que l'auditeur recherche. Il lui faudra peut-être effacer la majeure partie de la banque des engrammes avant de pouvoir effacer l'engramme de compassion qui est responsable de la plupart des aberrations du préclair, qui l'a rendu chroniquement malade et qui l'a gratifié de toutes ces habitudes étranges.

Observez votre préclair. Dit-il ou fait-il des choses qui semblent étrangères à sa personnalité ? Lesquelles ? Fait-il des choses qui ne semblent pas lui faire plaisir ? Parle-t-il ou se conduit-il avec affectation ? Quels sont ses tics ? En posant des questions discrètes sur les porte-bonheur que vous avez découverts, peut-être pourrez-vous lui remettre en mémoire un allié qu'il avait oublié et, par conséquent, contacter rapidement l'engramme de compassion qui renferme cet allié ou bien contacter et décharger un engramme d'émotion douloureuse contenant la perte de cet allié, sa maladie ou des incidents se rapportant à lui.

Il existe un porte-bonheur à part qui est issu d'injonctions engrammiques du type « Je te tue, si… ». Par exemple, les pères qui éprouvent des doutes quant à leur paternité affirment parfois, pendant qu'ils malmènent ou rossent la mère, qu'ils tueront l'enfant s'il ne leur ressemble pas. Cela donne des porte-bonheur désastreux, sans parler de l'engramme lui-même qui, en général, est extrêmement grave. Ce genre d'injonction peut avoir pour effet de remodeler l'organisme, donnant à l'aberré un nez allongé ou une calvitie précoce. Et ce genre d'injonction peut pousser l'aberré à embrasser une carrière qu'il déteste. Il « faut » qu'il soit comme papa. De plus, comme ce genre d'injonction engrammique est généralement prononcé avant la naissance et se rapporte très souvent à une fille (les pères n'étant pas, d'ordinaire, extralucides), l'enfant devenue femme connaîtra des changements physiologiques stupéfiants, adoptera des attitudes inhabituelles, manifestera des « ambitions » étranges (un peu à la façon d'un chien qui reçoit le fouet s'il ne rapporte pas la perdrix) et contractera des habitudes pour le moins bizarres. Après la naissance, l'engramme ne se réveillera que si le père est extrêmement ambivalent et incite le mental réactif à mettre en branle son « raisonnement ami-ennemi ». Ne pas ressembler au père équivaut à la mort. Pour forcer le père à adopter la valence qu'il avait dans l'engramme de compassion, le mental réactif doit exhiber le porte-bonheur qui a pour nom maladie. La solution, c'est le porte-bonheur + la ressemblance au père. Et n'oubliez pas que ces « raisonnements » sont complexes et qu'ils se compliquent généralement d'une dizaine d'autres « raisonnements » engrammiques.

C'est plutôt facile de localiser le côté ennemi d'une personne ambivalente. Et la recherche de son côté ami ne présentera pas trop de difficultés. En utilisant la thérapie standard (retour, technique répétitive, etc.), on peut localiser n'importe quel engramme et l'effacer du mental réactif, lui permettant ainsi de se reclasser dans les banques mnémoniques standard. Les porte-bonheur facilitent la thérapie.

Quant à l'allié « pur et authentique », le champion du droit et de la justice, la thérapie standard finit tôt ou tard par le dénicher. Mais l'emploi des porte-bonheur peut parfois énormément faciliter la tâche de l'auditeur. Car un porte-bonheur est quelquefois d'une étrangeté alarmante. Par exemple, l'aberré garde un éléphant dans une volière. Ce genre d'excentricité ne peut provenir que d'un *véritable* allié.

Jaugez le préclair par rapport à son environnement, son éducation, sa profession, son entourage. Voyez parmi ses attitudes, ses façons d'agir, celles qui semblent déplacées ou insolites. Voyez quels sont les objets qu'il adore. Voyez s'il a des tics ou des manies que ses amis trouvent étranges. Ensuite voyez si le préclair ou son conjoint connaissent quelqu'un qui adorait les mêmes objets ou manifestait les mêmes habitudes.

N'allez pas conclure de cette dissertation sur les porte-bonheur que le *Clair* est quelqu'un qui a jeté toute excentricité par-dessus bord. Pas du tout. Car l'autodétermination, c'est l'individualité dans toute sa splendeur. La personnalité innée du Clair se manifeste pleinement, un million de fois plus que celle de l'aberré. Les engrammes compriment l'individu, ils en font un être insignifiant et apeuré. Lorsqu'on libère sa puissance, il peut enfin l'exprimer. L'engramme de compassion, c'est comme une béquille alors qu'on a deux jambes solides. Oh ! C'est sûr, le préclair éclatera en sanglots lorsqu'il perdra le vieil oncle Gaston à qui il avait emprunté l'habitude de cracher par terre (ce qui ne manquait pas d'étonner ses amis et ses collègues de travail). Mais son chagrin ne durera pas plus d'une demi-heure, le temps qu'il faut généralement pour effacer un engramme de compassion. Brusquement, le préclair se souvient de l'oncle Gaston, il se rappelle mille et une choses que l'oncle Gaston et lui avaient l'habitude de faire, car l'engramme avait jusque-là masqué l'existence de l'oncle Gaston, avait empêché le « je » de le percevoir. « Allons, allons, Pierrot, calme-toi. Je m'occuperai de toi. Ne t'excite pas comme ça. Tout va rentrer dans l'ordre. Là, là. Pauvre gosse. Ça te démange, hein ? C'est tout rouge partout. T'as une drôle de fièvre. Allons, Pierrot, calme-toi. Tant que je serai là, il ne pourra rien t'arriver. Je vais m'occuper de toi, mon Pierrot. Allez, dors maintenant. Dors et oublie tout ça. » Voilà pourquoi Pierrot était tout le temps « inconscient » et n'avait « jamais eu connaissance » de l'incident.

Plus tard, il a monté une compagnie et pris comme associé quelqu'un qui ressemblait à l'oncle Gaston (sauf que l'associé était un imbécile), et lorsqu'il a fait faillite, il a eu une éruption et une toux chronique et ses affaires l'ont rendu « fiévreux ». Il s'est mis à cracher par terre partout où il se trouvait. Puis sa santé s'est dégradée et son équilibre mental en a pris un coup. Mais si vous lui aviez demandé de vous parler de ses oncles avant qu'il commence la thérapie, il se serait montré extrêmement vague.

L'auditeur dit :

— Donnez-moi une réponse éclair. Qui avait l'habitude de cracher par terre ?

— L'Oncle Gaston. Ça alors ! C'est marrant. (Il se racle la gorge et crache par terre.) Ça fait des années que je n'avais pas pensé à lui. Faut dire qu'on le voyait pas souvent. (En fait, il avait habité à la maison pendant dix ans.) N'allez pas imaginer que l'oncle Gaston a été quelque chose pour moi. Parlons plutôt de Madame Macheprot. Vous savez, cette institutrice qui...

— Retournons au moment où l'oncle Gaston vous a aidé. La bande somatique va maintenant retourner jusqu'au moment où l'oncle Gaston vous a aidé.

— J'ai l'impression que ma peau est en train de brûler ! On dirait... Hé ! Mais c'est mon allergie ! Mais je ne vois personne avec moi. Si. Attendez. J'ai l'impression qu'il y a quelqu'un. Ça alors ! L'oncle Gaston ! »

Le préclair parcourt l'incident et l'éruption disparaît. Mais peut-être l'auditeur a-t-il dû au préalable effacer une centaine d'engrammes avant de contacter celui-là. Le préclair va alors se souvenir de tout un tas de moments où l'oncle Gaston et lui avaient l'habitude de... Mais l'auditeur lui fait immédiatement poursuivre la thérapie.

La mémoire intégrale est apparemment synonyme de santé d'esprit. Mais ce n'est pas parce que le Clair s'est débarrassé de ses oncles Gaston et de son habitude de cracher par terre, qu'il ne s'adonnera plus jamais à aucune excentricité. Au contraire. Mais, à la différence de l'aberré, ses excentricités ne sont pas compulsives.

Mon Dieu, qu'est-ce qu'un mental clair n'imaginerait pas pour éviter de sombrer dans l'ennui !

QUE FAIRE SI UN PATIENT CESSE DE PROGRESSER ?

Même les patients les plus faciles cessent parfois de progresser. Voici une liste des raisons possibles :

1. En dépit des apparences, le préclair ne se déplace pas sur sa piste de temps. Il est sous l'emprise d'un reteneur ou d'un dénieur ou d'un regroupeur ou d'un éjecteur ou d'un dérouteur qui l'empêche de se déplacer librement sur la piste de temps ou d'accéder aux engrammes. Le plus courant, c'est le reteneur : le préclair est peut-être coincé dans quelque engramme et dans quelque valence étrange.

2. Le préclair ne ressent pas la douleur ou l'émotion. C'est quelque chose que vous pouvez déceler dès le début de la thérapie. Quand le patient est dans un engramme, ses muscles se mettent à trembler sans qu'il ressente la moindre somatique ; c'est le signe indiscutable qu'il souffre d'une « coupure » de la douleur. En dehors de la thérapie, le patient est très tendu et les muscles de son cou sont raides. C'est le signe d'une « coupure » des émotions. En fait, vous pourrez observer ces deux phénomènes chez un grand nombre d'aberrés avant de commencer la thérapie. S'ils se manifestent pendant la thérapie, partez à la recherche des « coupures » d'émotion ou de douleur.

3. Le patient souffre à la fois d'un exagérateur d'émotion et d'une « coupure » de la douleur : il pleure pour un oui ou pour un non et se contorsionne dès que vous lui demandez de contacter une douleur. Bref, il ressent l'émotion mais pas la douleur.

4. Il existe, quelque part, une émotion douloureuse qui n'a pas été libérée mais qui est prête à être déchargée. Ou,

inversement, vous avez essayé, sans succès, de décharger un engramme récent d'émotion douloureuse ; cela signifie qu'il existe dans la zone prénatale une « coupure » des sentiments.

5. Vous avez enfreint le code de l'auditeur. Faites appel à un autre auditeur ou réduisez les moments où le code a été enfreint.

6. Il y a dans la vie actuelle du préclair quelque chose qui le bouleverse. Questionnez-le en détail et, si possible, réduisez la charge en lui faisant parcourir l'incident qui l'a bouleversé comme s'il s'agissait d'un engramme.

7. L'auditeur a mal assimilé certaines données importantes de ce livre. Qu'il les réétudie.

Que faire si un préclair
« refuse » d'aller mieux ?

Cela fait pas mal de temps que circule l'idée erronée selon laquelle les gens désirent à tout prix garder leurs névroses. Chaque fois qu'un patient « résiste », vous pouvez être sûr que ce sont ses engrammes qui résistent et non pas le patient lui-même. Aussi, ne vous en prenez pas au patient ; attaquez plutôt ses engrammes.

De nombreux « raisonnements » réactifs sont responsables de cette rébellion apparente du préclair. Le plus courant est sans doute la computation de l'allié, qui provient d'engrammes dans lesquels des alliés semblaient laisser entendre que le patient ne devait pas se débarrasser de quoi que ce soit. Par exemple, il arrive fréquemment qu'un proche ou un ami de la mère lui demande de ne pas avorter. L'allié supplie la mère : « Ne t'en débarrasse pas ! » Le préclair sait que cette personne est un ami de tout premier ordre. Il se méprend sur ses paroles et croit qu'il ne doit pas se débarrasser de ses engrammes.

Il existe un autre type de « raisonnement » réactif. Le préclair se dit qu'il deviendra stupide ou qu'il perdra l'esprit s'il n'a plus d'engrammes. Cela peut provenir, par exemple, d'un engramme où la mère dit : « Si je le perds, je perdrai l'esprit », le pronom « le » désignant en réalité l'enfant. Il peut exister toute une chaîne d'engrammes plus ou moins similaires, si bien que le préclair est persuadé que la perte du moindre engramme lui fera perdre l'esprit. Voilà la raison principale pour laquelle certaines philosophies du passé ont cru que le mental se composait, non pas de la personnalité innée de l'individu, mais d'un ensemble de névroses. Les engrammes (encore qu'elles ignoraient leur existence) leur apparaissaient comme un bien précieux. Ils sont tout sauf précieux.

Il existe un autre type de « raisonnement » réactif : le préclair croit que sa vie dépend de ce qu'un fait demeure secret. Cela arrive fréquemment quand la mère a eu un amant. La mère et l'amant lui ont intimé (durant l'engramme) de garder le secret. Le préclair obéit à l'injonction engrammique et croit qu'il a tout à perdre s'il révèle le secret, alors que ceux qui lui ont injecté l'injonction engrammique n'étaient même pas conscients de sa présence ou, à supposer qu'ils l'aient été, ne pouvaient pas savoir qu'il « écoutait ». Il existe un autre « raisonnement » réactif demandant le secret absolu et qui vient d'un engramme où la mère redoutait de dire au père qu'elle était enceinte. Si la mère est un allié, le patient s'accrochera comme un beau diable à cet engramme.

Tous les patients sont sous l'emprise d'un ou de plusieurs « raisonnements » réactifs leur interdisant de révéler le contenu des engrammes. Certains sont carrément sous l'emprise de tous les « raisonnements » mentionnés ci-dessus et de quelques autres. L'auditeur n'a aucun souci à se faire : au moyen de la technique répétitive, il parviendra à forcer l'entrée de la banque des engrammes.

LES DROGUES

Les prétendus hypnotiques ne sont pas d'une grande utilité en Dianétique, sauf en de rares occasions où nous avons affaire à un patient psychotique avec lequel nous sommes obligés tout d'abord d'employer la narco-analyse. Par hypnotiques, nous entendons des préparations comme le phénobarbital[7], la scopolamine[8], l'opium, etc. Ces drogues ne doivent pas être utilisées, sauf en tant que sédatifs et à condition qu'un médecin les ait prescrites. Tout patient qui *a besoin* d'un sédatif n'a qu'à consulter son médecin traitant à qui il revient de les prescrire. Bref, l'auditeur ne doit pas faire joujou avec les hypnotiques et les sédatifs. Certains préclairs supplieront qu'on leur donne des sédatifs pour « faciliter la thérapie ». Mais ces drogues ont le même effet que

7. **Phénobarbital** : barbiturique, sédatif et hypnotique.
8. **Scopolamine** : sédatif et hypnotique utilisé pour apaiser la douleur.

les anesthésiques et « coupent » les somatiques, empêchant tout résultat avec la thérapie. De plus, seuls les fous devraient être traités en transe amnésique, surtout si elle est due aux drogues, car cela rend le travail plus long que nécessaire et fait que les résultats tardent à venir, comme je l'ai expliqué ailleurs. La Dianétique réveille les gens. Elle n'essaye pas de les droguer ou de les hypnotiser. Aussi, les hypnotiques sont fuis comme la peste par l'auditeur.

Il ne faut surtout pas céder au patient qui demande à être hypnotisé ou à être endormi à coups de barre de fer, même s'il vient avec sa barre de fer !

Car le truc consiste à mettre le « je » en contact avec l'archiviste. Les hypnotiques endorment le « je ». Il est possible d'atteindre l'archiviste et de déclencher le sonique et le visio au moyen d'hypnotiques et il est même possible, après un travail fastidieux et épuisant, de mener le patient jusqu'à l'état de Clair. Cependant, il est de loin préférable de mettre le « je » en contact avec l'analyseur, même quand on a affaire à un cas « désespéré », car on progresse beaucoup plus vite, on obtient de meilleurs résultats et on s'évite bien des ennuis.

Lorsqu'on est à la recherche d'une science du mental, on découvre inévitablement de nombreux faits relatifs à d'autres domaines. C'est ainsi que j'ai découvert la confusion qui existe à propos des hypnotiques. Certains hypnotiques qualifiés comme tels ne sont absolument pas des hypnotiques, mais des anesthésiques. Et certains anesthésiques ne sont pas des anesthésiques, mais des hypnotiques. L'auditeur pourra constater cela par lui-même le jour où il tombera pour la première fois sur un engramme d'« anesthésie » au protoxyde d'azote. Peut-être aura-t-il rencontré au préalable un engramme où l'on avait administré de la morphine au patient pendant plusieurs jours, voire plusieurs semaines d'affilée, ce qui l'avait plongé dans un état de stupeur qui aurait dû, logiquement, correspondre à un sommeil hypnotique. Bien entendu, l'auditeur aura trouvé dans cet engramme bon nombre de choses ayant engendré des aberrations. Mais il constatera que cet engramme de morphine n'est rien comparé à l'engramme d'« anesthésie » au protoxyde d'azote.

L'éther, le chloroforme et le protoxyde d'azote sont des « anesthésiques » qui plongent le patient dans un profond sommeil hypnotique : les portes du mental réactif sont grand ouvertes et tout est perçu et enregistré avec netteté et clarté. C'est ce genre d'engramme qui provoque les aberrations les plus catastrophiques. Des trois, le protoxyde d'azote est de loin le plus nocif, car il n'est absolument pas un anesthésique qui atténue la douleur, mais un hypnotique de tout premier ordre. Quand le patient est sous l'effet d'une dose de protoxyde d'azote, le mental réactif enregistre et classe les perceptiques (douleur, etc.) avec une grande fidélité. Il y a quelques années, un chercheur a essayé de déterminer si le protoxyde d'azote ne causait pas une dégénérescence du cerveau. Par bonheur, le cerveau est un organe résistant, ce qui n'empêche que le protoxyde d'azote est responsable d'engrammes extrêmement graves. Parmi les engrammes récents que l'auditeur découvrira chez son patient, les plus graves seront ceux où l'on a injecté du protoxyde d'azote au patient dans le cadre d'une opération chirurgicale ou d'une extraction de dents, voire d'un accouchement. C'est surtout les incidents récents de chirurgie dentaire qui sont les plus graves : le protoxyde d'azote n'atténue pas la douleur, il l'intensifie ; de plus, les dentistes parlent trop, ils ont leur cabinet dans des rues bruyantes, leurs instruments font du bruit, il y a toujours de l'eau qui coule, etc.

En revanche, le protoxyde d'azote, en tant qu'hypnotique (et non en tant qu'« anesthésique ») est fort utile quand on audite un fou. C'est loin d'être la meilleure préparation chimique possible. Mais nul doute que quelque chimiste brillant mettra au point un jour un gaz hypnotique permettant de traiter les fous.

Il existe des drogues qui facilitent la rêverie. La plus répandue et la plus facile à obtenir, c'est un bon café bien fort. Une ou deux tasses de café permettent parfois à l'analyseur de « reprendre du poil de la bête » et de percer les couches profondes de l' « inconscience ». Nous avons aussi rencontré quelque succès, surtout avec des patients psychotiques, en utilisant des préparations telles que la Benzédrine[9]. La Benzédrine réveille dans une certaine mesure l'analyseur et lui permet de passer outre aux injonctions engrammiques. Mais les préparations telles que la Benzédrine ont le désavantage de brûler dans le mental une certaine quantité Q^{10}.

La quantité Q n'a pas fait l'objet d'une étude approfondie. Il semblerait que le cerveau brûle une certaine quantité Q lorsque les engrammes sont déchargés. Par exemple, des séances quotidiennes de thérapie donneront des résultats plus rapides, mais de temps à autre, elles ne donneront rien du tout. C'est quand la thérapie est administrée à un rythme d'une séance tous les deux ou trois jours

9. **Benzédrine :** (marque déposée) amphétamine.
10. **Q :** symbole qui désigne une forme d'énergie ou une force indéfinies mais observables.

qu'on obtient les meilleurs résultats. (Une séance par semaine est insuffisante car les engrammes ont le temps d'aller à nouveau se dissimuler dans quelque recoin, ce qui freine considérablement la thérapie.) La Benzédrine brûle tant et tant de Q. Après quelques séances, le stock de Q est épuisé et la thérapie ralentit de plus en plus. La solution serait, soit d'augmenter la dose de Benzédrine (mais au-delà d'une certaine dose, la Benzédrine est très nocive), soit d'attendre que le stock de Q se renouvelle.

On mentionnera ici un fait vital, capital. Il faudrait l'inscrire sur une page à part et le souligner trois fois. On doit administrer à tout patient qui suit la thérapie une dose quotidienne de 10 mg minimum de vitamine B_1, soit par voie buccale, soit par injection. La réduction des engrammes épuise le stock de Q. La vitamine B_1 accélère apparemment la production de Q. Si votre patient ne prend pas de la B_1, vous pouvez être sûr qu'il va faire des cauchemars. Pour y remédier, on lui donne des doses généreuses de B_1. Le delirium tremens est probablement dû à cette pénurie de Q. La Dianétique, plus de bonnes doses de B_1, est ce qu'il y a de mieux à l'heure actuelle pour traiter le delirium tremens. Nous avons pu observer un début de delirium tremens chez quelques patients qui ne prenaient jamais de B_1. La B_1 permet au préclair de progresser à toute allure.

L'alcool aide rarement le patient. En fait, l'alcool n'a jamais aidé personne. C'est un sédatif et un poison. Sa seule vertu, c'est d'être fortement taxé. *Tous* les alcooliques sans exception sont devenus alcooliques à cause de leurs engrammes. On peut mener n'importe quel alcoolique jusqu'à l'état de release (à moins que son cerveau ne soit endommagé — je mentionne cette possibilité non pas parce que nous l'avons personnellement observée, mais parce qu'il ne faut négliger aucune éventualité). L'alcoolisme s'est répandu sous l'effet de la contagion de l'aberration : le mental réactif s'est mis peu à peu à associer l'alcool au fait d'« être un homme », de « s'amuser » ou d'« oublier ses ennuis ». On peut aussi « oublier ses ennuis » avec de la strychnine[11] et du cyanure. L'alcool a son utilité : on peut y conserver des grenouilles ou des serpents ; on peut s'en servir pour nettoyer une seringue ; et c'est un excellent carburant. Mais quel être doué de raison se prendrait pour une seringue ou voudrait conserver son estomac dans un bocal ? Certains poivrots ont l'impression de « décoller », mais en général

---

11. **Strychnine** : poison amer et violent utilisé à petites doses comme stimulant.

ils ne vont pas plus loin que le plancher. L'alcool est non seulement un stimulant-sédatif médiocre, mais c'est aussi un hypnotique très efficace. Tout ce qu'on fait à un ivrogne devient un engramme*. L'alcoolique chronique est physiquement et mentalement malade. La Dianétique peut, sans trop de problèmes, le mener jusqu'à l'état de Clair ou de release car il semblerait que le besoin de boire ne soit pas physiologique, mais mental. Quand on voit le nombre de sédatifs et de stimulants qui existent sur le marché, on se demande pourquoi le gouvernement a choisi de légaliser un produit aussi médiocre que l'alcool, capable de produire des aberrations catastrophiques. C'est un problème que je laisserai aux mathématiciens, ou plutôt à ceux qui sont chargés d'établir et de calculer les taxes. L'opium est moins nocif que l'alcool. La marijuana est moins dangereuse pour le corps et permet d'obtenir des résultats avec les patients névrosés. Le phénobarbital n'émousse pas autant les sens que l'alcool et ses effets secondaires sont moindres. Il existe tout un tas de stimulants qui produisent de meilleurs résultats et qui sont moins nocifs pour l'organisme. Mais non, le mental réactif a propagé cette vilaine aberration à travers les âges — depuis ce moment où l'un de nos aïeux se soûla pour la première fois avec quelque breuvage grossier — et il a décrété que l'alcool était la seule solution pour « tout oublier » et « s'éclater ». L'alcool n'a rien de mauvais en soi, si ce n'est qu'il est étroitement lié aux engrammes et que son efficacité est quasi nulle. La seule notoriété à laquelle il puisse prétendre, c'est d'engendrer des engrammes désastreux. La société a un engramme par rapport à l'alcool. La preuve : c'est l'alcool qui a été choisi pour remplir les caisses du fisc. Mais bien que l'alcool soit légal, il n'est d'aucune utilité durant la thérapie.

Et puisque nous parlons de drogues, ce bourdonnement dans les oreilles, cette note de trois mille vibrations/seconde que vous entendez, eh bien, elle provient soit d'un engramme de protoxyde d'azote, soit de ce que votre mère a absorbé de grandes quantités de quinine avant votre naissance dans l'espoir de ne pas être mère, tout en prononçant des phrases telles que : « Qu'est-ce que mes oreilles bourdonnent ! Ça n'arrête pas et on dirait que ça ne s'arrêtera jamais ! »

---

*Non, je ne suis pas à la solde d'une ligue antialcoolique. C'est seulement que j'ai audité et mené jusqu'à l'état de Clair beaucoup trop d'alcooliques. LRH

Les patients qui essaient de
s'auditer tout seuls

La plupart des patients croient qu'ils pourraient s'auditer tout seuls. C'est un phénomène que nous constatons depuis 1930, année où les recherches en Dianétique ont commencé.

Ne comprenant pas que l'auditeur s'intéresse à ce qui a été fait *au* patient, et non pas à ce qui a été fait *par* le patient, certaines personnes en proie à la peur ou à quelque complexe de culpabilité imaginaire affirment qu'elles sont capables de s'auditer toutes seules.

Je serai catégorique : c'est impossible et cela a été scientifiquement démontré. La présence de l'auditeur est une nécessité absolue. Il y a plusieurs raisons à cela. Il n'est pas là pour contrôler le préclair ou lui donner des ordres, mais pour l'écouter, pour l'aider à persister, pour comprendre ce qui l'empêche de progresser et pour y remédier. L'auditeur se sert des équations suivantes durant la thérapie :

- La force des dynamiques du préclair est inférieure à la force de son mental réactif.
- Les dynamiques du préclair plus les dynamiques de l'auditeur sont plus puissantes que la force du mental réactif du préclair.
- Le mental analytique du préclair disjoncte chaque fois qu'il contacte un engramme ; sans l'aide de l'auditeur, il serait incapable de parcourir l'engramme et de le raconter jusqu'à ce qu'il se décharge.
- Quand le mental analytique du préclair est associé au mental analytique de l'auditeur, il est en mesure de localiser les engrammes et de les raconter.

(Il existe une autre équation qui n'est mentionnée nulle part, qui est étroitement liée au code de l'auditeur et qui démontre mathématiquement la nécessité de ce code :

- La force du mental réactif du préclair plus la force du mental analytique de l'auditeur sont supérieures à la force du mental analytique et des dynamiques du préclair.

Voilà pourquoi il ne faut jamais s'emporter contre le préclair, voilà pourquoi l'aberré se comporte comme il le fait quand il est soumis à une attaque dans la vie de tous les jours, voilà pourquoi il se met en colère ou sombre dans l'apathie : son analyseur est étouffé.)

Ces équations démontrent des lois naturelles.

Le préclair qui essaye de s'auditer tout seul tente de s'attaquer à quelque chose dont son analyseur n'a jamais réussi à venir à bout en dépit d'efforts incessants. C'est parce que l'analyseur disjoncte chaque fois qu'il se retrouve dans une zone d'« inconscience » que les engrammes, restimulés, sont en mesure de prendre la relève et de le manipuler comme une vulgaire marionnette : lorsque les engrammes sont restimulés, ils « éteignent » l'analyseur.

Bien des patients ont essayé de s'administrer tout seuls la thérapie de Dianétique. Aucun n'a réussi. On peut donc en conclure que c'est complètement impossible. Le préclair qui se met tout seul en rêverie pourra sans doute contacter quelques locks et quelques expériences agréables et « revivre » certains événements par le truchement du retour. Mais il lui sera impossible d'attaquer ses engrammes s'il ne travaille pas en équipe avec un auditeur.

Certains préclairs ont même été assez bêtes pour essayer d'atteindre leurs engrammes au moyen de l'autohypnose. Rien en Dianétique ne justifie l'emploi de l'hypnotisme. L'autohypnose relève du masochisme et ne donne aucun résultat. Le patient qui s'autohypnotise et qui se met en état de régression pour essayer d'atteindre une maladie, la naissance ou des engrammes prénatals ne réussira qu'à se rendre malade. Oh ! Bien sûr, il y aura des gens qui essaieront de s'auditer seuls. Ils ne seront pas convaincus tant qu'ils n'auront pas essayé. Mais ils ont intérêt à avoir sous la main un exemplaire de ce livre ainsi qu'un ami ; de la sorte, celui-ci pourra réduire les maux de tête et autres somatiques qui feront brusquement leur apparition.

La rêverie de Dianétique n'est jamais dangereuse pour le préclair s'il a un auditeur à proximité. L'autorêverie est souvent très désagréable et parfaitement stérile. Il ne faut pas s'y adonner.

Il n'y a que le Clair qui soit capable de retourner tout seul jusqu'à n'importe quel endroit de sa piste de temps, y compris la conception, il le fait quand il a besoin d'une donnée particulière. Mais il est Clair.

Les modifications organico-mentales

Il peut arriver au système nerveux, cerveau y compris, différentes choses susceptibles de modifier la structure du corps. En Dianétique, nous les appelons « modifications organico-mentales ». Nous ne les appelons pas « névroses organiques » ou « psychoses organiques » étant donné qu'une modification de l'organisme n'engendre pas forcément des aberrations. On a confondu jusqu'ici le comportement causé par des modifications de l'organisme et le comportement causé par les engrammes. C'est parce que le mental réactif n'avait pas encore été découvert.

Tout être humain qui a subi des modifications organico-mentales a des engrammes. Le comportement engendré par les engrammes et le comportement engendré par une modification de la structure de l'organisme sont deux choses différentes. Les engrammes provoquent des dramatisations, des colères violentes, des hallucinations et diverses déficiences. Les modifications de la structure provoquent d'autres phénomènes : inaptitude à se rappeler, à penser, à percevoir ou à enregistrer. À titre de compa-raison, disons que de nouveaux filtres et de nouveaux circuits sont ajoutés à un poste de radio et que celui-ci cesse de fonctionner de façon optimale. Eh bien, ces nouveaux filtres et ces nouveaux circuits, ce seraient les engrammes. Maintenant admettons qu'on retire certains circuits de ce poste de radio ou que ce poste a un défaut de fabrication. Eh bien, il s'agirait d'une « modification organico-mentale ».

Les « modifications organico-mentales » ont plusieurs causes :

1. Le corps ne se développe pas selon le schéma génétique en raison d'une modification de certains gènes. Résultat : certaines parties du corps connaissent un développement excessif ou insuffisant et irrémédiable. D'ordinaire, ces modifications sautent aux yeux. Le faible d'esprit doit son état soit à des engrammes, soit à une modification du schéma génétique ; en général il doit son état aux deux.

2. Modification de la structure du système nerveux par suite d'une maladie ou en raison d'une excroissance. Cette caté-gorie se divise en deux sous-catégories :

   a. Destruction pathologique ; exemple : la parésie.

   b. Formation d'éléments nouveaux ; exemple : les tumeurs.

3. Modification de la structure du système nerveux par suite d'absorption de drogues ou de poisons.

4. Modification de l'organisme par suite d'un dérangement physique ; exemple : l'apoplexie, qui détruit certains tissus ou interrompt leur développement.

5. Modification de la structure par suite d'une blessure. Exemple : une blessure à la tête.

6. Modification de la structure de l'organisme par suite d'une opération chirurgicale effectuée pour guérir une blessure ou une maladie.

7. Modification iatrogène du cerveau (causée par un docteur). Ce type de modification vient de ce que certains médecins ne comprennent pas la fonction du cerveau. Cette catégorie se divise en deux sous-catégories :

   a. Modifications d'origine chirurgicale : leucotomie transorbitale, lobotomie préfrontale, topectomie, etc.

   b. Emploi de « thérapies » de choc : électrochocs, chocs à l'insuline, etc., etc., etc., etc., etc., etc., etc., etc.

Les six premières causes de modifications organico-mentales sont beaucoup moins répandues qu'on ne le croit. Le corps est un mécanisme extrêmement résistant dont les facultés de réparation sont énormes. On peut auditer un individu entrant dans l'une des six premières catégories. S'il est capable de parler ou d'exécuter des ordres, il sera sans doute possible de réduire ses engrammes, ce qui aura pour effet d'améliorer considérablement son état physique et mental. Mais s'il est gravement atteint, au point qu'il est à la fois impossible et inutile de lui administrer la thérapie (autrement dit, sa banque d'engrammes est inaccessible), même en faisant appel à l'hypnotisme ou aux drogues, on peut considérer son cas comme désespéré du point de vue de la Dianétique.

La catégorie 7, quant à elle, présente un autre problème. Nous entrons ici dans un domaine à part : celui des cobayes humains. Il faudrait se livrer à une étude de plusieurs mois sur tout patient qui a servi de cobaye afin de déterminer avec précision combien d'opérations différentes il a subies et combien de chocs en tous genres il a reçus.

On pourrait classer toutes les modifications iatrogènes du système nerveux dans une catégorie intitulée « réduction des facultés ». Chacune des opérations ou « thérapies » de la catégorie 7 réduit ou détruit l'aptitude de l'individu à percevoir, à se rappeler, à enregistrer ou à penser. Lorsqu'un patient a reçu ce genre de « traitement », il est très difficile de lui administrer la thérapie de Dianétique, mais il arrive qu'elle donne des résultats.

Si le patient a reçu des électrochocs, certains de ses tissus nerveux auront sans doute été détruits, ses banques mnémoniques et sa piste de temps seront sens dessus dessous et d'autres conditions peu réjouissantes seront sans doute présentes.

La Dianétique ne garantit jamais le moindre résultat à un patient souffrant de dérangements iatrogènes. **Mais l'auditeur doit toujours faire tout son possible pour améliorer son état, surtout s'il a reçu des électrochocs.**

Tout incident d'électrochocs et de chirurgie doit être considéré et traité comme un engramme, car c'est un engramme.

Si une personne est capable d'accomplir des tâches ordinaires ou s'il est possible d'obtenir et de fixer son attention, son cas n'est pas désespéré et elle doit reprendre espoir.

Il est possible qu'un individu ayant reçu ce genre de « traitement » ne recouvre jamais des facultés mentales optimales, mais il pourra sans doute atteindre un niveau d'intelligence supérieur à la normale. Il n'y a qu'une chose à faire : essayer. Car malgré ce qu'on a pu faire au patient, toute chance de rétablissement n'est pas perdue*.

LES DÉRANGEMENTS ORGANIQUES

Il existe un engramme prénatal qu'on rencontre fréquemment : les parents, après s'être livrés à un certain nombre de tentatives d'avortement, craignent à présent que l'enfant ne naisse anormal et veulent « avorter pour de bon ». Ce type d'engramme contient une charge émotionnelle énorme et, surtout, persuade l'individu qu'il « est mal fichu », « pas normal », « faible d'esprit », etc. Les

---

* *Les tentatives d'avortement ont parfois de curieux effets sur le cerveau. Ces effets entrent dans la catégorie des blessures. Avec la thérapie, le patient récupère généralement son sonique pour la plupart des incidents. S'il n'arrive pas à rééprouver certains perceptiques, vous pourrez quand même réduire ou effacer ses engrammes. Ce genre de patient peut, lui aussi, atteindre un niveau d'intelligence élevé. LRH*

gens sous-estiment généralement les difficultés qu'il y a à avorter et, en conséquence, ont recours à des méthodes aussi inédites qu'étranges. Lorsque leur tentative échoue, ils sont pris d'une angoisse terrible et se demandent s'ils n'ont pas irrémédiablement blessé l'enfant. Résultat : ces engrammes, en raison de leur contenu, causent des aberrations désastreuses et sont extrêmement difficiles à contacter.

Les remarques engrammiques comme quoi « l'enfant risque de naître anormal » sont évidemment catastrophiques. Et les remarques comme quoi l'enfant pourrait naître aveugle, sourd, etc., sont très courantes et tout aussi catastrophiques. Dans le premier cas, l'enfant peut effectivement naître anormal. Et dans le deuxième cas, l'enfant souffrira, dans le meilleur des cas, d'une déficience du visio et du sonique.

L'absence de sonique, de visio, etc., bref, le non-fonctionnement des différents types de rappels est dû également à la croyance populaire (issue des engrammes) selon laquelle l'enfant à naître est aveugle, insensible et « pas encore vivant ». Les gens qui se rendent coupables de tentatives d'avortement se servent de cette croyance pour justifier leur acte, et l'on trouve souvent dans les engrammes de tentative d'avortement des remarques du genre : « De toute façon, il ne peut pas voir, entendre ou sentir quoi que ce soit. » Ou encore : « Il ne sait pas ce qui se passe. Il est aveugle, sourd et muet. C'est une espèce d'excroissance. Il n'est pas humain. »

Le non-fonctionnement du visio et du sonique provient généralement d'engrammes contenant ce genre de remarques. Il provient aussi d'engrammes d'émotion douloureuse ou d'autres types d'engrammes. Il faudra parfois des centaines d'heures de thérapie pour que le visio et le sonique se remettent à fonctionner normalement.

Ils se remettront à fonctionner tôt ou tard. Des milliers de remarques engrammiques et de charges émotionnelles peuvent empêcher le préclair d'avoir un rappel visuel, auditif, etc. Mais il finira généralement par récupérer cette aptitude.

Chez un patient dont la dynamique est basse (la dynamique innée de chaque individu varie ; elle est plus ou moins forte), le rappel peut « s'éteindre » assez facilement. Si le patient a une dynamique élevée, il faudra lui infliger énormément d'aberrations pour « éteindre » son rappel. L'auditeur n'a qu'une chose à faire pour que le rappel du préclair se remette à fonctionner : réduire ou effacer les engrammes de douleur physique et d'émotion douloureuse.

Je mentionnerai en passant que les tentatives d'avortement peuvent parfois tellement endommager le cerveau et le système nerveux du fœtus que celui-ci n'arrive pas à réparer les dégâts. C'est rare, mais ça arrive. Il en résulte des dérangements physiologiques.

Par conséquent, les enfants et les adultes « anormaux » ou « retardés » entrent dans deux catégories : 1) les individus dont les « tares » sont d'ordre physiologique et 2) les individus dont les « tares » sont d'origine engrammique. L'absence de rappel entre aussi dans deux catégories, indépendamment de l'intelligence et de la dynamique de l'individu : 1) absence de rappel due à une malformation du cerveau occasionnée par une tentative d'avortement et 2) absence de rappel due à des injonctions engrammiques et à des charges émotionnelles.

L'aptitude du fœtus à réparer les dégâts qu'il subit est phénoménale. En général, il parvient à réparer à la perfection toute blessure au cerveau, quel que soit le nombre de substances étrangères qu'on a pu y introduire. Ce n'est pas parce que le cerveau a été endommagé au cours d'une tentative d'avortement qu'il faut obligatoirement y voir la cause de l'absence de rappel. En effet, l'absence de rappel est, dans la plupart des cas, occasionnée par des injonctions engrammiques et de l'émotion douloureuse.

Je suis parfaitement conscient que parmi ceux qui sont en train de lire ce livre, il y en a un grand nombre dont le rappel est « éteint ». Peut-être ont-ils été bouleversés de l'apprendre. Mais rappelez-vous ceci : *pour atteindre un état proche de l'état de release, le visio et le sonique ne sont pas indispensables.* Il ne faudrait pas conclure, à la lecture de cette dissertation sur les dérangements organiques et leurs effets sur le rappel, qu'il est impossible d'atteindre un état où l'on sera plus capable et plus heureux. La chose est parfaitement faisable, quel que soit l'état du rappel de l'individu. Et souvenez-vous également de ceci : le rappel finit toujours par revenir, même si cela doit prendre cinq cents heures ou plus. Si j'ai parlé brièvement des effets qu'un dérangement organique peut avoir sur le rappel, c'est parce qu'il arrive en de rares occasions que l'auditeur ait un patient qui entre dans cette catégorie.

Les « tests » et les « expériences » de vivisection effectués sur le cerveau humain dans les établissements psychiatriques n'ont malheureusement aucune valeur et aucune raison d'être, surtout lorsqu'on voit la souffrance, les dérangements et la destruction qui en résultent. Les gens qui se livrent à ces « expériences » ignorent la cause et la nature des aberrations et des dérangements mentaux. Ces « expériences » ne montrent rien, si ce n'est qu'on peut découper le cerveau de plusieurs façons sans tuer tout à fait le patient. Les données que recueille le psychiatre en observant et en interrogeant le patient après l'opération n'ont aucune valeur, car le patient est sous l'emprise d'un dérangement engrammique *et* du dérangement organique que lui a infligé le psychiatre et il est impossible de faire la distinction entre les deux, si ce n'est par l'emploi de la Dianétique. Donc, toutes les conclusions tirées à partir de ces données sont fausses, car la réaction du patient après l'opération peut avoir été causée par un certain nombre de facteurs : par des engrammes ; par l'engramme de l'opération elle-même ; par des dérangements organiques dus à une tentative d'avortement ; par un mauvais fonctionnement du cerveau résultant de l'opération ; etc. Par conséquent, il faut absolument éviter de tirer des conclusions hâtives comme quoi, par exemple, la détérioration des facultés intellectuelles est uniquement due à une ablation d'une partie du cerveau, ou comme quoi le rappel ne « s'éteint » que lorsque le cerveau a été soumis à une vivisection, et ainsi de suite. D'un point de vue purement scientifique, les « découvertes » issues de ces « expériences » ne démontrent rien, si ce n'est qu'on peut endommager le cerveau d'un homme sans le tuer complètement et si ce n'est qu'une opération chirurgicale, quelle qu'elle soit, provoque un changement dans l'état mental du patient. C'est vrai, j'oubliais, elles démontrent sans doute que l'ablation de telle ou telle partie du tableau de commandes appelé cerveau provoque l'arrêt de telle ou telle fonction physique ou mentale.

LES PREMIERS SECOURS DE DIANÉTIQUE

Voici un fait qui intéressera tout particulièrement le personnel hospitalier et les personnes qui travaillent dans le service des urgences : en supprimant l'engramme reçu par le patient au moment où il a été blessé, on peut énormément faciliter sa guérison et accélérer son rétablissement.

Il arrive parfois qu'une personne victime d'un accident meure au bout de quelques jours en raison du choc qu'elle a reçu ou qu'elle mette très longtemps à se rétablir. Toute blessure (brûlure, coupure, contusion) s'accompagne d'un traumatisme prolongé dans la région touchée. Un engramme a été reçu au moment de la blessure. Cet engramme empêche le traumatisme de se dissiper. La douleur présente dans la région blessée est un restimulateur organique. Elle fait obstacle au rétablissement du patient.

Le docteur, l'infirmière ou le parent devront auditer le patient dès que possible après l'accident. Mettez le patient en rêverie ou demandez-lui simplement de fermer les yeux. Puis dites-lui de retourner jusqu'au moment où il a reçu la blessure. Une fois qu'il a contacté l'engramme, déchargez-le. Lorsque vous aurez réduit l'engramme, le ton général du patient s'élèvera. En outre, il n'y aura plus rien pour empêcher la région blessée de guérir.

Nous nous sommes livrés à un certain nombre d'expériences dans ce domaine. Il en est ressorti que les brûlures guérissaient et disparaissaient en quelques heures lorsqu'on supprimait l'engramme qu'elles avaient occasionné. Quant aux blessures plus graves, la réduction de l'engramme avait pour effet de très nettement accélérer leur guérison.

Dans le cas d'opérations sous anesthésique, la Dianétique se révèle doublement utile : (1) dans le domaine de la prévention et (2) dans le domaine du rétablissement. Pour ce qui est de la prévention, ne prononcez pas la moindre parole lorsque vous êtes en présence ou à proximité du patient « inconscient » ou « à moitié conscient ». Pour ce qui est du rétablissement, contactez et réduisez l'engramme de l'opération dès que le patient a repris conscience.

UN PROBLÈME DE THÉRAPIE MUTUELLE

R. et sa femme, C., s'auditèrent mutuellement et atteignirent l'état de Clair en huit mois, à raison de quatre heures par soir (chacun auditant l'autre deux heures) quatre soirs par semaine. Un fait était venu compliquer cet arrangement : alors que R. était impatient d'atteindre l'état de Clair, C. ne manifestait que de l'apathie. R. dut faire preuve de beaucoup de persuasion pour que tous deux commencent la thérapie.

R. avait une dynamique élevée, mais d'énormes charges d'émotion étaient emprisonnées dans son mental réactif. Quant à C., elle était dans un état de profonde apathie et préférait ignorer tous ses problèmes (le fameux mécanisme de la panthère noire).

« *Voici un fait qui intéressera tout particulièrement le personnel hospitalier et les personnes
qui travaillent dans le service des urgences : en
supprimant l'engramme reçu par le patient au
moment où il a été blessé, on peut énormément
faciliter sa guérison et accélérer son rétablissement.* »

R. était tourmenté par un ulcère chronique et éprouvait constamment des angoisses à propos de son travail. C. souffrait de bon nombre d'allergies et manifestait un laisser-aller chronique dans la tenue de la maison. R. et C. n'étaient pas un restimulateur l'un pour l'autre, mais ils s'adonnaient au « consentement tacite », évitant d'aborder les expériences douloureuses qu'ils avaient partagées, comme par exemple la fausse couche de C. ou l'incendie qui avait détruit leur maison quelques années auparavant. Il y avait d'autres problèmes : R. était partagé entre l'enthousiasme et sa tendance à l'introversion, laquelle faisait qu'il bâclait la thérapie de sa femme ; de plus, il profitait de l'apathie de C. pour être préclair beaucoup plus souvent qu'elle, ce qui, bien entendu, n'incitait guère cette dernière à devenir un bon auditeur.

D'autres problèmes encore vinrent compliquer cette thérapie mutuelle : C. ne comprenait pas la raison d'être du code de l'auditeur et s'était, à plusieurs reprises, laissée aller à la colère et à l'impatience pendant que R. était quelque part sur sa piste de temps, ce qui avait eu pour effet de plonger R. dans une valence de colère.

Leur thérapie se poursuivit de la sorte jusqu'au jour où nous informâmes R. de l'existence du « consentement tacite » avec sa femme et où nous lui conseillâmes de décharger quelques-unes de leurs expériences communes d'émotion douloureuse. R. fit alors parcourir à C. l'engramme de l'incendie. Brusquement, C. fut capable de contacter de vieux engrammes de compassion qui, jusque-là, étaient restés profondément enfouis. Elle découvrit que ses allergies venaient d'une computation de l'allié concernant son père et que R. était le « père » (le pseudo-allié). L'état mental et physique de C. s'améliora considérablement. Ses allergies la firent moins souffrir et une douleur coronaire chronique disparut (cette douleur la tourmentait depuis si longtemps qu'elle n'y faisait même plus attention !). Cela l'incita à devenir un bon auditeur et elle se mit à étudier la Dianétique d'arrache-pied. Quand R. lui demanda à nouveau d'être préclair plus longtemps qu'elle, elle en conçut une légère irritation. (Ce regain d'intérêt pour la thérapie est observable chez tous les patients qui, au départ, n'éprouvent qu'une indifférence apathique pour leurs engrammes.)

Cependant R. stagnait, car il avait été affecté par les accès de colère de sa femme et avait, pour ainsi dire, pris en main ses propres séances de thérapie, décidant *lui-même* des engrammes à parcourir et à ne pas parcourir. Cette « autothérapie » ne donna évidemment aucun résultat : si l'on connaissait la nature de ses aberrations et le contenu de ses engrammes, ces derniers n'auraient aucun effet sur soi et ne seraient pas des engrammes. R., donc, prétextant que C. s'était moquée de lui, refusa de manifester la moindre émotion et de suivre les instructions qu'elle lui donnait. Bref, il se mit à dramatiser les engrammes qu'elle lui avait donnés durant les séances précédentes chaque fois qu'elle s'était emportée contré lui. Nous conseillâmes à C. de faire parcourir à R. les moments de la thérapie où elle s'était mise en colère. Lorsqu'elle les eut réduits, R. se remit à progresser et se montra à nouveau coopératif.

Son ulcère provenait d'une tentative d'avortement. Son père, un individu extrêmement aberré, avait essayé de faire avorter la mère alors qu'elle était enceinte de sept mois. La mère avait protesté en faisant valoir que le bébé risquait de sortir vivant. Le père avait rétorqué que dans ce cas, il le tuerait immédiatement. Pendant qu'il essayait d'extraire l'enfant, il répétait sans cesse à la mère de ne pas bouger. Une autre fois, il avait menacé d'enfermer la mère dans un réduit jusqu'à ce qu'elle se décide à avorter. (En fait, cette histoire était beaucoup plus compliquée que cela : la mère n'avait pas osé dire au père qu'elle était enceinte et elle lui avait caché sa grossesse pendant trois mois. Si bien que le père la croyait enceinte non pas de sept mois, mais de quatre. En conséquence, toute cette période prénatale était un énorme méli-mélo de données contradictoires et de secrets.) Donc, R. avait un *reteneur* puissant dans sa zone prénatale ; il était coincé dans cet engramme, lequel contenait une perforation de l'estomac du bébé (son futur ulcère). Il s'agissait de l'engramme *clé*, en ce sens que des engrammes ultérieurs ayant une somatique et un contenu similaires étaient venus se rassembler autour de cet engramme, le rendant invisible. Voilà l'embrouillamini que C., sans le savoir, avait contacté. Mais les choses étaient devenues plus embrouillées encore quand elle s'était emportée contre son mari. Celui-ci se montrait coopératif à présent, mais sa piste de temps n'était plus qu'une énorme pelote enroulée autour de l'engramme clé, l'engramme qui contenait le reteneur. De plus, ses engrammes prénatals étaient masqués par deux incidents où on lui avait extrait une dent de sagesse après l'avoir endormi au protoxyde d'azote.

C. essaya pendant un temps de contacter ces deux engrammes relativement récents. Ils contenaient d'énormes quantités de conversation entre le dentiste, ses assistantes et la mère, laquelle avait tenu à l'accompagner (ce qui, malheureusement, n'avait pas arrangé la santé mentale de R.).

À force d'être restimulé par des engrammes qu'il ne parvenait pas à atteindre, R. commença à être extrêmement mal à l'aise, mais pas plus mal à l'aise qu'il ne l'avait été par le passé. Si C. avait compris et respecté le code de l'auditeur, R. n'aurait jamais été dans cet état. Pendant plusieurs semaines, il ne fit aucun progrès.

C., quant à elle, avançait très vite en tant que préclair. C'était infiniment restimulant pour R. d'auditer sa femme et son malaise s'accentua. Mais plus il auditait C., plus elle s'améliorait en tant qu'auditeur et plus elle devenait intelligente (après cinq semaines de thérapie, son Q.I. avait augmenté de cinquante points). C. nous demanda comment faire pour sortir R. de l'impasse où il se trouvait et nous lui dîmes qu'elle s'adonnait au « consentement tacite », car bien avant la thérapie, elle s'était maintes fois montrée inutilement indifférente à l'égard de son mari. Elle prit conscience de ce qu'elle lui avait fait, mais elle eut néanmoins beaucoup de mal à reconnaître qu'elle était, pour une bonne part, responsable de sa détresse. Très souvent, elle lui avait adressé certaines paroles désagréables qui, elle le savait, étaient des « boutons » et l'incitaient à faire telle ou telle chose ou à baisser les bras durant une querelle.

Aussitôt C. fit parcourir à R. quelques engrammes récents d'émotion douloureuse, puis à force de réduire tantôt des engrammes anciens de douleur physique ordonnant à R. de « ne rien ressentir », tantôt des engrammes récents dont il ressentait intensément l'émotion mais sans pouvoir la manifester, elle réussit à libérer de la charge émotionnelle. R. se mit à faire des progrès réguliers. Chaque fois que de l'émotion douloureuse récente était déchargée, des engrammes prénatals se présentaient qui étaient aussitôt réduits, ce qui faisait apparaître de nouveaux incidents récents d'émotion douloureuse, lesquels étaient déchargés, et ainsi de suite.

Un jour, R. découvrit brusquement pourquoi C. le mettait si facilement dans tous ses états : c'était à cause d'une infirmière qui avait veillé sur lui lorsqu'il avait été opéré des amygdales à l'âge de cinq ans. Par certains côtés, C. se comportait comme elle. L'incident de l'infirmière était un engramme de compassion. Lorsqu'il eut été déchargé, la piste de temps de R. commença à se déployer et les engrammes de tentative d'avortement devinrent plus faciles à contacter.

Il était ressorti de toutes ces séances que R. avait été à l'extérieur de sa piste de temps durant la plus grande partie de son existence, que sa mémoire était défectueuse et que son rappel fonctionnait très mal. Tout cela était dû à l'engramme clé, à l'engramme caché où le père avait juré de le tuer s'il naissait vivant et où il avait ajouté que, de toute façon, l'enfant ne pouvait rien voir, entendre ou sentir, autant d'injonctions et de phrases engrammiques qui empêchaient R. de se déplacer sur sa piste de temps.

Dès que cet engramme clé fut contacté et effacé (après 280 heures de thérapie), R. revint sur sa piste de temps et fut en mesure de s'y déplacer librement ; et C. put alors effacer ses engrammes avec ordre et méthode.

C. devint Clair deux mois avant que R. ne contacte le dernier engramme. Cependant, les allergies de C. et l'ulcère et les maladies psychosomatiques de R. avaient disparu bien avant qu'ils n'atteignent chacun l'état de Clair.

Un problème de restimulation durant la thérapie

G. atteignit l'état de Clair après dix mois de séances sporadiques. Avant de commencer la thérapie, son auditeur avait établi le diagnostic suivant : pas de visio, pas de sonique, « coupure » de la douleur et de l'émotion, léger état d'hypnose permanent, « régression » permanente à l'âge de trois ans. Si bien que G., dès qu'il fut mis en rêverie, eut la surprise de se retrouver dans le fauteuil du dentiste à l'âge de trois ans, en train de se faire extraire une dent. Sans le savoir, il était resté coincé dans cet engramme la moitié de son existence. Cet engramme était en partie responsable de ses caries dentaires et de ses insomnies (lesquelles étaient pour lui une façon de protester contre l'anesthésie). Cela fut confirmé par le fait que G. se mit immédiatement à se débattre et à zézayer. L'auditeur y remédia aussitôt en réduisant l'engramme, ce qui permit à G. de revenir dans le temps présent.

Il éprouvait des difficultés considérables dans l'existence. Sa dynamique était élevée, mais son ton chronique était l'apathie. Après 75 heures de thérapie, G. atteignit l'état de release : l'auditeur découvrit que sa femme, ambivalente, était tantôt sa « grand-mère », tantôt sa « mère ». Du fait que ses engrammes de compassion lui demandaient de tomber malade pour que sa grand-mère reste auprès de lui et du fait que ses engrammes anti-survie lui disaient que sa mère n'était gentille que lorsqu'il était malade, son mental réactif était parvenu à la conclusion qu'il lui fallait être continuellement malade. Et cela faisait vingt-trois ans que son corps exécutait scrupuleusement cet ordre. Une simple réduction de ces engrammes permit, bien entendu, de remédier à cet état de chose.

L'effacement commença au bout de deux cents heures environ de thérapie et se poursuivit pendant quelque temps quand, brusquement, G. cessa complètement de progresser. En quelque cinquante heures, l'auditeur ne put localiser que peu d'engrammes, dont la plupart refusèrent de se réduire. L'auditeur réussit cependant à réduire quelques rares engrammes en faisant appel à des techniques plus « rudes » qui demandent énormément d'habileté et que nous utilisons uniquement avec les patients psychotiques. Au début de la thérapie, l'auditeur n'avait pourtant rencontré aucune difficulté. De toute évidence, quelque chose clochait.

L'auditeur interrogea longuement le patient et finit par découvrir que la femme de G. s'opposait violemment à la Dianétique et qu'elle ne manquait jamais une occasion de la démolir avec virulence, surtout lorsque G. et elle étaient en présence d'amis. Elle se moquait de lui et le traitait de fou. Elle voulait le divorce et cherchait un avocat (elle annonça cela à G. après qu'il eut commencé la thérapie, mais en fait, cela faisait deux ans qu'elle consultait un avocat à ce sujet). Elle perturbait tellement G. que celui-ci recevait continuellement des engrammes d'émotion douloureuse, même s'il ne manifestait pas la moindre émotion face aux attaques de sa femme.

Ils avaient un petit garçon de neuf ans. G. l'aimait beaucoup. L'enfant avait eu un nombre anormal de maladies infantiles et souffrait de troubles de la vue et d'une sinusite chronique. De plus, il n'arrivait pas à suivre en classe. La mère était dure avec l'enfant. Tout ce qu'il faisait l'énervait.

L'auditeur, en apprenant tout cela, eut alors une entrevue avec la femme de G. et lui parla de son mari. Il découvrit qu'elle n'avait rien contre le fait de recevoir elle-même la thérapie. Peu après cette entrevue, G. et sa femme eurent une brève querelle au cours de laquelle G. lui fit observer qu'elle devait être aberrée. Elle prit cela très mal et rétorqua que c'était lui le fou, puisqu'il s'intéressait à la Dianétique. Il lui répondit que des deux, c'était sans doute lui le moins aberré, étant donné qu'il essayait de faire quelque chose pour s'en sortir. Il ajouta que l'impatience qu'elle manifestait avec l'enfant montrait bien qu'elle était aberrée et qu'elle devait sans aucun doute avoir un blocage dans sa deuxième dynamique, la dynamique du sexe.

Lorsqu'il revint du travail le jour suivant, il découvrit qu'elle avait retiré tout leur argent de la banque et qu'elle était partie pour une autre ville en emmenant l'enfant avec elle. Il la suivit et la trouva chez des parents à elle. Elle leur avait dit qu'il la battait et qu'il était devenu tellement fou qu'il avait été obligé de suivre une thérapie. La vérité était qu'il n'avait jamais levé la main sur elle de toute son existence. Au cours de cette réunion et devant témoins, elle se mit à dénigrer avec véhémence les « systèmes de psychiatrie » qui prétendaient qu'un individu pouvait se souvenir de tout ce qui lui était arrivé avant qu'il n'acquière l'usage de la parole. G. lui fit remarquer que de nombreuses philosophies avaient formulé cette possibilité, que la psychiatrie avait déjà fait allusion aux « souvenirs intra-utérins » sans jamais avoir réussi à expliquer en quoi ils consistaient, et ainsi de suite.

En voyant le calme de G., la famille de sa femme obligea celle-ci à rentrer à la maison avec lui. Sur le chemin du retour, elle eut un geste dramatique et essaya de se suicider en sautant de la voiture, bien que G. ne l'eût en aucune façon menacée.

Dès qu'elle fut rentrée, l'auditeur eut une conversation privée avec elle. Il était finalement arrivé à la conclusion quelque peu tardive qu'il y avait dans la vie de cette femme quelque chose qu'elle craignait que son mari ne découvre et qu'elle avait été bouleversée d'apprendre qu'il existait une science du mental capable de faire recouvrer toute sa mémoire à quelqu'un. Après bien des questions, elle finit par admettre qu'il y avait effectivement quelque chose que son mari ne devait jamais savoir. Elle était tellement perturbée que l'auditeur, avec son consentement, lui donna quelques heures de thérapie. Il découvrit aussitôt que son père avait fréquemment menacé de tuer sa mère et qu'il n'avait pas voulu de l'enfant. Il découvrit aussi que le père se prénommait Q. et que la banque d'engrammes de la patiente était truffée de remarques telles que : « Q., je t'en prie, ne me quitte pas. Sans toi, je mourrai. » Après la séance, elle communiqua spontanément, avec un rire nerveux, un fait qui selon elle n'était pas dépourvu d'humour : toute sa vie, elle avait eu des aventures avec des hommes prénommés Q., de tout âge et de tout acabit. Cette révélation fut très loin de la soulager, mais comme tout le remue-ménage qu'elle avait créé perturbait G. et freinait sa thérapie, l'auditeur entreprit de lui poser d'autres questions. Elle avoua qu'elle s'était livrée à de nombreuses tentatives d'avortement sur son fils car elle avait été paniquée à l'idée qu'il puisse naître avec des cheveux blonds, alors que son mari et elle étaient bruns. De plus, elle savait que les engrammes de l'enfant contenaient des choses beaucoup plus graves que les tentatives d'avortement : pendant qu'elle était enceinte, elle avait trompé son mari et couché avec trois hommes.

L'auditeur lui fit remarquer que ce sentiment de culpabilité, même s'il était parfaitement réel, lui venait de ses engrammes et qu'il ne pensait pas que son mari la tuerait en apprenant la vérité. Il lui dit aussi qu'elle condamnait l'enfant à une existence médiocre et qu'avec toutes les craintes qu'elle exhibait, elle plongeait son mari dans l'apathie et freinait inutilement sa thérapie. En présence de son mari et de l'auditeur, elle avoua son infidélité et fut stupéfaite d'apprendre que son mari était au courant depuis des années. Cependant, il ignorait qu'elle s'était livrée à des tentatives d'avortement sur l'enfant.

L'auditeur lui demanda d'étudier la thérapie de Dianétique et d'auditer l'enfant, ce qu'elle fit avec l'aide de son mari. L'enfant atteignit bientôt l'état de Clair. G. poursuivit sa thérapie et devint Clair à son tour, puis il audita sa femme et la mena elle aussi à l'état de Clair.

QUELQUES CONSEILS À L'AUDITEUR

C'est à cause d'un certain nombre de facteurs bien déterminés que la source des aberrations humaines est restée cachée si long-temps. L'auditeur se heurtera inévitablement à chacun de ces facteurs. Bien qu'il dispose de techniques qui lui permettront de briser la résistance que lui opposera le mental réactif, il se doit de connaître la nature de la bête qu'il va affronter.

Voici les mécanismes dont se sert la banque des engrammes (encore qu'ils ne valent plus grand-chose désormais, puisque nous avons trouvé le défaut de sa cuirasse) :

1. La douleur physique.
2. L'émotion, sous forme d'unités de force vitale captives.
3. L'« inconscience ».
4. Le mécanisme à retardement du key-in.
5. Le retard entre la restimulation et la maladie.
6. Sa démence, complète et totale.

La douleur physique. Nous savons beaucoup de choses sur elle : le mental cherche à éviter les souvenirs de douleur physique (tout comme il cherche, dans la vie, à éviter les sources extérieures de douleur), d'où un blocage de la mémoire.

L'émotion causée par les pertes s'accumule et forme un tampon entre l'individu et la réalité de la mort.

L'« inconscience » est non seulement un mécanisme de dissimulation des données, mais c'est aussi un blocage de la mémoire, laquelle ne peut sauter les vides dus aux moments passés, qui se sont créés chaque fois que les fusibles de l'analyseur ont sauté.

Un engramme peut rester en sommeil pendant la majeure partie de l'existence, puis se manifester brusquement si l'individu est confronté à une série de restimulateurs adéquats à un moment où il est malade ou très las. Ces restimulateurs sont la cause apparente de l'état de démence ou de l'aberration qui s'ensuit, alors que la cause véritable se situe bien des années en arrière : au moment où l'engramme a été reçu.

La banque a un autre mécanisme de protection : le temps qui s'écoule entre la restimulation et le moment où l'engramme se met à agir. Quand un engramme ayant déjà fait l'objet d'un key-in est ensuite restimulé, il s'écoule souvent deux ou trois jours avant que les effets s'en fassent ressentir. (Exemple : Disons que le restimulateur d'une migraine est un martèlement sourd et régulier. Un jour, l'individu qui possède l'engramme entend ce martèlement. Trois jours plus tard, il souffre brusquement d'une migraine.) Avec cet effet à retardement, comment vouliez-vous localiser le restimulateur véritable d'une maladie aiguë et de courte durée ?

L'engramme est synonyme de démence totale. C'est le comble de l'irrationalité. L'équation, selon laquelle tous les éléments d'un engramme sont égaux entre eux et sont égaux à tout élément de l'environnement présentant un minimum de similitude, est tellement absurde qu'aucun homme sensé n'aurait eu l'idée de la considérer comme un « processus de pensée ».

Cela fait des milliers d'années que l'Homme est à la recherche de *LA* source des aberrations. Mais cette source faisait tellement de ravages, occasionnait tellement de destruction, était tellement malfaisante et produisait des phénomènes tellement complexes, que l'Homme en a conclu qu'il devait rechercher quelque chose de compliqué. En réalité, cette source est d'une simplicité enfantine.

L'auditeur n'aura pas besoin d'essayer de déterminer la frontière entre la santé d'esprit et la démence. Ces deux concepts sont relatifs. On lui demandera peut-être de comparer la Dianétique aux vieux textes de référence actuellement utilisés, comme par exemple les classifications complexes de Kraepelin[12]. Pourquoi pas ? Mais ces textes présentent à peu près autant d'intérêt que l'histoire naturelle aristotélicienne : ce sont des curiosités pour historiens.

Si un individu est incapable de s'adapter à son environnement, de s'entendre avec ses semblables, de les commander et de leur obéir, et plus important encore, s'il est incapable d'adapter l'environnement à ses besoins, on peut le considérer comme « fou ». Mais le mot « fou » est relatif. En revanche, la santé d'esprit a, en Dianétique, un sens quasi absolu étant donné que nous savons en quoi consiste le mental optimal. L'éducation et le point de vue entrent en jeu dans toute action rationnelle d'un individu, aussi cette action pourra sembler irrationnelle à un autre individu ; mais il ne s'agit pas d'un problème de santé d'esprit — il s'agit d'un problème d'éducation et de point de vue, ce qui intéresse très peu l'auditeur.

Donc, les patients que rencontre l'auditeur entrent dans trois catégories, en Dianétique : ceux qui n'ont pas de sonique, ceux dont le rappel est imaginaire et ceux dont le sonique fonctionne. Il ne se demande pas s'ils sont sains d'esprit ; il consulte ces trois catégories pour déterminer approximativement la durée de la thérapie ou pour déterminer si le patient sera difficile à auditer.

Cependant, l'auditeur peut tomber sur un patient vraiment « fou », c'est-à-dire un patient « psychotique ». C'est la catégorie dans laquelle entre ce patient « psychotique » qui détermine la méthode à employer. L'auditeur n'a qu'un problème : réduire l'intensité de la charge des engrammes du patient le plus vite possible.

Les mécanismes qui masquent la banque des engrammes ne varient jamais. On les trouve chez chaque patient, chez chaque être humain. Les techniques de Dianétique sont perfectibles (quelle technique scientifique nouvelle ne l'est pas ?), mais elles marchent avec tous les individus sans exception.

Donc, si nous avons affaire à un patient « fou », cela ne change rien au problème fondamental. La thérapie de Dianétique marche

12. **Kraepelin, Emil :** (1865-1926), psychiatre allemand qui a divisé les dérangements mentaux en maintes catégories.

avec tout le monde. Le problème de l'auditeur, sa tâche, c'est de réduire l'intensité de la charge, de façon à ce qu'il puisse administrer la technique standard.

Très souvent, les patients fous sont coincés quelque part sur leur piste de temps. On leur fait alors répéter maints reteneurs, jusqu'à ce qu'ils soient à nouveau capables de se déplacer dans le temps. Si le patient est en état de régression, cela signifie qu'il est tellement coincé dans quelque incident du passé qu'il a perdu tout contact avec le temps présent. Il arrive qu'un patient se mette à *revivre* un incident au lieu d'y retourner. Pour y remédier, l'auditeur lui dit, sans ambages, qu'il peut se souvenir de l'incident. Cela a pour effet de mettre le patient en état de *retour*. Très souvent aussi, les patients fous se contentent d'écouter encore et encore le même engramme ; pour y remédier, il suffit d'obtenir et de fixer leur attention et de leur faire répéter des reteneurs jusqu'à ce qu'ils se déplacent à nouveau sur leur piste de temps. L'auditeur tombera parfois sur des patients fous qui se trouvent complètement à l'extérieur de leur piste de temps et qui obéissent à des démons ou qui ont des hallucinations. Le problème est toujours le même : une fois que vous avez réussi à fixer leur attention, utilisez la technique répétitive soit pour les amener à se déplacer de nouveau sur leur piste de temps, soit pour les remettre sur leur piste de temps. Les schizophrènes sont généralement à mille lieues de leur piste de temps.

La meilleure façon de réduire l'intensité de la charge chez un patient, afin de pouvoir lui administrer ensuite la thérapie standard, c'est de localiser et de décharger des engrammes d'émotion douloureuse. Si vous n'y arrivez pas par des moyens ordinaires, faites appel à un médecin et endormez le patient avec du protoxyde d'azote ou du penthotal. Quand il sera dans un sommeil hypnotique profond, il sera généralement capable de se déplacer sur sa piste de temps, même si, à l'état de veille, il était complètement à l'extérieur de la piste. Trouvez un engramme récent de désespoir et déchargez-le en procédant comme il a été décrit dans le chapitre qui traite de l'émotion. Quand un patient est dans un profond sommeil hypnotique, la technique employée ne varie pas d'un iota, sauf qu'on doit faire très attention à ne pas prononcer de mots susceptibles d'aggraver les aberrations du patient ; l'auditeur doit limiter sa conversation aux paroles inhérentes à la thérapie et surtout ne pas oublier d'installer l'annulateur.

Le patient fou est sous l'emprise d'une injonction engrammique (voire de nombreuses injonctions) dans tout ce qu'il fait. Cette injonction, interprétée de travers par le patient, peut lui dicter des actions étranges, peut lui dicter des démons, peut lui dicter n'importe quoi. Mais pour établir son diagnostic, l'auditeur n'a qu'une chose à faire : observer le patient afin de découvrir, d'après ses actions, le type d'injonction engrammique auquel il obéit.

Dans ce livre, nous n'avons pas du tout abordé la Dianétique pour aliénés, si ce n'est dans les quelques pages que vous êtes en train de lire. Mais l'auditeur qui aura étudié et compris les principes de base exposés dans cet ouvrage pourra, en très peu de temps, faire recouvrer à des patients fous une certaine « santé d'esprit » — le genre de guérison qui fait crier les psychiatres au miracle. Cependant, ces patients seront très loin d'être des *releases*. L'auditeur devra encore auditer ces patients pendant de nombreuses heures et continuer à décharger l'émotion douloureuse et à réduire des engrammes avant de pouvoir, en toute sécurité, mettre un terme à leur thérapie.

L'auditeur devra se montrer extrêmement prudent, au moins pendant les vingt années à venir, s'il tombe sur un patient qui a été interné, car il se trouve peut-être en présence de quelqu'un qui, en plus d'être sous l'emprise d'engrammes, souffre d'une psychose iatrogène (causée par des docteurs). La Dianétique peut apporter quelque soulagement à une personne dont le mental a été détruit à coups de pic à glace ou de vrilles, mais tant qu'un biologiste génial n'aura pas trouvé un système permettant au cerveau de s'auto-régénérer, elle sera incapable de guérir les psychoses iatrogènes. Les patients qui ont reçu des électrochocs doivent être considérés avec suspicion. La thérapie peut ne pas marcher avec eux si leurs tissus cérébraux ont été tellement brûlés que le cerveau a cessé de fonctionner normalement. L'auditeur qui commence la thérapie d'un cas d'électrochocs sera stupéfait par le désordre qui règne dans ses banques standard, pour ne rien dire de l'état des circuits qui sont censés le conduire dans la banque des engrammes. Les patients atteints de syphilis ou d'autres formes de dégénérescence du cerveau entreraient aussi dans cette catégorie. Autrement dit, l'auditeur qui auditerait ce genre de patient doit être conscient que la Dianétique ne pourra peut-être rien pour lui. Des milliers de gens ont subi des « opérations » du cerveau et des centaines de milliers ont reçu des électrochocs. Aussi l'auditeur devra faire preuve de circonspection et décider s'il est utile de se lancer dans une cause qui est peut-être perdue d'avance, alors qu'il existe tant de patients qu'il pourrait vraiment aider. Tout patient qui a été interné doit être considéré avec suspicion. Si l'auditeur constate que les banques standard de son patient sont sens dessus dessous ou qu'il souffre d'une incoordination motrice, il devra l'interroger ; il découvrira peut-être qu'il a été interné. De plus, si on demande à l'auditeur de s'occuper d'un patient qui est sur le point d'être interné, qu'il se méfie, car ce n'est peut-être pas la première fois qu'on l'interne, même si sa famille ou ses amis affirment le contraire.

Si l'auditeur a affaire à un ex-militaire souffrant de psychose traumatique, il devra là aussi se méfier, car il est probable que cet homme a été « traité » avant de quitter l'armée, c'est-à-dire qu'il a peut-être subi des électrochocs, une opération de neurochirurgie ou une narco-analyse, à son insu ou sans son consentement.

Si nous donnons ces conseils de prudence, ce n'est pas parce que la personne physique de l'auditeur sera en danger. (Il est rare que les patients, fous ou sains d'esprit, ne coopèrent pas quand on leur administre la thérapie de Dianétique, même quand ils la décrient.) C'est parce qu'il risque de consacrer des heures et des heures à un patient pour finalement découvrir que toute sa mécanique mentale a subi des dommages irréparables.

Si l'auditeur décide d'auditer un patient ayant reçu des électrochocs, il devra en premier lieu décharger les engrammes d'électrochocs, car ils renferment quantité de paroles inconsidérées qui peuvent faire obstacle à la thérapie. De plus, tout choc électrique, quel que soit l'endroit du corps où il a été reçu, a tendance à mettre la banque des engrammes sens dessus dessous et à la transformer en une grosse pelote où les incidents sont encore plus mélangés que d'habitude.

Il convient aussi de remarquer le fait suivant (et si nous le mentionnons, c'est uniquement pour éviter à l'auditeur de perdre un temps précieux et pour préserver l'efficacité de la thérapie de Dianétique) : il arrive parfois qu'on doive décharger des passages à tabac ou des brutalités policières (dont sont victimes aussi bien le criminel que le simple citoyen), avant de pouvoir poursuivre la thérapie du patient. De plus, les périodes d'emprisonnement peuvent renfermer des charges de désespoir capables de causer des dérangements mentaux. Le patient refuse parfois d'en parler, croyant à tort que l'auditeur s'intéresse à sa « conduite » ou pourrait être déçu par sa « mauvaise conduite ».

L'auditeur trouvera dans la banque des engrammes diverses choses dont il n'aurait jamais soupçonné qu'elles pourraient faire obstacle à la thérapie. L'hypnotisme, par exemple. L'hypnotisme peut causer tout un tas d'aberrations et freiner la thérapie. L'auditeur doit connaître le fonctionnement de l'hypnotisme, non pas pour s'en servir durant la thérapie, mais pour pouvoir décharger les engrammes que l'hypnotisme occasionne. L'hypnotisme est un art qui consiste à implanter des suggestions positives dans la banque des engrammes. Ces suggestions peuvent s'adjoindre à des engrammes dont ils deviennent alors des locks. Comme la plupart des banques d'engrammes contiennent au moins un échantillon de chaque mot du vocabulaire courant, l'hypnotisme va à coup sûr causer des aberrations. Lorsqu'on affaiblit les facultés analytiques d'un individu par des moyens artificiels, il est en situation idéale pour recevoir un engramme. En général, l'hypnotiseur dit au sujet d'oublier les suggestions qu'il lui a implantées (il installe un mécanisme d'oubli) et comme la plupart des gens ont des engrammes contenant un mécanisme d'oubli, il est donc impossible de décharger les suggestions de l'hypnotiseur. On peut considérer les incidents d'hypnotisme comme des locks « surpuissants ». Ils constituent un obstacle de taille durant la thérapie. Lorsque le patient atteint l'état de Clair, ces locks disparaissent, n'étant plus maintenus en place par la douleur renfermée dans les engrammes. Mais il arrive quelquefois que l'auditeur soit obligé de localiser et de décharger ces suggestions hypnotiques pour pouvoir poursuivre la thérapie. L'hypnotisme est très répandu dans notre société, mais il arrive souvent que le patient ne se souvienne pas s'il a ou non été hypnotisé, à cause du mécanisme d'oubli installé par l'hypnotiseur. Vous pourrez localiser tout incident d'hypnose en employant la technique du retour et la technique répétitive. Dites au patient de retourner sur sa piste de temps et de répéter des phrases hypnotiques types, telles que : « Endormez-vous, endormez-vous, endormez-vous. »

L'hypnotisme n'est pas toujours une distraction de salon. Les pervers s'en servent assez fréquemment, en dépit du fait que la nature « morale » est censée remonter à la surface chez un sujet hypnotisé. Nous avons trouvé dans l'enfance de certains patients des incidents où étaient impliquées certaines personnes dont la réputation était soi-disant irréprochable. Ces patients n'avaient, pour la plupart, aucun souvenir de ces incidents, tant les injonctions (les suggestions) qu'ils contenaient étaient effrayantes.

Mélanger la Dianétique et l'hypnotisme, c'est un peu comme si on mélangeait la Dianétique et l'astronomie. Il arrivera à l'auditeur d'avoir un patient qui est chroniquement sous hypnose et il devra faire très attention aux mots qu'il emploie afin que le mental réactif du patient enregistre le moins possible ses paroles, autrement il risque de transformer les séances de Dianétique en séances d'hypnotisme.

L'hypnotisme s'est avéré de quelque utilité durant la recherche, mais sa valeur s'est arrêtée là. On peut aussi s'en servir pour installer temporairement un manique, mais c'est beaucoup plus nocif que bénéfique pour le patient. L'hypno-anesthésie est très surfaite. Et l'hypnotisme de salon est une distraction qu'aucune société ne devrait tolérer, car il peut restimuler les engrammes d'une personne au point de la faire sombrer dans la folie. L'hypnotiseur ignore totalement en quoi consiste la banque des engrammes du sujet. Néanmoins tout bon hypnotiseur qui parviendrait à maîtriser son désir de parler ferait probablement un bon auditeur. Mais s'il essaye de mélanger l'hypnotisme et la Dianétique, il va rendre son patient gravement malade. *N'installez jamais aucune suggestion positive chez un patient, même s'il vous supplie de le faire. L'expérience a montré que c'est quasiment fatal.*

Il est possible d'administrer une thérapie complète à un sujet sous hypnose. On peut réveiller une personne dans un profond sommeil hypnotique en lui parlant doucement plusieurs soirs de suite à la même heure : très souvent, la personne finira par répondre à l'invitation à parler. On peut alors commencer la thérapie de Dianétique et la mener à bien. La thérapie réussira si l'auditeur fait très attention à ne pas restimuler artificiellement des engrammes récents de douleur physique et si les engrammes post-natals qu'il contacte sont des engrammes d'émotion douloureuse. Si la personne sait qu'on lui administre la thérapie, on peut la mettre en rêverie, ce qui permettra de pénétrer dans sa zone prénatale. En effet, le « je » est beaucoup plus puissant que les sages mais néanmoins faibles unités d'attention qui constituent la personnalité fondamentale. À ce moment-là, on auditera la personne, tantôt en la mettant en rêverie, tantôt en la plaçant sous hypnose. Cependant on peut aussi mener la thérapie à bien sans recourir à la rêverie. Une lourde responsabilité pèse sur les épaules de l'auditeur qui emploie l'hypnotisme : il doit installer et employer l'annulateur à chaque séance ; il doit parler le moins possible ; tout ce qu'il demande au préclair doit être formulé sous forme de questions car les questions sont moins susceptibles d'engendrer des aberrations que les demandes expresses. Cette façon d'administrer la thérapie a donné de bons résultats et l'on peut éventuellement y recourir. Mais rien ne vaut la rêverie, même si elle est parfois plus lente et même si le patient n'a pas de sonique. Il y a une excellente raison à cela, une raison évidente : l'état du patient s'améliore beaucoup plus vite et selon une courbe ascendante régulière. En revanche, lorsqu'on emploie l'hypnotisme, le patient est souvent mal en point plusieurs jours de suite, car les incidents effacés pendant qu'il était sous hypnose « s'accrochent » pendant quelque temps lorsqu'il est réveillé. Bref, je déconseille vivement l'emploi du sommeil hypnotique. Nous nous sommes livrés à de nombreuses expériences et il en est ressorti, primo, que le patient en voyait de toutes les couleurs, et deusio, que l'auditeur devait s'épuiser à la tâche. Cependant, si pour une raison ou une autre, (attention : parmi ces raisons ne figurent pas les supplications du préclair qui, pour éviter d'affronter ses engrammes, demande avec insistance à l'auditeur d'être drogué ou hypnotisé ; si l'auditeur cède, il va mettre la banque du préclair sens dessus dessous et ça ne sera pas une partie de plaisir de la démêler), il s'avère impossible d'employer autre chose que le sommeil hypnotique, on peut y recourir, mais en prenant toutes les précautions possibles et en étant parfaitement conscient du fait que la guérison du patient prendra au moins trois fois plus de temps puisque la libération de la charge engrammique s'effectuera au niveau du mental réactif et non pas au niveau de l'analyseur (celui-ci n'étant pas en contact avec la banque des engrammes). Rien ne vaut la rêverie.

Les problèmes extérieurs

Il arrive qu'un patient qui avançait bien cesse brusquement de faire des progrès. Cela vient parfois de facteurs extérieurs. L'environnement du patient est quelquefois si restimulant que celui-ci, en état de perpétuelle restimulation, n'arrive pas à porter son attention sur la thérapie et, en conséquence, progresse lentement. Vous découvrirez peut-être que le conjoint de votre préclair demande le divorce, mais que tous deux ont convenu d'attendre que le préclair atteigne l'état de Clair avant de prendre une décision (c'est arrivé une fois). D'autres situations de l'existence peuvent amener le préclair à penser qu'il vaut mieux pour lui ne pas devenir Clair. L'auditeur n'est pas censé se mêler de la vie privée de ses préclairs. Cependant, si la thérapie est freinée par quelque situation extérieure, l'auditeur, dont le temps est précieux, est tout à fait en droit de connaître la cause du problème. Il découvrira inévitablement que quelque facteur dans l'environnement du préclair fait que celui-ci trouve préférable de ne pas atteindre l'état de Clair. L'auditeur peut, par exemple, conseiller au préclair de partir provisoirement de chez lui : un changement d'environnement est parfois bénéfique pour la thérapie. Quoi qu'il en soit, l'auditeur a parfaitement le droit d'exiger du préclair que celui-ci règle le problème de sa propre initiative. Très souvent, les préclairs n'ont pas conscience qu'ils ont atteint l'état de *release* : ils sont tellement fascinés par l'état de *Clair* qu'ils cessent de se comparer au commun des mortels, qu'ils ont déjà largement dépassé.

Durant la thérapie de Dianétique, on peut s'attendre à ce que le patient devienne très introverti. C'est aux trois quarts de la thérapie, environ, que cette introversion atteindra son point culminant, après quoi elle diminuera progressivement. L'une des caractéristiques notables du *Clair* est l'ambiversion[13]. Si le préclair commence à s'intéresser au monde extérieur après une période de forte introversion, c'est le signe qu'il progresse bien.

La plupart des préclairs parlent beaucoup de leurs engrammes. Si un patient ne parle pas de ses engrammes (ou s'il refuse d'en parler) dans les conversations « hors thérapie » qu'il a avec l'auditeur, c'est qu'il existe sans doute dans la banque des engrammes quelque secret bien protégé que le préclair est censé garder pour lui. Bien que ces conversations soient parfois lassantes, elles permettront à l'auditeur de recueillir de nouvelles informations : il lui suffira d'écouter les paroles qu'emploie le préclair pour parler de ses engrammes.

Il ne fait aucun doute que les aberrations proviennent de ce qui a été fait *au* préclair et non pas de ce qui a été fait *par* le préclair. Les actes du préclair quand il dramatise, quand il commet un crime, etc., ne peuvent pas l'aberrer. Aussi l'auditeur ne s'intéresse absolument pas à ce que le préclair fait ou a fait. Nous avons mené

---

13. **Ambiversion** : trait de personnalité qui se traduit par l'aptitude à être sciemment introverti ou extraverti.

bon nombre de préclairs jusqu'à l'état de Clair sans jamais connaître leur profession. Notre société aberrée demande à l'individu d'assumer la responsabilité de ses actes. Seulement voilà, tout acte antisocial d'une personne lui est dicté par ses engrammes. Le patient n'est pas responsable de ce qu'il a fait. Par contre, s'il est Clair, il en va tout autrement. Un Clair est responsable de ses actions, car il est capable de raisonner rationnellement en se basant sur son expérience. L'aberré, en revanche, ne maîtrise pas ses actions, ou si peu. Par conséquent, l'auditeur doit bien faire comprendre à l'aberré qui va devenir son préclair qu'il se moque pas mal de ce qu'il a pu faire durant son existence. Il n'y a qu'une chose qui l'intéresse : sa banque d'engrammes, laquelle se compose exclusivement de ce que *d'autres* gens ont fait, et de ce qu'on a fait *au* préclair à des moments où il ne pouvait pas se défendre. Non seulement cette façon de voir les choses correspond à la vérité, mais elle a une valeur thérapeutique, car elle permet souvent à l'auditeur d'obtenir la coopération du préclair, coopération que ce dernier lui aurait autrement refusée.

L'auditeur ne doit jamais enfreindre le code de l'auditeur lorsqu'il audite un patient. Chaque fois que le code de l'auditeur est enfreint, la thérapie traîne en longueur.

LA RESTIMULATION

Le mental est un mécanisme qui assure sa propre protection. La Dianétique aussi. Pour être efficace, une science de la pensée doit être calquée sur le mode de fonctionnement du mental, sur les ordres qu'il émet et sur les conditions qu'il pose. Il en va ainsi pour la Dianétique : le diagnostic est basé sur la façon dont le mental réagit à la thérapie ; et les améliorations de la thérapie sont basées sur la façon dont le mental réagit à la thérapie. Voilà une façon de procéder extrêmement positive, car elle permet d'expliquer de nombreux phénomènes observés et de prédire la plupart des autres. En se calquant sur le mode de fonctionnement du mental, la Dianétique a, du même coup, adopté son système d'autoprotection.

Il est pratiquement impossible d'endommager un mental : c'est un organisme extrêmement résistant. Bien sûr, si on se met à le tailler en pièces avec un scalpel ou un pic à glace, ou si on l'empoisonne avec des drogues ou des bactéries, ou si on détruit son blindage naturel avec des suggestions hypnotiques, on va occasionner de sérieux dégâts.

Lorsqu'on applique scrupuleusement les principes de Dianétique, le charlatanisme devient impossible. Soit on pratique la Dianétique dans son intégralité et on obtient des résultats, soit on la pratique n'importe comment et plus dure sera la chute. C'est automatique. Et c'est un fait scientifique. La Dianétique, en tant que science assurant sa propre protection, exige d'être pratiquée par des Clairs ou, tout au moins, par de solides releases. Le Clair suit de très près le code de l'auditeur dans tout ce qu'il fait : son éthique est très élevée. Par conséquent, quiconque commence à pratiquer la Dianétique sera attiré vers l'état de Clair, quelles qu'aient été ses intentions de départ.

Il y a une excellente raison à cela. Il existe un principe appelé restimulation de l'auditeur. Nous savons désormais pourquoi et comment un engramme est restimulé. Quand un engramme est restimulé, il agit sur l'organisme ou lui impose la douleur qu'il renferme. Quand l'individu perçoit dans l'environnement quelque chose qui est plus ou moins similaire à un élément (son, objet, sensation organique, etc.) contenu dans l'un de ses engrammes, cet engramme entre plus ou moins en action. De même, si l'auditeur n'est pas Clair ou s'il ne reçoit pas lui-même la thérapie afin d'atteindre l'état de Clair, il sera restimulé. Car son patient lui communique sans cesse des données engrammiques. Ces données engrammiques, c'est la matière dont est tissée la folie. Tout le monde a des engrammes. Tôt ou tard, le préclair va parcourir et raconter un engramme qui présente des points communs avec l'un des engrammes de l'auditeur. Celui-ci en éprouvera un malaise certain, à *moins* qu'il ne reçoive lui-même la thérapie car il pourra alors décharger ce malaise. Tant qu'on audite des locks récents, on ne risque pas grand-chose, ce qui explique pourquoi les psychothérapeutes et les praticiens du passé ont, dans la plupart des cas, réussi à échapper aux coups de boutoir de leurs engrammes. Mais quand on a affaire à la source même des aberrations et qu'on est constamment assailli par des restimulateurs, on peut tomber gravement malade, physiquement ou mentalement. C'est à cause de ce mécanisme de la restimulation que les gens qui travaillent dans les asiles psychiatriques contractent des psychoses, encore que leur restimulation n'a été possible que parce qu'ils les portaient en eux.

L'auditeur va peut-être pouvoir auditer un ou deux patients sans conséquences sérieuses pour lui-même : de toute façon, quelles que soient les répercussions, la Dianétique peut les éliminer. Cependant, pour son bien-être personnel, l'auditeur devrait s'arranger pour atteindre l'état de Clair ou de release le plus vite possible. S'il est release, il pourra auditer sans trop de problèmes et il pourra, de plus, conclure un pacte avec son préclair afin que tous deux s'auditent mutuellement. La thérapie par permutation fonctionne généralement très bien.

Cependant, il arrive que deux personnes qui ont commencé à s'auditer mutuellement découvrent qu'elles se restimulent l'une l'autre. Autrement dit, soit l'une des personnes restimule l'autre, par exemple à cause de sa voix ou des incidents qu'elle raconte, soit chacune est pour l'autre un pseudo-ennemi. Cela ne devrait en rien les empêcher de poursuivre leur thérapie mutuelle. L'expérience a montré que ce genre de chose est tout à fait surmontable et que même les circonstances les plus restimulantes n'ont jamais empêché la thérapie de poursuivre son cours. Il arrive fréquemment qu'un patient essaie de se dérober en prétendant que l'auditeur le restimule, mais il en faut beaucoup plus que ça pour interrompre la thérapie. Néanmoins, pour alléger considérablement la tension, ces deux personnes peuvent en faire entrer une troisième dans la chaîne. De la sorte, aucune des trois n'auditera la personne qui l'audite. Le « triangle » donne de très bons résultats.

Il se peut qu'un mari et une femme qui se sont souvent querellés trouvent beaucoup trop restimulant de s'auditer mutuellement. Cependant, s'ils n'arrivent pas à trouver un autre arrangement, qu'ils sachent ceci : ils pourront malgré tout se mener mutuellement jusqu'à l'état de Clair ; beaucoup de couples qui étaient dans le même cas y sont arrivés. Mais si leur thérapie mutuelle n'avance vraiment pas, il leur faudra trouver, chacun de leur côté, un autre partenaire de thérapie. Une mère qui s'est rendue coupable de tentatives d'avortement sur ses enfants ou qui les a maltraités peut leur administrer la thérapie. Mais étant donné la restimulation qui s'ensuivra, elle devra faire très attention à suivre le code de l'auditeur à la lettre, autrement la thérapie sera parsemée de moments de tension parfaitement inutiles. Dans un cas comme celui-là, il serait préférable que la mère soit au moins release avant d'auditer ses enfants. Et elle ne doit surtout pas les auditer avant qu'ils aient atteint l'âge de huit ans.

La restimulation artificielle d'engrammes par le biais de la thérapie n'a rien à voir avec la restimulation auditeur-préclair (l'auditeur restimulant le préclair ou le préclair restimulant l'auditeur). On peut restimuler un engramme en le contactant plusieurs fois, auquel cas il se décharge. La restimulation auditeur-préclair est un cas particulier, où l'auditeur est un pseudo-ennemi, c'est-à-dire qu'il ressemble plus ou moins à une personne qui a fait du tort au patient. Voilà, en règle générale, pourquoi certains préclairs s'emportent violemment contre l'auditeur. Certains préclairs ont tellement les hommes en horreur qu'ils ne peuvent être audités que par des femmes. Et certains préclairs éprouvent tellement d'aversion pour les femmes que seuls des hommes peuvent les auditer. Cependant, même si le préclair éprouve la plus vive antipathie pour l'auditeur (et en admettant qu'il n'y ait pas, à proximité, un autre auditeur ou une personne qui puisse apprendre rapidement à auditer), il est malgré tout possible de poursuivre la thérapie et d'obtenir des résultats.

« Rééquilibrage »

Tout patient qui a arrêté la thérapie se « rééquilibrera » au bout de quelques semaines, c'est-à-dire qu'il atteindra un palier plus élevé où il demeurera de façon stable. Tous les patients sans exception voient leur état s'améliorer et atteignent un nouveau palier, à moins qu'ils n'aient été « audités » avec des méthodes réprouvées par la Dianétique, comme par exemple l'hypnotisme chimique. Les restimulations occasionnées par la thérapie disparaîtront d'elles-mêmes. Peu à peu, l'individu atteindra son niveau de release. Si l'auditeur est limité par le temps, il ne voudra peut-être pas mener le patient jusqu'à l'état de *Clair*. Bien entendu, mieux vaut lui faire atteindre l'état de Clair. En fait, dans la plupart des cas, le patient insistera pour qu'il le fasse.

La durée des séances de thérapie

La durée habituelle d'une séance de thérapie de Dianétique est de deux heures. Avec un patient moyen, une séance de deux heures sera généralement bien remplie. Il n'est pas nécessaire de travailler tous les jours. Mais il est souhaitable de travailler tous les deux ou trois jours. Une séance par semaine, ce n'est pas l'idéal, car le cas tend à se tasser. De plus, si l'on n'audite pas le patient tous les trois jours, le quatrième jour, il se produit un « affaissement » du mental réactif. Cet « affaissement du quatrième jour » est un phénomène automatique. Lorsqu'un engramme qui a fait l'objet d'un key-in est restimulé dans la vie, il lui faut à peu près quatre jours pour entrer en action. En revanche, durant la thérapie, il faut environ trois jours pour qu'un engramme « se développe ». Cela ne veut pas dire qu'on doit attendre trois jours avant de pouvoir le contacter et qu'il faut arrêter la thérapie pendant trois jours. Cela veut dire que les engrammes, du fait que ce ne sont pas des souvenirs et du fait qu'ils n'ont rien de logique, mettent parfois trois jours pour remonter à la surface.

Je m'explique. Le premier jour, l'auditeur demande un engramme. Le troisième jour, il l'obtient. Entre temps, il aura réduit ou effacé d'autres engrammes. C'est un processus naturel. Il est tellement automatique qu'on ne le remarque même pas, sauf si l'on audite le patient une fois par semaine, car dans ce cas, l'engramme qu'on a demandé le premier jour se présente le troisième (prêt à être réduit), s'« affaisse » le quatrième et cesse d'être restimulé le septième.

Ce phénomène des trois jours est intéressant pour une autre raison. Soit dit en passant, ce chiffre de trois jours est une moyenne, basée sur une observation de nombreux préclairs. Une étude plus approfondie révélera peut-être que le laps de temps exact est de 2,5 ou de 3,6 jours (il varie d'un individu à l'autre), mais le chiffre de trois jours est très proche de la vérité. Lorsqu'on vise uniquement l'état de release, il est parfois nécessaire de parcourir un engramme récent (post-natal) de douleur physique : cet engramme remontera apparemment à la surface, restera stationnaire pendant trois jours, puis s'« affaissera ». Lorsqu'il se sera « affaissé », l'auditeur devra aller le rechercher et le reparcourir. À force de le repêcher chaque fois qu'il s'« affaisse », l'auditeur parviendra à le désamorcer.

Lorsque l'auditeur contacte un manique, le patient traverse très souvent une période d'euphorie. Il fait savoir à qui veut l'entendre que la Dianétique est géniale, qu'il se sent dans une forme phénoménale et qu'il est transporté de bonheur. Soyez sur vos gardes. Dans trois ou quatre jours, ce manique se sera « affaissé » et l'euphorie cèdera la place à un état dépressif. Si l'un de vos patients connaît l'une de ces « superguérisons », méfiez-vous, car elles durent le temps qu'il faut à une allumette pour se consumer. Elles s'éteignent très vite en laissant des cendres très froides. Lorsque votre patient est en proie à une euphorie comme celle-là, vous feriez mieux de remettre immédiatement la main sur l'engramme qui en est responsable et de le réduire davantage ou bien de trouver un engramme antérieur.

Le temps qu'il faut pour mener quelqu'un jusqu'à l'état de Clair varie considérablement. Rien qu'en faisant sauter quelques charges de désespoir et en réduisant quelques engrammes prénatals, l'auditeur peut faire atteindre au patient en vingt ou trente heures un état d'être supérieur à tout ce que les thérapeutiques du passé ont pu offrir jusqu'ici : il s'agit de l'état de release. Pour parvenir à peu près au même résultat, ces thérapeutiques mettaient deux ou trois ans. Le temps qu'il faut pour produire un Clair ne peut pas être comparé à quoi que ce soit, vu que personne n'avait jamais envisagé l'existence de l'état de Clair.

Un patient dont le sonique fonctionne et dont le rappel est en bon état peut atteindre l'état de Clair en cent heures. Si l'on a affaire à un patient dont le sonique et les autres rappels ne fonctionnent pas du tout, il est difficile de déterminer le temps que cela prendra, mais cela peut, dans les cas extrêmes, aller jusqu'à mille heures. Le patient à l'imagination « surdéveloppée », qui se rappelle des choses qui ne lui sont jamais arrivées, risque lui aussi de mettre très longtemps.

Considérez la chose sous cet angle : en vingt ou trente heures de thérapie de Dianétique, nous pouvons obtenir les résultats de deux ou trois années de psychanalyse, et ces résultats sont stables, c'est-à-dire que nous n'avons pas besoin de revenir dessus, ce qui n'est pas le cas de la psychanalyse. L'état d'être ainsi atteint par le patient est l'état de *release*. C'est un être qui est devenu beaucoup plus capable. Une grande partie de ses charges d'émotion ont été libérées. L'état de Clair, lui, se situe très loin au-dessus de la normale. Des milliers et des milliers d'heures sont consacrées à l'éducation d'un être humain. Si l'on consacrait deux mille, voire dix mille heures à lui faire atteindre un état supérieur à tout ce que notre monde a connu jusqu'ici, ce serait très loin d'être une perte de temps. Mais nous n'avons pas besoin de tant de temps. Il est arrivé que des gens deviennent Clairs en trente heures lorsque leur sonique fonctionnait et que leur banque était relativement peu remplie. D'autres, qui n'avaient pas de rappels et qui, de surcroît, faisaient du « dub-in », ont mis cinq cents heures. Il est impossible de dire combien de temps mettra un auditeur qui audite ses premiers préclairs. Mais une chose est sûre : il les mènera jusqu'à l'état de Clair et il lui faudra, au pire, mille deux cents heures avec un patient très gravement aberré. Tandis que le patient avancera vers l'état de Clair, son état mental et physique ne cessera de s'améliorer. Au bout de cinquante heures, son état sera largement supérieur à celui du commun des mortels. Et ce ne sera que le début ! En fait, l'état du patient s'améliore tellement qu'on peut observer chez lui, de semaine en semaine, des changements physiologiques très nets et des changements psychologiques surprenants. Celui qui pense que l'état de Clair est juste un petit pas en avant et un « léger mieux » n'a carrément aucune idée de ce que représente cet état.

La plupart des auditeurs débutants viseront tout d'abord l'état de release, ce qui est sage. Quand ils auront eux-mêmes atteint l'état de Clair, ils prendront conscience que tout le temps consacré à la thérapie n'est rien à côté du résultat obtenu.

Il est impossible de prévoir combien de temps il faudra à l'auditeur débutant pour corriger ses erreurs, apprendre les techniques et devenir compétent. Par conséquent, il est impossible de dire combien de temps il mettra pour mener un patient jusqu'à l'état de Clair. L'auditeur expérimenté ne met jamais plus de huit cents heures avec un patient très, très mal en point. Cinq cents heures, c'est déjà beaucoup.

LES INFORMATIONS RECUEILLIES CHEZ LES PROCHES

Le patient harcèlera sans cesse l'auditeur dans l'espoir d'obtenir de lui la permission de recueillir des informations auprès de sa famille ou d'amis. Ce genre de pratique est restimulant à la fois pour le préclair et le proche. Il est arrivé que des patients qui « venaient de découvrir que… » aient rendu leur mère très malade en la confrontant à quelque restimulateur de son passé.

L'expérience nous a montré dans tous les cas sans exception que les données recueillies par le préclair auprès de ses parents, de proches ou d'amis n'avaient strictement aucune valeur. Pourquoi s'appuyer sur la mémoire d'un aberré quand nous avons sous la main, avec la Dianétique, une source d'informations exactes ? Il arrive à des auditeurs d'avoir des patients qui progressent vite et bien et qui, brusquement, se mettent à stagner. Et que découvre l'auditeur en questionnant le préclair ? Que celui-ci est allé voir ses parents et ses amis afin de glaner des informations et que ces derniers, dont le plus cher désir est qu'il ne découvre jamais ce qu'ils lui ont fait, l'ont envoyé sur tout un tas de fausses pistes qu'il faut alors éliminer. Ces gens, ce sont les traîtres, les vendus, les sinistres individus qui, par leurs actes, ont fait du préclair un aberré. S'il espère recueillir auprès d'eux des informations exactes, il peut toujours courir.

Si l'auditeur désire obtenir des informations de ces gens et qu'il va les voir sans en informer le préclair, peut-être recueillera-t-il quelques données de valeur. Peut-être. Mais il devra accoler à ces données l'étiquette : « Source de renseignement incompétente — Véracité des données improbable. »

Dites au préclair que ce n'est pas la peine d'aller ennuyer ses parents et ses proches et expliquez-lui qu'il risque de les rendre malades s'il les questionne, à cause du mécanisme de la restimulation. Lorsque nous cherchons à avoir confirmation des informations communiquées par un patient, nous optons pour la seule méthode possible : nous administrons la thérapie au parent ou au proche. De la sorte, nous pouvons mettre la main sur les sources de leurs principales dramatisations : celles-ci se trouvent dans la zone prénatale ou la prime enfance du parent. Mais cela ne relève pas de la thérapie, cela relève de la recherche.

Si l'auditeur a la mère sous la main, il peut faire parcourir à l'enfant l'engramme de sa naissance, puis faire parcourir à la mère l'engramme de l'accouchement, en faisant bien attention à ce que la mère et l'enfant n'échangent pas d'informations au préalable. Il saura ainsi si les données que lui a communiquées le préclair sont exactes, il peut vérifier maintes informations en procédant de la sorte.

Ce qui importe aux yeux de l'auditeur, c'est la réalité subjective et non la réalité objective. Il n'y a qu'une chose qui compte : *est-ce que l'état du patient s'améliore ?*

INTERRUPTION DE LA THÉRAPIE

La fin justifie les moyens. Voilà un dicton qui s'applique tout particulièrement au préclair dont l'auditeur a interrompu la thérapie.

Tant qu'on poursuit la thérapie du préclair, même en lui donnant des séances très espacées, on alimente les efforts que déploie sa personnalité fondamentale pour venir à bout des aberrations.

La personnalité fondamentale, l'archiviste, le noyau du « je » qui cherche à prendre les commandes de l'organisme, les désirs les plus vifs de la personnalité, voilà quatre concepts que nous pouvons considérer comme synonymes. Le moi fondamental (qui n'est autre que l'individu lui-même) est mû par une impulsion irrésistible à vouloir conquérir les engrammes. Les engrammes, qui confisquent des unités de force vitale à leur hôte, sont tout à fait opposés à ce qu'on les conquiert. Bien qu'il s'agisse là d'un phénomène relevant de la mécanique[14], l'auditeur sera souvent abasourdi par la résistance que lui opposent les engrammes, et émerveillé par les efforts que déploie la personnalité fondamentale pour conquérir les engrammes. L'auditeur travaille *avec* la personnalité fondamentale, avec l'individu lui-même, et ignore les tentatives d'ingérence des engrammes. Mais il existe une situation où la personnalité fondamentale laisse le champ libre aux engrammes : c'est quand elle veut qu'on l'audite.

Durant la thérapie, le patient a peut-être été « sceptique ». Ou bien il a donné l'impression de n'éprouver qu'indifférence pour ses engrammes. Ou encore il n'a pas arrêté de grogner qu'il détestait la thérapie. Pour l'une ou l'autre de ces raisons, l'auditeur va peut-être commettre la bêtise d'arrêter la thérapie. Il en informe le patient. Celui-ci, pendant un temps, ne va manifester aucune réaction. Mais au bout de quelques minutes, de quelques heures ou de quelques jours, sa personnalité fondamentale, à qui l'on vient d'enlever la seule chance de s'en sortir, risque de s'emparer de toutes les armes qui lui tombent sous la main et de s'en servir pour obliger l'auditeur à reprendre la thérapie.

Le patient, fortement perturbé par l'interruption de la thérapie (même si c'est lui qui l'a exigée), va soit dégringoler la pente, soit attaquer l'auditeur ou la thérapie elle-même, ouvertement ou insidieusement. Si vous voulez voir des gens vraiment déchaînés, allez voir du côté des patients dont on a interrompu la thérapie. Nous avons vu des auditeurs traînés dans la boue, calomniés et accusés des pires méfaits, et nous avons vu leurs préclairs pourchassés jusque dans leur maison et complètement déboussolés par des attaques virulentes contre la thérapie : c'était l'œuvre de patients déçus dont on avait arrêté la thérapie avant qu'ils n'aient atteint l'état de release. Il est même arrivé que d'authentiques releases, dont les maladies psychosomatiques avaient disparu et qui avaient donc tout lieu d'être heureux, s'en soient pris violemment à leur auditeur parce qu'il ne les avait pas menés jusqu'à l'état de Clair. Un patient rejeté recourra à tous les mécanismes possibles et imaginables, bref, à tous les mécanismes employés par les êtres humains pour forcer la main à d'autres êtres : retomber dans l'apathie et « descendre rapidement la pente » ; mener une violente campagne contre la thérapie ; attaquer personnellement l'auditeur, etc. Le but de toutes ces actions, c'est d'obtenir de l'auditeur qu'il reprenne la thérapie.

---

14. **Mécanique** : science qui a pour objet l'étude des forces ou de leurs actions.

Le mental sait comment le mental fonctionne. Et si un mental a eu la chance de goûter au chemin qui peut le conduire hors du royaume de la douleur et du malheur, mais qu'on l'a ensuite empêché d'y goûter davantage, on peut s'attendre à ce qu'il ait recours à tous les moyens possibles pour que la thérapie reprenne.

Aussi désagréable qu'ait pu se montrer le patient, son attitude change du tout au tout dès que l'auditeur reprend la thérapie. Il cesse immédiatement d'attaquer l'auditeur ou la thérapie, et tout redevient comme avant, ou presque.

Cependant, si le patient, avant l'interruption de la thérapie, s'était montré indifférent, récalcitrant ou peu coopératif, n'allez pas croire qu'il va se comporter à présent comme un modèle de soumission. Bien au contraire. Il est au moins aussi difficile à auditer qu'avant, et à cela s'ajoute l'hostilité qu'avait engendrée l'interruption de la thérapie.

Quoi que l'auditeur décide de faire dans un cas comme celui-là, il déguste. Mais il y a une solution. Ce n'est pas le mécanisme du « transfert » qui est à l'œuvre ici, par lequel le patient projette ses malheurs sur le praticien. Le transfert, c'est autre chose. C'est une soif d'attention et un appel au secours. Si l'on permet au transfert de s'installer, on peut s'attendre à ce qu'il dure éternellement. Par exemple, le patient d'un docteur va sans cesse contracter des maladies pour que le docteur s'occupe de lui. Durant la thérapie, il peut se produire un transfert : par exemple, le préclair va se reposer complètement sur l'auditeur, il va implorer son conseil, il va volontairement garder pour lui certains engrammes afin que l'auditeur ait toujours du travail, reste à sa disposition et continue de s'intéresser à lui. Tout cela est le résultat d'une computation de l'allié. Et c'est, bien entendu, un comportement très aberré. L'auditeur intelligent évitera de donner des conseils au préclair ou de diriger sa vie, car un patient ne progresse bien que s'il est autodéterminé. Quelle que soit l'attitude du préclair, quelle que soit l'ampleur de son « désir d'être malade » ou de sa compulsion à « transférer le fardeau qui pèse sur ses épaules », quelque acerbes que soient les remarques qu'il adresse à l'auditeur, avec la thérapie de Dianétique cet état de chose ne durera pas. La personnalité fondamentale essaie de percer, le « je » essaie d'occuper à nouveau la place qui était la sienne à l'origine. Même si l'auditeur audite mal, il finira tôt ou tard par libérer suffisamment de charge et par réduire suffisamment d'engrammes pour permettre au préclair d'accéder à un palier supérieur et à une plus grande stabilité. La personnalité

fondamentale deviendra de plus en plus forte et aura, par conséquent, de plus en plus confiance en elle. À mesure que le patient
progressera, l'introversion engendrée par ses efforts répétés pour
entrer en contact avec le monde intérieur de sa banque
d'engrammes se dissipera progressivement, et l'extraversion se
fera de plus en plus forte. La seule façon pour l'auditeur de s'en
sortir, c'est d'auditer le patient en souplesse, c'est de l'auditer
comme il faut. Et un jour, il aura devant lui un release solide, ou
un Clair. Mais s'il interrompt la thérapie au beau milieu, qu'il ne
s'étonne pas des conséquences. Pour y remédier, il n'a qu'une
chose à faire : reprendre la thérapie.

CE QUE FAIT L'AUDITEUR AVEC LES DONNÉES DU PRÉCLAIR

La majeure partie du travail de l'auditeur se passe dans son for
intérieur. *Il n'analyse pas à voix haute les données que lui communique
le préclair et il ne lui impose pas ses conclusions.* Si le préclair conclut
que telle ou telle chose était responsable de sa maladie, l'auditeur
doit prendre ses paroles pour argent comptant. S'il se met à expliquer au préclair que telle et telle chose, dans l'engramme, avait été
la cause de tels et tels maux, non seulement il perd son temps, mais
il plonge son préclair dans le désarroi. Toute analyse à laquelle se
livre l'auditeur est intérieure et lui sert uniquement à s'assurer que
les données engrammiques qui lui sont communiquées ne sont pas
imaginaires ou incomplètes.

Un incident ne se déchargera pas si le préclair communique la
moindre donnée incorrecte ; c'est automatique. Si le préclair
change ne serait-ce qu'une syllabe, l'incident demeurera. Ou bien,
s'il semble disparaître, il reviendra. Donc, tout incident qui disparaît à mesure que le préclair le raconte est parfaitement
authentique. Les données qu'il communique doivent être plus ou
moins correctes, autrement l'incident ne se dissiperait pas. Par
conséquent, si l'auditeur remet en question l'authenticité d'engrammes
ou d'informations et joue à Dieu le Père, il ne tardera pas à avoir
sur les bras un patient très mal en point qui ne progressera plus.
Si le préclair commence à parcourir un engramme dans lequel
maman s'envoie en l'air avec cinq Esquimaux, laissez-le parcourir
l'engramme et ne lui dites jamais, jamais, jamais, jamais que vous
ne croyez pas un mot de ce qu'il dit et qu'il s'imagine des choses.

Sinon vous allez arrêter net ses progrès. Si vous lui dites que maman avait sans doute ses raisons, vous êtes passé dans le camp ennemi : vous avez cessé d'attaquer l'engramme et vous aidez maman à attaquer le préclair. Critiquer, reprendre ou juger le préclair, ce n'est pas de la Dianétique et c'est la meilleure façon de freiner les progrès du patient. L'auditeur qui remet en question les informations reçues pratique peut-être la sorcellerie, l'acupuncture, le chamanisme ou le vaudou, il ne pratique certainement pas la Dianétique. Il n'obtiendra aucun résultat. Si l'auditeur fait une remarque telle que : « Je pense que vous vous trompez quand vous dites que votre mère s'est livrée à une tentative d'avortement sur vous », ou encore : « À mon avis, vous fabulez », il vient de faire perdre cinquante heures au préclair. L'auditeur ne doit ni le critiquer ni le juger. Et il ne doit pas non plus lui dire ce qu'il pense de ses données engrammiques.

L'auditeur analyse dans son for intérieur tout ce qui se passe durant la thérapie et il garde ses conclusions pour lui. Si le patient vient de raconter son cinquième accident ferroviaire prénatal, vous pouvez être sûr qu'il y a, quelque part dans sa banque d'engrammes, une manufacture de mensonges. L'auditeur n'a qu'une chose à faire : trouver la manufacture de mensonges, c'est-à-dire un engramme contenant une phrase telle que : « Dis-moi quelque chose ! Dis-moi n'importe quoi ! Je me fiche pas mal de ce que tu vas dire, du moment que te me dis quelque chose ! Mais pour l'amour du ciel, ne me dis pas la vérité ! Je ne le supporterais pas ! » Ou bien : « Tu ne peux pas lui dire la vérité. Il souffrirait trop. » Il existe des milliers et des milliers de manufactures de mensonges. Et elles ne sont pas si rares que ça.

Ne dites *jamais* à un patient pourquoi vous êtes à la recherche de telle ou telle chose. Si vous dites au préclair que vous recherchez une manufacture de mensonges, sa manufacture de mensonges va vous fabriquer une manufacture de mensonges. Si vous lui dites que vous êtes à la recherche d'une charge d'émotion, vous empêcherez toute charge émotionnelle de se libérer. Livrez-vous silencieusement à une estimation personnelle de la situation, réduisez tout ce qui semble authentique et continuez de chercher la raison pour laquelle le patient n'avance pas aussi bien qu'il le devrait.

Ce n'est pas *l'intrigue* qui détermine l'authenticité d'un engramme. L'intrigue n'a aucune valeur. Un engramme n'est rien d'autre qu'un ensemble de remarques contenues dans un moment d'« inconscience ». Ça ne change rien si ces remarques correspondent à l'idée que l'auditeur se fait de la vie ou de l'attitude que les enfants doivent adopter avec les parents. Laissez les intrigues aux écrivains. Elles ne sont pas censées intéresser les auditeurs. Un engramme est fondamentalement illogique et irrationnel. N'essayez pas d'y voir de la rationalité ! Si les parents du préclair ont la réputation d'être des gens bien et respectables, mais que ses engrammes semblent indiquer que maman faisait le trottoir tous les soirs, acceptez ces engrammes.

C'est très facile d'établir l'authenticité d'un engramme. Posez-vous les questions suivantes lorsque vous contactez un engramme :

1. Est-ce que l'engramme a une somatique ?
2. Est-ce que la somatique « ondule », c'est-à-dire, est-ce qu'elle varie en intensité ?
3. Est-ce que l'engramme se réduit ? (S'il ne se réduit pas, c'est que le contenu de l'engramme que parcourt le préclair est faux ou que l'engramme se trouve tout en haut de la chaîne et qu'il y a des engrammes antérieurs.)
4. Est-ce que le contenu de l'engramme concorde avec l'aberration du préclair ?
5. Est-ce que la somatique concorde avec les maladies psychosomatiques dont a souffert le préclair ?
6. Est-ce que le patient se sent soulagé ? Cette dernière question est la plus importante des six.

Ce n'est pas parce que les psychothérapeutes du passé avaient l'habitude de déclarer avec hauteur : « Oh ! Mais ça ne correspond absolument pas à *mon* idée de l'existence », que l'auditeur doit se croire obligé d'altérer la Dianétique. Les psychothérapeutes d'antan n'ont pas obtenu de résultats. La Dianétique, elle, produit des résultats. Et l'une des raisons majeures pour laquelle la Dianétique produit des résultats est que nous n'essayons pas de déformer la vie pour l'adapter à la Dianétique, mais que nous appliquons la Dianétique à la vie. L'auditeur constatera bon nombre de choses nouvelles et surprenantes. Sa devise pourrait être : « Que rien ne vous surprenne. »

Le rapport Kinsey sur la vie sexuelle des êtres humains ne dit pas le millième de ce que vous découvrirez en Dianétique. Ce n'est pas parce que la mère, une fois seule, n'a pas le visage qu'elle montrait à Roger fils ou à la société, et ce n'est pas parce que papa et maman, dans l'intimité, ne se conduisent pas comme ils sont censés le faire selon la société, que le préclair doit rester aberré.

Nous lisons constamment dans les ouvrages psychiatriques que des patients ont essayé de parler de leur vie prénatale à des psychiatres et que ces derniers leur ont répondu, avec une solennité des plus comiques, qu'ils étaient le jouet de leur imagination. Des patients que toutes les psychothérapies existantes avaient envoyés sur les roses, sous prétexte que ce que racontaient ces patients n'était pas conforme à leurs croyances, ont pu, grâce à la Diánétique, recouvrer toutes leurs facultés et atteindre un état mental optimal largement supérieur à ce que leur offraient ces psychothérapies. Pourquoi cela ? Eh bien, dans une certaine mesure, parce que la Dianétique n'a pas la prétention de se placer au-dessus des faits de l'existence. Non seulement l'auditeur demande au patient de faire face à la réalité en parcourant des engrammes, mais il se doit aussi de faire face à la réalité en acceptant le fait suivant : quel que soit le contenu de l'engramme, s'il entre dans l'une *quelconque* des six catégories ci-dessus, c'est valable pour la thérapie.

Auditer signifie écouter ; et analyser et tirer des conclusions. L'analyse consiste à déterminer où le patient s'écarte de la raison optimale dans la « gestion » de son existence, mais plus important encore, à déterminer où se trouvent les engrammes de douleur physique et d'émotion douloureuse et comment ils vont pouvoir être contactés et réduits.

Pendant la thérapie, les patients font des découvertes surprenantes sur leurs parents et sur leurs proches. Souvent ils découvrent que leur vie a été bien meilleure qu'ils l'avaient cru (comme ce patient qui était persuadé que son père lui avait infligé des corrections quotidiennes).

Plus d'un patient a été conçu avant le mariage : pendant la thérapie, il se retrouve brusquement dans le ventre de sa mère, en train d'assister au mariage de ses parents. Ce type de patient est souvent très difficile à auditer en raison du grand nombre de secrets contenus dans ses engrammes.

Les manufactures de mensonges essaieront souvent de donner à maman des amants supplémentaires ou de faire passer papa pour une bête malfaisante. Mais c'est très facile de détecter une manufacture de mensonges : l'incident avancé par le préclair ne se comporte pas comme un engramme authentique ; la deuxième fois que le préclair le raconte, l'histoire a considérablement changé ; il n'a pas de somatique ; son contenu est incapable de causer des aberrations.

Bref, ce qui compte, c'est de savoir si on a affaire à un engramme authentique, et non pas si l'engramme paraît logique. Car papa aurait très bien pu être une bête malfaisante chaque fois qu'il mettait les pieds dans la chambre à coucher et maman a très bien pu coucher avec toute une caserne. Ou bien papa aurait pu être doux comme un agneau, en dépit de la réputation que la mère lui a faite après l'accouchement, et maman aurait très bien pu être une femme prude et frigide, malgré les histoires monstrueuses qu'on a racontées au préclair. La vérité apparaîtra quand l'engramme se réduira, mais la vérité n'intéresse pas l'auditeur. Ce qui l'intéresse, c'est de contacter des engrammes authentiques.

Votre travail consiste en tout et pour tout à trouver des engrammes : des engrammes de douleur physique aussi anciens que possibles et des engrammes d'émotion douloureuse plus ou moins récents. Trouvez ces engrammes, effacez-les, déchargez-les, réduisez-les ! C'est parce que leur contenu était illogique et absurde que l'aberré est devenu aberré. Laissez les intrigues aux écrivains. Votre travail, c'est d'administrer la thérapie.

Mais n'acceptez pas n'importe quoi : demandez la somatique, voyez si elle varie pendant que le préclair vous fait son récit. Voyez s'il s'agit bien d'un engramme. Et laissez tomber l'intrigue.▲

—△—

C H A P I T R E   D I X

La Dianétique — passé et futur

L'Histoire de la Dianétique

L'HISTOIRE DE LA DIANÉTIQUE EST l'histoire d'une expédition, d'un voyage d'exploration dans une *terra incognita*, le mental humain, royaume nouveau et inconnu situé à un centimètre derrière notre front.

Ce voyage a pris de nombreuses années et la tâche n'a pas été aisée, mais nous disposons à présent de cartes qui nous permettent d'aller et de revenir à volonté.

L'étude, sur place, de bien des races primitives et civilisées aux quatre coins du monde, a permis de découvrir bon nombre de choses. Ce sont ces découvertes qui ont servi de base aux travaux de recherche dans le domaine de l'anthropologie : en effet, on pouvait compter sur les doigts de la main les textes *clés* écrits au cours des quatre mille dernières années. Pour établir les principes philosophiques qui ont conduit à la science de Dianétique, je me suis servi des écrits anciens de l'hindouisme, des œuvres des Grecs et des Romains de l'Antiquité, dont celles de Lucrèce, des travaux de Francis Bacon et de Darwin et de quelques-unes des théories d'Herbert Spencer. L'inévitable absorption de notre culture actuelle a fourni beaucoup d'information passée inaperçue. Tout le reste « ne figurait pas sur les cartes », comme disent les navigateurs.

La quête des principes de base commença en 1935. En 1938, les axiomes fondamentaux furent découverts et énoncés.

Durant les années qui suivirent, on mit ces axiomes à l'épreuve dans ce vaste laboratoire qu'est le monde. La guerre interrompit les travaux, mais peu après que la paix fut revenue, on put les reprendre. Dans l'année qui suivit, on mit au point les techniques de base de la science de Dianétique. Il ne restait plus qu'à les appliquer au mental humain. On se lança alors dans une longue série de tests et on appliqua ces techniques à bon nombre de patients pris au hasard. Chaque test permit de perfectionner un peu plus ces techniques et apporta des résultats spécifiques.

Cinq ans plus tard, en 1950, les travaux étaient prêts à être publiés. De cette longue série de tests, il était ressorti que la Diané-tique est *bel et bien* une science du mental, qu'elle révèle *bel et bien* des lois naturelles relatives à la pensée qui n'avaient jamais été découvertes et qu'elle guérit tous les types de maladies mentales non organiques et tous les types de maladies psychosomatiques organiques. De plus, les techniques avaient été à tel point perfec-tionnées que n'importe qui pouvaient les étudier rapidement et les appliquer sans problème.

Nous avons atteint un but qui jamais encore n'avait été atteint ou approché : nous possédons une science du mental qui marche et que les gens peuvent apprendre très rapidement et appliquer avec succès.

Lorsque vous commencez à explorer une terre inconnue, vous faites des découvertes à chaque pas, et chaque découverte ouvre de nouveaux horizons et élargit le champ de vos connaissances. La Dianétique guérit, et elle guérit à chaque fois. Mais ses buts ne se limitent pas à cela.

La Dianétique apporte de nombreux éclaircissements à toutes les branches de la pensée humaine : éducation, médecine, poli-tique, arts, etc. Mais c'est loin d'être suffisant.

La Dianétique est jeune. Et pleine de vigueur. Son futur est prometteur. Sous peu, elle aura embrassé d'autres domaines de l'activité humaine. L'histoire de la Dianétique ne fait que commencer.

Le Plan A comprend le perfectionnement de la science, sa mise à l'essai sur tous les types de patients possibles et, finalement, la publication et la diffusion de la thérapie. Le Plan A a pris fin avec la publication du présent ouvrage.

Le Plan B comprend : des travaux plus poussés dans le domaine de la force vitale ; de nouvelles recherches afin de guérir des mala-dies que nous n'arrivons pas encore à guérir, comme par exemple, le cancer ou le diabète ; le perfectionnement des techniques décou-vertes et leur diffusion, ce qui mettra fin au Plan B.

Le Plan C comprendra des recherches dans une sphère beau-coup plus élevée : nous essaierons de découvrir l'origine et la destination de l'univers, à supposer que le problème réside bien dans son origine et sa destination, nous tenterons de découvrir les facteurs et les forces impliqués afin de mieux comprendre ce que nous aurons découvert (en admettant que nous découvrions quelque chose) et afin de mettre ces découvertes en pratique. Puis nous publierons tout cela.

Le Plan B comprend aussi la création d'une Fondation, ce qui permettra d'accélérer les recherches.

L'histoire de la Dianétique vient tout juste de commencer. Quelles autres découvertes résulteront de l'apparition d'une science du mental ? L'avenir nous le dira.

LA DIANÉTIQUE JUDICIAIRE

Si j'ai inclus ici cette brève dissertation sur la Dianétique judiciaire, c'est pour aider l'auditeur.

La Dianétique judiciaire traite des décisions judiciaires à l'intérieur de la société et entre les sociétés. Elle embrasse, bien entendu, la jurisprudence et les codes de loi et elle propose des définitions et des équations précises permettant d'établir l'équité. C'est la science du jugement.

La jurisprudence et ses décisions sont basées sur les concepts du *bien* et du *mal*, du *juste* et du *faux*. La définition de ces quatre concepts fait partie intégrante de la Dianétique : grâce à ces définitions, il est possible de parvenir à des solutions ou à des décisions correctes dans le domaine des actions humaines.

La raison, c'est fondamentalement l'aptitude à différencier le *juste* du *faux*. Les blâmes doivent être basés sur les concepts du *bien* et du *mal*. Sans une définition précise de ces quatre concepts, les décisions judiciaires ou les lois perdent toute valeur et deviennent très complexes : pour annuler les erreurs du passé, on introduit des facteurs arbitraires, lesquels introduisent de nouvelles erreurs, et ainsi de suite. On ne pourra rédiger des codes pénaux qui répondent à tous les besoins que le jour où il existera une définition précise et scientifique des quatre concepts ci-dessus. Il sera alors possible de bannir l'injustice et d'instaurer l'équité.

Les problèmes de jurisprudence et les décisions judiciaires sont étroitement liés au problème du comportement humain.

La société idéale se composerait de gens dépourvus d'aberrations — autrement dit de Clairs — et vivant dans une culture elle aussi dépourvue d'aberrations. Car on trouve des aberrations aussi bien au niveau de l'individu qu'au niveau de la culture. Les aberrations de la culture sont introduites dans le comportement humain par le biais de l'éducation, des mœurs et des lois. Cela ne suffit pas que l'individu soit sain d'esprit : il vit dans une société qui a donné naissance à une culture faite de préjugés et de coutumes déraisonnables.

Quelle est la *vraie* cause du mal ou des erreurs ? Voilà la question à laquelle devrait répondre tout tribunal ou tout législateur. La cause *véritable*, on la trouve malheureusement dans les aberrations des générations passées. Ne disposant que de connaissances limitées, opprimées par leur milieu, ces anciennes générations ont essayé de résoudre leurs problèmes en se servant d'équations dont les facteurs étaient erronés et indéfinis. Ces générations, depuis longtemps disparues, ne peuvent plus être placées sur le banc des accusés. Nous sommes les héritiers de toutes les époques du passé, ce qui est bien. Mais nous avons également hérité de toutes les aberrations du passé, de tout ce qui est synonyme de mal. Au vu de tout cela, et comme la société n'est pas encore capable de raison, l'auditeur ne peut pas juger avec précision si les actions du préclair sont mauvaises ou absurdes. Le criminel, le fou, l'hypocondriaque, l'homme qui bat sa femme, le dictateur cruel qui veut ébranler le monde, le balayeur qui se lamente, tous sont sous l'emprise de leurs propres sources d'aberrations, du monde extérieur qui s'est glissé dans les tréfonds de leur mental brisé par la douleur et qui, sous la forme d'aberrations sociales, ne cesse de les assaillir.

L'auditeur s'intéresse à ce qui a été fait *au* préclair, et non pas à ce qui a été fait *par* le préclair. Car, quoi qu'ait pu faire le patient, cela appartient à une époque depuis longtemps révolue et ce n'était pas la source, mais seulement le symptôme de ses malheurs.

L'homme ne peut être tenu vraiment responsable de ses actes que s'il vit dans une société exclusivement composée de gens dépourvus d'aberrations et dans une culture dont on aurait gommé toute irrationalité. Cependant, nous devons maintenant assumer une ombre de responsabilité pour cette raison. Un homme n'est pas *obligé* d'obéir à ses engrammes.

Dans un avenir lointain, peut-être, la loi n'accordera des droits civiques et la citoyenneté qu'aux personnes dépourvues d'aberrations. C'est souhaitable, car cela augmenterait considérablement l'aptitude à survivre et le bonheur de l'Homme.

Mais rien n'empêche de revoir les codes de loi tout de suite. Il est possible d'établir très précisément si l'acte qui a conduit l'individu devant un tribunal était un acte aberré, ou s'il s'agissait d'un acte causé par une aberration de la culture, ou s'il s'agissait d'un acte commis au détriment d'un autre individu ou de la société. Les sanctions elles-mêmes pourraient être améliorées. Par exemple, on pourrait condamner l'individu, non pas à s'exposer à des aberrations supplémentaires dans quelque prison, mais à devenir raisonnable et à se débarrasser de ses aberrations.

On devrait jeter à la poubelle le casier judiciaire de tout individu qui a atteint l'état de Clair, car la source de ses aberrations a été éliminée et la société n'a donc plus aucune raison de le sanctionner, a moins évidemment qu'elle ne soit tellement aberrée que c'est le sadisme qui guide ses actions. Je ne dis pas cela par idéalisme, mais tout simplement parce qu'il a été démontré que plus on sanctionne, plus les aberrations des individus et de la société augmentent.

Du fait qu'il n'a pas existé de définitions précises pour les concepts du *juste* et du *faux* et du *bien* et du *mal*, la résolution des problèmes de jurisprudence se faisait par l'introduction d'un arbitraire, comme nous disons en Dianétique. On résolvait le problème en instaurant des règles immuables, mais chaque nouvelle règle s'éloignait un peu plus de la raison, et il fallait alors créer de nouvelles règles. Une structure arbitraire, c'est une structure dans laquelle on a remarqué la présence d'une erreur et qu'on essaie de corriger par l'introduction d'une nouvelle erreur. La complexité s'accentue à mesure que de nouvelles erreurs sont introduites pour annuler les effets néfastes des erreurs passées. Plus une culture (ou un corps judiciaire) doit introduire de nouveaux maux pour corriger les anciens maux, plus elle devient complexe et lourde. Jusqu'au jour où toute raison a disparu et où tout est résolu par la force. Quand la force remplace la raison, on assiste au règne de la folie furieuse. Et si rien n'est fait pour y remédier, la folie furieuse finit par céder la place à l'apathie. Et après l'apathie, la mort s'installe inévitablement.

Nous avons bâti un pont entre deux états d'être. Nous nous trouvons au-dessus du précipice qui sépare le plateau inférieur du plan supérieur. Ce pont constitue une phase artificielle de l'évolution de la race humaine.

L'auditeur est à l'entrée du pont. Quand il aura atteint l'état de Clair, il se trouvera de l'autre côté, sur le plateau supérieur. Il verra des nuées de gens traverser. Il verra des sociétés, des organisations, des lois et des coutumes qui essaieront d'éviter le pont et qui tomberont dans le précipice, balayées par la marée humaine qui se déverse vers le plateau supérieur.

Vu le niveau actuel de déraison, l'auditeur ne gagnera rien à critiquer le préclair ou la société ou à juger ses erreurs passées. Non seulement il n'y gagnera rien, mais il freinera tout progrès. Nous avons déclaré une guerre sans pitié à la déraison. Alors attaquez-vous à la déraison. Ne vous attaquez pas à l'Homme ou à la société.

La Dianétique et la guerre

Les organismes sociaux que nous appelons États et nations se comportent et réagissent exactement de la même façon que les individus. La nation a son mental analytique, lequel se compose de l'ensemble des intellects de ses citoyens en général, et de ses artistes, de ses savants et de ses hommes d'État en particulier. Les banques mnémoniques standard de la société se composent des données accumulées par les générations. L'organisme social a aussi un mental réactif qui renferme les préjugés et les aberrations de la société tout entière. Dans la banque des engrammes de cet organisme social, on trouve toutes les expériences douloureuses du passé, lesquelles poussent certaines personnes à agir réactivement chaque fois qu'elles sont restimulées dans la société. Nous employons aussi cette comparaison en Dianétique politique.

On peut représenter l'organisme social sur l'échelle des tons. Il a sa dynamique de survie et ses réducteurs de survie. Il est détruit de l'intérieur par les engrammes. Et il est mû par une impulsion vers la survie infinie. Les criminels, les traîtres et les fanatiques religieux par exemple, constituent des engrammes qui réduisent le potentiel de survie de la société.

Il existe une définition précise pour chaque niveau de ton de société. Une société libre travaillant en complète harmonie à atteindre des buts communs serait une société de ton 4. Une société paralysée par des restrictions arbitraires et des lois oppressives serait une société de ton 2. Une société soumise aux caprices d'un seul homme ou de quelques hommes serait une société de ton 1. Une société gouvernée par quelques mystiques qui font régner le mystère et la superstition serait une société de ton 0. Il suffit d'ouvrir un livre d'histoire pour voir quel est le potentiel de celui de chacun de ces types de société. Tout âge d'or correspond à un ton 4. L'oppression, la cupidité et les mauvais calculs réduisent le potentiel de survie de la société, car le mécontentement s'installe. Pour mettre fin au mécontentement, des mesures oppressives sont instaurées, ce qui réduit un peu plus le potentiel survie de la société. Ces mesures oppressives ont créé des engrammes. Le potentiel de survie diminue encore. La douleur fait son apparition.

Les sociétés remontent et redescendent l'échelle des tons. Mais il y a un point critique au-dessous duquel elles ne font plus que réagir. Au-dessous de ce point critique, elles deviennent folles. Ce point correspond à peu près au ton 2.

Les querelles entre sociétés ou entre nations ont de nombreuses causes, toutes plus ou moins irrationnelles. Il est fréquemment arrivé qu'une société ait été obligée d'en écraser une autre moins intelligente. Mais à chaque conflit, de nouveaux engrammes sont créés, à la fois sur la scène internationale et à l'intérieur des sociétés elles-mêmes.

La guerre, c'est un ton 1 international. Des nations en guerre sont tout aussi insensées que l'individu qui dégringole jusqu'à un ton 1 chronique et qui se fait interner, ou que la personne qui, se trouvant temporairement au ton 1, commet quelque crime et se fait mettre en prison. Mais les sociétés n'ont pas de geôliers. À l'heure actuelle, elles n'ont que la mort. Alors elles meurent, comme on peut le constater.

Il n'y a pas si longtemps, une nation attaquée par une autre nation devenue folle ne pouvait riposter qu'en employant la force. Sous l'effet de la contagion de l'aberration, elle devenait folle à son tour. Mais aucune d'elles ne gagnait vraiment. Les armes n'ont jamais aidé une nation à obtenir une victoire définitive. Et aucune nation n'a jamais pu éviter la guerre par des menaces ou en exhibant ses dispositifs de défense.

Mais avec l'escalade de la haine et l'apparition d'armes absolues, l'Homme risque de provoquer sa propre extinction. Le problème ne réside pas dans le contrôle de ces armes. L'Homme leur dit d'exploser à tel endroit et à telle heure et elles le font. Le problème réside dans le contrôle de l'Homme.

Il n'est de problème national dans notre monde actuel qui ne puisse être résolu par la simple raison. Tous les facteurs qui font obstacle à une solution au problème de la guerre et de l'armement ne sont rien d'autres que des facteurs arbitraires qui n'ont pas plus de valeur que les justifications d'un voleur ou d'un meurtrier.

Le fermier de l'Iowa et le commerçant de Stalingrad n'ont aucun différend. Ceux qui prétendent le contraire *mentent*.

Il n'est de problème international qui ne puisse être résolu pacifiquement, non pas par l'instauration d'un mondialisme, mais par l'emploi de la simple raison.

Les adorateurs des différents « -ismes », rallient les foules à leur étendard en les maintenant dans l'ignorance et en jonglant avec les idéologies fumeuses.

Aucun intérêt personnel n'est assez grand pour justifier le massacre de l'humanité. Seul un fou exigerait l'anéantissement de l'humanité. Seul un fou n'essaierait pas, par tous les moyens rationnels possibles, d'éviter l'extinction de l'humanité. *Rien* ne justifie la guerre.

On apprend aux peuples à rejeter toute idée de fraternité avec les autres peuples et on les emprisonne derrière les barrières linguistiques et les coutumes. Mus par leurs terreurs et par leurs aberrations, les dirigeants prônent une haine aveugle de tous les autres « -ismes ».

Il n'existe pas à l'heure actuelle un seul État politique parfait. Il n'existe même pas une bonne définition de ce qu'est censé être un système politique parfait. Les États sont la proie des aberrations internes et externes.

Si la Dianétique s'intéresse d'aussi près à la guerre, c'est parce qu'une course est engagée entre la science du mental et la bombe atomique. Peut-être n'y aura-t-il pas de génération future pour savoir qui a gagné…

La seule façon pour l'Homme d'échapper à l'extinction, c'est de recourir à la raison.

La folie n'existe qu'en l'absence de définitions et d'objectifs. On ne réglera pas les problèmes internationaux en limitant les armements ou en supprimant les libertés. La solution, c'est d'élaborer une théorie politique et de la définir en des termes précis et sans ambiguïtés, c'est de fixer des buts rationnels que les sociétés aient envie d'atteindre, collectivement et individuellement ; et c'est d'instaurer un jeu où les sociétés concourraient entre elles pour des enjeux rationnels d'une telle envergure qu'aucune ne puisse se passer d'aucune autre.

Ce n'est pas l'Homme que l'Homme doit combattre. Combattre l'Homme, c'est de la démence. Non, l'Homme doit se battre contre les éléments qui oppriment l'espèce humaine. Il doit combattre tout ce qui l'empêche d'atteindre des buts élevés. Il doit lutter contre les éléments, contre l'espace et le temps, contre les espèces qui veulent sa destruction. L'Homme a tout juste commencé ses conquêtes. Il dispose à présent d'une technologie et d'un savoir suffisants pour partir à la conquête de l'univers. Il a autre chose à faire que perdre son temps en crises de nerfs et en discussions futiles sur les bombes atomiques.

Maintenant qu'il a maîtrisé l'atome, les autres mondes sont à sa portée. Pourquoi se chamailler à propos de celui-ci ? Les toutes dernières découvertes dans le domaine de la photosynthèse montrent que notre planète, sous peu, devrait crouler sous une abondance de nourriture et de vêtements, même si sa population était multipliée par mille. Alors pourquoi les hommes se querellent-ils ? Pourquoi ?

Deux hommes sains d'esprit se lanceront dans un concours pro-survie. Lequel réalisera le plus de progrès ? Lequel sera le plus

« *Si la Dianétique s'intéresse d'aussi près à la guerre, c'est parce qu'une course est engagée entre la science du mental et la bombe atomique. Peut-être n'y aura-t-il pas de génération future pour savoir qui a gagné...* »

productif ? Ces nations puissantes, ces « grandes puissances » redoutables ne sont-elles donc rien d'autre que des gosses mal élevés et retardés qui se lancent des insultes à la face pour l'acquisition d'un chat crevé ? Et les armées ? Les armées, ça meurt. Si le pouvoir est synonyme de raison, alors l'Empire romain règne toujours sur le monde. Qui redoute aujourd'hui cette curiosité archéologique qui portait jadis le nom de Rome ?

Il existe un but meilleur, un but plus noble, un but plus glorieux que des villes ravagées et des cadavres rongés par les radiations. Il y a tout ce bonheur, toute cette liberté à conquérir. Et tout un univers.

Celui qui refuse de l'admettre n'est pas digne de gouverner. Et celui qui passe son temps à assouvir ses haines est bien trop fou pour qu'on l'écoute.

Jusqu'où l'Homme peut-il pousser ses conquêtes ? S'il cherche à conquérir l'Homme, il perd. En revanche, s'il conquiert ses peurs, s'il conquiert les étoiles, il gagne.

Combattez les ennemis naturels de l'Homme, combattez-les bien, et ses guerres fratricides cesseront d'elles-mêmes. C'est ça la santé d'esprit.

La Dianétique ne cherche pas à sauver le monde. Elle cherche seulement à empêcher que le monde soit une nouvelle fois « sauvé », car une Troisième Guerre mondiale serait fatale ! La Dianétique n'a rien contre le fait de se battre ; elle montre très précisément ce qu'il y a à combattre. Parmi les choses dont il faut venir à bout, on trouve les facteurs mentaux, implantés dans l'individu et dans la société, qui sont responsables de tous les malheurs humains, et qui sont les véritables ennemis de l'humanité. L'Homme, dans son égarement, n'a pas su reconnaître ses ennemis. Ils sont visibles à présent. Alors, à l'attaque !

Le Futur de la thérapie

Dans vingt ans ou dans un siècle, les techniques thérapeutiques proposées dans ce livre seront sans doute complètement dépassées. Dans le cas contraire, la foi de l'auteur dans l'esprit d'invention de ses semblables aura été mal placée. Nous possédons ici quelque chose qui n'avait jamais existé, une science du mental qui marche avec tout le monde. Les techniques ne peuvent être qu'améliorées.

Toute science commence par la découverte d'axiomes fondamentaux. Puis elle se développe peu à peu, à mesure que de nouvelles données sont découvertes et à mesure que son horizon s'élargit. De nouvelles techniques font sans cesse leur apparition, qui sont perfectionnées et reperfectionnées. Les axiomes fondamentaux, les toutes premières découvertes de la Dianétique sont des vérités scientifiques tellement inébranlables qu'elles ne subiront sans doute que très peu de modifications. Quant aux informations que ces axiomes ont permis de découvrir, leur nombre est déjà considérable et il augmente chaque jour. Les techniques (c'est-à-dire la mise en application de ces informations) seront sous peu modifiées et améliorées. Leur principale qualité, et elle est de taille, c'est qu'elles fonctionnent et qu'elles produisent de très bons résultats, des résultats solides, des résultats scientifiques.

Un jour, il y a très longtemps, un être humain découvrit les principes de base qui régissaient le feu. C'était la première fois que quelqu'un se rendait maître du feu. Puis l'Homme apprit les vertus de la cuisine et du chauffage. Bien plus tard, il élabora la métallurgie, laquelle fut à la base d'une nouvelle culture. Mais les principes de base relatifs au feu sont toujours restés plus ou moins les mêmes. Les premières techniques employées pour manipuler le feu nous sembleraient aujourd'hui dépassées. Nous avons des allumettes, des briquets et des combustibles. Mais à l'époque de la découverte du feu, le silex ou les deux bouts de bois qu'on frotte ensemble ont dû être considérés comme des découvertes fabuleuses, même si l'Homme se servait déjà du feu depuis un certain temps, soit comme arme, soit comme moyen pour lutter contre le froid.

Prenons la roue. Les principes de base relatifs à la roue n'ont pas changé d'un iota à ce jour. La première roue utilisable était sans doute peu maniable, mais comparée à pas de roue du tout, c'était un miracle.

Eh bien, il en a été de même avec la thérapie de Dianétique. Les principes de base, les axiomes et les découvertes de la Dianétique forment une science organisée dont l'Homme ignorait tout. Tout comme les premières techniques pour faire du feu ou comme les premières roues, la thérapie de Dianétique peut être considérablement améliorée. Elle fonctionne, c'est vrai. Et elle efficace. Et on peut l'utiliser en toute sécurité.

Mais la technique employée actuellement présente deux inconvénients. Elle exige de l'auditeur plus d'habileté qu'il n'en faudrait et elle n'est pas aussi rapide qu'elle pourrait l'être. L'idéal serait que l'auditeur n'ait pas à se livrer à des analyses ou à tirer des conclusions. En fait, on peut imaginer qu'il existera un jour une technique qui fonctionnera sans auditeur. Mais pour l'instant, sa présence est vitale. Il faudrait aussi une technique qui produise un Clair en quelques heures. Bref, il y a deux problèmes à résoudre : nous devons simplifier la thérapie et la rendre plus rapide.

On pourrait dire que c'est beaucoup demandé à un mathématicien et à un philosophe de résoudre tous les problèmes et de chercher lui-même toutes les améliorations. En fait, en mettant au point les techniques, il a déjà fait beaucoup plus que sa part de travail. Une société se doit de répartir les tâches.

Lorsque les axiomes et les principes de base furent découverts, il était impossible de les publier, car il n'y avait personne pour les mettre en pratique. Il fallut donc poursuivre le travail jusqu'au bout, non seulement en effectuant toutes les expériences, mais également en mettant au point les techniques.

Faisons une comparaison. Prenons un ingénieur des ponts et chaussées. Disons qu'il existe deux plateaux séparés par un canyon et que l'un des plateaux est plus élevé que l'autre. L'ingénieur constate que si les gens pouvaient traverser le canyon et se rendre de l'autre côté, sur le plateau plus élevé qui n'a encore jamais été foulé par l'Homme et qui est beaucoup plus fertile et agréable, ce plateau pourrait devenir un très bel espace cultivable. Il décide de construire un pont. Apparemment, on avait toujours cru impossible de bâtir un pont au-dessus de ce canyon, du fait que les habitants du plateau inférieur, d'où ils étaient placés, ne voyaient pas le plateau supérieur et ignoraient son existence. L'ingénieur, en découvrant de nouveaux principes relatifs à la construction des ponts et en établissant à partir de ses textes de références certains faits jusqu'alors ignorés, parvient à jeter un pont sur le canyon. Il le traverse et examine attentivement le plateau. D'autres personnes traversent à leur tour et contemplent le nouveau terrain avec ravissement. De plus en plus de gens traversent le pont. Le pont est solide, même s'il n'est pas très large, et on peut le parcourir sans danger. Il n'a pas été prévu pour une circulation dense et rapide. Mais il contient les principes de base et les axiomes permettant de franchir le canyon maintes et maintes fois. De nombreuses personnes commencent à s'approcher du canyon et à regarder en direction du plateau supérieur.

Que penseriez-vous de la société vivant sur le plateau inférieur si elle se mettait à gémir ou à pleurnicher ou à discutailler au lieu de mettre la main à la pâte et d'élargir le pont ou d'en construire d'autres ?

Dans ce livre, vous avez les axiomes de base et une thérapie qui marche.

Pour l'amour du ciel, retroussez vos manches et construisez un meilleur pont.▲

Que penseriez-vous de la société vivant sur le plateau inférieur si elle se mettait à gémir ou à pleurnicher ou à discutailler au lieu de mettre la main à la pâte et d'élargir le pont ou d'en construire d'autres ?

Dans ce livre, vous avez les axiomes de base et une thérapie qui marche.

Pour l'amour du ciel, retroussez vos manches et construisez un meilleur pont.

──△──
La Dianétique

L'entrée dans le XXIᵉ siècle

Lors de la parution de la *Dianétique*, le 9 mai 1950, bien peu de gens auraient pu prévoir l'incroyable impact que ce livre aurait sur la vie de millions de gens de par le monde.

Aujourd'hui, plus d'un demi-siècle après, la Dianétique est toujours plus en vogue que les best-sellers courants. Lorsqu'ils lisent ce livre pour la première fois, les gens trouvent ses principes aussi novateurs et révolutionnaires que les premiers lecteurs en 1950. Avec 20 millions d'exemplaires en 53 langues actuellement en circulation – transmis de mains en mains comme une réaction en chaîne – la *Dianétique* est devenue un phénomène international, qui améliore radicalement la vie de personnes, des cités aussi gigantesques que New York ou Moscou ou des pays aussi retirés que l'Albanie ou le Népal.

Quelle est la raison de cette notoriété persistante ? Comment se fait-il qu'un ouvrage décrit comme un manuel sur le mental humain ait pu saisir à ce point l'imagination populaire ?

Les résultats.

Les témoignages de ses millions de lecteurs racontent son histoire. En appliquant ce qu'ils ont lu, ils ont constaté, chez eux et chez les autres, une intelligence, une vivacité et une vitalité plus grandes, une compréhension approfondie de la vie et la solution à des problèmes jusqu'ici « insolubles ». En bref, voici un livre qui, de l'avis du public même, « tient ses promesses ». Lorsque les gens éprouvent les résultats de la Dianétique, ils en parlent aux autres. C'est ainsi que cela grandit, comme cela a grandi ces cinquante dernières années.

Telle est l'histoire de la Dianétique.

1950 : La Naissance d'un phénomène

C'est avec les propos clairvoyants d'un célèbre chroniqueur de l'époque, Walter Winchell, qu'on se mit à entrevoir, en janvier 1950, l'impact qu'aurait ce livre : « En avril prochain, quelque chose de nouveau va apparaître : la Dianétique. Une nouvelle science qui fonctionne avec l'invariabilité des sciences physiques dans le domaine du mental. De toute évidence, cela se révélera tout aussi révolutionnaire pour l'humanité que la découverte et l'usage du feu pour l'homme des cavernes. »

Avant même que le livre ne soit sous presse, la rumeur qui le précédait avait généré plus de 40 000 commandes. Et dès qu'il commença à être expédié, quelque 25 000 lettres et télégrammes de félicitations à l'auteur déferlèrent dans les bureaux de son éditeur, qui ne savait plus où donner de la tête. Les librairies ne parvenaient pas à satisfaire la demande et épuisaient leur stock à peine le livre mis en vitrine, tout en cachant quelques précieux exemplaires pour leurs meilleurs clients. En quelques semaines, l'ouvrage apparut sur la liste des best-sellers du *New York Times*. Il y demeura pendant près de six mois, plus exactement 26 semaines. Vendu à une cadence sans précédent, il fut réimprimé sept fois la première année.

Outre l'accueil que le public réservait au livre, un élément encore plus impressionnant avait lieu. Les gens ne faisaient pas que le lire : ils l'UTILISAIENT. Ainsi, la *Dianétique* ne constituait pas un quelconque traité sur le mental. Il s'agissait d'un manuel destiné à être utilisé. Ce qui amena bon nombre de ses lecteurs d'alors, et d'aujourd'hui aussi, à le baptiser « le mode d'emploi du mental humain ».

En fait, une foule de gens commença à sonner à la porte de Ron Hubbard, dans le New Jersey. Chacun souhaitait lui parler et être formé par l'auteur en personne. Ils ne tardèrent pas à s'entasser, debout dans sa salle de séjour, pour assister à des conférences improvisées sur le sujet. En quelques semaines, une seconde et une troisième maison furent nécessaires pour loger le flot constant d'étudiants. À l'automne 1950, la Dianétique avait déclenché un tourbillon d'activité à l'échelle nationale, avec la création de plus de 750 groupes de Dianétique utilisant la technologie directement tirée du livre. Et à fin 1950, Ron Hubbard avait donné 155 conférences publiques et enseigné personnellement à plus d'un millier de personnes comment utiliser ses techniques.

Les journaux qui suivaient le phénomène proclamaient « Le succès fulgurant de la Dianétique aux États-Unis » et « Le mouvement qui progresse le plus rapidement en Amérique ». En fait, un journaliste estima qu'en septembre 1950, près d'un quart de million de personnes utilisaient les techniques de Dianétique aux États-Unis.

L'expansion mondiale de la Dianétique

La popularité de la Dianétique ne connaissait pas de frontière. En janvier 1951, le livre fut édité en Angleterre et des traductions en français, allemand, japonais et dans les langues scandinaves étaient en cours. Des exemplaires avaient même réussi à filtrer clandestinement au-delà du Rideau de fer, en Union soviétique. Et des groupes de Dianétique se formaient partout, en Angleterre, en Suède, en Allemagne, en Suisse, en Afrique du sud, en Australie, au Guatemala, au Pérou, au Canada et en Finlande.

En d'autres termes, la Dianétique était là pour durer. Contrairement à d'autres livres, qui apparaissaient pour quelques semaines ou quelques mois puis disparaissaient, la popularité de la Dianétique ne cessait de s'amplifier. Et dans les années soixante-dix, des millions d'exemplaires de l'ouvrage étaient en circulation.

Lors de la chute du régime communiste en Russie, tout le pays réclama la Dianétique : plus de 300 000 exemplaires du livre furent immédiatement mis en circulation et plus de 50 groupes de Dianétique surgirent dans leur sillage.

La Hongrie suivit le mouvement, puis la Chine, où un public avide de vraies réponses concernant le mental humain s'arracha immédiatement plus de 400 000 exemplaires.

Et il en est allé ainsi pays après pays.

Aux États-Unis, berceau de la Dianétique, le livre a fait date dans l'histoire de l'édition en devenant le premier ouvrage à réintégrer la liste des best-sellers du *New York Times* près de quarante ans après sa sortie, et en y restant plus d'une année. Aujourd'hui, près de 18 millions d'exemplaires de ce livre circulent entre les mains de lecteurs internationaux.

À ce jour, la *Dianétique* a été publiée en plus de 50 langues. Elle est donc à la portée de pratiquement toute personne qui sait lire sur Terre. La demande pour cet ouvrage croît au fur et à mesure que les gens découvrent ce simple fait : la Dianétique contient des découvertes sans précédent sur le mental et la vie. Et tant qu'on ne l'a pas lu, on ignore ce fait.

Transformer une civilisation

Au cours du demi-siècle qui a suivi sa publication, la technologie de Dianétique a pénétré notre culture d'innombrables façons. Par exemple, avant 1950, le consensus dominant parmi les « experts » du mental humain considérait l'intelligence génétiquement fixée à la naissance et que rien ne pouvait l'améliorer. Ils cataloguaient les écoliers comme « brillants » ou « stupides » et les traitaient en conséquence. La Dianétique, au contraire, démontrait que quiconque pouvait, grâce à cette technologie et quelle que soit sa race, son origine ou son milieu social, libérer le plein potentiel de son mental et améliorer la conscience et l'intelligence bien au-delà de ce qu'on avait imaginé jusqu'alors. Les résultats obtenus grâce à la Dianétique générèrent une vague de témoignages personnels et d'articles de presse qui réduisirent en miettes le modèle psychiatrique de la « supériorité génétique » et le fait que « l'on naisse avec une quantité déterminée d'intelligence ».

Prenons par exemple le thème de la « vie prénatale », telle que décrite en détail dans le livre. Avant 1950, la théorie prétendait que « l'enfant était incapable d'enregistrer des souvenirs jusqu'à ce que le manchon de myéline soit formé vers l'âge de quatre ans. » Le fœtus était donc considéré comme un simple légume et les soins prénataux se limitaient à l'alimentation. Aujourd'hui, la science a prouvé la justesse de ce que tout bon dianéticien savait en 1950. Autrement dit, le fait que le fœtus n'entend pas seulement des sons mais que « les expériences prénatales et la naissance » peuvent influencer la personnalité de l'enfant. La publication de la *Dianétique*, suscita un véritable tourbillon de « découvertes » relatives au vécu prénatal, y compris le fait qu'un bruit violent pouvait être nuisible à l'enfant à naître. Ces éléments furent à l'origine du mouvement pour l'accouchement naturel de la fin des années soixante-dix et de la « naissance dans le silence ».

De même, la Dianétique révéla la première les effets nuisibles des déclarations émises près d'une personne inconsciente. Avant ces découvertes, il était courant de bavarder en salle d'opération, les médecins discutant du cours de la bourse, des résultats de golf et de milliers d'autres sujets, implantant tranquillement ainsi des injonctions chez leurs patients inconscients.

Ce fut le taux réellement stupéfiant de guérison des patients, lorsqu'on suivait la recommandation faite en Dianétique de garder un silence total à proximité d'une personne inconsciente, qui commença à faire changer les choses. Juste avant la fin du siècle, on a pu lire dans le prestigieux *London Sunday Times* que « très souvent, les patients sous anesthésie entendent inconsciemment tout ce qui se dit pendant l'opération, ce qui peut avoir sur eux des répercussions désastreuses. » Et l'on constate que la règle du silence absolu est exigée dans bien des hôpitaux du globe et même dans des vidéocassettes de formation aux soins d'urgence.

Si le monde met parfois du temps à assimiler les découvertes de Dianétique, la vie de chacun s'en trouve améliorée une fois que c'est le cas.

De la Dianétique à la Scientologie

L. Ron Hubbard ne s'arrêta pas là. Après ses découvertes révolutionnaires en Dianétique, il poursuivit ses recherches sur le mental et sur la vie. En effet, si la Dianétique détaillait l'anatomie du mental humain et des images qui le composent, elle soulevait du même coup de nombreuses questions sur la nature de l'homme. Et la plus importante de ces questions était celle-ci : « Qui ou quoi regarde ces images mentales ? »

Ce qui amena Ron Hubbard à une conclusion saisissante sur la nature humaine : il n'est ni son corps ni son mental, mais un être spirituel. L'homme n'a pas une âme ou un esprit, conclut-il, il est un esprit. Et cette force de vie, l'être lui-même, est la source de tout ce qui est bon, décent, créatif et beau dans le monde.

C'est ainsi qu'en évoluant dans un domaine appartenant par tradition à la religion — le royaume de l'esprit humain — L. Ron Hubbard fonda la religion de Scientologie. Le terme *Scientologie* provient du latin *scio* (savoir) et du grec *logos*, qui suppose le mot ou la forme extérieure permettant d'exprimer et de faire connaître la pensée intérieure. C'est pourquoi la Scientologie signifie savoir à propos de la connaissance. Elle est constituée d'un vaste corps de connaissances, comprenant certaines vérités fondamentales et touchant à toutes les activités de l'homme. Comme la Dianétique, la Scientologie offre une connaissance pratique que chacun peut apprendre et utiliser dans son existence. Il ne s'agit pas d'un système de croyances ou de foi. L'accent est mis sur l'application exacte de ses principes pour améliorer la vie.

Aujourd'hui, la religion de Scientologie se développe sur toute la planète. C'est en fait le mouvement religieux qui progresse le plus rapidement au monde.

Mais alors, direz-vous, que devient la Dianétique ? Elle demeure vivante, prospère en tant que branche de la religion de Scientologie. Des séminaires, des cours et des séances d'audition de Dianétique sont disponibles dans toutes les églises et missions de Scientologie et dans les milliers de groupes de Dianétique aux quatre coins du globe.

La Dianétique aujourd'hui

Au fil des décennies qui suivirent la parution de *La Dianétique*, L. Ron Hubbard continua à en affiner et en parfaire les techniques. Et en 1978, il publia « un résumé et un perfectionnement de la Dianétique fondé sur plus de 30 ans d'expérience dans l'application du sujet ». Ceci accroissait considérablement la vitesse et l'efficacité de la technologie. Il baptisa cette découverte capitale la Dianétique du Nouvel Âge. « Les vieux routiers de la Dianétique ne pourront qu'approuver ces améliorations, affirma Hubbard à l'époque, cela n'infirme en rien ce qu'ils savent déjà être vrai. Mais il y a des perfectionnements qui les feront sauter de joie. »

Aujourd'hui, des milliers de groupes de Dianétique, de centres et d'églises de Scientologie étudient la Dianétique. Dans ces organisations, on peut trouver d'autres livres sur la Dianétique et la Scientologie, des cassettes enregistrées des conférences de L. Ron Hubbard et des vidéocassettes sur les principes et technologies de Dianétique et de Scientologie.

Les nouveaux venus assistent souvent à des conférences de Dianétique ou à des séminaires. Ils apprennent, sous une supervision experte, comment appliquer les techniques de Dianétique les uns aux autres. Le cours Hubbard d'auditeur de Dianétique (HDA) dispense une formation professionnelle en Dianétique. Pour acquérir une connaissance et une maîtrise parfaites du mental et de la vie, les étudiants avancés se forment ensuite en tant qu'auditeur de Scientologie, avant d'étudier la Dianétique du Nouvel Âge.

L'état de Clair, tel que décrit originellement dans le livre *La Dianétique*, est aujourd'hui un fait accompli. Des Clairs voient le jour couramment dans les organisations de Dianétique et de Scientologie du monde entier. Où que vous viviez, la route vers l'état de Clair, et vers des états supérieurs atteints en Scientologie, vous est largement ouverte.

La Dianétique transforme la vie
des gens partout

La Dianétique continue à améliorer la vie de gens, de familles et de communautés entières grâce à sa technologie révolutionnaire. Partout où la Dianétique passe, elle apporte la compréhension et la santé d'esprit là où régnaient auparavant l'ignorance, la violence et la démence.

Pendant un demi-siècle, la Dianétique a aidé des gens capables à le devenir encore plus, leur montrant comment libérer leur plein potentiel mental. Du P.D.G. au médecin et à l'artiste, des millions de gens de toutes les couches sociales ont trouvé les réponses qu'ils recherchaient. Et aujourd'hui, dans les coins les plus reculés de la planète, on découvre que la Dianétique détient la clé de nos plus gros problèmes.

Considérons le réfugié kosovar qui a découvert la Dianétique dans un camp de réfugiés en Albanie après avoir subi « l'épuration ethnique » de 1999 dans son pays. « Lorsque nous sommes arrivés ici, écrivit-il, nous étions traumatisés, bouleversés et épuisés jusqu'au plus profond de notre chair. Nous étions dans un état de détresse totale et tous nos espoirs futurs étaient anéantis. Depuis que j'ai commencé la Dianétique, je suis plus calme, plus heureux et à nouveau plein de vie, ce que j'avais alors perdu. La Dianétique m'a donné une nouvelle vie. » Trente-six groupes de Dianétique sont aujourd'hui actifs au Kosovo, aidant à bâtir un nouvel avenir pour ce pays, un avenir construit sur la santé d'esprit et non sur la haine. Prenons également le Rwanda, un pays ravagé par la violence, où « le gouvernement a décrété la loi martiale et a interdit à son peuple de se réunir en groupe ». La seule exception ? Les groupes de Dianétique. Pourquoi ? Comme l'a dit le ministre de la Justice, c'est « parce que mon pays et moi avons besoin de vous. Vous redonnez l'espoir à mon pays et à moi-même. » Le bouche à oreille se répandit rapidement dans tout le Rwanda et au-delà de la frontière au Congo et dans les autres pays voisins, avec plus de 10 000 personnes qui appliquent la Dianétique dans leur communauté.

Et il y aussi le capitaine du commissariat de police central de Johannesburg qui, confronté au taux de criminalité démesuré et l'un des plus hauts qui soit, s'est mis en quête de vraies solutions. Il a découvert la Dianétique et s'est inscrit avec ses soixante-quatre officiers à un séminaire de Dianétique. Ils ont trouvé une solution qui marche. Et ils ont réalisé, comme l'a exprimé un officier, que la survie « n'est pas de se battre, mais de penser rationnellement ».

Et il en va ainsi, pays après pays, au fur et à mesure que les gens découvrent comment ramener la santé d'esprit et le bonheur dans leur vie, leur famille et leur communauté.▲

Autres livres et cassettes de Ron Hubbard

La meilleure source d'informations sur la Dianétique et la Scientologie, ce sont les livres et les conférences enregistrées de Ron Hubbard. Voici donc une sélection de livres, de conférences et de vidéos conseillés afin de guider le lecteur désireux d'en savoir plus à ce sujet.

On peut se demander par où commencer et dans quel ordre étudier ces matériaux. Les catégories qui suivent vont en général des matériaux élémentaires aux ouvrages plus avancés ou plus spécialisés.

Ces ouvrages renferment la sagesse de Ron Hubbard. Quiconque s'il le désire peut y avoir accès. En effet, les librairies et les bibliothèques municipales proposent nombre de ces livres. Les autres s'obtiennent dans toutes les Églises, Missions ou Centres dont la liste figure à la page 529. Beaucoup ont été traduits en plusieurs langues.

Livres, vidéos et cassettes de Dianétique

Comment utiliser la Dianétique, un guide visuel du mental humain • Dans cette vidéo, vous verrez une démonstration claire, étape par étape, des principes de base et des procédures du livre *La Dianétique* qui vous permettra de mettre cette technologie en pratique avec confiance et certitude. Vous verrez comment le mental analytique fonctionne exactement, et les effets négatifs de la source unique du stress, de la tristesse, des émotions douloureuses et des maladies psychosomatiques : le mental réactif. Vous verrez à quoi ressemble une séance d'audition et vous pourrez commencer à appliquer cette technologie immédiatement pour vous débarrasser de votre mental réactif et parvenir à une assurance, une intégrité et une confiance plus grandes en vous, en vos amis et en votre famille.

Les conférences et démonstrations de Dianétique •

Suite à la parution de *La Dianétique : La puissance de la pensée sur le corps*, Hubbard donna un cours spécial sur la Dianétique à Oakland, en Californie à des participants, avides d'en savoir plus au sujet de cette technologie révolutionnaire. Dans une série de quatre conférences, il parle des engrammes, de la façon de venir à bout du chagrin chez un préclair, de faire progresser les préclairs en difficulté, et des nouveaux développements en Dianétique. L'une de ces conférences est suivie d'une vraie séance, démontrant les techniques de l'audition de Dianétique, effectuées par Hubbard lui-même.

Les Dynamiques de la vie •

Les Dynamiques de la vie • Écrit en 1947, c'est le premier compte rendu officiel des recherches de Ron Hubbard sur la structure et les fonctions du mental humain. Ce livre était la thèse originelle de Hubbard. Il contient la description initiale des principes de l'audition, dont le code de conduite qu'un auditeur devrait suivre, la nature des engrammes et leurs effets sur les personnes et des historiques de cas montrant les résultats sans précédents obtenus avec l'audition de la Dianétique des premiers jours. Il n'est guère surprenant que la première fois que le manuscrit a circulé, Hubbard a été inondé de demandes pour plus d'informations. Ceci l'a conduit à écrire ce manuel de procédure de Dianétique qui a fait date, *La Dianétique : La puissance de la pensée sur le corps*. *Les Dynamiques de la vie* fait une présentation plus concise du fonctionnement du mental et de l'utilisation de la Dianétique pour soulager les souffrances de l'homme.

Dianétique : Évolution d'une science •

Dianétique : Évolution d'une science • Dès son jeune âge, Ron Hubbard a été très intrigué par le mystère de l'homme et de son mental. *Dianétique : Évolution d'une science* raconte comment il en est venu à effectuer les percées qui ont résolu ce mystère. Ce livre révèle par quel moyen Hubbard a pu reconnaître et isoler la vraie personnalité fondamentale de l'homme. Il explique comment des événements douloureux ou traumatisants de la vie peuvent s'insinuer au plus profond d'un individu et créer peurs, sentiments d'insécurité et maux psychosomatiques. On y apprend aussi que c'est en décrivant le plein potentiel du mental que Hubbard a pu surmonter ces obstacles. Grâce à son travail, ce potentiel est maintenant accessible.

Self-Analyse • Un livre indispensable de tests et de techniques fondés sur les découvertes de la Dianétique. Ce livre emmène le lecteur dans la plus intéressante des aventures qui soit, la quête de soi et la réalisation de son potentiel, qui est « bien meilleur qu'on ne vous l'a jamais laissé croire ». Le livre s'articule autour d'un tableau d'auto-évaluation dans lequel on peut suivre l'amélioration de son niveau de ton au moyen des procédés de Self-Analyse. En particulier, on y trouve des procédés à faire soi-même. En effet, quand vous suivez ces procédures, c'est comme si Ron Hubbard lui-même vous auditait. D'après les rapports des lecteurs, l'emploi de ce manuel ne serait-ce qu'une demi-heure par jour peut améliorer de façon spectaculaire la mémoire, le temps de réaction, la vivacité et l'aptitude toute simple à être heureux dans la vie et à savoir apprécier les choses. En vous réévaluant, vous pouvez mesurer vos propres progrès. Cette aventure de la Dianétique, vous pouvez la vivre chez vous.

Science de la survie • Voici le livre qui a changé à jamais la façon de considérer la vie et l'univers. Avant sa publication, la science considérait la vie comme une sorte de machine à énergie calorique fonctionnant sur une base d'excitation-réflexe. Dans cet ouvrage, Ron Hubbard décrit pour la première fois sa percée : l'isolation de « l'énergie vitale », ce type d'énergie existant indépendamment de l'univers physique. Pour la décrire, il a utilisé la lettre grecque *thêta* . C'est l'impact de cette énergie sur l'univers physique, composé de matière, d'énergie, d'espace et de temps (MEST), qui nous fournit toute l'étendue de l'expérience humaine. Cette percée devint « la théorie thêta-mest ».

Cette découverte est à l'origine du développement du tableau de l'évaluation humaine, élément central de ce livre. Ce tableau étonnant constitue le regard le plus profond et le plus pénétrant jamais posé sur le caractère et le comportement humain. Le livre couvre en détail l'emploi de ce tableau, afin de situer précisément les gens et de prédire leur comportement futur.

Le Cours spécial d'évaluation humaine • Cette série de neuf conférences décrit en détail le sujet de l'évaluation humaine et la façon dont on peut s'attendre à ce que les gens réagissent dans certaines circonstances. Le cœur de cette série est l'échelle des tons, l'échelle graduelle de Scientologie qui montre les niveaux émotionnels d'une personne, qui vont du plus haut niveau (sérénité de l'être) vers le bas, en passant par des niveaux tels que l'ennui, le chagrin et l'apathie. On y trouve les détails et les démonstrations concernant la façon dont les gens réagissent aux différents niveaux de ton. On y apprend aussi la manière d'utiliser l'échelle des tons pour apprendre à mieux communiquer.

Dianétique 55 ! • On le surnomme « le deuxième livre de la Dianétique ». Il présente un résumé des percées et des développements réalisés au cours des cinq années qui suivirent la publication du « Livre Un », *La Dianétique : la puissance de la pensée sur le corps* en 1950. Il explore plus avant ce que la Dianétique appelle « l'unité consciente de conscience » : la personne elle-même. Il définit aussi les composantes de la liberté : l'affinité, la réalité et la communication, et celles du piège : la matière, l'énergie, l'espace et le temps.

Dianétique 55 ! énonce également les fondements de la communication - sujet tellement essentiel à la liberté spirituelle qu'il permet d'affirmer d'une personne qu'elle est aussi vivante qu'elle peut communiquer. Cet ouvrage demeure la référence définitive en matière de communication efficace dans les cours de Scientologie.

La Dianétique pour enfants • Ce livre vit le jour pour répondre aux questions des parents qui désiraient un livre permettant de mieux comprendre les enfants et de les élever selon les principes de la Dianétique. *La Dianétique pour enfants* révèle la véritable cause des troubles, de l'irrationnel et des peurs chez les enfants et permet d'y remédier. Ce livre montre aux parents comment comprendre vraiment un enfant et établir avec lui une relation honnête et affectueuse reposant sur la confiance et le respect mutuel. C'est là un guide que tout parent devrait posséder.

Notes sur les conférences de Ron Hubbard • À la fin des années 50, Ron Hubbard donna une série clé de conférences sur la Dianétique, le triangle affinité-réalité-communication et l'échelle des tons. À sa demande, les permanents de la Fondation Hubbard de recherche Dianétique prirent des notes détaillées, dont les copies de ses dessins au tableau noir. Puis ils les compilèrent pour élaborer ce manuel complet. On y trouve une des premières et des plus célèbres mentions du triangle d'ARC et de l'échelle des tons. Il y a aussi une vue détaillée montrant comment l'attitude d'une personne envers la vie, sa capacité de communiquer avec les autres, son comportement, et même son bien-être physique, sont différents selon sa position, élevée ou basse sur l'échelle des tons.

Guide pour préclairs • Ce livre de Dianétique sert de manuel d'audition aussi bien à un auditeur qu'à une personne s'auditant elle-même. Il est conçu pour que l'individu s'élève sur l'échelle des tons, pour diminuer l'effet du mental réactif et restaurer l'autodétermination, l'intelligence et les aptitudes. Pour faire l'expérience des miracles de la Dianétique, il suffit d'avoir ce livre et de désirer s'améliorer.

Procédure avancée et Axiomes La Dianétique est le premier sujet à codifier la vie sous forme d'axiomes. On trouve dans ce livre les principes élémentaires qui régissent la vie et le mental. La connaissance et l'emploi de ces lois fondamentales peuvent conduire à la liberté spirituelle. On peut aborder tout cas sous trois aspects : la pensée, l'émotion et l'effort. En voici l'anatomie, leur description et les procédés exacts pour leur audition. Ce livre révèle pour la première fois combien nos pensées et nos décisions ont la capacité de façonner la vie.

Les livres de Scientologie

Scientologie : les fondements de la pensée • Ron Hubbard considérait *Les Fondements de la pensée* comme son premier livre de Scientologie. Dans cet ouvrage, il présente de nombreux principes de la religion de Scientologie. Ce livre contient un vaste résumé de sa recherche ainsi qu'une description complète des principes les plus fondamentaux de la Scientologie : le cycle d'action, les conditions d'existence, le triangle d'ARC et les différentes parties de l'homme : le thétan, le mental et le corps. Un chapitre traite de techniques d'audition de Scientologie qui peuvent s'utiliser immédiatement pour provoquer des changements désirables. *Les Fondements de la pensée* sont, en fait, les fondements de la vie.

Scientologie : une nouvelle optique sur la vie • Une collection de trente essais de Ron Hubbard sur : l'anatomie exacte de la réussite ou de l'échec, la source du succès conjugal, comment aider les enfants à réussir leur vie, les deux règles à suivre pour mener une vie heureuse, la nature des problèmes (et leur solution), comment la connaissance modifie la certitude, l'importance de l'honnêteté, la préservation de la liberté et plus encore. *Scientologie : une nouvelle optique sur la vie* contient à la fois un exposé des principes et concepts profonds sur lesquels repose la Scientologie ainsi que des techniques remarquables à la portée de quiconque souhaite améliorer sa vie.

Scientologie 0-8 : les principes de base de la Scientologie • Voici les principes et les données techniques de base de la Scientologie. Ce livre comprend les axiomes et les buts de la Scientologie, le code du scientologue, les logiques, plus de trente tableaux et échelles, une description du symbole de la Scientologie et davantage. Le titre signifie « Scientologie de zéro jusqu'à l'infini », le chiffre 8 étant le symbole de l'infini placé verticalement. *Scientologie 0-8* fournit de façon concise les données fondamentales de la vie.

Les Problèmes du travail • Dans ce livre, Hubbard isole les problèmes que l'on rencontre dans le travail, aussi bien sur une chaîne de montage que dans le bureau d'un P.D.G. Il offre des solutions à ceux qui se sentent à bout de nerfs et à ceux qui ont le sentiment, fort répandu, qu'ils n'arriveront jamais à faire tout ce qui leur incombe. Ce livre explique comment résoudre les confusions qui règnent dans le travail et ouvre la voie à l'efficacité.

Avez-vous vécu avant cette vie ? • Avec plus de 40 comptes rendus individuels de vies passées s'étant révélées au cours de séances d'audition, ce livre a grandement ravivé l'intérêt pour le sujet sur un plan international. Il décrit comment le fait de se rappeler des vies passées peut produire des effets bénéfiques qui changent la vie, et comment ce savoir peut accroître la conscience spirituelle. Il répond à des questions comme « que se passe-t-il quand quelqu'un meurt ? » et « les fantômes existent-ils ? »

Tout sur les radiations • Écrit par Ron Hubbard avec deux médecins bien connus, ce livre rapporte les faits concernant l'effet des radiations sur le corps et l'esprit, et offre des solutions à leurs effets nocifs. Succès de librairie dès sa parution, *Tout sur les* *radiations* dit la vérité sur le sujet méconnu et peu discuté des radiations. De plus, il présente le Programme de purification, la technologie permettant de résoudre les effets cumulés des radiations.

Scientologie 8-80 • Découvrir et accroître l'énergie vitale est un rêve aussi vieux que l'humanité. Cet objectif a été atteint en Scientologie et ce livre révèle comment. Le symbole 8-8 représente l'infini placé verticalement, 0 représentant le statique, thêta. Dans cet ouvrage, Ron Hubbard décrit le thétan comme étant un miroir. Voici la vérité sur la nature de l'homme, l'être spirituel qui *crée* et *utilise* l'énergie de l'esthétique, de la pensée, de l'émotion et de l'effort pour agir dans l'univers physique.

Scientologie 8-8008 • 8-8008 signifie que l'on parvient à l'infini (le chiffre 8 couché) par la réduction de l'infini apparent de l'univers physique à zéro et par l'augmentation de sa propre capacité créatrice d'un zéro apparent à l'infini. En d'autres termes, c'est l'étude de la libération de l'esprit humain des effets de l'univers physique. C'est là que les Facteurs (somme des considérations et des recherches sur l'esprit humain et l'univers physique) furent publiés pour la première fois. Présentés à l'origine au public des conférences du Cours de doctorat de Philadelphie, ces facteurs décrivent l'état d'être natif de l'homme et l'interaction de thêta et du MEST.

Scientologie : une histoire de l'homme • Un regard fascinant sur l'évolution et l'histoire de la race humaine, des concepts révolutionnaires qui vont vous intriguer et remettre en cause de nombreuses présomptions sur le pouvoir, le potentiel et les aptitudes véritables de l'homme. Ce livre est, comme le dit Ron Hubbard dans son introduction « un compte rendu froid et réaliste de vos soixante derniers billions d'années ».

La Création de l'aptitude humaine • Cet ouvrage trace la route conduisant à l'aptitude humaine suprême : agir comme un être spirituel, extérieur à son corps. Avec plus de quatre-vingts puissants procédés, ce livre constitue un manuel complet de réhabilitation des véritables aptitudes de l'homme.

Manuels de référence

Qu'est-ce que la Scientologie ? • La Scientologie traite de tous les sujets de la vie et de la vie elle-même. Comment communiquer cela à quelqu'un qui n'en a pas encore fait l'expérience par lui-même ? Ceux qui souhaitent en savoir plus sur la Scientologie ou bien faire connaître toute l'étendue du sujet devraient lire *Qu'est-ce que la Scientologie ?* Cet ouvrage est le plus complet jamais assemblé sur la religion de Scientologie, son héritage religieux, ses principes de base, ses pratiques, sa structure organisationnelle, son activité dans le monde, son développement, ses programmes pour l'amélioration sociale, et plus encore. *Qu'est-ce que la Scientologie ?* est l'ouvrage de référence pour qui veut connaître tous les faits sur la religion dont l'essor est le plus rapide au monde.

Le Manuel de Scientologie • Ce manuel complète *Qu'est-ce que la Scientologie ?* et couvre les principes fondamentaux dont chacun a besoin pour survivre. Beaucoup souhaiteraient aider les autres et le feraient s'ils savaient comment s'y prendre. Ce livre comble cette attente. C'est le manuel clé dont se sert un ministre volontaire de Scientologie dans le cadre de sa campagne pour changer efficacement les conditions de vie sur cette planète. Le Manuel de Scientologie présente la technologie miraculeuse de la Scientologie. Il contient en effet des moyens pour faire durer des mariages, ramener les jeunes délinquants sur le droit chemin, traiter les éléments hostiles de la société, sortir les familles des difficultés financières, résoudre les conflits humains, l'analphabétisme, la toxicomanie, l'alcoolisme, et bien d'autres. Ce livre contient plus de 950 pages de solutions pratiques aux vrais problèmes de la vie. Il constitue donc un manuel essentiel pour vivre dans le monde actuel.

Le Manuel d'audition des procédés d'assistance • Les procédés d'assistance aident quelqu'un à se remettre rapidement de contusions, de brûlures, de maladies, de perturbations et autres maux. Ils soulagent des aspects spirituels de la douleur, des chocs et des traumatismes émotionnels. On s'en sert couramment pour aider une personne, où qu'elle soit sur le Pont. Ce manuel contient cent trente procédés distincts, faciles à apprendre. C'est donc un moyen idéal pour présenter la Scientologie à quelqu'un en lui montrant combien une action très simple peut être efficace pour l'aider.

La Purification

Un corps pur, l'esprit clair : le Programme de purification efficace • Après d'intenses recherches, Ron Hubbard a découvert que certaines drogues pouvaient se loger dans les tissus graisseux du corps. Elles risquent de provoquer « flash-back », fatigue, paresse mentale et autres réactions néfastes, même des années après avoir cessé d'en prendre. Il a alors développé la technologie précise qui permet à une personne de se débarrasser des effets secondaires de toutes drogues, produits chimiques, radiations et toxines, lesquels peuvent empêcher le progrès spirituel. Ce livre explique cette technologie et les procédures du Programme de purification, méthode la plus efficace connue permettant d'éliminer les résidus toxiques dans le corps. Ce programme sauve des vies et des milliers de gens dans le monde l'ont fait, s'étant ainsi libérés des effets nuisibles des drogues et autres toxines.

Purification : une solution illustrée au problème de la drogue • Ce livre entièrement illustré présente le Programme de purification. Il montre la façon précise dont cette approche s'attaque aux effets restimulants des drogues et des toxines logées dans le corps. On y trouve les étapes du Programme de purification expliquées et illustrées. Ce manuel expose comment le programme élimine les drogues et les toxines accumulées dans l'organisme et permet de penser plus clairement.

Éthique

Introduction à l'éthique de Scientologie • Dans cet ouvrage, Ron Hubbard présente la première technologie efficace jamais conçue. Il définit des termes tels qu'*éthique, justice, morale*. De plus, il livre des formules destinées à améliorer la survie d'individus ou de groupes. Il révèle aussi les codes d'une vie honnête et heureuse. L'usage quotidien des principes puissants de l'éthique de Scientologie, permet de mener une vie d'intégrité et de survie sans cesse croissante.

Cadres

Comment mener une vie de cadre • Ron Hubbard s'est livré à une étude approfondie des théories et des systèmes de communication dans de nombreuses organisations. Il a réalisé que le rôle d'un cadre dans une organisation consistait à établir des plans et à superviser. Puis, il a conçu le système de communication présenté dans ce livre. Le contenu de ce manuel s'adresse à toute entreprise. Il détaille les facteurs précis nécessaires à un cadre pour pouvoir diriger une organisation, de la gestion du courrier à l'amélioration du moral, en passant par la détermination des objectifs du groupe.

Ron Hubbard en vidéo

Une introduction à la Scientologie • Cette interview d'une heure est la seule que Ron Hubbard ait jamais accordée. Il explique comment il a effectué ses découvertes et ses percées au cours de son exploration du mental, de l'esprit et de la vie. Il parle de son best-seller, *La Dianétique : la puissance de la pensée sur le corps*, et de la genèse de la Scientologie. Il répond aux questions les plus courantes parmi lesquelles : Qu'est-ce que la Scientologie ? Pourquoi est-ce une religion ? Qu'est-ce qui différencie le mental et l'esprit ? Quel est le véritable but de l'homme ? Comment les gens bénéficient-ils de la Scientologie ? Que font les gens dans une église de Scientologie ?

La série des conférences sur l'épanouissement personnel

Les conférences dont la liste figure ci-dessous représentent une très bonne introduction à la religion de Scientologie. D'environ une heure chacune, elles procurent un échantillon de la sagesse élémentaire de la Dianétique et de la Scientologie, de même qu'un aperçu sur Ron Hubbard lui-même. L'écoute de monsieur Hubbard révèle sa vitalité, son humour et son enthousiasme mieux que n'y parvient le mot écrit.

Les conférences traitent d'une grande variété de sujets, mais chacune communique l'essence de la religion de Scientologie et de sa vision positive du potentiel spirituel de l'homme. Écouter Ron Hubbard disserter d'un sujet offre une vision unique de la Scientologie. Les titres de cette série illustrent bien cet aspect.

L'Histoire de la Dianétique et de la Scientologie • C'est la *première* conférence enregistrée que l'on devrait écouter pour avoir une idée des sujets de la Dianétique et de la Scientologie. Dans cet exposé très personnel et fascinant, Ron Hubbard parle d'un grand nombre de gens qu'il a rencontrés. Il raconte une foule d'expériences vécues au cours de sa quête de la vérité sur l'esprit, le mental et la vie elle-même.

Des amitiés qui, dès l'âge de douze ans, ont suscité son intérêt pour le mental, à ses voyages d'adolescent à travers l'Asie, en passant par son expérience à la guerre, Ron Hubbard décrit un périple continu de découvertes, culminant par la recherche et le développement de la technologie de Dianétique et de Scientologie. Il révèle exactement, comment il en est venu à dénouer le mystère du mental et de l'esprit humain et comment il a finalement découvert cette vérité qui signifiait la liberté pour toute l'humanité.

Mode d'emploi pour le mental • Nombre de gens se demandent comment fonctionne le mental. Puisque nous en avons tous un (de même que les hommes en ont eu un dans toute l'Histoire) pourquoi ne comprend-on pas le mental ? Cette conférence révèle une croyance profondément ancrée qui empêche l'homme de découvrir le fonctionnement de son propre mental. La révélation de ce « secret » ouvre la porte à la véritable compréhension de soi.

La Route de la vérité • Qu'est-ce que la vérité ? Une question que l'on se pose depuis la nuit des temps reçoit à présent une réponse. Dans cette conférence, Ron Hubbard explique comment reconnaître les pièges et les demi-vérités qui rendent perplexes tous ceux qui cherchent les réponses aux mystères les plus fondamentaux de la vie. Et il explique ce que l'on doit faire pour parcourir toute la « route de la vérité » et parvenir à la liberté spirituelle.

L'Espoir de l'homme • Ron Hubbard rend hommage aux grandes personnalités spirituelles de l'Histoire, dont Gautama

Siddhârta, Lao-Tseu, Krishna et le Christ. Il montre comment ils ont gardé vivante la flamme de l'espoir de la liberté spirituelle. Il décrit le rôle de la religion de Scientologie dans cette tradition et la voie pratique qu'elle offre afin que l'homme puisse y parvenir.

La Quête éternelle de l'homme • Dans toute l'histoire connue, l'homme a cherché les réponses à sa propre existence. Cette conférence décrit quelques-unes des réponses apportées par les religions et les philosophies au cours des siècles. Et il révèle tout ce qui leur manquait et que la Scientologie offre maintenant.

La Scientologie et une connaissance efficace • La recherche de la connaissance a occupé l'attention des philosophes, des explorateurs, des savants et des aventuriers pendant des milliers d'années. Mis à part les progrès techniques, on a appris bien peu de choses valables à propos de la vie. Dans cette conférence, Ron Hubbard révèle l'unique et simple qualité qu'il faut assumer afin de mieux comprendre tout aspect de la vie. Avec cette clé, chacun peut acquérir une connaissance efficace.

Les Dynamiques • La tâche qui consiste à comprendre la vie peut sembler décourageante du fait de sa complexité et de son énormité. Ron Hubbard, en isolant les huit dynamiques et en les définissant comme les impulsions fondamentales à toute vie, rend soudain la vie claire et facile à comprendre. De plus, il permet d'arriver à une meilleure aptitude à la résoudre.

Les Principes dynamiques de l'existence • Pourquoi certains réussissent-ils alors que d'autres échouent ? Chance ? Destin ? Peut-on changer le « sort » de sa vie ? Oui. Un principe détermine directement à quel point une personne est vivante. Ron Hubbard l'explique et en souligne l'application dans la vie.

La Machinerie du mental • Quoi qu'on ait prétendu au sujet du mental avant la Dianétique, on n'en *connaissait* pratiquement *rien*. Cette conférence fascinante offre une compréhension claire de la « machinerie » du mental. Elle permet aussi de saisir les processus de la pensée, de la décision et de la communication. Ron Hubbard explique dans cet enregistrement comment la connaissance de ces facteurs permet à quelqu'un de reprendre le contrôle de son existence.

Pouvoir de choix et autodétermination • De nombreux facteurs influencent le cours de notre vie. Le plus important, et de loin, est notre pouvoir de choix. Cette conférence explique comment le fait de recouvrer cette aptitude et de l'utiliser pourrait influencer quelqu'un ou la société.

La Route de la perfection : la bonté de l'homme • Contrairement à certaines croyances, la Scientologie considère l'homme comme étant fondamentalement bon. Dans cette conférence, on apprend la vérité sur la nature fondamentale de l'homme et ce qu'il faut faire pour lui rendre un plus haut degré d'honnêteté et de capacité.

L'Homme : bon ou mauvais • L'homme est-il mauvais ou est-il bon ? C'est une question que l'on s'est posée depuis des lustres. Aucune réponse n'avait jamais apporté de certitude jusqu'à présent. Ron Hubbard décrit ce que sont réellement le bien et le mal, et il met en lumière la nature fondamentalement bonne de l'homme.

Accroître son efficacité • On n'améliore pas l'efficacité avec un nouveau régime, des pilules ou quoi que ce soit sinon avec le mental. Cette conférence contient des informations d'une valeur inestimable qui restaureront le bon fonctionnement, l'efficacité et la compétence d'un individu.

Santé et certitude • Quel lien y a-t-il entre la certitude et la santé ? La certitude de quoi ? Dans cette analyse remarquable de ce qu'est la certitude, Ron Hubbard donne non seulement accès à la santé physique mais à bien plus. Qu'il s'agisse de la santé de la société ou de celle de l'individu, le secret demeure le même. La mesure dans laquelle on peut contrôler sa vie ne dépend que d'une chose. C'est cette « chose » que décrit en détail cette conférence.

Les Cinq conditions d'existence (et les formules pour les améliorer) • Une condition invariable n'existe pas. Lentement ou rapidement, soit une chose s'agrandit soit elle se contracte, s'étend ou diminue, s'améliore ou empire. Cette conférence définit les cinq conditions de base et la série d'actions à entreprendre pour améliorer tout aspect de la vie. Que ce soit un travail, une relation, ou son propre état d'esprit, tout peut être amélioré en appliquant la formule des actions appropriées à la condition en question.

Le Triangle affinité – réalité – communication • L'affinité, la réalité et la communication sont inextricablement liées. Quand vous améliorez votre communication avec quelqu'un, vous voyez que votre affinité pour cette personne grandit également. En fait, en élevant n'importe quel « sommet » de ce triangle, les deux autres éléments suivront « automatiquement ». Voilà la clé de l'amélioration des relations avec autrui et de la compréhension de la vie.

La Scientologie et les aptitudes • Une idée ancienne considère qu'enseigner à quelqu'un ce qui lui permettra de subvenir à ses besoins lui sera plus bénéfique que la charité. Cela est vrai dans tous les domaines de la vie. La meilleure solution à toute difficulté consisterait à acquérir l'aptitude à la résoudre soi-même. Dans cette conférence, Ron Hubbard révèle comment la Scientologie restaure l'aptitude complète inhérente à l'individu.

Les Miracles • Chacun a quelque idée de ce qui constituerait un miracle. Mais une telle chose existe-t-elle vraiment ? Sans faire appel à la foi, cette conférence définit exactement ce que sont les miracles et illustre la façon d'en faire l'expérience.

La Détérioration de la liberté • Dans toute l'histoire, les gens et les sociétés ont recherché la liberté. Malgré des bases solides telles que la Déclaration d'indépendance des États-Unis, on peut constater que nos libertés s'effritent. Cette conférence traite de la façon de préserver des idéaux élevés dans un monde parfois hostile.

Les Différences entre la Scientologie et les autres études • Quand on demande aux gens ce qu'est la Scientologie, ils disent souvent : « Oh ! Eh bien, c'est comme... » Dans cette conférence, Ron Hubbard décrit en quoi la Scientologie peut être comparée à diverses religions. Il montre aussi ce qui la rend non seulement différente, mais unique. On y trouvera une compréhension de la vraie valeur de la Scientologie pour l'humanité aujourd'hui.

COMMENT TROUVER UN AUDITEUR DE DIANÉTIQUE

Lᴀ FONDATION DE DIANÉTIQUE est un département au sein de l'Église de Scientologie, et chaque Église de Scientologie a une fondation Hubbard de Dianétique.

Si vous désirez davantage d'informations à propos de l'audition, des conférences, des ateliers ou des séminaires de Dianétique, contactez votre organisation la plus proche dès aujourd'hui ou visitez notre site internet à **www.dianetics.org**

BELGIQUE

Bruxelles

Église de Scientologie
9, rue Général MacArthur
1180 Bruxelles

CANADA FRANÇAIS

Montréal

Church of Scientology
4489 rue Papineau
Montréal, Québec
H2H 1T7

Québec

Church of Scientology
1996 Première Avenue
Québec, Québec G1L 3M2

FRANCE

Angers

Association spirituelle
de l'Église de Scientologie
28B, avenue Mendès-France
49240 Avrille

Clermont-Ferrand

Association spirituelle
de l'Église de Scientologie
6, rue Dulaure
63000 Clermont-Ferrand

Lyon

Association spirituelle
de l'Église de Scientologie
3, place des Capucins
69001 Lyon

Paris

Association spirituelle
de l'Église de Scientologie
7, rue Jules César
75012 Paris

Association spirituelle
de l'Église de Scientologie
Celebrity Centre Paris
69, rue Legendre
75017 Paris

Saint-Étienne

Association spirituelle
de l'Église de Scientologie
24, rue Marengo
42000 Saint-Étienne

SUISSE

Bâle

Église de Scientologie
Herrengrabenweg 56
4054 Bâle

Berne

Église de Scientologie
Muhlemattstrasse 31,
Postfach 384
3000 Berne 14

Genève

Église de Scientologie
12, rue des Acacias
1227 Carouge
Genève

Lausanne

Église de Scientologie
10, rue de la Madeleine
1003 Lausanne

Zurich

Église de Scientologie
Freilagerstrasse 11
8047 Zurich

ALLEMAGNE

Berlin

Church of Scientology
Sponholzstraße 51–52
12159 Berlin, Germany

Düsseldorf

Church of Scientology
Friedrichstraße 28
40217 Düsseldorf, Germany

Church of Scientology
Celebrity Centre Düsseldorf
Luisenstraße 23
40215 Düsseldorf, Germany

Francfort

Church of Scientology
Kaiserstraße 49
60329 Frankfurt, Germany

Hambourg

Church of Scientology
Donstraße 12
20099 Hamburg, Germany

Church of Scientology
Auf dem Königslande 92
22047 Hamburg, Germany

Hanovre

Church of Scientology
Odeonstraße 17
30159 Hanover, Germany

Munich

Church of Scientology
Beichstraße 12
80802 München, Germany

Church of Scientology
Celebrity Centre Munich
Landshuter Allee 42
80637 München, Germany

Stuttgart

Church of Scientology
Hohenheimerstraße 9
70184 Stuttgart, Germany

AUTRICHE

Vienne

Church of Scientology
Capistrangasse 4
1060 Wien, Austria

Church of Scientology
Celebrity Centre Vienna
Senefeldergasse 11/5
1100 Wien, Austria

DANEMARK

Aarhus

Church of Scientology
Vester Alle 26
8000 Aarhus C, Denmark

Copenhague

Church of Scientology
Store Kongensgade 55
1264 Copenhagen K,
Denmark

Church of Scientology
Gammel Kongevej 3–5, 1
1610 Copenhagen V,
Denmark

Church of Scientology
Advanced Organization
   Saint Hill
   for Europe and Africa
Jernbanegade 6
1608 Copenhagen V,
Denmark

ESPAGNE

Barcelone

Dianetics Civil Association
Pasaje Domingo, 11
08007 Barcelona, España

Madrid

Dianetics Civil Association
C/ Montera 20, Piso 1° dcha.
28013 Madrid, España

GRÈCE

Greek Dianetics and
Scientology Centre
Patision 200
11256 Athens, Greece

HOLLANDE

Amsterdam

Church of Scientology
Nieuwezijds Voorburgwal
116-118
1012 SH Amsterdam
Netherlands

HONGRIE

Budapest

Church of Scientology
1399 Budapest
1073 Ερζσ βετ κρτ. 5. I. εμ.
Pf. 701/215., Hongrie

ISRAËL

Tel-Aviv

College of Dianetics
12 Shontzino Street
61573 Tel Aviv, Israël

ITALIE

Brescia

Church of Scientology
Via Fratelli Bronzetti, 20
25125 Brescia, Italia

Catane

Church of Scientology
Via Garibaldi, 9
95121 Catania, Italia

Florence

Church of Scientology
Celebrity Centre Florence
Via Silvestrina 12, 1ᵉʳ floor
50100 Firenze, Italia

Milan

Church of Scientology
Via Abetone, 10
20137 Milano, Italia

Monza

Church of Scientology
Via Lagro Molinetto, 1
20022 Monza, Italia

Novare

Church of Scientology
Corso Milano, 76
28100 Novara, Italia

Nuoro

Church of Scientology
Via Lamarmora, 102
08100 Nuoro, Italia

Padoue

Church of Scientology
Via Ugo Foscolo, 5
35131 Padova, Italia

Pordenone

Church of Scientology
Via Montereale, 10/C
33170 Pordenone, Italia

Rome

Church of Scientology
Via del Caravita, 5
00186 Roma, Italia

Turin

Church of Scientology
Via Bersezio, 7
10152 Torino, Italia

Vérone

Church of Scientology
Corso Milano, 84
37138 Verona, Italia

NORVÈGE

Oslo

Church of Scientology
Lille Grensen 3
0159 Oslo 1, Norway

PORTUGAL

Lisbonne

Church of Scientology
Rua da Prata 185, 2 Andar
1100 Lisbon, Portugal

ROYAUME-UNI

Birmingham

Church of Scientology
8 Ethel Street
Winston Churchill House
Birmingham, England B2
4BG

Brighton

Church of Scientology
Third Floor
79-83 North Street
Brighton, England BN1 1ZA

East Grinstead

Church of Scientology
Saint Hill Foundation
Saint Hill Manor
East Grinstead, West Sussex
England RH19 4JY

Advanced Organization Saint
Hill
Saint Hill Manor
East Grinstead, West Sussex
England RH19 4JY

Édimbourg

Hubbard Academy
of Personal Independence
20 Southbridge
Edinburgh,
Scotland EH1 1LL

Londres

Church of Scientology
68 Tottenham Court Road
London, England W1P 0BB

Church of Scientology
Celebrity Centre London
42 Leicester Gardens
London, England W2 3AN

Manchester

Church of Scientology
258 Deansgate
Manchester, England M3
4BG

Plymouth

Church of Scientology
41 Ebrington Street
Plymouth, Devon
England PL4 9AA

Sunderland

Church of Scientology
51 Fawcett Street
Sunderland, Tyne and Wear
England SR1 1RS

RUSSIE

Moscou

Hubbard Humanitarian
Center
Ul. Boris Galushkina 19A
129301 Moscow, Russia

Saint-Pétersbourg

Hubbard Dianetics
Foundation
193036 St. Petersburg
Ligovskij Prospect 33, Russia

SUÈDE

Göteborg

Church of Scientology
Värmlandsgatan 16, 1 tr.
413 28 Göteborg, Sweden

Malmö

Church of Scientology
Porslinsgatan 3
211 32 Malmö, Sweden

Stockholm

Church of Scientology
Reimersholmsgatan 9
117 40 Stockholm, Sweden

AFRIQUE

AFRIQUE DU SUD

Durban

Church of Scientology
20 Buckingham Terrace
Westville, 3630
Durban, South Africa

Johannesburg

Church of Scientology
4th Floor, Budget House,
130 Main Street
Johannesburg 2001,
South Africa

Church of Scientology
No. 108 1st Floor, Bordeaux
Centre
Gordon Rd., Corner Jan
Smuts Avenue
Blairgowrie, Randburg 2125
South Africa

Le Cap

Church of Scientology
Ground Floor, Dorlane
House
39 Roeland Street
Cape Town 8001,
South Africa

Port Elizabeth

Church of Scientology
2 St. Christopher Place
27 Westbourne Road Central
Port Elizabeth 6001,
South Africa

Pretoria

Church of Scientology
307 Ancore Building
Corner Jeppe and Esselen
Streets
Sunnyside, Pretoria 0002
South Africa

ZIMBABWE

Bulawayo

Church of Scientology
Southampton House, Suite
202
Main Street and 9th Avenue
Bulawayo, Zimbabwe

Harare

Church of Scientology
404-409 Pockets Building
50 Jason Moyo Avenue
Harare, Zimbabwe

AMÉRIQUE DU NORD

CANADA

Edmonton

Church of Scientology
10206 106th Street NW
Edmonton, Alberta
Canada T5J 1H7

Kitchener

Church of Scientology
104 King Street West, 2nd
Floor
Kitchener, Ontario
Canada N2G 2K6

Ottawa

Church of Scientology
150 Rideau Street, 2nd floor
Ottawa, Ontario, Canada
K1N 5X6

Toronto

Church of Scientology
696 Yonge Street, 2nd Floor
Toronto, Ontario, Canada
M4Y 2A7

Vancouver

Church of Scientology
401 West Hastings Street
Vancouver, British Columbia
Canada V6B 1L5

Winnipeg

Church of Scientology
315 Garry Street, Suite 210
Winnipeg, Manitoba
Canada R3B 2G7

ÉTATS-UNIS

Albuquerque

Church of Scientology
8106 Menaul Blvd. N.E.
Albuquerque, New Mexico
87110

Ann Arbor

Church of Scientology
2355 West Stadium Blvd.
Ann Arbor, Michigan 48103

Atlanta

Church of Scientology
1611 Mt. Vernon Rd.
Dunwoody, Georgia 30338

Austin

Church of Scientology
2200 Guadalupe
Austin, Texas 78705

Boston

Church of Scientology
448 Beacon Street
Boston, Massachusetts 02115

Buffalo

Church of Scientology
836 Main Street
Buffalo, New York 14202

Chicago

Church of Scientology
3011 N. Lincoln Avenue
Chicago, Illinois 60657-4207

Cincinnati

Church of Scientology
215 West 4th Street, 5th
Floor
Cincinnati, Ohio 45202-2670

Clearwater

Church of Scientology
Flag Service Organization
210 South Fort Harrison
Avenue
Clearwater, Florida 33756

Church of Scientology
Flag Ship Service
Organization
c/o Freewinds Relay Office
118 North Fort Harrison
Avenue
Clearwater, Florida 33755

Columbus

Church of Scientology
30 North High Street
Columbus, Ohio 43215

Dallas

Church of Scientology
Celebrity Centre Dallas
1850 North Buckner
Boulevard,
Dallas, Texas 75228

Denver

Church of Scientology
3385 South Bannock Street
Englewood, Colorado 80110

Detroit

Church of Scientology
321 Williams Street
Royal Oak, Michigan 48067

Honolulu

Church of Scientology
1148 Bethel Street
Honolulu, Hawaii 96813

Kansas City

Church of Scientology
3619 Broadway
Kansas City, Missouri 64111

Las Vegas

Church of Scientology
846 East Sahara Avenue
Las Vegas, Nevada 89104

Church of Scientology
Celebrity Centre Las Vegas
1100 South 10th Street
Las Vegas, Nevada 89104

Long Island

Church of Scientology
64 Bethpage Road
Hicksville,
New York 11801-2850

Los Angeles et
ses environs

Church of Scientology
4810 Sunset Boulevard
Los Angeles, California
90027

Church of Scientology
1451 Irvine Boulevard
Tustin, California 92680

Church of Scientology
1277 East Colorado
Boulevard
Pasadena, California 91106

Church of Scientology
15643 Sherman Way
Van Nuys, California 91406

Church of Scientology
American Saint Hill
 Organization
1413 L. Ron Hubbard Way
Los Angeles, California
90027

Church of Scientology
American Saint Hill
 Foundation
1413 L. Ron Hubbard Way
Los Angeles, California
90027

Church of Scientology
Advanced Organization of
 Los Angeles
1306 L. Ron Hubbard Way
Los Angeles, California
90027

Church of Scientology
Celebrity Centre
International
5930 Franklin Avenue
Hollywood, California 90028

Los Gatos

Church of Scientology
650 Saratoga Avenue
San Jose, California 95117

Miami

Church of Scientology
120 Giralda Avenue
Coral Gables, Florida 33134

Minneapolis

Church of Scientology
Twin Cities
1011 Nicollet Mall
Minneapolis, Minnesota
55403

Mountain View

Church of Scientology
2483 Old Middlefield Way
Mountain View, California
94043

Nashville

Church of Scientology
Celebrity Centre Nashville
1204 16th Avenue South
Nashville, Tennessee 37212

New Haven

Church of Scientology
909 Whalley Avenue
New Haven,
Connecticut 06515-1728

New York

Church of Scientology
227 West 46th Street
New York, New York 10036-1409

Church of Scientology
Celebrity Centre New York
65 East 82nd Street
New York, New York 10028

Orlando

Church of Scientology
1830 East Colonial Drive
Orlando, Florida 32803-4729

Philadelphia

Church of Scientology
1315 Race Street
Philadelphia, Pennsylvania
19107

Phoenix

Church of Scientology
2111 West University Drive
Mesa, Arizona 85201

Portland

Church of Scientology
2636 N.E. Sandy Boulevard
Portland, Oregon 97232-2342

Church of Scientology
Celebrity Centre Portland
708 S.W. Salmon Street
Portland, Oregon 97205

Sacramento

Church of Scientology
825 15th Street
Sacramento, California
95814-2096

Salt Lake City

Church of Scientology
1931 South 1100 East
Salt Lake City, Utah 84106

San Diego

Church of Scientology
1330 4th Avenue
San Diego, California 92101

San Francisco

Church of Scientology
701 Montgomery Street
San Francisco, California
94111

San Jose

Church of Scientology
80 East Rosemary
San Jose, California 95112

Santa Barbara

Church of Scientology
524 State Street
Santa Barbara, California
93101

Seattle

Church of Scientology
2226 3rd Avenue
Seattle, Washington 98121

Saint Louis

Church of Scientology
6901 Delmar Boulevard
University City, Missouri
63130

Tampa

Church of Scientology
3102 N. Havana Avenue
Tampa, Florida 33607

Washington

Founding Church of
Scientology
of Washington, DC
1701 20ᵗʰ Street N.W.
Washington, DC 20009

Porto Rico

Hato Rey

Church of Scientology
272 JT Piñero Avenue
Hyde Park, Hato Rey
San Juan, Puerto Rico 00918

AMÉRIQUE DU SUD

ARGENTINE

Buenos Aires

Dianetics Association of
Argentina
2162 Bartolomé Mitre
Capital Federal
Buenos Aires 1039, Argentina

COLOMBIE

Bogotá

Dianetics Cultural Center
Carrera 30 #91–96
Bogotá, Colombia

MEXIQUE

Guadalajara

Dianetics Cultural
Organization, A.C. Ave. de la
Paz 2787
Fracc. Arcos Sur Sector
Juárez, Guadalajara, Jalisco
C.P. 44500, México

Mexico

Dianetics Cultural
Association, A.C.
Belisario Domínguez #17-1
Coyoacán, Centro
C.P. 04000, México, D.F.

Institute of Applied
Philosophy, A.C.
Isabel La Catolica #24
Centro Histórico de la Ciudad
de México
C.P. 06890, México, D.F

Latin American Cultural
Center, A.C.
Rio Amazonas 11
Colonia Cuahutemoc
C.P. 06500, México, D.F.

Dianetics Technological
Institute, A.C.
Avenida Chapultepec #40
Colonia Roma
C.P. 06700, México, D.F.

Dianetics Development
Organization, A.C.
Xola #1113, Esq. Pitágoras
Colonia Narvarte
C.P. 03220, México, D.F.

Dianetics Cultural
Organization, A.C.
Calle Monterrey #402
Colonia Narvate
C.P. 03020, México, D.F.

VENEZUELA

Caracas

Dianetics Cultural
Organization, A.C.
Calle El Colegio, Edificio, El
viñedo
Sabana Grande
Caracas, Venezuela

COMMENT TROUVER UN AUDITEUR DE DIANÉTIQUE

Valencia

Dianetics Cultural
Association, A.C.
Avenida Luis Ernesto
Branger
EDFF
Urbanización La Alegría
Locales PB 4 Y 5, C.P. 833
Valencia, Venezuela

PACIFIQUE-OCÉANIE

AUSTRALIE

Adélaïde

Church of Scientology
24–28 Waymouth Street
Adelaide, South Australia
5000 Australia

Brisbane

Church of Scientology
106 Edward Street, 2nd Floor
Brisbane, Queensland 4000
Australia

Canberra

Church of Scientology
43–45 East Row
Canberra City, ACT 2601
Australia

Melbourne

Church of Scientology
42–44 Russell Street
Melbourne, Victoria 3000
Australia

Perth

Church of Scientology
108 Murray Street, 1st Floor
Perth, Western Australia
6000
Australia

Sydney

Church of Scientology
201 Castlereagh Street
Sydney, New South Wales
2000
Australia

Church of Scientology
Advanced Organization
   Saint Hill
   Australia, New Zealand
   and Oceania
19–37 Greek Street
Glebe, New South Wales
2037
Australia

JAPON

Tokyo

Scientology Tokyo
2-11-7, Kita-Otsuka
Toshima-ku
Tokyo, Japan 170-004

NOUVELLE-ZÉLANDE

Auckland

Church of Scientology
159 Queen Street, 3rd Floor
Auckland 1, New Zealand

Si les livres de L. Ron Hubbard que vous désirez ne sont pas disponibles dans votre organisation locale, contactez l'un des éditeurs suivants :

NEW ERA Publications
International ApS
Store Kongensgade 53
1264 Copenhagen K
Denmark

Bridge Publications, Inc.
4751 Fountain Avenue
Los Angeles
California 90029

**Continental Publications
Liaison Office**
696 Yonge Street
Toronto, Ontario
Canada M4Y 2A7

**ERA DINÁMICA Editores,
S.A. de C.V.**
Tonala #210
Colonia Roma Sur
Delegacion Cuauhtemoc
México, D.F. C.P. 06760

**NEW ERA Publications
UK, Ltd.**
Saint Hill Manor
East Grinstead, West Sussex
England RH19 4JY

**NEW ERA Publications
Rep. para Iberia**
Apartado postal 909
28080 Madrid, Spain

**NEW ERA Publications
Australia Pty Ltd.**
61–65 Wentworth Avenue,
Level 1, Surry Hills,
New South Wales
2010, Australia

**Continental Publications
Pty Ltd.**
6th Floor, Budget House
130 Main Street
Johannesburg 2001
South Africa

**NEW ERA Publications
Italia S.r.l.**
Via Cadorna, 61
20090 Vimodrone (MI), Italy

**NEW ERA Publications
Deutschland GmbH**
Hittfelder Kirchweg 5a
21220 Seevetal-Maschen,
Germany

**NEW ERA Publications
Japan, Inc.**
4-38-15-2F Higashi Ikebukuro
Toshima-Ku
Tokyo, Japan 108

**NEW ERA Publications
Group**
Pr. Mira, VVC Building 265
129223 Moscow, Russia

Pour vous procurer les cassettes de L. Ron Hubbard qui ne sont pas disponibles dans votre organisation locale, veuillez contacter :

Golden Era Productions
6331 Hollywood Boulevard,
Suite 1305
Los Angeles, California
90028-6313

Faites votre prochain pas vers l'état de Clair démarrez un groupe de Dianétique

Rien qu'en lisant ce livre, vous avez déjà fait vos premiers pas dans la plus passionnante aventure de votre vie : l'exploration des véritables potentiels du mental humain.

Grâce à la Dianétique, il y a beaucoup, beaucoup plus à découvrir. À propos du mental. À propos de vous-même. À propos de ce que vous pouvez devenir.

Le prochain pas dans cette entreprise est de commencer l'audition de Dianétique. Et la meilleure façon de le faire est de vous joindre à un groupe de Dianétique, ou de commencer un groupe vous-même, et de vous auditer les uns les autres jusqu'à l'état de Clair, en vous servant de la procédure que vous avez apprise dans ce livre.

Grâce à la Dianétique, vous pouvez obtenir plus de succès, plus de bien-être et plus de bonheur dans votre vie, dans votre famille et avec vos amis, plus encore que vous ne l'auriez jamais imaginé.

Pour avoir des informations ou pour vous aider à démarrer votre groupe local de Dianétique, contactez le responsable de la formation des groupes à l'extérieur auprès de votre bureau **I HELP** le plus proche :

I HELP Europe

Store Kongensgade 55
1264 Copenhague K,
Danemark

I HELP CIS

Hubbard Humanitarian
Center
129301 Moscou
Borisa Galushkina Ul. 19A,
Russie

I HELP Hongrie

1438 Budapest
POBox 351,
Hongrie

I HELP ANZO

201 Castlereagh St., 3rd
Floor
Sydney, New South Wales
2000,
Australia

I HELP Afrique

6th Floor, Budget House
130 Main Street
Johannesburg 2001,
South Africa

I HELP Amérique Latine

Pomona, 53
Colonia Roma, C.P. 06700
Mexico, D.F.

A

GLOSSAIRE

A

Aberration : Fait de s'écarter d'une ligne de conduite ou d'une ligne de pensée rationnelle. Du latin **errare**, s'écarter, et **ab**, de.

Abréagir : (psychanalyse) Libérer (des émotions refoulées) en jouant — par exemple avec des mots, des actions ou par l'imagination — la situation à la base du conflit.

Affinité : Attraction qui existe entre deux êtres humains, ou encore entre un être humain et un autre organisme vivant.

Allié : En Dianétique, cela signifie fondamentalement quelqu'un qui protège une personne en état de faiblesse et qui en vient à avoir une influence très forte sur cette personne. La personne faible, un enfant par exemple, prend même les caractéristiques de l'allié. Ainsi, on pourrait trouver qu'une personne qui a, disons, mal à la jambe, est dans cet état parce qu'un protecteur ou un allié dans sa jeunesse avait mal à la jambe. Le mot vient du latin et signifie **lier à**.

Altitude : Par « altitude », nous entendons degré de prestige. Une personne d'une altitude élevée peut, par la simple vertu de son altitude, faire accepter ses convictions à un individu d'une altitude moins élevée. Il arrive que l'auditeur n'ait pas suffisamment d'**altitude** aux yeux de certains patients, ce qui rend la thérapie difficile. Il arrive également que l'auditeur ait trop d'altitude aux yeux de certains patients, au point qu'ils croient tout ce qu'il dit. L'auditeur qui a trop peu d'altitude n'inspire pas confiance ; l'auditeur qui en a trop peut pratiquement raconter n'importe quoi, on le croira.

Ambivalent : Qui a deux valences (**ambi-** en latin signifie « double »). *Voir aussi* **valence** dans ce glossaire.

Analyseur : Le mental analytique.

Annulateur : Contrat passé avec le patient et selon lequel tout ce que dira l'auditeur ne sera pas interprété à la lettre ou utilisé de quelque façon que ce soit par le patient. L'annulateur empêche l'installation accidentelle de suggestions positives.

Archiviste : Terme de jargon de Dianétique qui désigne le mécanisme du mental qui gère les données. Les auditeurs peuvent obtenir une réponse instantanée ou « éclair » directement de l'archiviste pour l'aider à contacter des incidents. Techniquement, on pourrait appeler l'archiviste « unité de gestion des banques », mais ce serait un peu lourd.

Assoupir (s') : devenir groggy et sembler dormir. Pendant l'audition, cette manifestation indique qu'une période de la vie de la personne pendant laquelle elle était inconsciente a été légèrement restimulée.

Auditer : Auditer signifie écouter et raisonner.

Auditeur : Une personne formée et qualifiée pour appliquer des procédés et des procédures de Dianétique à des individus pour les aider à s'améliorer ; appelée auditeur parce qu'auditeur veut dire « quelqu'un qui écoute ».

Autodétermination : L'état dans lequel un individu peut ou ne peut pas être contrôlé par son environnement selon son propre choix. Il est confiant dans ses relations interpersonnelles. Il raisonne mais n'a pas besoin de réagir.

B

Bande motrice : le système de commandes du mental au moyen des commandes motrices. Il y a deux tableaux de commandes de chaque côté du crâne, l'un au-dessus de l'autre, et ils commandent aux côtés opposés du corps. L'un des tableaux enregistre les pensées et l'autre commande les muscles.

Bande sensorielle : On pourrait considérer la **bande sensorielle** comme le côté « mental » du tableau de commandes et la **bande motrice** comme le côté physique ou organique. *Voir aussi* **bande motrice** dans ce glossaire.

Bande somatique : un mécanisme physique, un indicateur concernant le temps. Elle est commandée par l'auditeur ; celui-ci peut l'envoyer au début d'un engramme et elle s'y rendra. L'auditeur peut déplacer la bande somatique à travers un engramme en ordonnant à celle-ci de se rendre à certains points dans le temps, exprimés en minutes. Il peut donc demander à la bande somatique de se rendre au début de l'engramme, puis cinq minutes après le commencement de l'engramme et ainsi de suite.

Banque : Dans le jargon des auditeurs, le mot « banque », employé seul, désigne la banque des engrammes (ou le mental réactif), par opposition aux banques mnémoniques standard.

Banque des engrammes : Le mental réactif.

Banques mnémoniques standard : Les enregistrements de tout ce que l'individu a perçu au cours de sa vie jusqu'au temps présent à l'exception de la douleur physique, qui n'est pas enregistrée dans le mental analytique mais dans le mental réactif.

Basique : Le premier engramme de n'importe quelle chaîne d'engrammes similaires. Le basique est simplement le premier.

Basique-basique : Le premier engramme de la première chaîne d'engrammes.

C

Cas : Un terme général pour décrire la personne que l'on traite ou que l'on aide. Un cas fait aussi référence à sa condition qui est déterminée par le contenu de son mental réactif. Le cas d'une personne est la façon dont elle réagit au monde qui l'entoure en raison de ses aberrations.

Chaîne : Série d'incidents d'une nature ou d'un contenu similaire.

Charge : Énergie ou force nuisible accumulée et stockée dans le mental réactif. Cette charge est créée par les expériences désagréables et les conflits qu'une personne a vécus.

Clair : (en anglais, **Clear**) Individu dépourvu d'aberrations. Il est sain d'esprit, en ce sens qu'il met au point les meilleures solutions possibles d'après les données qu'il possède et d'après son point de vue. Le Clair n'a pas d'engrammes qui peuvent être restimulés et qui pourraient introduire dans ses raisonnements des données fausses ou secrètes. Le Clair est le but de la thérapie de Dianétique, un but qu'un peu de patience et d'étude permettront de réaliser.

Clair (mise au) : Vient de l'anglais « clearing » (voir « Clair »). Littéralement, action de rendre Clair.

Code de l'auditeur : Un ensemble de règles (les choses « à faire et à ne pas faire ») suivies par un auditeur pour garantir que le préclair retire le plus grand gain possible de l'audition qu'il reçoit.

Compulsion : Impulsion irrésistible à agir de façon irrationnelle.

Computation de l'allié : La computation de l'allié est plus qu'un raisonnement idiot selon lequel l'aberré, pour conserver l'amitié d'une personne qui lui est venue en aide, doit reproduire approximativement les circonstances qui ont causé cette amitié. C'est un raisonnement selon lequel l'aberré ne peut être en sécurité que si l'allié se trouve à proximité, et la seule façon de faire venir cet allié, c'est de tomber malade ou de devenir fou ou de sombrer dans la misère, bref, d'être incapable de fonctionner.

Consentement tacite : Lorsque deux personnes s'auditent à tour de rôle, il se produit parfois une situation où chacun empêche l'autre de contacter certains engrammes. Il s'agit d'un consentement tacite. Un mari et une femme traversent une période de détresse commune et de querelles. Un jour, ils décident de s'auditer à tour de rôle. Leurs engrammes leur ordonnent, à leur insu, d'éviter cette période difficile qu'ils ont partagée. Résultat : des engrammes d'émotion douloureuse restent en place.

D

Démon : Mécanisme mental installé par un engramme qui accapare une partie de l'analyseur et qui agit comme s'il était un être distinct. Un démon authentique verbalise des pensées, répète en écho des paroles intérieurement, ou donne toutes sortes d'avis compliqués, comme une vraie voix extérieure.

Dénieur : Injonction engrammique qui, lorsqu'elle est prise à la lettre, signifie que l'engramme n'existe pas. « Je ne suis pas là », « Ça ne va nulle part », « Je ne dois pas en parler », « Je n'arrive pas à m'en souvenir », etc. Une injonction qui donne l'impression au préclair qu'il n'existe pas d'incident.

Dérouteur : Toute injonction engrammique qui déplace le préclair sur la piste de temps dans une direction autre que celle qu'a demandée l'auditeur ou le mental analytique.

Destructeur : Les forces extérieures qui réduisent les chances de survie d'une forme de vie quelconque.

Dianétique : La technologie de guérison spirituelle Dianétique. Elle s'adresse et remédie aux effets de l'esprit sur le corps, et peut soulager des choses comme les sensations et les émotions indésirables, les accidents, les blessures et les maladies psychosomatiques (celles qui sont causées ou aggravées par la tension mentale). **Dianétique** veut dire « à travers l'âme » (du grec **dia**, à travers, et **noos**, âme). On pourrait élargir la définition et dire que la Dianétique traite de « ce que l'âme fait au corps ».

Dramatisation : Action de rejouer, dans l'environnement présent, le contenu d'un engramme, en partie ou dans son intégralité.

Comportement aberré et dramatisation sont synonymes. Le degré de dramatisation est directement proportionnel au degré de restimulation des engrammes qui la causent. Quand il dramatise, un individu est comme un acteur qui joue le rôle qui lui est dicté et accomplit toute une série d'actions irrationnelles.

Dub-in : La manifestation qui consiste à mettre dans l'environnement, à l'insu de la personne, des perceptions qui en fait n'existent pas. (C'est une phrase qui vient de l'industrie cinématographique et qui signifie enregistrer un dialogue et différents sons, puis les intégrer dans un film une fois que celui-ci a été tourné. On fait cela pour des scènes dont l'enregistrement original est défectueux, pour des scènes dans lesquelles il est simplement plus pratique de rajouter le dialogue ou d'autres sons plus tard et pour des films projetés à l'étranger ou qui ont besoin de nouveaux dialogues dans la langue de ces pays.)

Dynamique : L'acharnement à vivre, la vigueur, la persistance à survivre ; l'impulsion, l'élan et le but de la vie, survis !, dans ses quatre manifestations : l'individu, le sexe, le groupe et l'humanité.

E

Échelle des tons : Une échelle qui montre les tons émotionnels d'une personne. Ce sont entre autres, classés du plus élevé au plus bas, la sérénité, l'enthousiasme, le conservatisme, l'ennui, l'antagonisme, la colère, l'hostilité cachée, la peur, le chagrin et l'apathie.

Effacer : Faire complètement « disparaître » un engramme en demandant au préclair de le raconter un certain nombre de fois. Lorsque l'engramme « disparaît », il est reclassé en tant que souvenir et expérience vécue dans les banques mnémoniques standard.

Éjecteur : une injonction engrammique telle que : « Tu ne peux pas rester ici ! », « Fiche le camp ! » Ces phrases interdisent au préclair de rester à proximité de l'engramme et le renvoient dans le temps présent.

Engramme : Un moment d' « inconscience » qui contient de la douleur physique ou de l'émotion douloureuse et toutes les perceptions, et qui n'est pas disponible sous forme d'expérience

———————

pour le mental analytique. L'engramme est la source unique des aberrations et des maladies psychosomatiques.

I

Iatrogène : se dit d'une maladie causée par un médecin. Si, durant une opération, le scalpel du chirurgien glisse et blesse accidentellement le patient, celui-ci peut par la suite souffrir d'une maladie ou d'une blessure iatrogène, c'est-à-dire causée par le chirurgien.

Induction : un raisonnement logique qui considère qu'une loi générale peut être établie à partir de cas particuliers qui semblent en être des exemples.

Injonction engrammique : Toute phrase contenue dans un engramme.

Intelligence : L'intelligence est l'aptitude à percevoir, poser et résoudre les problèmes.

K

Key-in : Un moment où l'environnement d'un individu éveillé, mais épuisé ou déprimé, est semblable à un engramme latent, lequel entre alors en action.

Key-out : L'engramme cesse d'agir sans avoir été effacé.

L

Lock : Moment analytique durant lequel les perceptions contenues dans un engramme se rapprochent des perceptions présentes, ce qui restimule ou déclenche cet engramme. En effet, le mental réactif confond les perceptions présentes avec celles de l'engramme et pense que la situation qui a causé la douleur physique originelle est en train de se reproduire.

M

Maniaco-dépressif : *(psychiatrie)* Individu qui souffre de troubles mentaux marqués par l'alternance de périodes d'excitation et de dépression.

Manique : Engramme « pro-survie » contenant force compliments. La personne obéit à la lettre à tout compliment contenu dans ce type d'engramme.

Manufacture de mensonges : Techniquement, une manufacture de mensonges est une phrase appartenant à un engramme et qui exige le mensonge. Au début, nous l'appelions **fabricateur.**

Mécanisme d'oubli : Un mécanisme d'oubli est une phrase du genre « Il faut que je me sorte ça de l'esprit », « Si je m'en souvenais, je deviendrais fou », « Je n'arrive pas à m'en souvenir » ou tout simplement « Je ne sais pas » ainsi que la phrase reine entre toutes : « Oublie ça ! » Toute injonction engrammique qui fait croire à la personne qu'elle ne peut pas se rappeler.

Mental analytique : Le mental analytique est la partie du mental qui perçoit et conserve les données tirées de l'expérience, qui pose et résout les problèmes et qui dirige l'organisme en suivant les quatre dynamiques. Il pense en termes de différences et similarités.

Mental réactif : Le mental réactif est la partie du mental qui range et conserve la douleur physique et les émotions douloureuses et qui cherche à diriger l'organisme par excitation-réflexe uniquement. Il ne pense qu'en termes d'identité. On l'appelle aussi **banque des engrammes** et **banque.**

Mental somatique : Le mental qui s'occupe des mécanismes automatiques du corps, de la régulation des menus détails qui maintiennent l'organisme en fonctionnement.

Monomaniaque : Obsédé et « possédé » par une idée.

Mur de valence : Une sorte de mécanisme protecteur pour compartimenter la charge du cas afin de permettre à l'individu de fonctionner de temps en temps.

N

Névrose : État émotionnel fait de conflits et d'émotivité et qui réduit les facultés ou le bien-être de la personne.

Névrosé : Quelqu'un qui est dérangé mentalement à propos d'un sujet donné, par opposition à une personne psychotique qui est simplement dérangée mentalement en général.

P

Pathologie : la science ou l'étude de l'origine, de la nature et du développement des maladies.

Perceptique : Tout message sensoriel, une vue, un son, une odeur, etc.

Personnalité fondamentale : L'individu lui-même. L'individu fondamental n'est pas une chose inconnue ou enfouie ni une personne différente. C'est une concentration de tout ce qu'il y a de meilleur et de plus capable chez la personne.

Piste de temps : Tout ce qu'un individu a vécu, depuis la conception jusqu'au présent.

Porte-bonheur : un restimulateur à part ; tout objet, tout tic, toute façon d'agir employés par des alliés. Pour le mental réactif, allié = survie. Par conséquent, tout ce que l'allié a dit, fait ou utilisé est pro-survie.

Préclair : Individu qui reçoit la thérapie de Dianétique et qui n'est pas encore Clair.

Prérelease : Individu qui reçoit la thérapie de Dianétique.

Principe dynamique de l'existence : La survie. On peut considérer que le but de la vie est la survie infinie. Il a été démontré que l'homme, en tant que forme de vie, obéit à l'injonction « Survis ! », quels que soient ses objectifs et ses actions. Que l'homme survive n'est pas un fait nouveau. En revanche, on ignorait jusqu'ici que l'homme avait la survie comme seule et unique impulsion dynamique.

Propitiation : La propitiation est une tentative apathique de maintenir à distance une « source » de douleur. L'individu, par des cadeaux coûteux ou par un sacrifice de soi, essaye d'apaiser la « source » de douleur.

Protoxyde d'azote : un gaz incolore qui anesthésie la douleur, et qui produit une sorte d'exaltation chez certains patients et parfois des crises de rire ; gaz hilarant. Il sert d'anesthésique.

Psychose : Toute forme grave de maladie mentale.

Psychosomatique : Psycho signifie « esprit » ou « mental » et **somatique** signifie « corps ». Lorsque nous employons le terme **psychosomatique**, nous voulons dire que le mental rend le corps malade, ou encore qu'un dérangement mental a créé dans le corps des maladies physiques.

R

Rappel : En Dianétique, rappel signifie soit « souvenir », soit « aptitude à se rappeler ». La vision est le rappel visuel, le sonique est le rappel auditif et la somatique est le fait de se rappeler la douleur. Un patient qui est capable de voir, d'entendre et de sentir la douleur va enregistrer chacune de ces perceptions. Lorsque le « je » s'en souvient, ces perceptions deviennent des rappels et on leur donne le nom de visio, sonique et somatique.

Réduire : Éliminer la douleur et la charge d'un incident en faisant raconter de nombreuses fois cet incident au préclair du début à la fin (pendant qu'il est retourné en rêverie), en captant toutes les somatiques et les perceptions présentes exactement comme si l'incident se produisait à ce moment. **Réduire** signifie techniquement débarrasser autant que possible le mental des éléments causant l'aberration pour faire progresser le cas.

Refoulement : Injonction qui interdit à l'organisme de faire quelque chose.

Regroupeur : Un type d'injonction qui, prise à la lettre, signifie que tous les incidents sont au même endroit sur la piste de temps : « Tout est mélangé », « Tout arrive en même temps », « Tout me tombe dessus d'un coup », etc.

Release : Individu qui a réussi à sortir de son mental réactif. Le mental réactif est toujours là, mais l'individu n'est plus immergé dans les somatiques et les aberrations.

Réponse éclair : La première chose qui vient à l'esprit d'une personne quand on lui pose une question.

Restimulateur : Quelque chose que l'organisme perçoit continuellement dans l'environnement et qui ressemble à quelque chose contenu dans son mental réactif.

Restimulation : Réactivation d'un souvenir due à la présence, dans l'environnement, de circonstances similaires à des circonstances passées.

Reteneur : Injonction engrammique qui coince l'individu dans un engramme consciemment ou inconsciemment. Cela comprend des phrases telles que « Reste ici », « Assieds-toi là et réfléchis », « Reviens et assieds-toi », « Je ne peux pas y aller », « Je ne peux pas partir », etc.

Retour : La personne peut « envoyer » une partie de son mental jusqu'à une période de son passé, soit mentalement, soit mentalement **et** physiquement, et faire à nouveau l'expérience de ce qui s'est passé durant cette période, en éprouvant les sensations qu'elle éprouvait à l'époque.

Rêverie : C'est juste un nom, une étiquette. Nous employons ce mot afin de donner l'impression au patient que son état a changé et qu'il est maintenant capable d'avoir une très bonne mémoire ou de faire des choses qu'il ne fait pas d'habitude. En réalité, il en a toujours été capable. La rêverie n'est pas un état singulier. La personne est éveillée. On lui demande simplement de fermer les yeux. Lorsqu'elle l'a fait, elle est, techniquement parlant, en rêverie.

S

Schizophrène : (psychiatrie) Atteint de schizophrénie, une maladie mentale où l'individu est en train d'être deux personnes dans sa tête. C'est une classification psychiatrique qui vient du latin **schizo**, qui veut dire « scindé » et du grec **phren**, qui veut dire « esprit ».

Scientologie : La philosophie de Scientologie. C'est l'étude et le traitement de l'esprit en relation avec lui-même, les univers et d'autres formes de vie. Scientologie vient de *scio* qui signifie « connaître » dans le plein sens du terme, et de *logos* qui veut dire « étude de ». Littéralement, le terme signifie savoir comment savoir. La Scientologie est une « route », un chemin, plutôt qu'une dissertation ou l'affirmation d'un ensemble de connaissances. C'est par la pratique de ses exercices et en l'étudiant que l'on peut découvrir la vérité pour soi-même. Par conséquent, la technologie n'est pas exposée comme quelque chose à croire, mais comme quelque chose à **faire**.

Somatique : Physique ou corporel. Parce que le mot **douleur** est restimulant et parce que le mot **douleur** a prêté à confusion dans le passé entre la douleur mentale et la douleur physique, on utilise en Dianétique le mot **somatique** pour décrire une douleur physique ou un inconfort quel qu'il soit.

Sonique : Le fait de se rappeler un son en l'entendant à nouveau avec l'« oreille de l'esprit ».

Souvenir : Toute chose qui, une fois perçue, est enregistrée dans les banques mnémoniques standard et dont le mental analytique peut se souvenir.

Symbiose : Association de deux ou plusieurs organismes vivants, similaires ou non, qui leur permet de vivre avec des avantages pour chacun.

Symbiote : En Dianétique, ce terme a un sens plus large que dans le dictionnaire et se rapporte à « toutes les formes de vie ou d'énergie qui dépendent les unes des autres pour survivre ».

Symbiotique : Qui vit en symbiose.

T

Technique répétitive : Technique consistant à répéter un mot ou une phrase pour produire un mouvement sur la piste de temps et pénétrer dans les zones de perturbation de la pensée qui contiennent ce mot ou cette phrase. Par exemple, si l'auditeur découvre, après avoir placé le patient en rêverie, que ce dernier insiste sur le fait qu'il « ne peut aller nulle part », l'auditeur lui fait répéter cette phrase. La répétition de cette phrase aspire le patient sur la piste et le pousse à entrer en contact avec l'engramme qui la contient.

Temps présent : Le maintenant, qui devient passé au fur et à mesure qu'on l'observe. Lorsque nous disons « temps présent », nous voulons parler de l'environnement qui est là en ce moment même.

Topectomie : (psychiatrie) opération qui consiste à évider certaines parties du cerveau, un peu comme on évide une pomme.

U

Unité d'attention : Quantité de conscience. Tout organisme est, dans une certaine mesure, conscient. Un organisme rationnel ou relativement rationnel est conscient d'être conscient. Les unités d'attention sont situées dans le mental et leur quantité varie d'une personne à l'autre.

V

Valence : La personnalité d'un des personnages dans un engramme.

Visio : Le fait de se rappeler une scène du passé en la revoyant avec les « yeux de l'esprit ».

INDEX

A

A = A = A, 81, 233
aberration(s), 132, 430
  cause, 71
  classification des, 231
  définition, 52
  diagnostic, 238, 245
  hypnotisme et l', 85
  parties de l', 75
  source des, 52
  système d'enseignement et
    l', 430
  tentative d'avortement et
    l', 171
aberré(s), 16
  voir aussi **aberration,**
    préclair
accidents, sujet aux, 198
accouchement
  pour une mère Clair, 207
ACTH, 117, 126
action imposée, 79
adrénaline, 124
affinité, 137, 307
  loi de l', a pénétré dans le
    mental réactif, 307
  loi de l', hypnose et, 122
  renforcement de l', 391
  violation de l', 192
âge des ténèbres, 35
alcool
  aide rarement le patient, 455
Alexandre le Grand, 298
allergie(s), 67, 119, 341
allié(s)
  antagonisme et les, 437
  audition et le changement de
    valence, 353
  départ de l', 344
  départ ou revirement de
    l', 319
  formation pendant la période
    prénatale, 203

  pertes subies durant
    l'enfance, 324
  porte-bonheur et les, 443,
    444
  pseudo-allié possède
    certaines
    caractéristiques de
    l'allié original, 311
  revirement de l', 319
ambivalence
  voir aussi **valence**
  définition, 341
ambiversion, 482
amnésie, 71
amour, 136, 200, 442
  voir aussi **affinité**
  enfants et l', 442
  propitiation et, 385
anesthésie, anesthésique
  confusion avec les
    hypnotiques, 453
  tous les anesthésiques sont
    des poisons, 92
  utilisation pour les
    opérations, 76
  utilisée pour les
    opérations, 175, 466
angoisse
  définition, 267, 428
annulateur, 254
apathie
  dans l'engramme, 151, 362
  pas d'intérêt pour les
    engrammes, 391
  propitiation et l', 385, 387
  succomber à un engramme,
    c'est de l', 227
apoplexie, 460
arbitraire
  introduction d'un, 107
archiviste
  auditeur et, 253, 282, 285
  graphique de la position
    du, 259
  les lois du retour et l', 285

E

F

R

À PROPOS DE L'AUTEUR

Ron Hubbard est l'un des auteurs les plus lus et les plus acclamés de tous les temps. Plus de cent vingt millions d'exemplaires de ses œuvres se sont vendus en plus de cinquante langues dans le monde entier. L'une des raisons essentielles est que ses écrits expriment une connaissance de première main des principes de la vie et des aptitudes — une connaissance gagnée non pas en restant dans les coulisses de la vie, mais en la *vivant* pleinement.

« Pour vraiment connaître la vie, il faut y participer, dit Ron Hubbard, vous devez vous pencher et regarder ; vous devez fouiller dans les coins et les recoins de l'existence ; vous devez côtoyer toutes sortes d'individus avant de pouvoir finalement déterminer ce qu'est l'homme. »

C'est exactement ce qu'il fit. Des vastes plaines de son État natal, le Montana, aux collines de Chine, des côtes glaciales de l'Alaska aux jungles des îles du Pacifique Sud, menant des hommes en exploration ou enseignant à des équipages de marins inexpérimentés comment survivre aux ravages d'une guerre mondiale, Ron Hubbard apprit ce qu'il en était vraiment de l'homme et de la vie.

Armé d'un intellect pénétrant, d'une énergie inépuisable, d'une curiosité insatiable et d'une approche unique de la philosophie et de la science, insistant sur le caractère utile et pratique avant toute chose, Ron, alors qu'il n'avait pas encore vingt ans, se lança dans une étude de la vie et de ses mystères.

Ayant beaucoup voyagé à travers l'Asie et le Pacifique, il étudia la sagesse des philosophies d'Extrême-Orient ; pourtant, il observa que la souffrance et la pauvreté étaient très répandues. S'il existait une sagesse si profonde en Orient, alors pourquoi tout cela, se demanda-t-il.

Après son retour aux États-Unis en 1929, Ron fit des études de mathématiques et d'ingénierie, à l'université George Washington. Il faisait partie de l'une des premières classes américaines de physique nucléaire et il conduisit ses premières expériences sur le mental à l'université. Il découvrit qu'en dépit de tous les progrès de l'humanité dans les sciences physiques, on n'avait jamais développé une technologie du mental et de la vie qui marche. Les « technologies » mentales qui existaient, la psychologie et la psychiatrie, étaient en fait des sujets erronés et barbares qui ne marchaient pas mieux que les méthodes des sorciers de la jungle.

Ron entreprit de découvrir le principe de base de l'existence, un principe qui mènerait à l'unification de la connaissance et qui expliquerait le sens de l'existence elle-même, une chose que les autres philosophes avaient recherchée mais jamais découverte.

Pour accomplir ceci, il commença à étudier l'homme dans de nombreux milieux et cultures différents. En été 1932, il quitta l'université et se lança dans une série d'expéditions. La première l'amena aux Caraïbes où il étudia les villageois primitifs de la Martinique. De retour aux Antilles, quelques mois plus tard, il étudia les cultures des autres îles, y compris celle des Haïtiens et leur croyance ésotérique au vaudou ; et plus tard il étudia les croyances des habitants des collines de Puerto Rico.

Après son retour aux États-Unis, Ron commença à étoffer le fondement d'une théorie, et en 1937 il conduisit une série d'expériences biologiques qui menèrent à une percée isolant le principe dynamique de l'existence ; le dénominateur commun de toute vie : SURVIVRE !

Disposant à présent de ces découvertes, Ron écrivit ses conclusions au cours des premières semaines de 1938 dans une œuvre philosophique intitulée « Excalibur ». Ce manuscrit historique terminé, il permit à d'autres de passer l'œuvre en revue. La réaction fut spectaculaire et plus d'un éditeur la convoita avidement. Mais, alors même que les offres arrivaient, il savait qu'il ne pouvait pas publier le livre car il ne contenait aucune thérapie praticable. Cela ne veut pas dire que les découvertes consignées dans « Excalibur » n'ont pas été utilisées par la suite, étant donné que toutes les bases ont été publiées dans des livres ou des documents ultérieurs de Ron.

Le plus gros de sa recherche a été financé par sa carrière professionnelle d'écrivain de fiction. Il devint l'un des auteurs les plus demandés de l'âge d'or de l'aventure et de la science-fiction pendant les années 30 et 40 — interrompu seulement par son service actif dans la marine américaine pendant la Seconde Guerre mondiale. Partiellement handicapé à la fin de la guerre, Ron reprit ses recherches avec ardeur au printemps 1945 à l'hôpital naval de Oak Knoll, à Oakland en Californie, où il se remit de ses blessures.

Parmi les cinq mille patients de la marine et du corps de marines sous traitement à Oak Knoll, se trouvaient également des centaines d'anciens prisonniers américains libérés des camps japonais des îles du Pacifique. Il vit bien que le personnel médical de l'hôpital naval faisait ce qu'il pouvait pour ces anciens prisonniers de guerre, ces derniers étant dans un état critique dû à la malnutrition et à d'autres causes.

Essayant de soulager au moins une partie de leurs souffrances, Ron mit en pratique ce qu'il avait appris de ses recherches. Il fit d'autres percées et développa des techniques qui lui permirent non seulement de se remettre de ses propres blessures, mais aussi d'aider les autres soldats à recouvrer leur santé.

Au cours des années qui suivirent, il passa des milliers d'heures à codifier la première technologie du mental qui soit efficace. Ron avait régulièrement accumulé des notes sur sa recherche en préparation d'un livre sur le sujet. Pour vérifier davantage ses théories, il ouvrit un bureau à Hollywood, en Californie, où il pouvait travailler avec des gens de toutes les couches sociales. Il fut très vite débordé de demandes de la part d'un public varié, très désireux de recevoir son aide.

Fin 1947, il écrivit un manuscrit qui décrivait ses découvertes sur le mental. Le texte ne fut pas publié à l'époque, mais circula parmi les amis de Ron, qui le polycopièrent et le transmirent à d'autres. (Ce manuscrit fut publié officiellement en 1951, et s'intitule aujourd'hui *Les Dynamiques de la vie*.)

En 1948, il passa trois mois à aider des internés profondément perturbés dans un hôpital psychiatrique de Savannah, en Géorgie. « J'ai travaillé avec certains d'entre eux, évoquait-il, interviewant et aidant, en tant que praticien profane comme ils l'appelaient là-bas, c'est-à-dire volontaire. Ceci me donna un aperçu des problèmes sociaux de la folie et me fournit davantage d'informations pour mes propres recherches. » Cela rétablit la santé d'esprit chez une vingtaine de cas auparavant désespérés, et prouva une fois de plus que ses découvertes s'appliquaient à tous, quel que soit l'état dans lequel ils se trouvaient.

À mesure que les nouvelles de la recherche de Ron se répandaient, un flot toujours croissant de lettres arrivait, demandant davantage d'informations et le priant de décrire d'autres applications de ses découvertes. Pour répondre à toutes ces demandes, il décida d'écrire et de publier un texte exhaustif sur le sujet : *La Dianétique : la puissance de la pensée sur le corps*. Avec la parution de *La Dianétique* le 9 mai 1950, un manuel complet sur l'application de sa nouvelle technologie devenait disponible à grande échelle pour la première fois. L'intérêt du public se répandit comme une traînée de poudre et le livre monta en flèche sur la liste des best-sellers du *New York Times*, restant au sommet semaine après semaine.

Suite à la parution de ce best-seller phénoménal, Ron eut de moins en moins de temps à lui, et il fut sollicité pour faire des démonstrations et donner des informations supplémentaires sur la Dianétique. Il se lança dans de nouvelles recherches, tenant son public informé des nouvelles découvertes par des conférences et par un grand nombre de bulletins, de magazines et de livres.

Tandis que l'année 1950 touchait à sa fin, et en dépit des demandes croissantes de dizaines de milliers de lecteurs de *La Dianétique* qui empiétaient sur son temps, il intensifia ses recherches sur la nature véritable de « l'énergie vitale », qu'il appelait « le centre de la conscience » ou le « je » dans *La Dianétique*.

« La découverte fondamentale de la Dianétique fut la structure même du mental humain, écrivit-il. Le pouvoir aberrant des engrammes fut découvert. Des procédures furent mises au point pour les effacer. La quantité de bienfaits à retirer en parcourant une demi-douzaine d'engrammes dépasse tout ce que l'homme a jamais pu faire pour qui que ce soit dans l'histoire de l'humanité.

« La découverte de ce que le mental enrobait fut la découverte de la Scientologie.

« Il enrobait un thétan. Un thétan est la personne elle-même, pas son corps ni son nom, l'univers physique, son mental ou quoi que ce soit d'autre. C'est ce qui est conscient d'être conscient ; l'identité qui EST l'individu. Le thétan est mieux connu de tout un chacun en tant que : *vous*. »

Ces découvertes ont formé la base de la philosophie religieuse appliquée qu'est la *Scientologie*, l'étude de l'esprit dans ses relations avec lui-même, les univers et les autres formes de vie. Grâce à l'application de la technologie de Scientologie, on peut créer des changements désirables dans les conditions de vie. Cela incorpore la Dianétique, une branche vitale et fondamentale de la Scientologie, et embrasse des techniques qui augmentent les aptitudes personnelles et la conscience de soi à des niveaux considérés auparavant inaccessibles.

Durant toute sa vie, Ron avait pour but de mener à terme sa recherche sur cette énigme qu'est l'homme et de développer une technologie qui l'amènerait à des niveaux supérieurs de compréhension, d'aptitude et de liberté ; un but qu'il a totalement atteint en développant la Dianétique et la Scientologie. Ron a toujours considéré qu'il n'était pas suffisant que lui seul bénéficie des résultats de ses recherches. Il a pris grand soin d'enregistrer chaque détail de ses découvertes de façon à ce que d'autres puissent partager cette abondance de connaissances et de sagesse afin d'améliorer leur vie.

« J'aime aider les autres, a-t-il dit, et j'estime que mon plus grand plaisir dans la vie est de voir quelqu'un se libérer des nuages noirs qui viennent assombrir ses jours.

« Ces ombres lui semblent si épaisses et si pesantes que lorsqu'il découvre que ce ne sont que des ombres, qu'il peut voir au travers et les franchir et se retrouver au soleil, il est absolument enchanté. Et j'avoue que je suis tout aussi enchanté que lui. »

Ses œuvres concernant l'homme, le mental et l'esprit, comprennent *à elles seules* plus de cent trente-cinq mille pages écrites ainsi que plus de trois mille conférences enregistrées.

Aujourd'hui, ses œuvres sont étudiées et utilisées quotidiennement dans plus d'un millier de centres de Dianétique, organisations, missions et Églises de Scientologie dans le monde entier.

Ron Hubbard a quitté son corps le 24 janvier 1986. Il a laissé pour héritage sa recherche, entièrement achevée, et la codification des technologies de Dianétique et de Scientologie.

Les plus grands témoignages de la vision de Ron sont les résultats miraculeux apportés par sa technologie, et les millions d'amis dans le monde qui perpétuent son héritage jusque dans le vingt et unième siècle. Les uns comme les autres continuent d'augmenter avec chaque jour qui passe. ▲

—△—

« JE SUIS TOUJOURS CONTENT DE RECEVOIR DES NOUVELLES DE MES LECTEURS. »

L. RON HUBBARD

TELS FURENT LES MOTS DE Ron Hubbard, qui a toujours beaucoup apprécié le courrier de ses amis et lecteurs. Il a tenu à maintenir la communication avec toutes les personnes qu'il a rencontrées pendant les cinquante années de sa carrière d'écrivain. Il a entretenu une correspondance avec des milliers de fans et d'amis à travers le monde.

Les éditeurs des œuvres littéraires de Ron Hubbard aimeraient préserver cette tradition et accueilleront avec joie vos lettres et vos commentaires, que vous soyez un ancien ou un nouveau lecteur.

De plus, les éditeurs seraient heureux de vous envoyer toute information sur n'importe quel sujet que vous aimeriez connaître à propos de Ron Hubbard, de sa vie et de ses réalisations extraordinaires, et des nombreux livres qu'il a écrits.

Le représentant de l'auteur à Author Services, Inc. répondra promptement à tous les messages qui lui seront adressés et y prêtera la plus grande attention.

AUTHOR SERVICES, INC.
7051 HOLLYWOOD BOULEVARD
HOLLYWOOD, CALIFORNIA 90028, USA

authoraffairs@authorservicesinc.com